高原高寒山地体能训练的组织与实施

ORGANIZATION AND IMPLEMENTATION OF PHYSICAL FITNESS TRAINING IN PLATEAU AND HIGH MOUNTAIN AREAS

高原高寒山地体能训练的组织与实施

ORGANIZATION AND IMPLEMENTATION OF PHYSICAL FITNESS TRAINING IN PLATEAU AND HIGH MOUNTAIN AREAS

主　编　马福海

副主编　祁继良　王海林　李　强　侯会生

北京大学医学出版社

GAOYUAN GAOHAN SHANDI TINENG XUNLIAN DE
ZUZHI YU SHISHI

图书在版编目（CIP）数据

高原高寒山地体能训练的组织与实施 / 马福海主编．—北京：北京大学医学出版社，2024. 7
ISBN 978-7-5659-3154-3

Ⅰ．①高…　Ⅱ．①马…　Ⅲ．①高原－体能－身体训练－研究　Ⅳ．① G808.14

中国国家版本馆 CIP 数据核字（2024）第 095546 号

高原高寒山地体能训练的组织与实施

主　　编：马福海
出版发行：北京大学医学出版社
地　　址：（100191）北京市海淀区学院路 38 号　北京大学医学部院内
电　　话：发行部 010-82802230；图书邮购 010-82802495
网　　址：http：//www.pumpress.com.cn
E-mail：booksale@bjmu.edu.cn
印　　刷：中煤（北京）印务有限公司
经　　销：新华书店
策划编辑：陈　奋
责任编辑：袁朝阳　何渼波　**责任校对**：靳新强　**责任印制**：李　啸
开　　本：889 mm × 1194 mm　1/16　**印张**：19.25　**字数**：553 千字
版　　次：2024 年 7 月第 1 版　2024 年 7 月第 1 次印刷
书　　号：ISBN 978-7-5659-3154-3
定　　价：169.00 元

本著作由高原科学与可持续发展研究院资金支持出版

青海省重点研发与转化计划项目（2023-SF-116）科研成果

编 者 名 单

主　　编　马福海　青海省体育科学研究所
副 主 编　祁继良　青海省体育科学研究所
　　　　　王海林　青海民族大学
　　　　　李　强　青海师范大学
　　　　　侯会生　中央民族大学
编　　者（以姓名汉语拼音为序）
　　　　　拜承萍　青海大学附属医院
　　　　　蔡生春　青海省体育科学研究所
　　　　　韩　芳　青海省西宁市城中区南滩社区卫生服务中心
　　　　　侯会生　中央民族大学
　　　　　李年红　云南大学
　　　　　李　强　青海师范大学
　　　　　李晓菲　上海体育大学
　　　　　罗占京　青海农牧科技职业学院
　　　　　马福海　青海省体育科学研究所
　　　　　马丽华　青海省体育科学研究所
　　　　　祁继良　青海省体育科学研究所
　　　　　苏青青　青海民族大学
　　　　　王海林　青海民族大学
　　　　　王雅一　四川体育职业学院
　　　　　武　赟　青海农牧科技职业学院
　　　　　薛　强　青海师范大学
　　　　　张　文　青海农牧科技职业学院
　　　　　郑　玥　青海师范大学
　　　　　周永超　青海师范大学

主编简介

马福海，研究员（二级），硕士研究生导师，青海省体育科学研究所所长，主要从事高原训练与健康促进研究。享受国务院政府特殊津贴专家，国家体育总局和国家游泳队备战奥运会特聘专家，青海省人民政府参事室特约研究员，青海省优秀专家，青海省学科带头人，青海省高端人才千人计划领军人才。主持和参加国家重点基础研究发展计划（973 计划）、国家国际科技合作专项及省部级科研项目 60 余项，获国家体育总局和青海省科学技术进步奖等一等奖 3 项、二等奖 3 项、三等奖 6 项，发表科研论文 60 余篇，主编、合编学术专著 14 部，其中英文专著 1 部，中日文对照专著 1 部。

序

我国高原地区面积广阔，四大高原——青藏高原、云贵高原、内蒙古高原、黄土高原占大陆面积的 1/2，号称世界屋脊的青藏高原占我国陆地面积的 1/4。近年来，随着高原地区社会经济的发展，到高原来参与建设、旅游、科考、经商等活动的人员日益增多。我国有漫长的高原（山）边防线，高原军事建设十分重要。

高原环境特殊，低氧、低温、低湿、太阳辐射强等环境因素综合作用于人体，不仅会造成一定的低氧损伤，还会引起人体有氧耐力和体能下降，这会严重影响从事相关活动的能力，并导致非战斗性减员及伤病的发生。强健体能是现代战争、生产劳动中发挥高、精、尖装备设备作用的重要基础，同时还可以在一定程度上弥补装备设备等方面的不足。因此，从这些意义上讲，体能就是战斗力、劳动能力，高原更需要高质量的体能素质和体能水平，加强高原高寒山地的人体有氧耐力和体能研究具有积极意义。

青海省体育科学研究所马福海研究员及其团队编写的《高原高寒山地体能训练的组织与实施》以高原环境下的体能训练需求为出发点，通过总结多年高原训练、军事体能、消防体能、全民健身的实践经验和科研成果，引用国内外的研究成果，对高原地理环境、高原体能训练的基本理论和方法、高原体能训练的监测与评价、高原体能训练的运动损伤等方面进行了总结和分析，并提出了一系列具有建设性的建议。

此书研究成果涉及高原环境、高原运动训练、高原运动医学、高原运动生理学等学科领域，具有一定的学术价值。同时对于指导高原体能训练、体育教学、体育科研、体育竞技以及全民健身活动都有一定的借鉴和参考价值，对于进一步加强我国高原高寒山地体能训练研究与实践也具有积极的意义。

我愿推荐此书给从事高原高寒山地体能训练的同道们，希望此书在实践中日臻完善。

中国工程院院士、高原医学专家　**吴天一**

前 言

2014 年 7 月，应中国人民解放军某部的邀请，青海省体育科学研究所组织了高原运动训练、体能训练、运动生理学专家团队赴地处青海西部海拔 4300 m 的训练地点，实地考察开展高原高寒山地体能训练的解放军某野战部队，并提出训练建议以指导工作，因此被赠予了“雪域高原探索军体新标，昆仑之巅播撒科学精神”的锦旗。此后，我们多次赴高海拔地区对驻军和野战训练的解放军官兵、武警官兵进行高原高寒山地体能训练的指导。

那是我们第一次真正意义上和高原高寒山地体能训练的一线人员进行面对面的深入交流。通过实地考察和交流，我们发现解放军官兵在高原高寒山地体能训练中，由于受高原低氧影响，非战斗性减员问题较为普遍，原因有三：一是对高原低氧环境及其影响认识不足；二是高原高寒山地体能训练科学性不足，即一般性基础训练不足而竞技性训练较多；三是高原高寒山地体能训练方法、手段单一。

我们通过座谈、讲座等形式向解放军官兵就高原低氧环境、高原高寒山地体能训练相关知识进行了讲解和答疑，并现场对解放军官兵高原高寒山地体能训练的方法和手段进行了指导交流。同时结合高原高寒山地的地理环境和气候特点，以及高原高寒山地国防体能训练的要求，编排了高原高寒山地环境下进行力量、速度、耐力、灵敏性、柔韧性等体能训练的方法，初步编写了《高原高寒山地体能训练的组织与实施指导手册》（以下简称《手册》）。《手册》包含高原地理环境及其对人体影响、高原体能训练与方法、高原体能训练评价标准与生理指标监测、高原体能训练的卫勤保障等内容。但由于当时对高原高寒山地体能训练的认识较为肤浅，内容相对单薄，深度和广度也有很大的不足。

时光流转，距离我们第一次开展高原高寒山地体能训练指导交流活动已经过去 10 年。这 10 年来，我们探索高原高寒山地体能训练的脚步从未停止，多次赴国防、消防等部门开展指导咨询工作，也开展了有关高原运动训练、体质健康、全民健身的科研工作，取得了一定的研究成果。随着我国社会发展进步，科学技术飞速发展，高原建设日新月异，高原经济社会发生了翻天覆地的变化。近些年来，人们在高原地区进行军事、生产建设、体育训练、休闲旅行等活动的需求日益增长，与此同时，随着科学技术、交通条件、通信手段等的发展，使得特定时间，特别是短时间内进驻高原地区从事诸如抢险救灾、军事行动的事件愈加频繁，进驻高原地区的人数也在不断增加，因此有必要以更严格的标准和更科学的方法开展高原高寒山地体能训练。

我们组织了从事高原运动训练、高原体育教学及高原医学研究的相关专家学者，通过总结多年高原运动训练、军事体能训练、消防体能训练、全民健身的实践经验和科研成果，以国防建设、消防应急、抢险救灾为切入点，力求理论与应用并重，前沿动向与实际情况相结合，探讨了高原地理环境及高原高寒山地体能训练的低氧生理适应原理和机制，总结了高原高寒山地体能训练的基本理论和方法，研究设计了高原高寒山地体能训练的组织方法，制定了高原不同海拔地区运动能力测试与评价的方法和标准，以及高原体能训练的低氧适应和运动负荷生理、心理监测与评价的方法，提出了高原运动损伤防治及体能康复的措施和方法，供广大国防建设、消防应急、抢险救灾、高原医学、体育竞技等工作者在高原高寒山地训练、教学、科研、竞技以及全民健身活动中参考。

本书共7章，第一章高原地理环境概况由李强、郑玥、马丽华负责编写，第二章高原高寒山地环境对人体的影响由祁继良负责编写，第三章高原体能训练概述由张文、侯会生负责编写，第四章高原体能训练的组织方法由武赟、罗占京、周永超、薛强负责编写，第五章高原体能训练的测试与评价由王海林负责编写，第六章高原体能训练的监测与评价由苏青青、李年红、拜承萍、李晓菲负责编写，第七章高原体能训练的运动损伤由韩芳、王雅一、蔡生春负责编写。全书由马福海负责统稿。另外，为了实现文字叙述的简洁性、流畅性，本书正文将“高原高寒山地体能训练”简化为“高原体能训练”，在此予以说明。

本书在编写过程中得到了高原科学与可持续发展研究院、青海师范大学、西安体育学院、西北师范大学体育学院、西藏大学教育学院、西藏体育科学研究所、青海省体育工作一大队和二大队，以及青海省体育科学研究所领导和专家的支持，同时也得到了西藏大学马海林、西藏体育科学研究所贾汉超、陕西师范大学王友华等专家的协助与支持。在此，笔者谨代表全体作者向所有给予支持和帮助的单位和个人，向本书引用相关文献的作者，致以诚挚的感谢。

高原高寒山地体能训练的研究尚处于起步阶段，而高原高寒山地体能训练包含环境、生理、心理和运动训练等多个学科，涉及的领域十分广泛。笔者希望更多领域的专家加入我们，共同探索和研究，以求在高原适应机制以及高原高寒山地体能训练方法等方面取得更多的突破和成果，为我国的国防建设和高原发展做出积极贡献。由于编写团队经验和知识的局限，本书不可避免地存在一些不足，真诚地希望同仁批评指正，以便我们不断改进和完善。

编　者

2024年4月

目　录

第一章

高原地理环境概况

第一节　高原概述

地球是一个自然综合体，有平原、丘陵、山地、高原、盆地、海洋等自然地理和地貌环境，气候、水文、土壤、植物与动物有机结合，是人类生活的物质基础和必要条件，也是社会存在和发展的决定因素。对地球影响最大、最独特的是高原环境，世界上的主要高原分布在亚欧大陆、南北美洲和澳大利亚大陆。亚洲有青藏高原、帕米尔高原、中西伯利亚高原和蒙古高原，非洲有北非高原、埃塞俄比亚高原、东非高原和南非高原，南美洲有巴西高原，北美洲西部有山间高原，澳大利亚大陆有西部高原。由于高度、位置、成因和受外力侵蚀等因素的不同，高原的外貌特征各异，这不仅影响了整个世界的生态和环境系统，也对人体造成了一定的影响。人类在高原地区居住已有数十万年的历史，全世界居住在高原和高山地区的不同民族约有4亿人。在高原极端环境中，人类实现了进化及遗传适应发展，并创造了极其灿烂的文化和文明。但高原低压低氧、寒冷干燥、紫外线强烈等恶劣的外部条件会引起人体生理功能障碍或病理生理变化，出现低氧损伤和高原衰退症，导致运动能力下降、各类急慢性高原病（high altitude disease）发病以及非战斗性减员。

一、定义

一般来讲，高原具有海拔高、气压低、氧气含量少、气候寒冷、太阳辐射多、日照时间长、太阳能资源丰富等特点。高原是构成地球地理多样性的一部分，对于地球科学、气候和生态等领域具有重要意义，但有关高原的定义，因学科领域而异。

从地理学角度来看，高原海拔高度一般在1000 m以上，面积广大，地形开阔，周边以明显的陡坡为界，比较完整的大面积隆起地区称为高原，其最本质的特征是地势相对高度差异小，而海拔相当高。高原素有“大地的舞台”之称，它是在长期连续的大面积地壳抬升运动中形成的。高原以较大的高度区别于平原，又以较大的平缓地面和较小的起伏区别于山地。有的高原表面宽广平坦，地势起伏不大；有的高原则山峦起伏，地势变化很大。高原的海拔高度可以因地理位置和地质特征而有所不同，一些高原位于山脉之间，例如青藏高原位于喜马拉雅山脉和喀喇昆仑山脉之间，而安第斯高原位于安第斯山脉上。高原分布甚广，连同所包围的盆地一起，大约共占地球陆地面积的45%。

世界最高的高原是青藏高原，面积最大的高原为巴西高原。按高原面的形态可将高原分为以下三种类型：顶面较平坦的高原，如内蒙古高原；地面起伏较大，顶面仍相当宽广的高原，如青藏高原；分割高原，其流水切割较深，起伏大，顶面仍较宽广，如云贵高原。

在高原医学领域中，由于人体处于海拔超过3000 m以上的地区会产生明显的生物学效应，所以将海拔3000 m以上的地区称为高原，这些地区是高山病（mountain sickness）的多发地区，也是高原军事医学（high altitude military medicine）研究的重点地区。

在高原体育运动训练领域，国内外学者对高原也有不同的界定，一般认为海拔1200～2000 m为高原训练的较低高度，海拔2000～2500 m为高原训练的中等高度，海拔2500～3000 m以上为高原训练的较高高度。其中，国际上公认海拔2000～2500 m为高原训练最适宜的高度。

二、海拔划分

海拔（elevation）作为地理学名词，被定义为是某个地理事物高出或者低于海平面的高度差，一般计算两者之间的垂直距离。由于海拔计算的基线值来自公认的确定海平面，也就是通俗意义上“尺子的0刻度（起点）”，所以也可以将海拔称之为是“绝对高度”。

世界海拔最高点也是中国海拔的最高点，是位于青藏高原喜马拉雅山脉的珠穆朗玛峰，其海拔高度为8848.86 m，并持续以每百年7 cm的速度持续“长高”。世界海拔最低点位于菲律宾马里亚纳群岛东北部马里亚纳海沟，其最深处海拔为−11034 m，将世界最高的珠穆朗玛峰连根拔起并投入其中也无法填满马里亚纳海沟。我国陆地最低点位于新疆维吾尔自治区吐鲁番盆地最低处的艾丁湖，其湖面海拔−154.31 m，湖底可达−161 m，也是维吾尔族同胞的“月光湖”。中国海拔基准点是位于山东省青岛黄海验潮站的平均海水面，陆地海拔的零点标志位于我国地势最低的内陆盆地——新疆维吾尔自治区吐鲁番亚尔乡巴村。

一般来说，随着海拔增加，大气层逐渐变薄，气压逐渐降低，而海拔高度划分通常是基于海平面到特定高度范围内的气压和大气层变化，对气候、生态系统和生物适应性都有重要影响。实际上，海拔高度的划分也会受到地理、气候、地质和生态等因素的影响，因此在不同的学科和领域中有不同的划分方式。目前，国际上根据人体暴露于高原环境时出现的生理学反应将高原分为四个高度。

（一）低海拔

低海拔（low altitude，LA）一般在500～1000 m，气候和生态与周边地区区别不大，一般人体感受不到高原的特殊影响。

（二）中度海拔

中度海拔（medium altitude，MA）高度在1500～2500 m。当人体进入此高度时，身体一般不会表现出高原反应（altitude reaction）或无任何症状，也存在极少数人可能会出现轻度症状，如呼吸和心率轻度加快，运动能力略有降低，但肺部的正常气体交换基本正常。同时中度海拔气候环境下引起的人体心率加快，血液循环加速，红细胞和血红蛋白增多等变化均对人体的心肺功能和健康有利。除少数对低氧特别易感者外，一般人群很少在此高度发生高山病。值得一提的是，全球的长寿地域均在中度海拔地区。

（三）高海拔

高海拔（high altitude，HA）高度在2500～4500 m。当人体处于这一海拔区域时，大部分人都会出现明显的缺氧状态，呼吸和心搏明显加快，并且出现食欲减退、睡眠质量差、头疼等症状，动脉血氧饱和度低于90%。当海拔高度超过3500 m时，有一部分人群会发生高山病，血氧饱和度（SpO_2）也会降低。

（四）特高海拔

特高海拔（very high altitude，VHA）高度在4500～5500 m。当人体处于这一海拔区域时，低氧症状进一步加重，动脉血氧饱和度一般低于80%，运动和夜间睡眠期间出现严重的低氧血症。当进入此高度时，应采用阶梯式或阶段性适应的方法，否则易发生高原肺水肿、高原脑水肿等严重的急性高山病。

（五）极高海拔

极高海拔（extreme altitude，EA）高度在5500～8844 m。一般来讲，海拔超过5500 m则会被人们形容为“生命无法长期存在”的地区，人类长期居住或执行任务时一般不超过5500 m。当人体进入此高度时，机体的生理功能发生进行性紊乱，常失去机体内环境自我调节功能，出现极严重的高原反应或高山病。一般出现低氧血症，动脉血氧饱和度仅为60%～70%；也有可能出现呼吸性碱中毒，也称低碳酸血症，是因为缺氧导致的通气过度，排出过量的二氧化碳而引发的疾病。

此时，人体需要额外供氧，接受氧疗。只有专业的登山运动员或是经过专业培训的作业人员才会前往海拔高度超过 6000 m 的地区，而且他们逗留在极高海拔的时间往往较短。就连被誉为高原适应最佳民族的藏族和“高山之虎”的夏尔巴人（Sherpa）都只能生活在 5500 m 以下的高原区域，因为大气压过低以及缺氧等问题对人体造成的损害是不可逆的。

总之，根据高原医学中人体出现高原反应的具体情况看，一般海拔高度处于 2400 m 以下，人体基本无高原反应；人体处于 2400 m 以上，可以通过足够的时间以及合理的海拔梯度适应，从而逐渐适应较高的海拔；但是超过 5500 m 时，人体无法适应。但不同的人出现高原反应的海拔高度不同，有人可能在海拔 1500 ~ 2000 m 时就出现症状，有人处于 4700 m 的特高海拔时也没有出现明显的不适反应。并且，当人体处于高海拔环境时，需要注意周边环境温度的下降、湿度的减少，以及强烈的紫外线照射。尤其值得注意的是，高海拔地区的大气压会随着高度的升高而降低，简而言之海拔越高大气压越低。高原习服的具体机制因不同的器官和系统而异，但是其中最为关键的是缺氧诱导因子（hypoxia inducible factor，HIF），这是一种基因转录因子，是细胞对缺氧反应的主要调节因子，它的作用包括但不限于红细胞生成、血管生成和细胞代谢。

三、气候特征

气候（climate）是自然科学的一个专有名词，其定义是大气物理特征的某种长期性的平均的状态，是该时段内天气的综合表现。气候区别于天气，呈现出较为稳定的特点。可以简单地理解为某一段时间内气候较为固定，也可以将其理解成某一地区多年（甚至数百年）的天气平均呈现出的某种状态。气候可以粗略分为热带、亚热带、温带、寒带以及高原山地五种类型。受高原和山地等地形影响而形成的独特的高原山地气候，主要分布于中低纬度的高原和山地地区，如青藏高原、帕米尔高原、阿尔卑斯山脉和乞力马扎罗山等地区。高原山地气候特征表现为气压较低、氧分压较低、寒冷、多风且风速较大、干燥少雨、紫外线辐射较强、日温差（昼夜）较大等特点，且当地自然景观因垂直的海拔变化而显著不同。高原地理环境主要取决于纬度地带性规律、垂直地带性规律、大气环流、地形结构等，这些因素又直接造成高原地区的气压、气温、湿度、气流、辐射和电离等的变化。

（一）气压

气压是指围绕地球表面的混合性气体在单位面积内所承受的重量。在气象学上用千帕（kPa）表示大气压，一个标准大气压（相当于海平面气温 0℃时）为 101.325 kPa。大气是一种质量物质，由于地球引力的作用，大气压随海拔高度的升高而降低，但这种负相关关系并非是一种直线关系。气压随高度递减的快慢取决于空气密度和重力加速度的变化，重力加速度的变化量一般很小，因此气压随高度递减的快慢主要取决于空气密度。地球表面的大气是主要由氮气和氧气组成的混合气体，除此之外，还有二氧化碳、氢、氯、氖、氩、氪、臭氧等气体。在一定范围内，大气气体成分的百分比维持恒定。空气中的氮气总含量为 78.09%，氧气的总含量为 20.95%，二氧化碳总含量为 0.03%，其他气体成分更少，一般忽略不计。氧分压（partial pressure of oxygen，PO_2）是在混合的气体中氧气产生的张力或是压力，PO_2 与大气压呈正相关关系，即海拔升高 PO_2 降低。PO_2 的变化直接影响大气与血液间、血液与组织间的氧交换。

高原大气压和 PO_2 随海拔高度的增加而递减，并且随着海拔高度的持续增加，大气压和 PO_2 下降速度明显减缓（图 1-1-1）。由此可见，随着海拔高度的上升，空气中氧含量随之减少。人们的高原反应发生率会随着海拔高度的增加而增加，高海拔是人类生存和活动的天然屏障。

据实地测量，在海拔高度 4000 m 左右的地区，大气中的氧分压仅为海平面高度的 2/3，当海拔高度到达 5000 m 时，氧分压降到海平面高度的 1/2。而珠穆朗玛峰顶（8848.86 m，2020 年数据）的大气压仅为海平面的 1/3，但是空气中的含氧量却与平原一样，约为 20.95%。周兆年、戴霄晔等的研究表明，大气压随海拔升高而降低是缺氧引起高原反应症状的原因，严重低氧可危及生命，并指出占我国致死率前四位的心血管病、脑卒中、肿瘤和呼吸系统疾病都直接或间接与机体低氧有

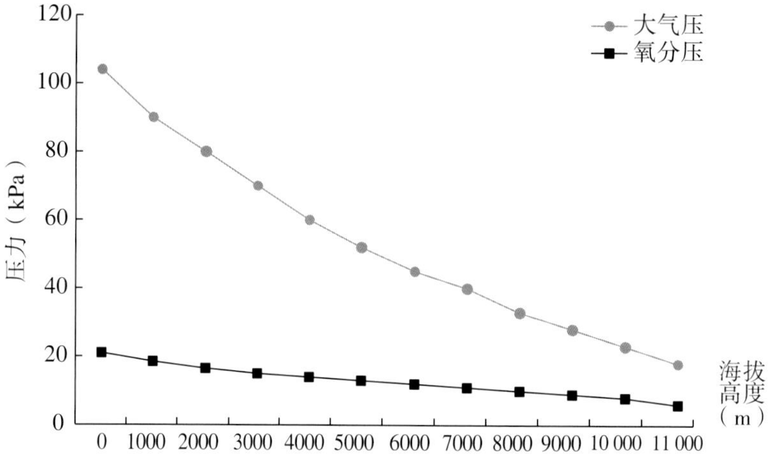

图 1-1-1　海拔对大气压和氧分压的影响

关（表 1-1-1）。

查瑞波等以青藏高原海拔 2500 ~ 4800 m 高度中 110 座城市游客为研究对象，从生态地理学的视角出发，分析了氧分压与海拔高度的四种关系，并引入脆弱指数、损失指数和高原反应概率对高原反应风险进行了定量的分析评价（表 1-1-2）。他认为在同一海拔高度，大气氧分压、可吸入氧分压、肺泡气氧分压、动脉血氧分压依次呈现从高到低的规律，这一现象与人体呼吸作用对氧气消耗的生理过程一致。同时随着海拔升高，高原反应风险逐渐增大，二者的散点关系呈现五级"阶梯式"变化。按每百米海拔变动为一个单位，高原反应风险指数变化区间为 0.0845% ~ 4.3542%。从空间特征上来看，青藏高原反应风险的空间分布具有明显的区域差异性，高原反应高风险区域大致以地区行政中心县市为核心向周边辐射，在高原反应风险空间分布图中，中等风险及以上区域占青藏高原 90% 以上的面积。

延伸阅读

海拔与水的沸点

当海拔升高，气压降低，水的沸点也随之降低。一般海拔每升高 100 m，水的沸点会下降约 0.33 ℃（0.32 ~ 0.35 ℃）。在相当于海平面处时，水的沸点是 100 ℃，而海拔 1000 m 处的沸点约为 97 ℃，2000 m 处为 93 ℃，3000 m 处为 90 ℃，4000 m 处为 86 ℃，5000 m 处为 81 ℃。

表1-1-1　不同海拔高度大气压及动脉血气变化

海拔高度（m）	大气压（mmHg）	PO_2（mmHg）	PiO_2（mmHg）	PaO_2（mmHg）	$PaCO_2$（mmHg）	SaO_2（%）
0	760	159	149	94	41	97
1500	630	132	122	66	39	92
2500	564	118	108	60	37	89
3000	523	109	100	53	36	85
3600	483	101	91	52	35	83
4600	412	86	76	44	32	75
5500	379	79	69	40	29	71
6100	349	73	63	38	21	65
7300	280	59	52	34	16	50
8844	253	53	43	28	7.5	70

PO_2 = 氧分压，PiO_2 = 可吸入氧分压，PaO_2 = 动脉血氧分压，$PaCO_2$ = 动脉血二氧化碳分压，SaO_2 = 动脉血氧饱和度

8844 m 的 SaO_2 高于 7300 m 的 SaO_2，这是由于严重呼吸性碱中毒以及氧离曲线左移

表1-1-2　高原反应风险指数及分级

海拔（m）	PO_2（kPa）	PiO_2（kPa）	PAO_2（kPa）	PiO_2（kPa）	心率（次/分）	呼吸频率（次/分）	脆弱指数	损失指数	急性高原反应（%）	慢性高原反应（%）	风险指数（%）	分级	风险
2500→2800	15.7→14.9	15.2→14.8	8.9→8.3	7.6→7.2	75.2→77.0	18.2→18.5	0.09→0.08	0.05	1.1→6.2	0.1→1.8	0.0→0.2	Ⅰ	低
2800→3200	14.9→14.3	14.7→14.1	8.3→7.7	7.2→6.7	77.0→79.4	18.5→18.8	0.08→0.06	0.13	27.0→37.0	2.8→8.9	0.2→4.4	Ⅱ	较低
3200→3600	14.3→13.6	14.1→13.5	7.7→7.0	6.7→6.3	80.1→83.9	18.8→19.6	0.06→0.03	0.13	40.0→63.8	32.6→34.6	4.4→18.4	Ⅲ	中等
3600→4400	13.6→12.1	13.5→12.0	7.0→5.8	6.3→5.5	83.9→87.7	19.6→20.2	0.03→−0.02	0.26	64.0→67.0	37.5→47.5	8.4→38.6	Ⅳ	较高
4400→4800	12.1→11.5	12.0→11.5	5.8→5.3	5.5→5.2	87.7→90.2	20.2→22.6	−0.02→−0.05	0.11	77.0→100.0	57.5→75.8	38.6→90.2	Ⅴ	高

PO_2 = 氧分压，PiO_2 = 可吸入氧分压，PAO_2 = 肺泡气氧分压，PaO_2 = 动脉血氧分压

（二）气温

气温随高度的增加而下降，垂直变化显著，在纬度自下而上有热带、亚热带、温带、亚寒带和永久积雪带，反映出完整的气候带谱。高原气温的基本特点是温度低，日较差大，年较差小。高原地区的气压、气温、湿度、气流、辐射和电离等的变化，都受到高原地理环境的纬度地带性规律、垂直地带性规律、大气环流、地形结构等因素的直接影响，但影响最大的是气温。在地球上任何一个地点都有纬度、经度和高度，其气温都受纬度地带、经度地带和垂直地带的影响。

纬度地带性规律是地域分异规律的基础。纬度是地表位置的量度之一，纬度圈互相平行。某点的纬度相当于从赤道到极点的弧上对应的角度，纬度地带性的实质是南北差异。纬度每差 1°，平均距离约为 111 km。在水平状态下，南北相差 1°，气温相差 1℃，气候、土壤、动植物、陆地景观、海洋水文等方面都有明显的纬度地带性规律。气候（特别是温度）是纬度地带性的渊源，决定其他地理因素的地带变化。另外，太阳高度角与纬度成反比，纬度越高，射线与地面夹角越小，获得的能量越低，反之则相反。

经度地带性是指气候、生物和土壤等自然要素，以及自然带从沿海向内陆逐渐更替的分布规律，沿经度方向变化。以中纬度地区较明显。分布规律主要是：湿度受离海距离影响，从沿海向内陆逐渐降低。

垂直地带性的前提是地球表面的垂直高差。在自然界，垂直地带性具有叠加性、分界性和复杂性。垂直地带性的主要成因是高度差别，高度差别引起温度、日照、降水、气压等要素的差别。山体只要有 500 m 左右的高度，就会出现比较明显的垂直地带性现象。高原地区气温随海拔的升高而降低，一般海拔每升高 100 m，气温约下降 0.6℃。同时昼夜温差大，而且白天向阳温度与阴影温度差较平原显著，并随着高度增加，这一温差越来越大（表 1-1-3）。总之，垂直地带是在纬度地带和经度地带的基础上发挥作用，是在纬度地带和经度地带上的叠加。

从地球大气层的分布来看，距地球表面最近的一层叫对流层。对流层在中纬度地区的平均厚度为 10 ~ 12 km，在赤道地区为 16 ~ 18 km，在两极地区为 7 ~ 10 km。对流层的主要特点是气温随高度升高而降低，离地面越远温度越低，对流层内的空气具有强烈的垂直和水平对流运动。

表1-1-3　向阳与阴影温度随海拔高度的关系

高度（m）	向阳与阴影温度差（℃）
20	5.6
500	11.5
1800	17.6
2400	27.5
3299	32.8

目前被大多数人认可的斯查勒气候分类法基本是按纬度划分的，即在同一气候带内，气候的某些主要方面有相似特征。例如，高纬度气候带的特点是全年低温、长冬无夏、多风少雨；而低纬度气候带则是全年高温、长夏无冬、多雨潮湿。可见，全球气候变化的总体规律是随着纬度升高，气候逐渐向低温干燥过渡。但是处于相同纬度的不同地区，因地理位置、海拔高度不同而具有显著差异。

纬度、海拔对气候的影响不言而喻。这主要表现在温度、降水量和太阳辐射量等方面的差别。在高海拔低纬度地带，气候具有温度变化小，温暖潮湿，太阳辐射强的特征，但由于空气中水汽量大，可以有效地吸收对人体有害的紫外线辐射。太阳辐射中的紫外线辐射量约占 5%，通常紫外线辐射量与空气湿度的大小成反比。因此，人体在温暖、潮湿的环境中训练，湿润的空气不仅可以降低紫外线对人体的伤害，还可以降低人体在吸气时对空气的加湿作用，如此既可以节省体能，又可以减少体内水分流失，能较好地维持工作、劳动或运动时机体内环境的相对平衡。而在高纬度海拔地区，由于温差大，低温干燥，多风少雨，太阳辐射强，因此在工作、劳动或运动时，不仅会增加人体的呼吸难度，加大体能消耗，还会因气候干燥无法有效缓解太阳辐射，引起皮肤血容量及血流量增加，从而使体内重要器官的血容量减少，甚至还会出现皮肤灼伤。

（三）湿度

湿度表示大气干燥程度的物理量。在一定温度下的一定体积的空气里含有的水汽越少，则大气越干燥；水汽越多，则大气越潮湿。大气的干湿程度叫作“湿度”，常用绝对湿度、相对湿度、比较湿度、混合比、饱和差以及露点温度等物理量来表示。一般常用的湿度是指相对湿度，而人体感觉舒适的湿度是相对湿度低于70%。湿度的影响因素主要有降水、温度、海拔、地形等。

在正常情况下，大气中的水汽比重较大，一般聚集在大气层底部，即低海拔地区。高海拔地区大气中的水汽含量较少。另外太阳辐射较强，白天温度增高较快，加之风速较大，年平均蒸发量较大（可达2400 mm以上），所以高海拔地区的相对湿度低。因此，在高原低温、低湿度的干燥地区，易发生口唇干裂、鼻出血，以及引发感冒等疾病。因此，在此生活要注意高原气温变化，加强预防疾病的工作。但由于高原地区温度低，空中的水汽受到低温的影响，容易形成水雾或产生冰晶。

一般情况下，在湿度（水汽压和相对湿度）方面，水汽压随海拔高度增加而降低。在多数情况下，高原和山地上部因气温低、云雾多，相对湿度高于下部；但冬季也存在相反情况，山顶云雾较少，相对湿度较小。山谷和盆地相对湿度的日变化大，夜晚高而昼日低，午后最低，而山顶相对湿度的日变化一般很小。

（四）紫外线

紫外线指的是电磁波谱中波长为10 ~ 400 nm辐射的总称，属于非可见光的一种。紫外线是由原子的外层电子受到激发后产生，自然界的主要紫外线光源是太阳，太阳光透过大气层时，波长短于290 nm的紫外线会被大气层中的臭氧吸收。紫外线因其特性可在许多领域发挥作用，最常见的是紫外线具有一定的消毒杀菌作用，还可以帮助人体补充维生素D，促进钙的吸收。但过度照射紫外线对人体是有害的，长时间照射紫外线，会导致皮肤受损。轻者致使皮肤灼伤，皮肤变得干燥、粗糙、易生皱纹，显得衰老；重者还可能会诱发癌前病变、皮肤癌，以及皮肤色素沉着、皮肤增厚粗糙、光老化；更甚者还可能导致白内障等。因此应避免长期暴露在紫外线环境中。

紫外线辐射的强弱主要受太阳高度、海拔、气温、气压、湿度、能见度等因素的影响，还与空气污染有关。一般紫外线辐射在正午前后强，早晚弱，全年12月、1月最弱，6月、7月最强，每天紫外线最大值出现的时间夏季明显早于冬季，满天蔽光高层云等对紫外线有较强的衰减作用，而少量积云可使到达地面的紫外线增强。

随着海拔高度的升高，空气、水汽、尘埃等随之减少，加上日照时间长，太阳直接辐射增强，紫外线被大气吸收减少，辐射增强尤为明显，有效辐射也显著增加。一般情况下，海拔每上升1000 m，太阳辐射平均会增加10%，正负离子的比例也发生了变化。在低海拔地区主要是负离子作用；而在高海拔地区负离子作用减弱，正离子作用增强。由于大气压按指数规律随海拔增加而降低，在晴空条件下，无雪盖的高山白天太阳直接辐射强度和夜间有效辐射强度随高度增加而增大，且因坡向不同，阳坡和阴坡得到的太阳辐射不同，并因此影响气温和气流分布。在有积雪的高原地区，反射率增大，地面吸收辐射减少，因此在高原或高山地区更容易被紫外线晒伤，应远离紫外线，并采取积极的防护措施，如涂抹防晒霜、穿着可防晒的衣服以及佩戴护目镜，同时应减少外出时间（特别是夏季和中午前后）。

（五）风力

风是由空气流动引起的一种自然现象，它是由太阳辐射热引起的。太阳光照射在地球表面上，使地表温度升高，地表的空气受热膨胀、变轻而往上升，热空气上升后，低温的冷空气横向流入，上升的空气因逐渐冷却、变重而降落，由于地表温度较高又会加热空气使之上升，这种空气的流动就产生了风。风受大气环流、地形、水域等不同因素的综合影响，表现形式多种多样，如旋风、阵风、季风、信风，以及地方性的海陆风、山谷风、焚风、坡风、冰川风。

风通常包括风向、风速和风力，但对于飞行来说还包括垂直或升降气流。相对于地表的空气运动，风向通常指水平分量（即气流）的来向，一般用8个方位表示，分别为：北、东北、东、东南、南、西南、西、西北。风速是空气在单位时间内移动的水平距离，以m/s为单位。根据风对地上物体所引起的现象将风的大小分为13个等级，称为风力等级（简称风级）。大气中水平风速一般为1.0 ~ 10 m/s，台风、龙卷风有时达到102 m/s。而人们平时在天气预报中听到的“东风3级”等说法指的是蒲福风级。蒲福风级是英国人蒲福（Francis Beaufort）于1805年根据风对地面（或海面）物体影响程度而定出的风力等级，共分为0 ~ 17级（表1-1-4）。

风的形成是和气压梯度力紧密相关的，而气压梯度力的大小和温差有很大关系。高原海拔较高，空气稀薄，植被较少，以戈壁和草原为主，地面的比热容较小，在白天日照情况下升温剧烈，在夜间迅速散热变成冷源，昼夜温差大，所以高原地区的高空风很大。一般风速随山地海拔升高而增大。山顶、山脊以及峡谷风口处风速大，盆地、谷底和背风处风速小。高山上的风速一般在夜间大，白天小，午后最小，而山麓、山谷则相反。虽然如此，但有些高原上的风能资源并不丰富，如青藏高原海拔高，空气稀薄，风力强、风速高，但风的能量密度低，风能质量不好，在国内只算是三类可利用区，远远比不上沿海地区和内蒙古、新疆、甘肃等地。

另外，由于天气或风力对高原登山或探险影响较大，为保证登山或探险能安全顺利进行，高原登山或探险队员一般要根据天气或风力来安排活动。为便于掌握高空风的大小和实际操作，我国登山探险队对高空风进行了分类：3 ~ 4级小风称为一等天气；5 ~ 6级中等风称为二等天气；7 ~ 8级大风称为三等天气；9 ~ 10级大风也有发生。

（六）降水

降水是指在大气中冷凝的水汽以不同方式下降到地球表面的天气现象。大气中的水汽几乎全部集中于对流层中，温度越高，大气可以容纳的水汽含量就越多，反之则越少。在一定温度下，当水汽达到过饱和状态时，则会产生多余的水汽并发生凝结，成为雨滴降落，即降水。降水一般受海陆位置、山坡方向、地势高低、森林以及人类活动的影响。

高原高山由于地势高，气温低，降水较少。在高原高山地区，气温随高度增加而降低，气候垂直变化显著，但这仅是在一定高度内表现出湿度大、云雾重、降水多的特点。这是因为高原高山地形起伏相差悬殊，地面接受太阳辐射热程度不同且热力分配不均，所以经常产生空气流动的

表1-1-4 蒲福风级

风级	名称	风速（m/s）	风速（km/h）	陆地情形	海面情形
0	无风	0 ~ 0.2	< 1	静，烟直上	平静如镜
1	软风	0.3 ~ 1.5	1 ~ 5	烟能表示风向，但风向标不能转动	微浪
2	轻风	1.6 ~ 3.3	6 ~ 11	人脸感觉有风，树叶有微响，风向标能转动	小浪
3	微风	3.4 ~ 5.4	12 ~ 19	树叶及微枝摆动不息，旗帜展开	小浪
4	和风	5.5 ~ 7.9	20 ~ 28	吹起地面的灰尘、纸张和落叶，树的小枝微动	轻浪
5	清劲风	8.0 ~ 10.7	29 ~ 38	有叶的小树枝摇摆，内陆水面有小波	中浪
6	强风	10.8 ~ 13.8	39 ~ 49	大树枝摆动，电线呼呼有声，举伞困难	大浪
7	疾风	13.9 ~ 17.1	50 ~ 61	全树摇动，迎风步行感觉不便	巨浪
8	大风	17.2 ~ 20.7	62 ~ 74	微枝折毁，人向前行感觉阻力甚大	猛浪
9	烈风	20.8 ~ 24.4	75 ~ 88	建筑物有损坏（烟囱顶部及屋顶瓦片移动）	狂涛
10	狂风	24.5 ~ 28.4	89 ~ 102	陆上少见，可拔起树木，建筑物损坏严重	狂涛
11	暴风	28.5 ~ 32.6	103 ~ 117	陆上很少，有则必有重大损毁	风暴潮
12	台风（飓风）	32.6 ~ 36.9	118 ~ 133	陆上绝少，摧毁力极大	风暴潮
13	台风	37.0 ~ 41.4	134 ~ 149	陆上绝少，摧毁力极大	海啸
14	强台风	41.5 ~ 46.1	150 ~ 166	陆上绝少，摧毁力极大	海啸
15	强台风	46.2 ~ 50.9	167 ~ 183	陆上绝少，摧毁力极大	海啸
16	超强台风	51.0 ~ 56.0	184 ~ 202	陆上绝少，范围较大，强度较强，摧毁力极大	大海啸
17	超强台风	≥ 56.1	≥ 203	陆上绝少，范围最大，强度最强，摧毁力超级大	特大海啸

本表所列风速是指平地上离地10 m处的风速值

现象，高原上空气流动阻力因风大而多。冬季降霜雪，夏季多热雷雨，且多在午后，降水之际多冰雹，而冰雹产生与高原地形、海拔高度等有密切联系，并具有明显的局地性特点，高原也是降雹天数最多、范围最广的地区。同时，由于高原高山上的气候在一天之间的变化多端，无论是在夏季或冬季，云雾经常涌至而使整座山陷入一片白茫茫的世界里，四周能见度突然降低，使人易于迷路。原本就较低的温度再加上云雾所带来的潮湿空气，使暴露在外的表皮易于冻伤。

当然，不同的山体形状和坡向也对降水影响巨大。例如，迎风坡雨量多于背风坡，特别是高大山脉的两侧，雨量的巨大差异造成植被景观的显著不同，北美西海岸科迪勒拉山系中南部处于温带西风带，迎风的西侧为森林景观，而背风的东侧为荒漠或半荒漠景观。山地地形也影响降水量的日变化。一般山脉顶部以日雨为多，而山谷盆地则以夜雨为主。

虽然高原或高山地区降水量和降水日数随海拔升高而增加，但一般只要山脉足够高，降水量就有一个最大降水高度。在这个高度以上，由于气流中水汽含量减少，降水量又会随海拔升高而减少。例如，喜马拉雅山山脚与山顶的降水量有明显差别，在海拔 1000 ~ 1500 m 降水量达到最大，而后降水量随海拔升高而减少。一般情况下，雪线高度与气温成正比，与降水成反比。

最大降水高度主要与气候干湿有关。一般气候越湿润，最大降水高度就越低。例如，西非喀麦隆山面迎从大西洋上来的赤道潮湿西风，最大降水高度就在西麓，年平均降水量达到了 10 091 mm，是世界降水量最多的地区之一；墨西哥高原东西两坡也有类似情况。而在干旱地区，气流凝结高度很高，因此最大降水高度也较高，甚至不出现最大降水高度。

最大降水高度还受到其他因素的影响。在信风带区域中，由于上空有干燥的信风逆温层存在，因此最大降水高度便被限制在信风逆温层高度以下。例如，夏威夷冒纳罗亚火山东坡 700 m 高度上最大降水量可大于 5500 mm，而山顶 3295 m 处却只有 440 mm；南美洲沿海山地迎风东坡上也有类似情况存在。

延伸阅读

世界海拔之最和中国海拔之最

世界海拔最高点为珠穆朗玛峰，海拔 8848.86 m，世界海拔最低点为位于菲律宾马里亚纳群岛东北部的马里亚纳海沟，最深处海拔 −11 034 m（2020 年数据）。

中国海拔最高点也是珠穆朗玛峰，而中国海拔最低点则是位于新疆维吾尔自治区吐鲁番亚尔乡巴村的艾丁湖。

第二节　世界高原

世界上高原众多，而青藏高原、帕米尔高原、亚美尼亚高原、云贵高原、格陵兰冰雪高原、南极冰雪高原、墨西哥高原、玻利维亚高原、厄瓜多尔高原、埃塞俄比亚高原被称为世界上的十大高原（表 1-2-1）。我国是世界上高原面积最大的国家，海拔 3000 m 以上高原约占我国领土面积的 1/6，主要高原有青藏高原、云贵高原、内蒙古高原、黄土高原。本节将对世界高原的地形地貌、气候环境、自然资源、人文历史等进行简要介绍，有关青藏高原和云贵高原的介绍见本章第三节。

一、帕米尔高原

“帕米尔”是塔吉克语“世界屋脊”的意思，中国古代称其为葱岭，因多野葱或山崖葱翠而得名，是古丝绸之路必经之地。帕米尔高原最高峰是位于中国和巴基斯坦交界处的世界第二高峰乔戈里峰（海拔 8611 m）。帕米尔高原地处亚欧大陆中部和中亚东南部地区，地跨我国新疆的西南部、塔吉克斯坦的东南部和阿富汗的东北部。帕米尔高原是地球上两条巨大山带阿尔卑斯 - 喜马拉雅山带和帕米尔 - 楚科奇山带的山结，也是亚洲大陆南部和中部地区主要山脉的汇集处，包括喜马拉雅山脉、喀喇昆仑山脉、昆仑山脉、天山山脉、兴

表1-2-1　世界十大高原基本情况

高原名称	平均海拔（m）	面积（km²）	经纬度	地理位置
青藏高原	4000	2 400 000	80°E ~ 90°E 30°N ~ 40°N	青藏高原西起于帕米尔高原，东及横断山，北界昆仑山、阿尔金山和祁连山，南抵喜马拉雅山，除西南边缘部分分属印度、巴基斯坦、尼泊尔、锡金、不丹及缅甸等国外，绝大部分位于中国境内，包括西藏自治区全部和青海省、新疆维吾尔自治区、甘肃省、四川省、云南省的部分
帕米尔高原	5850	100 000	70°E ~ 80°E 36°N ~ 38°N	帕米尔高原地处中亚东南部、中国的最西端，横跨塔吉克斯坦、中国和阿富汗，帕米尔高原地跨中国新疆西南部、塔吉克斯坦东南部、阿富汗东北部，是昆仑山、喀喇昆仑山、兴都库什山和天山交会的巨大山结
亚美尼亚高原	2000	400 000	43°E ~ 47°E 38°N ~ 42°N	亚美尼亚高原是亚洲西部火山熔岩高原。横跨土耳其、伊朗和亚美尼亚等国家。主要由厄尔布尔士山脉、扎格罗斯山脉、托罗斯山脉和庞廷山汇聚而成，故又称亚美尼亚山结
云贵高原	2000	300 000	100°E ~ 108°E 24°N ~ 27°N	云贵高原位于中国西南部，为中国四大高原之一，西起横断山、哀牢山，东到武陵山、雪峰山，东南至越城岭，北至长江南岸的大娄山，南到桂、滇边境的山岭
格陵兰冰雪高原	1900	1 870 000	59°N ~ 83°N 40°W ~ 72°W	格陵兰冰雪高原大部分处于北极圈内，气候寒冷。隔海峡与加拿大和冰岛两国相望
南极冰雪高原	2500	12 800 000	0° ~ 180° 66°S ~ 90°S	南极冰雪高原是东南极洲南极点附近一带的内陆高原。平均海拔 3700 m，呈圆丘形
墨西哥高原	2000	660 000	97°W ~ 102°W 18°N ~ 26°N	墨西哥高原是位于北美大陆南部墨西哥境内中部的高原。墨西哥高原占墨西哥全国面积的 5/6，北起墨、美边界，东、西、南三面为马德雷山脉所环绕。东临墨西哥湾和加勒比海，南接危地马拉和伯利兹，西南濒太平洋，北邻美国
玻利维亚高原	4000	450 000	66°W ~ 77°W 10°S ~ 20°S	玻利维亚高原位于南美洲中西部，安第斯山脉地域，大部分地区位于玻利维亚和秘鲁境内
厄瓜多尔高原	3000	150 000	75°W ~ 79°W 0°N ~ 4°S	厄瓜多尔高原位于安第斯山脉北部，在厄瓜多尔境内，赤道附近
埃塞俄比亚高原	2200	800 000	35°E ~ 40°E 5°N ~ 15°N	埃塞俄比亚高原位于非洲东部，居埃塞俄比亚中西部

都库什山脉，即五大山脉。

帕米尔高原冬季漫长（10月至翌年4月），1月平均气温 -17.8℃，绝对最低气温 -50℃，7月平均气温 13.9℃，最高不超过 20℃，雪峰群立，冰川广布，且分布有永冻的盐化土。帕米尔高原具有独特的自然景观，也为各种户外探险活动提供了绝佳的场所。帕米尔地区人口约 9.8 万，高原上有广阔的牧场，可种青稞、小麦等多种作物。

帕米尔是东西方来往交流的必经之路，也是古丝绸之路南下印度、西去阿富汗和伊朗的重要通道，目前中国和巴基斯坦之间有公路穿越帕米尔高原。自古以来已有无数的使者、将帅、王侯、文人、僧侣和商贾在帕米尔高原留下了脚印，他们通过政治上的抗争和亲睦，军事上的冲突与结盟，经济上的交流与贸易，文化上的冲撞与交融，科技上的渗透与演进，创作了浓墨重彩的画卷和撼人心魄的诗卷。

二、玻利维亚高原

玻利维亚高原位于南美洲，也称为玻利维亚阿尔蒂普拉诺，横跨秘鲁和玻利维亚等国。玻利维亚高原是世界上海拔较高的人居地区之一，拥有独特的地理、气候、生态和文化背景，对了解南美洲的地理与人文特点具有重要意义。

玻利维亚高原由于纬度低，气温年较差小，波动幅度小，基本不受冷空气影响，单轮年均最低气温≤0℃，由于昼温高，降雪和积雪能力很差。例如，玻利维亚行政首都拉巴斯（全市海拔3200～4200 m）海拔最高的地方极端低温也只有-15.2℃，低于-10℃少见，积雪也不超过3 cm，海拔最低的地方极端高温不过28.3℃。玻利维亚高原科迪勒拉山脉主脉东北坡森林茂密，有许多河流冲积的肥沃山谷，属高温湿润气候带，盛产可可、咖啡、糖、古柯和其他热带水果。

玻利维亚高原原住民文明大约开始于西元前一万年，即第一批北美与中美移民到达时，建立了高度繁荣发达的农业社会，人口最多时达350万。约西元1000年前后建立了奇穆（Chimu）、蒂瓦纳库（Tiwanaku）王国及印加帝国，直到16世纪西班牙入侵变得衰落。16世纪，欧洲人征服南美，使印加帝国的农业与政治习惯完全被西班牙的方式取代，天主教亦取代印加宗教。玻利维亚高原最主要的城市为法定首都苏克雷（Sucre），1538年建城，以第一任总统苏克雷之名命名。因市内主要建筑和居民住宅均呈白色，故该城有“白色城市”的美誉。苏克雷城原为印第安人村落丘基萨卡，城内多由宗教建筑的塔、钟楼与纪念碑相结合，共同形成了哥特式、文艺复兴式、巴洛克式、混合式、新古典主义和古典主义等多样的风格，融合了拉丁美洲当地风格和从西班牙引入的外来风格，是人类丰富的文化遗产之一。

三、厄瓜多尔高原

厄瓜多尔高原位于南美洲厄瓜多尔境内，安第斯山脉北部，赤道附近，厄瓜多尔在西班牙语中为“赤道”的意思。其海拔最高点6310 m的钦博拉索山被称为是离地心最远的地方。厄瓜多尔分西部沿海、中部山区、东部亚马孙河流域和加拉帕格斯群岛四种地区，气候条件多样。西部沿海平原地区、东部亚马孙流域属于热带雨林气候，平均气温23～25℃，年平均降水量为2000～3000 mm。中部安第斯山区也是厄瓜多尔高原地区，该区具有山间盆地和山地的地貌特征。山间盆地属热带草原气候，山地属亚热带森林气候，海拔4000 m以上常年积雪，年平均降水量在1000 mm左右，12月至翌年6月为雨季，7月至11月为旱季。

厄瓜多尔原为印加帝国的一部分，1830年成立厄瓜多尔共和国。厄瓜多尔全国总人口15 789 330（2013年数据）。官方语言为西班牙语，印第安人通用克丘亚语。首都基多（Quito）是16世纪在印加城的废墟上建立起来的，圣弗朗西斯修道院和圣多明各修道院、拉孔帕尼亚教堂、耶稣会学院及其内部华丽的装饰，融合了西班牙、意大利、摩尔、佛兰芒和当地艺术的精华，成为了“基多巴洛克风格”的纯正典范，是拉丁美洲保存最好、改变最小的历史中心和世界遗产之一。

四、墨西哥高原

墨西哥高原为北美大陆南部墨西哥境内中部的高原，占墨西哥全国面积的5/6，所以墨西哥又被称为“高原之国”。墨西哥高原北起墨、美边界，东、西、南三面被东马德雷山脉、西马德雷山脉、南马德雷山脉以及奇瓦瓦沙漠所环绕，高原边缘山脉的外侧陡峭，内侧平缓宽广，使高原在地貌形态上似一方桌隆起在两侧海岸平原之上，故称“梅萨”，意为桌状高原。

墨西哥高原地势由北向南逐渐抬升，大致以北纬22°为界，分成南北两部。北部高原海拔约1000 m，内有许多被山岭隔开的内陆沉积盆地，地势平坦，故又称“北部盆地”，当地人叫“博尔松”，气候温热干燥。南部称“中央高原”，地势高峻，平均海拔2000～2500 m，多宽广平坦的山间谷地和火山锥，土壤肥沃，气候温和，年降水量700～1000 mm，是墨西哥主要农业区。墨西哥的居民、主要城市主要分布在海拔1000～2000 m气候宜人的高原地区。

除了沿海平原为热带、亚热带的高温区外，墨西哥高原其余部分年平均气温都在20℃上下，终年四季如春，有“温和高原”之称。降水量因地区不同而异，紫外线强烈，外出应注意防晒。大部分地区分旱雨两季，每年10月至翌年4月为旱季，5月至9月为雨季（也是夏季），雨季集中了全年75%的降水量。

墨西哥是一个具有悠久历史的文明古国，为

印第安人古文化中心之一。墨西哥的国名起源于阿兹特克人传说中的太阳神——墨西哥特耳，“哥”为“地方”之意。墨西哥人最早的祖先，来自北部的游牧部落印第安阿兹台克人，于公元14—16世纪初由北向南迁移至墨西哥中部高原，建立了庞大宏伟的阿兹台克帝国都城特奥奇蒂特兰，也就是墨西哥城，创造了闻名世界的古玛雅文化、托尔特克文化和阿兹台克文化。墨西哥有居民9186万余人，人口分布以中央高原的山间盆地最为密集，集中了全国人口一半左右，居民多信天主教。西班牙语为官方语言。

五、南极冰雪高原

南极冰雪高原是地球的最南端，基本包括整个南极洲。南极冰雪高原是由积雪形成的冰层包裹成为一个冰盖高原，素有“白色大陆”之称。南极冰雪高原是世界面积最大的高原和冰原，以及世界上最寒冷的地方。

南极冰雪高原每年分寒、暖两季，4月至10月是寒季，11月至翌年3月是暖季，在极点附近寒季会出现极夜现象，暖季则会出现极昼现象，太阳总是倾斜照射。由于南极纬度高，地面接受太阳光热少，而且冰雪对阳光有强反射，气候异常寒冷，年平均气温 –56 ℃，最低温度超过 –94℃，12月至翌年3月夏季也低于 –30℃。大部分地区的年平均降水量为55 mm，降水量最少的地方不足5 mm，并以降雪的形式出现。由于此地降水少，也有“白色沙漠”之称。南极冰雪高原也是世界上风力最强和最多风的地区。此地年平均风速为17 ~ 18 m/s，风速常达45 m/s，最大风速可达60 m/s，有“风库”之称。另外，南极洲是个巨大的天然“冷库”，是世界淡水的重要储藏地，拥有地球70%左右的淡水资源。

南极也是地球上最后一个被发现且唯一没有人员定居的大陆。南极原是古冈瓦纳大陆的核心部分，约5500万年前形成。18世纪起，探险家们纷纷南下去寻找传说中的南方大陆。1772—1775年，英国库克船长历时3年8个月，航行97 000 km、环南极航行一周并几次进入极圈，但均未发现陆地。1823年2月，英国威德尔南下行驶到了当时的最高纬度——南纬74°15′。1840年1月19日，法国迪尔维尔发现阿德雷地岛屿，并命名其沿海水域为迪尔维尔海，后人还以其夫人的名字命名了一种企鹅，即阿德雷企鹅。英国罗斯于1841年驶入后来以他的名字命名的罗斯湾。1908年，英国的沙克尔顿挺进到离南极点仅差180 km的南纬88°23′。1909年，莫森、戴维斯和麦凯首次到达南纬72°24′、东经155°18′的南磁极。1911年12月14日和1912年1月17日，挪威罗尔德·阿蒙森和英国罗伯特·斯科特率领的探险队先后到达南极点。

延伸阅读

南极探险

帆船时代：从1772年库克扬帆南下到19世纪末，先后有很多探险家驾帆船去寻找南方大陆。

英雄时代：20世纪初到第一次世界大战前，人类先后征服了南磁极和南极点，涌现了不少可歌可泣的探险英雄。

机械化时代：第一次世界大战后至50年代中期，人类在南极探险逐渐用机械设备取代了狗拉雪橇，其中1928年英国的威尔金驾机飞越南极半岛，1929年美国人伯德和艾尔斯沃斯分别驾机飞越南极点和南极半岛顶端飞至罗斯冰架。

科学考察时代：从1957年起至今，各国科学家前往南极，建立考察站开展多学科的科学考察。

六、埃塞俄比亚高原

非洲也被人们称为“高原大陆”，主要包括北非高原、东非高原、南非高原和埃塞俄比亚高原等。埃塞俄比亚高原在非洲东北部埃塞俄比亚境内，又名阿比西尼亚高原。埃塞俄比亚高原有非洲“屋脊”之称，有诸多海拔超过4000 m的火山山峰，其中西部的达尚峰海拔4620 m，是最高峰，也是非洲地势最高处，有众多河流发源于此，包括青尼罗河、阿特巴拉河、索巴特河、谢贝利河和朱巴河。世界自然奇观东非大裂谷也在此处，纵贯全境，裂谷宽40 ~ 60 km，深约1000 m，并将高原分为东西两部。

埃塞俄比亚高原气候分为干湿两季，每年6月至9月为雨季，10月至翌年5月为旱季。埃塞俄比亚高原虽近赤道，但由于高耸的地势大大削弱了一般低纬度地区高温的特征，因此大部分地区并不炎热，高原的自然条件有明显的垂直分带现象。海拔1800 m以下的低地及河谷中气候湿热，为热带草原气候，局部湿地有热带森林分布，各月气温皆在 20 ～ 26℃；1800 ～ 2400 m 的高原部分气候暖和、凉爽宜人，月均温在 14 ～ 19℃（冬季晚上可在 5 ～ 10℃），气温变幅小，四季如春，适宜农耕，全国 2/3 的人口、耕地以及城市都集中在这里。

埃塞俄比亚是有着 3000 年历史文明的高原大国。20 世纪以来，在埃塞俄比亚高原的阿瓦什河谷和奥莫河谷还发现了地球上最早的古人类化石和最早的石器文化遗存，被认为是人类最早的起源地之一。埃塞俄比亚最早的居民是从阿拉伯半岛南部移入的含米特人。16 世纪以来，葡萄牙帝国、奥斯曼帝国、英国、意大利相继入侵占领，1896 年独立。埃塞俄比亚民族众多，有闪族、阿姆哈拉族等 80 个部族，各自有其独特的语言体系和习俗传统，因为长期与外界隔绝，有些少数民族至今还保持着原始部落的生存风貌。埃塞俄比亚高原是非洲重要农业区和世界咖啡原产地，俗称“咖啡之国”，也有沿袭了好几个世纪的咖啡文化。

延伸阅读

东非大裂谷

东非大裂谷是世界大陆上最大的断裂带，长度相当于地球周长的 1/6，气势宏伟，景色壮观，犹如“地球表皮上的一条大伤痕”，给人以惊异而神奇的感觉。这条裂谷南起赞比西河口一带，向北经希雷河谷至马拉维湖北部后分为东西两支。东支裂谷带沿维多利亚湖东侧向北经坦桑尼亚、肯尼亚、埃塞俄比亚高原入红海，最终延伸抵约旦谷地，全长近 6000 km，宽度较大，谷底比较平坦，两侧陡峭断崖高差从几百米到两千米不等。西支裂谷带大致沿维多利亚湖西侧由南向北穿过坦噶尼喀湖、基伍湖等湖泊，后逐渐消失，规模较小。

七、亚美尼亚高原

亚美尼亚高原横跨土耳其、伊朗和亚美尼亚等国，位于高加索山脉南部与土耳其东部，是西亚伊朗高原与安纳托利亚高原交会处的高地。因地势、地行不同分为北高加索地区、南高加索地区、西部科尔希达地区、东部库拉 - 阿拉克斯低地地区。亚美尼亚高原是由一系列熔岩覆盖的高原组成。由于岩浆活动剧烈，形成了较多的火山、温泉和间歇泉。亚美尼亚高原由大、小高加索平行山脉构成一个山地和低地相间排列的地形，山脉一般高 2500 m 左右，主要由厄尔布尔士山脉、扎格罗斯山脉、托罗斯山脉和庞廷山脉汇聚而成，故又称亚美尼亚山结，中间为黑海至里海之间的自然通道。因高山融雪而发育许多河流，并常在断陷盆地中形成大小湖泊。最高峰为土耳其境内的大阿勒山（海拔 5165 m），这里是底格里斯河、幼发拉底河、库拉河与阿拉斯河的发源地，还有凡湖、雷扎耶湖与谢万湖等山区湖泊。

亚美尼亚高原山地也具有垂直变化的高山气候，又有高山环绕，地势比较闭塞，加上气候干燥，因而形成面积广大的内流区和无流区，气候处于温带和亚热带之间。由于山脉的阻挡，来自北方的冷空气和来自南方的暖空气都被拦截，各地气候差异较大，低地夏季干热，高地夏季温和，冬季漫长、寒冷，但降水丰富。同时由于通常盛行西风气流，因而黑海对气候的影响大于里海，降水量自西向东逐渐减少。

亚美尼亚高原主要为亚美尼亚人，主要信仰基督教，部分信仰天主教。亚美尼亚高原文明最早可追溯到公元前 4000 年，考古发现那时就存在农牧民定居的痕迹，亚美尼亚语是印欧语系中最古老的有文字的语言之一，公元 405 年发明亚美尼亚字母。许多古代经典都认为《圣经》中的伊甸园就在亚美尼亚的土地上。亚美尼亚首都埃里温位于拉兹丹河畔，海拔 850 ～ 1300 m，是亚美尼亚高原最大的城市和世界闻名的外高加索古城之一，是亚美尼亚的经济、文化中心，外高加索的机械工业中心，以及水果、蔬菜的集散地。

八、格陵兰冰雪高原

“格陵兰”意思为“绿色的土地”，格陵兰冰雪高原处在北美洲、北冰洋东北部的北极圈内。格陵兰冰雪高原基岩表面与海面等高，最明显的地貌特征是众多结实的冰川，其规模仅次南极大陆，大部分地区终年被冰雪覆盖，形成了著名的由南北两个穹形冰盖连接而成的格陵兰冰盖。格陵兰冰盖的规模仅次于南极洲。格陵兰冰雪高原也是北半球最大的冰体，占世界冰量的 9.7% ～ 11%，但距离寒冷极地较远，在若干峡湾中形成许多冰山。

格陵兰冰雪高原呈现较强的极地海洋性冰川性质。由于大部分地区位于北极圈以内，气候严寒、狂风凛冽。年平均温度低于 0℃，夏季温度也很少超过 10℃，该岛中部历史最低气温为 –70℃。每年有 4 个月时间是冰封状态，平均温度 0℃以下，每到冬季出现持续数月没有太阳的极夜现象，而夏季则出现终日头顶艳阳的日不落高原的极昼现象。

格陵兰高原人口稀少，不足 6 万人。人类发现格陵兰岛的时间也较晚，约在公元 982 年，是丹麦人埃里克和他的伙伴从冰岛出发去寻找新大陆时的意外发现，面对四周一片冰天雪地的荒原，埃里克情有独钟地将这片长满绿色植被的沿海地段命名为“格陵兰”，意为“绿色的土地”，企图以这个“令人亲切的、充满生机的称谓”诱惑世人，使人们迁徙到这个荒凉的冰原上。此后，格陵兰岛发展蓬勃，生机盎然，曾是丹麦王国的海外属地与王国内的自治体。2009 年正式改制为一个内政独立但外交、国防与财政相关事务仍由丹麦代管的过渡政体，首府为努克，主要人口为因纽特人、丹麦人，信仰基督教。

第三节　中国高原

我国是世界上高原面积最大的国家，海拔 3000 m 以上高原约占我国领土面积的 1/6，主要高原有青藏高原、云贵高原、内蒙古高原、黄土高原。其中，青藏高原、云贵高原在世界十大高原之列。

一、青藏高原

（一）地形地貌

青藏高原西起帕米尔高原，东到横断山，北界为昆仑山、阿尔金山和祁连山，南抵喜马拉雅山。除西南边缘部分分属印度、巴基斯坦、尼泊尔、锡金、不丹及缅甸等国外，绝大部分位于中国境内，包括西藏和青海的全部、四川西部、新疆南部及甘肃、云南的一部分。青藏高原平均海拔 4000 m 以上，是世界上面积最大、海拔最高的高原，因此有“世界屋脊”之称。青藏高原周围大山环绕，海拔 4000 m 以上地区占青海全省面积的 60.9%，占西藏全区面积的 86.1%。

青藏高原依据地形可分为西藏高原和青海高原两部分，包括祁连山地、柴达木盆地、青南高原、藏北高原、川藏高山峡谷区和藏南谷地六个部分，各山脉间穿插有许多盆地和宽谷。其中，西藏高原自然环境复杂，地形地貌多样，基本上可分为极高山、高山、中山、低山、丘陵和平原六种类型。此外，还有冰缘地貌、岩溶地貌、风沙地貌、火山地貌等，奇特多样，千姿百态。青藏高原由北向南包括祁连 - 柴达木、昆仑、巴颜喀拉、冈底斯、喜马拉雅、羌塘 - 昌都六个构造带，各构造带之间被蛇绿混杂岩所代表的缝合带隔开，大致以龙木错 - 金沙江缝合带为界，分为祁连地层区、柴达木地层区、昆仑地层区、巴颜喀拉地层区、羌塘 - 昌都地层区、冈底斯地层区以及喜马拉雅地层区七个地层区。另外，青藏高原分布着世界中低纬地区面积最大、范围最广的多年冻土区，占中国冻土面积的 70%。其中，青南 - 藏北冻土区又是整个高原分布最为广泛的区域，约占青藏高原冻土区总面积的 57.1%。冰川及其雕塑的冰川地貌也广泛分布。

祁连山地由一系列西北至东南走向的祁连山脉和谷地组成，西端在当金山口与阿尔金山脉相接，东端至黄河谷地，与秦岭、六盘山相连。东西长 800 km，南北宽 200 ~ 300 km，除西端和北缘伸入甘肃境内外，大部位于青海省东北部，包括青海海北、东部农区以及海南、黄南部分地区。祁连山脉由一系列北西 - 南东走向的山岭组成，其间有谷地分开，谷地海拔 2000 ~ 4200 m，平均海拔 3000 m 左右。

柴达木盆地位于青海省西北部，南面与西面分别为昆仑山和阿尔金山所环抱，东北面是复杂的祁连山系，以一系列的山与山间平原过渡，盆地东端止于察汉乌苏东侧山地。盆地四周任何一方均缺乏与宽畅的走廊连通，是一个封闭的内陆高原盆地，盆底海拔 2600 ~ 3100 m，面积约为 200 000 km^2。其中，位于柴达木盆地北缘的赛什腾山、绿梁山、锡铁山、阿木尼克山、牦牛山总体上呈北西 - 南东走向，山岭极为低缓，山脊多不连续，主要由古生代及其更老的岩系构成。它们与祁连山脉的主体为一系列小盆地分隔，在自然地理上已属柴达木盆地范围，在地质构造上属祁连山地槽褶皱系。

青南高原位于青海省昆仑山以南，唐古拉山以北，柴达木盆地、青海南山（库库诺尔岭）以南广大地区为青南高原，其面积占青海省面积的1/2以上，包括玉树、果洛、海西和海南的部分地区。此高原中部有昆仑山、布尔汉布达山、可可西里山、唐古拉山、巴颜喀拉山和积石山，构成高原的巨大骨架，山脉高度多在海拔5000 m以上，各山脉之间为海拔4000 m以上的高原。青南高原也是长江、黄河、澜沧江的发源地，素有“中华水塔”甚至“亚洲水塔”的美名。

藏北高原在藏语中称羌塘或章塘，意为“北方高地”，地处西藏自治区北部，南起冈底斯山 - 念青唐古拉山，北至喀喇昆仑山 - 可可西里山，东自内外流水系的分水岭，西以公珠错 - 革吉 - 多玛一线与阿里西部山地为界。东西长约2400 km，南北宽约700 km，面积597 000 km^2，是青藏高原的核心部分，约占西藏总面积的60%。整个地势西北高，东南低，主要是由低山缓丘与湖盆宽谷组成的地形，起伏和缓，平均海拔4800 m，相对高差一般200 ~ 500 m，为青藏高原内海拔最高、高原形态最典型的地域。丘陵起伏不大，拥有湖泊200多个，为全国湖泊集中分布地区，其中以纳木错最大，草原辽阔，拥有丰富的草场资源，是西藏的主要牧区。

川藏高山峡谷区位于三江流域与喜马拉雅山山地的交界处，由藏东地区和喜马拉雅山高山峡谷共同组成，约占西藏总面积的30%，平均海拔3500 m。地形起伏大，山顶与谷地相对高度达2500 m，山势陡峭。其中，藏东地区由昌都和林芝东部的察隅县、墨脱县、波密县三个县城组成，地处横断山脉和三江（金沙江、澜沧江、怒江）流域，位于西藏东部，处在西藏与四川、青海、云南交界的咽喉部位，是川藏公路和滇藏公路的必经之地，也是“茶马古道”的要地。以昌都为中心，东与四川省相望，东南面与云南省接壤，西南面与缅甸和印度接壤，西北与西藏那曲地区相连，北面与青海省交界，西望西藏自治区首府拉萨，处在商贸往来的枢纽位置，素有“藏东明珠”的美称。

藏南谷地位于西藏山南地区，位于冈底斯山脉与喜马拉雅山脉以南的河谷地带，雅鲁藏布江中游，西藏南部边陲。藏南谷地属于雅鲁藏布江谷地，平均海拔3700 m左右，北与拉萨毗邻，西连日喀则，东连林芝，南与印度、不丹接壤，边境线长达630 km。藏南谷地约占西藏总面积的10%，地形起伏较大，相对高度在1500 m左右。

1. 山系　青藏高原山系众多，主要山脉有喜马拉雅山脉、念青唐古拉山脉、冈底斯山脉、唐古拉山脉、横断山脉（群）、昆仑山脉、巴颜喀拉山脉以及积石山脉等。

喜马拉雅山脉地处青藏高原南缘，西起克什米尔的南迦 - 帕尔巴特峰，东至雅鲁藏布江大拐弯处的南迦巴瓦峰，全长2450 km，宽200 ~ 350 km，是世界海拔最高的山脉，是东亚大陆与南亚次大陆的天然界山，也是中国与印度、尼泊尔、不丹、巴基斯坦等国的天然国界。主峰是世界最高峰珠穆朗玛峰 ，海拔8848.86 m（2020年数据）。喜马拉雅山脉在地势结构上并不对称，北坡平缓，南坡陡峻，在北坡山麓地带是中国青藏高原湖盆带，湖滨牧草丰美，是良好的牧场。

念青唐古拉山脉地处中国西藏自治区，横贯西藏中东部，为冈底斯山脉向东的延续，东南延伸与横断山脉西南部的伯舒拉岭相接，中部略向北凸出，同时将西藏划分成藏北、藏南、藏东南三大区域，全长1400 km，平均宽80 km，海拔5000 ~ 6000 m，主峰念青唐古拉峰海拔7162 m，也是青藏高原东南部最大的冰川区。

冈底斯山脉横贯西藏自治区西南部，与喜马拉雅山脉平行，呈西北 - 东南走向，西起喀喇昆仑山脉东南部的萨色尔山脊，东延伸至纳木错西南，与念青唐古拉山脉衔接，海拔5500 ~ 6000 m。北为高寒的藏北高原，南为温凉的藏南谷地。主要支脉阿隆干累山以同一走向并列于主脉北侧，山体宽约60 ~ 70 km。

唐古拉山脉地处西藏自治区东北部与青海省边境处，东段为西藏与青海的界山，东南部延伸接横断山脉的云岭和怒山。唐古拉山海拔6839 m，西段在东经90°附近逐渐没入羌塘高原之上，东南与横断山脉中的他念他翁山脉 - 云岭山脉相接，全长约700 km，山体宽150 km以上，东段霞舍日阿巴山是长江正源当曲河的发源地，主峰各拉丹冬是长江西源沱沱河的发源地。

横断山脉（群）位于中国地势第二级阶梯与第一级阶梯交界处，是两个阶梯的分界线，为中国四川、云南两省西部和西藏自治区东部一系列南北向平行山脉的总称。山岭海拔多在4000 ~ 5000 m，岭谷高差一般在1000 ~ 2000 m以上，平均海拔4000 m以上。横断山脉（群）是中国最长、最宽和最典型的南北向山系群体，唯一兼有太平洋和印度洋水系的地区。

昆仑山脉是亚洲中部大山系，也是中国西部山系的主干，山脉西起帕米尔高原东部，横贯新疆、西藏，延伸至青海境内，全长约2500 km，平均海拔5500 ~ 6000 m，宽130 ~ 200 km，西窄东宽，总面积超过500 000 km^2。在中国境内地跨青海、四川、新疆和西藏四省，最高峰是位于新疆的公格尔峰，海拔大约7649 m，是高原地貌的基本骨架，也是青海省重要的自然区划界线。昆仑山脉西高东低，按地势分西、中、东三段。从喀拉喀什河上游的赛图拉与叶尔羌河上游的麻扎通过的新藏公路构成了昆仑山脉西、中段的分水界。西段主要山口有乌孜别里山口、明铁盖山口、红其拉甫达坂及康西瓦等，为通往阿富汗及巴基斯坦的交通要道。中段位于新藏公路与车尔臣河九个大坂山，主脉向南略呈弧形；克里雅山口和喀拉米兰山口是该段联系新疆 - 西藏的通道。中段海拔6000 m以上的山峰有八座，包括乌孜塔格（6254 m）、慕士山（6638 m）、琼木孜塔格（6920 m）等，平均海拔5000 ~ 5500 m，北坡雪线5100 ~ 5800 m。东段向东略呈扇形展开，分为三支：北支祁漫塔格山，其南隔以阿牙克库木盆地，东延为唐松乌拉山、布尔汗布达山；中支阿尔格山，东延为博卡雷克塔格、唐格乌拉山与布青山，地形上与阿尼玛卿山相接；南支为构成青南高原上的主体山脉，东延与相接。昆仑山垭口是青藏公路必经之道。

巴颜喀拉山脉地处青海省中部偏南，旧称巴颜喀喇山，属褶皱山，西北 - 东南走向。西接可可西里山，东接松潘高原和邛崃山。全长780 km，海拔5000 m左右。主峰年保玉则海拔5369 m，其他著名高峰还有巴颜喀拉山，海拔5267 m，雅拉达泽山海拔5202 m。为黄河与长江河源段的分水岭，也是黄河源地。北坡平缓，南坡深切，多峡谷。山麓有约古宗列盆地。

积石山脉系祁连山脉延伸部，是甘肃省临夏州境西界中南段南起土门关、北至黄河边一系列山峰及其东侧山峰的总称。全长50 km，总面积320 km^2。西坡较缓，山脚高；东坡较陡，山脚海拔2600 ~ 2750 m，山势南高北低，海拔3000 ~ 3500 m。是黄河支流清水河和大夏河中游一系列支流的分水岭，是甘肃、青海两省之间的分界线，也是青藏高原过渡到黄土高原的标志性山脉。

延伸阅读

中国地势的三大阶梯

中国地势总体呈现出西高东低的特点，并且地形复杂多样，涵盖平原、高原、山地、丘陵、盆地五种基本地形，其中山地、高原和丘陵占国土面积的67%，盆地和平原占33%。一般将我国的陆地地势划分为三级阶梯。

第一阶梯：平均海拔超过4000 m，以高原为主，包含青藏高原和柴达木盆地。

第二阶梯：平均海拔处于1000 ~ 2000 m，以高原和盆地为主，涵盖新疆准噶尔盆地、新疆塔里木盆地、四川盆地、内蒙古高原、黄土高原和云贵高原。

第三阶梯：平均海拔低于500 m，以平原和丘陵为主，包含东北平原、华北平原、长江中下游平原、东南丘陵、山东丘陵和辽东丘陵。

2．水系　青藏高原的水系丰富，是黄河、长江、澜沧江、怒江、雅鲁藏布江、印度河、额尔齐斯河等河流的发源地。

长江是我国第一大河，也是世界著名大河之一，发源于青藏高原唐古拉山主峰各拉丹东雪山的西南侧，干流横贯青、藏、滇、川等10个省、市、自治区，流入东海，全长约6300 km，居世界第三位。

黄河是我国第二大河，也是世界著名大河之一。发源于青藏高原巴颜喀拉山脉各姿各雅山北麓，流经青、川、陇、宁、蒙、陕等9个省、自治区，全长5464 km，流域面积约为750 000 km^2。

澜沧江发源于中国青海省玉树藏族自治州杂多县的唐古拉山脉，自北向南流经青海、西藏、云南三地。至云南省南腊河口出境，出中国国境后被称为湄公河，经缅甸、老挝、泰国、柬埔寨，在越南胡志明市注入南海，干流全长4880 km，有100多条支流，在中国境内干流长2130 km，是东南亚最大的国际河流。澜沧江纵贯横断山脉，是世界上最典型的南北走向的河流。

怒江又称潞江，发源于青藏高原唐古拉山南麓的吉热拍格，流入云南省后折向南流，经怒江傈僳族自治州、保山市和德宏傣族景颇族自治州，流入缅甸后被称为萨尔温江，最后注入印度洋的安达曼海。从河源至入海口全长 3240 km，在中国部分长 2013 km。

雅鲁藏布江水系发源于西藏自治区冈底斯山冈仁波齐南坡，上游称马泉河，向东流经富饶的藏南谷地，向南切穿喜马拉雅山流入印度境内，被称为恒河。在中国境内长 2057 km，河床平均海拔在 3000 m 以上，是世界上地势最高的大河。

印度河干流源于中国西藏境内喜马拉雅山系凯拉斯峰的东北部，流经喜马拉雅山与喀喇昆仑山两山脉之间，流向西南而贯穿喜马拉雅山，并分为左右两侧支流，左侧支流的上游部分大部分在印度境内，少部分在中国境内，后经巴基斯坦流入阿拉伯海，右侧的一些支流源于阿富汗。印度河干流长约 2900 km，总流域面积约为 1 034 000 km^2。

额尔齐斯河是中国唯一流入北冰洋的河流，为鄂毕河最大的支流，是流经中国、哈萨克斯坦、俄罗斯的国际河流，有“银水”之称。发源于中国新疆维吾尔自治区富蕴县阿尔泰山南坡，沿阿尔泰山南麓向西北流，在哈巴河县以西进入哈萨克斯坦，注入斋桑泊。出湖后继续向西北流经哈萨克斯、俄罗斯，汇入鄂毕河。

3．湖泊 青藏高原湖区数量众多，共有大小湖泊 1500 多个，以咸水湖和盐湖为主，较著名的湖泊有青海湖、色林措湖、纳木错、察尔汗盐湖、茶卡盐湖、鄂陵湖、班公湖等。

青海湖古称西海，蒙古语称“库库诺尔”，意为“青色的湖”。位于青藏高原东北部、青海省境内，由祁连山脉的大通山、日月山与青海南山之间的断层陷落形成，长 105 km，宽 63 km，湖水平均深约 21 m，最大水深为 32.8 m，湖面海拔为 3260 m，水体面积为 4625.6 km^2，蓄水量达 1050 亿立方米，是中国最大的内陆咸水湖。

色林措湖地处西藏自治区申扎、班戈和尼玛 3 县交界处，位于冈底斯山北麓，申扎县以北。湖面海拔 4530 m，形状不规则，长轴呈东西向延伸，长 77.7 km，最大宽 45.5 km，平均宽约 20.95 km，面积 2391 km^2，是中国第二大咸水湖。

纳木错位于西藏自治区中部，念青唐古拉山的北面，当雄和班戈县境内，海拔 4718 m，面积 1940 km^2，全名为纳木错秋莫多古贡扎玛，是西藏第二大湖泊，也是中国第三大咸水湖。

察尔汗盐湖位于柴达木盆地南部，地跨格尔木市和都兰县，由达布逊湖以及南霍布逊、北霍布逊、涩聂等盐池汇聚而成。盐湖东西长约 160 km，南北宽 20 ～ 40 km，盐层厚 2 ～ 20 m，湖面面积 5856 km^2，海拔 2670 m。有著名的万丈盐桥，与茶卡盐湖齐名。

“茶卡”是藏语，意为盐池。茶卡盐湖位于青海省海西蒙古族藏族自治州乌兰县茶卡镇，柴达木盆地的最东段、茶卡盆地西部、祁连山南缘新生代凹陷的山间自流小盆地内，南面有鄂拉山，北面为青海南山与青海湖相隔。长 15.8 km，宽 9.2 km，平均海拔 3059 m，湖面面积 154 km^2。

鄂陵湖位于青海省玛多县西部的凹地内，西距扎陵湖 15 km，与扎陵湖并称为“黄河源头的姊妹湖”。湖面海拔 4272 m，南北长约 32.3 km，东西宽约 31.6 km，湖面面积 610 km^2，平均水深 17.6 m，湖心偏北处最深达 30.7 m，蓄水量 107 亿立方米，是青藏高原上一个大型微咸水湖。

班公湖是青藏高原西部与克什米尔地区交界的国际性湖泊，呈东西走向，长约 155 km，南北宽约 15 km，面积约 604 km^2，湖面海拔 4400 m。其中，中国境内为 413 km^2，占 68.5%；克什米尔地区为 191 km^2，占 31.5%。

4．冰川 冰川俗称冰河，是极地或高山地区由积雪形成并能沿地面运动的巨大冰体，是冰冻圈的重要组成部分，其融水对于干旱、半干旱地区尤为重要，素有“固体水库”之称。根据冰川的形态特点，可将冰川分为大陆冰川和山岳冰川两大类，大陆冰川又称为“冰坡”或“冰原”，是覆盖着整个岛屿与大陆的巨大冰体；山岳冰川又称为“高山冰川”，发育于山地，受地形的影响比较大。

我国冰川主要分布在平均海拔 4000 ～ 5000 m 的青藏高原以及西部其他的高大山系，按形态和规模分为悬冰川、冰斗冰川、山谷冰川、平顶冰川、冰帽和冰原。青藏高原境内冰川资源丰富，有现代冰川 36 793 条，冰川面积 49 800 km^2，冰储量约 4561 km^3（表 1-3-1）。青藏高原境内冰川占中国冰川总条数的 79.5%，占冰川总面积的

表1-3-1 中国各山系的冰川数量分布

山区	雪线高度（m）	冰川条数（条）	冰川面积（km^2）	冰储量（km^3）
阿尔泰山	2800 ~ 3350	416	293	16
天山	3600 ~ 4300	8908	9196	1011
祁连山	4400 ~ 5400	2859	1973	93
帕米尔	4200 ~ 5900	2112	2993	249
昆仑山	4500 ~ 6000	7774	12 482	1302
喀喇昆仑山	5000 ~ 5600	1848	4647	604
羌塘高原	5100 ~ 6200	1821	3109	263
唐古拉山	5400 ~ 5700	936	2082	62
冈底斯山	5800 ~ 6000	3099	1668	50
念青唐古拉山	4600 ~ 5600	2966	7536	377
横断山	4600 ~ 5500	1680	1618	107
喜马拉雅山	4300 ~ 6200	6472	11 055	995
合计		40 891	58 652	5130

84%，占冰储量的 81.6%。其中，在高原南缘的喜马拉雅山、西部的喀喇昆仑山和北部的昆仑山西段等边缘山系冰川分布最集中，冰川数量多、冰川作用规模大。

（1）青海境内的主要冰川：青海境内共有冰川 3769 条，冰川面积 3685 km^2，冰储量 259.6 km^3，主要分布在唐古拉山区、祁连山区和昆仑山区。其中，祁连山区冰川多属于悬冰川或小型冰川（即山谷冰川），代表性冰川有老虎沟 12 号冰川、七一冰川、八一冰川、十一冰川、摆浪河 21 号冰川等。

（2）西藏境内的主要冰川：西藏自治区是我国冰川面积最大的省区，冰川数量多达 22 468 条，冰川面积 28 664 km^2，占全国冰川总面积的 48%，冰储量 2533 km^3。著名冰川有 22 条之多，代表性冰川有来古冰川、卡钦冰川、米堆冰川、卡若拉冰川、普若岗日冰川、崇测冰川等。

（二）气候环境

青藏高原气候总体特点是辐射强烈，日照丰富，气温低、云量少、湿度小，气温随高度和纬度的升高而降低，海拔 3000 m 以上无夏季，冬季约占全年一半，温差大，年平均气温由东南的 20℃，向西北递减至 –6℃以下。青藏高原有一半地区年平均气温低于 0℃，其他地区（如雅鲁藏布江、河汉谷地和柴达木盆地）相对比较温暖，年平均气温在 3 ~ 5℃。

青藏高原日照充足，年太阳辐射总量 5000 ~ 8000 MJ/m^2，年日照总时间 2500 ~ 3400 h。青藏高原气温日较差比同纬度东部地区大，为大陆性气候特征，如阿里地区、藏北高原、柴达木盆地等地的日较差约 17℃，即使日较差较小地区，如班戈湖、申扎、三江河谷、青海东部等，其日较差也多为 14℃。气温年较差表现为北部大、南部小，西部大、东部小。

降水量因南部海洋暖湿气流受多重高山阻留的影响，自高原东南部的 4000 mm 以上向西北部柴达木盆地的冷湖逐渐减少，最少处仅有 17.6 mm。且边缘多于腹地，如喜马拉雅山脉北翼年降水量不足 600 mm，南翼年降水量则达到 1000 ~ 4000 mm，其中雅鲁藏布江河谷的巴昔卡年降水达 4500 mm，是我国最多降水中心之一。

按照根据温度和水分指标以及植被、地形的综合影响，青藏高原地区可划分为高原亚寒带、高原温带、藏东南海拔较低处的亚热带山地和热带北缘山地，并依据水分状况又将高原气候带进一步划分为湿润、半湿润、干旱、半干旱等 13 个气候类型区。

1．高原亚寒带 高原亚寒带大体在冈底斯山、念青唐古拉山以北、通天河河源以东，地域辽阔，包括西藏那曲至青海阿尼玛卿山、青海东南隅，平均海拔 4500 ～ 4800 m，高于 10℃的天数少于 50 天，年降水量 100 ～ 300 mm，是青藏高原主要牧区之一。另外，在藏北羌塘、阿里北部和通天河河源以西平均海拔高度 4800 ～ 5100 m 的地区，全年气温高于 10℃的日数极少，气温日较差十分明显，为 15 ～ 19℃，甚至可达 23℃。年降水量约 100 mm，以固态形式雪、霰、冰雹为主，具有高原寒带干旱气候特征。

2．高原温带　高原温带位于西藏境内的冈底斯山、念青唐古拉山、巴颜喀喇山东段一线，为高原温带与高原亚寒带的气候分界线，是青藏高原的一条重要的气候界线。此线以北，为广阔的高寒地区，以牧业为主；以南地区，可种植青稞、小麦等农作物。

3．亚热带山地和热带北缘山地　藏东南为喜马拉雅山南翼外缘低山地区，谷地多在 1000 m 以下，为热带北缘山地。气候异常温暖湿润，具有热带北缘、亚热带气候的特征，不同于高原气候。夏季受西南气流影响，降水丰沛，冬季寒冷气流受高大山体阻挡，气温远较同纬度地区高。

（三）自然资源

青藏高原的水资源以河流、湖泊、冰川、地下水等形式存在，以河川径流为主体，地表水和地下水总量 6386.6 亿立方米，其中地下水占 28.35%，水资源总量占中国的 22.71%。外流水系流域面积占高原总面积的 53.56%。且湖泊众多，共有大小湖泊 1500 多个，总面积为 42 816.10 km^2，约占全国湖泊总面积的 49.5%，较著名的湖泊有纳木错、青海湖、察尔汗盐湖、鄂陵湖等。高原冰川总面积 49 800 km^2。

青藏高原土地资源地域分布明显，数量构成极不平衡。宜牧土地占总土地面积的 53.9%，宜林土地占 10.7%，宜农土地占 0.9%，暂不宜利用的土地占 34.5%。宜农土地资源主要集中于高原南部雅鲁藏布江中游干支流谷地，东南部怒江、澜沧江、金沙江等干支流谷地，东北部黄河及湟水谷地，北部柴达木盆地周围。

青藏高原的动植物资源也很特别。低等动物方面，仅西藏有水生原生动物 458 种，轮虫 208 种，甲壳动物鳃足类 59 种；昆虫 20 目、173 科、1160 属、2340 种。脊椎动物方面，在整个青藏高原有鱼类 3 目、5 科、45 属、152 种；陆栖脊椎动物共有 3 生 3 属、1047 种，占中国该类动物总数的 43.7%。在已列出的中国濒危及受威胁的 1009 种高等植物中，青藏高原有 170 种以上，高原上濒危及受威胁的陆栖脊椎动物已知有 95 种。植物资源方面，青藏高原有维管束植物 1500 属、12 000 种以上，约占中国维管束植物总属数的 50% 以上、总种数的 34.3%。

青藏高原是中国重要的牧区，全区天然草地类型归结为高山草甸草地类、高山灌丛草甸草地类、亚高山疏林灌木草甸草地类、高山草原草地类、高山山地荒漠草地类、高寒沼泽草地类、山地灌丛草地类和高山稀疏及垫状草地类等八种类型的草地资源。其中，高山高寒草地是分布最广、面积最大的草地类型。

青藏高原也是中国重要的林区，常见的树种有乔松、高山松、云南松、铁杉，大果红杉、西藏柏和祁连圆柏等，森林类型主要有亚高山暗针叶林带、松林、亚热带长绿阔叶林、低山热带森林、落叶阔叶林和落叶松林等。青藏高原虽然森林类型多样、树种繁多，但森林覆盖率低，而且分布不均匀；森林面积也较小，但其森林蓄积量和单位面积蓄积量较高，特别是西藏，森林蓄积量达到 22.66 亿立方米。

青藏高原地域广阔，有形成于各种环境下的丰富物质。在已发现的 100 多种矿产资源中，已探明部分储量的有近 70 种，其中铬、铜、铅、锌、水晶、石棉、盐湖、水热矿产储量较大；银、金、锡、铂族元素、稀土元素矿产储量也比较可观。其中，铜矿分布广泛，规模和储量都较大，最典型的铜矿是藏东的玉龙铜矿，初步探明铜金属资源储量达 650 万吨。

光照和地热资源，青藏高原光照资源丰富。年太阳总辐射量为 5000 ～ 8000 MJ/m^2，年日照时数除东部、南部少数地区少于 2500 h 外，大多数地区为 2500 ～ 3400 h。光资源不仅丰富，而且季节分配较均匀，有利于农业和太阳能资源开发利用。地热资源特点是热田多、分布广、热储量高。青藏高原的温泉多达 600 多处，其中许多都是高温沸泉，温度超过了当地的沸点，特别是藏南沿雅鲁藏布江及其两侧，大量的高温沸泉、间歇泉和喷气孔广泛分布。羊八井地热田成为中国较早开发的一个地热田，被用来发电、取暖和温室灌溉等。

（四）人文历史

青藏高原的自然历史发育极其年轻，受多种因素共同影响，形成了全世界最高、最年轻而水平地带性和垂直地带性紧密结合的自然地理单元，也是中华民族的源头地之一和中华文明的发祥地之一，形成了以藏族文化为主的高原文化体系。

1．藏族　藏族是青藏高原居住少数民族人数最多的民族，主要居住在西藏自治区、青海省的西南部和四川省西北部地区。其中，西藏自治区是全国藏族居民最集中的地区，全区藏族人口数量约为 314 万人，占全国藏族人口的 45%，占全区总人口的 86%。青海的藏族主要分布在玉树、果洛、海南、黄南、海北 5 个藏族自治州和海西蒙古族藏族自治州，此外在西宁（包括湟中、大通县）和海东地区也有部分藏族居住，人口数量为 153 万人。藏族普遍信仰藏传佛教，有自己的语言和文字，依地区划分为卫藏、康、安多三个方言。

藏族非常讲究礼仪，日常见到长者或尊敬的人要脱帽、弯腰，献哈达是藏族待客规格最高的一种礼仪，表示对客人热烈的欢迎和诚挚的敬意，以白色为主，也有浅蓝色或淡黄色的，蓝、黄、白、绿、红五彩哈达用于最高最隆重的仪式。民俗禁忌方面，藏族禁食驴肉、马肉和狗肉，忌食五爪类和飞禽类肉，反对捕杀野生动物。行路遇到寺院、玛尼堆、佛塔等宗教设施，必须从左往右绕行；不得跨越法器、火盆；经筒、经轮不得逆转。忌讳别人用手触摸其头，见面称呼时忌直呼其名等。

2．回族　回族人口数量约为 95 万人，信奉伊斯兰教，主要分布在青海省东部和东北部，以化隆、门源、民和、大通、湟中、祁连、贵德和西宁市东关较为集中。在青海省少数民族中，回族人口数量位居第二。忌食猪肉、狗肉、马肉、驴肉和骡肉，不吃未经信仰伊斯兰教者宰杀的和自死的畜禽肉。

3．蒙古族　蒙古族人口数量约为 11 万人。信奉藏传佛教。“那达慕”是蒙古族最隆重的节日，主要内容是赛马、摔跤和射箭。蒙古族忌讳任意打牧民的狗，忌讳食马、驴、骡等圆蹄动物；忌讳在蒙古包周围和麻尼杆附近及牲畜圈内大小便；忌讳将印有文字的纸，特别是印有蒙藏文的纸作手纸，蒙古包内的法器、经典、佛像等不准乱摸乱动。

4．土族　土族是青海高原最古老的民族之一，有着悠久的发展历史。人口总数约为 28 万人，原信奉多神教，部分信奉道教，元、明以后普遍崇信喇嘛教。主要聚居于青海省东部湟水以北、黄河两岸及其毗连地区，其中大多住在青海省互助土族自治县、民和县、大通县、乐都县、同仁县等地，还有一部分居住于甘肃省天祝藏族自治县。土族能歌善舞，民间文学艺术丰富多彩，饮食习惯与以农业为主兼营牧业的生产特点紧密相关，日常的主食以青稞为主。土族人禁忌众多，主要有忌吃马、骡、驴等圆蹄牲畜肉，忌在畜圈内大小便，忌用有裂缝的碗给客人倒茶，忌问客人“吃饭没有”或“吃不吃饭”等话，忌在客人面前吵架、打孩子；进土族人家，需先院外打招呼，待有人应后方能入院。不得随意进入年轻妇女卧室，不能同未婚姑娘开玩笑；在佛堂、大殿内忌吸烟、吐痰、乱翻乱摸和大声喧哗，忌从僧侣的跪垫和其他物品上跨过，忌对酥油灯打喷嚏和咳嗽，在佛堂里转经轮时，需从左向右，寺院附近禁止打猎和随地大小便等。

5．撒拉族　撒拉族人口总数约为 17 万人，信仰伊斯兰教，民族语言为撒拉语，宗教对其历史发展和政治、经济、文化等方面都有较深的影响。主要聚居在青海省循化撒拉族自治县，化隆回族自治县甘都乡、黄南藏族自治州河南蒙古族自治县、日月山以东的河湟流域以及西宁地区，其余散居于甘肃临夏和新疆伊犁地区。撒拉族食物以牛、羊、鸡肉为主。民俗禁忌方面和回族基本相近，忌食猪、狗、驴、骡、马等不反刍动物的肉、一切凶猛禽兽的肉、血液和自死之物。

二、云贵高原

（一）地形地貌

云贵高原地处青藏高原东侧向湖南、广西丘陵山地的过渡地带，北面有四川盆地，南面与广西壮族自治区相邻，靠近热带海洋。东西长约 1000 km，南北宽 400 ～ 800 km。主要分布在云南、贵州省境内，海拔 1000 ～ 2000 m，包括云南东部、贵州全省、广西西北部及四川、湖南、湖北边境一带，总面积约 500 000 km^2，面积与黄土高原大致相似，是中国第四大高原。

云贵高原地势从西北向东南呈现出阶梯式的下降，以乌蒙山为界，可将整个云贵高原进一步分为西部的云南高原和东部的贵州高原。云南高原总的地势呈现为北高、南低、西北最高、东南最低，由北向南呈阶梯式下降。其西北部为云贵高原地势最高带，海拔一般在 3000 ～ 4000 m，有玉龙雪山、梅里雪山、哈巴雪山等许多终年积雪的高山。云南省境内最高点位于云南和西藏自治区交界的德钦县梅里雪山主峰卡格博峰，海拔 6740 m，最低点则位于云南省东南部红河与南溪河交汇处，海拔仅为 76 m。而贵州高原地势自西向东、自中部向南部和北部三面倾斜，境内主要山脉有 4 条，山脉大体上呈现出东北 - 西南走向，西北部乌蒙山与云南相邻，呈现出南北走向，海拔一般在 2000 ～ 2400 m。最高点位于赫章和水城县交界处的韭菜坪，海拔高度 2900 m。云贵高原有连片的喀斯特山地分布，较集中的地区为滇、黔、桂毗邻地带，总面积近 170 000 km^2，喀斯特地貌在贵州省就占总面积的 70% 以上。云贵高原分布着广泛的岩溶地貌，是世界上岩溶地貌发育最完美、最典型的地区之一，总分布面积约占云南省面积的 50% 以上。

（二）气候环境

云贵高原上属亚热带湿润区，为亚热带季风气候，其中西双版纳地区为热带季风气候，在地形上虽为高原，由于海拔高度、大气环流条件不同，气候差别显著。温度分布主要受高度的影响，立体气候特征、热量垂直分布差异明显，从河谷至山顶分别出现热带、亚热带、温带、寒带的热量条件。由北向南年平均气温为 3.0 ～ 24.0℃，最冷月 1 月平均气温为 −6.0 ～ 16.6 ℃，最热月 7 月平均气温为 16.0 ～ 28.0℃，年平均气温在 5 ～ 24°C，呈现出南高北低，西南最高，西北最低的分布。受西南季风的影响，形成冬干夏湿、干湿季节分明的气候特征，全年降水量在 1500 ～ 1750 mm，4 ～ 10 月降水量占全年总降水量的 85% ～ 95%。云贵高原日照时数偏少，太阳辐射量太阳辐射年总量经向分布差异大，东部为 3400 ～ 3800 MJ/m^2，西部为 5000 ～ 6000 MJ/m^2，是中国日照较少的地区之一。云贵高原中部和西北部地区海拔较高，年平均风速可达 2.1 ～ 3.2 m/s，而云南省西南部和贵州省的东部、南部、北部边缘地区海拔较低，年平均风速在 0.5 ～ 1.1 m/s，为云贵高原年平均风速低值区，也是中国的弱风区之一。在各个季节中，西部云南省的风速均比东部贵州省的风速相对较大。

（三）自然资源

云贵高原丰富多样的自然环境，造就了生物的多样性和文化的多样性，也是六大水系金沙江、南 / 北盘江、元江、澜沧江、怒江、伊独龙江等六大水系的分水岭。湖泊分布主要在云南的金沙江、南盘江、元江分水岭地区及横断山地东侧，包括云南的滇池、洱海、抚仙湖等湖泊 30 余个。贵州只有威宁草海见于记载，西昌有邛海，广西西北部无较大湖泊。

云贵高原是中国森林植被类型最为丰富的区域，分布着包括雨林、季雨林的热带森林，以及包括季风常绿阔叶林、半湿润常绿阔叶林、暖热性针叶林、暖性针叶林的亚热带森林。随着海拔升高，还分布着温性针叶林、寒温针叶林、灌丛草甸和高山苔原植被，森林覆盖率达到 65.04%。据统计，云南省的植物居中国各省市之首，有 426 科、2597 属与 13 278 种，被称为“植物王国”。贵州的植物有 284 科、1543 属、5593 种；广西的植物为 280 科、1670 属、6000 余种，亦居全国前列，大多数植物的科属种为热带、亚热带区系成分，滇黔中部、横断山地则有不少温带与热带亚热带的植物混杂。除各类药材和经济作物外，云贵高原盛产樟木、高山栎、杉木、松木、柏木等珍贵木材和各种竹类。动物资源丰富，如云南省的野生脊椎动物种类居全国之冠，其中兽类占中国兽类的 51.1%，鸟类占 63.5%，两栖动物占 39%，淡水鱼类占 49%。据初步统计，云贵高原湿地分布有高等植物 1642 种，隶属 495 属、172 科；湿地野生动物 742 种，隶属 68 科、24 目、4 纲，其中鱼类 432 种，两栖类 106 种，爬行类 63 种，鸟类 134 种，兽类 6 种。

矿产资源方面，云贵高原的矿藏不仅储量大，品位通常也较高。中国磷矿 80% 以上分布在滇、黔、鄂、川、湘五省；82% 探明储量的铝土矿集中在晋、豫、黔、桂四省区；贵州汞的探明储量占全国的 71%。川、滇铜矿的保有储量占全国的

14%。滇西是中国铅锌矿的重要储区。钨、锡矿主要集中在赣、湘、桂、滇等省区，黔、滇、桂等省区还储有丰富的金矿。云贵高原水能资源丰富，是西电东送的南通道和重要输出地，截至2009年，西南国际诸河水能蕴藏年发电量8488.6亿千瓦时，占全国14.3%，开发水能资源2098.68亿千瓦时，占全国10.9%，金沙江水能资源蕴藏量占云南全省水能资源总量的38.9%。

延伸阅读

中国地形之最

中国四大高原：青藏高原、云贵高原、内蒙古高原和黄土高原。

中国四大盆地：柴达木盆地、塔里木盆地、准噶尔盆地和四川盆地。

中国三大平原：东北平原、华北平原和长江中下游平原。

中国三大丘陵：东南丘陵、山东丘陵和辽东丘陵。

（四）人文历史

云贵高原居住有30余个少数民族，是中国少数民族种类最多的地区，是南方四大族系——氐羌、百越、苗瑶和百濮分布相对密集的地区。云南、贵州两省总人口数达到8542万人，少数民族占1/3，是汉族移民较多的两个省。各民族在发展过程中保留了自己原有的、丰富多彩的文化传统，是古人类起源与扩散的重要地区，历史上存在着夜郎、南诏、大理国等地方民族政权，创造了灿烂的西南夷文化，包括滇文化、青铜文化、昆明文化、古羌人文化、夜郎文化等。云南全省25个世居少数民族中，除回族、水族、满族3个少数民族通用汉语外，其余22个少数民族使用26种语言，14个民族使用22种文字。众多的民族决定了其服饰种类的复杂多样，不仅每个民族都有自己不同于其他民族的独特服饰，同一个民族内部、不同支系之间，服饰也有区别，总体来说可以归为披毡民族、筒裙民族、蜡染服饰民族三种类型。云贵高原的地理环境造就了各民族间优长互补、相互依存的独特民族关系格局。

云南成为中国迄今所知最早的古人类发源地，继元谋人之后，云南还发现了可能属于早期智人（古人）的昭通人，属晚期智人（新人）的西畴人、丽江人等。进入新石器时代，人类活动的遗迹已遍布云南全境，迄今所发现的300多处新石器时代遗址和地点，几乎遍及全省所有县市。自远古迄于清代，云南境内的民族迁徙流动几乎从未停止过，在云南原始土著居民的基础上，氐羌族群和苗瑶族群南下，百越族群西进，百濮族群北上，再加上大批汉族移民以及回族、蒙古族、满族的迁入，就使云南成为世所罕见的多种民族和多元文化汇聚地。

贵州也是古人类发祥地之一，远古人类化石和远古文化发现颇多。据考古发现，中国南方主要的旧石器时代文化，差不多都是在贵州境内发现。贵州省已搜集整理的民族古籍有5000多万字，已公开出版的有近100种，比较重要的有《苗族古歌》《布依族古歌》《侗族大歌》《西南彝志》《红白杜鹃花》《物始纪略》《好花红》《古谢经》《水书》等。其中，《水书》有水族“百科全书”之称，2003年3月纳入首批“中国档案文献遗产名录”。据初步统计，全省民族古籍藏量在20 000册以上。

三、内蒙古高原

（一）地形地貌

内蒙古高原位于中国北部，大兴安岭、阴山山脉和北山山系连接而成的隆起带以北至中国和蒙古国边界线构成了内蒙古草原的主体，是中国四大高原中的第二大高原，是蒙古高原的一部分，又称北部高原。中国与蒙古国的边境线长约4710 km，其中内蒙古自治区与蒙古国边境线超过3170 km。狭义的内蒙古高原位于阴山山脉之北，大兴安岭以西，北至国界，西至东经106°附近，面积约340 000 km^2。广义的内蒙古高原还包括阴山以南的鄂尔多斯高原和贺兰山以西的阿拉善高原，面积约700 000 km^2。一般海拔1000～1200 m，南高北低，北部形成东西向低地，最低海拔降至600 m左右，古有“瀚海”之称。

内蒙古高原上普遍存有5级夷平面，形成层状高原。内蒙古高原戈壁、沙漠、沙地依次从西北向东南略呈弧形分布：高原西北部边缘为砾质戈壁，往东南为砂质戈壁，高原中部和东南部为伏沙和明沙。伏沙带分布于阴山北麓和大兴安岭西麓，呈弧形断续相连；明沙主要有巴音戈壁沙漠，海里斯沙漠、白音察干沙漠、浑善达克沙地、乌珠穆沁沙地、呼伦贝尔沙地等。高原上既有碧野千里的草原，也有沙浪滚滚的沙漠，是中国天然牧场和沙漠分布地区之一。草原面积约占高原面积的80%，属欧亚温带草原区的一部分；沙漠分布面积占全国沙漠总面积的37.8%，较大的沙漠有巴丹吉林沙漠、腾格里沙漠、乌兰布和沙漠和库布齐沙漠等。

内蒙古高原按其地貌组合特点，可划分为呼伦贝尔高平原、锡林郭勒高平原、乌兰察布高平原和巴彦淖尔-阿拉善高平原四个部分。

呼伦贝尔高平原位于内蒙古高原的东北部，由大兴安岭西麓的山前丘陵和高平原组成，海拔高度600～900 m。

锡林郭勒高平原占据内蒙古高原的中段，位于阴山山地以北、大兴安岭以西、集（宁）—二（连浩特）铁路线以东，北与蒙古国相接。地势南北高、中间低，四周向党中央倾斜，海拔1000～1300 m。锡林郭勒高平原东半部以乌拉盖河为中心的洼地为内流水系的冲积平原，形成乌珠穆沁盆地，中央最低部分海拔500 m左右。

乌兰察布高平原位于阴山山脉以北，海拔1000～1500 m。其南部是阴山北麓的山前丘陵，丘陵以北是地势平缓的凹陷地带，海拔1400 m左右。凹陷带以北为一横贯东西的石质丘陵隆起带，海拔在1500～1600 m，剥蚀比较强烈。由此往北则进入逐级下降的层状高平原地区，海拔1000～1300 m。

巴彦淖尔-阿拉善高平原位于内蒙古高原的最西部，由阿尔泰山、狼山、贺兰山、龙首山、合黎山和马宗山等山地围绕的广大区域，海拔1000～1500 m。地势大体向北倾斜，南部海拔1300 m以上，中部海拔约1200 m，北部降至900～1000 m左右，近中蒙边界地势海拔1100～1200 m。

（二）气候环境

内蒙古高原距离海洋较远，边沿有山脉阻隔，气候以温带大陆性季风气候为主。有降水量少而不匀、风大、寒暑变化剧烈的特点。大兴安岭北段地区属于寒温带大陆性季风气候，巴彦浩特-海勃湾-巴彦高勒以西地区属于温带大陆性气候。总的特点是春季气温骤升，多大风天气，夏季短促而炎热，降水集中，秋季气温剧降，霜冻往往早来，冬季漫长严寒，多寒潮天气。夏季风弱，冬季风强，气候干燥，冬季严寒，日照丰富。年均温3～6℃，西高东低，1月均温−28～−14℃，极端最低温可达−50℃。7月均温16～24℃，炎热天气很少出现。太阳年总辐射量500～670 KJ/cm^2，年日照时数2600～3200 h，是全国日照时数较多地区之一。降水量分布东多西少，介于150～400 mm，6～8月集中，占年降水量的70%。也是中国多风地区之一，年均风速4～6 m/s，8级以上大风日数50～90天，冬春两季占全年大风日数的60%左右。

（三）自然资源

内蒙古高原是中国重要的牧场，草原面积约占高原面积的80%，属欧亚温带草原区的一部分。植物种类以多年旱生型温带草本植物占优势，最主要为丛生禾草，次为根茎禾草，杂类草及旱生小灌木和小半灌木成分。森林草原带的牧草高大茂密，种类多，草层高度50～60 cm，覆盖度65%～80%，以杂类草为主，富含碳水化合物，适宜饲养牛和马。典型草原带的牧草高度在30～40 cm，覆盖度35%～45%，以禾本科牧草占优势，蛋白质含量显著增高，是中国最大的绵羊及山羊放牧区。

荒漠草原带的牧草低矮、稀疏，草层高10～15 cm，覆盖度15%～25%，种类贫乏，旱生、丛生小禾草和旱生小半灌木起建群作用，但脂肪和蛋白质的含量高，适合放羊，且以山羊居多。荒漠带以小半灌木占绝对优势，草层高度15～50 cm，覆盖度一般5%～10%，牧草质量差，含灰分高，具有带刺含盐的特点，是中国骆驼主要产区之一。

（四）人文历史

内蒙古高原人口数量较少，平均每平方千米仅3人，为蒙古族、达斡尔族、鄂温克族、鄂伦春族和汉族等各族人民长期从事畜牧、狩猎以及农业生产的地区。内蒙古高原有许多别称，在中国古代各民族商周至春秋战国时期，甲骨文中有“土方”“鬼方”的记载，史书中则记载有“戎”“狄”等族称。其中，内蒙古自治区地处内蒙古高原和中部高原之间，古代曾在这里活动过的游牧部族有10多个，是中华文明的重要发祥地之一，是“中华文明曙光升起的地方”，历史上曾有乌桓、柔然、敕勒、回鹘、鲜卑、匈奴、突厥、契丹、女贞和蒙古等十多个民族曾在这里繁衍生息，从而形成了源远流长、特殊的历史文化积淀，创造了悠久灿烂的草原文化。在这片广袤的土地上，曾留下众多的文化遗存，如大窑文化、夏家店文化、红山文化等。

内蒙古素有“歌乡”“舞海”的美称，优秀文化艺术传统源远流长，构成了中华民族文化艺术巨幅画卷中璀璨夺目的篇章。历史上曾留下了《蒙古秘史》《江格尔》《格斯尔》等著名的文学作品，以及歌舞、乐器、绘画等珍贵的民族文化遗产。那达慕大会是蒙古族具有鲜明民族特色的传统盛会，又称那雅尔，源于七百年前，每年多在草原牛羊肥壮、稻谷飘香的农历六月初四举行，赛马、摔跤、射箭是大会主要的三项赛事活动，还有棋艺、歌舞会等活动。在历史的发展长河中出现了一批杰出的历史人物及当代名家，如古代成吉思汗、俺答汗、三娘子，当代地质学家李四光、生物学家旭日干等众多著名人物。首府呼和浩特更是一座历史文化名城，这里有各种召庙50多座，最为著名的是大召、席力图召、乌素图召、喇嘛洞召。城郊有不少草原旅游点，那里芳草萋萋，牛羊遍地，鸟语花香，富有浓郁的塞外风情。

四、黄土高原

（一）地形地貌

黄土高原在中国北方地区与西北地区的交界处，位于中国第二级阶梯之上，海拔高度800 ~ 3000 m。北起长城，南达秦岭，西抵祁连山，东至太行山，横跨陕西、山西等六个省区，东西长超过1000 km，南北宽750 km，总面积达580 000 km^2，是世界上黄土分布最广阔、最深厚、也最典型的黄土地貌区。

黄土高原地势西北高，东南低，自西北向东南呈波状下降，以六盘山和吕梁山为界，将黄土高原分为东、中、西三部分。六盘山以西的黄土高原西部，海拔2000 ~ 3000 m，是黄土高原地势最高的地区。黄土高原分为山地区、黄土丘陵区、黄土塬区、黄土台塬区、河谷平原区。其中，山地区包括黄土高原西部湟水与黄河谷地之间的拉脊山、马衔山等，海拔3000 ~ 4000 m，相对高差1000 ~ 2000 m，地势高亢，河谷深切，谷坡陡峭，是黄土高原海拔最高的石质山地。黄土高原中部的六盘山、白于山、崂山、子午岭、黄龙山、关中盆地北侧的北山等主要为石质或土石中山。白于山海拔1500 ~ 1800 m，是洛河、延河、无定河、清涧河等的发源地，山体黄土厚度50 ~ 70 m，岭脊起伏和缓，山坡流水侵蚀、重力侵蚀活跃，是黄土高原典型的土石山地。丘陵区是黄土高原面积最为辽阔的地貌区，占黄土高原面积的56.79%。由于丘陵区面积广大，各地之间存在着较大的差异：甘肃临夏、和政、渭源等地为土石丘陵，海拔1900 ~ 2300 m，相对高差150 ~ 250 m，坡面沟谷侵蚀强烈。黄土塬区主要分布在陕甘宁盆地南部与西部以及陇西盆地北部，洛川塬、董志塬、长武塬、白草塬是黄土塬的代表。黄土台塬区主要分布在关中盆地、汾河谷地、豫西、晋南黄河沿岸。河谷平原区包括关中平原、汾河谷地平原和伊洛河下游平原，是黄土高原面积最大的三个平原。

（二）气候环境

黄土高原地理位置处在沿海向内陆，平原向高原过渡地带，自南而北兼跨暖温带、中温带两个热量带，自东向西横贯半湿润、半干旱两个干湿区。高原东部、南部属于暖温带半湿润区，中部属于暖温带半干旱区，西部和北部属于中温带半干旱区。黄土高原的气候既受经纬度的影响，又受地形的制约，具有典型的大陆季风气候特征。

黄土高原区域年平均温度为3.6 ~ 14.3℃，具有冬季严寒、夏季暖热的特点，气温年较差和日较差大，且东部和西部的温度变化较大。黄土高原东西之间降水差异较大，由于位于中纬度地带的东部季风区，又属高空盛行西风带的南部，形成了黄土高原夏秋季多雨、冬春季干旱少雨的降水特征，年降水量为150 ~ 750 mm。一年之中，降水多集中在7 ~ 9月，占全年降水量的60% ~ 80%，冬季降水一般占到5%左右。黄土高原的蒸发量普遍高于实际降水量，年蒸发量为1400 ~ 2000 mm，其总体趋势是南低北高，东低西高。就年蒸发的变率而言，一般是春末夏初最高，冬季最小。

（三）自然资源

黄土高原是中国重要的能源、化工基地。黄土颗粒细，土质松软，其中黄土中易溶性化学成分含量较高，含有石英占重量的50%左右，长石占20%左右，碳酸钙占10%左右。就化学组成而言，以二氧化硅占优势（50%），其次为三氧化二铝（8%～15%）、氧化钙（10%左右），以及三氧化二铁、氧化镁、氧化钾、氧化钠等60多种丰富的矿物质，利耕作，盆地和河谷农垦历史悠久。除少数石质山地外，黄土厚度在50～80 m，最厚达150～180 m。

黄土高原区域水系以黄河为骨干，发源于黄土高原的河流较多，约有200条，河川径流（不包括黄河干流）的年径流总量为185亿立方米。自然植被方面，黄土高原地区森林资源贫乏，是典型的少林地区。全区林业用地面积972.33万公顷，其中包含林地面积为450万公顷。森林覆盖率为7.16%，较全国的森林覆盖率（12.98%）低5.82%。全区有草场3.5亿亩，约占总土地面积的1/3，占中国草场面积的7.4%。黄土高原干旱少雨，风蚀、水蚀十分严重，自然灾害频繁，再加上过度放牧等人为破坏，草场退化严重，沙化草场占草场总面积的90.6%。黄土高原地区的太阳辐射总量为5000～6300 MJ/m^2，年日照时数2000～3100 h，日照率达50%～70%，光能丰富、日照充足。黄土高原地区探明有储量的矿产种类共有77种，包括能源矿产、金属矿产及非金属矿产三大类。在中国45种主要矿产中，黄土高原地区具有34种。煤炭资源储量大，煤矿产量占中国的70%以上，天然气资源丰富，是中国陆地最丰富的天然气盆地之一。铝土矿储量占中国的58%；钼矿储量占中国的36%；稀土矿占中国的95%；铌矿占中国的一半以上；铜、铅、锌、铁、硫铁、天然碱、芒硝、沸石、石膏等储量都居重要地位。

（四）人文历史

黄土高原是中华民族的发祥地之一，新石器时期文化遗址在黄土高原南部分布广泛，尤其在汾渭河谷地和豫西地区最为稠密。距今约5500年前，黄土高原西部史前人类已经开始从事以粟为主的旱作农业。《诗经》记载黄土高原南部野鹿成群，虎豹出没，森林面积广大，农耕面积有限。至战国末农耕业主要集中在太原—龙门—天水以南地区，以北畜牧业仍占优势，整个黄土高原人口稀少，开垦指数不高。秦汉时期是中国农业发展的第一个高峰，农耕文化大举进入黄土高原，西汉元始二年黄土高原地区有人口880万人，人口的增加和农耕的发展使部分林草地被开垦，但开垦程度较高主要在南部的关中、洛阳盆地和天水盆地。东汉、三国、两晋、十六国、南北朝时期黄土高原战争频繁，社会动乱，人口大量减少，原来的农耕区向南退缩，黄土高原的广大地区重新成为游牧区，生态环境得以恢复。隋唐时中国重新归于统一，随着经济的发展，黄土高原人口增加，农耕业逐步代替游牧业。

黄土高原之上孕育了黄土地的独特文化，产生了以窑洞为代表的民居和以信天游、安塞腰鼓为代表的民间文艺。窑洞是中国北方黄土高原上特有的民居形式，具有十分浓厚的汉族民俗风情和乡土气息，是冀北地区人民传统居住形式，浓缩了冀北地区的历史文化，社会民俗、人文风采，孕育了独特的黄土高原人文风情。信天游是黄土高原广泛流行的一种民歌曲牌，风格朴野、简练、豪迈，有浓郁的西北高原韵味。信天游的词文平白易懂，一般两句一段，每句70个字不等，多用比喻手法。信天游的曲牌共有几十种，大都高亢、嘹亮、刚健，内容广泛，多为即兴而歌，其中大部分歌咏爱情，表达对美好人生的渴望，比较著名的曲子有《走西口》等。安塞腰鼓是一种独特的民间大型舞蹈艺术形式，具有2000年以上的历史。

参考文献

[1] 查瑞波，孙根年，治宝，等．青藏高原大气氧分压及游客高原反应风险评价［J］．生态环境学报，2016，25（1）：92-98.

[2] 戴霄晔，王铮，刘涛．我国高原健康环境评估［J］．山地学报，2006，24（3）：312-319.

[3] 蒋贵彦，孙根年，王林．青海省旅游气候舒适性评价及不利因素分析［J］．干旱区资源与环境，2011，25（7）：215-221.

[4] 马福海，王发斌，樊蓉芸．青海高原训练的理论与实践［M］．北京：人民体育出版社，2008.

[5] 翁庆章，钟伯光．高原训练的理论与实践［M］．北京：人民体育出版社，2002.

[6] 谢印芝，尹昭云，洪欣，等．试述高原医学基本名词术

语的概念与定义［J］. 高原医学杂志，1998，1998（1）：1-4.
［7］张彦博，汪源，刘学良，等. 人与高原［M］. 西宁：青海人民出版社，1996.
［8］周淑贞，张如一，张超. 气象学与气候学［M］. 3 版. 北京：高等教育出版社，1997.
［9］周兆年. 低氧与健康研究［J］. 中国基础科学，2003，10（5）：20-25.
［10］Corsonello A，Pedone C，Scarlata S，et al. The oxygen therapy［J］. Curr Med Chem，2013，20（9）：1103-1126.
［11］Lewis J M，Fontrier T H，Coley J L. Respiratory alkalosis may impair the production of vitamin D and lead to significant morbidity，including the fibromyalgia syndrome［J］. Med Hypotheses，2017，102：99-101.
［12］Luks A M，Hackett P H. Medical conditions and high-altitude travel［J］. N Engl J Med，2022，386（4）：373-386.
［13］Semenza G L. Hypoxia-inducible factors in physiology and medicine［J］. Cell，2012，148（3）：399-408.

第二章

高原高寒山地环境对人体的影响

高原高寒山地自然环境对人体的影响是多方面的，包括低压、低氧、高寒、日夜温差大、太阳辐射量及宇宙射线辐射量高、空气湿度小等，但是对人体影响最大、最明显的是大气压降低所致的低氧环境。研究表明，平原人进入高原环境后，体力劳动能力明显下降，部分人可发生急性或慢性高原病。但是人体对高原环境也具有强大的习服适应能力，研究证实，大多数人在到达海拔 3000 m 以上高度的地区后，会出现较为明显的低氧症状和体征，人体对低氧的生理性习服和适应改变会变得更加明显，涉及机体的神经、呼吸、血液、循环、消化、泌尿、生殖、内分泌、免疫等多个系统，在整体、系统、器官、组织、分子和基因水平上均有所表现，影响机体的功能、代谢和形态结构，且这种变化逐渐从可逆性损伤过渡到不可逆性损伤，具有明显的生物学特征。

第一节　高原习服和高原适应

一、概念

高原低氧环境中存在的生物（包括人类）在这种特殊环境下，机体各系统都会发生一系列器官功能和结构等生理性适应反应以应对环境的变化，其表现为高原习服（acclimatization）和高原适应（adaptation）两种形式。

高原习服是指平原人在高原经数周、数月甚至多年而产生的一系列反应过程，仅表现为功能和结构的调整和代偿，是一种可逆的非遗传性的生理和形态变化，称为习服。不管是高原世居人群还是高原移居人群，一般由平原或由较低海拔地区进入高原或更高海拔地区后，机体为适应高原环境在神经 - 体液调节下会发生一系列的代偿适应性变化，这个过程也是高原习服的过程。

高原习服可分为短期习服（几天、几周、几个月）和长期习服。短期习服就是初进高原的习服，包括酸碱平衡的变化，肺通气的调节能力和氧的结合能力得到改进。长期习服包括氧运输能力、细胞代谢效率、肺和肌肉的血管分布增加等生理性习服。

高原适应是指世居高原民族或生物在高原特殊环境世世代代的自然选择后，通过长期基因突变，使功能结构发生深刻改造和重建，而这些特性又通过生殖遗传给后代而巩固下来，反映了对低氧环境真正的遗传选择性反应，称之为适应。也可以说是高原低氧适应（high altitude hypoxia adaptation），这是世居高原的人或高原土生动物为了能在高原上生存，适应低氧环境所产生的一种非可逆、可遗传的形态机构、生理生化方面的改变过程，高原原生动物和世居人群世代在低氧环境下生存、进化的结果，是机体克服低氧环境得以生存的有效途径。

二、基本过程

机体的生理性习服和适应突出表现在呼吸、循环、运动、免疫和内分泌等系统，产生这种变化的主要原理是初登高原地区的人由于低氧而通过外周化学感受器（颈动脉体）间接刺激呼吸中枢，引起早期通气增加，机体可吸入更多的氧气以进行代偿，此过程即人体对高原低氧的适应过程。一般需要 1 ～ 3 个月的时间便可逐渐过渡到稳定适应，我们把这个过程称为高原习服。研究发现，海拔越高，大气中氧分压越低，则机体缺氧程度也相应加重。

人体对高原环境的个体适应差异极大。一般来说，海拔 3000 m 以下缺氧程度较低，人体适应较快。有研究认为，要在 2300 m 的高原达到一定程度的习服，最少需要停留 2 周，一般需 3 ～ 4 周的时间，但通过习服获得的适应变化，返回平原后 2 周即可消失。在 3000 ～ 4200 m 的高度，对于急进高原和久居高原的人来说，大部分人均能较好适应。但急进高原者容易出现高原反应症状，如头痛、头晕、失眠、厌食、恶心、呕吐、双额部疼痛等，此外还可出现心悸、胸闷、气短、口唇和甲床发绀等症状。在 4200 ～ 5330 m 的高度，仅有部分人可以较好适应，且需较长时间。而当海拔达到 5330 m 左右时，这是人体对缺氧环境的适应临界高度，非常容易出现缺氧反应。另外，登高速度与劳动强度也均能影响高原反应的程度，精神过度紧张、疲劳、感染、营养不良以及低温等因素对高原反应的发病程度也有影响（图 2-1-1）。

三、表现

（一）良好表现

通过移居高原者获得性习服和高原世居者遗传适应，高原环境能够调动人体体内的生理功能活动，表现在心血管、呼吸、代谢和运动等系统功能的提高和组织细胞水平的改善（表 2-1-1）。

（二）不适表现

虽然大部人对高原环境具有强大的习服适应能力，但也一少部分人在由平原进入高原后或者由低海拔地区进入高海拔地区后，由于机体代偿适应性反应不足或过于强烈而发生习服不良，从而出现高原反应，以及急、慢性高原病，严重的

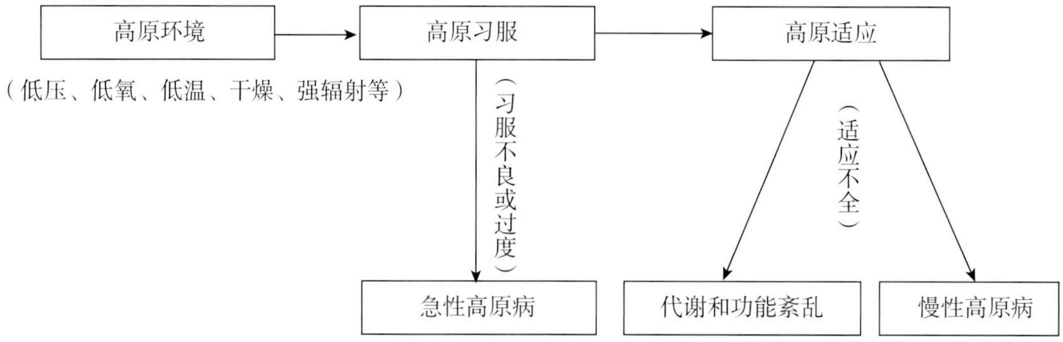

图 2-1-1　高原习服与适应转归图

表2-1-1　高原低氧环境移居与世居人群习服和适应表现

机体系统	高原移居者习服表现	高原世居者适应表现
心血管系统	毛细血管数量和密度增加；肺血管阻力下降；红细胞和血红蛋白数量适度增多，血液携氧能力提高，周围血流重新分配；心率降低；血压下降	心输出量增加，心功能增强；无红细胞数量增多；无肺动脉高压症；血管周围阻力降低，毛细血管增生
呼吸系统	运动状态下潮气量及肺泡血流量增加，肺泡通气和肺弥散功能提高；肺活量增加	通气增强，肺泡数量明显增多，肺功能显著增强
代谢系统	体重下降，体脂率降低	高密度脂蛋白水平增高，低密度脂蛋白水平较低；糖尿病、肥胖症发生率低
运动系统	无氧代谢能力增强，氧气利用率改善，运动耐力增强	最大摄氧量、无氧代谢阈值、最大运动负荷功率均较高

还可能影响健康，甚至出现死亡。

1．高原反应　高原反应是指由于机体快速进入高原或更高海拔地区后，因空气干燥、紫外线照射、寒冷等因素，以及更深程度的缺氧，造成机体难以适应，从而引发的一系列症状和功能代谢变化。高原反应是最常见的一种病症，多数人在2周内机体就可以建立代偿适应功能，症状可自行消失。其发生机制见图2-1-2。

Lee等研究发现，初入高原的人到海拔1000 m以上的缺氧环境时，就会出现高原反应，随着海拔高度的增加，高原反应发病率也逐渐增加。一般在3500 m以下发病率为37% ～ 51%，3600 ～ 5000 m的发病率约为50%。Monigman等在瑞士海拔3040 m、3680 m、4500 m高度进行调查，发现高原反应发病率分别为13%、34%和54%。国内研究报道，平原人快速进入海拔3000 m以上高原时，有50% ～ 75%的人会出现急性高原反应，其中在海拔2688 ～ 2888 m的发病率为6.1%，3050 ～ 3798 m的发病率为39.9%，4050 ～ 5180 m的发病率为92.9%，但经3 ～ 19天的习服后症状逐渐消失。曹祯吾等研究结果表明，在海拔3000 m、3658 m、3900 m以及4520 m高原地区，急性高原反应的发病率分别为56.5%、63.7%、87.6%和91.1%。张西洲等对快速进驻喀喇昆仑山海拔5010 m、5200 m和5380 m的134例男性青年进行急性高原反应发病情况调查，结果显示进驻第2天急性高原反应的发病率分别达到73.1%、85.2%和100%。研究认为，进驻高海拔5000 m以上的地区时，第1 ～ 3天急性高原反应发病率最高。

高原反应按照病症可分为急性高原反应和慢性高原反应。

（1）急性高原反应：急性高原反应一般是指人体进入海拔3000 m以上的高原地区后，出现的一系列非特异性临床综合征。临床症状包括头晕、头痛、心悸、气短，重者有食欲减退、恶心呕吐、失眠、疲乏、腹胀和胸闷等。检查时有口唇轻度发绀、面部水肿等。

急性高原反应发病率与进驻高原速度密切相关，海拔上升的速度越快，对人体造成的缺氧应激就越强，发病率也就越高。除此之外，到达的海拔高度、在高原停留的时间、高原体力活动量和个体对缺氧的敏感性等都与急性高原反应的发病率密切相关。急性高原反应多发生在进入高原后的24 h内，一般在1 ～ 2周内即可适应，症状自行消失。但有少数患者会发展成病情较重的高原肺水肿、高原脑水肿，因此要密切观察患者病情进展情况，及时救治。

（2）慢性高原反应：慢性高原反应多由急性高原反应的症状持续不消退所致，极少数人的急性高原反应症状会持续3个月以上，并转为慢性高原反应。一般会出现某些器官或系统的轻度异常，如低血压、脉压缩小、心肌缺氧等，患者有时可出现心率失常或短暂性晕厥。

2．高原病　高原病是人体暴露在高原低氧环境下所致的特发疾病，一般是指人体从平原进入海拔2500 m以上的高原地区，或者由高海拔地区进入更高海拔的地区时，由于人体对低氧环境的适应能力不全或者失调而引起的特发性疾病，又称高山病。高原低压性缺氧是致病的主要因素。

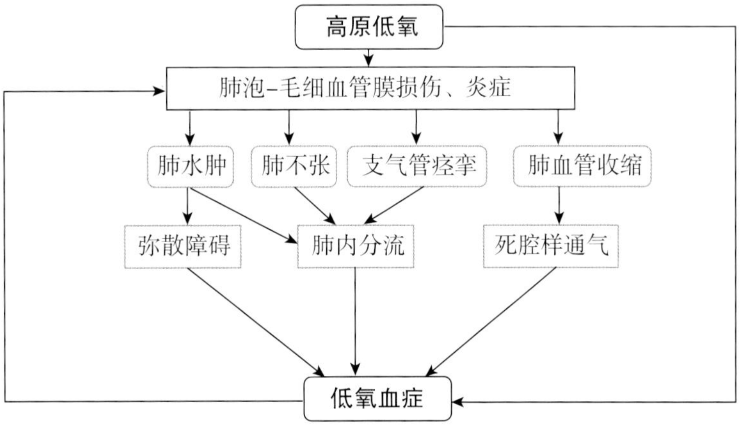

图2-1-2　高原反应产生的机制

高原病的发病原理是：人体进入高原后，缺氧导致血管代偿性新生，但由于新生血管较为脆弱，血管上皮细胞连接较松散，血液中的免疫细胞、免疫因子等容易渗入血脑屏障，导致脑组织发生炎症与水肿。此外，缺氧也会损伤线粒体功能，造成线粒体释放出大量的氧自由基、过氧化物自由基等活性氧物质，导致组织损伤。

此外，过度的体力劳动、精神情绪过度紧张、寒冷、上呼吸道感染、饮酒、过饱、水盐摄入不当，以及劳动与休息不平衡等是急性高原病的诱发因素。另外，冬季进入高原的发病率明显高于夏季，可能与冬季严寒的气候有关。有研究显示，进驻高原时，海拔高度越高、速度越快，发病率也越高。流行病学调查结果显示，高原病的总发病率为 25% ～ 80%，并随着海拔高度的增加，发病率会逐渐增长。其中，急性轻症高原病在海拔 2500 ～ 3000 m 的发病率为 25% 左右，达到 4000 m 以上后发病率达到 50%。如果是急进高海拔地区，如乘坐飞机进入 4000 m 以上高原地区，高原病发病率可达到 80%。一般来说，急性高原病多发于心肺功能低、运动量大的人群，而慢性高原病则易出现在中老年男性人群中，尤其是久居高原的移居人群以及少数居住在 4000 m 以上的世居人群。

高原病按照发病急缓可分为急性高原病和慢性高原病。根据中华医学会对我国高原病的命名、分型及诊断标准，高原病分类及特征如下（第三次全国高原医学学术会议）。

（1）急性高原病：根据病情症状分为急性轻症高原病和急性重症高原病，具体症状及临床表现如下。

急性轻症高原病是指人体由平原进入高原或者由低海拔高原进入高海拔高原后，短时间内出现一系列急性缺氧的表现，是急性高原病的最常见形式。主要症状包括头痛、头晕、恶心、呕吐、乏力等。头疼 + 其他两个症状为其诊断标准。出现急性轻症高原病相关症状达到急性高原病诊断标准的，成为急性高原反应。急性轻症高原病一般是在进入高原后数小时内发病，1 ～ 2 天症状明显，7 天后基本消失（表 2-1-2）。

表2-1-2 急性轻症高原病症状分度与评分

症状	具体表现	分度	评分
头痛	头痛较轻，无痛苦表情，不影响日常活动	±	1
	头痛较轻，有痛苦表情，服止痛药后明显好转，不影响日常活动	+	2
	头痛较轻，有痛苦表情，服止痛药后明显好转，影响日常活动	++	4
	头痛极重，不能忍受，卧床不起，服止痛药后无效	+++	7
呕吐	每日呕吐 1 ～ 2 次，呕吐物以食物为主，服止吐药后明显好转，不影响日常活动	+	2
	每日呕吐 3 ～ 4 次，最后呕吐物为胃液，服止吐药后有所缓解，影响日常活动	++	4
	每日呕吐 5 次以上，卧床不起，服止吐药无效	+++	7
其他症状	头昏、恶心、心慌、气短、胸闷、眼花、失眠、食欲减退、腹胀、腹泻、便秘、口唇发绀、嗜睡、手足发麻		1

急性重症高原病包括高原肺水肿和高原脑水肿（表 2-1-3）。

表2-1-3 不同海拔高原肺水肿和高原脑水肿患病情况

病种	海拔高度（m）					
	≤3600		3601～4600		4601～5072	
	患病人数	患病率（%）	患病人数	患病率（%）	患病人数	患病率（%）
高原肺水肿	137	0.50	40	0.28	97	1.00
高原脑水肿	77	0.28	56	0.38	21	0.22
高原肺水肿合并高原脑水肿	15	0.05	3	0.02	12	0.12

高原肺水肿一般发生于快速进入高原的人群中，病因为急剧缺氧导致肺血管剧烈收缩，出现肺间质或肺泡水肿等特征的急性高原病。其特点是发病急骤、病情进展迅速，如不能及时诊断治疗，病死率较高。既往有高原肺水肿病史者再次

进入高原时复发率较高。

缺氧对肺循环的影响主要是引起肺动脉高压。急性缺氧主要引起肺血管收缩导致肺动脉高压；而慢性缺氧不仅使肺小动脉长期处于收缩状态，还可以引起肺血管壁平滑肌细胞和成纤维细胞的肥大和增生，导致肺血管结构改变，表现为无肌型微动脉肌化，小动脉中层平滑肌增厚，管腔狭窄。同时，肺血管壁中胶原和弹性纤维沉积，血管硬化，顺应性降低，从而形成持续的缺氧性肺动脉高压。肺动脉高压的生理学意义在于：减少缺氧肺泡周围的血流，使这部分血流转向通气充分的肺泡，有利于维持肺泡通气与血流的适当比例，从而维持较高的动脉血氧分压（PaO_2）；但不利的一面是过强的肺动脉高压是高原肺水肿发生的重要机制。

高原肺水肿的发生机制可能有以来几个方面原因：一是缺氧引起肺血管收缩，造成肺动脉压增高；二是缺氧引起肺血管内皮细胞通透性增高；三是缺氧时外周血管收缩，肺血流量增多；四是缺氧造成肺泡上皮的钠水主动转运系统障碍，对肺泡内钠和水的清除能力降低。这些原因均可导致体内液体，甚至血浆、蛋白漏出至肺间质或肺泡中，从而造成肺水肿。高原肺水肿有明显的个体易感性，诱发高原肺水肿的因素有寒冷、剧烈运动、上呼吸道感染等，高原肺水肿一旦形成，将明显加重机体的缺氧程度。

高原脑水肿又称高原脑昏迷、神经性高山病，属于罕见且严重的急性高原病。通常在高原肺水肿的基础上发生。主要症状是急剧缺氧造成脑细胞水肿和细胞间隙水肿，进而出现脑功能障碍。该病若治疗不及时，可随时发生死亡。

高海拔地区高原不适症状临床表现及预防治疗对策见表 2-1-4。

（2）慢性高原病：慢性高原病多发生在久

表2-1-4　高海拔地区高原不适症状临床表现及预防治疗对策

疾病	症状表现	预防	治疗
高原性头痛	海拔高于 2500 m 时常见，爬升 4 ～ 24 h 发病，钝性或搏动性双额、颞部或弥漫性头痛，常因运动而加重	留出适当的习服时间，对于中危或高危爬升：每 12 h 服用乙酰唑胺 125 mg，或每 6 h 服用地塞米松 2 mg	停止爬升，在当前海拔休息，服用 NSAID 或对乙酰氨基酚。对于重度头痛，考虑使用地塞米松（4 mg，1 次）。若头痛持续或恶化，应下降至低海拔地区或吸氧
急性高原病	海拔高于 2500 m 时常见，爬升后 1 ～ 2 日发病，出现头痛以及一项或多项下列表现：食欲不振、恶心、呕吐、嗜睡、持续性头晕，神经系统检查和精神状态正常	留出适当的习服时间。对于中危或高危爬升可服用乙酰唑胺，每 12 h 服用 125 mg，或每 6 h 服用地塞米松 2 mg	停止爬升，就地休息。对于头痛，使用 NSAID 或对乙酰氨基酚。轻度疾病：考虑使用每 12 h 服用乙酰唑胺 125 mg。重度疾病：每 6 h 服用地塞米松 4 mg，用药 24 h，考虑加用乙酰唑胺。若症状持续或恶化，应下降至低海拔地区或吸氧
高原肺水肿	多发生于海拔高于 3500 m 地区，一般 2 ～ 4 日发病，早期表现为活动时呼吸困难加重，运动能力下降，干咳；后期表现为简单活动或静息时呼吸困难，发绀，咳粉红色泡沫状痰，呼吸窘迫	留出适当的习服时间。对于有高原肺水肿病史的旅行者，使用硝苯地平缓释剂，每 12 h 服用 30 mg	吸氧并卧床休息，如果可行应下降至低海拔地区，否则应吸氧或进行高压氧舱治疗。或可服用硝苯地平缓释剂，每 12 h 服用 30 mg
高原脑水肿	在海拔低于 3500 m 地区不常见，除非合并高原肺水肿。爬升后数日内发病，发病前常有急性高原病症状，全脑脑病，伴有精神状态改变、共济失调或两者兼有；局灶性神经功能缺损少见，可发展为昏迷	除针对急性高原病和高原肺水肿的预防措施外，无特别预防措施	如果可行应下降至低海拔地区，否则应吸氧或进行高压氧舱治疗。可服用地塞米松，第 1 次 8 mg，之后每 6 h 服用 4 mg，直至已下降至低海拔地区或症状和体征已消退
中枢性睡眠呼吸暂停	在海拔高于 2500 m 的地区常见。在到达高海拔地区第一晚发病，如果继续停留或爬升，疾病可能持续，伴有主观睡眠质量降低、频繁觉醒和觉醒后有恐慌感	通常不需要预防，如有需要，使用乙酰唑胺，每 12 h 服用 125 mg，或者夜间吸氧	不需要降低至低海拔地区。对于重度睡眠障碍或者白天活动受干扰：可服用乙酰唑胺，每 12 h 服用 125 mg，夜间吸氧。另可用替马西泮、唑吡坦和扎莱普隆改善睡眠质量，但不能减轻中枢性睡眠呼吸暂停

居高原的人群中，具体病症有高原红细胞增多症（高红症）、高原高血压症、高原肺高血压、高原心脏病以及高原衰退症等。

高原红细胞增多症又称高红症，是高原地区常见病之一，是指人体长期处在高原缺氧环境下导致红细胞过度增生，从而使得血液黏稠度显著增加、微循环紊乱，甚至导致广泛的器官损伤和血流速度降低的一种慢性病。一般在海拔 3000 m 以上高原发病，且多为移居高原者，少数世居者也可罹患。临床表现主要是头痛、头晕、乏力、睡眠障碍、发绀、结膜充血、皮肤紫红等多血症病状。根据 2004 年第六届国际高原医学和低氧生理学术大会制定的标准，临床高原红细胞增多症诊断标准为：女性血红蛋白浓度≥ 19 g/dl、男性血红蛋白浓度≥ 21 g/dl。调查显示，我国青藏高原上高原红细胞增多症的发病率为 5% ~ 18%，且随海拔的升高而增加。

缺氧是高原红细胞增多症发生的主要原因，其发病机制包括以下三个方面。一是红细胞过度增生。长期慢性低氧刺激下可发生氧化应激，刺激缺氧诱导因子 -1（hypoxia-inducible factor 1，HIF-1）表达，使得机体分泌大量红细胞生成素（erythropoietin，EPO），从而诱导红细胞大量增殖，红细胞增多使得血液黏稠度增加，造成全身多个器官、系统的损害，尤其是脑和心脏。二是炎症介质增多。研究表明，在慢性低氧刺激下，单核巨噬细胞诱导炎症因子水平升高，这可能会加速骨髓造血干细胞的增殖，并促进红细胞增多。三是基因多态性。相关研究表明，有些基因与高原红细胞增多症的发生有关，如 *PIK3CD*、*COL4A3* 及 *EPHA2* 均可通过影响 EPO 的产生来刺激红细胞的生成，而这些遗传变异是由于长期低压缺氧引起的。

高原高血压症的表现为：在高原滞留 3 个月至 1 年后血压逐渐增高，达到高血压诊断标准；或者平原高血压患者进入高原后，血压更高。进入高原后血压升高的标准为舒张压≥ 90 mmHg、收缩压≥ 140 mmHg。一般症状为头痛、头晕、心悸、胸闷、气短、乏力、耳鸣、口干、易怒、多梦、失眠等，可伴有面部及肢体麻木，消化道症状如恶心、呕吐、食欲减退也常见。

高原肺高血压表现为：肺动脉压力升高，右心导管及心脏超声评估平均肺动脉压≥ 30 mmHg。症状可表现为疲劳乏力、心悸心慌、呼吸困难、双下肢水肿以及肢端发绀等。肺动脉高压征象表现为以下 4 项：心电图，心电轴右偏及明显右心室肥厚；超声心动图，右室流出道≥ 33 mm，右室内径≥ 23 mm；胸部 X 线片，右肺下动脉干横径≥ 17 mm 及或右肺下动脉干横径与气管横径比值≥ 1.10；心导管，肺动脉平均压≥ 3.33 kPa（约 25 mmHg）。无法测定肺动脉压测定，需具有两项以上方可诊断。

高原心脏病一般在海拔 3000 m 以上地区发病，少数易感者在海拔 2500 m 左右发病。主要是由于慢性缺氧直接导致，或高原肺高血压导致右心肥厚、右心衰竭的独特类型的心脏病。肺动脉高压可以改善低氧条件下肺血流灌注，但由于肺动脉压持续增高，使右心负担加重，出现右心室肥大，即高原心脏病，高原心脏病属于肺源性心脏病，多发生于高原地区出生及生长的小儿和移居者。一般小儿高原心脏病临床表现为呼吸困难、发绀及充血性心力衰竭，伴有显著的肺动脉高压及极度右心肥大征象（包括心电图、超声心动图、脑部 X 线片、心导管等检查 2 项以上证实）。成人高原心脏病临床表现为心悸、胸闷、呼吸困难、乏力、咳嗽、发绀、P_2 亢进或分裂，重症者出现尿少、肝大、下肢水肿等右心衰竭症。

关于高原心脏病的病因，多数人认为是由于高原缺氧，肺小动脉持续收缩，引起肺小动脉肌层肥厚，管壁增厚，管腔狭窄，阻力增加，造成肺动脉压持续升高，加重右心室负担。慢性缺氧还使红细胞生成增多，血液黏滞性增加，加重心脏的负担。有人比较了高原习服的人和高原心脏病患者的心脏指数和右心室功，证明高原心脏病患者心脏负担加重（表 2-1-5）。

表2-1-5 高原习服者和高原心脏病患者心脏功能差异对比

	高原习服者	高原心脏病患者
心脏指数［L/（min · m^2）］	3.83	4.01
右心室功［kg/（min · m^2）］	1.08	2.47

长期肺动脉压升高，心脏负担加重，将引起右心室代偿性肥大，最后可发展为右心衰竭。但也有少数病例是以右心衰竭为主的全心衰竭。

高原衰退症主要是指机体长期暴露于高原低氧环境中，造成机体各器官功能逐渐出现与年龄不相符的减退。多发生于久居3000 m以上的移居者或者长期逗留在海拔5000 m以上的登山人员。临床诊断标准主要包含以下几个方面。一是脑力衰退，表现为头痛、头昏、失眠，记忆力减退，注意力不集中，思维、判断能力降低，情绪不稳和精神淡漠等。二是体力衰退，表现为食欲减退、体重减轻、疲乏无力、劳动及工作能力降低、性功能减退、月经失调等。三是伴随症状有血压降低、脱发、牙齿脱落、指甲凹陷、间歇水肿、轻度肝大等。四是不伴有红细胞增多和显著肺动脉高压。五是病程迁延，呈波动性，但逐渐加重，出现持续进行性衰退，但转至海拔低处或海平地区，症状逐渐减轻消失。

四、影响因素

当机体进入低氧环境时，体内便产生一系列代偿性调节，使机体能从外界获得更多的氧气，以满足体内氧气的消耗。如果机体所获得的氧气同体内氧的消耗达到平衡，机体就能适应低氧环境；反之，体内会出现氧气供应与消耗的平衡失调，影响个体对高原的习服能力。对高原环境的习服和适应是一个综合性的过程，受到遗传、生理、心理和环境等多种因素的影响，每个人的适应能力也有所不同，归纳起来主要有以下几个方面。

（一）个体因素

机体对高原的习服能力存在明显的个体差异。一般来讲，18 ~ 40岁人群最能适应高原环境，对高原的低压、缺氧、高寒环境最具耐受力，其中25 ~ 32岁人群的抗缺氧能力最强。研究表明，由于部分个体对低氧环境的易感性，对高原低氧特别敏感，一旦进入高原后极易发生高原病。因此，针对易感人群的筛选具有重要的实用价值，国内外学者也进行了大量研究，取得一定进展，但迄今为止，尚无简便易行、准确可靠的预测方法和模型。

另外，体重、身高、体质等因素均有影响，一般年老体弱、患有心肺等慢性病者更易发生习服不良或反应时间延长等情况。

（二）海拔高度和登高速度

机体的缺氧程度与海拔高度关系极为密切，这是因为随着海拔升高，空气密度和气压均下降所致。研究表明，海拔每升高100 m，气压下降5.9 mmHg，空气氧含量、氧分压及水的沸点随之下降。不同海拔高度时气压、空气氧含量变化见表2-1-6。人体缺氧症状与空气中氧含量的关系见表2-1-7。

另外，登高的速度也会影响机体的习服能力，

表2-1-6　不同海拔高度时气压、空气氧含量变化

海拔高度（m）	气压（mmHg）	空气氧含量（%）	空气氧含量（g/m^3）	下降幅度（%）
0	760.0	20.95	299.3	-
1000	674.1	19.35	265.5	7.6
2000	596.3	17.75	234.8	15.3
2200	581.6	17.3	228.6	17.4
3000	525.4	16.15	209.6	22.9
4000	462.3	14.55	182.1	30.5
5000	405.2	12.95	159.7	38.2
6000	354.0	11.35	141.7	45.8
7000	309.8	9.75	123.2	53.5
8000	270.0	8.51	106.0	59.4
9000	230.3	6.55	92.5	68.7
10 000	198.3	4.95	69.9	76.4

表2-1-7 人体缺氧症状与空气中氧含量的关系

海拔高度（m）	氧含量（%）	主要症状
2300	17	静止状态无影响，工作时会感到喘息、呼吸困难和强烈心跳
3500	15	呼吸及心跳急促，无力进行劳动
5500 ~ 7000	10 ~ 12	失去知觉，昏迷，有生命危险
7500 ~ 9000	6 ~ 9	短时间内失去知觉，呼吸停止，可能导致死亡
＞ 10 000	＜ 6%	血压下降，心跳微弱，抽搐，张口呼吸，很快停止呼吸，进入死亡状态

如登高速度越快、海拔升高越快，机体的习服就越差。

（三）高原居留时间

高原习服能力也取决于在高原上的居留时间。一般来说，在高原居留时间越长，习服就越完全。通常人进入高原 2 ~ 3 周后，高原反应症状基本消失；2 ~ 3 个月后，高原反应症状消失，安静状态下呼吸、脉搏接近或略高于平原值，血压趋于稳定，红细胞、血红蛋白增加到一定数量后已趋稳定，一般活动后无明显不适等。因此，根据高原居留时间的长短，对高原习服的程度划分为初步习服、基本习服和完全习服等，但尚未建立统一的评价体系。

（四）气候

高原地区地势高、面积广、空气稀薄，气温低，昼夜温差大，寒冷会使外周血管收缩，机体耗氧量增加，可诱发或加重高原病，降低机体的习服能力。因此，注意防寒保暖能增强机体对高原的习服能力。另外，植被茂密的地方有利于习服，而植被较少的环境由于缺氧机体产生自由基增多，加速衰老，不利于习服。

（五）精神心理因素

初到高原者，由于对高原环境特点不了解，加上自然条件的直接影响而产生紧张、恐惧等情绪常可促进高原病的发生。因此，进入高原前，要进行有针对性的健康教育，使人们正确认识高原，消除紧张、恐惧情绪将有助于提高机体对高原的习服能力。

（六）劳动强度

平原人在高原的劳动能力均有不同程度的下降，劳动强度过大常可诱发高原病的发生。因此，进入高原后的适应性锻炼应循序渐进，持之以恒，注意劳逸结合，应适当控制在高原上的劳动量及劳动时间，并应延长睡眠时间。

（七）营养状况

高原低氧环境影响人体正常的新陈代谢，胃、肠、肝、胆等消化系统功能较平原地区减弱，而且在高原地区机体耗氧量加大，所以要注意加强营养。应以高糖、高蛋白、低脂肪饮食为主，适当补充多种维生素，以提高对高原的习服能力。

五、促进高原习服的有效措施

（一）阶梯式习服

根据海拔由低到高进行阶梯性习服，使机体逐渐适应高原反应。主要方法为个体呆在低海拔进行习服，然后根据机体反应逐渐增加海拔高度，逐步适应更高海拔环境的低氧和低温条件。

（二）适应性运动训练

在相对低海拔地区开展一些适应性的运动训练，在机体适应该海拔高度的缺氧感受后，可以逐渐提升海拔高度，从而有效提高机体低氧耐受能力。

（三）低氧预适应

低氧预适应是指一次或多次短暂、非致死性低氧刺激后，机体获得的对更严重甚至致死性缺血或缺氧的耐受性。预适应是机体抗缺氧或缺血的一种内源性保护现象，可以提高机体对进一步低氧或缺氧的耐受能力，即低氧或缺氧耐受性。借助间歇性的低氧刺激可以使机体对低氧产生适应性，逐步建立机体对低氧的适应能力，使机体的呼吸功能、代谢功能、组织摄入能力等逐步改善，最后提高整体的低氧耐受力。

高海拔的急性暴露容易引发不同程度的高原反应，而通过低氧预适应训练，可以促进机体对高原低氧环境的习服。刘园园等通过对健康男性进行10天、每天3.5 h，模拟3000 m高度到4500 m高度渐进式的低氧预适应训练，结果显示，训练后血氧信号明显高于训练前，表明低氧预适应训练能够预先提高机体对低氧环境的适应能力。该研究还发现，低氧预适应每次暴露的时间较短，但缺氧程度较高，在海拔2500 m左右的高度就可以产生很明显的习服效果，并且低氧预适应产生的效果与低氧阶段处于休息/运动状态没有太大联系。因此，可以通过高原自然低氧环境或者人工制造的模拟低氧环境，对机体进行一系列的适度刺激，并配合运动训练增加机体缺氧程度，以强化机体对低氧的耐受力并提高适应能力，从而达到习服效果。

低氧预适应在临床上有一定的治疗效果，如预防和治疗缺血性心血管疾病、支气管哮喘、糖尿病、肥胖等，在军事、登山、航空、潜水、体育等领域的发展应用也十分迅速。近年来，低氧预适应在高原训练中也得到了充分应用。为发挥高原训练的优势，同时避免其不足，人们发明了高住低练（living high and training low，HiLo）等高原训练模式，并研发了一些高原训练的模拟手段，便于相关人员训练，并克服高原环境的低压和强紫外线对人体的负面影响。低氧预适应不仅对一些疾病有疗效，对健康人也是非常有益的。这种训练可以增加心脏效率、增加抗氧化酶活性，不仅可以帮助人们做好在高海拔地区工作的生理准备，同时训练还能降低运动心率，更重要的是可以提高机体对外界环境的应激能力，避免应激性损伤的发生。

（四）服用药物、耐缺氧食品

高原缺氧是影响进驻高原人员工作能力的主要因素。人力无法改变高原低氧环境，因此寻找提高氧利用效率的药物来增强机体的抗缺氧能力，以提高工作效率，这是提高高原劳动能力的有效途径之一。提高高原劳动能力的药物研究难度较大，目前国内外报道较少，这也是今后应重点解决的问题。此处初步介绍我们近年来的研究成果。

1．红景天处方　红景天的处方组成为红景天、沙棘、枸杞等。红景天能降低氧耗速度，又能增加氧供，可显著提高机体的抗缺氧能力。枸杞具有降低血压、减缓心率、兴奋肠道等拟胆碱作用，使组织耗氧量降低；沙棘含有多种人体所需的矿物质及多种维生素，具有抗疲劳、抗辐射、降低胆固醇及抗缺氧的作用。

2．乙酰唑胺　乙酰唑胺是一种碳酸酐酶抑制剂，在防治急性高原反应，提高高原工作效率的方面有一定作用。在高原口服乙酰唑胺可增加肺通气量、提高血氧饱和度和改善睡眠质量。但乙酰唑胺在服用过程中可出现四肢末梢麻木、上腹部不适、恶心等一过性不良反应，停药后自行消失。服药时，应从小剂量开始，尽量避免副作用发生。

3．酪氨酸　酪氨酸是一种中性氨基酸，广泛存在于大量的蛋白质食物之中。酪氯酸是合成儿茶酚胺类神经递质——多巴胺、肾上腺素和去甲肾上腺素的前体，对于神经递质的合成和利用有促进作用。在应激条件下，当神经元的传导速度增加时，对于酪氨酸的需求也相应增加。补充酪氨酸可促进儿茶酚胺的形成，从而减轻应激造成的影响，间接减少疲劳来提高工作效率。因此补充酪氨酸对预防高原环境而引起的工作效率下降有一定效果。酪氨酸作为一种提高心理和作业效率的营养干预措施，在军事以及其他作业中日益受到重视，这也是抗缺氧药物的运用由治疗型向预防型转变，再由预防型向保健型转变的良好开端。

4．依那普利＋硝苯地平　依那普利为强效血管紧张素转换酶抑制剂，可降低全身和肺血管阻力、平均动脉压、肺动脉压及右心房压，使心输出量增加。硝苯地平能扩张冠状动脉，增加心肌血流量，还能降低肺血管阻力及肺动脉压，并且有抗血小板聚集及抑制血管平滑肌增生的作用。其对血管的扩张效应使心脏后负荷减小，心肌耗氧减少，心输出量增加，使心功能得到改善。

当然，对于高原环境对人体功能造成的影响，最有效的方法就是进行适应性运动训练，但要依据个人体质进行适当的训练。

（五）增氧恢复方法

在高原低氧环境下，机体可利用的氧减少，直接影响到组织细胞对氧的吸收。另外，低氧可致细胞内产能装置——线粒体结构破坏，酶失活，因而影响细胞对氧的利用，减少了能量生成，其最终结果是造成能量代谢障碍，劳动能力下降。增氧恢复是使局部环境氧浓度上升，以改善缺氧，提高劳动效率。增氧恢复方法方法主要为富氧恢复和高压氧恢复两种方法。

1．富氧恢复方法 富氧方法就是利用氧气瓶或制氧机建立相对密闭且 O_2 浓度为 24.0% ~ 25.0% 的富氧室，在其中居住或休息以促进疲劳恢复的方法。一般在高原环境下的富氧室中休息 3 ~ 12 h，能够明显减轻因高原低氧带来的运动性疲劳，提高机体的能量代谢水平，增强高原训练效率，促进高原习服和提高工作能力。同时可预防慢性高原病，改善高原睡眠质量。

富氧促进疲劳恢复应用方法：一般富氧室内 O_2 浓度维持在 24.0% ~ 25.0%，O_2 含量可根据不同海拔高度调节维持在 20.9% ~ 30%，CO_2 浓度小于 1.5%，恢复时间为每日每次 3 ~ 12 h。一般在海拔 4000 m 和 5000 m 室内 O_2 浓度的最大安全值为 29% 和 31.5%，因此在海拔 2000 ~ 5000 m 室内 O_2 浓度安全范围为 21% ~ 28%。另外，长期居于 CO_2 浓度为 1.5% 的密闭空间内，会引起生理性改变，当 CO_2 浓度超过 3% 时，将会发生病理性改变。因此在高原开展富氧环境体能或疲劳恢复是应当注意及时排出 CO_2。

2．高压氧恢复方法 高压氧通过加压增氧达到恢复的目的，就是利用高压氧舱或帐篷高压氧，在超过 1 个标准大气压的环境中吸入高浓度 O_2 或纯氧的方法。其主要作用是通过提高空气压力从而实现增氧，提高机体血氧分压，增加血氧含量及血浆中的物理溶解氧，从而使组织内氧含量和储氧量相应增加，改善机体低氧状态的过程，对机体各器官、系统的代谢及功能起到正向调节作用。

研究发现，高压氧作用下 O_2 的有效弥散半径加大，弥散深度和范围增加。人脑灰质毛细血管静脉端，于常压空气条件下 O_2 的有效弥散半径约为 30 μm，通常脑细胞距毛细血管最远处亦约为 30 μm，毛细血管间间距约为 60 μm。但在 3 ATA 氧压下的弥散半径可达 100 μm 左右，这就使得在一般常压下无法深达的组织细胞也能够获得足够氧供应，增加组织储氧量，纠正低氧，从而有利于消除疲劳和提高运动能力。

一般运动后应用高压氧 0.1 MPa、每次 45 min 干预，可提升呼吸系统工作效率，缩短恢复时间，提高专项素质，而且在心血管系统工作能力下降状态下，仍然可以维持长时间的最高速度训练。运动后应用高压氧 0.2 MPa、每次 60 min 干预，可使肌红蛋白和血清酶活性明显降低，提高机体的抗氧化能力，达到快速消除疲劳的目的。运动后应用高压氧 0.25 MPa，每次 60 min 干预，运动员血乳酸和丙二醛的数值可降低至安静时的水平，可促进血清肌酸激酶同工酶的循环，显著改善肝细胞的生理作用状态，消除疲劳。

高压氧恢复方法应用：可在运动后或睡前使用，一般压力控制在 0.2 ~ 0.25 MPa，恢复时间一般为每日每次 60 ~ 80 min，最长时间不超过 2 h，舱内温度维持在 22 ~ 24℃。在高压氧的应用中，需要注意的问题是高压氧的毒性作用与压力、浓度和作用时间有关。因此，在应用高压氧治疗时，一定要注意掌握适当的压力、浓度和时间，避免长时间持续吸氧和氧压过高，合理掌握安全时限，有效防止氧中毒的发生。

第二节　高原环境对人体生理功能的影响

一、血细胞

血液具有运输、缓冲、传递信息、免疫和防御等作用，维持内环境的相对稳定是血液最重要的生理功能。正常成年人的血液总量占体重的 7% ~ 8%。高原低氧环境可对机体心脏、血液和激素与代谢等产生一系列影响，尤其是表现在血液促红细胞生成素（erythrogenin，EPO）、红细胞（red blood cell，RBC）、血红蛋白（hemoglobin，Hb）、红细胞压积（hematocrit，HCT）等方面的变化更为显著，是适应评价身体功能状态的有效指标。

（一）红细胞

红细胞是血液中数量最多的血细胞，血红蛋白是构成红细胞的主要蛋白质，也是红细胞功能的重要组成部分，其主要生理功能是运输氧气（O_2）和二氧化碳（CO_2）（图 2-2-1），缓冲机体内的酸碱物质。正常成年男性红细胞数量为（4.5 ~ 5.5）× 10^{12}/L，女性为（3.8 ~ 4.6）× 10^{12}/L；成年男性 Hb 浓度为 120 ~ 160 g/L，成年女性 Hb 浓度为 110 ~ 150 g/L。新生儿的红细胞数量较多，大约有 6.0 × 10^{12}/L。

一般认为，机体进入高原后低氧影响的应激反应均会引起血细胞 RBC、Hb、HCT 增加，是机体适应低氧的重要代偿机制之一。众多研究认为引发这一变化的机制有两个。一是初上高原后机体急性缺氧时，主要是刺激外周化学感受器，反射性引起交感神经兴奋性增强，使储血器官释放红细胞进入血液，脱水使血液浓缩，引起 Hb、RBC、HCT 等一过性升高。二是由于低氧刺激，促进肾生成更多的 EPO 释放入血，引起骨髓造血功能增强，生成更多的 RBC，使得 Hb、HCT 升高。

高原低氧环境下，糖无氧酵解增强，血乳酸增多，血 pH 下降，氧解离曲线右移，还原血红蛋白增多，2,3- 二磷酸甘油酯（2,3-DPG）合成增加，氧与血红蛋白亲和力降低，使氧易于释放给组织。

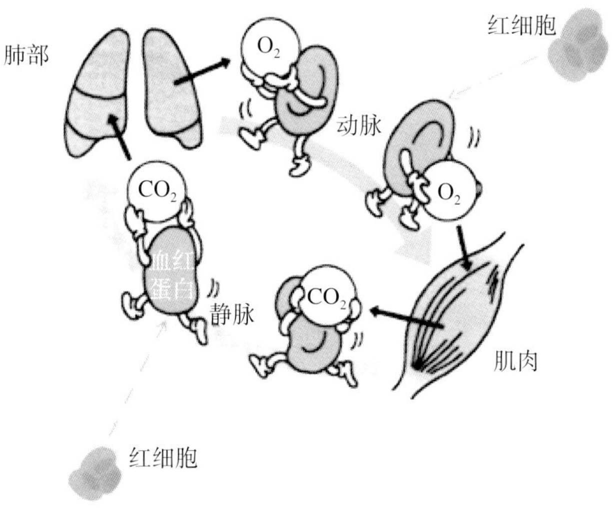

图 2-2-1　红细胞运输氧气原理图

低氧血症还能刺激 EPO 生成，EPO 促进骨髓红细胞系统增生，使红细胞数量增多及红细胞内血红蛋白含量增加，血液携氧能力增强。

高原环境下，红细胞生成增加通过网织红细胞（reticulocyte，RC）数量的增加、血清铁和铁蛋白的减少得以表现。研究发现，与单纯在高原上不参加训练的安静组相比，高原训练更能促进红细胞的生成。研究还发现，在中等海拔训练和久居高原上不参加训练的安静组之间，前者的 RC 明显增加。这表明缺氧和运动这两种刺激是分别起作用的，红细胞生成的促进因素不仅与缺氧程度有关，并随着海拔的上升而逐步提高。

有关不同海拔高度对红细胞的影响，张缨等发现，在海拔 2500 m 进行高住高练低训时，RBC、Hb、HCT 在暴露 2 周时出现显著性上升，而后在暴露 3 周、4 周时继续出现显著性上升或非常显著性上升；在海拔 3000 m 时急性暴露 10 h，RBC、Hb 则显著性上升，HCT 出现非常显著性上升，随后在暴露 2 周、3 周、4 周时，RBC 和 Hb 继续上升，差异非常显著。

另外，在高原环境下进行运动训练，即我们常说的高原训练后，可以有效提高人体的有氧能力和运动能力。这主要是由于机体在低氧和运动双重负荷刺激下会出现生理功能适应性变化，血液中的 RBC、Hb、HCT 等适度增加，从而能够有效改善血液的携氧能力。

（二）血红蛋白

血红蛋白（Hb）又称血色素，是红细胞里最重要的蛋白，是人体负责运输氧气和二氧化碳的重要载体。血液通过 Hb 把肺泡中的氧气运输到身体的各个组织、器官，同时又把各个组织、器官产生的二氧化碳运输到肺泡，排出体外。我国成年男性 Hb 正常值为 120 ~ 160 g/L，女性为 110 ~ 150 g/L。Hb 下降通常提示患者可能出现贫血，当女性 Hb $<$ 110 g/L、男性 Hb $<$ 120 g/L 时则为贫血。因此，Hb 是诊断贫血的重要指标。

研究表明，无论是在高原居住还是在高原运动，低氧环境均可增加血液中的 Hb 含量。当平原人进入高原后 2 h 以后，机体便开始产生更多红细胞以运输更多氧气，从而造成血液中的 Hb 浓度升高，血液氧容量增大，细胞内线粒体增多，毛细血管增生，氧化酶活性增强等适应性变化。有研究表明，平原进入高原后，Hb的变化程度受多种因素的影响，如海拔高度、高原停留时间、个体差异、遗传因素、性别、吸烟等。

一般认为，血液内Hb含量随海拔升高而增高。Leon-Velarde等观察秘鲁安第斯山脉南部不同海拔（4355 m、4660 m、5500 m）地区居民Hb、HCT发现，儿童和成人的Hb随海拔升高而增加。国内研究发现，不同海拔地区居住3 ~ 5年的健康成人的Hb水平也随海拔升高而增加；Hb正常参考值与地理因素之间有显著相关关系，随着海拔高度逐渐增高，Hb正常参考值也逐渐增大。在海拔3000 m以上的低氧地区，由于空气氧含量仅为海平面的60%左右，动脉PO_2明显下降，氧合血红蛋白饱和度降至90%以下，这正是氧合血红蛋白解离曲线的陡直变化部分，一般Hb携氧能力和心输出量的改变已不能适应生理需要，需要通过增加Hb的含量来代偿。在升到海拔4000 m高度的过程中，Hb浓度会直线上升，当EPO的活性和血氧饱和度降到低于60%时，Hb浓度又显著降低。

（三）红细胞压积

红细胞压积（HCT）是指红细胞在血液中所占的容积百分比，也就是红细胞在血液中所占的体积。红细胞压积正常范围：成年男性为0.4 ~ 0.5 L/L，即40% ~ 50%容积；成年女性为0.37 ~ 0.48 L/L即37% ~ 48%容积；新生儿为0.48 ~ 0.68 L/L，即48% ~ 68%容积。HCT变化受红细胞数量的增多或减少、血浆容量的改变、红细胞体积大小的影响，可以客观反映人体血液的携氧能力和蛋白质营养状况的指标，是影响血液黏度的重要因素，血液黏度随着红细胞压积的增加而增加。临床上常用于诊断贫血的严重程度及鉴别贫血的原因，对相对性或绝对性红细胞增多症的诊断也有重要参考价值。

HCT增高常见于各种原因引起的血液浓缩，如大量出汗、严重腹泻、呕吐等，同时还可见于红细胞绝对性增多引起的疾病，如真性红细胞增多症、原发性血小板增多症。高原医学研究表明，HCT增加与人体体液流失以及RBC的生成、释放等密切相关。人体进入高原初期，由于机体对低氧的应激反应使储血器官释放RBC进入血液，加上高原气候干燥、呼吸加深加快，加速机体脱水使血液浓缩，故引起HCT升高；随后由于缺氧刺激造成肾生成更多的促红细胞生成素（EPO）释放入血，引起骨髓造血功能增强，生成更多的RBC，使Hb和HCT进一步增高。何富文等对初入高原进行适应性训练的青年官兵的血液流变学进行检测后发现，从海拔1400 m急进到3700 m高原地区的2周时间内，血液黏度和HCT出现显著增加。这些变化会造成人体的血液黏稠度增大，血流速度减慢，心脏负担加重。因此，进入高原或更高海拔地区时，每天要不断地少量喝水，适量补充水分，确保体液保持在正常水平，血液稀释后可以有效减轻心脏的负担。但应避免过量饮水，防止发生肺水肿。

有关低氧引起的HCT下降的研究报道较少，常见于各种贫血的情况，如缺铁性贫血、再生障碍性贫血、巨幼红细胞性贫血等疾病。针对高原环境下运动造成HCT下降的研究较多，其成因为低氧和运动双重负荷刺激机体，造成机体血液中RBC的破坏速度大于生成速度，RBC数量减少造成HCT下降。但随着机体对低氧环境和运动负荷刺激的逐步适应，RBC生成速度大于破坏速度，RBC数量逐步恢复并超过原有水平，HCT也会同步升高。有研究表明，随着海拔高度的增加，对缺氧程度的影响越发明显，机体血液细胞指标不能得到有效改善。马福海对参加青藏高原自行车拉力赛运动员的研究结果显示，在海拔3000 ~ 5000 m的骑行过程中，RBC、Hb、HCT等指标随海拔升高、缺氧程度加深而出现显著下降。该研究认为，受高原缺氧程度的增加以及负荷量过大，体力消耗过大的影响，导致机体血液RBC、Hb、HCT等指标没有明显得到回升。

（四）白细胞

白细胞（white blood cell，WBC）是人体免疫功能的主要执行者之一，包括中性粒细胞、嗜酸性粒细胞、嗜碱性粒细胞、单核细胞和淋巴细胞五类。正常成年人血液中的WBC数量为（4.0 ~ 10.0）$\times 10^9$/L，其中中性粒细胞占50% ~ 70%，嗜酸性粒细胞和嗜碱性粒细胞各占0.5% ~ 5%、0 ~ 1%，单核细胞占3% ~ 8%，淋巴细胞占20% ~ 40%。正常情况下，人体外周血WBC总数和分类是相对稳定的，但机体处于应激状态、对抗感染时可发生明显变化。

以往研究表明，低氧、低温、强辐射等环境因素对人体免疫功能会产生明显的影响，导致机体免疫抑制，增加机体的易感性。关于进入高原后白细胞总数和分类计数变化的研究不尽一致。动物实验发现，模拟海拔 8000 m 高原低氧 12 h，外周血 WBC 总数、中性粒细胞计数均显著增加，第 3 天 WBC 总数达到峰值，随后逐渐下降。临床研究发现，人体进入高原后外周血 WBC 计数和中性粒细胞计数增加。张云等研究发现人体进入高原后出现应激反应，1 周左右 WBC 和中性粒细胞水平出现升高。王斌等对 1000 多名高原驻训人员进行跟踪研究发现，在海拔 3300 m 和 3700 m 急进高原者的 WBC 和淋巴细胞百分比显著高于高原常驻者。巴桑卓玛等研究发现，急进高原不足 1 周时，WBC 虽然有升高，但仍低于世居高原的藏族人群。

另外，海拔高度也会造成白细胞的变化。随着海拔升高，淋巴细胞脆性加重，且急进人员较常驻人员更加严重。有研究发现，急进者 WBC 计数和淋巴细胞百分比在 3700 m 处最高，以后随海拔升高而降低。石晓天等也发现，由平原急进高原，在海拔 3650 m 处休整后再次急进至海拔 4650 m 处，WBC 呈现不断增加然后逐渐减少的现象，其总体水平仍高于平原。但也有研究发现，高原移居者和世居者外周血 WBC 计数低于平原值。对西藏、甘孜、青海等海拔 3000 m 以上地区的研究样本量较大，结果显示，高原居民外周 WBC 计数低于平原居民水平或全国居民的参考水平。研究报道，2800 m、3500 m 以及 4000 m 三个海拔地区外周血 WBC 计数无显著差异，提示在一定海拔高度以上，WBC 计数并不随着海拔高度增加而进一步变化。

多数研究认为高原环境对外周血中性粒细胞绝对值影响不明显，而移居者进入高原后外周血淋巴细胞和单核细胞绝对值增加，但随着时间的延长机体逐渐恢复，久居高原者和平原居民无明显差异。移居高原半年者的 WBC、淋巴细胞、单核细胞数量仍高于平原居民，但与移居高原 3 年者没有明显差异。

另外，对于长期生活在缺氧环境下的高原居民来说，慢性缺氧对细胞免疫有明显的抑制作用，人体会存在免疫功能失调现象。也有学者认为，缺氧程度对免疫功能有不同的影响，长期持续严重缺氧明显抑制免疫功能，短暂中度缺氧则会引起免疫功能增强。

二、心血管系统

低氧是高原环境影响人体的主要因素，心血管系统在发生急性缺氧时，会出现代偿性增加心输出量，以弥补氧供应的不足。心肌代谢对缺血缺氧十分敏感，较长时间严重缺血缺氧将导致心肌的损伤甚至坏死，尤其是人体在高原低压低氧环境下进行大强度作业或运动时，机体供氧不能满足机体的耗氧量时，会导致心肌缺血缺氧，引起组织功能障碍，进而导致整个心血管系统功能下降，影响机体健康、工作和运动能力（表 2-2-1）。

在高原环境下，心血管系统的反应包括两个方面：一是心脏功能的代偿，使心输出量发生变

表2-2-1　不同海拔高度静息及最大运动血流动力学各指标比较

指标	平原		6100 m		7625 m		8043 m	
	静息	运动	静息	运动	静息	运动	静息	运动
右房压（mmHg）	2.6	9.4	0.5	4.5	0.8	5.3	1.5	4.7
肺动脉压（mmHg）	1.5	33	24	41	34	54	33	48
肺动脉楔压（mmHg）	7	21	7	9	7	5	8	7
心输出量（L/min）	6.7	30	6.2	25	6.3	15	6.1	15
血氧饱和度（%）	97	96	76	61	68	59	58	49
动脉氧分压（mmHg）	99	94	41	32	37	32	30	27
肺血管阻力（Wu）	96	40	216	128	344	240	240	224
血压（mmHg）	96	96	109	90	115	90	90	108

化；二是人体各部位的血管调节，使血液重新分布，以保证重要脏器的血液供应。

（一）心脏功能

1．心输出量增加 在高原缺氧环境下，机体通过神经反射和高层次神经中枢的调节、控制作用增加心输出量和循环血容量，补偿细胞内降低了的氧含量，从而提高耐受缺氧的能力，适应恶劣的低氧环境，以维持正常的生命活动。

另外，间歇性低氧适应或长期高原低氧适应可增强心肌对缺血损伤的耐受性，限制心肌梗死面积大小，抗细胞凋亡，促进缺血 - 再灌注心脏收缩功能的恢复，以及抗心律失常等。低氧使冠状动脉显著扩张，增加冠状动脉的血流，并可通过促进内皮生长因子等血管生长因子的形成和释放，刺激心肌毛细血管生长、侧支循环增加，从而改善心肌血供，对心脏具有明显的保护作用。而急性低氧会引起心率和血压增加，从而造成静息和运动状态下心输出量的增加。

2．低氧引起的心电图改变 主要表现是缺血性 ST 段 /T 波改变、左室高电压、右室高电压、肺性 P 波、不完全性右束支传导阻滞、左前分支传导阻滞、左后分支传导阻滞、窦性心动过速、窦性心动过缓、室性早搏。

3．心脏功能和结构改变 具体表现为心脏扩大，主要为右心室肥大，多见于久居高原的移居者。研究表明，健康成年人进入高原 3 个月后，与在平原时进行比较，心脏的功能和结构均有所改变，主要包括右心室增大和肺动脉增宽。主要原因是平原居民长时间移居高原后，由于低氧刺激肺小动脉收缩，红细胞增多导致血液黏滞等原因，右心的结构发生改变，也有部分人群的左心结构发生改变。赵锋仓等对久居高原的汉族人群研究发现，右心房、右心室和左心房内径显著增大，肺动脉收缩压、肺动脉内径、右肺动脉内径也显著增加，左室射血分数显著提高、心脏指数显著下降，二尖瓣舒张期血流 E 峰、A 峰和三尖瓣舒张期血流 E 峰、A 峰明显增加等变化。该研究表明汉族人群移居高原多年后其心脏结构、心功能、肺动脉压、瓣口血流速度等指标均发生了显著的高原适应性变化。李明霞等研究发现，长期移居高原人群返回平原时，心脏功能（包括每搏指数和心脏指数）均有增加，心率减慢；但返回平原 30 天后，心脏功能恢复到平原正常水平。移居高原人群离开高原环境后，由于低氧环境解除，机体逐渐适应平原状态；返回平原 3 年后，心脏结构逐渐恢复到平原正常状态。平原人移居高原 3 个月后，心脏的功能和结构有所改变；返回平原 30 天后心脏功能恢复正常，3 年后心脏结构恢复正常。

（二）血氧饱和度

在高原环境下，由于大气压降低，空气中的氧含量和氧分压降低，人体肺泡内氧分压下降，造成弥散入肺毛细血管中的氧含量降低，动脉血氧分压和饱和度也随之降低。当血氧饱和度降低到一定程度，可引起各器官组织供氧不足，进而出现缺氧症状，如头痛、头晕、记忆力下降、心慌、气短、发绀、恶心、呕吐、食欲下降、腹胀、疲乏、失眠、血压改变等，这也是各种高原病发生的根本原因。如果人体长期处于缺氧程度较高的环境中时，易出现低氧血症，进而对人体产生功能或器质性变化的不利影响。

赵顺云等通过对来自不同海拔地区的南极考察队员在不同高原环境下血氧饱和度及心率与高原反应风险的关系研究中发现，在西藏高原和南极高原不同海拔下的血氧饱和度、心率均有明显变化，在海拔 110 m、3650 m、4300 m 时血氧饱和度、心率的差异均有统计学意义，且随着海拔的升高，高原反应风险逐渐增加。在高原环境下，随着海拔梯度和纬度的升高，血氧饱和度明显下降，呼吸频率和心率加快，说明随着海拔高度的升高，大气氧分压逐渐下降，氧弥散的驱动力（即肺泡与肺毛细血管之间的氧分压差）明显小于平原，以致在短时间内氧不能完全弥散到毛细血管中，造成氧饱和度下降，而氧饱和度是反映机体缺氧程度和预测进入高海拔地区发生急性高原病的简便而特异的指标，严重低氧血症与急性高原病有密切关系。机体对低氧环境耐受性降低，心率增快是心血管系统为适应高原而发生的代偿性功能增强的表现。

高钰琪、刘燕等报道 109 名步兵从海拔 1400 m 驻地驾驶摩托进驻 4300 m 地区 1 周，心率、收缩压和舒张压升高，血氧饱和度下降。Modesti 等报道 47 名志愿者从平原乘飞机急进到 3300 m 高原，结果同样是心率、收缩压和舒张压升高，血氧饱和度下降。高原习服后进入更高海拔，心率、血压和血氧饱和度的变化规律与未经习服直接急进高原一致，即心率、收缩压和舒张压升高，血氧饱和度下降。吴天一等报道 247 名乘火车急进 4768 ~ 4905 m 高原的受试者，患病组的血氧饱和度显著低于未患病组，心率、收缩压和舒张压显著高于未患病组；经过习服，患病组与未患病组间的心率和血压差异逐渐消失，但血氧饱和度的差别仍然存在。因此，血氧饱和度水平与急性高原病密切相关。

（三）安静心率

心率是交感神经与副交感神经活性保持平衡的结果，高原缺氧刺激颈动脉窦和主动脉体化学感受器引起心率增快是机体适应低氧环境的代偿性反应。研究表明，当人体暴露于低氧环境时，交感神经活性增加，副交感神经活性减弱，从而导致心率显著升高。心率加快，从而改善氧运输和心肌缺氧，是机体代偿功能和储备能力的体现。研究表明，由于缺氧，机体初到高原时，在清晨初醒的安静心率要比海平面水平高 20% 左右。当动脉氧分压下降到 35 ~ 45 mmHg 时，心率将增加 40% ~ 50%。一般来说，经过 10 天左右的适应后，安静心率逐步恢复至原水平。在医学上，通常通过测量安静心率的变化程度和恢复到原水平的时间，来判断人体对高原缺氧环境的适应能力。

研究表明，适当的心率增加能够有效提高心输出量。但心率增加过快，超过 160 ~ 180 次 / 分时，心室舒张期明显缩短，血充盈量降低，使得每搏输出量减少，心输出量反而下降。但也有研究表明，心率过缓，低于 40 次 / 分时，心输出量也会下降。严重缺氧会造成心率减慢，心肌收缩力下降。这是由于低氧会抑制心血管中枢和外周化学感受器 / 压力感受器，直接损伤心肌窦房结细胞，使得众多调节反射无法完成，从而导致心脏功能被抑制。另外，血氧饱和度与心率变化呈负相关，即血氧饱和度越低，心率增加越快。

高原环境下久居和世居高原人群心率的变化与平原人存在差异。活动状态下，习服于高原的平原人的心率和耗氧量仍远高于平原水平，但最大心率却低于平原值，并随海拔的上升而逐渐下降。对于习服高原的人而言，最大心率的下降体现了一种生理适应，即在有限的氧利用条件下降低心脏的做功，起到对心肌的保护作用。对高原世居者心率的研究发现，其心率普遍低于平原汉族的心率水平，这种较低的心率随海拔高度的升高而更加明显，海拔 4300 m 的鄂陵湖和扎陵湖地区的大多数藏族人群心率在 50 次 / 分左右，如此低的心率却能够在高原生活自如，一直以来都是高原医学之谜。最早有人认为这是“病窦综合征”表现，但经医学实验检验方法证实，这是高原世居藏族特有的生理学特征，即“高原性窦性心动过缓”。根据心率的表现，结合高原世居藏族具有和平原汉族相近的心输出量，判断高原世居藏族心脏收缩能力（每搏输出量）可能远大于平原汉族。

张彦博等研究认为高原居民的心率缓慢，主要是机体在长期低氧的作用下，心脏自主神经及其调节中枢由交感型调节优势进而为迷走型调节优势，从而抑制了窦房结功能，使之发放电激动的频率减慢，进而节约心肌能耗，提高心脏工作效率，这也是机体对慢性缺氧的一种适应性变化。久居者从进入高原到长期居住高原，心率呈现先高后低的变化趋势，即急性低氧期表现为增高，随着暴露低氧时间的延长而逐渐下降，接近平原水平或世居者水平。因此，从急性低氧向慢性低氧过渡的过程中，机体将由“低效高耗”的方式逐渐向“高效低耗”的方式转换，这是机体习服或适应低氧环境的一种总体表现。

（四）血压

血压是指心脏收缩血液流经血管时产生的压力，可作为评定心脏功能状况、衡量体质强弱的重要指标之一。

研究发现，人体从平原进入高原后，特别是海拔超过 3000 m 以上地区时，会出现血压升高。在高原居留一定时间后，机体会出现适应性变化，多数人的血压会恢复到平原水平，但有部分不适者的血压会出现持续性降低或升高，形成高原低血压或高原高血压。吴天一研究认为，高原急性缺氧提高交感神经兴奋性，同样会引起血压的升高，在急进高原后，收缩压和舒张压都高于平原水平。Naeije 认为，短暂缺氧后血压不变或者轻度上升，较长时间高原暴露后，因为交感神经兴奋使血压上升。但寺尾等研究发现，在海拔 1500 m 高原低氧环境下实施 30 min 以上的有氧运动有助于改善血压水平，可以有效降低与动脉硬化有关的动脉僵硬等指标。

对于高血压患者来说，进入高原环境容易出现高原反应，从而导致血压升高。医学研究表明，高血压患者在海拔 3000 m 以下的高原环境中，一般不会造成血压出现波动；而一旦到了 3000 m 以上的海拔环境中，高血压患者就会出现不同程度的高原反应，由于持续的缺氧状态会使血管收缩，严重的甚至会出现血管痉挛，显著增加外周循环阻力，引起血压升高。因此，严重高血压患者不宜进入高原。

张彦博、缪澄宇等报道的高原人群基础血压偏低，尤以收缩压偏低为著，舒张压与平原值相近而相对偏高，故脉压多偏小。另外，马福海研究显示，青海老年人收缩压低于全国同龄人群的平均水平，而舒张压则高于全国同龄人群的平均水平，且在女性间差异显著，表现出收缩压较低，舒张压较高，相对脉压小的特征。其主要原因与高原居民红细胞增多，血液黏稠度增高，以及血管扩张和毛细血管开放增多有关。杨建生研究认为，久居或世居高原人群的呼吸、血液和循环系统逐步发生生理性自身调节，这些改变是向“低耗高效”深层次适应阶段过渡的结果。国外一些研究证明，高原地区冠心病的发病率和死亡率均低于平原地区，且海拔越高，冠心病的发病率越低。由此看，高原人血压较低，是健康状况良好的表现，同时也表明高原低氧环境对有效预防和避免高血压及冠心病等心血管疾病带来了积极的影响。

延伸阅读

高原低氧研究与诺贝尔奖

2019 年，诺贝尔生理学或医学奖授予美国科学家威廉·凯林、格雷格·塞门扎以及英国科学家彼得·拉特克利夫，以表彰他们在“发现细胞如何感知和适应氧气供应”方面所做出的贡献。他们的研究与低氧适应和高原训练有关，解释了机体在氧不足环境下的适应机制，包括低氧促进红细胞生成增多、耗氧量降低等代偿性效应以减少氧不足造成的机体损伤，这项研究被认为开创了一个全新的研究领域。

三、呼吸系统

人体进入高原低氧环境时，缺氧会导致人体呼吸系统出现代偿性变化，具体表现为呼吸加深、呼吸频率加快。由于呼吸加强，参与气体交换的肺泡数增多，肺泡容量增加，同时肺毛细血管数增多，毛细血管扩张，增加了肺泡 - 毛细血管膜弥散面积，血液可以从肺泡摄取较多的氧。随着海拔的升高，大气压与吸入气以及肺泡气的氧分压进一步降低，缺氧对人体呼吸系统的影响越来越明显，人体会因缺氧而过度换气、通气，会感到呼吸急促，如果加上运动，就更有气不够用的感觉。

（一）呼吸系统代偿性过程

从平原地区抵达高原低氧环境，随着海拔的升高，氧分压（partial pressure of oxygen，PO_2）逐步降低。而低氧分压作用于颈动脉体和主动脉体的化学感受器，使主动脉窦化学感受器受到刺激，可反射性兴奋呼吸中枢，使呼吸加深加快。当缺氧程度缓慢加重时，这种反射性兴奋呼吸中枢的作用将变得迟钝，此时缺氧对呼吸中枢的直接作用是抑制作用。机体对低氧环境逐渐适应，低氧反应的敏感性下降，反应阈值适应性升高，这种现象称为钝化。睡眠状态下呼吸中枢对低氧和（或）高 CO_2 刺激的反应减弱可以诱发呼吸紊乱、延迟患者的觉醒、延长呼吸暂停的持续时间，从而加重低氧血症，长期反复低氧血症可能会直接损伤患者的呼吸中枢神经元。

一般高原低氧分压环境下，人体呼吸系统发生适应性代偿变化。首先由于动脉血氧分压（partial pressure of oxygen in arterial blood，PaO_2）降低，可刺激颈动脉体和主动脉体化学感受器反射性兴奋呼吸中枢，从而加深呼吸幅度和增加呼吸频率，以使肺泡通气面积扩大，其结果是肺通气量增加，但肺泡氧分压仍降低，由于呼吸频率增快所致动脉血二氧化碳分压（partial pressure of carbon dioxide in arterial blood，$PaCO_2$）下降以及 pH 升高，导致机体产生了低氧和呼吸性碱中毒。其次是当机体突发急性缺氧时，可致交感神经兴奋，同时肺小动脉收缩、肺血管阻力增加、肺动脉压增高，可导致机体缺氧时肺血管收缩出现不均，使局部血管床灌注压不同，致使肺毛细血管内皮损伤和通透性增加，血浆容易渗入肺间质和肺泡，从而易发生高原性肺水肿。而发生高原性肺水肿时，双肺重量明显增加，其末梢小呼吸道与肺泡内可有纤维蛋白渗出，且透明膜形成，肺泡壁与肺毛细血管壁细胞膜变性，肺血管呈网状扩张和充血，故通透性增大。另外，高原低气压环境会使得机体内的2,3-二磷酸甘油酸（2,3-DPG）含量增加，氧离曲线右移，氧与血红蛋白的亲和力降低，从而增加机体对氧的摄取和利用，同时肺毛细血管中血红蛋白与氧的结合力也出现降低，因此机体缺氧时氧离曲线右移的利弊关系并存（图2-2-2）。

氧离曲线可以受多种因素影响，发生左移或者右移。右移后，在相同的PO_2下HbO_2降低，从而有利于血液在组织中释放氧，而不利于在肺部结合氧。左移的情况则相反。由于这种效应在陡直段表现更突出，因此氧离曲线的左移或右移主要影响氧在周围组织的释放，而对肺组织的氧合作用影响不大。常见影响氧离曲线的因素包括pH、PCO_2、温度、红细胞内2,3-DPG，影响因素升高则曲线右移，有利于氧在周围组织释放，影响因素降低则曲线左移，不利于氧在周围组织释放。

缺氧最直接的调节就是呼吸系统，呼吸运动受血液和脑脊液中的PaO_2、PCO_2和pH三种因素的调节。PaO_2在60 mmHg以上时，肺通气量变化不明显。当$PaO_2 < 60$ mmHg时可刺激颈动脉体和主动脉体化学感受器，反射性兴奋呼吸中枢，使呼吸加深加快，肺泡通气量、肺泡气氧分压、PaO_2和SaO_2增加。而当$PaO_2 < 30$ mmHg时，缺氧本身严重影响中枢神经系统的能量代谢，直接抑制呼吸中枢，造成肺通气量下降，通常表现为潮式呼吸（图2-2-3）和间停呼吸（图2-2-4）两种形式。潮式呼吸又称陈-施呼吸，其特点是呼吸逐渐增强、增快，再逐渐减弱、减慢，与呼吸暂停交替出现。间停呼吸又称比-奥呼吸，表现为有规律地呼吸几次后，突然停止一段时间，又开始呼吸，周而复始。

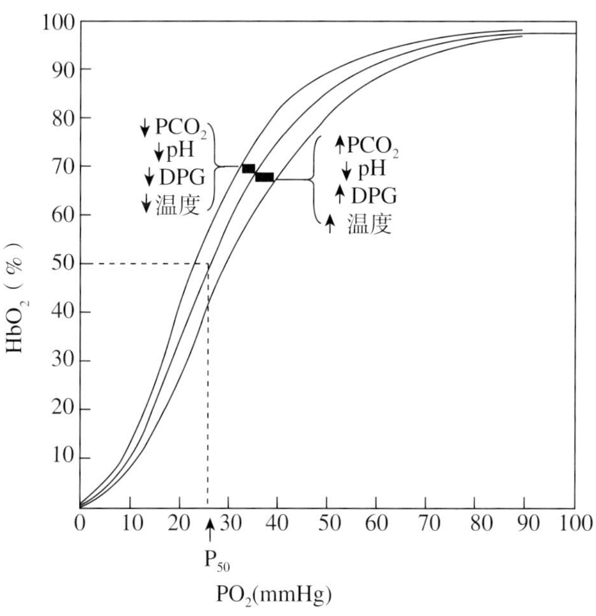

图2-2-2　氧离曲线变化图

（二）呼吸系统疾病

以往研究表明，高原低氧环境下，由于缺氧导致与呼吸系统相关的疾病发病率在高原地区部队官兵中仅次于消化系统疾病，位列第二。这主要是因为人体快速进入高原地区时，吸入气体和肺泡气体中的氧分压降低，导致动脉血氧饱和度降低，机体缺氧从而导致人体呼吸系统出现各种阳性症状，且容易引发急性高原反应或高原病（如高原肺水肿）。

白谊涵等的研究纳入了1244名从平原到高原地区工作的健康男性青年（无呼吸道疾病），研究发现，呼吸系统低氧应激症状反应与海拔高度成正比，尤其在海拔3800 m以上地区的症状反应阳性率陡然升高，但随着居住时间的延长而出现下

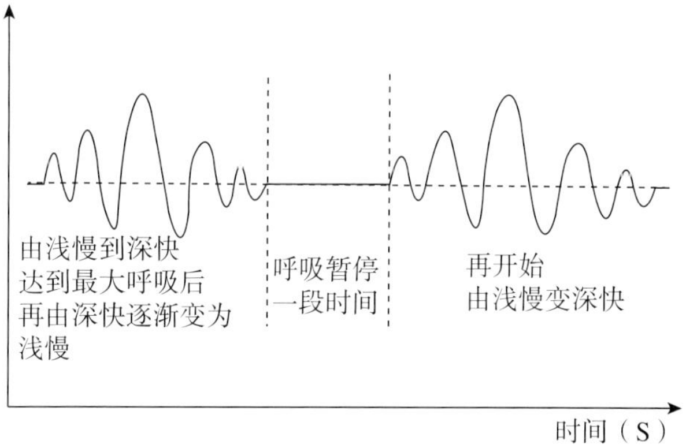

图2-2-3　潮式呼吸

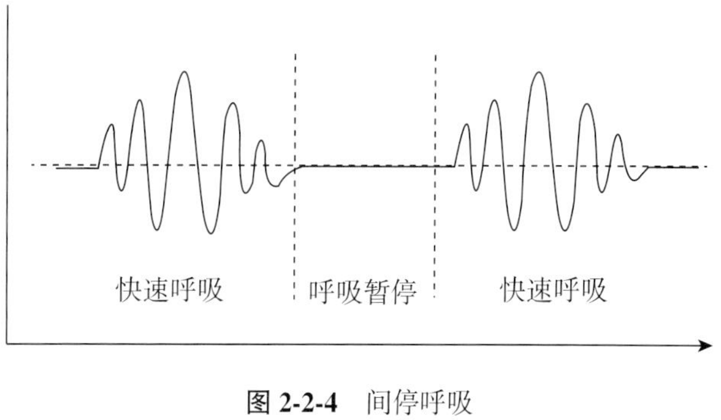

图2-2-4　间停呼吸

降。主要表现为居住1年以上个体的胸闷、气短、口唇发绀等症状阳性率显著低于初进高原者。肺组织形态学改变以肺泡和毛细血管充血为主，随着居住时间延长，肺泡上皮呈增生性改变。

另外，一篇新英格兰医学杂志的综述表明，近年来前往青藏高原和其他高海拔地区进行旅游的人口数量越来越多，高海拔地区的气压降低和随之而来的环境氧分压降低还有可能对哮喘和高血压等基础疾病产生影响。海拔2500 m以上旅行的禁忌证主要包括：晚期慢性阻塞性肺疾病（chronic obstructive pulmonary disease，COPD）[第1秒用力呼气量（FEV_1）＜预计值的30%，或需要持续氧疗]、晚期囊性纤维化（FEV_1＜预计值的30%）、晚期限制性肺疾病[肺总量（TLC）＜预计值的30%，或需要持续氧疗]、失代偿性心力衰竭、高危妊娠、之前90日内曾发生心肌梗死或卒中、控制不良的癫痫、肺高压（肺动脉收缩压＞60 mmHg）、镰状细胞病、不稳定性心绞痛、未接受治疗的高位脑血管异常（动脉瘤或动静脉畸形）等。因此，对于患有哮喘或心力衰竭等症状人群，建议在疾病得到良好控制后再前往高海拔地区工作或旅游。高海拔地区常见呼吸系统疾病缓解策略见表2-2-2。

但众多研究证实，高原低氧环境有对人体健康有利的一面，高原气候非常有利于人体某些疾病的治疗和康复。中度高原对支气管哮喘及慢性喘息性支气管炎有气候性治疗作用，如在高原2000 ～ 2500 m地区对治疗慢性肺部疾病（如支气管哮喘）具有一定的疗效，与治疗支气管哮喘所使用的低压氧舱原理相似。这主要是由于轻度低氧可以降低支气管平滑肌的应激性和张力，使之免于痉挛，增加肺通气，有利于疾病的治疗。因此，适度的高原低氧环境可以提高心肺功能，增强人体的循环功能，有益健康。

Fieten等通过对中等海拔地区高山气候的环境特征、免疫调节作用、多学科肺康复方法及其对未控制和重度哮喘的临床影响进行研究后发现，高海拔气候疗法（alpine altitude climate treatment，AACT）结合了高海拔的物理特征和避免高山气候中的环境触发因素，以及多学科肺康复方法，可改善哮喘患者的临床表现和呼吸功能参数。AACT的多学科治疗方案可进一步改善患者的哮喘控制和生活质量，如减少哮喘急性加重和住院，减少口服糖皮质激素的需要，改善肺功能，降低气道高反应性，提高运动耐力，改善鼻腔预后。研究结果表明，AACT对所有哮喘表型患者都具有应用价值，鉴于未控制哮喘患者的炎症和免疫调节作用降低，AACT被认为是自然的靶向生物疗法。

四、消化系统

人体进入高原环境后，长期缺血、缺氧状态会导致消化不良，主要由于低氧会导致人体的消化腺分泌和胃肠蠕动受到抑制，除胰腺分泌稍增加外，其余消化食物的唾液、肠液、胆汁等分泌物较平原时减少，胃肠功能明显减弱，因此可出

表2-2-2 高海拔地区常见呼吸系统疾病缓解策略

疾病	引发原因	缓解策略
哮喘	发作时的低氧血症和呼吸困难比在低海拔地区时严重；前往目的地后暴露于空气质量较差的市区；由于空气寒冷干燥，可发生运动诱发的支气管收缩	建议哮喘控制不良的患者避免到高海拔地区。建议患者携带治疗哮喘发作的药物，并保持吸入器温暖
COPD和间质性肺疾病	低氧血症和呼吸困难恶化，特别是剧烈活动时，运动耐受量不同程度下降	建议患者在旅行期间监测SpO_2，考虑吸氧，并逐级暴露于高海拔和增加体力活动
SARS-CoV-2感染史	肺部机制、气体交换和心脏功能的持续缺陷可能导致低氧血症恶化和运动受限	对于无症状感染者，建议将旅行推迟至检查结果呈阳性后2周。对于有持续症状或需要重症监护治疗的患者，实施旅行前评估
肺高压	肺动脉压升高，有右心功能降低或高原肺水肿的风险	如果肺动脉收缩压＞60 mmHg或NYHA新功能分级为Ⅲ级或Ⅳ级，建议患者避免旅行，并考虑吸氧
阻塞性睡眠呼吸暂停	阻塞性睡眠呼吸暂停次数无变化，但中枢性呼吸暂停增多，低氧血症和呼吸暂停加重	患者应继续接受CPAP治疗，如果没有电源，可以使用口腔矫正器

现食欲不振、腹胀、腹泻或便秘、上腹疼痛等一系列消化系统紊乱症状。在高原上生活一段时间后，这种症状会逐渐消失，但也有少部分人持续较久或反复出现这些症状。

高原低氧环境下消化系统的生理功能影响及病理性损伤过程是相对复杂和漫长的过程，缺氧导致人体消化功能下降的机制为以下几个方面。一是早期出现进入肺、脑的血流增多，而进入胃肠的血流减少，使得消化液分泌减少，交感神经兴奋又使胃排空时间延滞，饥饿收缩和小肠运动减弱，唾液分泌受抑制。二是水钠潴留液可以使肠胃道发生轻度水肿，致呼吸障碍。三是应激、抗利尿激素分泌增加和血糖偏低均可抑制胰腺分泌。四是急性缺氧时，肝可出现轻度水肿，胆汁分泌相对减少。

（一）生理功能

久居平原的人初到高原对低氧环境习服过程中，机体会出现不同程度的临床症状，不同系统、不同器官在高原适应能力不同，而出现不同的症状体征。研究发现，当人体较长时间暴露于低压低氧环境时，会出现体重减轻、食欲下降等症状。这可能是因为胃肠收缩减弱，反馈至中枢冲动减弱，抑制摄食中枢的活动，以及由于中枢对缺氧敏感，当氧分压较低时，导致抑制摄食中枢的活动。另外，高原缺氧可引起交感神经兴奋，抑制消化道运动和腺体分泌功能，导致食欲降低，体重减轻。

高原环境对人体胃肠的影响和高原反应密切相关。在急进高原的人群中，会产生胃肠型急性高原反应，又称高原胃肠应激综合征，主要表现为食欲减退、恶心、呕吐、腹胀、腹泻等。因此，这些消化道体征是常用来判断人体对高原适应不全的重要指标之一。进入高原后，由于体内血液重新分配，消化道血液供应量减少，以致消化功能减弱而发生胃肠蠕动减慢、胃肠排空时间延长、消化道消化液分泌减少，引发消化系统一系列改变和功能紊乱。短期进驻高原后，胃黏膜表面出现点状充血、水肿、胃蠕动和张力差，其原因可能是高原低氧环境使下丘脑 - 垂体应激反应增强，使抗利尿激素和醛固酮分泌增加，导致皮质功能紊乱，副交感神经兴奋性降低，引起胃肠蠕动减退和消化液分泌减少。同时，低氧影响细胞膜上的钠泵功能，使胃肠黏膜充血、水肿，低气压使胃肠腔气体膨胀、胃蛋白酶活性下降，机体出现腹胀、腹痛、恶心、呕吐、食欲不振等症状。随着进驻高原时间的延长，除腹胀外，各症状也逐渐好转或消失，消化系统功能亦逐步趋于正常。但这也与个人的高原习服能力有关，对高原习服的易感性不同，反应时间、强度亦有不同。

高原世居者较移居者具有较好的适应性，即长期世居人群获得了最佳的高原适应性，包括高原运动过程和习服过程，这是长期对高原自然习服的结果。但在不同的高原世居者当中，由于内外环境、个体基因多态性和生活习惯等原因，仍有一定比例的个体出现了对高原环境适应不全的现象，在高原低氧环境中，机体虽通过长时间不间断的选择和调节过程，仍然不能很好地适应高原环境，出现一系列功能失调或病理形态上的改变，称为高原适应不全，包括消化系统的适应不全。当出现高原适应不全的情况时，若再进行大负荷的运动，会导致内脏出现病理和生理方面的更大损害。虽然已有很多研究证实高原世居者较移居者具有较好的适应性，但世居者在独特的自然环境中承受着低氧带给机体各系统的损伤，有些人也会出现某种功能和代谢失衡，严重影响着高原人群的生活质量和身心健康，所谓的最佳适应性完全只能是相对而言。

另外，在高原环境下运动会加重机体的缺氧程度，机体在运动过程中，心、肺、骨骼肌等重要器官和组织对氧气的需求进一步增加，消化系统因进一步缺血、低氧而出现一系列生理和病理性损伤。因此，一般情况下，在高原环境习服过程中不适合剧烈运动，在高原环境下运动要量力而进行，在这个过程中应该考虑所处海拔高度、气候特点、年龄以及高原适应性等因素。在饮食上应当少吃不容易消化的食物，待机体习服后逐步恢复正常的饮食习惯和适当的运动。

（二）消化中枢

低氧条件下，机体常出现食欲降低、恶心、呕吐、腹痛、腹泻等一系列消化系统功能障碍的症状，严重时甚至会引起能量衰竭。研究表明，低氧引起下丘脑食欲调节中枢的 mRNA 表达明显降低，直接抑制食欲中枢，引起食欲下降，其机制主要为缺氧导致脑细胞氧化反应受到抑制，中枢系统调节功能发生改变，进而使消化液分泌成分以及水平紊乱，当氧分压降低时，可能直接抑制摄食中枢的活动，出现食欲下降等症状。

（三）胃肠消化功能

高原低氧可引起胃肠运动功能发生紊乱。以往研究发现，长期居住在高原，由于低氧对胃黏膜分泌功能的影响，使胃黏膜屏障受损，消化道血管因缺氧而发生痉挛性缺血，胃黏膜长期缺血缺氧，致胃固有腺体萎缩，甚至消失。因此，高原居住者慢性萎缩性胃炎的发病率较平原人群明显增高。马玉红研究发现，随着海拔的升高，人体胃肠症状更加明显，经 7 ~ 10 天高原适应后逐渐减轻和消失。平原人快速进入海拔 3000 m 以上高原地区后，恶心、呕吐、腹泻、腹胀、食欲不振等消化道症状突出，部分个体出现胃肠功能紊乱，表现为蠕动亢进或减弱。因此，高原环境下人体的消化系统受低氧等环境影响，显得尤为脆弱。

在高原低氧的环境下，由于缺氧会导致脑细胞氧化反应受到影响，中枢系统调节功能发生改变，进而使消化液分泌成分以及水平紊乱，特别是急性低氧的情况下，机体处于低氧应激状态，为保证心、脑、肝、肾等重要器官的血供，使皮肤及胃肠等血管收缩，从而导致消化系统的消化、吸收、蠕动和屏障等功能受到一定程度的损害，引起机体内环境紊乱，出现高原胃肠应激综合征。主要表现为胃肠运动功能发生紊乱，胃肠动力激素分泌功能受影响明显，因而出现胃肠运动缓慢，甚至造成胃肠黏膜屏障受损。李红等研究发现，急进海拔 4300 m 高原地区的健康青年胃镜检查发现，其胃蠕动明显减弱，其中有些人在进食 8.5 h 后，胃内食物仍未排空；进入高原第 3 天及第 7 天与进入高原前比较均有显著差异，其中进入高原第 3 天胃蠕动缓慢及黏膜改变的概率分别高达 60% 和 85%。

由于呼吸循环系统代偿作用使机体代谢率增高、能量消耗增加。加强肠内营养、营养物质的合理搭配对于增强肠道免疫，保护肠道健康具有重要作用，正确搭配营养物质是机体正常新陈代谢和保持肠道健康的重要保证。高原地区营养搭配应遵循高碳水化合物、低脂肪、适量蛋白质的原则，同时适量补充维生素，适当补充水分并减少无机盐摄入，有助于预防急性高原反应。

（四）内分泌功能

低氧环境引起肠液、唾液腺分泌减少，参与消化的肠淀粉酶亦减少，尤其是在海拔 4000 m 高度上，无论是唾液腺分泌的量或质均有明显变化。高原低氧对消化液（如胃酸、胃蛋白酶）的分泌影响较大。特别是胃酸分泌，胃酸总酸度下降，pH 值增加，这影响高原人群的消化吸收功能，也是高原地区慢性胃炎，尤其是慢性萎缩性胃炎高发原因之一。有研究发现，急进高原或长期居住在高原的健康人血清胃泌素浓度与平原人相比显著升高，尤其是高原红细胞增多症患者中，血清胃泌素浓度更高，这是因为机体在缺氧环境下会出现交感神经兴奋，促使肾上腺释放儿茶酚胺，可促进胃泌素的释放，在高原地区溃疡病高发机制中具有重要的意义。Yamaji 等研究了缺氧对大鼠胃功能的影响，大鼠在服用高蛋白饮食后暴露在 7.6% O_2 的环境中，有明显的胃排空延迟现象，并且缺氧还可抑制胃酸分泌，提高血浆胃泌素浓度。

在缺血状态下，小肠平滑肌的收缩活动减弱说明缺血低氧可抑制胃肠运动，从而影响胃肠收缩活动。在消化系统中有许多胃肠激素，如胃动素（motilin，MTL）、P 物质（substance P，SP）、血管活性肠肽（vasoactive intestinal polypeptide，VIP）、胰高血糖素样肽（glucagon-like peptide，GLP）等是一组胃肠动力激素，在胃肠运动中起着重要作用，低压和低氧可引起血浆胃动素浓度降低。高原急性低氧对个体胃肠动力激素分泌影响更显著，因此会出现胃肠运动缓慢，导致急性胃肠黏膜损伤。高原低氧可显著缩短消化间期和进餐后胃、十二指肠收缩运动的频率和幅度，增加幽门的张力和压力波幅，这可能是抑制胃排空的机制。

（五）吸收功能

在高原环境训练后常见体重下降。有关体重下降的影响因素，诸多研究证实高原低氧、寒冷、干燥等气候条件下，机体消耗加大、消化功能减退等，使机体蛋白质合成代谢下降，造成骨骼肌丢失和体重下降。此外，还与饮食条件、身体疲劳以及吸收能力有关，主要是低氧可引起人体胃肠蠕动变缓，吸收功能下降。急性高原反应相关研究表明，初进高原人群有一半左右可出现腹泻，甚至频繁呕吐或腹泻，引起脱水、电介质紊乱，慢性高原反应中也有长期慢性腹泻的症状。当返回平原地区后，这些症状可自行消失，其原因可能与高原低氧、气候寒冷、食物结构以及水质等因素有关。

（六）胃肠疾病防治

由于高原低氧引起的胃肠动力障碍并非是一种单纯的胃肠症状和表现，其引起的一系列内环境紊乱可加重急性高原反应。此外，因摄入减少和丢失增多，可造成低血钾和低血钙及代谢性酸中毒，引起无力、轻瘫、肌肉痉挛和肠麻痹等。由于胃肠黏膜屏障破坏，引起急性胃肠黏膜病变；因肠道毒素吸收，造成了免疫应答抑制，产生一系列病理生理改变，所以对此应予积极防治。

1．加强心理训练　消除紧张，恐惧心理，采用有效的心理疏导手段，阻断大脑皮质 - 内脏、脑肠肽 - 脑肠轴作用。

2．阶梯适应方式　加强机体对低氧环境的适应性锻炼，再逐步进入高海拔地区，促进高原习服。

3．对症治疗　加强饮食营养，对腹胀、便秘、呕吐、腹泻患者对症处理，必要时给予静脉营养支持疗法。

4．调节饮食　戒除烟酒，避免食用对胃有刺激的生、冷、硬等难以消化的食物，有严重胃肠病史的人员建议暂缓进入高原。有研究表明，吸氧和高压氧舱可以有效改善低氧血症，对胃肠动力紊乱疗效显著，但对于症状突出或对症治疗、病因治疗效果不明显的人员，应及时转入平原进行治疗。

第三节　高原环境对人体神经系统的影响

神经系统（nervous system，NS）是机体内对生理功能活动进行调节的主导系统，分为中枢神经系统和周围神经系统两大部分。脑是中枢神经系统的重要组成部分，对人体生命活动的维持具有极其重要的作用。脑的重量是全身重量的2%，但静息状态下的脑血流量却是心输出量的15%，脑耗氧量是全身耗氧量的23%。脑组织代谢旺盛，所需能量的85% ~ 95%来自葡萄糖的有氧氧化，但脑组织中氧及腺苷三磷酸（adenosine triphosphate，ATP）的储备却很少，所以脑组织对低氧高度敏感。高原低氧环境对于人体认知等功能的影响取决于暴露于高原的时间以及所到达的海拔高度。

由于人体神经组织对内外环境变化最敏感，因此在缺氧条件下，脑功能损害发生最早、损害程度也较严重。脑功能改变的症状表现和严重程度取决于人体暴露的海拔高度、登高速度等，并随着暴露时间的延长而出现损害加重的变化趋势，特别是对视觉、感觉、记忆、认知、思维和注意力等人体功能的影响显著而持久。例如，当血氧饱和度（oxygen saturation of blood，SO_2）降低至85%时，可出现注意力不集中、肌肉精细协调能力下降；当经皮动脉血氧饱和度（percutaneous arterial oxygen saturation，SpO_2）下降至75%时，可出现判断力下降、情绪和肌肉活动障碍，降至60%可出现意识丧失、抽搐、昏厥，甚至死亡。

医学研究证实，急性缺氧时，整个神经系统兴奋性增强，如紧张、易激动；慢性缺氧时，出现失眠、多梦、记忆力衰退、耳鸣、视物模糊等症状，也会出现夜间睡眠呼吸紊乱，表现为频繁性觉醒、周期性呼吸、低通气，甚至呼吸暂停。而缺氧程度对神经系统产生的影响也有所不同，如中度缺氧对精神意识的影响类似于酒精中毒，可具体表现为头痛、意识错乱、肌无力、运动协调障碍等；而重度急性缺氧时会突然出现意识丧失，失去知觉。研究表明，当海拔上升到4000 m以上时，神经平台的反应时间会因缺氧而显著下降，人们通常表现出应迟钝，身体功能下降，过早出现疲劳等症状，甚至会出现晕厥、休克。但人体在低氧环境下出现神经系统欣快症，如感觉愉快、很自满、自信等情况时，是中枢神经系统对缺氧适应良好的表现。

一、视觉功能

研究发现，高原缺氧对人体感觉功能的影响出现较早，其中视觉对缺氧最为敏感。缺氧会导致视网膜敏感度大幅降低，影响视力，如夜间视力受损，光敏感度降低，视敏度及颜色鉴别能力下降，空间视觉障碍等视觉功能下降。Vecchi 等研究发现，在低压氧舱模拟海拔 3810 m 环境下飞行，16 名飞行员视力均有所减退；马勇、张西洲等研究发现，高原居民的视觉普遍下降，大约在海拔 3000 m 即有所改变，海拔 5000 m 以上出现明显障碍，主要症状表现为夜间视力受损、光敏感度降低、视敏度及颜色鉴别能力下降、空间视觉障碍等。随着海拔升高，视觉功能受影响更显著，这种损害不会因机体的代偿反应或降低海拔高度而有所改善。

急性缺氧时视觉功能出现以下几个方面的功能变化。一是暗适应功能下降。缺氧时对视觉功能的影响首先表现在对视网膜杆体细胞功能的影响，对光的敏感性下降。随着高度的增加，夜间视觉受影响的程度亦加重。二是视敏度下降。轻度缺氧时，视觉对比敏感度下降；随着缺氧程度加重，在 5500 m 高度时，中心视力开始下降；在 6000 m 高度时，可出现视野缩小，视力盲点扩大。Pescosolido 等通过模拟高海拔低氧环境，证实缺氧可降低视敏度，视敏度的降低程度与海拔高度相关，并推测这与缺氧状态下视网膜光感受器的细胞功能降低有关。三是引发深径觉障碍。深径觉又称深度觉，是指人在飞行中判断所见空间物体的距离以及各物体的相对位置的一种空间视觉定向能力。研究表明，缺氧可使深径觉发生障碍，障碍的程度取决于缺氧作用的时间、程度和个体中枢神经系统的稳定性等因素，引发深径觉障碍的主要病因为神经病变和大脑感觉中枢病变，常好发于老年人。此外，酗酒、药物等也可能诱发深径觉障碍。缺氧可导致眼部对颜色的辨识能力减退，出现色觉障碍。有研究表明，人体的色觉神经以及分辨颜色的能力在海拔 3000 m 时会有一定程度的改善，但在海拔 5000 ~ 7000 m 时则会有出现不同程度的下降。马勇、张西洲等研究发现，将移居海拔 5380 m 地区 7 天的色觉与移居 6 个月的色觉相比，初入高原急性缺氧期色觉障碍较为突出，视网膜血管改变的高峰期为初入海拔 5380 m 地区的 1 ~ 4 天，5 ~ 7 天时视网膜血管的改变逐渐减轻，但长期处于低氧环境中视网膜辨色能力仍低于平原水平，说明视网膜对低氧环境会产生适应性变化，但仍存在功能障碍。高原环境的独特低氧条件是调节视网膜的主要因素，低氧环境会造成视网膜血管充血、变形，严重者则会出血，从而影响视网膜辨色能力。

高原适应不全时，眼部表现可有视觉功能障碍和眼部器质性改变。前者有视物模糊、视力减退、暗适应减退、视力疲劳，以及闪光、幻觉、飞蝇症，甚至复视；后者有视网膜动脉痉挛和硬化，视网膜静脉扩张和迂曲，视网膜出血、水肿和渗出，视神经乳头充血、水肿和萎缩。此外，还可有眼外肌麻痹、球结膜血管扩张、充血、迂曲等改变。

对于世居在海拔 3000 ~ 4500 m 高原或高山地区的居民来说，机体已适应这种缺氧环境，视觉功能多无改变。但在部分居民中，眼底可见视网膜静脉充盈，颜色较暗，走行较迂曲，视神经乳头颜色较红，但边缘清楚，无水肿。流行病学研究结果显示，我国高原地区眼疾发病率远超平原地区，其中由于缺氧等原因引起的视网膜出血、毛细血管损坏和改变所造成的高原眼病的发病率较高。西藏地区干眼症患病率明显高于其他地区，海拔越高，干眼症的发病率越高。高寒、缺氧和紫外线过强是导致干眼症发病率上升的因素。

二、听觉功能

听觉是指听觉器官在声波的作用下产生的对声音特性的感觉。听觉系统由耳朵、中枢神经系统（中枢神经系统即大脑和脊髓）和听觉皮质共同构成。具体形成过程为外界声波通过介质传到外耳道，再传到鼓膜。鼓膜振动，通过听小骨放大之后传到内耳，刺激耳蜗内的纤毛细胞（听觉感受器）而产生神经冲动。神经冲动沿着听神经传到大脑皮质的听觉中枢，形成听觉。听觉在人的生活中具有举足轻重的作用，是仅次于视觉的重要感觉通道。

邹文进等通过模拟高海拔环境对急进高原人群听力的变化进行研究，在进入高原前，受试者进入模拟海拔 5000 m 的低压氧舱内适应 5 h，结果发现听力均受到一定程度的影响，这可能和急进高原导致的急性缺氧有关。格日力等研究认为，听觉障碍的发生机制可能与缺氧时内耳微循环障碍导致耳蜗功能下降，脑干听觉传导通路神经元兴奋性和传导性降低，大脑信息处理能力和注意力下降有关。缺氧时前庭神经敏感性增高，迷走神经反射明显增强，部分个体出现面色苍白、头晕、出汗、恶心、呕吐等症状。

随着海拔的升高，听力也会出现不同程度的下降。例如，中度缺氧时可出现听敏度下降，严重缺氧则会导致耳鸣和重听，甚至会导致听力衰退，而听力衰退有可能进一步加重大脑缺氧的程度。大约在海拔 5000 m，人的高频范围听力下降；在海拔 5000 ~ 6000 m，人的中频和低频范围听力显著减退，而且听觉定向力也受到明显影响，这也是高原缺氧条件下容易发生事故的重要原因。此外，在极端高度时还可能出现错觉和幻觉。但也有研究显示，对急性暴露于海拔 6096 m 者进行前、中、后期神经心理测试，发现急性低氧暴露会导致学习能力和记忆功能损伤，但对视觉和听觉影响甚微。

三、触觉和痛觉功能

触觉是指皮肤触觉感受器接触机械刺激所产生的感觉。研究表明，人体在疾病状态下可能会发生触觉的失常，如多发性神经炎之后、末梢神经发炎导致的触觉能力减退，产生麻木疼痛或者触觉消失等症状；皮肤周围神经受到压迫或者炎症损伤、外力等也可导致触觉障碍。但在一些正常生理状况下，如过度劳累、心情不好、睡眠不好，也会在一定程度上影响触觉，属于正常波动。

触觉失调一般出于以下几种原因：首先是神经病变，比如神经萎缩或者神经营养不良，如果支配触觉的神经发生功能或者结构障碍，会造成触觉失去控制，导致患者出现触觉失调现象；其次是脑出血、脑梗死、脑血管痉挛等脑疾病可能会造成患者触觉失调。

痛觉是机体受到伤害性刺激时，产生的一种不愉快的感觉。痛觉常伴有情绪变化和防御反应，对机体起到保护性作用。同时疼痛是临床上最常见的一种症状，对于辅助疾病的诊断具有积极意义。痛觉减弱的原因常见于神经系统疾病，痛觉减弱是指人体对外界强烈刺激感受性降低的感知障碍。常见于神经系统器质性疾病，由于皮肤或黏膜感受器受损或神经传输系统病变，可引起痛觉减弱。痛觉的产生机制是痛觉感受器，属于游离的神经末梢，其本质是化学感受器。伤害性刺激作用于机体时，引起组织损伤，释放某些化学物质，如 K^+、H^+、5- 羟色胺、前列腺素，兴奋痛觉感受器使之产生换能作用，随后产生传入冲动，沿传入通路抵达皮质第一感觉区、第二感觉区等部位，产生痛觉。

研究发现，人体的触觉和痛觉在严重缺氧时会逐渐变得迟钝，在极高海拔时还可能出现错觉和幻觉，这主要是由于低氧引起的高级神经活动障碍所导致的生理功能障碍。

四、嗅觉和味觉功能

嗅觉和味觉是人体重要的生理感觉。其中，嗅觉由嗅神经和鼻三叉神经两种感觉系统参与。味觉的感受器是味蕾，主要分布在舌表面和舌缘，口腔和咽部黏膜的表面也有散在分布。味觉在摄食调控、机体营养及代谢调节中有着重要作用。嗅觉和味觉会整合和互相作用，嗅觉是外激素通讯实现的前提。

嗅觉功能障碍常见于人体生病时，会出现嗅觉消失。其次是嗅觉神经受伤或损坏，以及脑的嗅觉中枢出现疾患。鼻嗅觉神经损伤多由病毒感染和过敏反应造成；头部损伤、鼻部手术或肿瘤也会造成嗅觉神经组织损伤，如鼻阻塞性失嗅是由于鼻息肉、肿瘤和鼻黏膜肿胀导致的。而味觉的影响因素较多，如长时间受某种味质刺激时，其味觉敏感度可降低。温度对味觉阈值产生影响，感觉不同味觉所需的最适温度有明显差别。身体患某些疾病或发生异常时，会导致失味、味觉迟钝或变味。另外，年龄对味觉敏感性也有影响，随着年龄的增长，味觉功能下降，尤其是 60 岁以上人群下降得更为显著。其原因是随年龄增长，舌乳头味蕾数目减少，导致味觉功能下降。另外老年人自身所患疾病也会导致味觉敏感性下降。

嗅觉和味觉神经系统均属于中枢神经，人体处于缺氧环境时，中枢神经对缺氧最为敏感，过强的低氧应激反应将导致机体各种功能出现衰竭，神经系统、循环系统、呼吸系统等均会受到不同程度的损伤，最终导致脑、心、肺等重要器官因能量供应不足而死亡。研究结果表明，长期居住在高原的人群，由于嗅神经兴奋性减低以及嗅膜区分泌减少等原因，常引起嗅觉功能下降甚至完全丧失。味觉功能也会出现不同程度的降低，尤其是对咸味、酸味和苦味的敏感度下降。一般来说，嗅觉和味觉功能的改变往往难以察觉，返回平原后才能慢慢意识到。

五、认知功能

认知是人脑的高级神经活动，是指人们获得知识或应用知识的过程，或者信息加工的过程，是人类最基本的心理过程，包括感觉、知觉、记忆、思维、想象和语言等。高原低氧环境对于认知过程的影响取决于暴露时间以及所到达的海拔高度。短期暴露于高原环境是指在高原地区居住几周时间，而长期的高原暴露是指在高原居住更长的时间，如常驻高原。

（一）急性高原低氧暴露

一般短期暴露于高原环境可以引起许多认知功能的损害（表 2-3-1），其中包括简单和复杂反应时间、短时记忆、工作记忆、学习能力、注意力、语言流畅性、决策力、认知弹性、抑制控制等，其中有关反应时间延长的报道最为常见。有学者指出，在高原人类通过延长做认知测试的反应时间来提高反应的准确性，而对认知能力损害的严重程度随着海拔的上升而加重。研究发现，人类有认知损害的最低海拔为 2000 ～ 3000 m，而在海拔 3000 ～ 4000 m 已经有可以观察到的精神运动能力受损，在海拔 6000 m 以上的极高海拔地区可出现幻觉。Turner 等的研究则显示，急性暴露于模拟海拔 6096 m 低氧环境 90 min 后，复杂注意力、执行力及认知灵活性等明显恶化。另一项常压低氧模拟试验表明，急性暴露于海拔 4500 m 低氧环境 24 h 后，注意力、视觉和工作记忆、执行功能显著减退，抑郁和焦虑情绪增加，睡眠效率明显低下。也有研究发现，在不同海拔急性暴露 1 h 后，3600 m 和 4400 m 高度的认知反应时间和执行力明显下降，而在 2800 m 高度未发现认知功能改变。但也有一些不一致的研究结果，Nakata 等利用事件相关电位和躯体感觉诱发电位研究了急性缺氧对人类认知过程的影响，结果显示，急性常压低氧对运动执行和抑制过程的神经活动均有一定损伤，但对认知功能的影响不明显。Caldwell 等研究发现，急性暴露 0.5 h 后大脑皮质缺氧能够影响反应时间，但不影响复杂认知能力。目前大部分研究认为，急性低氧暴露认知损害的最低海拔高度在 3000 m 以上，且认知损害以注意力、执行力及记忆力减退为主，暴露时间越长，认知功能损害越严重、认知损害范围越广泛。急性低氧所致认知损害存在个体差异。

表2-3-1 不同海拔高度缺氧条件下思维受损表现情况

海拔高度（m）	思维受损表现
1500	复杂智力活动能力受到影响
3000	思维能力全面下降，其中判断力下降尤为明显
4000	书写字迹拙劣、造句生硬、语法错误
5000	注意力难以集中
＞7000	部分人可突然出现意识丧失

有研究表明，急性高原缺氧将严重影响人的思维能力，且随着海拔升高、缺氧程度加重，影响程度逐步加重。在海拔 1500 m 时，人的思维能力开始受到损害，表现为新近学会的复杂智力活动能力受到影响；在海拔 3000 m 时，各方面的思维能力全面下降，其中最明显的是判断力下降；在海拔 4000 m 时，语言书写功能损害较为严重；超过海拔 7000 m 时，有相当一部分人可在无明显症状的情况下突然出现意识丧失。动物实验表明，急性低氧暴露（5% 氧浓度）3 h 后可以严重损害动物的信息提取能力，5 h 后严重影响动物对新信息的学习能力。研究人员认为，缺氧对思维能力影响的危险性在于主观感觉与客观损害相矛盾。如缺氧已导致个体思维能力显著损害，但自己却往往意识不到，做错了事也不会察觉，还自以为思维和工作能力“正常”。此外，急性高原缺氧时还会使人的注意力明显减退。在海拔 5000 m 以上时，注意力难以集中，不能像平时那样集中精力专心做好一件事情。而且，随着海拔的升高，缺氧程度的加重，注意的范围会变得越来越窄。

在记忆影响方面，记忆对缺氧极为敏感，在海拔 1800 ～ 2400 m 时记忆力便会受到影响，5000 m 左右出现记忆薄弱。随着海拔的升高和缺氧程度的加重，记忆损害程度随之加深，直到完全丧失记忆能力。动物实验表明，间歇性低氧暴露也可以损害动物的空间记忆能力，同时急性高原低氧环境下，海马、皮质和纹状体神经元的凋亡可能导致动物空间记忆能力的下降。但低氧暴露 21 天后，下降的空间记忆能力即有所恢复。在急性低压低氧条件下，大鼠空间学习记忆能力随训练次数的增加而增加。急性中度和重度低压低氧条件下，大鼠每天和平均的逃生潜伏期均较对照组显著延长，而且随着低压低氧天数的增加，其延长更为显著。因此，研究认为记忆损害可能与大脑内的海马胆碱能系统功能变化有关，缺氧主要影响短时记忆，一般不影响长时记忆。

（二）慢性高原低氧暴露

有关长期暴露于高原环境对认知能力影响的相关报道更少。Ma 等对长期暴露人群进行事件相关电位评测发现，长期处于低氧环境影响人的注意力及冲突控制能力。Hota 等发现，高海拔地区停留时间较长的人群中，轻度认知功能障碍的患病率上升。另一项研究发现，在海拔 2260 m 处居住 7 个月的人群认知功能没有明显变化，提示中度海拔低氧环境不会对认知功能产生影响。造成两项研究结果矛盾的原因是海拔高度的不一致及暴露时间的不同。Yan 等对 28 名高海拔地区常住人口（居住时间＞18 年）的认知功能研究发现，高海拔受试者反应时间较长，行为表现的反应准确度较低。

Hogan 等研究发现，在海拔 3700 m 左右，儿童青少年的精神运动速度略有下降，加工速度减慢；而生活在海拔 4100 m 左右的高原地区年龄为 6 ～ 9 岁的儿童、13 ～ 16 岁的青少年与生活在 3700 m 海拔的同龄人相比，执行功能显著下降。在受试者为 0 ～ 24 个月的婴儿中，研究发现海拔每升高 100 m，神经发育异常的可能性就上升为原来的 1.02 倍，在海拔 2600 m 处婴儿出现神经发育异常的可能性是海拔 800 m 处的 2.06 倍。但也有研究发现，海拔 3700 m 处 13 ～ 16 岁青少年的神经心理测试结果与海拔 500 m 处并没有统计学差异。而对成年人的研究发现，生活在海拔 2600 ～ 4200 m 的高原常驻居民，认知准确性下降，反应时间延长；而对在海拔 2260 m 左右居住了 7 个月左右的成年人的调查中并未发现任何认知能力的损害。

目前，针对慢性低氧暴露引起认知损害的最低海拔高度及相关暴露时间的研究相对较少，且结果不一致。一般认为，慢性高原低氧暴露认知损害主要以认知反应时间延迟、注意力下降、执行力和工作记忆减退为主，这与夜间呼吸暂停所致的慢性低氧认知损害范围一致，且损害程度与海拔高度、暴露时间呈正相关。需要注意的是，工作记忆的评价方法可能对认知损害结果产生一定影响。Lynch 等研究认为，缺氧导致脑氧代谢不足时，脑内氨基酸及细胞能量代谢紊乱，可能是认知功能变化的代谢基础。

运动能够改善认知能力，不同类型的运动可能会触发不同的神经过程，从而对不同的认知能力产生影响。一般情况下，有氧运动可以促进心血管健康，提高中老年人的情景记忆表现，改善衰老大脑的可塑性，有助于减缓老年人体质和认知的衰老，而拉伸练习能有效提高注意任务测试的得分。运动干预的改善效应由大到小依次为执行控制任务、控制加工任务、视觉空间任务和速度任务。

薛忠星等研究发现，与常氧暴露的大鼠相比，长期低氧暴露的大鼠海马中的突触数量减少，大鼠海马内 γ- 氨基丁酸的含量升高，而脑源性神经营养因子 mRNA 的表达降低，从而抑制大鼠的学习记忆能力。而运动训练虽然对长期低氧暴露大鼠海马突触的超微结构、脑源性神经营养因子 mRNA 的表达及学习和记忆能力有一定的改善作用，但无显著的交互作用。而陈耕春等的研究纳入 15 名女大学生，发现间歇性低氧训练能够使受试者的心理测试成绩有明显的提高。与非间歇性低氧训练组小鼠相比，接受间歇性低氧训练的小鼠脑组织丙二醛酸的含量较低，而超氧化物歧化酶的含量却较高，这表明间歇性低氧训练能有效增加脑组织和神经系统的抗低氧能力，提高机体在低氧条件下的正常心理反应能力。

高原低氧运动也会加速中枢神经系统的疲劳，这可能与在高原脑的需氧量与供氧量不匹配导致的细胞间质及细胞内的低氧有关。在急性低氧状态下进行运动时，应用近红外线光谱测量前额叶、前运动及运动皮质的含氧量发现，与不低氧组相比较，低氧组这些区域的含氧量下降更加明显。中枢神经系统细胞间隙的氧分压下降到何种程度能使中枢神经系统的疲劳加速，目前尚无定论，但研究认为这种氧分压的下降是有一定的临界值的。

综上所述，由于高原特殊环境对人体功能特别是认知功能的影响是明显的，所以应对的最好办法是供氧，特别是针对初次进入高原的人可以进行吸氧或配备简易便携的供氧装置，有助于将缺氧所致的认知功能下降等风险降低到最小限度。另外，可以提前进行低氧环境预适应，由于人对缺氧需要有一段时间的适应过程，一般需要 1 ～ 3 个月的时间。因此初次进入高原前，建议有计划地、间歇性地在暴露于不同高度的模拟低氧环境中提前进行适应性训练，使机体有足够的时间对环境变化进行代偿，以此减轻和消除因缺氧而引起的各种症状。

六、自主神经系统

自主神经系统（autonomic nervous system，ANS）是传出神经系统的一部分，又称植物性神经系统、不随意神经系统。由于内脏反射通常是不能随意控制的，所以称为自主神经系统。自主神经系统由交感神经系统和副交感神经系统两部分组成，支配和调节机体各器官、血管、平滑肌和腺体的活动和分泌，并参与内分泌调节葡萄糖、脂肪、水和电解质代谢，以及体温、睡眠和血压等。这两个系统会在大脑皮质及下丘脑等的支配下，既拮抗又协调地调节器官的生理活动。

高原低氧对自主神经的影响机制十分复杂，主要包括直接作用和间接作用。高原低氧直接作用影响自主神经细胞本身的代谢和功能。细胞能量物质 ATP 的生成主要依靠线粒体的氧化磷酸化过程，高原低氧会导致 ATP 的生成减少。高文祥等研究发现，在模拟海拔 4000 m 高原环境下连续暴露 3 天和 40 天的大鼠，脑线粒体氧化磷酸化功能显著下降，ATP 合成酶活性、ATP 生成率及 ATP 含量均低于对照组，从而影响自主神经冲动的产生、传导，神经递质的合成、释放等，严重的甚至可以导致细胞的损伤，甚至坏死或凋亡。另外，氧是神经递质生成关键环节酪氨酸羟化反应的关键底物，所以高原低氧可以使神经递质去甲肾上腺素的合成减少。高原低氧间接作用是通过影响其他组织细胞的代谢及功能，进而影响自主神经系统的功能。自主神经受高级神经中枢的调节，而高级中枢的活动又受到传入神经和心理反应等因素的影响，从而改变交感神经的兴奋性，具体作用部位和特征如下。一是压力感受器，细胞低氧时产生的酸性代谢产物以及腺苷等能使体循环的血管平滑肌舒张，引起血管扩张，血压下降，颈动脉窦和主动脉弓压力感受器将刺激传入延髓，从而导致交感神经兴奋性增强。二是化学感受器，高原低氧引起的动脉氧分压下降刺激颈动脉体、主动脉体化学感受器，从而引起交感神经兴奋性增强以及副交感神经兴奋性减弱。三是肺牵张感受器，低氧引起的呼吸加深加快，可以刺激肺牵张感受器，引起交感神经兴奋性增强。四是高级神经中枢的影响，在高原环境下产生的恐惧、紧张等心理活动通过边缘系统等刺激脑干交感神经调节中枢，进而提高交感神经系统的兴奋性。另外，研究发现慢性高原低氧可以导致心脏 β 肾上腺受体的表达减少，从而降低心肌对肾上腺素的反应。

高原缺氧对移居者自主神经功能的影响是复杂多样的，受到高原缺氧程度、进高原的速度、持续时间、气候条件、性别、年龄、种族、遗传、心理素质，以及机体所处的功能状态（如运动状态）等因素的影响，影响程度存在较大的差异。其中，对于高原暴露的人群，研究发现，急性低压缺氧环境会影响自主神经系统对心血管功能的调控力度，交感神经兴奋性增强，副交感神经兴奋性受到抑制，造成对心率和血压调节的灵敏度降低。而慢性缺氧则可以增强副交感神经活性。焦志刚对急进高原的平原健康男性研究发现，进驻高原初期会引起交感神经和副交感神经活动的同步减弱，但随着副交感神经活动过度减弱，交感神经活动则逐渐增强，表现为交感神经活动会随着进驻时间的延长呈现出相对增强的调节能力，并具有明显的时间变化特征。但研究发现，居住在海拔 5260 m 高原 9 周的平原移居人群，副交感神经活性增强，是导致移居人群心率降低的原因。对于世居高原人群来说，缺氧对自主神经功能的影响研究较少。有研究发现，高原世居者的副交感神经活性较高，在较低海拔地区长时间居住重新回到高原后，其副交感神经活性仍然较高。

高原医学研究表明，自主神经功能变化是高原缺氧引起机体整体功能变化的重要组成部分。一方面缺氧可激活交感神经，通过影响靶器官的功能，增强肺、心血管及血液的氧摄取及运输能力，调动机体内在潜能，有利于机体对高原低氧环境的习服和适应。但另一方面，由于交感神经兴奋，呼吸、循环系统功能加强会增加耗氧量，加重机体缺氧，从而促进高原病的发生。研究证实，交感神经过度兴奋、副交感神经显著抑制的高原移居者更趋向发生高原病；高原习服人群的交感神经兴奋性降低、副交感神经兴奋性增加；高原世居者的副交感神经活性较高，高原病的发生率较低。这些现象提示自主神经在高原病发生中具有重要作用。因此，调整自主神经的兴奋状态对高原病的防治具有重要意义。

第四节　高原高低温环境对人体的影响

一、海拔高度与温度的关系

气温的影响因素很多，包括日照时间、空气密度、海拔高度、地形与地区结构、水面分布、植被程度等。通常气温随着海拔高度的增加而降低，一般来说，海拔高度每升高 1000 m，温度大约降低 6℃（表 2-4-1）。

表2-4-1　海拔高度与温度、气压的关系

海拔高度（m）	温度（℃）	气压		与地面空气密度比
		（atm）	（mmHg）	
0	15.0	1.0000	760.0	1.0000
1000	8.5	0.8870	674.1	0.9075
2000	2.0	0.7846	596.3	0.8216
3000	−4.5	0.6919	525.3	0.7421
4000	−11.0	0.6083	462.3	0.6687
5000	−17.5	0.5331	405.2	0.6009
6000	−24.0	0.4656	353.9	0.5385
7000	−30.5	0.4052	308.0	0.4812
8000	−37.0	0.3513	267.0	0.4287
8848	−43.0	0.3034	230.6	0.3807

高原地区气温最大特点就是昼夜温差较大，温差为 0 ~ 40℃。由于空气密度低，太阳辐射强烈，日出后阳光穿过空气热能损失小，地面获得的热能多、升温快，所以白天的温度高，即使在冬季，在阳光下也会感到温暖如春。日落后，由于空气稀薄、水蒸气含杂质少，地表容易散热等原因，储能机制差，白天获得的热能到夜间散发很快，因而夜间寒冷。在无热源、无遮护的情况下，空气温度随海拔高度的升高而降低（表 2-4-2）。

表2-4-2　海拔高度与温度的关系

海拔高度（m）	最高气温（℃）	平均气温（℃）
1000	40	20
1500	37.5	17.5
2000	35	15
2500	32.5	12.5
3000	30	10
3500	27.5	7.5
4000	25	5

（一）山地与同纬度平原地区气温较差的差异

研究发现，地形凹凸和形态的不同对气温有明显影响。在凸起地形（如山顶），因大气与陆地接触面积小，受到地面日间增热、夜间冷却的影响较小，又因风速较大，湍流交换强，再加上夜间地面附近的冷空气可以沿坡下沉，而交换来自由大气中较暖的空气，因此气温日较差、年较差皆较小。凹陷地形则相反，气流不通畅，湍流交换弱，又处于周围山坡的围绕之中，白天在强烈阳光下，地温急剧增高，影响下层气温，夜间地面散热快，又因冷气流下沉，谷底和盆地底部特别寒冷，因此气温日较差很大。

对于山地环境来说，不同的地形条件在山地气温日变化中的作用也不同，山顶处的气温日较差最小，山谷的气温日较差最大，而山坡平地介于二者之间。除谷地外，山区的气温日变化一般较小。

（二）同纬度地区高原与平原气温较差的差异

与同纬度地区的平原相比，高原的气候资源

一般具有气温日较差大而年较差较小的特点。由于高原大气保温作用弱，热量大量向空中散失，使近地面气温迅速下降，因而高原上各地日较差大（图 2-4-1）。高原年较差小的原因是：受海拔高度的影响大大超过了纬度的影响，使年内气温变化有所减缓，年振幅相对较小；夏季温度比较低，而冬季的温度不太低，导致气温年变化较小。例如，拉萨、日喀则等地年平均日较差均在 14 ～ 16℃。阿里地区、藏北高原、柴达木盆地等地的日较差约为 17℃，即使是日较差较小地区（如班戈湖、申扎、三江河谷、青海东部等），其日较差也多为 14℃左右。例如，青海大部分地区气温年较差在 26℃以下，其中班玛县和囊谦县气温年较差均在 20℃以下，较中国相近纬度的华东、华中、华北地区都小。西藏自治区南部拉萨、昌都、日喀则等地的年较差为 18 ～ 20℃，而纬度相近的武汉、南京是 26℃；西藏北部的气温年较差略大，一般达 26 ～ 30℃，但纬度接近的兰州年较差也达到了 30 ～ 31℃。

一般来说，青藏高原气温年较差呈现北部大南部小，西部大东部小的特点。东南部气温年变化较小是由于所处的地理纬度较低，冬季干燥，冬季接受的太阳辐射较多。局部地区增温比较明显，所以，冬季相对而言不太冷，导致气温年变化较小。可见，气温年较差的大小与纬度有关，南部较差小，往北逐渐增加；其次是与水分状况密切相关，随大陆性加强而增大，呈现东南小、西北大的趋势。

二、低温环境的习服与适应

对寒冷的适应，医学上称为“低温习服”，是指人体在生理耐受限度内，长时间反复受到冷刺激而发生的一系列适应性改变，耐寒能力明显增强，这种变化又称冷习服。低温习服可以在自然环境中进行，也可在人工条件下锻炼。冷习服由中枢神经系统调节，是神经系统、内分泌系统、组织细胞代谢等发生复杂的生理生化改变的过程，甚至可出现组织形态学变化，最终导致机体产热、减少散热（图 2-4-2）。

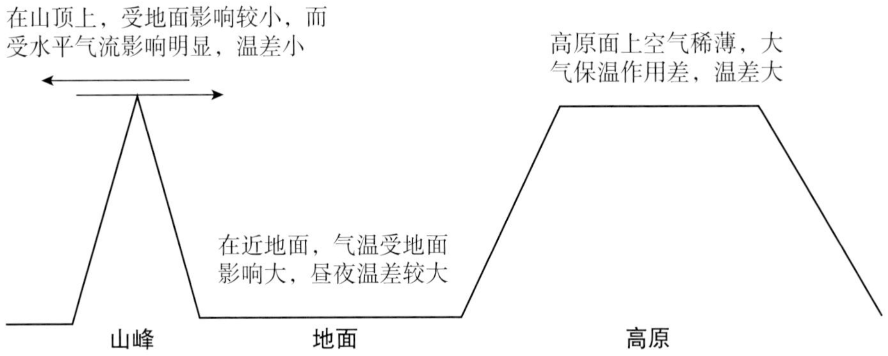

图 2-4-1　不同地貌环境下的气温较差变化

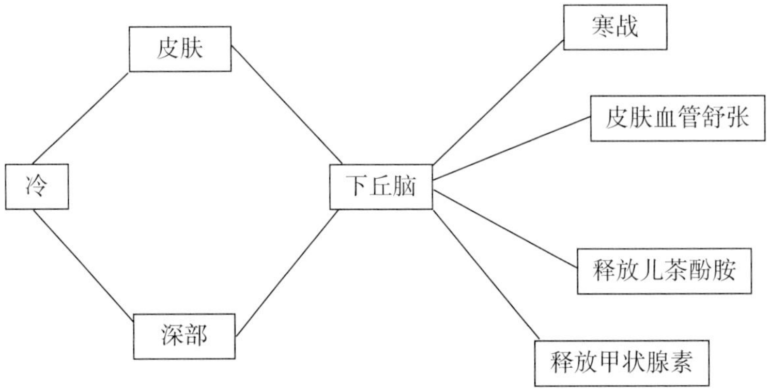

图 2-4-2　冷习服的生理学反应

(一)低温环境对人体的影响

人体的正常体温是保持在36.5～37.3℃（图2-4-3），腋窝温度较口腔温度低0.2～0.4℃，直肠温度比口腔温度高0.3～0.5℃。人体处于安静状态时，体温保持在37℃左右，深部温度保持相对恒定，而皮肤温度接近外环境。一般体温低于36℃时属低温或低体温，通常低温分为轻度低温32～35℃、中度低温26～31℃、深度低温20～25℃、超深度低温14～19℃。

高原地区大部分空气稀薄，白天地面会接收大量的太阳辐射，温度较高；晚上地面气温急剧下降，使得昼夜温差很大。寒冷低温不仅可以引起冻伤，还会对人体的身体系统产生损害，甚至威胁生命安全，是战时引起非战斗减员的重要原因之一。

当体温降至比正常体温低1～2℃时，人体会出现颤抖、肢体麻木、无法完成复杂动作等情况。当体温降至比正常体温低2～4℃时，人体颤抖更猛烈、肌肉不协调更明显、行动更迟缓。若体温降至32℃以下，颤抖通常会停止，但会出现语言困难、思维迟钝、记忆开始出现问题等情况。若人体长时间处于低温状态，会对呼吸系统、消化系统、血液系统等造成较明显的不良影响。

1．低温环境对体温的影响　在冷环境中进行长时间运动会导致身体热量过度散发，超过机体对体温调节的控制能力，引起过低体温。但环境温度并不是低体温的绝对原因，还与其他因素有关，如水的影响、气流速度、呼吸。

2．低温环境对血液的影响　寒冷刺激主要作用于人体的冷感受器，主要是引起外周血管和四肢小动脉的收缩，使皮肤血流量减少，温度降低，从而减少散热。冷暴露可引起交感神经兴奋，血液中的儿茶酚胺浓度增高，使心输出量增加、血压上升、心率加快，还使血液浓缩、流变性质恶化，如血液黏度、红细胞压积、血小板数量等均受影响，从而增加血流阻力和心脏负担。

3．低温环境对代谢功能的影响　当机体周围环境温度较低时，机体为保持正常体温，代谢活动增加，骨骼肌收缩。当体温降至35℃以下时，会造成低体温或全身性的冷冻伤，且低温可引发组织细胞的脂质过氧化反应。低温环境可使碳水化合物利用率大幅增加，同时伴有中度的脂肪氧化作用。在低温环境下的低运动量可增加氧耗量，中度活动量的肌糖原利用明显下降，而氧耗量不会进一步发生变化。

4．低温环境对神经系统功能的影响　短时间的寒冷刺激能够提高交感神经紧张度，但机体较长时间处于寒冷环境中会对外周神经系统造成影响，运动神经和感觉神经的功能都会受到抑制，导致皮肤和肢端感觉性下降，骨骼肌的协调能力减弱，并可发生冻僵反应及不可逆损害。

5．低温环境对心血管系统的影响　低温环境可以使机体的血流动力学发生显著变化，表现为皮肤血管收缩、内脏和骨骼肌血流增加、心率增加、收缩压增加、舒张压增加、心输出量增加，而主动脉血流速度降低。

6．低温环境对骨骼肌功能的影响　低温环境

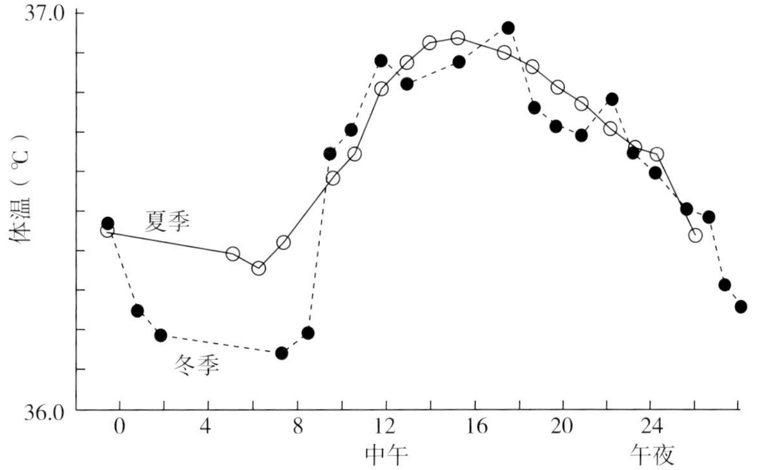

图2-4-3　人体昼夜体温的变化

可引起骨骼肌有氧氧化和能量代谢的加快，以增加产热来维持体温。低温环境还可导致骨骼肌的协调能力减弱，肌肉僵硬、黏滞性提高，关节灵活性也减弱，容易发生肌肉和肌腱撕裂、抽筋等运动性损伤。

7．低温环境对作业能力的影响 环境温度过低，可使肌肉僵硬，兴奋性降低，出现肌肉收缩力、协调性和操作灵活性减弱，关节灵活性减弱，手的感觉和灵敏度下降，神经反应迟钝，从而造成人体的作业效率和精细作业能力下降，且更容易疲劳。

但机体通过对冷环境产生适应（即冷习服）后，也会产生良好的效应。例如，物质代谢可得到加强，产热功能提高，对胰岛素的敏感性增高，糖原储备增多，肠道对葡萄糖的吸收加快；蛋白质代谢及脂肪的分解、吸收、利用等均可得到增强；血管弹性增强，血流量增多，从而改善冠状动脉的血液供应，加强心肌功能；改善神经系统和内分泌系统的调节功能，同时使外周血管反复收缩的程度逐渐减弱、舒张反应加快，增强机体的自控能力，降低冻疮发病率等。

评定个体是否冷习服的方法主要为测定产生寒战的皮肤温度阈值，观察习服者寒战发生时间是否推迟；测量手和足的温度，一般情况下，习服者手、足温度保持正常，而未习服者温度下降；观察个体在寒冷中入睡的能力，习服者入睡能力提高，而未习服者入睡能力较差。

（二）低温环境与运动

研究表明，在低温环境下运动，机体将面临更多的挑战，主要包括体温下降、能量消耗增加、肌糖原和肝糖原消耗加快、体液丢失加剧、出现运动性贫血和个体氧化应激水平升高等。尤其是对于冬季项目运动员，通常需要在严寒低温、中高海拔的极端环境中进行训练和比赛，在营养方面也面临多重挑战。在2021年第四届黄河石林山地马拉松百公里越野赛比赛期间，遭遇突发降温、冰雹、冻雨、大风的极端天气，发生公共安全责任事件，造成21名参赛选手死亡、8人受伤。该越野赛全程96.07 km，海拔梯度为1595 ～ 2285 m，参赛选手大多数穿着短袖短裤。当比赛进行至海拔2230 ～ 2385 m赛段时（全长14 km），气温降至4℃左右，平均风力达6 ～ 7级，最大阵风8 ～ 9级，伴有累计3 ～ 5 mm降水，部分赛段出现霰（冰粒）。受大风、降水影响，体感温度下降到 –5 ～ –3℃，至15时前大部分时段体感温度低于0℃，参赛选手经历了持续最低体感温度时段，加之野外高原环境和衣着单薄等多种因素，导致部分参赛选手因急性失温死亡。

但是，低温环境下开展运动训练或锻炼也会对机体产生积极的影响。近几年，随着低温环境下参与运动的人群越来越多，冬季项目在竞技体育和全民健身中得到快速应用和发展，有关低温环境对人体影响等研究越来越多。我国的竞技体育教练员提出了高寒训练新思路，即高原训练和低温训练的有机结合，这是建立在能量代谢基础上的训练思路。吴胜利等研究认为有关低温训练的能量代谢理论具体包括以下几个方面。

1．节省糖原，优化脂肪酸的利用 运动生化表明，气温变化影响人体的代谢速率和对代谢底物的选择：热天运动使肌糖原分解供能增多；而低温条件下脂肪供能比例增多，节省糖储备，减少乳酸生成，优化脂肪酸的利用。

2．延缓疲劳，易恢复 从疲劳机制来看，血糖下降、体温升高以及排汗造成脱水和电解质紊乱等因素导致疲劳。低温环境中，利用脂肪比例大，节约了糖原，利于维持血糖水平。同时由于外环境温度低，利于散热，环境温度越低人体散热越多，从而有利于体温调节。与常温环境相比，同等负荷排汗量也较常温下少，不易引起脱水和电解质紊乱。因此在低温环境中训练负荷比常温下更有增加负荷的空间，更易恢复，为高原训练打下深厚的基础。

3．提高酶的活性，促进内分泌腺分泌 在低温环境中，由于脂肪耗能，氧化脂肪的耗氧量比糖原多10%，同等负荷下，在低温下利用氧的能力提高，细胞内线粒体数目增多和线粒体内酶活性升高。寒冷同样刺激内分泌腺分泌，如促进甲状腺素和肾上腺皮质激素等激素的增加。甲状腺素可促进新陈代谢和生长发育，也能促进中枢神经的兴奋性，使心血管系统功能增强。肾上腺皮质激素的增加可调节水盐代谢，增加循环系统功能，还可调节糖和蛋白质代谢，增强糖储备量，亦可增强血液中的抗体生成，加强身体抵抗力，为进入高原做好能量储备和免疫力的准备。

（三）低温环境下运动的应对措施

研究发现，低体温可使肌肉僵硬、黏滞性提高，神经兴奋性及某些酶活性降低，人体反应、活动的灵敏性和协调性出现下降，在这种情况下运动可能会导致扭伤、跌倒等运动风险增加，导致机体受伤。同时，若不注意防寒还易发生冻伤。因此，在低温环境下进行运动时，应从以下几个方面做好应对措施。

1．充分的准备活动 在低温环境中，运动前做好充分的准备活动是非常重要的。准备活动可以提高体温，提高中枢神经兴奋性，增强内分泌，克服内脏器官惰性，加快血液循环和新陈代谢，更好地满足冷环境对机体能量代谢的要求。因此，在低温环境下准备活动的时间应更长一些，强度更大一些，从而使体温有效升高，有效防止运动损伤的发生。

2．合适的服装 在冷环境中运动，要穿着适量的服装以求保温，最好穿多层衣服，随着运动中代谢产热的增强，一层一层地脱掉。太臃肿的服装不仅会限制运动时身体的活动，而且还会导致体热不易散发，体热的增加可导致流汗，被汗浸湿的衣服将失去绝缘性能，促进身体热量的散发，导致体温降低，这对运动员身体健康和运动能力发挥是十分不利的。在运动期间所穿服装应随气温、风速、运动负荷和运动持续时间的变化而改变，并在被汗浸湿时及时更换。

3．呼吸的方法 在冷环境中运动时要注意呼吸的方法，尽量采用鼻子呼吸，减少张大嘴巴呼吸。因为鼻黏膜的血管丰富，腔道弯曲，对吸入的冷空气有加温和湿润作用，可以避免冷空气直接进入、刺激咽喉而引起的额呼吸道感染、喉痛和咳嗽。

4．加强营养补充 营养补充是维护健康、提高运动能力、促进对低温适应的有效方法之一。在寒冷环境中运动训练，应保证充足的能量供应以适应大量的热量消耗，适当增加脂肪及蛋白的摄入，以帮助御寒和保暖。还需要供给充足的水和无机盐，预防脱水以及电解质代谢紊乱。此外，长时间在寒冷环境下运动，应加强糖的摄入，以提供肌糖原的储备量并促进糖原消耗后的恢复。

三、高温环境的习服与适应

高温环境又称热环境，通常把35℃以上的生活环境和32℃以上的训练环境视为高温环境。气温、空气湿度和气流的综合影响可引起人体过热或体温过高。热习服指机体在长期反复的热作用下，可出现一系列的适应性反应，表现为机体对热的反射性调节功能逐步完善，对热环境耐受力提高的适应性生理变化。热习服的具体表现为：机体出汗阈值下降、出汗率增加、排汗能力增强；肾和汗腺对 Na^+ 重吸收增加；心功能改善，每搏输出量增加；糖原合成增加，糖异生、糖酵解率降低，6-磷酸葡萄糖酶活性增强；棕色脂肪组织增多，脂代谢降低；垂体释放抗利尿激素、肾上腺释放醛固酮等内分泌激素应急反应；线粒体敏感性增强，活性增加；发汗量增加，尿量变化，整体代谢率、耐力水平下降等一系列的适应性变化。在热暴露初期，机体自身会合成热休克蛋白（heat shock protein，HSP）。HSP在热应激、热适应、热损伤中均有重要的作用。作为一种细胞内分子伴侣，HSP对于脑、肺、肝、肾、心脏等器官均有一定的保护作用。

高温习服适应的生理指标主要为：自觉症状减轻，肛温和皮肤温度升幅下降，出汗量增加、汗盐浓度降低等。

（一）高温环境对人体的影响

1．心血管系统 高温环境下人体存在着临界核心温度值（37 ~ 39.5℃），如果核心温度不断升高，热平衡调节失衡，心血管系统功能就会发生紊乱，机体表现出疲劳状态。心血管系统对体温的调节主要是通过增加心输出量，血管发生膨胀等方式实现，利用人体中的大量水分吸收新陈代谢所产生的热量，从而维持正常体温。赵杰修等研究发现，体温每升高0.9℃，心输出量增加60%，心率高达180 ~ 200次/分。相对于高温环境疲劳发生的原理而言，高温引发心血管应激反应，心血管功能出现下降是高温条件下神经肌肉疲劳发生的主要原因。

2．循环系统 温度变化通过心血管系统、循环系统对血管内血液的重新分配和血液流动阻力变化发挥作用，高温可使血流阻力增加。在高温环境下，人体接受大量外来热量，造成躯体温度急剧升高，而机体自身调节能力有限，所以大脑温度也随之升高，引起机体代谢率升高、出汗排热等，进而引起体液丢失、血液浓缩、能量和血氧消耗急剧增大。另外，乳酸等代谢产物增多，加重心血管系统的工作负荷，血液黏度增加。

3．消化系统　人体在高温环境下运动，机体会发生热应激，对消化系统的影响表现为：交感神经兴奋、副交感神经抑制，消化系统功能低下，包括胃酸分泌减少，胃液酸度降低，胃肠收缩和蠕动减弱，乳酸产生较多，抑制胃肠的运动。同时，由于大量出汗，造成机体脱水情况加重，引起口渴感，导致饮水中枢兴奋，食欲中枢被抑制，导致消化和吸收营养素的能力下降。

4．神经内分泌系统　高温环境抑制神经内分泌系统的兴奋性，体温调节功能受阻，机体的热平衡遭到破坏，导致热损伤。高温环境中，人体出现神经系统冲动频率减少、肌肉运动迟钝、活动范围减小、协调性变差等变化，从而增加发生运动损伤的风险。因此，高温环境下运动能力下降都以神经系统功能降低和肌肉的收缩能力降低为特点。

5．免疫系统　研究表明，高温环境下运动直接损害人体的免疫功能，人体的免疫细胞，如白细胞、单核细胞、中性粒细胞和淋巴细胞等，会受到明显影响，同时血液中的细胞因子，如IL-6和肿瘤坏死因子（tumor necrosis factor，TNF）呈升高趋势。而在常温环境中运动时，体温适当增加0.5～1℃，对免疫功能的影响较小。

6．能量代谢　影响人体能量代谢的因素很多，如性别、年龄、体重、环境温度、肌肉活动、脂肪含量等。其中，肌肉活动对能量代谢的影响最大，而肌糖原又是肌肉中的重要能源物质。研究发现，在不同温度环境（低温18～21℃，高温40℃）中运动，在下肢运动中肌糖原的分解速率、肌肉的血流量以及乳酸的生成速率无差别，因此乳酸堆积可能并不是热环境中导致运动能力下降的关键因素。

（二）高温环境与运动

研究发现，高温环境下运动，人体的核心温度不断升高，热平衡调节失衡，导致心率显著增加和心输出量显著降低。人体运动的极限体温为40℃左右，达到此温度人体就会出现疲劳，严重的可出现脱水、热痉挛、热衰竭和中暑等热病，从而对运动能力造成影响。

1．体温过高　体温过高会造成神经系统功能紊乱，出现头痛、恶心、呕吐、精神错乱等。体温过高还会使体内的代谢活动受到影响。

2．快速脱水　在高温条件下进行剧烈运动时，人体会大量出汗，造成无机盐快速丢失，使细胞内液和细胞外液的浓度发生改变，体内水盐平衡受到破坏，内环境紊乱，体温也会出现相应幅度的升高，进而影响骨骼肌和心肌的功能。人体脱水1%，核心体温相应升高0.10～0.23℃，由脱水引起的体温过高可抑制中枢神经冲动的发放或其下行传导环节，使骨骼肌收缩能力受限，导致疲劳发生。

3．运输氧能力下降　在热环境中运动，肌肉需要大量的血液供应以保证肌肉工作，皮肤也需要大量的血液供应来维持体内的热量散发，尤其是血管（特别是皮肤血管）的普遍舒张，静脉血管中的血量增多，肌肉的循环血量下降。另外，在高温环境中运动时人体脱水加速，脱水4%时，平均血浆容量下降16%～18%，血浆容量的减少将直接影响机体的供血能力，导致血液携氧能力下降。

延伸阅读

高温对人体影响

人体长时间处于高温环境下，会发生脱水、热痉挛、热衰竭、中暑等热病风险，具体表现如下。

脱水：脱水达2%为轻度脱水，血容量减少，心脏负担加重，运动能力下降。脱水达4%为中度脱水，出现脱水综合征，口渴感严重。脱水达6%～10%为重度脱水，呼吸频率增加，血容量减少，恶心、食欲丧失、厌食，容易激怒、肌肉抽搐、精神活动减弱，甚至发生幻觉和昏迷，严重威胁健康。

热痉挛：脱水和电解质浓度不平衡，导致肌肉痉挛、出汗多和疲劳，但体温正常。

热衰竭：循环血量及心输出量显著下降，大量出汗，虚弱，脉搏加快，直立时血压低，头痛和头晕等，出汗可能稍减少，体温会升高。

中暑：出汗停止，皮肤干燥且发烫，体温升高至41.5℃以上，虚脱，意识丧失，甚至会导致死亡。

（三）高温环境下运动的应对措施

1．使用预冷方法降温　在高温环境下进行运动训练前和比赛前，可以通过有效的人为措施和方法进行降温，根据作用部位不同，预冷方法大致分为三类：降低体表体温，如穿降温背心、局部或全身冷水浸泡、喷洒冷凝水雾和暴露冷空气中等；降低核心温度，如饮用冷水、呼吸冷空气等；降低体表温度和核心温度的方法混合叠加使用。

2．做好营养补充　适当增加食物中蛋白质的供应，设法提高食欲，额外增加维生素 B_1、维生素 B_2、维生素 C 的补充量。合理供应盐水，主要是锻炼和比赛后体内盐的供给量宜从常温下每日 10 ～ 15 g 增加到 20 ～ 25 g，可通过电解质饮料、盐水和菜汤的方式提供。

3．适度补水　在高温环境下运动，由于高温和运动双重因素的影响，大量排汗使体内的水分和盐分大量丢失，有研究表明，体重每减少 1 kg 表明机体脱水约 450 ml。因此，可以在运动前后测量体重，大致了解失水情况，然后合理补充水分。运动前、中、后补液应以少量多次为原则，并适当补盐，饮用含有电解质的运动饮料会比纯水效果佳，禁止暴饮。一般来说，运动中每隔 15 ～ 30 min 补液 100 ～ 300 ml，每小时的总补液量不超过 800 ml 较为适宜。

4．避免冷刺激　运动结束后，皮肤毛细血管会大量扩张以利于身体散热，突然过冷的刺激会使体表已开放的毛孔突然关闭，血管会快速收缩，血液循环受阻，体温调节失控，增加心肺负担，引发心慌、气短、头晕等症状。最常见的就是运动后饮用冰冷的水或饮料后出现肠胃不适；或者洗冷水澡，在冷水刺激下出现感冒、浑身长痱子等现象。因此，高温环境下运动后，忌立刻洗澡，尤其是洗冷水澡，不要喝过冷的水及大量补水。

5．合理控制运动强度　在高温环境下运动时，应以中低强度的运动为主，并且每运动 50 min 后，至少休息 10 min，负荷强度应控制心率为 104 次 / 分以内。同时，饭后应适时休息并保证充足睡眠。

（四）高温环境下的运动训练方法

有证据表明，桑拿疗法也可以刺激积极的热适应。各种研究表明，接受过桑拿训练的运动员，力竭时间延迟，血浆容量增加，出汗效率提高，冷却能力提高。有证据表明，在运动后直接进行持续 20 ～ 30 min 的耐热训练，10 ～ 15 次足以提高运动员的耐热性和耐力，无论是自行车运动员和跑步者都有显著的改善。刘小冬等对官兵在高温高湿环境下军事习服训练进行研究，通过徒手踏步、徒手快走、徒手跑、负重走、负重快走等训练手段，分组进行循环训练，使用固定跑步机，其研究结果表明，在科学的安排和合理的运动量下，高温高湿环境下短时间系统的训练即可获得热习服，训练方案设计见表 2-4-3。

表2-4-3　模拟热环境训练安排计划表

训练次数	模拟温度（℃）	相对湿度（%）	训练内容	着装
1	37	40	徒手踏步 40 min × 1，徒手快走 10 min × 1	短袖短裤
2	38	50	徒手踏步 40 min × 1，徒手快走 10 min × 1	短袖短裤
3	38	60	徒手踏步 40 min × 1，徒手跑 10 min × 1	短袖短裤
4	38	65	徒手踏步 40 min × 1，徒手跑 10 min × 1	短袖短裤
5	38	70	徒手踏步 40 min × 1，徒手跑 10 min × 1	短袖短裤
6	38	75	徒手踏步 40 min × 1，负重走 10 min × 1	短袖短裤
7	38	80	徒手踏步 40 min × 1，负重走 10 min × 1	短袖短裤
8	39	80	徒手踏步 40 min × 1，负重快走 10 min × 1	长衣长裤
9	39	80	徒手踏步 40 min × 1，负重快走 10 min × 1	长衣长裤

注：负重重量为 25 kg

第五节 高原辐射对人体的影响

辐射是能量的释放，以波和粒子两种形式出现，常见的辐射有无线电波、微波、红外线、可见光、紫外线、X射线和伽马射线等。另外，声波和引力波也属于辐射的一种。依据辐射产生的影响，将辐射分为两种类型——电离辐射和非电离辐射。电离辐射的主要类型是X射线、粒子和伽马射线，非电离辐射包括电磁波谱从左至紫外线之间的电磁波等。

青藏高原平均海拔4000 m以上，空气稀薄干净、尘埃少，空气干燥、云量较少，其独特的地理环境对太阳的辐射削弱作用小，因而人处于高原环境时，身体受到的辐射要比平原强烈。有研究发现，在晴空条件下，无雪盖的高山白天太阳直接辐射强度和夜间有效辐射强度随海拔高度增加而增大。在有积雪的高原面上，反射率增大，地面吸收辐射减少，故净辐射比同纬度的平原小。

一、紫外线辐射

紫外线（ultraviolet，UV）辐射是波长范围在100 ~ 400 nm的电磁波。太阳辐射是紫外线产生的最大天然来源，根据生物学效应可分为远紫外区（短波紫外线，UV-C，波长100 ~ 290 nm）、中紫外区（中波紫外线，UV-B，波长290 ~ 320 nm）和近紫外区（长波紫外线，UV-A，波长320 ~ 400 nm）三个区带。由于大气中存在臭氧层，太阳紫外线通过大气臭氧层时UV-C被全部吸收，UV-B被强烈吸收，仅有约10%能够到达地面，而UV-A则很少被臭氧层吸收。因此，辐射到地球表面的紫外线主要为UV- A和UV-B。

（一）特点

青藏高原是世界上紫外线辐射最强烈的地区之一，受臭氧层减薄及夏季臭氧低谷效应的影响，该地区紫外线辐射更加强烈。但在高原环境下，随着海拔的逐步升高，太阳辐射中的紫外线也逐步增多。紫外线辐射照度随海拔升高的增加率比太阳总辐射照度的增加率大得多，海拔3000 m处的照度是低海拔时的2倍，波长300 nm的紫外线在4000 m高原上，其照射量比平原大2.5倍，海拔5000 m时最大太阳辐射度为低海拔的1.25倍。影响紫外线强度的因素有很多，主要包括太阳高度、纬度、云量、海拔、臭氧、地面反射等（表2-5-1）。

表2-5-1 紫外线强度的影响因素

影响因素	变化情况
太阳高度（太阳天顶角）	太阳在空中越高，紫外线辐射水平就越高，即中午最强、早晚较弱
纬度	越接近赤道，紫外线辐射水平就越高
云量	晴朗无云时，紫外线辐射水平最高，即使有云层，紫外线辐射水平也可以很高
海拔	海拔高度每升高1000 m，紫外线辐射强度增加约5%
臭氧	臭氧浓度下降，紫外线辐射增强。臭氧分子每减少1%，紫外线量增加2%
地面反射	表面物体反射阳光，其中草、土壤和水反射不足10%，新鲜的雪反射高达80%，干沙滩反射15%，海水泡沫反射25%

1．纬度和海拔对紫外线强度的影响 郭世昌等在研究纬度和海拔高度对云南地面紫外线强度的影响时发现，较短波长的辐射量随纬度升高而剧烈下降，而波长较长的辐射量随纬度升高的变化较缓。这主要是因为波长较短的紫外线更易受到大气的削减，纬度越高辐射所受大气的削弱越多。海拔高的地区紫外线强度大于海拔低的地区，并且随着纬度降低、海拔升高，紫外线强度增加。

2．太阳天顶角对紫外线强度的影响 王普才等为了考察气溶胶光学厚度对到达地面紫外线的影响，固定太阳天顶角等于45°，对气溶胶光学厚度（0.55 m）在0 ~ 1.6内变化的几种情况进行了辐射传输模拟，发现中等厚度的气溶胶层对紫外线的衰减达到20%左右，较厚的气溶胶层对紫外线的衰减达到30%。

3．能见度对紫外线强度的影响 许蓬蓬等发现，当能见度大于15 km，相对湿度较小时，太阳总辐射量较大；反之，能见度只有几千米，相对湿度较大时，太阳总辐射量要小一些。例如冬季受强冷高压控制时，空气的相对湿度较小，能见度较好，太阳总辐射量可达 1.6 MJ/m^2 以上，甚至能达到 2.0 MJ/m^2。而冷高压逐渐减弱后，能见度明显变差，太阳总辐射量也相应减小。因此，紫外线辐射强度与空气污染状况、空气湿度等因素有关。

4．地面反照率对紫外线强度的影响　地表反照率对到达地面的紫外线总辐射影响不大，地表反照率增加 30%，到达地面的辐射量只增加 8%。但地表反照率较大时，如角冰、雪面，反照率可以达 80%，到达地面的辐射就会显著增加。通常情况下，地表反照率很小，对紫外线辐射的影响也小。

5．温度和相对湿度对紫外线强度的影响　在实验条件下，紫外线辐照强度在一定范围内随温度和相对湿度的增加而增加。

（二）对人体的影响

众多研究表明，适量的紫外线辐射对人体有益，如产生人体必需的维生素 D_3。因此，平常在服用维生素 D_3 后要多晒太阳，通过紫外线的辐射作用有效促进人体对钙和磷的吸收，使骨骼变得更加坚固，还可增强免疫力。

但是，过量的日光紫外线照射对人体健康是有害的，按照损伤程度可分类为晒黑、晒伤、皮肤光敏反应、多形性日光疹、皮肤光老化甚至皮肤癌等。有研究表明，若紫外线长时间直接照射在人体表面，会造成局部皮肤毛细血管扩张充血，引起皮肤血容量及血流量增加，使体内重要器官的血容量较少，如脑供血不足。其次，紫外线可对人体皮肤、眼睛、免疫系统等造成伤害，如波长 250 ～ 320 nm 的紫外线可被角膜和结膜上皮细胞大量吸收，引起光照性皮炎、急性角膜结膜炎、眼炎、白内障、头痛、头晕、体温升高、精神异常等症状。另外，紫外线能破坏人体皮肤细胞，导致皮肤发红、水肿，出现红斑、皱纹、色斑，使皮肤未老先衰，严重时发生日光性皮炎及晒伤，或皮肤和黏膜的日光性角化症，引起癌变。通常，人体皮肤受到烈日暴晒，皮肤会出现晒斑，一般 1 ～ 3 天褪色，代之以色素沉着，因此高原地区的居民皮肤颜色较平原人黑。肖青林等对 1286 例在海拔 3700 ～ 4786 m 执勤的武警部队官兵进行调查后发现，高原紫外线辐射对执勤官兵皮肤损伤极其严重，晒黑、多形性日光疹和光老化患病率随着执勤官兵在高原的入伍时间延长而增高，随着累积日照时数增多而增高；晒伤多发生于初上高原的新兵，患病率则随着高原入伍时间延长而降低，随着累积日照时数增多而降低。

紫外线的波长愈短，对人类皮肤危害越大。有研究表明，若紫外线长时间直接照射在人体表面，会造成局部皮肤毛细血管扩张充血，引起皮肤血容量及血流量增加，使体内重要器官的血容量减少，如脑供血不足。其中，UV-B 的过量辐射是造成人类皮肤损伤的主要原因，在海边、高原等地区，晴天的时候短时间就可以将裸露的皮肤晒伤，引起皮肤产生红斑和水肿，并造成皮肤未老先衰，严重时发生日光性皮炎及晒伤，或皮肤和黏膜的日光性角化症，长期则会造成皮肤光老化、免疫抑制，甚至癌变。有研究表明，平流层臭氧减少 1%，非黑色素瘤皮肤癌（non-melanoma skin cancer，NMSC）约增加 2%。NMSC 有两大类：基底细胞癌（basal cell carcinoma，BCC）和鳞状细胞癌（squamous cell carcinoma，SCC）。研究证实，SCC 与中波紫外线之间存在明确关系，SCC 绝大部分出现在被阳光暴晒的皮肤上，如面部、颈部和手部。SCC 发生率在日照最强烈的地区最高。在所有人种中，白色人种的 SCC 发病率最高。SCC 发病率主要与日光辐射的总剂量有关，因为总剂量越大，紫外线越强。而紫外线与 BCC 的“早期活动”有关系。过量的紫外线照射皮肤，刺激皮肤产生“红斑”效应，最终诱发皮肤癌。紫外线对眼睛的伤害主要体现在晶状体、角膜、结膜、虹膜等部位的损伤，UV-B 通过角膜和结膜上皮细胞被大量吸收，引起光照性皮炎、急性角膜结膜炎、眼炎、白内障等。有研究显示，当臭氧减少 1%，白内障发生率增加约 0.5%。研究表明，中波紫外线的免疫抑制作用可导致皮肤癌，同时也易引发一些传染病和其他疾病，如紫外线具有激活人体中单纯疱疹病毒感染的能力。小鼠实验表明，紫外线会加速艾滋病（一种免疫缺陷病）的进程，虽然在人类中还没有证据支持这一结论。紫外线能激活那些直接受到照射的细胞中潜伏的病毒，如人乳头瘤病毒、单纯疱疹病毒，以及可能出现在表皮朗格汉斯细胞（Langerhans cell）中的 HIV。中波紫外线引起的免疫抑制对利什曼病、疟疾和旋毛虫的发病均有影响，对一些细菌、真菌的传染亦有影响。另外，中波紫外线通过其衰减细胞间介免疫力的功能，减弱某些形式的自体免疫力。中波紫外线常被用来治疗某些皮肤病，如牛皮癣。

（三）应用

紫外线还具有重要的生物学和医学意义，可用于杀菌和治疗。实验证明，高原上的细菌生长受到抑制，与低氧无关，而与太阳的直接照射有关，紫外线在其中发挥着重要作用。紫外线照射是最普遍使用的杀菌方法之一，一般采用 253.7 nm（UV-C）的特定波长。紫外线消毒空气首先应照射足够的时间和频率，一般在常温下、相对湿度 60%，每次照射 30 ～ 60 min，每天照射不少于 2 次或每次工作之前照射（表 2-5-2）。

表2-5-2　不同规格紫外线消毒灯辐射强度标准（μW/cm²）

灯具类型	30～40 W	20～25 W	15 W
普通型紫外线灯	≥ 90	≥ 60	≥ 20
高强度紫外线灯	≥ 180	—	≥ 30

二、红外线辐射

红外线是一种电磁波，位于可见光红光外端，具有较长的波长。根据波长，外波段又可划分为近红外（0.75 ～ 3 μm）、中红外（3 ～ 40 μm）、远红外（40 ～ 1000 μm）三个波段。红外线辐射是一种热辐射，辐射强度通常由物体的温度决定，温度在绝对零度（–273.15℃）以上的物体，都会因自身的分子运动而辐射出红外线。自然界的红外线辐射源以太阳为最强。

（一）特点

研究证实，阳光中波长为 8 ～ 14 μm 的远红外线是生物生存必不可少的因素，因此称之为“生命光波”。远红外线有较强的渗透力和辐射力，具有显著的温控效应和共振效应，易被物体吸收并转化为内能。远红外线被人体吸收后，可使体内水分子产生共振，使水分子活化，增强其分子间的结合力，从而活化蛋白质等生物大分子，使体细胞处于最高振动能级。由于细胞产生共振效应，可将远红外线的热能传递到人体皮下较深的部分，深层温度上升，产生的温热由内向外散发。这种作用强度使毛细血管扩张，促进血液循环，强化组织的新陈代谢，增加组织的再生能力，提高机体的免疫能力，调节精神的异常兴奋状态，从而起到医疗保健的作用。由于远红外线独特的物理特性，其对人体健康具有至关重要的作用。现代医学表明，远红外线在预防癌和肿瘤、高血压、糖尿病、心脑血管疾病、风湿等疾病的发生方面发挥了巨大作用，尤其是远红外疗法被广泛用于美容、医疗和保健等方面。

（二）对人体的影响

红外线照射会给人体带来对皮肤、关节、植物神经系统的有利影响。皮肤：红外线可以深达皮下组织，促进毛细血管扩张，加快组织代谢，促进血液循环，有助于保持皮肤的年轻态。关节：红外线可以深达关节深处，对关节产生热效应，放松肌肉，缓解肌肉的酸胀等不适症状。植物神经系统：植物神经系统的功能主要表现在调节内脏功能方面。人如果长期处于一种紧张焦虑的精神状态，机体免疫力就会下降，进而产生头晕、容易感冒等一系列不良表现。适当的红外线照射可以使机体自律神经保持在最佳状态，有助于调控机体功能。

红外线辐射对机体的不利影响主要体现在皮肤和眼部，使用不当会损伤皮肤和眼部。红外线照射皮肤时，大部分可被吸收，只有 1.4% 左右被反射。较大强度短时间照射红外线，皮肤局部温度升高，血管扩张，出现红斑反应，停止照射后红斑消失；反复照射，局部可出现色素沉着；过量照射后，特别是近红外线（短波红外线），除发生皮肤急性灼伤外，还可透入皮下组织，加热血液及深部组织。红外线照射眼睛时，可引起视网膜灼伤、皮肤灼伤等。长期暴露于低能量红外线下，可致眼部慢性损伤，常见为慢性充血性睑缘炎。短波红外线能被角膜吸收，产生角膜的热损伤，并能透过角膜伤及虹膜。

但是，只要合理使用，远红外线对人体没有副作用。对于生命和环境来说，红外线是既清洁又安全的能源。但在使用时，应该注意使用的温度、距离、时间等，以防止引起一些不良影响。

(三)应用

红外线辐射在许多领域都具有重要应用，包括热成像、军事、医学、通信、环境监测等。在生产环境中，主要红外线辐射源包括熔炉、熔融态金属和玻璃、强红外线光源，以及烘烤和加热设备等，职业性损伤多发生于使用弧光灯、电焊、氧乙炔焊的操作工。应用红外线的仪器主要有红外探测器、红外测温仪、红外成像技术、红外无损检测，以及在军事领域的红外侦察、红外雷达等。

三、热辐射

热辐照是指固体、液体和气体等物体因温度变化而产生的以电磁波形式辐射的能量现象，是物体由于具有温度而辐射电磁波的现象，一般的热辐射主要为波长较长的可见光和红外线。高强的热辐射对人体有不同程度的伤害，如散热机制受损、机体失水过多。

高温热辐射作业环境广泛存在于冶金、陶瓷、机械热加工等行业，如冶金工业的炼焦、炼铁、轧钢等车间；机械制作工业的铸造、锻造、热处理等车间；陶瓷、玻璃、搪瓷、砖瓦等工业的炉窑车间；火力发电厂和轮船的锅炉间。这些行业的环境特点是气温高、热辐射强度大，而相对湿度较低，属于干热环境。翟颖妮等通过模拟100℃、150℃、200℃、250℃、300℃五种热辐射引起的高温环境，研究环境影响人体认知能力的生理心理学机制，发现短时高温热辐射暴露下，过热的温度使被试者心情烦躁、呼吸困难，直接表现为认知能力下降；认知测试正确率先升高而后降低，拐点为200～250℃，而过冷或过热的环境均会影响认知能力的准确性。

(一)人体生理功能变化

在高强热辐射（高温）环境中，人体发生的生理功能变化有以下几方面。

1．水盐代谢系统　在高温环境下从事体力劳动，排汗量增加，汗液的主要成分是水，其中含有氯化钠和水溶性维生素。大量出汗可引起水分、氯化钠及水溶性维生素丢失，导致机体水盐代谢紊乱。

2．心血管系统　在高温环境下工作，出汗导致大量水分丧失，血液浓缩，加之高温使皮肤血管扩张，末梢循环血量增加，内脏相对缺血，心脏负担加重，从而使心率加快，每搏输出量减少。

3．消化系统　高温作业导致机体血液重新分配，引起消化道贫血，胃肠活动受抑制，消化液分泌减少，胃液酸度降低，胃的收缩和蠕动减弱，排空速度变慢，并且大量饮水会稀释胃酸。这些因素均可引起食欲减退和消化不良，使胃肠疾病发生率上升。

4．神经系统　高温作业可使中枢神经出现抑制，肌肉工作能力低下，机体产生的热量因肌肉活动减少而下降，热负荷减轻。另外，由于注意力、动作准确性、协调性和反应速度降低，易出现工作事故。

5．泌尿系统　高温作业时，体内大量水分经汗腺排出，肾血流量和肾小球滤过率下降，尿液浓缩，肾的负担加重，有时可引发肾功能不全。

(二)对人体的影响

在高温环境中长时间作业则会发生以下不良影响。

1．机体热量骤增，体温升高，导致下丘脑体温调节中枢功能障碍（图2-5-1），从而可能引起机体中暑，出现头晕、眼花、心慌、头痛、恶心、呕吐、高热晕厥等症状，甚至是癫痫发作，如不及时治疗，会导致多器官衰竭并危及生命。

2．人体体表血管反射性扩张，皮肤血流量增加，皮肤温度升高，并通过增加辐射和对流使皮肤的散热增加。大量血液流入皮肤表面，导致流入肌肉、大脑等其他组织器官的血液减少，导致人体散热能力降低，可能引发昏厥。另外，大脑的反应能力、理解能力也会降低。

3．人体失水过多（表2-5-3）。由于热辐射的作用会导致身体水分大量流失，从而出现电解质紊乱，导致外周血管扩张、机体失水，影响到各个器官的血液供应，造成器官损伤，导致器官功能衰竭，还会导致器官耗氧量增加，从而诱发心脑血管疾病，如心肌梗死、脑梗死、脑出血等。

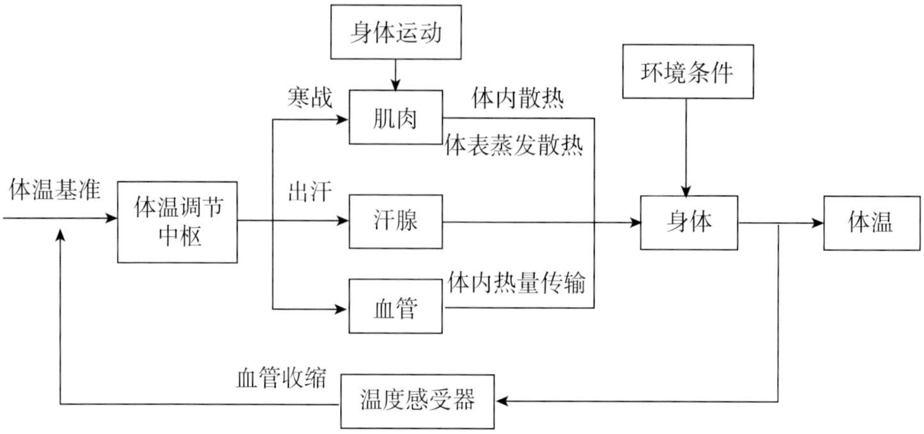

图 2-5-1　人体体温调节机制

表2-5-3　失水量症状对照表

体重减少（%）	失水量（L）	症状
1%	0.75	不明显；体重损失 1.5% 时被认为是脱水
2%	1.5	达到忍耐极限，感觉口渴，不舒适
3%	2.25	体力减退，中等不适
4%	3	抽筋，头疼，极度不适
5% ~ 6%	3.5 ~ 4	体力枯竭，恶心，头晕
≥ 7%	＞5	休克，失去意识

（三）热失调及其治疗

当人体暴露在高温、高湿、热辐射环境下，就会出现多种热失调症状，症状从轻度的眩晕到重度的中暑，程度各异。先兆中暑：在高温作业场所劳动一段时间后，出现头昏、头痛、口渴、多汗、心悸、全身乏力、注意力不集中、动作不协调等症状，体温正常或略升高。轻症中暑：除先兆中暑的症状加重外，出现面色潮红、大量出汗、心率加快等表现，体温升高至 38.5℃以上。重症中暑：可分为热射病、日射病、热痉挛和热衰竭，也可出现混合型。

热射病是指因高温引起的人体体温调节功能失调，体内热量过度积蓄，从而引发神经器官受损。其特点是体温高达 40℃以上。疾病早期大量出汗，继之“无汗”，伴有皮肤干热及不同程度的意识障碍、嗜睡、昏迷等中枢神经系统症状。热射病治疗即使及时，死亡率仍可高达 20%。救治措施：立即将昏迷人员抬放至通风阴凉处，在头部、腋下和腹股沟等处放置冰袋，用冷水、冰水或酒精擦身，以降低昏迷者的体温，并持续监测体温变化；若高烧 40℃持续不下，要马上送至有经验的医院进行液体复苏治疗。

日射病仅与阳光直接照射有关。在海滨、登山或在炎热的夏天进行运动时，由于在阳光下暴晒过久，头部缺少防护，突然发生高烧、耳鸣、恶心、头痛、呕吐、昏睡、怕光刺激等症状。高原地区夏季 13：00—16：00，日照、紫外线尤为强烈，容易出现日射病。严重的日射病也能致死，应采取紧急处理。救治措施：轻者要迅速到阴凉通风处仰卧休息，解开衣扣、腰带，敞开上衣。可服十滴水、仁丹等防治中暑的药品。如果患者的体温持续上升，可以在澡盆中用温水浸泡下半身，并用湿毛巾擦浴上半身。如果患者出现意识不清或痉挛，应取昏迷体位（侧卧，头向后仰）。在通知急救中心的同时，注意保证呼吸道畅通。

热痉挛是由于大量出汗，体内钠、钾过量丢失，又未及时补充含盐饮料所致。症状表现为明显的肌痉挛，伴有收缩痛，多发于活动较多的四肢肌肉及腹肌等，尤其是小腿后部腓肠肌最为显著。患者意识清晰，体温一般正常。救治措施：轻者要迅速到阴凉通风处仰卧休息，解开衣扣、腰带，敞开上衣，然后再喝些凉开水或盐水。如意识丧失，痉挛剧烈，应让患者取昏迷体位（侧卧，头向后仰），保证呼吸道畅通，同时快速通知急救中心。如虚脱者苏醒，也应抬送医院，严禁让患者直立行走，更禁用阿托品以及催眠、镇静等药物。

热衰竭多数发生在高温、高湿环境下，皮肤血液的增加不伴有内脏血管收缩或血容量的相应增加，不足以有效代偿，导致脑部暂时供血减少而晕厥。临床症状表现为头晕、头痛、口渴、多汗、恶心、呕吐，继而皮肤湿冷、血压下降、心率失常、轻度脱水，随之晕厥。救治措施：若患者清醒，可将患者尽快移置于阴凉处，平卧，最好是室内，然后让患者喝冰冻盐水，用湿毛巾或冰擦身体，或扇风驱热，使其体温降至38℃。同时，可以饮一些清水，但不要给热饮或刺激品（如咖啡）；也可用藿香正气水、清凉油、十滴水、人丹等解暑。如患者已昏迷，应置其身体平卧，垫高双脚，并继续为患者扇风驱热，立即送往医院救治。需要注意的是，不能给昏迷的患者灌饮任何东西，以免呛到或液体入肺。

四、电离辐射和非电离辐射

电离辐射主要包含X射线、粒子和伽马（γ）射线，其中伽马射线穿透性最强，能对活细胞造成极大损害，对人体造成损伤。粒子包括α粒子、β粒子和中子。非电离辐射波长较长、能量不大，不会改变人体的化学性质。散发非电离辐射的家电包括电视、电脑屏幕、电热毯、吹风机、收音机、遥控器、激光笔、路由器、手机、微波炉等，但其辐射量极低，不足以导致基因突变或染色体变异。

（一）X射线

X射线的频率和能量仅次于伽马射线，频率范围30 PHz ～ 300 EHz，对应波长为0.01 ～ 10 nm，能量为100 eV ～ 10 MeV。按其波长和穿透力不同，可分为硬X射线和软X射线两类。硬X射线波长较短，为0.05 ～ 0.1 A，穿透力强；软X射线波长较长，为0.1 ～ 0.5 A，穿透力较弱。由于X射线具有很强的穿透力，在医学上被广泛应用于临床诊断和治疗，诊断中使用的X射线波长为0.08 ～ 0.31 A，如X线摄片、胆囊造影、胃肠造影及血管造影等检查。工业领域X射线用于做工业探伤，X射线可激发荧光、使气体电离、使感光乳胶感光，故X射线可用电离计、闪烁计数器和感光乳胶片等检测。

X射线对人体的影响有以下几点。X射线照射生物体时，与机体细胞、组织、体液等物质相互作用，引起物质的原子或分子电离，因而可以直接破坏机体内某些大分子结构，如使蛋白分子链断裂，RNA或DNA断裂，破坏一些对物质代谢有重要意义的酶等，甚至可直接损伤细胞结构。X射线可以通过电离体内的水分子形成一些自由基，通过这些自由基的间接作用来损伤机体。致病因子作用于机体之后，除引起分子水平、细胞水平的变化以外，还可产生一系列的继发作用，最终导致器官水平的障碍乃至整体水平的变化。X射线对人体细胞的损伤只限于个体本身，引起个体的躯体效应；而对生殖细胞的损伤则影响受照个体的后代，从而产生遗传效应。单个或小量细胞受到辐射损伤（主要是染色体变异、基因突变等）可出现随机性效应。辐射使大量细胞受到破坏即可导致非随机性效应。

X射线对人体产生损害主要是由于X射线的特性——生物效应。X射线照射机体后，可使组织细胞和体液发生一系列变化，组织中的细胞被电离辐射灭活，从而引起以造血组织损伤为主的放射性损害。放射性损害程度受照射剂量、照射面积和部位、受照个体与组织细胞的放射敏感度以及射线能量等多种复杂因素的影响。主要损害包括非照射急慢性放射病、放射反应，主要症状为恶心、呕吐、头痛、血象异常、皮肤损伤等，严重者可发生白血病、辐射性白内障、皮肤癌等，妊娠期暴露于放射线易造成胎儿致死、致畸、严重智力低下等。

（二）伽马射线

伽马射线又称γ射线，是一种强电磁波，它的波长比X射线还要短，一般波长小于0.001 nm，由原子衰变裂解放出，是继α、β射线后发现的第三种原子核射线。伽马射线波长极短，穿透力很强，携带高能量，易造成生物体细胞内的DNA断裂，进而引起细胞突变、造血功能缺失、癌症等。

伽马射线对人体有影响，如果是偶尔辐射，其影响可忽略不计；一旦过量，危害极大。高效率能量的伽马射线对身体的损害非常大，当身体遭受伽马射线的个人辐射剂量达到200 ～ 600 rem时，身体造血器官（如骨髓）将遭受毁坏，白细胞严重降低，毛细血管破裂，掉发，在2个月内身亡的概率为0 ～ 80%；当个人辐射剂量为600 ～ 1000 rem时，在2个月内身亡的概率为80% ～ 100%；当个人辐射剂量为1000 ～ 1500 rem时，身体胃肠系统将遭毁坏，发生腹泻、发热、内分泌失衡，在2个星期内身亡的概率基本为100%；当个人辐射剂量为5000 rem以上时，可造成神经中枢系统受到损坏，发生痉挛、震颤、失衡、嗜睡，在2天内身亡的概率为100%

伽马射线可以杀死癌细胞，因此常用于医疗领域内。

（三）粒子射线

α粒子质量大，电荷多，在物质中的射程很短。能量最大的α粒子在空气中的射程只有几厘米，但难以穿透人体皮肤外表的角质层。因为角质层是一层无生命组织，α粒子几乎不存在外照射危害的问题。α粒子一旦进入人体，其射程短这一特点就显得非常重要了。此时，α辐射源被人体活组织包围，损伤几乎都集中在α粒子源点的附近。若α粒子沉积在人体的某个器官内，α粒子的能量就会被该器官全部吸收，该器官就会受到严重损害。因此，α粒子的内照射危害值得重视。

与α粒子相比，β粒子在空气中的射程较远。能量较高的β粒子才能穿透人体皮肤进入浅表组织几毫米。因此，β粒子具有外照射危害。不过，它只能造成人体皮肤和浅表组织受照，是一个轻微的外照射源。β粒子同样也有内照射危害，但与α粒子相比，其危害性要小些。因为β粒子在组织中射程较远，在组织的某个小体积内放出的能量较α粒子小，因此，这个小体积内组织的损伤也较小。

中子不带电，无论在空气中还是在其他物质中，均有很远的射程。因此，与X射线和γ射线一样，中子对人体的影响主要是外照射危害。但由于中子的品质因数是X射线和γ射线的20倍，因此，同样的吸收剂量，中子对人体的相对危害性要比X射线和γ射线大得多。中子几乎不存在内照射危害，因为中子源进入人体的机会是极为罕有的。

（四）电离辐射的远期效应

1．致癌效应 通过动物实验和人群流行病学研究，现已证明辐射是一种致癌因子。它有诱发几乎所有种系哺乳动物的所有组织肿瘤的能力。辐射致癌主要是通过激活原癌基因和（或）失活抑癌基因，导致癌的发生与发展。辐射在肿瘤形成过程中既是始动因子，也是促进因子和发展因子，因此可视其为全致癌因子。另外，辐射可抑制机体内的免疫系统功能，也使癌细胞得以生长。

2．致眼晶体混浊或白内障 眼晶体对辐射较为敏感。在放射防护标准中，把眼晶体列为第一类敏感器官和组织。

3．致寿命缩短 动物实验证明，辐射可致寿命缩短，且严重程度与受照剂量呈线性关系。辐射能否引起人的寿命缩短，迄今尚无证据。

（五）影响电离辐射生物效应的因素

电离射线作用于机体后引起的生物效应与很多因素有关，如射线的性质和强度、个人特性（敏感性、年龄、性别、既往病史和健康状况）以及工作环境等。

1．辐射性质 辐射性质包括射线的种类和能量。不同质的射线在介质中的传能线密度（linear energy transfer，LET）不同，所产生的电离密度不同，因而相对生物效应有异。X射线和γ射线的生物效应基本一样，而中子的LET却大得多，1～10 MeV的快中子产生的生物效应比X射线、γ射线大10倍。同一类型的射线，由于射线能量不同，产生的生物效应也不同。例如，低能X射线造成皮肤红斑所需剂量小于高能X射线。这是因为低能X射线主要被皮肤所吸收，而高能X射线的能量可达深层组织，这不仅对放射治疗有价值，而且在射线防护中具有一定意义。

2．辐射剂量 射线作用于机体后，所引起的机体损伤直接与射线的剂量有关。总的规律是：剂量越大，效应越明显，但并不完全呈线性关系。从辐射作用的远期效应来看，辐射剂量越大，后果越严重。以不同剂量照射动物，可以发现当剂量达到一定量时才开始出现急性放射病症状，继续增加剂量时，则可导致死亡。剂量越大，死亡率越高，当增加到一定的大剂量时，则动物100%死亡（表2-5-4）。

3．剂量率 剂量率是单位时间内的吸收剂量。一般来说，总剂量相同时，剂量率越高，生物效应越大。但当剂量率达到一定值时，生物效应与剂量率之间失去比例关系。在极小的剂量率条件下，当机体损伤速度与其修复速度平衡时，机体可长期接受照射而不出现损伤。小剂量长期照射，当累积剂量很大时，便可产生慢性放射损伤。

表2-5-4　人体受不同剂量辐射后的损伤效应

剂量（Gy）	病理变化
0 ~ 0.25	不明显和不易观察的病变
0.25 ~ 0.50	可逆的功能变化，可能有血象改变
0.50 ~ 1.00	功能和血象改变，但无临床症状
1.00 ~ 2.00	轻度造血型急性放射病
2.00 ~ 3.50	中度造血型急性放射病
3.50 ~ 5.50	重度造血型急性放射病
5.50 ~ 8.00	极重度造血型急性放射病

4．辐射方式　总剂量相同，单方向辐射和多方向辐射产生的效应不同。一次辐射和多次辐射，以及多次辐射之间的时间隔不同，所产生的生物效应也有差别。

5．辐射部位和范围　机体各部位对于射线的辐射敏感性不同，辐射敏感性是指在相同射线照射条件下机体或细胞、组织、器官接受电离辐射作用后发生死亡、损伤或其他效应的快慢程度。细胞对辐射的一般规律是，处于正常分裂状态的细胞对辐射是敏感的，而正常不分裂的细胞则是抗辐射的。

6．环境因素　在低温、缺氧情况下，可延缓和减轻辐射的生物效应。此外，由于受照者的年龄、性别、健康情况、精神状态及营养状况等不同，所产生的生物效应亦不同。

五、光辐射

在整个电磁波谱中，能使得人眼视觉感知的只是一部分。刺激人眼能引起视觉感知的光辐射被称为可见光辐射，简称可见光，主要来自太阳、高强度发光体、脉冲光源等。按辐射波长及人眼的生理视觉效应可将光辐射分成三类：紫外线、可见光和红外线。

近年来的光生物学研究表明，光辐射与人类健康息息相关，不管是紫外线、可见光、红外线，在照射适当的情况下，都能对人体产生积极的影响。然而，当照射不足或者照射过度时，光辐射带来的影响就存在潜在危害。

1．导致眼疲劳、视力下降，引起中枢神经失调、癌症等疾病的出现。高强度的光辐射（如直视激光）会引起黄斑烧伤，造成视力减退，这种伤害是生理性的，往往不能恢复。

2．在高山、雪地、海面等环境中的工作者，因长期接受日光中大量反射的紫外线，可引起类似电光性眼炎的症状，称雪盲。

3．在瞬间的强日光或强灯光的照射后，眼睛会出现短暂失明现象。这是因为人体眼睛的光感受细胞分两种：一是视杆细胞，主要对比较暗的光线有反应，受强光刺激后恢复较慢；二是视锥细胞，主要对比较亮的光线有反应，受强光刺激后恢复较快，只需不到1 s的时间。在强光刺激后，视杆细胞的正常工作完全受到抑制，因此眼前一片全白或全黑，持续时间大约几秒。

4．人体受到过度脉冲光源（激光）辐射，会出现头痛、头晕、心悸、视力减退和食欲下降等症状。

5．人体受到灯光刺激，包括有色光的频繁变幻和白光的强刺激，可诱发眼部疾病、心动过速、心脑血管疾病等。由于多变闪烁，形成光流不断冲击眼睛，有可能出现血压升高、体温起伏、心急燥热、食欲低下、难以安寝等症状。娱乐用灯对视网膜的热损伤最为严重，时明时暗，奇异怪态的光效果，也易引起晶状体、角膜、结膜、虹膜等部位的细胞死亡或发生变异，导致膜体充血，眼睑痉挛，头晕目眩。

6．自然光不足或照明不良也会对人眼造成危害，容易产生近视或视力不良，这是我国目前儿童、青少年、学生群体面临的重要健康问题之一。

第六节　高原湿度对人体的影响

湿度是表示大气干燥程度的物理量，常用水汽压、绝对湿度、相对湿度和露点温度等表示，一般是指相对湿度。在一定气温条件下，一定体积的空气里，含有的水汽越少，空气越干燥；水汽越多，则空气越潮湿。如果水汽量达到了空气能够容纳的限度，达到了饱和状态，相对湿度就是 100%，此时水分不再蒸发。

一般来说，人体最适宜的湿度范围为 45% ～ 65%，湿度过大或过小对人体健康均有不利的影响。当相对湿度达 90% 以上，25℃气温如同 30℃；在气温日间变化大于 3℃，气压日间变化大于 10 hPa，相对湿度日际变化大于 10% 时，关节炎的发病率会显著增加。夏季，尤其是三伏时节，在高温、低压、高湿的共同作用下，水汽趋于饱和，会抑制人体散热功能，汗液不易排出，出汗后不易被蒸发掉，因而会使人烦躁、疲倦、食欲不振。冬天湿度增大时，则会使热传导加快约 20 倍，使人觉得更加阴冷、抑郁；若冬天湿度低，空气过于干燥，则易引起上呼吸道黏膜感染，患感冒。研究表明，对人体比较适宜的相对湿度为：夏季室温 25℃时，相对湿度控制在 40% ～ 50% 比较舒适；冬季室温 20℃时，相对湿度控制在 60% ～ 70% 比较舒适。

湿度主要受降水、温度、海拔高度、地形等因素影响。低海拔地区由于空气中的水汽比重比较大，相对湿度较高。高海拔的地区水汽含量较少，加上太阳辐射较强、日照时间长，以及风速较大等因素影响，水汽蒸发迅速，因而高海拔地区的相对湿度低。因此，在高原（山）低温、低湿地区易发生口唇干裂、鼻出血以及感冒等常见病。

研究表明，相对湿度通常与气温、气压共同作用于人体，气压、空气密度和湿度与海拔高度关系密切（表 2-6-1），即海拔越高，气压越低，空气密度越小，湿度也越小。海拔高度每升高 1000 m，相对大气压降低约 12%，空气密度降低约 10%，绝对湿度下降 6% 左右。

表2-6-1 海拔高度与气压、密度、湿度的关系

海拔高度（m）	相对大气压力（MPa）	相对空气密度（kg/m^3）	绝对湿度（g/m^3）
0	1.000	1.000	11.0
1000	0.881	0.903	7.64
2000	0.774	0.813	5.3
2500	0.724	0.770	4.42
3000	0.677	0.730	3.68
4000	0.591	0.653	2.54
5000	0.514	0.583	1.77

在高原，由于夏季热低压会出现暖湿的降水天气，冬季冷高压则会形成干寒的大风天气，独特的高原季风则会导致明显的干湿季变化。其中，冬半年由于西风带的控制，高原地区为干季（10 月至翌年 4 月）；夏半年受湿润的西南与东南季风的影响，90% 以上的降水集中在夏半年（5 月至 9 月），称此时间段为湿季。

中国青藏高原上的空气干燥，相对湿度在 29% ～ 80%，平均相对湿度不到 50%，年、季平均水汽压和绝对湿度与同纬度地区相比则较小。就相对湿度而言，青藏高原和我国同纬度东部地区相比，年平均值要低，且冬季更低；但在夏季，高原东部的相对湿度几乎与同纬度平原地区相当。与同高度的自由大气相比，青藏高原上空夏季是高湿区，气压可至 300 hPa，比高原南部的印巴大陆湿润。高原年平均相对湿度由南向北、由东向西递减。柴达木盆地和西藏西北部地区是我国相对湿度最小的地区，年平均相对湿度在 40% 以下；藏东南、青海东北部和东南部地区相对湿度最大，在 60% ～ 70% 或以上。

一、干燥环境

干燥环境的特征是空气中含水量低于正常环境的平均含水量，水分越少，环境干燥程度就越高，通常把湿度低于 30% 的环境称之为干燥环境。

（一）危害

1．加速人体水分流失 在高原地区，海拔越高气候越干燥，并且在高原上体表散失的水分明显高于平原，特别是在进行劳动或剧烈活动时，水分散失速度更快。水分的蒸发将导致体液流失，如果体液流失过多可出现脱水症状。轻度的脱水对人体的影响较小，一般仅造成黏膜干燥、皱裂，如嘴唇干裂、鼻腔出血，稍严重的还有皮肤的皲裂，冬季尤甚。

2．血液黏稠度增加 在海拔 5000 m 以上的极高海拔地区，由于空气特别干燥且寒冷，体液大量蒸发可引起严重脱水，使血液变得黏稠，从而影响血液循环，甚至诱发血栓形成。

3．引发疾病 由于高原缺氧及寒冷等利尿因素的影响，使机体水分含量减少，会使呼吸道黏膜和全身皮肤异常干燥，机体皮肤干裂，口腔、鼻腔黏膜受到刺激，出现口渴、干咳、声嘶、喉痛、鼻出血和手足皲裂等症状，容易诱发咽炎、气管炎、肺炎等病症。

4．肌纤维老化　干燥可使肌纤维因快速失水而收缩，久而久之，肌纤维可能断裂，皮肤会出现不可恢复的皱纹，呈现老态。

（二）应对措施

1．长期处于空气过于干燥的环境中时，应适当多喝水，使用补水保湿的护肤品，以免水分经皮肤蒸发。平时也需注意休息，保持饮食健康。

2．在室内放置一盆清水，让盆里的水蒸发至空气中，可有效降低室内温度和增加空气湿度。或者每天早晚用湿拖把拖地两次，这样既能除尘，又能大面积且均匀地增加室内空气湿度。

3．使用空气加湿器，在降低室内温度的同时，还可以增加空气湿度，让人体处在比较舒服的环境中，有利于保持健康状态。

二、过湿环境

与干燥环境相反，过湿环境就是空气中含水量高于正常环境的平均含水量，通常把湿度高于70% 的环境称为过湿环境。

高热湿环境广泛存在于自然、工业和军事等特殊环境中，其中的劳动作业人员会因环境热应力产生一系列的生理反应，而过度反应会对人体的健康产生潜在威胁，甚至造成不可恢复的损害。研究发现，人在不同湿度环境下调节体温不尽相同。静止状态下，环境相对湿度为 85% 时，体温调节的极限为 31℃ ；环境相对湿度为 50% 时，体温调节的极限为 38℃ ；环境相对湿度为 30% 时，人体体温调节的极限为 40℃。如果超出了极限温度，会导致人体的功能受损，体温调节功能可能会失调，体内的热量蓄积过高，导致中暑等疾病。不同人群体温调节的极限也有差别，人体在湿度大的高温环境中更容易发生中暑，高血压患者和心脑血管疾病患者在高温潮湿的环境中，容易使血管处于紧张状态，发生脑出血或者脑梗死的可能性增加，心脏病患者更容易发生心肌梗死，严重的可导致死亡。

表 2-6-2 显示，人体在不同相对湿度、不同风速条件下，体感的温度调节是不同的。相对湿度越高，无风状态下体感温度会超过环境温度；而在有风的情况下，则可以改善机体的温度调节能力，使得体感温度低于环境温度。因此，当人体处于相对湿度较高的环境中，尤其是在高温高湿环境，要注意防护，多通风，降低环境相对湿度可以减少中暑的概率。

（一）危害

1．高湿环境对人体健康不利。在高湿度时，环境温度达 30℃，即可使安静状态下的人体体温升高、脉搏加快、汗蒸发率下降；35℃时这种影响更为显著。因而有学者认为，高湿度对生理产生不良影响的温度界限是 35℃。

2．高湿环境下进行体能训练会损害生理功能。高湿环境下进行体能训练更容易中暑，可导致心脑血管供血不足。在湿热环境下长时间训练时，当吸入空气的湿度逐渐增加，机体的不舒适程度也逐渐增加。湿热环境导致的对生理功能的负面影响在第 14 天依然存在。

3．高湿环境中的工作人员往往会感到头痛、头昏、失眠多梦、记忆力减退、痛经（女性）、疲乏无力、食欲下降。

4．当湿度高于 70% 时，人体的松果腺体分泌出大量的松果激素，使得体内甲状腺素及肾上腺素的浓度相对降低，人会变得无精打采、萎靡不振。

5．长时间在湿度较大的地方工作、生活，就容易滋生真菌，人体容易受到真菌感染，以及可能导致呼吸道过敏、关节疼痛、食物中毒、心肌梗死、脑卒中等疾病的发生。长时间在湿度较大的环境中工作、生活，还容易患湿痹症。

6．在任何气温条件下，潮湿的空气对人体都是不利的。如在低温时，潮湿会使热传导加快约 20 倍，热量大量散失，故在低温潮湿的情况下，机体更易受寒冷的损害，易发生风湿病和支气管炎。此外，潮湿环境对结核病、肾病、风湿性关节炎、慢性腰腿痛等患者都有不良的影响。在热环境中，相对湿度过高会抑制人体散热功能，使人感到十分闷热和烦躁。

7．人体致死的高温指标与空气湿度也有很大关系。当气温和湿度高达某一极限时，人体的热量散发不出去，体温就要升高，以致超过人体的耐热极限，导致死亡。因此，我国规定灾害性天气标准为：长江以南最高气温高于 40℃，或者最

表2-6-2 不同湿度、风速条件下的体感温度对照表

环境温度（℃）	相对湿度	不同风速下的体感温度（℃）					
		0 m/s	0.5 m/s	1.1 m/s	1.5 m/s	2 m/s	2.5 m/s
35	30%	35.0	31.6	26.1	23.8	22.7	22.2
	50%	35.0	32.2	26.6	24.4	23.3	22.2
	70%	38.3	35.5	30.5	28.8	26.1	25.0
	80%	40.0	37.2	31.1	30.0	27.2	25.2
32.2	30%	32.2	28.8	25.0	22.7	21.6	20.0
	50%	32.2	29.1	25.5	23.8	22.7	21.1
	70%	35.0	32.7	28.8	27.2	25.5	23.3
	80%	37.2	35.0	30.0	27.7	27.2	26.1
29.4	30%	29.4	26.1	23.8	22.2	20.5	19.4
	50%	29.4	26.6	24.4	22.8	21.1	20.0
	70%	31.6	30.0	27.2	25.5	24.4	23.3
	80%	33.3	31.6	28.8	26.1	25.0	23.8
26.6	30%	26.6	23.6	21.6	20.5	17.7	17.7
	50%	26.6	24.4	22.2	21.1	18.9	18.3
	70%	28.3	26.1	24.1	23.3	20.5	19.1
	80%	29.4	27.2	25.5	23.8	21.1	20.5
23.9	30%	23.9	22.2	20.5	19.4	16.6	16.6
	50%	23.9	22.8	21.1	20.0	17.7	16.6
	70%	25.5	24.4	23.3	22.2	20.0	18.0
	80%	26.1	25.0	23.8	22.7	20.5	20.0
21.1	30%	21.1	18.9	17.7	17.2	16.6	15.5
	50%	21.1	18.9	18.3	17.7	16.6	16.1
	70%	23.3	20.5	19.4	18.8	18.3	17.2
	80%	24.4	21.6	20.0	18.8	18.8	18.3

高气温达35℃，同时相对湿度大于60%；长江以北地区最高气温达35℃，或者最高气温达30℃，同时相对湿度大于65%。

（二）应对措施

1．物理除湿，包括干燥剂除湿、空调除湿、除湿机除湿。

2．热水淋浴或食疗。要降低湿热憋闷不爽感，可用温热水淋浴，并可多饮咖啡，咖啡利尿可以帮助排出体热，或喝凉茶。

3．由于高湿导致衣物发霉，根据真菌怕光、怕氧、怕冷、怕燥的这些特点，可以通过暴晒、通风、干燥、降温等方法除霉，避免感染。

参考文献

[1] 巴桑卓玛，程美乐，贾雪莹，等．初进高原的汉族与世居藏族血液学指标的比较研究［J］．西藏大学学报（自然科学版），2011，26（2）：26-28，67．

[2] 白曲．浅论高原眼病防治研究［J］．特别健康：下，2014（3）：1．

[3] 白谊涵，马全福，张永青，等．高原低氧环境对呼吸系统影响的研究［J］．中国急救复苏与灾害医学杂志，2012，7（7）：601-603．

[4] 蔡晓敏．高温高湿环境对机体的影响及应对措施［J］．

体育时空，2014（18）：138.
[5] 曹祯吾，牟信兵，冯玉兰．大批空运进藏新兵急性高原病发病情况的调查［J］．西藏医药，1993，14（2）：12-13.
[6] 陈耕春，蒋明朗，黄东．间歇性低氧训练对脑组织及神经系统的影响［J］．体育科学，2001，21（3）：66-69.
[7] 陈亚妮，王延琦，万红，等．高原高寒环境对人体功能的影响及预防［J］．职业与健康，2014，30（10）：1409-1412.
[8] 高萍．高热湿环境下影响人体生理反应的个体差异研究［D］．天津：天津大学，2012.
[9] 高文祥，吴利平．急、慢性缺氧对大鼠脑线粒体能量代谢的影响［J］．高原医学杂志，1999（3）：13-17.
[10] 高欣，刘海平．高原训练期间运动员身体功能生理、生化指标的评定方法［J］．北京体育大学学报，2004，27（1）：43-44.
[11] 高钰琪，刘燕，赵群，等．步兵摩托化进驻4300米高原半年内习服状况评价［J］．第三军医大学学报，2011，33（9）：874-877.
[12] 格日力．高原医学［M］．2版．北京：北京大学医学出版社，2020.
[13] 郭世昌，常有礼，胡非，等．纬度和海拔高度对云南地面紫外线强度影响的数值试验［J］．云南地理环境研究，2004，16（1）：9-13.
[14] 国际高原医学会慢性高原病专家小组．第六届国际高原医学和低氧、生理学术大会颁布慢性高原病青海诊断标准［J］．青海医学院学报，2005，26（1）：3-5.
[15] 韩芳，陈尔璋，魏海琳，等．睡眠呼吸暂停综合征患者睡眠状态下呼吸控制功能的改变及测定方法［J］．中华结核和呼吸杂志，1998，21：471-476.
[16] 韩国玲．高原低氧对人体认知功能影响的研究［J］．高原医学杂志，2009，19（4）：62-64.
[17] 韩清，胡涛．短期进驻高原4700m消化系统症状分析［J］．青海医药杂志，2007（9）：5-6.
[18] 何富文，张新宇，张西洲，等．高原适应性和连续登高对血液流变性的影响［J］．中国血液流变学杂志，1997，1（1）：60-62.
[19] 何鑫，张耐辉，鲍海华．多模态影像技术在高原红细胞增多症中的研究进展［J］．磁共振成像，2023，14（4）：198-202.
[20] 吉维忠，吴世政．高原低氧环境诱导认知功能损害研究现况［J］．中国高原医学与生物学杂志，2019，40（3）：189-193.
[21] 蒋文宝，倪争，李海峰．论远红外辐射对人体健康的影响及市场前景［C］// 中国光学学会红外与光电器件专业委员会，中国光学光电子行业协会红外分会，中国电子学会量子电子学与光电子学分会，国家红外及工业电热产品质量监督检验中心，中国光学学会锦州分会．第十三届全国红外加热暨红外医学发展研讨会论文及论文摘要集．上海锐敏电子科技发展有限公司，2011.
[22] 焦志刚．急进高原期间自主神经功能变化特征分析［C］// 中国中西医结合学会时间生物医学专业委员会．2011年全国时间生物医学学术会议论文集．空军航空医学研究所，2011.
[23] 李红，郑必海，郑建保，等．高原缺氧对急进高原个体胃肠动力激素及其黏膜屏障的影响［J］．激光杂志，2010（3）：78-79.
[24] 李林，单长吉，党兴菊．电磁辐射对人体健康的影响分析［J］．黑龙江科技信息，2012，12（3）：11-13.
[25] 李明霞，邬云红，尹伟婧，等．返回平原3年以上的高原移居汉族心胸比及右下肺动脉宽度的改变［J］．四川医学，2013，34（9）：1288-1290.
[26] 李勇，王世锋，陈天禄，等．青藏高原太阳紫外线辐射及其生物学效应研究现状［J］．科学技术与工程，2022，22（4）：1321-1328.
[27] 刘晶淼，丁裕国，黄永德，等．太阳紫外线强度与气象要素的相关分析［J］．高原气象，2003，12（1）：15-16.
[28] 刘军，阿松，郭轶，等．低氧对脑结构及脑功能影响的磁共振研究进展［J］．神经损伤与功能重建，2023，18（4）：234-237.
[29] 刘小冬，包瀛春．官兵至高温、高湿环境下军事习服训练方法研究［C］．全国高等医学教育学会体育教育研究会第十九届论文报告会，2012.
[30] 刘阳，黄岚．高原环境对动脉血压影响的研究进展［J］．医学综述，2014，20（6）：4.
[31] 刘园园，王彬华，杨军．一种低氧预适应训练的方法和效果评价［C］．河北：第十四届中国科协年会，2012.
[32] 罗琼．急性高原缺氧对消化系统的影响和临床症状分析［J］．西藏科技，2021（11）：74-76.
[33] 马福海，樊蓉芸，巴桑卓玛．高原运动医学基础与应用［M］．北京：北京大学医学出版社，2021.
[34] 马福海，樊蓉芸．青海省国民体质监测报告［M］．西宁：青海人民出版社，2000.
[35] 马福海，冯连世．高原训练实用问答［M］．北京：人民体育出版社，2007.
[36] 马福海．青藏高原自行车拉力赛对运动员RBC、Hb、Hct、WBC的影响［J］．西安体育学院学报，2002，19（3）：49-50.
[37] 马小明，樊蓉芸．高原低氧环境对人体适应性的影响探析［J］．成都体育学院学报，2015，41（3）：94-97.
[38] 马勇，张西洲，哈振德，等．初入海拔5380m 1 ~ 7天健康青年的视网膜动态观察［J］．高原医学杂志，1998，8（4）：18-19.
[39] 马勇，张西洲，哈振德，等．高原低氧对人视觉功能的影响［J］．高原医学杂志，1999（1）：3.
[40] 马玉红．高原低氧环境与胃肠动力紊乱性疾病探讨［J］．中外医疗，2009，31：147-148.

[41] 毛坤华，江文，刘阳云，等．慢性间断性缺氧对大鼠低位脑干呼吸中枢影响的初步研究［J］．临床军医杂志，2014，42（1）：5-7．
[42] 糜漫天，郭长江．军事营养学［M］．北京：人民军医出版社，2004．
[43] 年永琼，辛元尧，周雪姣，等．高原低氧环境对人体的生理影响以及人体药物代谢动力学特征的研究进展［J］．药学研究，2018，37（6）：346-351．
[44] 彭泽华．高温环境下人体运动中的生理变化、体温调节及运动能力［J］．辽宁体育科技，2016，38（1）：4．
[45] 盛颖．高温热辐射环境对人体生理指标及耐受力影响研究［D］．天津：天津大学，2008．
[46] 石晓天，王珏，黄君富，等．高原藏区不同海拔血常规分析［J］．国际检验医学杂志，2015（15）：2265-2266．
[47] 唐广立．青藏铁路参建者心电图825例分析［J］．华北煤炭医学院学报，2004，6（2）：185．
[48] 田元媛，许为全．热湿环境下人体热反应的实验研究［J］．暖通空调，2003，33（4）：27-30．
[49] 汪斌如，徐先荣，梁耕田，等．中重度OSAHS患者海马及脑皮质代谢紊乱与认知功能障碍的相关性研究［J］．临床耳鼻咽喉头颈外科杂志，2015，29（7）：607-611．
[50] 王斌，周建丽，谢祥红，等．不同海拔高原驻训人员外周血白细胞及淋巴细胞比例变化及意义［J］．中国医学创新，2009，6（15）：123-125．
[51] 王琛，张美玲，苗煦，等．手机辐射对人类健康的潜在威胁［J］．科技信息，2011，10（4）：421-422．
[52] 王春乙，郭建平，郑有飞．二氧化碳、臭氧、紫外线与农作物生产［M］．北京：气象出版社，1997．
[53] 王芳．科技为体育插上翅膀（之三）［J］．百科知识，2008（8）：35-38．
[54] 王国忠，邱传亚．高原人群的健康管理［M］．北京：中国中医药出版社，2017．
[55] 王建，糜漫天，朱俊东，等．高原急性低氧对大鼠食欲及食欲肽m-RNA表达的影响［J］．肠外与肠内营养，2004（5）：265-269．
[56] 王普才，吴北婴，章文星．影响地面紫外线的因素分析［J］．大气科学，1999，23（1）：1-8．
[57] 王淑荣，张巍．日光中紫外线辐射与人类健康的关系及其影响因素［J］．现代预防医学，2008，35（17）：3283-3285．
[58] 王艳艳，吴丽娟．高原低氧环境对驻训人员外周血细胞的影响［J］．国际检验医学杂志，2015，36（19）：2817-2818．
[59] 翁庆章，钟伯光．高原训练的理论与实践［M］．北京：人民体育出版社，2002．
[60] 吴胜利，周金英．浅议高寒训练的能量代谢理论［J］．教练员天地，2005，4：52．
[61] 吴天一．高原环境对人体有益的影响［J］．医学研究杂志，2007（12）：1-9．
[62] 肖青林，常开齐，刘苏辰，等．高原紫外线辐射对执勤官兵皮肤损伤的调查［J］．中华皮肤科杂志，2008（4）：211-213．
[63] 谢祥红，王斌，周建丽，等．高原驻训官兵1097人外周血淋巴细胞比例变化分析［J］．武警医学，2010，21（10）：890-891．
[64] 辛晓明，王远丽，王浩，等．杜仲总多糖对小鼠低氧能力的影响［J］．医药导报，2009，28（2）：160-162．
[65] 徐旻霄，吴赵昭，赵杰修．预冷对高温环境下运动能力调节的研究进展［J］．中国运动医学杂志，2014，33（11）：10．
[66] 许蓬蓬，马志红，师丽魁．郑州地区紫外线辐射强度变化规律分析［J］．河南气象，2005（4）：18-19．
[67] 薛忠星．低氧和运动训练对大鼠学习记忆的影响及其与海马突触可塑性的关系［D］．扬州：扬州大学，2015．
[68] 尹昭云，谢印芝，牛文忠，等．急性高原反应的诊断和处理原则［J］．解放军预防医学杂志，1997，15（6）：395-397．
[69] 袁延年，马全福，刘树茂，等．高原地区部队前三位疾病发病调查与分析［J］．高原医学杂志，2000，10（11）：53-54．
[70] 翟颖妮，耿丹，黄艳秋，等．短时热辐射对人体生理与认知能力的影响研究［J］．安全与环境学报，2022，22（5）：2572-2583．
[71] 张洪增．急性高原反应的诊断与处理［J］．中国全科医学，2005，8（9）：761-762．
[72] 张西洲，白虎虎，董百战，等．初入海拔5000米以上部队急性高原反应发病情况调查［J］．解放军预防医学杂志，1995，13（4）：314-315．
[73] 张彦博，汪源，刘学良，等．人与高原［M］．西宁：青海人民出版社，1996．
[74] 张缨，胡扬．不同氧浓度的高住高练低训对红细胞等血象指标的影响［J］．体育科学，2005，25（11）：31．
[75] 张缨，周帆扬，胡扬，等．急性低氧暴露对足球运动员红细胞免疫功能及调节因子的影响［J］．中国运动医学杂志，2004，23（2）：130-132．
[76] 张永青，马全福，白谊涵，等．高原低氧环境对胃肠功能的影响［J］．中国急救复苏与灾害医学杂志，2015，10（3）：237-239．
[77] 张云，徐红，唐伟革，等．不同时间节点及放置时间对急进高原官兵血常规的影响观察［J］．人民军医，2012，55（12）：1158-1159．
[78] 赵锋仓，景蕴华，吴殿磊，等．汉族人群移居高原后其心脏结构、心功能和肺动脉压等变化的研究［J］．高原医学杂志，2013（3）：19-23．
[79] 赵杰修．高温高湿条件下的训练与比赛［J］．中国体育教练员，2007（4）：2．
[80] 赵顺云，吴新民，郭亚民，等．南极考察队员在不同

高原环境下血氧饱和度及心率与高原反应风险的关系 [J]. 中华医学杂志, 2013, 93 (22): 1743-1745.

[81] 中华医学会第三次全国高原医学学术讨论会. 我国高原病命名、分型及诊断标准 [J]. 高原医学杂志, 2010, 20 (1): 9-11.

[82] 邹文进, 柯静, 周小清, 等. 急入高海拔环境后对听觉的影响研究 [J]. 局解手术学杂志, 2023, 32 (3): 187-191.

[83] ABELLAN R, REMACHA F, VENTURA R, et al. Hematologic response to four weeks of interm ittent hypobaric hypoxia in highlytrainedathletes [J]. Haema to logica, 2005, 90 (1): 126-127.

[84] BAI C, SHE J, GOOLAERTS A, et al. Stress failure plays a major role in the development of high -altitude pulmonary oedema in rat [J]. Eur Respir, 2010, 35 (3): 584-591.

[85] BAO H H, HE X, WANG F F, et al. Study of brain structure and function in chronic mountain sickness based on fMRI [J/OL]. Front Neurol, 2022, 12: 763835.

[86] BAO H H, LI R Y, HE M L, et al. DTI study on brain structure and cognitive function in patients with chronic mountain sickness [J/OL]. SciRep, 2019, 9 (1): 19334.

[87] BRISSON C D, HSIEH Y T, KIM D, et al. Brainstem neurons survive the identical ischemic stress that kills higher neurons: insight to the persistent vegetative state [J]. PloS one, 2014, 9: e96585.

[88] COPSTEAD L C, BANASIK J L. Pathophysiology [M]. 5th ed. Philadelphia: Saunders, 2012.

[89] DE AQUINO LEMOS V, ANTUNES H K, DOS SANTOS R V, et al. High altitude exposure impairs sleep patterns, mood, and cognitive functions [J]. Psychophysiology, 2012, 49: 1298-1306.

[90] FAN X, MA L, ZHANG Z, et al. Associations of high-altitude polycythemia with polymorphisms in PIK3CD and COL4A3 in Tibetan populations [J/OL]. Hum Genomics, 2018, 12 (1): 37.

[91] FIETEN K B, DRIJVER-MESSELINK M T, COGO A, et al. Alpine altitude climate treatment for severe and uncontrolled asthma: an EAACI position paper [J]. Allergy, 2022, 77 (7): 1991-2024.

[92] HOGAN A M, VIRUES-ORTEGA J, BOTTI A B, et al. Development of aptitude at altitude [J]. Dev Sci, 2010, 13 (3): 533-544.

[93] HOGAN A M, VIRUES-ORTEGA J, BOTTI A B, et al. Development of aptitude at altitude [J]. Dev Sci, 2010, 13 (3): 533-544.

[94] HOTA S K, SHARMA V K, HOTA K, et al. Multi-domain cognitive screening test for neuropsychological assessment for cognitive decline in acclimatized lowlanders staying at high altitude [J]. Indian J Med Res, 2012, 36 (3): 411-420.

[95] KENT P L. Working memory: a selective review [J]. Appl Neuropsychol Child, 2016, 5 (3): 163-172.

[96] León-Velarde F, Gamboa A, Chuquiza J A, et al. Hematological parameters in high altitude residents living at 4, 355, 4, 660, and 5, 500 meters above sea level [J]. High Alt Med Biol, 2000, 1 (2): 97-104.

[97] LI X Y, WU X Y, FU C, et al. Effects of acute exposure to mild or moderate hypoxia on human psychomotor performance and visual-reaction time [J]. Space Med Med Eng (Beijing), 2000, 13 (4): 235-239.

[98] LYNCH C J, ADAMS S H. Branched-chain amino acids in metabolic signalling and insulin resistance [J]. Nat Rev Endocrinol, 2014, 10 (12): 723-736.

[99] MA H, WANG Y, WU J, et al. Long-term exposure to high altitude affects conflict control in the conflict-resolving stage [J]. PloS one, 2015 (10): e0145246.

[100] NAEIJE R. Physiological adaptation of the cardiovascular system to high altitude [J]. Prog Cardiovasc Dis, 2010, 52 (6): 456-466.

[101] PESCOSOLIDO N, BARBATO A, DI BLASIO D. Hypobaric hypoxia: effects on contrast sensitivity in high altitude environments [J]. Aerosp Med HumPerform, 2015, 86 (2): 118-124.

[102] PYNE D V, MCDONALD W A, MORTON D S, et al. Inhibition of interferon, cytokine, and lymphocyte proliferative responses in elite swimmers with altitude exposure [J]. J Interferon Cytokine Res, 2000, 20 (4): 411-418.

[103] RICHARDSON C, HOGAN A M, BUCKS R S, et al. Neurophysiological evidence for cognitive and brain functional adaptation in adolescents living at high altitude [J]. Clin Neurophysiol, 2011, 122 (9): 1726-1734.

[104] RONEN R, ZHOU D, BAFNA V, et al. The genetic basis of chronic mountain sickness [J]. Physiology, 2014, 29 (6): 403-412.

[105] TURNER C E, BYBLOW W D, GANT N. Creatine supplementation enhances corticomotor excitability and cognitive performance during oxygen deprivation [J]. J Neurosci, 2015, 35: 1773-1780.

[106] VECCHI D, MORGAGNI F, GUADAGNO A G, et al. Visual function at altitude under night vision assisted conditions [J]. Aviat Space Environ Med, 2014, 85(1): 60-65.

[107] VILLAFUERTE F C, CORANTE N. Chronic mountain sickness: clinical aspects, etiology, management, and treatment [J]. High Alt Med Biol, 2016, 17 (2): 61-69.

[108] VIRUES-ORTEGA J, BUCKS R, KIRKHAM F J, et al. Changing patterns of neuropsychological functioning in chindren living at high altitude above and below 4000m: a report from the Bolivian Children Living at Altitude (BoCLA) study [J]. Dev Sci, 2011, 14 (5): 1185-1193.

[109] WANG H, LIU D, SONG P, et al. Microarray-based prediction of polycythemia after exposure to high altitudes [J/OL]. Genes-Basel, 2022, 13 (7): 1193.

[110] WEST J B. English translation of "Nomenclature, classification, and diagnostic criteria of high altitude disease in China" [J]. High Alt Med Biol, 2010, 11(2): 169-172.

[111] WU T Y, DING S Q, ZHANG S L, et al. Altitude illness in Qinghai-Tibet railroad passengers [J]. High Alt Med Biol, 2010, 11 (3): 189-198.

[112] YAN X, ZHANG J, GONG Q, et al. Adaptive influence of long term high altitude residence on spatial working memory: an fMRI study [J]. Brain Cogn, 2011, 77 (1): 53-59.

[113] YAN X, ZHANG J, GONG Q, et al. Prolonged high-altitude residence impacts verbal working memory: an fMRI study [J]. Exp Brain Res, 2011, 208 (3): 437-445.

[114] YI H, YU Q J, ZENG D F, et al. Serum inflammatory factor profiles in the pathogenesis of high-altitude polycythemia and mechanisms of acclimation to high altitudes [J/OL]. Mediat Inflamm, 2021, 2021: 8844438.

[115] ZHANG J, LIU H, YAN X, et al. Minimal effects on human memory following long-term living at moderate altitude [J]. High Alt Med Biol, 2011, 12 (1): 37-43.

[116] ZHANG Z, MA L, FAN X, et al. Targeted sequencing identifies the genetic variants associated with high-altitude polycythemia in the Tibetan population [J]. Indian J Hematol Blo, 2022, 38 (3): 556-565.

第三章

高原体能训练概述

第一节　发展简史

远古时代就有人类在高原上繁衍生息。人类饱受着高原高寒山地恶劣的自然和气候环境等的危害，为了生存与大自然做着艰苦卓绝的斗争。但由于对高原环境的认识不足，虽然古人对于高原反应发病原因进行过各种解释，但一般都归咎于瘴气、中毒、鬼怪作祟等之说。

一、古代研究

高原环境对人体生理功能的影响早在2000多年前的文献中就有记载。例如，亚历山大东征，汉尼拔翻越比利牛斯山和阿尔卑斯山，佛僧与西藏、丝绸之路，以及西汉时期西征等。

(一)亚历山大东征

公元前334年，世界古代史上著名的军事家和政治家马其顿国王亚历山大（Alexander）在征服希腊各邦后，率军进入伊朗高原，穿越平均海拔约5000 m的兴都库什山等，对东方波斯等国进行历时十年的侵略战争，并经过伊苏斯之战、高加米拉战役、吉达斯普河战役，征服了波斯、埃及、小亚细亚、两河流域（底格里斯河和幼发拉底河），最终建起地跨欧、亚、非三洲的亚历山大帝国，史称亚历山大东征。亚历山大在征服巴克特里亚（现阿富汗和乌兹别克斯坦部分地区）和索格底亚（现乌兹别克斯坦和塔吉克斯坦一带）时，涉及了许多高原地区，这不仅考验了他的军事智慧和领导力，还展示了他在面对多样的地理环境和气候条件时的适应能力。古希腊哲学家、历史学家浦鲁塔克（Plutarch）曾首次报道了高山病，主要记载了亚历山大于公元前326年翻越高山即兴都库什山到达印度这一段历史。亚历山大在侵抵今吉尔吉斯斯坦锡尔河（Sheil River）上游一带（葱岭）时，遭遇了严酷气候和给养不足，以及进攻位于险峻高地的城镇等困境，亚历山大不得不退回到他的新都巴比伦（Babylon）。

(二)汉尼拔与古罗马战争

汉尼拔·巴卡（Hannibal Barca），腓尼基人，北非古国迦太基（今突尼斯）名将，军事家，是欧洲历史上最伟大的四大军事统帅之一。公元前221年，汉尼拔接管军权。公元前218年春天，在第二次布匿战争期间，汉尼拔在冬季率军从西班牙成功翻越比利牛斯山（平均海拔2000 m）和阿尔卑斯山（平均海拔3000 m）进入意大利北部，完成了罗马人眼中不可能完成的任务，并在特拉比亚战役（公元前218年）、特拉西梅诺湖战役（公元前217年）和坎尼战役（公元前216年）中击溃罗马人。

延伸阅读

布匿战争

布匿战争（Punic Wars，或译布匿克战争），是公元前264—前146年地中海两大豪强罗马共和国和迦太基共和国之间进行的三次大战的总称。公元前3世纪早期，罗马统一了意大利半岛，成为地中海一大强国。迦太基位于北非的突尼斯，是由腓尼基人移民建成的一个富庶的强大国家，占有北非西部沿海、西班牙南部沿海、西西里、巴利阿里群岛等地，成为罗马向海外扩张的劲敌。第一、二次布匿战争是作战双方为争夺西部地中海霸权而进行的扩张战争，第三次布匿战争则是罗马以强凌弱的侵略战争。布匿战争的结果是迦太基被灭，罗马争得了地中海西部的霸权。

（三）丝绸之路与西征

我国是最早认识高原病的国家，至少从汉代开始就有了相关的记载，主要与公元前2世纪西汉时期的陆上丝绸之路有关。陆上丝绸之路一般分为北、中、南三条路线，是一条连接东方与西方之间经济、政治、文化交流的主要贸易通道。它以西汉时期长安为起点（东汉时为洛阳），经河西走廊、敦煌、楼兰、于阗、莎车、和田、喀什等地穿越葱岭（今帕米尔）到大月氏、安息、大秦等地。

《汉书》卷96《西域上・罽宾》记载“（赴罽宾）又历大头痛、小头痛之山，赤土、身热之阪，令人身热无色，头痛呕吐，驴畜尽然。道狭者尺六寸，长径三十里”，意思为去罽宾国沿途要经过大头痛山、小头痛山、赤土阪、身热阪，让人暑热失色，头痛呕吐，驴马也受不了！又有万丈深渊，最狭窄的山径只有一尺六七寸宽，人马需互相扶持，绳索牵引才能过去，且长达三十里。《汉书》所记载的病征是典型的高山病病征，而且这些地名就是根据头痛、头昏、乏力、胸闷、呼吸困难、恶心、呕吐、心慌等身体反应症状得来的。对于高原反应发病原因，古人归咎于瘴气、中毒、鬼怪作祟等之说。但自古代一直到现代西方医学传入中国前，对高原反应的解释主要为瘴气、烟瘴等。

唐天宝年间，安西行营节度使高仙芝从安西（今甘肃酒泉）出发，对帕米尔高原进行了远征，翻越了海拔平均6100 m或更高的山峰和葱岭，经过了海拔7564 m的青岭（慕士塔格山）。高仙芝在出征前做了充分的准备，先后击败吐蕃守军，收复小勃律，征服了撒马尔罕、塔什干、石国等。高仙芝因此被誉为“中国山岭之主”。

（四）佛僧与西域

在古代有记载的高原反应中，僧人与西域、西藏出现较多，主要与佛教的传播有关。约在公历纪元前后，佛教经帕米尔高原传入中国，再由中国传入朝鲜、日本、越南等国，隋唐时期进入鼎盛阶段。有知名的佛教僧侣曾经在西域活动，如玄奘、鸠摩罗什、道安，对中国佛教的发展有着深远的影响。其中著名的唐代佛教高僧玄奘曾赴印度取经，就经过了帕米尔高原及冰雪千古不化的大雪山（兴都库什山）等，《高僧传》卷3《宋黄龙释昙无竭传》记载“登葱岭度雪山，障气千重，层冰万里”，也指出了帕米尔高原及雪山的特殊气候环境。《大唐西域求法高僧传校注》卷上“泥波罗既有毒药，所以到彼多亡”，泥波罗是现今的尼泊尔，位于喜马拉雅山南麓，海拔高，尤其是北部喜马拉雅地区海拔高度在4877 ~ 8844 m，经常会发生有外来者因高山病死亡的现象。另外《通典》卷190《边防典六》记载吐蕃（青藏高原）“山有积雪，地有冷瘴，令人气急，不甚为害”，是指高原缺氧使人喘不过气来，没法呼吸，还可以害死人。

（五）隋唐与青藏高原

青藏高原自古以来居住着以游牧为主的西羌诸族部。公元5—7世纪，南北朝北魏、隋唐时期，青藏高原民族先后主要为吐谷浑和吐蕃。长期以来北魏、隋唐与吐谷浑、吐蕃的边界大致以海拔3200 m以上的赤岭（今日月山）和青海湖为界，也是易发生高原反应和急性高原肺水肿、急性高原脑水肿、高原慢性病等高山病症状高度，而北魏、隋唐数百年时间里据守的核心地域是海拔2300 m地带河徨谷地。北魏、隋唐先后与吐谷浑、吐蕃多次发生了大规模战争，隋炀帝也有对吐谷浑亲驾西征的“置马牧于青海”的典故，同时也受到了高原的影响，甚至直接影响了战争的进程。《隋书》卷《炀帝纪上》记载“（六月）癸卯，经大斗拔谷，山路隘险，鱼贯而出。风筱晦冥，与从官相失，士卒冻死者太半。丙午，次张掖”，以及《隋书》卷《食货志》记载“遇天霖雨，经大斗拔谷，士卒死者十二三焉，马驴十八九”。即公元609年，隋炀帝在6月（现在7、8月）经过大斗拔谷时遭遇了冰雹、冻雨、大风、暴风等寒冷天气，造成人员死伤一半以上，骡、驴死伤十之八九，后人称为大斗拔谷事件。大斗拔谷今为甘青交界处的扁都口，位于祁连山中段，南通今祁连峨堡镇，北达今民乐县炒面庄，全长20余千米，宽度只有10余米，山势险要，是古代青藏高原通向河西走廊中段的重要通道，而该山谷的海拔在3500 m以上。对此，于赓哲认为这与高原反应有关，并认为当时士卒、人员等在大斗拔谷可能出现了高原反应等疾病，牲畜也不例外，又遭遇寒冷风雨，大规模引发感冒，感冒在高海拔地带往往会引发高原肺水肿等致命性疾病，且青年男性为此病的高发人群，隋炀帝军队应该就是受此戕害。

唐咸亨元年至仪凤三年这八年间，唐军对吐蕃发动了两次大规模的军事行动，即大非川战役和青海战役，但都以惨败告终。两次战败已经使唐深刻意识到不可能消灭吐蕃，基本决定了吐谷浑灭亡后双方在今青海地区势力范围的划分。

据于赓哲的研究，唐朝与吐蕃的战争中，青藏高原特殊的地理气候对双方都产生了重大影响，高原反应或高原疾病是唐军在具有战略意义的大非川战役和青海战役中败北的主要原因之一，也是唐军始终无法对吐蕃腹地形成威胁的重要因素。

二、现代研究

虽然在古代时期高原环境对人体生理功能的影响就受到了关注，并从16世纪中叶起，由于登山运动的发展，人们对高山、高原疾病逐渐有了进一步的了解，并有了较科学、系统和完整的记载。但是从科学意义上有关高原环境对人体影响的研究还要追溯到19世纪初，这一时期人们对高原环境的刺激和运动给人体带来的积极作用有了一些初步的认识。

（一）高原环境对人体的影响研究

从16世纪中叶起，由于登山运动的兴起，越来越多的人被低氧影响过，而有关高原低氧的感受、高原反应症状以及高原病的描述和记载日益增多，而且国际上诸多专家和学者从不同的领域和层面开展了相关研究。

国际上有关高原低氧的感受的描述和记载，最早是1519年西班牙殖民主义者入侵南美洲秘鲁，到3962 m高度时出现呼吸困难等症状。1531年，人们攀登海拔5334 m高的波帕卡特培特尔山，许多人没有到达雪线以上的高度，并有每一次行动都有头痛强烈和腿部无力且有严重的呼吸困难等感受。1540年，瑞士高尔斯特医生在攀登瑞士中部山峰皮拉图斯山时描述了高山反应的症状。1557年，秘鲁古代的印加政府，为了人民的生命安全，曾颁布命令，禁止高原地区的人民到海滨平原去，而住在平原的居民也不要去高寒地区。

随着人们对高原的进一步认识，人们也开始关注高原反应或高山病病因，最早而又确切描述高山病的人是西班牙基督教牧师约瑟夫·阿科斯塔，他曾在1570年穿越安第斯山海拔4267 m的山口，把高原反应的感受比作“晕船病”。另外还有许多学者对高原反应或高山病进行了研究推测，也提出了不同的理论和解释，包括血液沸腾与气力理论、空气稀薄、毒气扩散等。

直到19世纪50年代，人们才初步认识到高原反应或高山病与缺氧有关。1853年，沙库尔第一个假定高原反应或高山病的发病原因与空气中的氧分压降低有关。1873年和1875年，俄罗斯旅行家泼尔什瓦尔斯基以及约邓奈特提出了氧气不足是高山病原因的设想。1876年，斯德洛嘉诺夫观察并发表了人在外界环境中氧气压力不断降低所引起的急速发展缺氧状态的结果。1894年意大利的穆索和士兵一起率领科学家队伍登上罗萨峰（海拔4683 m），在高度4560 m的马尔格利塔山顶进行了生理学观察和实验，从而明确了高山病病因是高原的低压低氧。

1878年，保罗·贝尔特（Paul Bert）设计低压室，通过动物实验证明缺氧是动物致死的原因。同时出版了《气压测量》一书，指出缺氧是大气压力降低时所有生理效应的主要特点，并创造了气压测量的方法，使人们可以通过测量气压得知不同高度上的缺氧程度。

此后，随着研究的深入和科技的进步，人们已经从高原反应的研究逐步转向到高原病的研究，开始逐渐关注和了解高原病，同时也产生了较为科学、系统和完整的高原医学，又称高山医学。1890年，威亚尔特首先报道了高山红细胞增多症，他在秘鲁和玻利维亚的安第斯山中旅行时，第一次详细检查红细胞数量发现，在平原的红细胞数为500万，到海拔4540 m的摩洛科卡时，其红细胞数增至750万～800万，并且证明了红细胞的增加是在短期内发生的。但保罗·贝尔特曾认为高原红细胞增多这种变化只有经过几代人在高原适应才能逐渐出现。

1891年，亚克特第一次记载肺水肿病例。1892年，威佩尔把低气压的临床影响分为两大类，即暂时性与固定性，前一类包括心率加快、体温上升与血压增高，后一类有呼吸加快和加深、食欲不振和肌肉力量减退。1894年，一些学者在瑞士、意大利的罗萨峰（海拔4683 m）上进行了生理学实验。1906年，佐茨用气球上升至海拔8000 m以上高度，并论述了在中等海拔高度和较高海拔高度停留时的生理学和临床问题。

1913年，托马斯·拉文黑尔考察了智利北部的海滨小镇阿利加，在海拔高达5050 m考拉浩细矿工作的矿工身上，第一次精确描述了高原肺水肿、高原脑水肿等高原疾病详细的临床症状，有意思的是，这些矿工一般在矿井工作一周、海滨家中休息一周，在不同海拔高度的交替转换中度过，这同样也引发了令人感兴趣的科学课题。1918年，施耐德把长期连续缺氧所致的反应称为高山病（mountain sickness）。

1923年，布鲁斯首次对珠穆朗玛峰登山队员诊断时使用“高山衰退”（high-altitude deterioration）一词。1925年，秘鲁学者对首例慢性高原病研究后，提出了慢性高原病的发病原理是外周化学感受器对低氧的敏感性减退和呼吸中枢对二氧化碳的敏感性降低，这一发现为研究、治疗以及预防慢性高原病等均提供了理论依据和基础。

1928年（有的记为1884年），科鲁·蒙赫首次报道了长期生活在安第斯山海拔4000 m以上高度的山区居民，仍能逐渐出现严重低氧血症、多血症、肺动脉高压，甚至有神经和精神障碍等的适应功能衰败症候群，称作安第斯山病或慢性山岳病（chronic seroche），这实质上是一种慢性高原性弥散性血管内凝血（disseminated intravascular coagulation，DIC）促发的高山衰退——脑细胞的早衰症状。20世纪50年代，国内把高原反应称为高原适应不全症。

1951年，英国登山队的帕福在珠穆朗玛峰地区的门龙拉（海拔5486 m）开展了三周的试验性研究，确定了氧气对登山速度的影响。1960年，由医学科学工作者、生理学家、登山队运动员组成的研究小组在明博（Mingbo，海拔3962 m）、绿屋（Green Hut，海拔5334 m）、银屋（Silver Hut，海拔5791 m）等考察站，以及马卡鲁山区（海拔8450 m），开展了四个月的系统临床观察和生理学试验研究工作。

20世纪60年代，赫尔贝特等用心导管术研究高山肺水肿，指出肺动脉高压和血氧饱和度不足是其发病机制，同时肺动脉高压又导致右心室肥大。也有人指出，高原缺氧能改变机体的应激状态，缺氧所致的疾病属于“适应性疾病”。由于塞里应激学说在高山病上的应用，使其对发病机制有了新的认识。

延伸阅读

塞里应激学说

塞里应激学说是由内分泌专家塞里（Hans Selye）1936年所创立的病理学说，指的就是不论外界物理的、化学的、生物的或者是心理社会等刺激，作用于机体会产生一种非特异性的全身适应综合征，其发展过程为未产生适应性的警觉期、最佳适应时期的抵抗期、出现各种疾病的衰竭期三个阶段。

高原环境虽然对人体会产生一定的缺氧损害，但人们就如何利用低氧治疗某些疾病或促进健康也开展了一定的探索性研究。1804年，俄国科学家查哈罗夫利用气球研究了稀薄大气对听觉器官的影响，并进行了科学实验性的飞行研究。1862年，俄国内科医生托林斯基探讨了关于低气压对机体的影响，并在俄国首先建立了气压实验室以治疗“浓空气”所引起的疾病。1885年，奥特尔在阿尔卑斯山脉创立了心脏病患者的山岳步行疗法。

20世纪30年代第二次世界大战期间，德国的贝克、拉夫特、斯特赫尔德等科学家在航空医学方面扩展了高空生理学和高空身体运动的临床知识。拉夫特被认为是航空医学的奠基人，斯特赫尔德被认为是航天医学的奠基人。他们的研究涉及了急性和慢性缺氧的呼吸、气体代谢的生理及病理的反应性变化。

但人类真正认识高原以及开展高原环境对人体的研究始于登山运动的发展，同时登山运动的发展也促进了高原医学、航天医学领域以及旅游事业的发展。1921 年，人类第一次攀登世界第一高峰——珠穆朗玛峰，经过无数次失败后，1953 年 5 月 29 日新西兰登山学家埃德蒙·希拉里（Edmund Percival Hillary）和舍尔巴族导游丹增诺尔嘎（Tenzing Norgay）经充分的准备及反复训练之后，应用携氧装置从珠峰西南侧成功登上了峰顶，并在峰顶停留了 10 余分钟，这是人类历史上首次登上地球最高的峰顶，使登山运动达到光辉的顶点，也使人们认识到当人体对低氧环境适应后可以登上更高的高度。

1960 年，我国登山健儿成功征服珠峰。1975 年 5 月 27 日，我国登山名将潘多率领 8 名藏族登山运动员、1 名汉族运动员成功攀登珠峰，准确地测量了珠峰高度为 8848.13 m。潘多是世界上第一位登上珠峰的藏族女运动员，并在峰顶上进行了无线遥控心电图仪记录，结果发现在海拔 8848 m 处所记录的心电图与平原地区所测的无明显差异，均属正常心电图，这次攀登珠峰是世界低氧生理学上的一个里程碑，显示了我国登山事业及医学研究融合的巨大成就。1968 年，随着墨西哥奥运会的举办，高原训练也走上了世界竞技体育的大舞台，为人类利用和开发高原环境提供了重要的依据。

1978 年 5 月 7 日，意大利登山名将梅斯纳尔、奥地利登山运动员哈贝尔，经艰难跋涉从南侧不吸氧登上峰顶，创造了人类登山史上和高山生理学的奇迹。对此曾有人质疑人类不吸氧而攀登珠峰的结果，但在后续的科学研究及具体实践中，进一步论证了人类可以不吸氧攀登珠峰的结论。

同时各国科学家对特高海拔低氧生理学进行了研究，开展了珠峰Ⅰ号行动（Operation Everest Ⅰ）、珠峰Ⅱ号行动（Operation Everest Ⅱ，OEII）、美国珠峰医学考察（American Medical Research Expedition to Everest，AMREE）等一系列研究，在运动生理、血液生理、呼吸生理以及内分泌生理等方面取得了较大成绩，对世界高山生理及高原医学研究具有里程碑式的意义。

1991 年，加拿大班夫低氧会议制定了国际急性高原病（acute mountain sickness，AMS）诊断标准。2004 年，在西宁 - 拉萨召开的第六届国际高原医学大会上，统一了 AMS 的命名和分型，制定了新的诊断标准，并被国际高原医学会命名为“青海标准”，这也是世界上首部慢性高原病国际诊断标准，解决了世界慢性高原病的分类、量化诊断和防治等问题，同时也标志着中国高原医学研究迈向国际水平。

近年来，作为国际生物研究计划一部分，世界各国都非常重视高原医学、高原运动等的研究。高原医学、高原运动等的兴起是随着人类征服大自然的斗争而逐步发展起来的。我国高原资源丰富，有重要经济价值，又有漫长的国防线，在国防上占有重要的地位。

（二）高原对人体运动能力影响的研究

人类对高原的认识，除了对高原的感受、高原对人体的有利或不利的影响，以及高原疾病等一系列问题外，高原对体力或劳动能力的影响也是极其重要的研究内容和影响高原适应重要方面。关于高原对人体运动能力影响的科学研究始于 19 世纪末 20 世纪初，距今仅有 100 多年的历史。

最早研究高原低氧环境对人体体力或劳动能力影响的是瑞士生理学家科鲁涅卡及其团队，1894 年，为了排除肌肉作业，单纯地了解高原低压的作用，他与 7 名科学家乘吊笼登上了阿尔卑斯少女峰（海拔 4158 m）进行高原劳动作业。意大利的科学家莫索（Mosso）在 1907 年于意大利的阿尔卑斯山建立了莫索高原体力研究所。

20 世纪 30 年代，有人提出在较低海拔的高原上人体的最大心率会逐渐下降。到了 20 世纪 50 年代，高原低氧作业能力的研究时代逐步形成。随着人们对高原环境认识的提高，越来越多的人开始有意识地在这方面进行研究。这一时期，人们主要是运用劳动生理学的方法，研究人类在高原环境中对低氧条件产生的适应性，并且通过身体锻炼来增强呼吸系统和心血管系统的功能。

但早期的研究结论是高原环境对人体体力和运动成绩具有消极影响。1939 年，科列斯托尼科及其合作者远征帕米尔高原时就进行了考察，并得出在 1000 ～ 4000 m 高原上进行 100 m、500 m、1000 m 跑时，成绩比在平原上有所降低。1955 年，在墨西哥市举行的泛美运动会上，卡尔普毕奇统计了来自海拔 500 inch（152.4 m）以下地区的运动员成绩发现，虽然赛前在高原适应 10 ～ 14 天，但女子 100 m、200 m、400 m 自由泳平均成绩分别降低 1.6 s、8.0 s、15.6 s，女子 100 m、200 m

蛙泳平均成绩分别降低 3.4 s 和 5.2 s；男子 100 m、200 m 跑平均成绩分别降低 0.2 s 和 0.1 s，且距离越长影响越大。卡尔普毕奇认为，如果直接从平原上高原参加比赛则影响更大，但对以力量为主的田赛项目的影响较小。他的研究为我们提出了世居或久居平原的运动员上高原比赛的适应时间问题。

人们在认识到平原人上高原会受到缺氧影响而使运动成绩下降的同时，也试图了解高原人到平原比赛的情况。于是有人将住在海拔 3630 m 的玻利维亚拉巴斯运动员带到了智利的阿里平原进行比赛，男子除 400 m 跑以外，200 m、1500 m、10 000 m 的成绩都有所提高，长距离项目显示出了最大的差异。

虽然高原环境对人体运动成绩有消极的影响，但从 1940 年起，有报道耐力运动在高原训练后于平原比赛中可获益，即人在高原环境对缺氧可以产生适应，而在高原上同时进行运动训练获得的适应更有利于加强呼吸和心血管系统功能，对提高有氧代谢运动能力，促进运动成绩，特别是耐力项目成绩的提高有良好效果。苏联、日本、保加利亚、美国、英国、法国等国先后开展了相关研究。

苏联于 1956 年对列宁格勒国立大学（现圣彼得堡国立大学）体育学院的 9 名中长跑运动员进行了为期一个月的训练观察（21 次训练，海拔 2592 m），1500 m 跑的平均成绩从 4′20″46 提高到 4′12″21，平均提高 8″25。在取得上述经验的基础上，他们在高加索建立了第一个高原训练基地（海拔 1800 m），对参加 1956 年墨尔本奥运会的中长跑运动员进行了 20 天的探索性训练，取得了满意的效果。日本猪饲道夫于 1953 年 1 月利用低压氧舱，以相当于海拔 4000 m 的低压条件对 6 名日本体育学校和教育大学学生进行了身体功能和运动能力的研究，结果表明，在试验结束 2 周后，他们的最大吸氧量、最大氧债量、最大换气量、红细胞等仍能保持较高水平，特别是全身耐力明显提高。1956 年，保加利亚划船运动员亦在海拔 2300 m 的鱼湖进行了 15 天的训练，并在高原训练的中、末期进行的测试中，运动成绩均获得了不同程度的提高。1961 年，我国首次开展了高原与体能训练的研究，陈宝庆等在云南昆明（海拔 1890 m）对为期 4 个月冬训的 16 名中长跑运动员生理功能进行了测试，结果发现，受试者的各项生理指标均有改善，运动员下山后运动成绩均有不同程度的提高，开创了中国高原训练理论与实践研究的先河。这些研究让人们初步认识到了高原环境对人体呼吸系统和心血管系统功能的积极影响，以及对运动成绩产生的促进作用。

三、发展历程

高原训练（altitude training）也就是高原体能训练，是世界上竞技体育运动员在自然高原地区或人工模拟高原条件下提高专项运动能力和运动成绩的一种重要训练方法。其目的是，运动员在高原低氧环境下通过环境低氧和负荷低氧的双重刺激训练，使机体产生较强的低氧应激反应以调动体内的功能潜力和生理效应，从而提高运动员的竞技能力和水平。高原训练包括传统高原训练、低氧训练、亚高原训练等。

（一）启蒙

高原训练作为一种训练方法始于 20 世纪 50 年代中期，诸多国家也对此进行了研究，但彼时对高原训练还处于摸索和启蒙阶段，对于其特点意义、方法、手段、模式都不是很清楚，理论上没有大的突破，效果也不明显，参与项目得人数并不多。

（二）兴起

在 1960 年第 17 届罗马奥运会上，来自埃塞俄比亚高原的优秀运动员阿比比・贝基拉获得马拉松冠军后，又多次获得该项目的金牌。此外，来自非洲肯尼亚、坦桑尼亚和摩洛哥等国的长跑运动员相继夺得了多项长跑冠军。这引起了人们对高原或高原训练的兴趣和关注。同时，为了搞清地理环境对运动成绩的影响，特别是居住地、海拔高度对人体的影响，世界体育科学和医学专家们专门到这些地区进行了大量的医学生理考察工作，尤其是阿比比・比基拉所居住的埃塞俄比亚高原。

而对高原训练及其对人类运动表现的影响的研究主要受 1968 年墨西哥（海拔 2240 m）第 19 届夏季奥运会的启发。许多教练、运动员和运动科学家预计，墨西哥的高原环境条件将对田径比赛中的短跑和跳跃项目有利，但却会对以有氧为基础的长跑比赛产生不利影响，因此诸多国家为准备墨西哥奥运会开展了高原训练的应用和研究。

20 世纪 60 年代初期，日本对高原训练进行了系统研究，主要包括在低压氧舱内模拟高原训练、在 Norkura 山（海拔 2500 ~ 2800 m）进行试验性训练、在墨西哥（海拔 2240 m）进行高原训练三个方面，结果发现运动员的血液中，红细胞和血红蛋白数值增加，下高原后 7 ~ 9 天仍然保持高原习服后所获得的生理功能优势，并且在参加美国举行的国际游泳比赛中运动成绩有较大提高。1964 年，James E Counsilman 研究认为，运动员经过高原训练后，在适当的时间里参加比赛可以提高竞技运动能力，其中以长距离竞技运动项目最为明显，运动员的有氧代谢能力在高原训练后得到了发展。

在 1968 年的墨西哥奥运会上，美国运动员鲍勃·比蒙在跳远项目中跳出令人难以置信的的成绩——8.90 m，超过原世界纪录 56 cm，直到 23 年后的 1991 年由美国运动员迈克·鲍威尔以 8.95 m 的成绩打破。在这一届奥运会上，在 14 个短跑、跳跃和投掷项目中共有 8 项打破世界纪录，有 5 项追平或打破了奥运会纪录，提高幅度从 400 m 项目的 0.3% 至跳远项目的 6.6%。相反，在中长距离赛跑项目中，除澳大利亚的拉尔夫·道贝尔追平了 800 m 赛跑中的世界纪录外，1500 m 和 3000 m 越野障碍赛以及 5000 m、10 000 m 和马拉松项目中的金牌得主的成绩与世界纪录相比，分别降低了 0.8%、5.3%、6.1%、6.5% 和 8.49%。尤其是 5000 m 和 10 000 m 赛跑项目中的世界纪录保持者澳大利亚运动员罗恩·克拉克在 5000 m 长跑比赛中名列第五，比其创造的世界纪录大约慢 1 min，高海拔环境对低海拔人群的负面影响非常明显。

但在本次墨西哥奥运会上，高海拔国家肯尼亚、坦桑尼亚和摩洛哥的运动员，在男子中长跑项目表现出强劲的势力，也是第一次在奥运会中占据优势地位（图 3-1-1）。其中，肯尼亚运动员从 800 m 到马拉松比赛获得的奖牌数占总数的 39%（7/18），包括 3 枚金牌，并创造一项世界纪录。墨西哥奥运会证实了高海拔国家运动员或事先进行了高原训练的运动员极占优势，并注意到世居高原人具有良好的耐力素质，以及高原训练对参加体育比赛取得优秀成绩的影响。人们认为，在高原环境下机体对低氧等条件能产生适应，并通过运动锻炼提高呼吸系统和心血管系统的功能，有氧代谢运动能力获得的效果尤佳，对运动成绩（尤其是耐力项目的提高）产生了促进作用，高原训练也随之得到应用而逐步开展。

（三）发展

自 1968 年，诸多运动员、教练和运动科学家都在思考：高海拔地区生活和训练对平原运动员运动能力有什么影响？高原训练的最佳高度是多少？运动员需要多长时间的高原训练才能获得有益的生理效应？“高原效应”能持续多长时间？高原运动员是否更具潜在优势？国际上也进行过诸多科学研究和实践，并由被动适应在高原地区进行比赛，转化到主动将高原训练作为提高运动能力的一种特殊训练方法，高原训练的效果也得到了普遍认可，高原训练的各个研究领域都涌现出一大批研究成果。

在高原训练方法方面，除传统高原训练外，也出现了利用低氧设施（低氧舱、低氧屋、低氧帐篷、低氧仪等）模拟高原训练方法，还有各种训练方法，如高住低练（living high and training low，HiLo）、低住高练（living low training high，LoHi）、高住高练低训（living high training high training low，HiHiLo）、低住高练低练（living low training high training low，LoHiLo）以及间歇性低氧训练（intermittent hypoxic training，IHT）等，还有利用自然环境进行高高交替训练、高平原交替训练等方法。另外，高原训练的目的也由

延伸阅读

体育的起源与发展

体育是人类文化的重要组成部分，国际上普遍用“physical eduation”一词泛指“体育”，本意是指以身体活动为手段的教育，直译为身体的教育。体育的起源可以追溯到远古的原始社会，它是在人类社会发展中自然而然产生的，是属于人的本能活动，如跑、跳、攀爬、游泳、投掷、负重、角力、搏击、群组狩猎等，并将这些最基本的生产劳动、日常生活的技能和本领传授给下一代。体育的发展大致经过了原始的体育萌芽时期、自觉从事体育时期、形成与完善体育制度三个时期，并逐步形成了现代的体育体系。

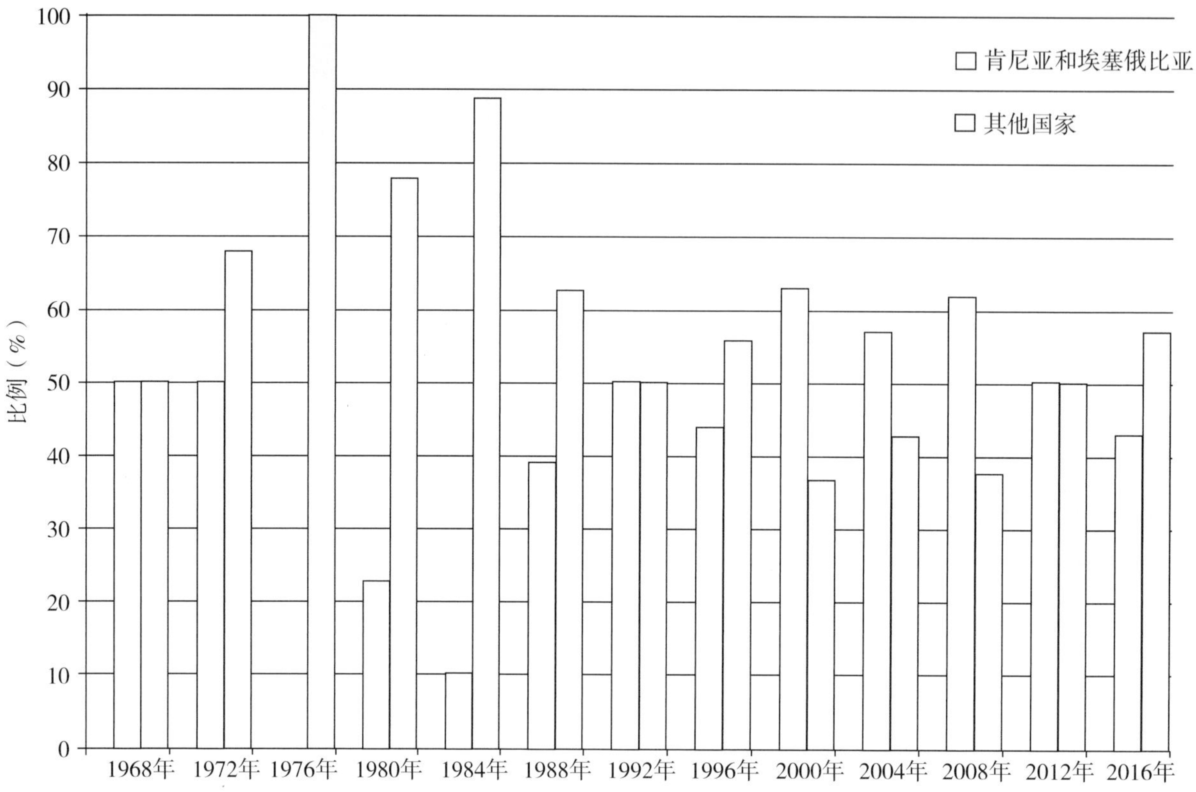

图 3-1-1　1968 年以来肯尼亚和埃塞俄比亚男子运动员在奥运会长跑项目中获得的奖牌数量占比

过去主要是为了提高有氧代谢能力，拓展到了提高运动员整体体能、适应能力与健康状态等方面的，参与高原训练的项目也已由原来的一些主要周期性、耐力性运动项目（如中长跑、马拉松、竞走、游泳）发展到几乎包括所有的奥运会项目。

但总体来看，高原训练在某种意义上主要是体能训练，主要解决的是有氧运动能力，所以参与高原训练主要是耐力项目，提高的是整体体能、适应能力与健康状态，这些研究成果对高原体能训练具有重要的借鉴意义。

第二节　高原环境对体能的影响

一、高原体能训练的概念

（一）体能的概念

体能（physical fitness）一词最早源于美国。在第二次世界大战期间，由于战争的需要，美国在对 200 余万名 21 ～ 35 岁中青年进行征兵体检时发现，约 90 万人因心脏不健康不能服兵役。随后的进一步体能测试结果显示，美国青少年体能状况明显低于欧洲各国，这令美国政府和民众极为震惊。1955 年，美国艾森豪威尔总统成立了青年体能总统委员会（President Council on Youth Fitness）。1958 年，美国健康、体育、休闲活动协会（American Alliance of Health，Physical Education and Recreation，AAHPER）提出青少年体能测试计划（The Youth Fitness Test Project），用来评价美国青少年的身体运动能力，通过引体向上、仰卧起坐、立定跳远、折返跑、50 码（即 45.72 m）冲刺、垒球掷远与 600 码（即 548.64 m）跑步，用来测验人体的上肢肌力、腹肌耐力、敏捷、速度、协调与心肺耐力等身体能力。1980 年，美国健康、体育、舞蹈协会（American Alliance for Health，Physical Education，Recreation and Dance，AAHPERD）则将体能的检测项目改为心肺适能、肌肉适能、柔软度以及身体组成四项，具体项目是为1英里（即1.61 km）或9分钟跑、1分钟仰卧起坐（屈膝、双手抱胸）、坐位体前屈、皮脂厚总和（肱三头肌与肩胛下方）。随着对人体体能的认识，人们认为体能研究结果可以应用在不同领域，如预防疾病、评估日常生活效率和能力，以及评价舞蹈演员和运动员的能力。

(二)体能的定义

世界卫生组织对体能的定义是“身体有足够的活力和精神进行日常事务，而不会过度疲倦，还有足够的精力享受闲暇活动和应付突发紧张事件的能力”。美国运动医学学会（American College of Sports Medicine，ACSM）认为，体能是机体在不过度疲劳的状态下，能以旺盛的精力愉快地从事日常工作和休闲活动，能从容地应对不可预测的紧急情况的能力。美国称体能为人体适应外界环境的能力，德国称之为工作能力，法国称之为身体耐力，日本称之为体力，在英文文献中常被用于表达身体对某种事物的适应能力。中国香港地区和台湾地区的学者将其称为体适能，是身体适应能力的一种简称。总体来说，体能就是人体对环境适应过程所表现出来的综合能力，是健康概念的一种延伸。

综上所述，体能是人体在运动、劳动与生活中所表现出来的克服阻力的能力、快速动作能力、持续工作（运动）能力、协调的运动能力和灵敏准确的动作能力等，有时又称为运动素质，是通过力量、速度、耐力、柔韧性、灵敏性等运动素质表现出来的人体基本的运动能力，是竞技能力或劳动工作的重要构成因素。体能水平的高低与人体的形态学特征以及人体的功能特征有着密切的关系。体能以增进健康和提高基本活动能力为目标，是身体适应生活、运动和环境等因素的一种应变能力。

(三)体能的分类

体能一般可分为健康体能（health-related physical fitness）和技能体能（sport-related physical fitness）两个层次。

1．健康体能　健康体能就是与健康有密切关系的体能。健康体能是促进健康、预防疾病和增进日常生活工作效率所需的体能，包括心肺耐力适能、肌力适能、肌耐力适能、柔韧性适能、适当的体脂肪百分比。它是机体维护自身健康的基础，是机体保持愉快完成日常工作和降低慢性病发生的前提。

2．技能体能　技能体能也称为竞技体能，是机体运动能力的反映，也是从事各种运动的基础，包括力量、耐力、速度、灵敏性等，这些素质不是每个健康人都具有的，因为拥有这些素质还要有一个动作学习的过程。

(四)高原高寒山地体能的定义

高原高寒山地体能就是在特殊的地理环境和人文环境中，保持基本生存、日常生活、基本活动、生产劳动的适应能力和健康水平，同时还可应对突发事件和不稳定因素，保持长时间良好的体能能力和战斗力所表现出来的综合能力。高原体能训练就是通过具有高原高寒山地特征的体能训练方法，增加体能训练的合理性，增强体能训练的科学性，提高高原环境下的体能训练质量。

二、高原环境对运动成绩的影响

(一)重力

地球上的重力分布并不均匀，地理位置、海拔高度、地壳密度、地下物质分布和自转效应等都会影响重力，虽然这些影响微小，难以察觉，但对运动来说影响较大。重力随高度的上升而减小，高度每上升1000 m，就加速度而言可提高0.3 cm/s^2，即每0.01 s可提高0.3 cm。在高原比赛中，对投掷项目来说，需要利用空气升力的项目（如标枪）可能受到影响，而铅球、链球成绩由于空气阻力下降反而会提高。由于重力减小，对一些运动项目有益，如跳高、撑竿跳、跨栏、投掷。例如，在4000 m的海拔高度，重力减小的获益比例为0.13%。从理论上分析，一些运动项目如在高原上比赛，运动能力的发挥可能会更好一些（如100～400 m跑、自行车赛）。狄金森1966年提出，根据弹道学计算原理，在相当于墨西哥2240 m的高度，运动成绩预期可提高幅度为：跳远成绩2%，铅球成绩6 cm，链球成绩53 cm，标枪成绩69

cm，铁饼成绩 162 cm。但对技术、力量项目（如体操、举重）来说，短期内在高原的成绩不发生明显变化，但长期处于高原环境下则不可忽略对肌肉、力量、爆发力的影响，如造成力量下降、技术动作变形等。

(二)空气阻力

空气阻力是空气对运动物体的阻碍力，是运动物体受到空气的弹力而产生的，一般情况下，运动物体的速度、接触面积、空气密度等都会影响空气阻力的大小。空气运动的湍流和人体的快速移动所承受的风阻力是相当大的。随着高度的增加，空气逐渐稀薄，空气的阻力也减小。在海拔 2200 m 空气密度降低 19.5%，海拔 3000 m 降低 25.8%，海拔 4000 m 降低 33.1%，海拔 5000 m 降低 39.9%（表 3-2-1）。

表3-2-1　海拔高度与大气压力、空气密度的关系

海拔高度（m）	大气压力（kPa）	空气密度（kg/m^3）
0	101	1.23
1000	90	1.11
2000	80	1.01
3000	70	0.91
4000	62	0.82
5000	54	0.76

一般在情况下，由于高原空气稀薄，减少了跑步时消耗在克服空气阻力上的能量，成绩会有所提高。例如，在平原进行 3 英里（即 4.83 km）跑的空气阻力值约相当于能量消耗的 11%，但在海拔 3048 m 处进行 3 英里跑，由于空气密度降低可使成绩提高 3.4%。因此，高原环境对运动成绩的有利影响主要集中在速度项目上，如短距离跑、田赛、场地自行车、速度滑雪和滑冰，以及考验爆发力和无氧能力的项目。

1968 年，在墨西哥举行的第 19 届奥运会上，短距离跑、跳跃、投掷项目的运动成绩超出了前几届奥运会，而耐力性项目成绩明显下降。例如，美国运动员詹·海尼斯以 9.9 s 的成绩夺得百米冠军，首次突破 10 s 大关；比蒙在跳远中跃过 8.90 m；伊万斯在 400 m 比赛中创造了 43″86 的成绩。根据有关学者的研究计算，在墨西哥进行比赛，100 m 可增快 0.1 s，200 m 可增快 0.3 s，400 m 增快 0.8 s。

在体育比赛中，有些运动项目虽然运动距离及时间较长，有氧耐力的要求较高，但同时对运动的速度要求也很高，因此高原气体动力阻力降低的影响非常显著。例如，在高原进行速滑运动时，虽然摄取氧气较困难，但刀和冰面的摩擦阻力近乎于 0，而 80% 以上的能量输出来自空气阻力，由于空气阻力小，一般能创造出好成绩。在公路自行车比赛中，下坡时平均速度甚至能达到 30 m/s 或 100 km/h。因此，竞速滑雪、滑冰和自行车项目在高原上的成绩常常有所提高。

赵鸥等对自行车运动员研究认为，在 2300 m 高原训练时，运动员承受的缺氧负荷强度约为 20%，因高原训练时间长短和训练负荷大小的不同在 18% ～ 32% 波动，通常降低强度至 80% 生理强度即可达到平原训练强度的 100%。但又由于高原空气阻力较平原减少 20%，高原训练骑行无需降低速度亦可达到平原水准。高原训练强度可按照以下的基本规律安排：高原初期即反应期（高原第 1 周），100 km 以下的时速比平原减慢 10%，200 km 左右减慢 12%；高原适应前期（高原第 2 周），100 km 以下减慢 5%，200 km 左右减慢 7%；高原适应后期（高原第 3 周）1 ～ 10 km 加快 2%，50 ～ 100 km 与平原持平，200 km 减慢 2%。

(三)氧气压力

研究表明，氧气压力的大小与人体缺氧程度有关，随着空气密度的减少，氧分压也相应下降，而引起运动能力下降的临界高度大约在海拔 1200 m。但高原环境对运动能力的影响因海拔高度及运动项目的不同而有所差异，在海拔 2200 m 人体可利用的氧比平原减少 24.1%，在 3000 m 减少 31.2%，在 4000 m 减少 39.4%，5000 m 减少 48%。低氧带来了供氧不足的不利因素，使耐力性项目成绩下降，以有氧供能为主的滑雪、中长跑、马拉松、划船、游泳（200 m 以上长距离）等项目，虽然在同样速度条件下消耗的能量比平原地带要少，但气体动力阻力的减少不能抵消血氧过少的不良影响，因而这些项目的成绩要比平原地带下降 3% ～ 10%。而且海拔越高、缺氧程度越大、距离越长（如马拉松、竞走），影响越大。

在墨西哥（2240 m）奥运会上，由于受高原影响，1500 m跑成绩约下降3%，5000 m和10 000 m跑的成绩约下降8%，马拉松成绩下降17% ～ 22%。游泳项目中，100 m成绩下降2% ～ 3%，400 m及以上的比赛成绩下降6% ～ 8%。有研究认为，高原和平原成绩之差的基本规律为：海拔高度每升高100 m，5000 m跑成绩约下降3 s，10 000 m跑成绩约下降6 s。

（四）空气密度

对乒乓球、羽毛球、网球等小球类项目来说，由于高度上升，重力减少，而加速度会提高；空气密度小，球体受到的阻力小，球速和球的旋转速度会加快，球着地（台）后显得快、低、飘。如果球内的气压不变，球的弹性在高原比平原大，同时高原上的飞行速度快于平原。还由于高原地心引力减小，球在高原上的下落速度比平原上慢，最终会影响运动技术的发挥，容易形成高原“小动作、轻力量”技术动作动力定型。

由于高原空气密度小而导致球的飞行速度明显加快，首先是击球前准备时间缩短，需减小手臂和身体部分的摆幅。在用相同力量击球，球的初速不变的情况下，在空中飞行时高原球速大于平原球速，易飞出界外，所以要减轻击球力量，这就造成摆臂幅度受到限制，肌纤维初长度不够，即形成高原小动作定型。其次是在同一条件下，要减轻击球力量，才能防止球出界。所以击球时要减慢挥臂速度，必须控制肌纤维的收缩速度，因而影响爆发力，即形成高原轻力量定型。当高原“小动作、轻力量”定型形成后，再到平原比赛时，即使具备较好的手臂和身体各部位爆发力，扣球也难以达到较好的力量水平。

（五）温度

运动能力表现与环境温度的变化有密切关系，不同环境温度对人体的生理功能有不同影响，特别是运动时机体的物质和能量代谢情况会有很大差异，运动能力也会随之发生改变。高原地区海拔高，大多具有高寒、山地的气候特征，尤其是冬季气候更加寒冷，也会给机体的生理功能和运动成绩带来一定的影响。

一般人体在低温环境下，体温下降超过10℃，就会损害人体功能。低温环境下，机体对流散热增加，能量消耗增加，引起机体散热与产热失衡，导致体温下降，增加冻伤发生的可能性，并且低温还可使肌肉出现僵硬、兴奋性降低、某些代谢酶的活性下降等。李岳等调查了在冷库中从事低温作业1年以上的工人后发现，这些工人中出现背疼、肩疼、膝疼、腱鞘炎等的比例较大。McConnell等指出低温环境可以使骨骼肌的协调能力减弱，关节的灵活性降低，容易导致肌肉和肌腱的抽筋、撕裂等损伤。

在高原高寒环境静息状态下，人体对冷应激的最早反应是通过寒战和非弓颤两种形式增加产热，骨骼肌寒战产热最高可达基础代谢的5倍，而在高原高寒环境下运动时，由于机体能量代谢速率的提高，进一步增加热量消耗，降低身体对寒冷的绝缘能力。

在高原低氧低温环境下运动，一方面导致肌纤维黏滞性加大，骨骼肌兴奋性及协调性下降，肌肉僵硬，关节灵活性减弱，增加运动损伤的风险。另一方面，高原低氧低温加剧人体外周血管收缩和血流量降低等生理反应，降低肌肉收缩功能和最大张力，从而削弱运动能力。同时，高原低温环境刺激使交感神经兴奋和肾上腺素分泌增多，外周血管收缩，血容量减少，造成尿量增加，以及运动时排汗等共同导致机体脱水，影响机体运动表现。

但在适宜低温环境（10℃左右）则能提高运动表现。因为低温环境可抵消运动时产生的热量，使人体的核心体温降低，增加最大输出功率，延长运动时间，促进脂代谢，增强脂肪组织非寒战产热的能力，提高运动耐力能力。同时，在适宜低温环境下进行耐力训练，可改善人体体温调节的感受性和产热反应能力，有效提高机体的耐寒能力。

高原高寒地区开展运动训练应做好应对措施。一是在不影响运动的情况下注意保暖，以防冻伤；二是做好充分的准备活动，提高体温，改善肌肉和关节的活动能力，防止运动损伤。另外，根据低温环境机体的代谢特点，应补充如糖和氨基酸等能量物质，还要补充水及维生素。此外，若从热带或温带进入高原高寒地区，尤其是冬季，进行体能训练，尽可能预先进行冷习服，以便更好地适应高原高寒环境。

还要注意借用器械的项目（如划船），由于物理环境的变化会造成流体动力状况的改变，这种变化又直接影响高原运动的效果。以划船项目为例，若从15℃平原到30℃的高原，温度的变化对摩擦阻力系数的影响使得摩擦阻力减少约为6.5%，温度的变化对水密度的影响使得摩擦阻力相应减少0.4%，故整个摩擦阻力将减少6.9%。所以，皮划艇总阻力将减少4.51% ~ 5.52%，赛艇总阻力将减少6.07% ~ 6.42%。对于1000 m的成绩而言，在其他条件都不变的情况下，皮划艇的运动成绩将提高4.51% ~ 5.52%，赛艇的运动成绩将提高6.07% ~ 6.42%。因此，在高原训练时，由于阻力的减少，运动员感觉到很轻松，有一定的速度感。反过来，如从30℃平原到15℃的高原，整个摩擦阻力将增加约为6.9%。皮划艇总阻力将增加4.51% ~ 5.52%，赛艇总阻力将增加6.07% ~ 6.42%。此时，划船运动员的感觉是艇阻力加大。经过一段高原训练可以增加运动员的专项体能，一旦下平原比赛就感觉轻松多了。因此，在分析划船运动成绩以及安排高原训练时，决不能忽略由于海拔高度的变化、温度的变化而带来艇体流体动力的变化。

三、高原环境对身体素质的影响

人体身体素质主要包括力量、速度、耐力、灵敏性、柔韧性、平衡能力和动作反应能力，是完成运动、动作和维持身体姿势等各种运动能力的基础。

(一)力量

力量素质是指机体或机体的某一部分肌肉工作（收缩和舒张）时克服内外阻力的能力。力量素质是人体进行运动或工作劳动的基本素质之一，是获得运动技能和取得优异运动成绩的基础，同时也是其他身体素质发展的重要因素。一般随着年龄的增长，成年人体的骨骼肌量以平均每10年下降6%的速度减少，而肌肉力量伴随着骨骼肌量的减少而减少。我国成年人的力量素质特点是：男子在35岁、女子在40岁达到顶峰后呈下降趋势，因为随着年龄的增长，人体心血管系统、呼吸系统功能的活动能力下降，肌肉组织退行性变化，以及力量训练不足，从而造成肌力下降。

根据力量的不同表现形式以及不同运动方式，一般将力量素质分为最大力量、相对力量、速度力量和力量耐力四种体能力量，从不同部位还可以分为上肢力量、下肢力量、腰腹力量等。但总体来说，一个人肌肉力量的大小受性别、体型、肌肉大小、肌纤维的粗大程度、生理生化和训练等因素制约。

1．高原环境对骨骼肌蛋白质的影响 蛋白质是骨骼肌重要的组成成分，对肌肉的构成、生长修复和耐力性这三个方面起重要作用，肌肉中含有大约30%的蛋白质，骨骼肌蛋白质代谢的变化对骨骼肌收缩功能和机体能量代谢影响极大。

近年来，国内外研究报道低氧训练可导致骨骼肌蛋白质丢失，极高海拔高度运动可导致肌肉萎缩，表明低氧训练可导致蛋白质分解代谢加强。还有人认为，在严重缺氧时，高原适应和训练的综合因素能引起人体肌红蛋白浓度少量增加。

长期低氧暴露可加速蛋白质的分解作用或降低蛋白质合成作用，导致骨骼肌萎缩，也将影响人体的力量素质。首先，人体在高原低氧环境时由于厌食和基础代谢率的升高，体重往往会下降，体重下降的部分原因是瘦体重减少。其次，高原低氧也可影响蛋白质的消化和吸收。但如果在基础代谢率增加时相应提高能量摄取，则可以防止体重的下降和身体成分的改变。但也有报道高原训练抑制蛋白质的合成，增加肌肉的消耗，以便补偿机体代谢的能量需求。

2．高原环境对肌肉纤维的影响 高原低氧引起肌肉血流量减少及蛋白质合成减少，使肌纤维变细，肌肉萎缩，影响肌肉的质量、肌力。

一般情况下，长期低氧环境暴露，线粒体和糖酵解酶明显减少，肌肉供氧能力和氧化磷酸化能力降低，加上食欲减退和蛋白质消耗使体重降低。1992年，攀登珠峰的6名运动员体重平均下降了6 kg，另外运动员在高于海拔5500 m高度2个月以上，则会造成肌肉丧失与肌纤维体积下降，大腿肌肉横断面积下降15%。还有对肌肉的活检研究发现，在高原低氧环境下生活4 ~ 6个月，虽然肌肉对高原低氧产生了适应，但肌纤维面积减少了11% ~ 19%。另外，由于肌肉总量和产生ATP能力的下降，使肌肉产生的能量不能满足运动的需求，有氧、无氧运动能力降低。

Narici等研究了高原训练及平原训练对上臂中段屈肌群肌纤维横截面积影响的效果，结果显示，高原及平原训练均可增加肌纤维横截面积，但高原训练效果显著差于平原。贺道远等对 SD 大鼠进行 4 周常氧和低氧跑台运动研究，结果表明，高住低练组肌纤维横截面积与常氧安静组无显著差异。但 Desplanches 等的研究发现，高原及平原训练均可引起骨骼肌纤维的一系列适应性改变，与平原训练者相比，在高原条件下训练引起的骨骼肌肌纤维肥大，横截面积增加。Geiser 等对 33 名未经耐力训练的男性随机分组，在常氧和高原分别进行 6 周高、低两种强度的自行车耐力训练，发现高原低氧高强度的训练能使膝关节伸直肌的肌肉横截面积明显增加。动物实验也表明高住低练大鼠小腿三头肌重量的增长明显高于低住低练组，高练低住训练可使伸膝群肌肉体积显著增长。国外对短跑、跨栏运动员高原训练的实践和研究发现，在海拔 1850 ~ 2200 m 高原训练可提高运动员的红细胞、血红蛋白和红细胞压积水平，也可以提高速度、速度生成、力量、爆发力以及运动成绩。杨进经对短跑运动员 25 天的高原训练研究发现，100 ~ 400 m 各项成绩，男子平均提高 2%，女子平均提高 4.82%，600 ~ 1000 m 各项成绩平均提高 3.18%，男女运动员力量（深蹲）成绩平均提高 25%，血红蛋白平均提高 17%；研究认为高原训练不仅使短跑运动员的血红蛋白指标升高，携氧能力增强，而且短跑的速度和力量显著提高。

综上所述，一般情况下，高原低氧暴露易使肌肉血流量减少，蛋白质消耗增加，引起肌纤维变细，从而导致肌肉力量丢失。在高原时体重的下降是常见的，并且会影响到肌肉质量、肌肉力量和速度素质。而高原低氧环境中训练可使骨骼肌产生适应，骨骼肌肌纤维肥大、横截面积增加以及肌肉力量增强。但高原低氧环境下训练由于绝对运动量比平原低，在一定程度上使肌肉、神经的应激性减退，从而影响速度、力量和爆发力的提高等，因此在高原上更应重视和加强力量素质的训练。

（二）速度

速度素质是指人体快速运动的能力，反映着机体运动的加速度和最大速度的能力。机体任何部位动作速度的快慢主要取决于中枢神经系统的功能、运动的肌肉力量大小，以及技术动作的合理性，包括反应速度、动作速度和移动速度。

一般情况下，短期内在 2300 m 以下高度比赛，400 m 以下的短跑项目不受影响，且还容易创造好成绩。如 1968 年墨西哥奥运会上的短跑项目，由于空气稀薄空气阻力减小，降低了运动时的能量消耗，成绩有所提高。刘玉娥研究表明，速度灵巧类项目的达标能力在高原环境下运动成绩可以达标，而在平原地区则不达标。主要原因是高原环境下，气压较低，空气密度低，造成空气阻力小，故而运动效率较高。

但不可忽略的是，长期处于高原环境下，由于低氧引起中枢神经系统兴奋性降低，运动的能量消耗增加，蛋白质消耗增加，引起纤维变细，从而肌肉力量下降，反应时延长和反应速度下降，影响速度素质的发挥。

另外，在高原环境下训练，由于空气稀薄、阻力小、肌肉用力程度相对小，可使动作经济性和能量节省化。这对培养适应高速度运动的肌肉感觉和神经感觉十分有益，可改善动作协调性，对攻克高速速滑运动中的速度障碍具有积极作用。然而，这种有利因素往往会掩盖高原环境不利因素（如缺氧）的作用。因此在高原训练中，不能忽视发展肌肉力量和速度练习，以保持力量水平。

延伸阅读

奥林匹克运动会的起源

约 2800 年前，奥林匹克运动会起源于古希腊，传说是由众神之王宙斯所创始的，因举办地点在奥林匹克而得名。第一届古代奥运会于公元前 776 年举行，每隔 4 年举行一届，到公元 394 年被罗马皇帝禁止，历经 1170 年，共举行了 293 届。随着近代体育的兴起，1883 年法国人顾拜旦等致力于复兴奥运会，并于 1894 年成立了国际奥林匹克委员会，制定了第一部奥林匹克宪章，强调了奥林匹克运动的业余性，规定在奥运会上只授予优胜者荣誉奖，不得有任何形式的金钱或其他物质奖励，并于 1896 年 4 月在希腊雅典举行了第一届奥林匹克运动会。奥林匹克精神是“更高、更快、更强”，宗旨是“重要的是参加，而不是获胜”。

（三）耐力

耐力素质是指机体长时间持续运动和对抗疲劳的能力，也是长时间保持高强度负荷或动作质量的能力，也可理解为心肺功能、耐力、体力、体能、跑动能力等。耐力素质与人体的心肺功能、训练水平、神经和肌肉的耐受性、意志力等有关。耐力素质分为有氧耐力素质和无氧耐力素质。有氧耐力训练目的是在供氧充足的情况下增强机体氧气运输系统的功能，增强肌肉新陈代谢的能力；无氧耐力训练目的是在供氧不足（产生氧债）的状况下提高机体对氧债的承担能力。无论是任何运动项目或对抗中技术动作的应用，都需要发展相应的耐力素质，并保证以充沛的体力参与运动或对抗。

在高原环境下，气压低、氧分压下降，刺激外周化学感受器，使呼吸加快、加深，肺通气量增加，引起过度换气，使二氧化碳排出增多和体内二氧化碳分压（partial pressure of carbon dioxide，PCO_2）下降，导致呼吸性碱中毒，抑制呼吸中枢，最终使肺通气量下降，最大心率、心搏量和心输出量下降，这些因素都直接影响人体摄氧能力和有氧工作能力，导致运动能力显著降低。

一般来说，在高原地区运动心率要比平原高 10% ～ 20%，在平原为小负荷的运动在海拔 1600 ～ 2000 m 高度对身体的影响相当于中等强度负荷，海拔高度升到 2000 m 时，次最大强度的肌肉活动相当于最大运动强度。而最大摄氧量（maximal oxygen uptake，VO_{2max}）是判断耐力性项目有氧代谢能力的主要指标之一。研究结果表明，最大摄氧量随着海拔高度的增加逐步下降。Peterson 等报道了男性在海拔 1500 m 时 VO_{2max} 下降 5.8%，3000 m 时下降 24.5%，4500 m 时下降 29.5%；女性在海拔 1500 m 时 VO_{2max} 下降 5.4%，3000 m 时下降 14.6%，4500 m 时下降 24.1%。也有研究报道，当平原运动员到海拔 1500 m 以上高度时，VO_{2max} 将明显下降，海拔每升高 300 m，VO_{2max} 将下降 3.2%；在海拔 1500 m 训练时，运动能力下降约 10%；在海拔 6000 m 的高原训练时，运动能力将下降 40%。海拔高度越高，下降的程度越大。

从表 3-2-2 中可以看出，高原环境下随着海拔的增高，同一训练强度的项目成绩会因海拔的增高而大幅度递减。高原环境下从事能耗量相对较小的活动时，对运动成绩影响较小，相反在进行能耗量稍大的体能训练时，影响成倍增加。受试者在测试结束后表现出呼吸越来越困难，甚至是头痛头晕、胸闷气短症状，如果不及时调整甚至会对受试者产生不可逆的危害。尤其是在海拔 4500 m 以上的地方，如果能耗量过高，直接会对人的生命产生威胁。

表3-2-2 不同海拔400 m和5000 m跑成绩变化情况

人数	海拔高度	400 m跑成绩相差（%）	5000 m跑成绩相差（%）
16	1000±500	8.3	11.4
14	2000±500	11.3	15.2
15	3000±500	21.3	33.2
12	4000±500	33.3	64.4

但随着对高原环境的适应，以及开展相应运动训练和锻炼，最大摄氧量和耐力水平会逐步升高，但始终低于平原水平。其原因与高原环境下心脏功能降低，血液黏度以及总外周阻力明显升高，每搏量、心输出量、心搏指数以及心指数显著下降。但经高原训练返回平原后可使血液携氧能力改善，心功能增强，在极限和次极限负荷时，心率和血乳酸下降，最大摄氧量和耐力水平提高。

（四）灵敏性

灵敏性是指人体在各种复杂、突变的情况下迅速改变体位、转换动作和随机应变的能力，是一种运动技能、神经反应和各种素质的综合表现，体现出肌肉力量、速度、爆发力和协调性等综合素质。这是由大脑皮质神经活动过程的可塑性和灵活性，以及在神经系统的控制下各组肌肉的精确配合决定的。

在高原环境下，由于低氧刺激会引起脑组织在细胞或分子水平上的变化，使得各种神经系统间的联系减弱，导致依赖于神经系统传递速度的速度、力量、灵敏性和爆发力下降，灵敏性和速度素质显著降低，且随年龄的增长而下降，总体水平显著低于全国水平。另外，在高原低氧环境下，骨骼肌蛋白质分解加强，导致骨骼肌萎缩，力量减退，这也是造成灵敏素质下降的原因之一。因此，如何预防或缓解肌肉的流失是灵敏性训练过程中需要关注的问题。

一般情况下，灵敏性的遗传度较高，但通过训练依然有可提高的空间，力量训练、技术组合训练、后退训练、平衡训练、协调性训练都能有效提高或改善灵敏性。有研究发现，高原条件下经常参加体育锻炼可有效提高灵敏性，通过研究高原和平原的 45 ~ 55 岁健康人群在海拔 2366 m 健身运动发现，人体灵敏性的反复横跨得到了显著提高。

（五）柔韧性

柔韧性是人体关节活动幅度以及关节韧带、肌腱、肌肉、皮肤和其他组织的弹性和伸展能力，即关节和关节系统的活动范围。良好的柔韧性可以更好地发挥力量、速度等素质，是提高运动技能和技术的基础。良好的柔韧性还可以加大动作幅度、增加动作观感，使动作的随意支配能力更加精准、流畅、轻松、协调，保持肌肉良好的弹性、预防肌肉僵硬和肌肉劳损、减少运动损伤，因而重视柔韧性的发展具有重要的意义。

一般情况下，跨关节的韧带、肌腱、肌肉和皮肤的伸展性是影响柔韧性的主要因素之一，而肌肉、肌腱、韧带等软组织的伸展性与温度有关，肌肉温度改变可以增加或减少 20% 的柔韧性。肌肉温度较低时柔韧性会降低，会妨碍关节的动作范围。高原环境低氧低温，加上红细胞等血细胞增加，血流缓慢，肌肉的黏滞性大和弹性较差，从而影响肌肉、肌腱、韧带等软组织的伸展性和身体的柔韧性，易造成肌肉、关节的损伤。马福海等研究认为，世居和久居高原人群的柔韧性显著低于全国同龄人群的平均水平，这与高原环境下人体骨、关节、韧带、肌腱、肌肉等的进行性退化有关。

中枢神经系统对骨骼肌的调节能力以及中枢神经的兴奋程度也是影响身体柔韧性主要因素。中枢神经系统对骨骼肌主动肌和对抗肌之间的调节和放松能力越强，降低动作的阻力、加大运动的幅度，以及兴奋程度越高，柔韧性越好；反之越差。

一般在高原缺氧环境下，中枢神经系统的兴奋性明显低于平原，而高原低氧运动也会加速中枢神经系统的疲劳，尤其是急性高原低氧运动可使脑血流量减少，降低中枢神经系统的兴奋性，也影响中枢神经系统对骨骼肌主动肌和对抗肌之间的调节和放松能力。但高原低氧及低氧运动都可以引起前脑皮质、海马和纹状体血管内皮生长因子（vascular endothelial growth factor，VEGF）表达增高，而常氧运动仅引起海马 VEGF 表达增高。还有高原低氧运动可以增加促红细胞生成素及促红细胞生成素受体的表达，红细胞生成素具有保护神经细胞的功能，可与血管内皮细胞表面的 VEGF 受体结合，使血管的生成增加，使毛细血管密度增加，缩短血氧弥散到细胞的距离，增加对细胞的供氧量。而运动对于维持脑健康也具有重要作用，运动与大量的行为刺激能促进神经元的发长发育能力，增强抵抗脑损伤的能力，提高学习能力。

经常进行柔韧性锻炼能扩大关节韧带的活动范围，有利于提高身体的灵活性和协调性，延缓肌肉韧带的衰老。通过对中国高原和日本平原的 65 ~ 74 岁老年人研究发现，中国老年男女坐位体前屈的能力水平均高于日本老年男女，且男子间差异非常显著，其原因是中国老年人主要以太极拳、武术、健身操等为主要健身活动，而柔韧性是这些项目的基础，而且这些项目的伸展、牵拉、旋转等动作也给柔韧性的提高带来了积极影响，可以改善整体的协调性，对预防跌倒也有积极作用。

因此在高原低氧环境下通过准备活动或专门运动，适度提高体温及中枢神经的兴奋程度，可以维持脑健康，增强酶的活性，加速新陈代谢，提高身体协调能力，降低肌肉的黏滞性并增强弹性，有利于提高和发展高原低氧环境下的柔韧性，对提高运动技能，预防运动损伤具有积极意义。

（六）平衡能力

平衡能力是指维持身体姿势和控制身体重心的能力，也是静态与动态活动的基础能力，良好的平衡能力可以使人体在运动或工作中自然保持正确姿势，从而发挥运动的最大效果，以及提高适应复杂环境的能力和自我保护的能力。人类早期的平衡能力训练与游戏有助于提高孩童学习运动技能的效率与表现。具有良好的平衡能力可以在运动过程中有效发挥技术水平，达到最佳的运动表现，避免运动伤害的发生。具有良好平衡能力的老年人则显示出较佳的生活质量，能够积极从事各项活动，避免跌倒风险。

高原低氧环境对久居或世居高原人群的神经组织、脑功能会有一定的影响，并随着年龄的增长而加重，从而影响平衡能力，并增加跌倒等风险。体育锻炼有利于提高人体运动器官和前庭器官的功能，改善中枢神经系统对肌肉组织与内脏器官的调节功能，提高平衡能力，保证身体活动顺利进行，提高适应复杂环境的能力和自我保护的能力。

(七)动作反应能力

动作反应能力是指人体受到外界刺激后，中枢神经系统本能的条件反射所引起的意识和身体动作的共同应答刺激的行为。在瞬息万变的运动或对抗中，任何技术动作的实施都要由这种神经反射做中间媒介，从而保证技术动作的充分应用。因此，可以说这种神经反射行为的速度快慢，是决定技术动作应用成败的先决条件。

动作反应能力一般采用选择反应时（简单反应时）、综合反应时来测试与评价。反应时是指从接受刺激（光、声音等）后到机体做出反应动作所需的最短时间，也就是从刺激到反应之间的时距，反映了人体中枢神经系统控制骨骼肌肉系统的快速运动能力和协调性，是运动技能、神经反应和各种身体反应的综合表现。反应能力占运动能力综合评价的5%。高原环境对人体选择反应时、注意分配能力均有不利影响，且表现为海拔越高受影响越大。有研究认为，高原人的视觉减退率为28% ～ 60%，以及听力随海拔的增高而下降，其与长期慢性高原低氧的累积性刺激因子作用于脑细胞有关。选择反应时主要以人的手眼反应时间来评价受试者神经肌肉系统反应和动作的综合能力，是以声、光及其动作反应速度相结合的测试项目，与人体的听觉、视觉以及神经肌肉系统的反应能力密切相关。而由于长期的高原低氧对人体的中枢神经系统带来不利影响，导致听力下降，视觉减退，使人的神经递质传导速度减慢，致使动作反应时延长。经常进行较高强度的身体活动能加快反应速度，提高动作反应能力。在高原，经常参加体育锻炼者的身体柔韧性、平衡能力以及动作反应能力要好于非锻炼者。

第三节　高原体能训练的基本要求

体能是战斗力的基础，高原体能训练对于提高官兵体能素质具有全面性和特殊性的特点。根据工作任务、目标、时间要求，以及个人素质特点和环境特征，遵循科学体能发展的基础上，针对性地组织开展抗缺氧、抗严寒、强耐力的体能训练，提高综合性体能素质和技战术水平。

一、目标

高原体能训练是为了达到最佳工作或作战状态的训练准备过程，根据年龄、经验和基础条件，运用适宜的、个性化的方法和手段，以完成不同的工作任务为目标，发展全面身体素质和专项身体素质，提高技术能力、战术能力、心理素质，并掌握健康管理、伤病预防以及相关理论知识。

但高原体能训练系统内部各构成因素之间，以及它们与系统外部各相关因素之间，在结构与功能上具有本质联系和必然的发展趋势，应该深刻认识高原体能训练规律，严格遵循高原体能训练规律去组织训练活动，才可能取得训练工作的成功。

二、原则

高原体能训练的原则是对高原体能训练规律和训练工作要求的不同认识和遵循的原则。高原体能训练的原则是必须要与作战行动相近，具备综合的功能作用，满足岗位任务需要，同时要便于训练考核评价。高原体能训练原则主要包括需要性原则、全面性原则、负荷适宜性原则、区别对待原则以及适时恢复的原则。高原体能训练是一个系统的过程，因此这些原则相互依赖，绝不是独立存在的。

(一)需要性原则

高原体能训练要坚持满足高原特定环境下的工作或国防建设的需要，立足于本岗位，将体能训练与作战任务紧密结合，并依据环境相适应的工作或军事任务发展身体和心理能力。其基本内容包括科学设定长远的和阶段的训练目标，依据专项能力结构特点确定训练的内容，并围绕训练任务和训练内容选择方法和手段，同时根据环境、个体等特点安排训练负荷。

高原体能训练的最终目标是在高原特殊环境下，成功地参加比赛并取得优异成绩，或高质量完成特殊工作任务，一切训练的内容、方法和手段的选择及训练负荷与节奏的安排都应该围绕着这一目标来组织实施。

（二）全面性原则

高原体能训练要坚持身体的全面发展，身体的全面发展也可称为一般身体素质和运动能力，是所有体能训练的基础。其主要目的是改善基本的身体素质，如力量、速度、耐力等。一般情况下，身体全面发展的基础越扎实，就越能经受住高原高寒山地环境下的训练和工作任务，最终可能发挥出更大的工作和运动潜力。

（三）负荷适宜性原则

高原运动属于环境和运动对人体作用的科学，高原运动或训练需要人体承受环境低氧和负荷低氧的双重刺激，机体变化更加复杂，因此要更加重视高原体能训练负荷安排的科学性、适宜性和合理性。要根据任务、训练对象的水平，逐步、有节奏地增加运动负荷，直至能较好地适应训练和完成工作任务。

高原体能训练负荷主要由负荷量和负荷强度两部分组成。负荷量一般指训练持续的时间、一次练习或若干练习所完成的工作量等指标；负荷强度常常使用速度、距离、高度、练习的负重量、练习的难度等指标。一般情况下，高原体能训练中，若运动负荷太小，身体功能就得不到提高；若运动负荷太大，超过了身体的承担能力，就会产生过度疲劳，且容易发生意外，进而导致非战斗性减员；若运动负荷稳定在一个水平上，身体的功能和运动素质就不能进一步发展（图 3-3-1）。所以要根据实际情况逐步、有节奏地加大运动负荷，形成加大 - 适应 - 再加大 - 再适应的过程，使大、中、小有节奏地结合起来。

（四）区别对待原则

高原体能训练区别对待原则是指在训练中要根据训练对象的年龄、性别、身体条件、运动素质、技战术水平、文化程度、接受能力、个性特征等不同情况，有针对性地确定训练任务、内容、方法、手段和运动负荷。人体各方面的条件和情况是千差万别的，而且随着训练过程的发展，情况也在不断地发生变化，多次进入高原和初进高原在高原适应能力也有很大的差别。因此，要有针对性地制定训练计划，根据不同对象的不同要求，具体落实到训练的各个环节中去，并根据情况的发展和变化，采取相应措施，进行区别对待。

（五）适时恢复的原则

体能恢复和运动是提高机体功能和能力的两个重要方面，体能恢复是人体在工作或运动后各

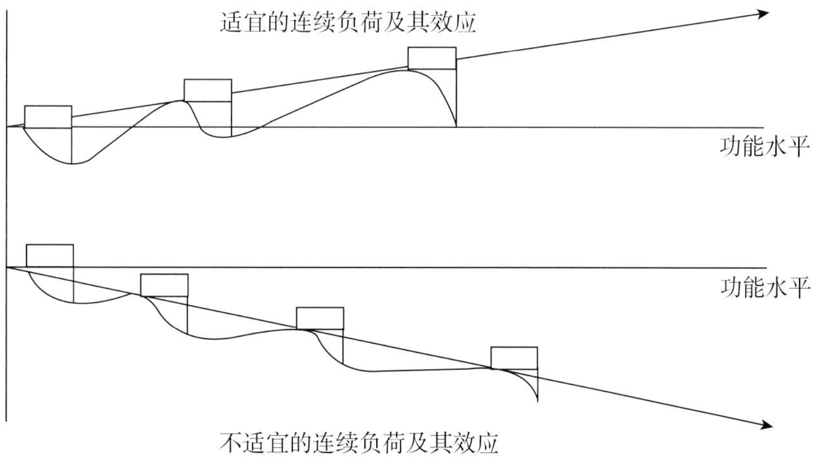

图 3-3-1　不同负荷及其效应的变化

种生理功能逐渐恢复到运动前状态的一段功能变化过程。一般情况下，在高原低氧环境下工作和运动负荷保持在一个适度的范围内，机体发生应激以及一系列适宜的变化，但负荷的量越大，对机体的刺激越深，所引起的应激也越强烈，机体所产生的变化也越明显，人体在高原环境下的工作能力和运动能力提高得也越快。

但在长时间或大负荷工作或运动过程中，必然会导致机体功能或工作效率下降，机体生理过程不能维持其功能在特定水平上和（或）不能维持预定的运动强度，机体就会产生疲劳，即运动性疲劳（exercise-induced fatigue），随之而来的就是体能恢复的问题。疲劳及恢复是人们日常生活和工作中的常见现象，也影响着人们的身体和健康。除了大运动量训练以及激烈运动后导致的过度疲劳，常为体育锻炼者急于求成或不考虑自身、高原环境等条件，盲目进行所致。高原低氧环境下基础代谢以及运动负荷强度等相对较高，身体易发生疲劳，而且疲劳持续的时间长、程度深，容易造成过度疲劳、损伤和疾病等，从而影响高原体能训练效果。因此，把握好高原训练负荷与恢复，及时掌握训练负荷的适应情况，避免过度训练，增强训练效果是极其重要的环节。

人类运动水平和健康水平的提高依赖于一定限度内的疲劳刺激，一定限度的疲劳是提高能力、增强体质、健康长寿和提高运动成绩的基础。但运动造成的机体疲劳又必须适度，任何形式的过度疲劳均会给机体带来危害，甚至损害健康。因此，科学运动、科学工作、科学生活显得尤为重要。而恢复是运动的重要组成部分，运动后的疲劳消除不了，将会影响到后续的运动效果，倘若疲劳持续积累，有可能发展为过度疲劳，将会影响到机体的健康。

然而高原运动疲劳的表现形式多种多样，引起疲劳的原因和部位也不尽相同，判断运动负荷和疲劳的方法也是多种多样，如主观感觉判断法、观察判定法、运动能力测定法、运动生理生化测定法等，要根据实际情况选择、应用相关指标和方法进行监测、评价。也可以根据实际情况，采取多种方式方法进行体能的恢复，如训练学恢复手段、医学和生物学手段、营养学恢复手段、心理学恢复手段等。

三、内容

高原体能训练内容包括基础知识训练、基础体能训练、专项体能训练、综合体能训练（图3-3-2）。此处仅对基础体能训练做讨论。

(一)力量训练

人体运动中受到的力分为内力与外力两类。内力就是肌肉收缩力量，是运动的动力源泉；外力是外界环境对人体的作用。人体运动是内力和外力共同作用的结果。发展力量素质就是为了提高人体各运动环节的力学作用效应，提高人体运动系统与外界环境相互作用的力学效果，获得理想的工作效力和运动成绩。一般技术动作掌握越熟练，越能更好地利用肌力。

1．力量训练的分类 力量训练分为克服外部阻力和克服自身体重两种，但从力量训练时动作的形式可以分为静力性练习和动力性练习两大类。静力性练习是肌肉收缩而长度不变的对抗阻力的力量训练方法，即肌肉用力收缩，但肢体较长时间处于静止的运动，如空手静蹲或负重静蹲等。动力性练习是肌肉收缩和放松交替进行的力量训练方法，即肢体通过不断地运动进行力量练习，如哑铃练习不断举起、放下等。在力量训练中，任何练习方法都可以采用静力性练习或动力性练习。

2．力量训练的方法

（1）负重练习：这种练习主要依靠负荷重量和练习的重复次数刺激机体发展力量素质，可作用于机体任何一个部位的肌肉。负重练习的方式多种多样，如运用杠铃、壶铃、哑铃等训练器械，负荷的重量及练习的重复次数可随时调整，是身体素质练习中常用的一种手段。

（2）对抗练习：练习的双方力量相当，依靠对方不同肌肉群的互相对抗，以短暂的静力性肌肉等长收缩来发展力量素质，如双人顶、推、拉等。对抗练习不需要任何训练器械及设备，又容易引起练习者的兴趣。

（3）外阻练习：利用外部环境阻力进行练习，如在沙地、深雪地、草地、水中的跑、跳等，这种练习往往所用的力量较大。还有依靠弹性物体变形产生的阻力来发展力量，如使用弹簧拉力器、拉橡皮带等。

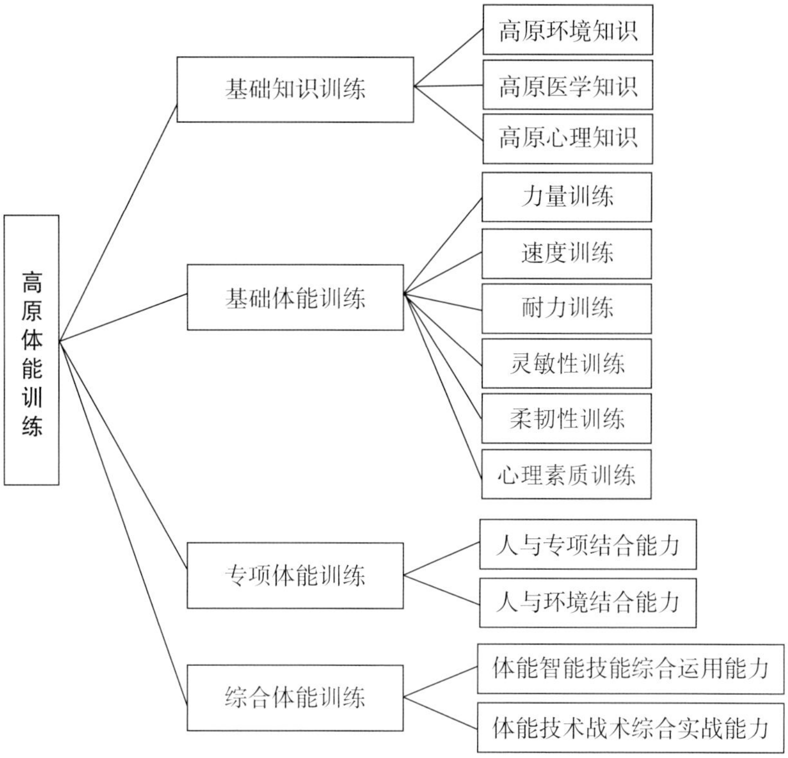

图 3-3-2 高原体能训练内容

（4）器械练习：利用器械可以使身体处在各种不同的姿势（坐、卧、立）进行练习，可直接发展人体所需要的肌肉力量，使训练更有针对性。使用器械还可以减轻心理负担，避免伤害事故的发生。另外还有电刺激增强肌肉力量的器械。

（5）自重练习：自重练习就是克服自身体重的练习，这种练习主要是由人体四肢的远端支撑完成的练习，迫使机体的局部来承受体重，促使局部的力量得到发展。所有的徒手练习项目（如俯卧撑、双杠臂屈伸、引体向上、台阶跳、纵跳、倒立推进、自重深蹲等）都是自重练习，也是高原体能训练最重要和最常用的方法。

（二）速度训练

速度是指人体进行快速运动或在最短时间内完成某一动作的能力，分为移动速度、动作速度和反应速度三种（图 3-3-3）。

移动速度是人体在特定方向上位移的速度，主要影响因素是步长和步频。一般以单位时间内机体移动的距离为评定指标，如 100 m 跑 10 s、100 m 自由泳 50 s 等。

动作速度是人体或人体某一部分快速完成动作的能力，是应用和完成技术动作中不可缺少的要素，表现为人体完成某一技术动作时的挥摆速度、击打速度、蹬伸速度、踢踹速度等，此外还包含在单位时间里连续完成单个动作时重复的次数（即动作频率）。机体任何部位动作速度的快慢主要取决于中枢神经系统的功能、引起该部位运动的肌肉力量大小，以及技术动作的合理性。

反应速度是人体对各种信号刺激（声、光、触等）快速应答的能力，主要取决于人的感受器（视觉、听觉）和其他分析器的特征，以及中枢神经系统与神经肌肉之间的协调关系。在高原体能训练中由于运动项目不同，人体对信号类型的反应不同，如短跑、游泳等项目主要接受听觉信号，而乒乓球则主要接受视觉信号，而篮球、足球等项目则要接受的听觉、视觉等多种综合信号做出技战术反应。

（三）耐力训练

耐力是人体的基本身体素质之一，在高原适应和体能训练中有重要意义。耐力是指机体在一定时间内保持特定强度负荷或动作质量的能力。耐力水平的提高表现为更长时间保持特定强度或动作质量，或在一定时间内承受更高强度的能力。一般情况下，体能训练中保持全过程特定的运动

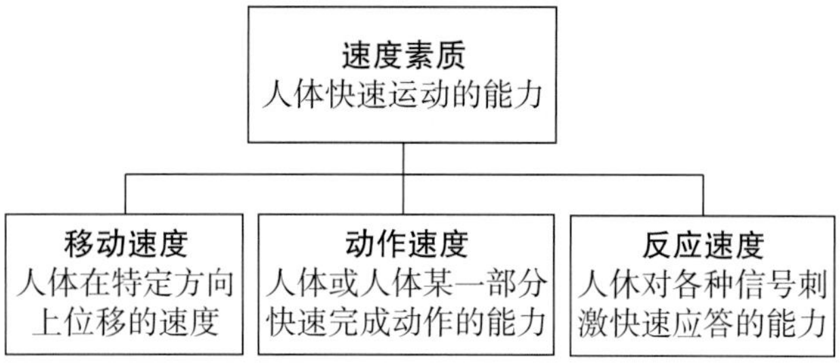

图 3-3-3　速度素质的分类

强度或动作质量，就必须具备良好的耐力素质。耐力素质取决于机体有氧代谢的能力、体内能源物质的储存、支撑运动器官承受长时间工作的能力，以及心理控制和对疲劳的耐受程度四个方面的影响。

在体能训练理论上，耐力素质的种类较多，根据活动持续的时间、与专项运动的关系、器官系统的功能以及肌肉的工作方式可分为多种类别，但在高原体能训练中，耐力素质主要根据活动持续时间分为短时间耐力、中等时间耐力和长时间耐力，以及根据器官系统的功能分为心血管耐力和肌肉耐力两大类。

短时间耐力主要指持续时间为 45 s ～ 2 min 的运动项目（如 400 m 跑、800 m 跑）所要求的耐力。中等时间耐力指持续时间为 2 ～ 8 min 的运动项目所需要的耐力。长时间耐力是指持续时间超过 8 min 以上的运动项目所需要的耐力。

心血管耐力是循环系统保证机体长时间肌肉活动时，营养和氧的供应以及代谢废物的能力。肌肉耐力是指运动员肌肉系统在一定的内部与外部负荷的情况下，能坚持较长时间或重复较多次数的能力。肌肉耐力和力量水平的发展关系极为密切，发展肌肉的最大力量能有效地促进肌肉耐力水平的提高。

（四）灵敏性训练

灵敏性是人体在各种突然变化的条件下，能够迅速、准确、协调、灵活地改变体位、转换动作、随机应变以及完成动作的能力，也是人各种运动技能和身体素质在运动中的综合表现，同时良好的灵敏性有助于更快、更多、更准确、更协调地掌握技术和练习手段，使已有的身体素质充分、有效地运用到实践中去。灵敏性分为一般灵敏性和专项灵敏性，一般灵敏性指适应一般活动的灵敏性，专项灵敏性指符合专项需求的特殊灵敏性。

高原体能训练中发展灵敏性必须从全面发展身体素质的综合能力入手，重点培养掌握动作能力、反应能力、平衡能力、协调能力等。主要练习方法有运用大量跑、跳、走、爬等基本动作的练习，以及球类法、游戏法。在训练安排上，一般是与常规运动练习相结合，以增加动作难度、听视觉快速反应能力、快速身体转换能力、快速变向能力来发展灵敏性。具体训练手段有：原地、行进间或跑步中听口令做动作提高反应判断的练习，固定转换体位的练习，如穿梭跑、8 字跑、折返跑、躲闪、突然起动以及各种快速急停和迅速转身等，按各种信号做出应答反应的游戏和各种变向的追逐游戏，以及专门设计的各种复杂多变的练习，如躲闪跑、穿梭跑等。

但灵敏性与力量、速度、协调性以及复杂的运动反射速度和准确性有密切关系。提高灵敏性需要建立一定的条件反射，还要重视学习和掌握各种运动技能。同时，发展灵敏性要有明确目标，避免盲目重复练习，应从基本素质着手，结合锻炼项目的运动特点，制定适合的训练方案。灵敏性练习时负荷强度要大，但持续时间不宜过长，重复次数也不宜太多，间歇时间要充分。同时应加强心理素质培养，避免由于紧张和恐惧心理而导致反应迟钝，动作的协调性下降，影响正常动作的发挥。

（五）柔韧性训练

柔韧性是人体各个关节的活动幅度，以及肌肉、肌腱和韧带等软组织的伸展能力，可增强身体的协调能力，更好地发挥力量、速度等素质，还可提高运动技能和技术，防止运动损伤。柔韧性的减退常引起一些退行性疾病，如颈椎、腰椎间盘突出、肩周炎、腰腿痛。柔韧性的好坏取决于骨的结构、关节周围组织的韧带、肌腱、肌肉、皮肤的伸展能力和弹性，中枢神经的调节、年龄、性别、温度、体育锻炼等都会影响柔韧性的发展。一般情况下，随着年龄的增长、骨骼的老化，人体柔韧性随着年龄的增长而下降，但个体差异较大，自然老化只占 1/3，主要还是与运动锻炼有关。

柔韧性分为主动柔韧性和被动柔韧性。主动柔韧性是利用肌肉可以使关节活动的范围，被动柔韧性则单纯是关节活动的最大范围，但是无论如何主动柔韧性不可能超出被动柔韧性的范围。具体训练方法包括主动或被动的静力拉伸方法、主动或被动的动力拉伸方法、本体感受神经肌肉拉伸法、动静力结合拉伸法等。

（六）心理素质训练

心理素质是人的整体素质的组成部分。心理素质是以先天自然素质为基础，在后天环境、教育、实践活动等因素的影响下逐步发生、发展起来的。良好的心理素质表现在要具有充分的适应力，能充分地了解自己并保持人格的完整与和谐，生活的目标切合实际和现实环境，能保持良好的人际关系和控制情绪，在不违背社会规范和集体利益的前提下，能有限度地满足个人的基本需求和发挥个性。由于高原地区环境的特殊性，个体易出现睡眠质量差、反应速度慢、记忆力下降，出现焦虑、紧张、易怒、敏感、充满敌意等现象和较大的心理压力，有可能引起神经紧张以及恐惧的心理，并无法集中注意力进行正确的分析和判定，造成情绪失控、反应过激等不理性行为。

心理素质主要分为认知能力、心理适应能力与内在动力三种，包括个性、智力、心理应变、需要、兴趣、动机、情感、意志、性格、行为等智力和非智力因素，是有机结合的复杂整体。提高心理素质需要坚强的意志力，是一个需要不断努力与锻炼的过程。提高心理素质首先要树立正确的人生观，始终保持开阔的心胸，提高对心理冲突和挫折的忍受能力，热爱生活，热爱学习，学会思考；要充分认识自己，正确评估自己，不自卑不自负；要积极交友，与他人交流思想、感情，相互帮助，相互学习；要积极培养自己的兴趣爱好，如琴棋书画，参加有益的娱乐活动，积极参加各种体育活动；同时要提高自己的体能和技能水平。

心理素质训练的具体方法主要包括自我意识训练、智力训练、情感调控、意志培养、个性塑造、学习指导和交往指导等方面。心理素质的提高是一种经验的积累，只有通过实践来不断的获得，也是提高心理素质的一个重要途径。因此要积极参与实践活动，通过对阵不同的环境、经历以及对手来丰富自己的阅历，提高自己的心理和环境适应能力。

四、方法

高原体能训练的主要方法有持续训练法、重复训练法、间歇训练法、变换训练法、游戏比赛法、高原训练法等。

（一）持续训练法

持续练习法是指在相对较长的时间里（不少于 30 min），以较为恒定的强度持续地进行练习的方法。由于持续时间较长，又没有明显的间歇，所以总的练习负荷量较大，但是练习时的强度较小，而且比较恒定。持续训练法的特点是练习时间较长，单次练习的负荷量较小，因而负荷强度相对较小，一般为个人最大强度的 60% ～ 70%。构成持续练习法的基本要素是重复练习的方式、时间与强度，在运动方式固定的情况下，练习的时间与强度可做相应调整，如练习强度大，时间可缩短；练习强度小，则适当延长练习时间。

持续练习法主要用于发展一般耐力素质，具有持续刺激机体的作用，有利于改善大脑皮质神经过程的均衡性，提高心血管系统和呼吸系统的功能，能较经济地利用体内储备的能量，有利于发展有氧能力和一般耐力。持续练习法有助于完善负荷强度不高但过程细腻的技术动作，可使机体运动功能在较长时间的负荷刺激下，产生稳定的训练适应，提高有氧供能能力以及在有氧供能状态下的有氧运动强度，同时为进一步提高无氧代谢能力及无氧工作强度奠定坚实的基础。

持续训练法由于负荷强度适中，负荷心率一般控制在 130 ～ 170 次 / 分的范围内，因此一次持续训练的时间至少在 5 min 以上，而且可持续到 90 min，甚至更长时间。根据训练时间，一般将持续训练法分为短时持续训练法、中时持续训练法和长时持续训练法三种基本类型。

短时持续训练法每次持续训练的负荷时间为 5 ～ 10 min，平均负荷强度心率为 170 次 / 分左右，主要作用于发展以有氧代谢为主的无氧与有氧混合供能能力，提高有氧代谢运动强度。中时持续训练法每次持续训练的负荷时间为 10 ～ 30 min，平均负荷强度心率在 160 次 / 分左右，主要作用是发展有氧代谢系统的工作能力。长时持续训练法每次持续训练的负荷时间通常在 30 min 以上，但是负荷强度较低，一般负荷强度心率控制在 150 次 / 分左右。

（二）重复训练法

重复训练法是指不改变动作结构和运动负荷，在相对固定的条件下，按照既定间歇要求，在机体完全恢复的情况下反复练习的方法。重复训练法由重复练习的次（组）数、每次练习重复的距离或时间、每次练习的负荷强度、每次（组）练习之间的间歇时间四个因素构成。其主要特点是各次（组）练习之间都要在机体完全恢复的条件下进行训练，重复练习不改变练习内容、手段、时间、距离、次数、间歇、负荷强度等因素，每次重复练习的负荷强度较大，最大负荷强度可达个人的 90% ～ 100%，而且每次练习后要有充分的间歇时间保证机体基本恢复。

重复训练法适用于各种身体素质、技术、战术训练，它的作用在于通过对同一动作或技战术的多次重复，加强能量物质的代谢活动，强化条件反射，使机体加速训练适应过程，达到掌握和巩固动作或技战术的目的。通过不同类型的重复训练，重复训练法产生超量补偿与积累，既有利于发展有氧耐力，又有利于发展无氧耐力。同时重复训练中由于疲劳不断积累，人体需要克服能源物质大量消耗、体力大幅度下降等困难，因此重复训练法还有助于培养意志品质。

重复训练法有短时重复训练法、中时重复训练法和长时重复训练法三种基本类型，负荷强度与时间负相关，即负荷强度越大运动时间越短。短时重复训练法的特点是每次练习的负荷时间短，通常在 15 s 之内，但是负荷强度最大，通常达到个人的最大强度，间歇时间也相当充分，且每组练习之间的间歇时间基本相同，主要发展运动员无氧供能能力、肌肉收缩速度和爆发力。中时重复训练的特点是每次练习的负荷时间稍长，通常在 2 min 之内，负荷强度通常略低于或等于本人的最大强度，但间歇时间充分，各组练习之间的间歇时间随练习组数的增多而延长，主要发展乳酸系统的供能能力。长时重复训练法的特点是每次练习的负荷时间最长，通常在 2 ～ 5 min，负荷强度通常略低于或等于本人最大强度，但间歇时间充分，练习组数不多，主要发展无氧代谢系统和有氧代谢系统的混合供能能力。

在实际应用中，根据不同目的、采用不同负荷方式进行练习，还要根据个人最大强度为标准，预先设定负荷强度、间歇时间，以及预先设定发展何种素质和技战术。

（三）间歇训练法

间歇训练法是 20 世纪 50 年代德国心脏学家赖因德尔和教员格施勒提出的，因此又称为格施勒 - 赖因德尔定律。间歇练习法是指在一次（或一组）练习之后，按照严格规定的间歇负荷和积极性间歇方式，在机体未完全恢复的情况下反复进行练习的训练方法。间歇训练法由重复练习的次（组）数、每次练习重复的距离或时间、每次练习的负荷强度、每次（组）练习之间的间歇时间四个因素构成。练习时心率一般在 170 ～ 180 次 / 分，间歇后心率一般在 120 ～ 140 次 / 分，然后开始下一次（组）练习，有利于提高机体的心肺功能和无氧代谢能力。

间歇训练法是国际上最常用、最有效的提高机体的心肺功能和无氧代谢能力的方法。其核心主要是通过严格的运动负荷强度和间歇时间，以及不同类型的间歇训练，使人体的心脏功能得到增强；使机体各功能产生与有关体能能力相匹配的适应性变化；提高无氧供能能力、有氧代谢供能能力等，同时通过严格控制间歇时间，有利于人体在激烈对抗和复杂困难的比赛环境中，稳定、巩固技术动作；通过较高负荷心率的刺激，可使机体耐酸能力得到提高，以确保运动员在保持较高运动强度的情况下具有持续发挥体能和运动的能力。

间歇训练法主要分为高强性间歇训练、强化性间歇训练和发展性间歇训练三种基本类型，也可以按距离长短将其分为短距离间歇训练、中距离间歇训练和长距离间歇训练三种类型，间歇方式均为走、轻跑或行进间徒手操等。

高强性间歇训练即短距离间歇训练，训练时间小于 40 s，心率由 190 次 / 分恢复至 120 ～ 140 次 / 分，强度大，间歇很不充分。强化性间歇训练即中距离间歇训练，训练时间小于 40 ～ 90 s，心率由 180 次 / 分恢复至 120 ～ 140 次 / 分，强度大，间歇不充分；或训练时间小于 90 ～ 180 s，心率由 170 次 / 分恢复至 120 ～ 140 次 / 分，强度较大，间歇不充分。发展性间歇训练即长距离间歇训练，训练时间大于 5 min，心率由 160 次 / 分恢复至

120 次 / 分，强度中等，间歇不充分。

但不同的训练距离、不同强度的间歇训练对发展体能能力的效果不尽相同，在实际训练中应根据个体的特点灵活运用。以跑步为例，50 ～ 600 m 主要发展速度及速度耐力；100 ～ 2000 m 主要发展速度、速度耐力、混氧供能能力、乳酸供能能力、消除乳酸的能力；200 ～ 10 000 m 主要发展速度、速度耐力、混氧供能能力、乳酸供能能力、消除乳酸的能力。

间歇训练法对提高耐力起着非常重要的作用，短距离间歇跑能有效发展速度能力和速度耐力及冲刺能力；中距离的间歇跑对发展速度能力和速度耐力有很大的帮助；长距离的间歇跑能提高长跑耐力和混氧供能能力。在实际运用间歇训练法时，要注意间歇时间、间歇方式、训练强度、训练距离、重复次（组）数等因素的合理把握。

（四）变换训练法

变换训练法是指变换体能训练的运动负荷、练习内容、练习形式以及条件，以提高体能训练积极性、趣味性、适应性及应变能力的训练方法。变换训练法主要针对实际工作和运动过程的复杂性、对抗程度的激烈性、运动技术和战术的变化性、运动能力的多样性以及中枢神经系统的灵活性等特性。

通过变换运动负荷，可使机体产生与有关运动项目相匹配的适应性变化，从而提高承受高原特殊环境下不同运动负荷的能力。通过变换练习内容，可使人体不同运动素质、运动技术和运动战术得到系统的训练和协调的发展，从而使之具有更接近高原低氧环境的实际需要的多种运动能力和应变能力。由于体能练习时比较枯燥，采用变换练习法可以在一定程度上提高练习的兴趣和积极性，从而提高练习的效果。

变换训练法的核心是变换运动负荷，即通过不断增加负荷或减少负荷使体能练习变得较为生动，有利于发展一般素质和耐力。一般变换训练法可分为负荷变换训练、内容变换训练、形式变换训练三种类型。应用变换训练法要根据根据训练任务的要求和即时状态以及环境等不同的情况，确定变换的内容、变换训练负荷、变换训练形式或是综合性变换。尤其是大负荷训练之后，在心理或生理各方面需要进行调整时，可以采用变换训练法，宽松的生活节律与新异、优美的训练环境对于帮助从大负荷训练的紧张状态下解脱出来常常可以产生良好的效果。

但在高原低氧环境下运用变换训练法时，负荷不能突然增加，要注意循序渐进，以免机体不能适应，造成受伤。

（五）游戏比赛法

游戏比赛法是指运用游戏与比赛的方式进行练习的方法。这种方法能较快地提高练习的兴趣和积极性，并在练习中充分发挥主动精神，使机体能够承受较大强度的负荷，有利于提高有氧耐力和无氧耐力。但采用游戏比赛法时，应控制训练的热情，掌握好运动负荷，以免因过于兴奋和体力消耗过大而造成机体损伤或机体工作能力下降。

（六）高原训练法

高原训练法是利用自然高原地区或人工模拟高原条件下，通过高原环境低氧和负荷低氧的双重刺激，让机体产生有利于提高运动能力的抗低氧性生理效应，从而提高运动能力或健康水平的一种训练方法。一般情况下，高原训练法有在自然高原环境下进行的高高交替、高平原交替训练等，或利用低氧舱、低氧帐篷等设备进行的高住低练、低住高练等低氧训练方法。无论如何，只要是在高原高寒山地开展的体能训练都属于高原训练法。高原训练法主要受环境地形、海拔高度、运动持续时间、训练强度、体能恢复等因素影响。

高原低氧环境体能训练可引起机体血氧分压和动脉血氧饱和度下降，刺激促红细胞生成素增加，引起红细胞和血红蛋白的增加，从而提高血氧饱和度和氧运输能力，同时使呼吸系统产生适应性变化，改善呼吸系统功能，提高机体呼吸肌力量和呼吸深度，增大肺通气量、肺容量，使机体利用氧气的能力增加。高原低氧环境体能训练还可以增强组织细胞在低氧条件下的分解供能能力，提高肌肉的耐酸能力和氧利用效率。同时，高原低氧环境体能训练能够改善肌纤维毛细血管数量和结构，增加毛细血管到线粒体的氧气供应，增强组织细胞低氧条件下的糖酵解能力，提高对 H^+ 的缓冲能力，提高大脑对低氧的适应性和稳定性，使肌肉具有更高的耐酸能力和氧利用效率。另外，高原体能训练后在低氧环境中恢复能够增加肌肉中血流量，从而提高肌肉的胰岛素和葡萄糖水平，进而增加肌肉糖原储备。

五、安排

高原体能训练安排一般分为急进高原体能训练、为适应高原环境而进行的专门性高原体能训练，以及常驻高原体能训练三种模式。

（一）急进高原体能训练

该方法主要用于由于工作和任务的紧迫性，在进入高原高寒山地执行任务时无充分的准备和时间，急进高原高寒山地后为尽快适应环境以及高质量完成工作和任务而安排。

1．主要特点 其核心问题在急进高原后初期（1 周内）的体能训练安排，主要特点是提高肺活量以及心肺功能适应。

2．主要内容 以有氧徒手操、游戏、水中憋气训练、有氧耐力跑、较低负荷的集体跑练习为主。

3．训练安排 要根据个体的基础体能水平安排训练负荷和训练方法。安排负荷较低，训练次数可适当增加，及少量多次。每天可以训练 2 ～ 3 次，有氧徒手操、游戏、有氧耐力跑交替安排，训练时间每次 30 ～ 40 min，心率控制在 120 ～ 140 次 / 分，训练强度与平原相比减少 30% ～ 40%。适当延长每组训练间歇时间，并遵循循序渐进的原则，逐步提高负荷量和强度以及训练的时间，逐步增加力量、速度等训练，并逐步过渡到专项体能的训练。

（二）专门性高原体能训练

专门性高原体能训练主要是为进入高原做有目的、有计划的准备性体能训练，其主要安排包括平原或低海拔地区准备阶段以及进入高原后的训练阶段两个阶段（表 3-3-1）。

1．平原准备阶段

（1）主要特点：打好基础体能训练基础，全面提高受训者的功能水平和健康水平，为尽快适应高原环境和投入正常训练做好准备。

（2）主要内容：包括有氧运动、无氧运动以及力量、速度等专项体能训练。

（3）训练安排：一般安排 2 ～ 4 周训练量较大、强度中等的训练，以改善呼吸功能、有氧能力以及健康水平，提高体能储备，打好专项训练基础。同时做好高原前运动能力和健康的测定和检查，取得运动成绩以及运动心率等指标，如 100 m 跑、3000 m 跑、5000 m 负重越野、俯卧撑、引体向上以及最大力量等基础数据，以便在高原体能训练时参照、控制训练。一般来说，成功的高原体能训练最重要的前提条件是完全健康的运动员，因此上高原前要加强营养的补充和健康的检查，如血象、口腔、妇科等检查，而且外伤应无痛感，避免上高原后原有病灶进一步发展而使伤病率提高。

2．高原训练阶段 高原训练阶段的安排一般有高原适应期（第 1 ～ 7 天）和高原训练期（第 8 天后）。

（1）高原适应期（第 5 ～ 7 天）：适应性训练，

表3-3-1 专门性高原体能训练的基本模式

阶段	时间	训练内容和特点	目的
平原	2 ～ 4 周	有氧专项耐力和力量耐力训练	改善呼吸功能、氧的摄入和利用能力，为尽快适应并有效地开展高原训练做准备
	上高原前 2 ～ 3 天	减少训练时间，降低训练负荷	促进体能恢复，保持健康水平和良好的精神状态
高原	1 ～ 7 天	适应性训练（小强度的放松训练）	使身体迅速适应高原环境，避免高原反应
	8 ～ 15 天	专项训练，实施较大负荷的有氧耐力训练和较大强度的专项训练	逐渐增加负荷量和强度，机体刺激增大
	16 ～ 20 天	调整训练，小强度、短距离冲刺及协调性训练	消除前期积累的机体疲劳
	21 天后	专项训练，保持正常训练，并注意训练安排的节奏感和灵活性	提高专项体能训练强度和专项运动能力

以适应高原环境。初到高原受低氧影响，运动员肺通气量、最大供氧量和无氧阈值水平下降，运动心率上升，最大负荷强度降低，协调能力下降，反应时延长等，导致功能状况下降，而且疲劳快、恢复慢。适应期训练安排的总体特点是小运动量、多课次，并以有氧能力训练为主，为下一阶段训练积累一定的负荷量和强度。在提高有氧能力的同时，逐渐加大训练量和强度，宜采用中小等或中等强度进行有氧耐力训练，并采用专项的匀速与变速训练手段以及发展肌肉耐力的各种身体练习。应根据不同个体反应的大小而区别对待和严格控制。一般情况下，这一阶段可用柔韧性、完善技术动作练习代替专项耐力、力量、速度 - 力量练习，多进行上肢肌肉力量练习、自我练习和专业理论学习。

（2）高原训练期（第 8 天后）：其目的是提高体能水平和运动能力，形成良好的身体训练水平和较好的运动状态。此阶段机体已基本适应高原环境，可转入正常训练至负荷高峰训练。训练主要为中等或中等以上强度的有氧耐力训练，结合混氧和速度训练，以及发展肌肉耐力的各种身体练习。在训练安排上要增加训练课的次数，提高训练强度，接近或达到平原或比赛时的训练强度和量。训练强度可遵循 80% → 90% → 95% 逐级递增原则。总原则是负荷安排量增至最大，强度逐渐提高，但应避免连续高强度的负荷刺激训练，训练安排要有一定的节奏感和灵活性，要大小结合、快慢结合、劳逸结合，在保证安全的前提下取得较好的效果。

一般人体由平原进入高原后的第 2 周末对训练负荷进入较好的适应状态，训练负荷要略低于平原水平，在第 3 周末对训练负荷进入最佳适应状态，即高原 3 周后即可按平原的训练负荷要求安排训练。

（三）常驻高原体能训练

久居或世居高原的人群也就是常驻高原的人群，针对此类人群的高原体能训练也被称为高驻高训训练模式，如驻扎在海拔 1500 m 以上的高原地域并在该地长期实施体能训练的模式。高驻高训本身也存在着不同的海拔梯度变化，尤其是在海拔 4000 m 以上，随着海拔高度的升高，氧分压逐渐降低，对人体运动能力的影响也更大。世居高原人群虽然长期居住在低氧环境，其生理功能、某些组织结构以及生理代谢已产生了适应性变化，血细胞等生理参数处于一种稳态。除保证正常训练外，还可以利用当地不同的地理环境，采取海拔更高的地区或较低的海拔地区开展高高交替或高低交替训练的方式，可以更好地获得低氧应激和训练效果。但值得注意的是，长期低氧暴露可加速蛋白质的分解作用或降低蛋白质的合成作用，导致骨骼肌萎缩。同时，高原低氧环境导致厌食和基础代谢率升高，可影响蛋白质的消化和吸收，往往造成体重下降，体重下降的部分原因是瘦体重的减少，且有随着高度升高而加剧的趋势。

1．训练特点　一般来说，高驻高训更有利于对人体进行高原环境适应能力与生存能力的训练，而体能战斗力的训练则受到一定的局限。一方面是由于人长期生活在这一特定环境里，身体各器官、系统均已发生了一系列的适应性变化，具有一定的地域优势；另一方面是由于高原缺氧，训练的强度、密度和运动量都将受到一定的影响。而且人体对负荷强度适应的反差大，即施加较低的运动负荷强度，身体将出现较高的生理负荷强度反应，特别是随着海拔高度的增加，这种反差会更明显，从而导致体能素质水平的发展受到制约。另外，训练周期具有明显的季节性，如夏季的操场和野外训练时间和内容较多，而在冬季大量的训练内容只能安排在室内进行，且练习的项目受到一定的局限。

2．训练内容　训练内容要突出体现显著的地域作战特殊性，要突出适应高原高寒山地作战需求的体能训练内容，如抗缺氧、抗寒冷、攀爬、力量、耐力训练等。

3．训练安排　高驻高训原则上就是正常训练，应以适应高原高寒山地作战需求来安排体能训练。但高原低氧环境下体能训练一般运动负荷的强度较低，难以完成高强度的作业，进而造成肌力的消减，或导致技术动作的变形。应在高原训练时加强力量训练，可隔日或每日进行，每次约半小时，以保持专项肌肉力量。可进行循环训练，即在力量综合练习器上训练肌肉耐力，用拉力发展专项用力力量，用重力发展最大绝对力量，提高和发展肌肉的爆发力和速度素质。

4．注意事项

（1）体能训练的强度、密度和运动量安排不宜太大，尤其要防止过度训练（疲劳）。一旦发生过度疲劳，不仅恢复的时间明显要比平原地区长，而且容易导致人体免疫力下降，出现一些继发性疾病，如容易感冒、食欲下降等。并要加强医务监督，预防过度疲劳的发生。

（2）做好准备活动和整理活动，特别是在寒冷的冬季，动作僵硬，协调性差，加之高寒缺氧，神经反应性低，不做好准备活动容易受伤。

（3）初上高原开展体能训练，在初期应以适应为主，训练为辅。可多安排一些慢跑、柔韧性练习、爬山等内容。

六、注意事项

（一）加强高原相关知识的科普宣传

高原是人类极少涉足的处女地，也是一片净土。人们对高原的了解不深，加上高原环境气候恶劣，易发生不同程度的高原反应和高原疾病，甚至危及生命，也缺乏相关的预防方法和急救措施，因而形成对高原的神秘感和恐惧感。因此，应加强对高原地理、环境和生态，对人体生理功能等方面影响，以及高原不同民族和文化的科普宣传，开展高原体能训练知识教育和卫生教育，加强心理适应性锻炼，引导并学会自我控制、自我调节，消除和克服恐惧心理，做好对心理、生理以及环境压力的准备，充分了解高原特殊的环境对身体功能以及运动能力的影响，减少高原的神秘色彩，将有助于适应高原和正常发挥体能水平，以及防止各种训练事故或非战斗性减员的发生。

（二）高原体能训练必须体现高原特点

高原氧分压较低会引起人体各系统功能发生暂时的紊乱，尤其是初进高原和高海拔地区，易引起失眠、头晕、头疼、心慌、气急、恶心、呕吐、腹泻等症状，以及肺通气量、最大供氧量和无氧阈水平下降，运动中心率上升，运动能力下降，反应时延长等整个功能状况明显下降的情况，而且疲劳快、恢复慢。但随着居住时间的延长，机体通过一系列代偿性反应，产生新的适应机制，使各器官、系统的功能达到新的动态平衡。因此高原体能训练计划应不同于平原地区，采用合理的高原体能训练方案。要根据海拔高度循序渐进地安排体能训练，负荷强度、负荷量及复杂性动作要逐渐增加，并尽量少做一些静力性动作，避免长时间站立导致血液集中到下肢，回心脏和大脑的血流量减少容易发生晕厥、意识不清，严重者甚至休克。

（三）加强有氧能力训练的准备

在高原适应和体能训练中，心肺功能适应是最关键的因素。心肺功能是摄氧和转化氧气成为能量的能力，涉及心脏制血及泵血功能、肺部摄氧及交换气体能力、血液循环系统携带氧气至全身各部位的效率，以及肌肉利用氧气的功能。高原对生物体影响的核心因素就是低氧，心肺功能强或有氧能力好的人群，对高原的适应能力相对较强。因此，在平原准备训练或高原训练时要做好充分的有氧训练准备，尤其是在平原环境下，日常训练中就应该加强有氧能力训练，有利于急进高原或常驻高原环境下的适应能力。

延伸阅读

高原长距离负重能力训练

一般高原地区执勤任务区面积大，地点分散，巡逻路线长，加上携带各种设备和装备，以及个人生活用品和其他物资，在长距离的行军中，这些东西都必须由官兵靠人力来携带，且高原地区山地较多，沟壑纵横，雪季长、积雪厚，交通情况差，需徒步完成，因此长时间、长距离负重能力和抗疲劳能力是必须具备的一种基础能力，以便快速投入到工作中并较好地完成工作任务。

（四）高原体能训练要注重“个体化”

高原体能训练是一个相当复杂的问题，其复杂性主要表现在难以准确把握高原条件下人体承受运动负荷时的功能活动特点和能力。而这种功能活动，由于年龄、性别、训练水平的不同，个体对高原低氧训练具有不同的适应能力，存在较大的个体差异。另外，一般体能训练的运动负荷过大或过小都不会达到理想的训练效果。强度过低刺激小，难以收到成效；强度过大刺激深，对适应和恢复不利。因此，高原体能训练负荷安排要遵照适应-提高的基本原则，根据受训者的性别、年龄、训练水平，安排“个体化”训练负荷。体能水平高的强度可大些，体能水平低的强度则适当减小，以便取得更好、更安全的训练效果。

（五）高原体能训练要注重准备活动

准备活动的目的是通过各种形式的活动，提高中枢神经系统的兴奋性，克服各种技能活动的惰性，增强各器官系统的功能活动，使人体达到适宜运动的水平。不做准备活动或准备活动不充分，以及准备活动的运动量太大，时间过长使体能消耗过多，都容易导致运动损伤发生。而在高原低氧环境下，运动时氧供不足，中枢神经系统的兴奋性较低或明显低于平原，因此做好准备活动提高神经系统的兴奋性，增强氧运输系统的活动，使肺通气量、吸气量和心输出量增加，心肌和骨骼肌中的毛细血管网扩张，工作肌能获得更多的氧供应。同时，高原气温低于平原，做好准备活动使体温适度升高，降低肌肉的黏滞性并增强弹性，预防运动损伤。特别是在高原冬季，早晚的气温较低，更要注重热身活动，时间还应适当延长。

一般准备活动要根据年龄特点、训练水平、个人习惯、气候季节以及运动项目特点的情况而定。准备活动时间应占运动总时间的 10% ～ 20%，但不宜超过 30 min，避免时间过长造成体力消耗过多影响正常训练运动。准备活动强度应控制在最大运动心率的 60% ～ 70%，以微微出汗及自我感觉已活动开为宜，既要把躯干、肢体的大肌肉群和关节充分活动开，同时也要注意各个小关节的活动。另外，锻炼基础较好、运动持续时间较短或天气寒冷时，准备活动的强度可大一些，时间可稍长些；如果锻炼基础较差、运动持续时间较长或天气炎热时，准备活动的强度要小一些，时间也可短一些。

（六）高原体能训练要做好伤病预防工作

由于高原自然环境气候寒冷，风沙大，一天内天气多变，8 月也有可能下雪，加之高原低氧等对人体的影响，高原训练易出现感冒、肠胃紊乱、受伤等现象。因此，要根据高原自然环境、气温变化特点合理着装，注意防寒保暖和预防感冒，有必要穿上长袖上衣防晒，并做好面部防晒工作，防止紫外线晒伤。要注意训练时寒风对肠胃的刺激和高原的饮食习惯，预防肠胃紊乱。高原气候干燥，太阳辐射强，体力消耗大，以及高原低氧引起呼吸频率增加，使水分从肺的丧失增加，再加上缺氧利尿、冷利尿等因素影响，容易发生脱水。研究认为，失水达到体重的 2% 时，运动能力下降 20% ～ 30%；失水到体重的 4.3% 时，VO_{2max} 就要下降 27%。水分排出过多，血浆浓缩，血流慢，心率增加，当血浆容量减少 12% 时，心率增加 20 次 / 分；缺水严重时，体温升高，肌肉收缩能力下降，易发生疲劳。Carson 指出，在水分发生变化的时候，也是急性高原病最可能发生的时候。因此，应高度重视高原体能训练时水分的丢失，并给予合理的水分补充，以便维持体重的稳定，保持血浆容量，维持一定的体温，保证心率正常，预防高原疾病，促进早日习服。补水原则一般是每日补充 2 ～ 3 L，最好能补充含有电解质的低糖运动饮料。

（七）加强营养补充和保证充足睡眠

在高原环境下，保持营养平衡对于适应和维护健康非常重要，在高原体能训练中更要注意饮食。高原体能训练能量消耗大，要根据各种能源物质的消耗情况及时补充，要摄取各种营养物质，保持膳食平衡，并随运动量的增加适当增加糖、蛋白质的量。高原环境容易导致消化系统和免疫系统的功能下降，饥渴感会减小，限制摄入难消化的食物、产气性的食物和饮料，要多吃易消化的食物，保证足够的能量摄入，应以高蛋白和碳水化合物为主。蛋白质是组织修复和增强免疫功能的关键，可以选择瘦肉、鱼类、家禽、豆类、坚果和乳制品等。碳水化合物是身体主要的能源来源，对于在高原环境中维持能量和耐力至关重要，要食用复杂的碳水化合物，如全谷物、米、面包、意面和蔬菜，以保持稳定的能量供应。适量的脂肪有助于维持身体的能量和保护细胞，如橄榄油、鱼油、坚果和种子等。还应加强富含维生素 C、维生素 B、β- 胡萝卜素、锌和铁等微量元素和抗氧化剂食物的补充，以维持身体的正常功能，提高免疫系统和减轻缺氧的影响，如红肉、豆类、绿叶菜。并禁止空腹和饭后立即运动，餐后休息 2 h 再运动训练。同时随着高原适应和体能训练以及身体反应的特殊营养需求，可适当调整饮食。

在高原环境下要保证充足的睡眠。充足的睡眠是消除疲劳和恢复体力的重要手段，能使人体能量储备、神经组织、细胞得到充分恢复。每天睡眠时间应不少于 8 h，并随训练负荷增加睡眠时间（8 ~ 10 h），合理安排上午、下午训练间隔，保证午休时间。

同时，在高原环境下要采取积极性的手段，以促进疲劳的消除和体能的恢复。例如，自我按摩、互相按摩等按摩手段可促进血液循环，减少乳酸堆积，减轻心脏负担，对防止肌肉僵硬、加强关节灵活性和恢复体能具有积极作用。淋浴和桑拿等浴疗恢复手段，可促进血液循环，加速人体新陈代谢，有利于体内营养物质的运输和疲劳物质的排出，还有促进睡眠和放松的作用。音乐、游戏以及心理恢复等，也可以转移精神紧张及注意力，缓解疲劳情绪。

参考文献

[1] 班固．西域传［M］．北京：中华书局，1962．

[2] 川初清典，中川功哉，晴山紫惠子，等．滑雪项目高原训练［C］．甘肃：体育科研，2000．

[3] 杜佑．通典卷［M］．北京：中华书局，1988．

[4] 冯连世．高原训练及其研究现状［J］．体育科学，1999（6）：66-71．

[5] 付远扬．高原训练指南［M］．北京：人民体育出版社，1993．

[6] 傅利华．略评亚历山大东征［J］．内蒙古民族师院学报，1996（4）：43-45．

[7] 格日力．高原医学［M］．2 版．北京：北京大学医学出版社，2020．

[8] 韩久瑞，郑伟涛，王季安，等．划船运动在高原训练中的流体力学问题［C］．全国体育科学大会，1997．

[9] 和伦高娃，格日力．第七届国际低氧会有关急性高山病（AMS）的协议［J］．高原医学杂志，1992（3）：2．

[10] 侯勇．体能主导类耐力项目有氧耐力训练理论与方法［J］．商情（科学教育家），2008（1）：183-184．

[11] 李济国．高原高寒士兵智能体能训练评价技术研究与应用［D］．成都：电子科技大学，2023．

[12] 李天岗，杨进．短跑运动员高原训练初探［J］．中国体育教练员，2002（3）：41-42．

[13] 李岳．低温作业对机体生理功能的影响［J］．职业卫生与病伤，2001，16（1）：28-29．

[14] 梁永勤，惠文栋．高原环境对汽车发动机性能影响分析［J］．内燃机与配件，2021（15）：2．

[15] 林华，魏海燕，韩祖斌．增龄与骨骼肌退变［J］．中华骨科杂志，2001，21（1）：53-55．

[16] 刘玉娥．基于运动生物力学的速度灵巧类项目在高原环境下的达标能力研究［J］．兰州文理学院学报：自然科学版，2017，31（4）：4．

[17] 马福海，樊蓉芸，巴桑卓玛．高原运动医学基础与应用［M］．北京：北京大学医学出版社，2021．

[18] 马福海，冯连世．高原实用问答［M］．北京：人民体育出版社，2008．

[19] 马福海，王发斌，樊蓉芸，等．青海省国民体质监测报告［M］．西宁：青海人民出版社，2004．

[20] 马福海．高原比赛中有关问题的研究［J］．广州体育学院学报，2008，28（2）：81-83．

[21] 马福海．青藏高原自行车拉力赛对运动员心脏功能的影响［J］．广州体育学院学报，2003（2）：2．

[22] 潘同斌，施永凡，李金玲．低氧对体成分及骨骼肌蛋白质分解代谢的影响［J］．首都体育学院学报，2005，17（3）：3．

[23] 蒲金炎．塞里氏应激反应学说［J］．中华医学杂志，1963，49（10）：670-672．

[24] 普鲁塔克．希腊罗马名人传［M］．席代岳，译．北京：北京时代华文书局，2020．

[25] 祁继良，樊蓉芸，郝少伟，等．高原低氧环境复合健身运动对人体运动能力促进的研究［J］．青海体育科技，2017，56（2）：14．

[26] 山本正嘉．高原对人体运动的影响［J］．体育科学（日本），1990，40（6）：431-436．

[27] 王建设．健康体适能理论与应用［M］．北京：人民体育出版社，2010．

[28] 王青．高原训练［M］．北京：人民体育出版社，2007．

[29] 王荣辉，邢文华，刘桂华，等．模拟不同海拔高度低氧训练对大鼠腓肠肌 LDH 和 MDH 活性的影响［J］．体育科学，1998（5）：77-78．

[30] 魏巍，黄昕．对高原训练生理学基础的分析与讨论［J］．体育时空，2016（21）：152-154．

[31] 魏文辉．高原肺水肿发病特点及其防治［J］．人民军医，1992（4）：3．

[32] 翁庆章．高原训练及其研究新动向［J］．国外体育动态，1997（24）：189-200．

[33] 翁锡全，王朝格，林宝璇．冷环境与运动能力的生化分析［J］．中国体育教练员，2019，27（2）：31-33．

[34] 萧惠连．红细胞生成素概况［J］．生命的化学，1992，12（3）：1．

[35] 杨进．短跑运动员高原训练初探［J］．田径，2003（10）：40-41．

[36] 于赓哲．疾病与唐蕃战争［J］．历史研究，2004（5）：39-52．

[37] 于赓哲．中国古代对高原（山）反应的认识及相关史事研究——以南北朝、隋唐为中心［J］．西藏研究，2005（1）：1-9．

[38] 张颂歧．高原训练基础研究综述［J］．国外体育科学，1996（1）：21-26．

[38] 张天熙，段宝林．高原训练对运动能力影响的机制［J］．武汉体育学院学报，2002，36（5）：56-58．

[40] 张彦博．高原疾病［M］．西宁：青海人民出版社，

1984.
[41] 赵鸥，潘敬安，张燕. 自行车运动员高原训练强度监控的研究 [J]. 北京体育大学学报，2005，28（5）：634-636.
[42] 赵鸥，张燕. 高原训练的起源及历史回顾 [J]. 怀化学院学报，2004，23（5）：114-116.
[43] 赵士筠. 运动生物化学 [M]. 天津：天津体育学院出版，1986.
[44] 赵玮琳，焦广发，石晓苏，等. 浅谈低温环境对运动功能的影响 [J]. 现代医学与健康研究电子杂志，2018（13）：145.
[45] 周为. 对高原训练研究现状及未来发展趋势的探析 [J]. 科教文汇，2008（2）：208.
[46] 朱锦屏. 西藏六十年大事记 [M]. 北京：商务印书馆，1960.
[47] CHRISTOU M，SMILIOS I，SOTIROPOULOS K，et al. Effects of resistance training on the physical capacities of adolescent soccer players [J]. J Strength Cond Res，2006，20（4）：783-791.
[48] DESPLANCHES D，AMAMI M，DUPRé-AUCOUTURIER S. Hypoxia refines plasticity of mitochondrial respiration to repeated muscle work [J]. Eur J Appl Physiol，2014，114（2）：405-417.
[49] NARICI M，FRANCHI M，MAGANARIS C. Muscle structural assembly and functional consequences [J]. J Exp Biol，2016，219（Pt 2）：276-284.
[50] REEVES J T，GROVES B M，SUTTON J R，et al. Operation Everest II：preservation of cardiac function at extreme altitude [J]. J Appl Physiol，1987，63（2）：531-539.

第四章

高原体能训练的组织方法

组织高原体能训练要根据专项运动训练的规律和特点，在科学诊断起始状态和预测目标的基础上，结合训练条件、科研指导力量、医务监督水平及后勤保障能力，预先做好的理论设计，这是达到训练目标的有效途径。

第一节　高原体能训练计划的基本要求

高原体能训练计划是参训者对训练活动的预先设计，是开展各项体能训练的具体安排，是组织体能训练的基本条件，也是对体能训练过程控制的重要手段。高原体能训练计划通常根据上级训练指示和训练大纲的要求，结合本部门、本单位的作战任务、军事训练水平、保障能力、武器装备和地理环境等实际情况拟制。

一般训练计划分为综合计划和专项计划。综合计划包括年度、阶段、月和周计划；专项计划包括演习、集训和其他专项训练活动的组织、实施计划。训练计划形式主要有文字叙述式、表格式、网络式和地图注记式，常用的是表格式和网络式。用文字叙述利于自由、充分地表达指导者对训练工作的认识和设想，便于体现和反映指导者独有的风格；用图表表述则简洁明晰，便于纵向和横向比较。

一、作用和过程

凡事预则立，不预则废。计划就是“预”的一项重要内容，是高原体能训练过程中的重要决策和科学管理的目标。高原体能训练计划是在科学诊断团体和个体的形态、功能、素质、心理、运动技能和战术技能的基础上，对未来的训练过程事先做出的理论设计，为实现目标状态而选择的状态转移途径。体能训练计划的制定是对体能训练过程实施有效控制的基础，把体能训练过程的目标具体化为若干独立而又彼此联系的训练任务，逐一、逐步地接近、直至完成训练的总目标。同时使高原体能训练过程的指导者、实践者、科研工作者、医务监督人员、行政管理人员及后勤人员等所有参与者统一认识和行动，并围绕着所制定的高原体能训练计划贯彻与实施。另外，通过制定和实施高原体能训练计划，可以对高原体能训练的各环节及其状况做出适宜的评定，以保证高原体能训练过程顺利完成。同时，高原体能训练计划制定也是让指导者和受训者明确努力的方向，充分调动积极性和创造性，增强凝聚力，有助于形成充满活力、积极向上的集体。

一般情况下，运动训练过程是运动训练活动在时间维度上的表现，是人体的体能能力从训练起始状态成功地转移为训练目标状态的一个完整的运动训练过程，不论其包含的时间跨度多大，如多年训练、年度训练以及阶段训练，其训练过程都应包括起始状态的诊断、目标状态的建立、训练计划的制定、训练活动的实施、训练效果的检查评定以及训练目标的实现等基本环节及相应的反馈调控系统（图 4-1-1）。组织者与受训者的

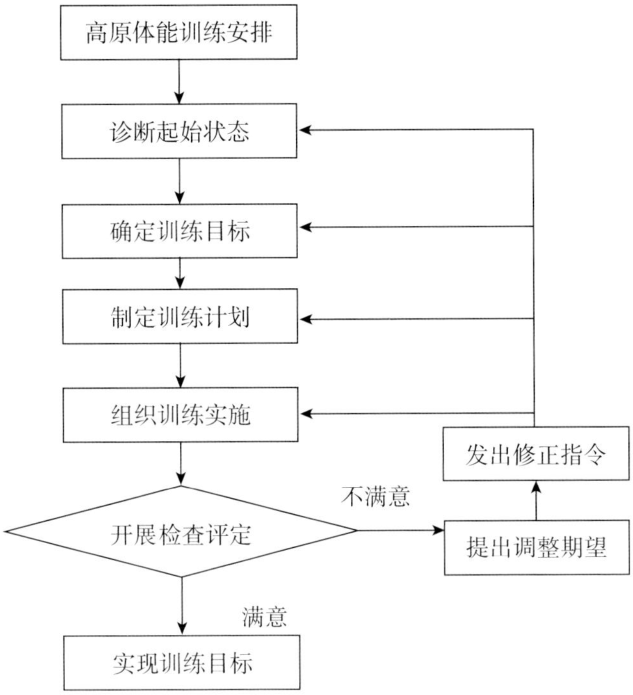

图 4-1-1　高原体能训练计划的过程

训练关系建立之后，就应按照这一结构模式有序地实施训练活动，而一切管理、信息、医务、科研、后勤等方面的工作都需围绕这一基本模式组织实施。

二、基本内容

不同类型的训练计划在内容上各有侧重，并有特定的要求。但由于不同时间跨度的运动训练过程的基本结构一致，因此不同类型的训练计划的设计也有许多基本的共同点（图 4-1-2），主要包括掌握高原地理环境特点，诊断团体或个体基础运动能力和健康状态，划分训练阶段和确定训练指标及任务，确定训练负荷的动态变化趋势和要求，选择训练方法和手段，制定恢复措施，规划检查评定训练效果的内容、时间及标准等。根据以上这些内容，在高原体能训练过程中又可以划分为准备部分、实施部分和控制部分（图 4-1-3）。

（一）准备部分

高原体能训练计划的准备部分在训练计划中具有全局性的整体决策属性，体现了训练过程的基本轮廓，具有战略意义。准备部分包括训练阶段的划分及各阶段训练任务的确定，对团体或个体基础水平的诊断，以及训练目标的建立。团体或个体基础水平的诊断和训练目标的建立这两项工作既是训练过程中的两个独立的重要环节，又是训练计划中不可缺少的组成部分。在制定具体的训练计划时，这两项内容起着重要的先导作用，为训练计划的制定提供必需的信息和依据。

（二）实施部分

高原体能训练计划的指导性部分包括选择训练方法和手段、制定恢复措施等。主要为训练的具体手段和负荷的大小，并用于计划具体的训练

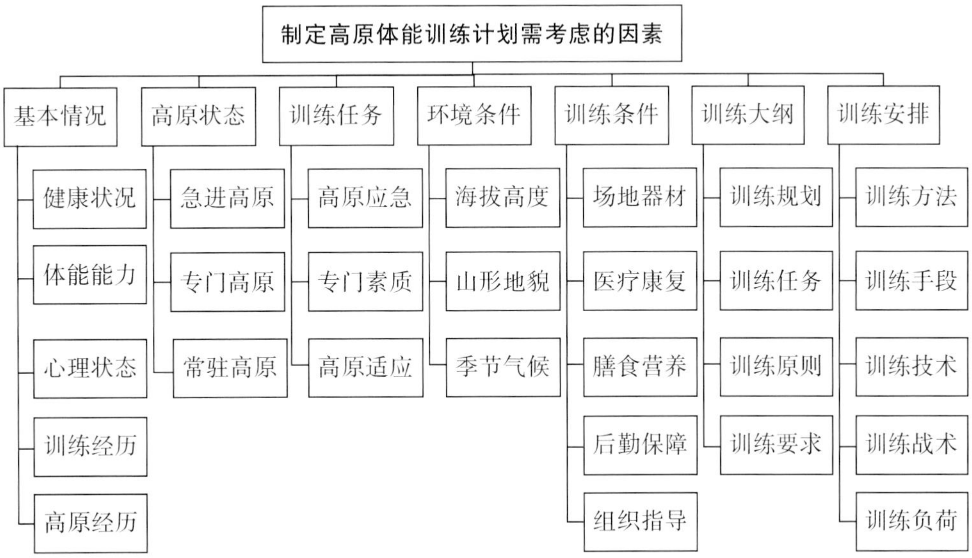

图 4-1-2　制定高原体能训练计划需考虑的因素

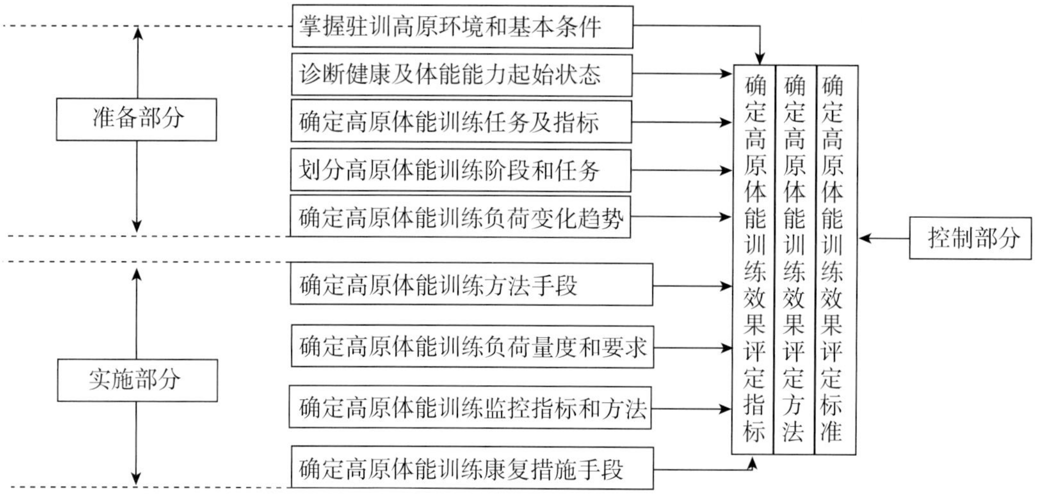

图 4-1-3 高原体能训练计划的基本内容和流程

活动，但需要更多地考虑高原体能专项运动的特征和个体特点，同时不可忽视制定相应的训练恢复措施。

（三）控制部分

要想对高原体能训练过程实施有效的控制，必须掌握反映高原体能训练过程进行情况的信息，而这些信息只能通过有计划的检查评定，通过及时、准确、客观和可靠的训练诊断才能获得，进而通过这些检查和评定的信息掌握训练情况，成为安排和调整训练计划的依据。因此，要把计划和组织训练过程中的检查评定列入训练计划之中，这是控制高原体能训练过程的重要特点。

三、制定依据

在制定高原体能训练计划时，既要考虑到实现目标的需要，又要考虑到主、客观条件的可能。

（一）训练目标

训练目标是对活动预期结果的主观设想，是为了实现由基础水平向目标水平转移这一根本任务而选择和设计最适宜的方法。高原体能训练的目标就是向参与者提出高原体能训练的终极目标，即通过高原体能训练所要达到的目标或取得的效果，一般包括阶段性指标、体能能力指标等。因此，在制定高原体能训练计划时，必须考虑实现高原体能训练目标的需要。通过高原体能训练的目标制定，一方面激发训练主体的责任感和拼搏进取的精神，另一方面是为制定年、阶段等训练计划提供参考依据，让训练过程的每一个环节、每一个活动都围绕着高原体能训练目标的实现而展开。另外，高原体能训练目标也是评定训练效果的重要依据，若高原体能训练的效果与目标相符，说明训练计划的制定与实施符合训练任务的基本要求；如果团体或个体训练效果与训练目标的要求不相符，则需要及时地对各相应环节进行调节和修正，从而完成对整个训练过程的有效控制。

（二）基础水平

基础水平状态就是指团体和个体在高原体能训练前的起始水平和基本条件，是高原体能训练过程的出发点和基础，包括健康状况、身体素质、运动水平、体能能力、训练经历、高原经历等。高原体能训练计划必须符合团体和个体基础水平和现实状态，这样受训者也能较好地承担和接受高原体能训练的安排和负荷，还可以明显提升体能能力。

（三）客观规律

高原体能训练计划必须符合高原运动训练的客观规律，包括运动训练过程的连续性与阶段性，高原体能训练负荷下机体的适应性与劣变性，高原体能训练组织的集群性和个体性，高原体能训练过程的多变性与可控性等基本特性，以及技术、战术和各种运动素质本身的结构特点和发展特点。

依此制定高原体能训练的基本原则、方法和手段，并应用于高原体能训练实践之中。

（四）客观条件

高原体能训练计划客观条件是组织实施训练活动的重要基础，包括高原环境、海拔高度、季节、训练场地条件、器材的质量与数量、营养条件、康复条件等。要根据训练大纲、训练规划、训练任务要求和训练客观条件等，必须充分考虑这些因素制定训练计划。

四、计划类型

依据高原体能训练不同任务、不同阶段、不同内容等，高原体能训练计划主要包括急进高原体能训练计划、专门性高原体能训练计划、常驻高原体能训练计划。专门性高原体能训练计划和常驻高原体能训练计划包括年度、阶段（月）、周和课训练计划；急进高原体能训练计划包括应急、演习、集训及其他专项训练活动的组织实施计划。按照高原体能训练的时间跨度可分为多年训练计划、年度训练计划、阶段（月）训练计划、周训练计划和课训练计划（表4-1-1）。多年训练计划及年度训练计划主要用于安排较长时间的系统训练，属于具有全局意义和战略性的规划，计划的内容也是框架式的，不需要过于详尽，它在实施过程中的要求相对稳定。周训练计划与课训练计划都是训练实施的具体计划，其内容比较详细，并且在训练中有较多调整、修正等变化。

（一）多年或年度训练计划

多年训练计划是由持续时间为2～4年的年度训练计划组成，通常年度训练计划是组织系统训练过程的基本单位，是从事系统训练不可或缺的重要部分，包括基础性的训练任务、目标和周期。在高原体能训练中，主要以年度训练计划为主，年度训练计划是围绕全年高原体能训练任务和要求，在充分了解团体或个体训练经历、高原经历和现实水平的基础上而制定的。年度训练计划一般包括一个周期（阶段）或者多个周期，即一年内可以开展一次（单周期）、两次（双周期）或多次（多周期）高原体能训练，每个周期均应包含平原（低海拔地区）准备期、高原训练期和平原（低海拔地区）过渡期。多年或年度训练计划不是一成不变的，应根据团体或个体对高原体能训练的实际反应及时进行调整。

1．高原体能训练年度单周期训练计划基本模式　高原体能训练年度单周期训练安排计划就是将全年训练按一个完整的大周期组织实施。采用年度单周期训练主要受训练任务及要求，或者由于受高原气候条件限制，每年仅可安排一次高原体能训练。高原体能训练年度单周期训练安排计划包含平原（低海拔地区）准备期、高原训练期和平原（低海拔地区）过渡期。平原训练的主要目的是提高机体的力量、速度、有氧、无氧等基础体能能力和全面发展水平，改善心肺系统功能，保持健康水平。而高原体能训练的目的是提高高原环境的适应能力，以及高原环境下的工作和作战能力。年度单周期训练计划的主要特征是各阶段训练时间较为充足，承担的运动负荷有两个高峰期，分别在平原准备期后期和高原训练期后期，其基本模式见表4-1-2。

2．高原体能训练年度双周期训练计划基本模式　高原体能训练年度双周期训练安排计划就是将全年训练按两个完整的大周期组织实施，也是现代竞技体育常用的训练模式。一般情况下，随

表4-1-1　高原体能训练计划的主要特征

类型	适用范围	时间	特点
多年训练计划	系统训练	2～4年	战略性、框架性、稳定性
年度训练计划	系统训练	1～3个大周期	一定的战略性、框架性、稳定性
阶段（月）训练计划	阶段训练	0.5～6个月	一定的框架性、稳定性、战术性、具体化
	中短期集训	2～25周	
周训练计划	训练实施	7天或3～20次课	战术性、具体化、多变性
课训练计划	训练实施	0.5～4 h	战术性、具体化、多变性

表4-1-2 高原体能训练年度单周期训练计划基本模式

负荷趋势	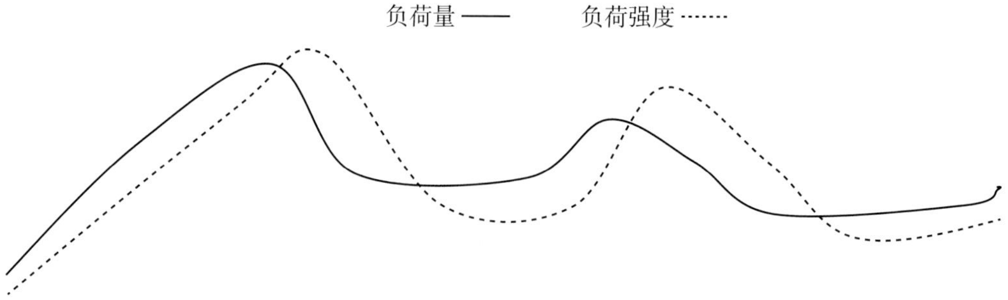		
月	1 2 3 4 5	6 7 8 9	10 11 12
训练阶段	第一阶段	第二阶段	第三阶段
训练时期	平原（低海拔地区）准备期	高原训练期	平原（低海拔地区）过渡期
主要任务	提高身体全面发展水平，改善心肺系统功能；提高力量、速度、耐力、灵敏性等基础体能水平；提高和改善技术、战术水平；提高心理素质；保持健康水平	提高高原环境的适应能力；提高有氧代谢能力和机体对缺氧的耐受力，提高大脑对缺氧的适应性和稳定性；提高力量、速度、耐力、灵敏性等基础体能水平；提高高原环境下的工作和作战能力；培养心理韧性	休养调整；保持日常训练和作息；保持较高水平的有氧能力和体能水平
检查评比	✓ ✓ ✓	✓ ✓ ✓ ✓	✓
体能指标	身体素质 专项能力 健康水平 心理能力		

注：体能指标主要指经过阶段训练后，身体素质、专项能力、健康水平、心理能力所要达到定性或定量的目标或成绩指标

着多次、反复上高原，人体对高原的适应速度和程度均可获得改善，此现象也被称为“人体对高原的记忆”。因此，多次反复上高原进行适应性训练，对提高人体快速适应高原环境的能力以及提高在高原环境下的工作和作战能力具有积极作用。

在双周期训练安排上，一般是由两个短周期组成，均包含平原（低海拔地区）准备期、高原训练期和平原（低海拔地区）过渡期。平原训练的主要目的是提高机体的力量、速度、有氧、无氧等基础体能能力和全面发展水平。高原训练的目的是提高对高原环境的适应能力，以及在高原环境下的工作和作战能力。两个周期的训练安排方式可以基本一致，但第1个周期的时间跨度可以长于第2周期，但运动负荷规律是逐步增加，即随着反复上高原和对高原适应能力增强，负荷量和负荷强度逐步增加。

由于年度双周期训练时，一年内两次上高原，所以在具体时间安排上可以根据训练任务或要求，安排在不同的季节进行，以适应高原不同的环境和气候。一般第1周期高原体能训练安排在冬春季，第2周期安排在夏秋季。另外，平原地区一般均处于高温、高湿环境，可采取高原与高温、高湿地区交叉训练，以达到综合训练的目的。其基本模式见表4-1-3。

（二）阶段（月）训练计划

阶段（月）训练计划包括阶段计划和月计划，一般月计划也指阶段计划，两者之间的主要区别在计划持续时间的不同。

高原体能阶段训练计划持续时间不一，短则半个月，长则5～6个月，也有一个季度的训练计划。根据训练内容的不同，阶段训练计划是由相互连续的若干个阶段组合而成，是针对性更强的训练计划，包括平原（低海拔地区）准备期、高原训练期和平原（低海拔地区）过渡期，在总体结构上与年度训练计划的周期相似。从高原体

表4-1-3　高原体能训练年度双周期安排计划基本模式

负荷量——　　负荷强度……

负荷趋势	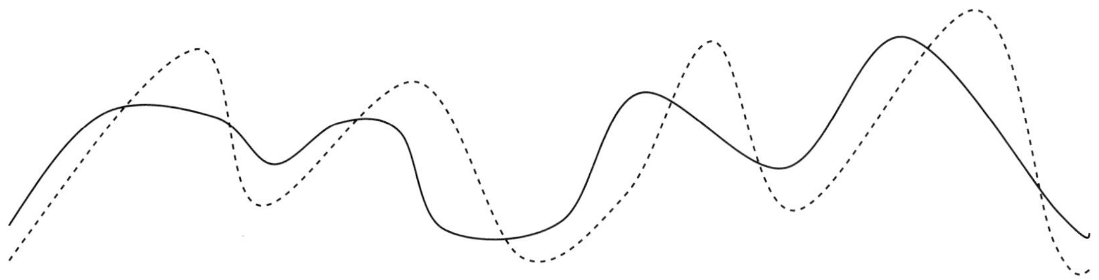											
月	1	2	3	4	5	6	7	8	9	10	11	12
训练周期	第一周期						第二周期					
训练时期	平原（低海拔地区）准备期		高原训练期		平原（低海拔地区）过渡期		平原（低海拔地区）准备期		高原训练期		平原（低海拔地区）过渡期	
主要任务	提高身体全面发展水平，改善心肺系统功能；提高力量、速度、耐力、灵敏性、心理素质等基础体能水平和能力；提高和改善技术、战术水平；保持健康水平		提高高原环境的适应能力；提高有氧代谢能力和机体缺氧耐受力；提高力量、速度、耐力、灵敏性等基础体能水平和能力；培养心理韧性		恢复调整；提高力量、速度水平		提高身体全面发展水平；提高力量、速度、耐力、灵敏性、心理等基础体能水平和能力；提高和改善技术、战术水平；保持健康水平		提高高原环境的适应能力；提高高原环境下技术、战术的应用水平；提高高原环境下的工作能力和作战能力		休养调整；保持日常训练和作息；保持较高水平的有氧能力和体能水平	
检查评比	✓	✓	✓	✓	✓	✓	✓	✓	✓		✓	
体能指标	身体素质 专项能力 健康水平 心理能力											

注：体能指标主要指经过阶段训练后，身体素质、专项能力、健康水平、心理能力所要达到定性或定量的目标或成绩指标

能训练的角度来看，阶段训练计划更具阶段性和独立性，特别是在临时或紧急赴高原执行任务的情况下，经常需要组织这种中短期的临时集训。

高原体能月训练计划持续时间常为 2 ～ 6 周，一般由多个相互连接的小周期组合而成，但通常由高原适应期、高原训练期两个阶段（共 4 周）组合而成。一般情况下，在高原体能训练 4 周后，机体已完全适应高原环境和训练，所以月训练计划常在初上高原的第 1 个月安排，随后的安排可根据任务以及适应等情况开展专门性训练。

阶段（月）训练计划具体安排基本模式见表 4-1-4。

（三）周训练计划

周训练计划是训练过程中相对完整而又经常重复的单位，不同类型的周训练小周期组合在一起，是组成阶段训练中周期的基础。周训练计划持续时间从 3 天到 1 周不等，每周 5 ～ 10 次课，包含具体的训练目标，如每周训练的课次、训练负荷的强度、量，以及具体的方法手段等。周训练计划负荷在安排上具有一定的节奏型变化，每周可以分为 2 ～ 3 个小周期，每个小周期由 2 ～ 3 次训练课组成，周训练计划的课密度主要取决于机体的发展水平、为训练所安排的时间、训练任务和训练阶段等因素。高原体能训练周训练计划基本模式见表 4-1-5。我国优秀竞走运动员高原体

表4-1-4 高原体能阶段（月）训练安排计划基本模式

周	1	2	3	4
主要任务	改善呼吸功能和有氧能力，提高高原适应能力；为尽快适应并有效地开展高原训练做准备	提高身体功能能力和有氧耐力能力；逐步增加负荷量和强度，使机体逐步适应高原大强度的训练，具备完成较大负荷的劳动和作战要求的能力	全面提高身体功能和专项能力；达到最大负荷量和强度，使机体负荷进入最佳适应状态，具备完成最大负荷的劳动和作战要求的能力	巩固和提高专项能力，以改善技术动作为主，并开展检查评估；适应性减量调整训练，积极恢复，消除生理和心理疲劳
训练安排	训练手段以原地或行进间徒手操、慢跑为主，发展肌肉耐力的各种身体练习；训练原则以小量多课次，小或中等强度进行有氧耐力，达到训练量的积累作用	训练手段以耐力和专项体能训练为主，同时逐步增加力量、速度等练习，以球类、游戏等发展灵敏性、协调性；训练原则以增加训练课的次数，提高训练强度，接近或达到平原的训练水平，但应避免连续高强度的负荷刺激训练	训练手段以大负荷耐力和专项训练为主，增加力量、速度的训练，并以高强度的球类和游戏的形式发展全面身体能力；训练原则以提高专项训练强度和专项运动能力为主，但注意对缺氧反应的个体差别，因人而异地安排训练	训练手段主要以提高专项体能能力和改善技术为主；训练原则为负荷量可适当降低，为下一阶段训练做准备；通过专项体能竞赛等形式检查评估高原适应能力和体能训练效果
负荷趋势	大 中 小 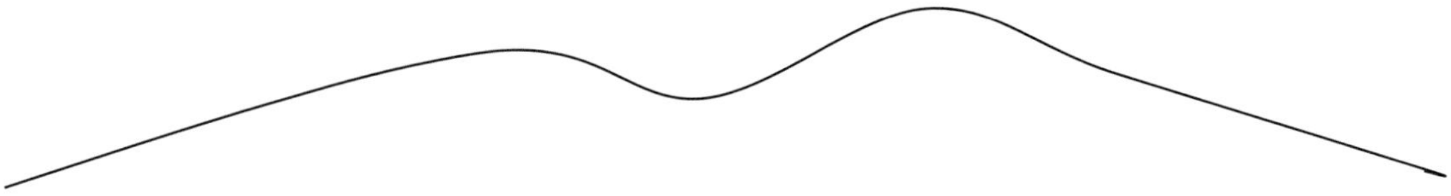			
备注	初上高原注意预防感冒以及水土不服等	通过科学监测和个体主观感觉，观察受训者对高原体能训练的适应情况	注重运动负荷的合理安排，防止运动损伤发生	科学合理安排检查评估的项目及时间

能训练周训练计划见表4-1-6。

表4-1-5 高原体能训练周训练计划基本模式

星期	主要任务	主要手段	负荷程度	周期
一	耐力	体操、有氧跑5 km	小	第1个小周期
二	力量	游戏、短距离冲刺、起动跑；中小结合力量训练	大	
三	专项体能	专项体能训练	中	
四	耐力	体操、有氧跑10 km	中	第2个小周期
五	速度、爆发力	球类游戏、短距离冲刺、起动跑	小	
六	专项体能	专项体能训练	大	
日	休息			

(四)课训练计划

课训练计划是训练计划中最基本的结构单位，一般由1～3 h的训练组成，也包括1天训练中针对几种不同的训练内容安排多节训练课，1天训练1～2次，时间可以安排在早上或下午进行。一般课训练计划包括准备部分、训练部分、结束部分。

1．准备部分 准备部分是在开始练习之前，有组织地引导或指挥例行热身运动，为接下来的训练做好准备。运动热身是所有运动训练的重要组成部分，其主要目的是为后续的运动做好生理和心理准备，避免运动损伤的发生，减少损伤的风险系数。有效的热身包含一般热身、静止肌肉拉伸、动态肌肉拉伸、短距离冲刺起动、行进间跳跃、徒手对抗等内容。准备活动的时间为10～15 min，动作由简单和轻松开始，循序渐进提高负荷强度和难度，使身体和心理达到较佳状态。

2．训练部分 训练部分是一堂体能训练课计划的主要内容，是达到体能训练目的的主要途径，是通过实施运动计划中的体能训练，使身体维持在相对较好状态下持续运动锻炼的过程，从而锻炼其功能适应能力，提高功能潜力，提高体能水平。

表4-1-6　我国优秀竞走运动员高原体能训练周训练计划

队组	竞走	负荷总量	112 km	地点	××
训练时间	6月19日至6月23日	训练周期	第24周	训练阶段	赛前
任务与要求	调整，做好夏训前期训练工作；集中精力进入下半年赛事备战训练；确定本人赛事目标，并全力实现预定目标；备战全国竞走锦标赛		上周小结	本周训练整体水平有提高，其中××较为突出，专项课突破了本人最好训练水平。前期感冒、伤病等逐步康复，并能保证正常训练。每晚自我放松、治疗、学习按时有序进行	

星期		一	二	三	四	五	六	日	星期		一	二	三	四	五	六	日
强度	大						√		量	大		√		√			
	中		√		√	√				中						√	
	小	√		√				√		小	√		√		√		√

	早操	上午	下午	晚上
周一	–	有氧训练 10 km 速度训练 200 m × 10	有氧训练 5 km 体能综合素质训练 60 min	文化学习 放松康复
周二	–	间歇段落训练 400 m × 30 放松慢跑 3 km	有氧训练 5 km 功能性训练 60 min 柔韧拉伸、放松跑	棋牌游戏 放松康复
周三	–	有氧训练 10 km 专项技术训练	有氧训练 5 km 身体素质训练 70 min 放松活动	文化学习 放松康复
周四	–	有氧训练 15 km 速度训练 200 m × 5	调整休息	读书会 放松康复
周五	–	有氧训练 10 km 柔韧拉伸	有氧训练 5 km 体能综合素质训练 70 min 柔韧拉伸、放松	文化学习 放松康复
周六	–	有氧训练 20 km 修正技术训练	有氧训练 5 km 身体力量素质训练 50 min 放松活动	休息
周日	–	有氧训练 10 km 专门性训练	调整休息	队组会
备注	加强生活管理和兴奋剂防范，并打好年度赛事			

3．结束部分　每一次训练课的训练部分结束后，要安排一定内容和时间进行整理活动，这就是结束部分。通过整理活动，使身体功能由激烈的运动状态逐渐恢复到相对安静状态，其作用是使人体激烈的肌肉活动逐渐得到松弛，心血管和呼吸系统紧张的功能活动逐渐缓解，减轻疲劳程度，促进体力恢复，避免出现因突然停止运动而引起的心血管系统、呼吸系统、自主神经系统的不良症状，如头晕、恶心、重力性休克等。整理活动的时间一般应在 5 min 以上。整理活动的内容、运动负荷和动作相对缓和，精神和肌肉相对放松，并通过体操、慢跑、动态和静态拉伸来恢复体力。我国优秀竞走运动员高原专项体能训练课训练计划见表 4-1-7。

（五）规范化量表

高原体能训练规范化量表是系统、规范、简明和集中反映相关情况不可缺少的手段，也是高原体能训练的重要组成部分（表 4-1-8 ～ 表 4-1-14）。在制定训练计划、组织实施训练、检查评估

表4-1-7 我国优秀竞走运动员高原专项体能训练课训练计划

训练内容	训练手段	要求	心率（次/分）
准备部分（25 min）	徒手操：上肢、下肢、腰腹活动，3 min 热身慢跑 1 km，8 min 动态热身及拉伸活动：10 min 行进间踢腿，15 m × 3 弓箭步走，15 m × 3 小步跑，15 m × 3 跨步跳，15 m × 3 交叉步跑，15 m × 3 冲刺跑，15 m × 3 专项技术动作练习，5 min	调动神经系统和激活目标肌肉	130 ~ 160
基本部分（80 min）	加速走，50m × 5	无要求	
	专项段落训练：	间歇训练	
	600 m × 2，间歇 3 min	2'32" ~ 2'35"	180 ~ 185
	400 m × 8，间歇 2 min	1'42" ~ 1'45"	190 ~ 195
	200 m × 12，间歇 1 min	40" ~ 42"	190 ~ 200
	匀加速技术走 2 km	无要求	
结束部分（15 min）	放松慢跑 2 km 行进间整理操 瑜伽垫静态拉伸	积极性恢复，放松肌肉、消除乳酸	

训练效果时，要善于应用规范化量表，或根据具体情况自行设计相关量表，对高原体能训练进行管理，便于更加准确和清晰地反映相关情况，分析和掌握训练的变化和规律。

表4-1-8 高原体能训练基本情况测试表

类别	测试内容及项目	年份	年份	
			第1次	第2次
形态	身高（cm）			
	体重（kg）			
	BMI（kg/m^2）			
	……			
功能	安静心率（次 / 分）			
	最大心率（次 / 分）			
	血红蛋白（g/L）			
	肺活量（ml）			
	……			

续表

类别	测试内容及项目		年份	年份	
				第1次	第2次
素质	一般素质				
	专项素质				
技术	合理性				
	稳定性				
战术	自我发挥				
	对抗能力				
心理	注意力				
	意志品质				

表4-1-9　高原体能训练年度训练计划表

队组								年份					
主要任务													
阶段划分													
月份		1	2	3	4	5	6	7	8	9	10	11	12
检查评定													
负荷	量												
	强度												
负荷变化趋势（负荷量、负荷强度）													
训练内容													
恢复措施													
备注													

表4-1-10　高原体能训练周训练计划表

队组		日期	
星期	早 / 上午	晚 / 下午	
星期一			
星期二			
星期三			
星期四			
星期五			
星期六			
星期日			

表4-1-11　高原体能训练课训练计划表

队组		日期	
训练任务		负荷	
训练内容	训练手段	要求	心率（分 / 次）
准备部分			
基本部分			
结束部分			

表4-1-12　高原体能训练生理生化指标测试结果反馈表

<table>
<tr><td colspan="2">队组</td><td colspan="4"></td><td colspan="2">日期</td><td colspan="3"></td><td colspan="2">测试人员</td><td></td></tr>
<tr><td colspan="2" rowspan="2">姓名</td><td colspan="11">指标</td><td rowspan="2">分析与评价</td></tr>
<tr><td>Hb（g/L）</td><td>RBC（$\times 10^{-12}$/L）</td><td>HCT（%）</td><td>WBC（$\times 10^{-9}$/L）</td><td>CK（U/L）</td><td>BUN（mmol/L）</td><td>T（ng/dl）</td><td>C（nmol/L）</td><td>Fe（ng/ml）</td><td>VC（ml）</td><td>其他</td></tr>
<tr><td>1</td><td></td><td></td><td></td><td></td><td></td><td></td><td></td><td></td><td></td><td></td><td></td><td></td><td></td></tr>
<tr><td>2</td><td></td><td></td><td></td><td></td><td></td><td></td><td></td><td></td><td></td><td></td><td></td><td></td><td></td></tr>
<tr><td>3</td><td></td><td></td><td></td><td></td><td></td><td></td><td></td><td></td><td></td><td></td><td></td><td></td><td></td></tr>
<tr><td>4</td><td></td><td></td><td></td><td></td><td></td><td></td><td></td><td></td><td></td><td></td><td></td><td></td><td></td></tr>
<tr><td>5</td><td></td><td></td><td></td><td></td><td></td><td></td><td></td><td></td><td></td><td></td><td></td><td></td><td></td></tr>
<tr><td>6</td><td></td><td></td><td></td><td></td><td></td><td></td><td></td><td></td><td></td><td></td><td></td><td></td><td></td></tr>
<tr><td>…</td><td></td><td></td><td></td><td></td><td></td><td></td><td></td><td></td><td></td><td></td><td></td><td></td><td></td></tr>
</table>

表4-1-13　高原体能训练课测试结果反馈表

姓名			日期			反馈人员			
训练任务			主要训练手段			成绩要求			
一、监测内容及结果									
训练项目 1	成绩		运动心率（次 / 分）	最高		最低		平均	
			恢复心率（次 / 分）	即刻		3 min		5 min	
			RPE						
训练项目 2	成绩		运动心率（次 / 分）	最高		最低		平均	
			恢复心率（次 / 分）	即刻		3 min		5 min	
			RPE						
……			……						
血尿素（mmol/L）		训练后			晨恢复				
肌酸激酶（U/L）		训练后			晨恢复				
尿蛋白（U/L）		训练后			晨恢复				
……									
二、分析评价									

注：RPE 为主观体力强度感觉程度分级（rating of perceived exertion）的缩写，代表本体感觉的运动强度，范围从 6（无劳累）到 20（非常辛苦）

表4-1-14　高原体能训练年度训练负荷统计计划表

统计内容		本年度		下一年度	
		全年	周平均	全年	周平均
总体统计	年度训练总日数				
	年度高原训练总日数				
	训练课次				
	训练时数				
	检查测验次数				
主要负荷内容	……				
	……				
	……				
	……				
本年度 / 次存在的主要问题					
下年度 / 次拟采取的主要措施					
下年度 / 次发展预测					

第二节 高原体能训练计划的制定与实施

一、平原准备期训练

(一)基本要求

1．主要任务 打好体能训练基础，改善呼吸功能和有氧能力，全面提高人体的功能水平和健康水平，为尽快适应高原环境和投入正常训练做好准备。

2．主要内容 包括有氧和无氧运动能力、力量、速度和专项体能训练。

3．训练周期 一般平原准备期为2～4周，每周5～6次训练，每天1次、每次1小时，若有早操训练，可安排一些一般性活动、柔韧性、灵敏性训练。如平原准备期时间不足，可适当缩减各阶段训练内容和时间，但总的负荷安排结构不变。

4．训练安排 运动负荷安排为训练量较大、强度中等的训练，包括有氧和无氧运动能力、力量、速度和专项体能等训练，以改善呼吸功能、有氧能力以及健康水平，提高体能储备，打好专项训练基础。总体负荷量为中大，最大运动心率保持在160～180次/分。

(二)训练安排

1．第1周训练

(1)第1周是基础性体能恢复训练阶段，主要任务以基础性体能恢复训练为主，包括基础柔韧性、一般耐力、力量以及灵敏性训练，为适应大负荷、大强度训练打下基础。

(2)主要训练部分时间60～90 min，最大心率140～160次/分，周训练负荷量为中等。

(3)主要训练手段为柔韧性、灵敏性、上下肢、腰腹力量、弹跳爆发力、一般耐力训练。具体安排见表4-2-1。

2．第2周训练

(1)第2周是提高全面体能训练阶段，主要任务为提高全面体能训练，除保证柔韧性、灵敏协调性训练外，增加较大负荷的专项耐力训练和专项力量训练，增加负荷量和负荷强度，重点提高力量、耐力、心肺功能水平，使体能达到较高水平。

表4-2-1 平原准备期第1周训练安排

星期	训练内容	训练手段	基本要求	运动负荷
一	柔韧性、一般耐力、基础力量训练	徒手操、慢跑、静力性拉伸、游戏、上下肢及腰腹自重力量训练	基本训练部分时间60 min，心率控制在140～150次/分，最大运动负荷控制在60%～70%	小
二	柔韧性、一般耐力、基础力量训练	徒手操、慢跑、静力性拉伸、游戏、上下肢及腰腹自重力量训练	基本训练部分时间60 min，心率控制在140～150次/分，最大运动负荷控制在60%～70%	小
三	柔韧性、一般耐力、基础力量训练	徒手操、慢跑、静力性拉伸、游戏、上下肢及腰腹自重力量训练，3 km跑	基本训练部分时间60 min，心率控制在140～160次/分，适当增加中等负荷的力量和耐力训练，最大运动负荷控制在70%～80%	中
四	柔韧性、一般耐力、灵敏协调性训练	徒手操、慢跑、行进间动力性拉伸、游戏、上下肢及腰腹自重力量训练	基本训练部分时间60 min，心率控制在140～150次/分，最大运动负荷控制在60%～70%	小
五	柔韧性、一般耐力、基础力量训练	徒手操、慢跑、行进间动力性拉伸、游戏、障碍追逐、上下肢及腰腹自重力量训练	基本训练部分时间60 min，心率控制在140～150次/分，最大运动负荷控制在70%～80%	中
六	放松调整性训练	各类游戏或球类比赛	基本训练部分时间60 min，心率控制在120～140次/分，最大运动负荷控制在60%～70%	小
七	休整			

（2）主要训练部分时间 60 ～ 120 min，最大心率 150 ～ 180 次 / 分，训练负荷达到最大的 75% ～ 85%。周训练负荷量为中到大水平。

（3）主要训练手段为柔韧性、灵敏协调性、专项耐力、专项力量训练。具体安排见表 4-2-2。

3．第 3 周训练

（1）第 3 周为全面提高体能训练巩固阶段，主要为全面提高和巩固体能训练，增加最大负荷的专项耐力训练和专项力量训练，重点提高专项水平、心肺功能和力量水平。

（2）主要训练部分时间 60 ～ 120 min，最大心率 160 ～ 180 次 / 分，训练负荷达到最大的 90% ～ 95%，周训练负荷量为大。

（3）主要训练手段为灵敏性、力量、专项耐力和专项力量训练为主，包括 3 km 跑、5 km 或 10 km 负重越野跑等。具体安排见表 4-2-3。

4．第 4 周训练

（1）第 4 周是调整恢复阶段，保持负荷强度不变，逐步减少负荷量，避免过度训练引起的疲劳积累，并通过积极性恢复调整，保持良好的身体训练水平和较佳体能状态，为上高原做好体能、心理等各方面准备。

（2）主要训练部分时间 60 ～ 90 min，最大心率 160 ～ 180 次 / 分，保持最大负荷强度，但负荷量逐步减少为最大的 50% ～ 60%，周训练负荷量为小。

（3）主要训练手段游戏、球类活动、专项耐力和专项力量训练，包括 5 km 跑或 5 km 负重越野跑等。具体安排见表 4-2-4。

二、高原训练

（一）基本要求

1．主要任务　高原体能训练主要任务是严格遵循高原体能训练规律，发展高原环境下的全面身体和专项身体素质和能力，促进高原低氧环境的适应能力，提高技术能力、战术能力、心理素质，达到最佳工作或作战状态，以较好的精神状态完成高原环境下不同的工作任务。

2．主要内容　包括有氧运动能力、力量、速度和专项体能训练。

3．训练周期　一般高原体能训练周期为 4 周，每周 5 ～ 6 次训练，每天 1 次、每次 1 h，若有早操训练，可安排一些一般性活动，如柔韧性、灵敏协调性训练。如高原居留时间较短，可适当缩减个阶段训练内容和时间，但总的负荷安排结构不变。

整体来看，高原体能训练一般分为高原适应期（5 ～ 7 天）和高原训练期（第 8 ～ 28 天）两个大阶段。

高原适应期主要是提高高原适应能力，并为

表4-2-2　平原准备期第2周训练安排

星期	训练内容	训练手段	基本要求	运动负荷
一	一般耐力、基础力量训练	徒手操、慢跑、静力性拉伸、游戏、上下肢及腰腹自重力量训练	基本训练部分时间 60 min，心率控制在 140 ～ 150 次 / 分，最大运动负荷控制在 60% ～ 70%	小
二	一般耐力、基础力量训练	徒手操、慢跑、静力性拉伸、游戏、上下肢及腰腹自重力量训练	基本训练部分时间 60 min，心率控制在 140 ～ 160 次 / 分，最大运动负荷控制在 60% ～ 80%	中
三	有氧耐力、基础力量训练	徒手操、慢跑、静力性拉伸、游戏、专项耐力、专项力量训练，5 km 跑	基本训练部分时间 60 min，心率控制在 140 ～ 160 次 / 分，适当增加大负荷的力量和耐力训练，最大运动负荷控制在 80% ～ 90%	大
四	一般耐力、灵敏协调性训练	徒手操、慢跑、行进间动力性拉伸、游戏或球类活动	基本训练部分时间 60 min，心率控制在 140 ～ 150 次 / 分，最大运动负荷控制在 60% ～ 70%	小
五	专项耐力、专项力量训练	徒手操、慢跑、行进间动力性拉伸、游戏、障碍追逐、专项耐力、专项力量训练、5 km 负重越野	基本训练部分时间 60 min，心率控制在 160 ～ 180 次 / 分，最大运动负荷控制在 85% ～ 95%	大
六	放松调整性训练	各类游戏或球类比赛	基本训练部分时间 60 min，心率控制在 120 ～ 140 次 / 分，最大运动负荷控制在 50% ～ 60%	小
七	休整			

表4-2-3 平原准备期第3周训练安排

星期	训练内容	训练手段	基本要求	运动负荷
一	一般耐力、基础力量训练	徒手操、慢跑、静力性拉伸、游戏、上下肢及腰腹自重力量训练。	基本训练部分时间 60 min，心率控制在 140 ~ 150 次 / 分	小
二	一般耐力、专项耐力和力量训练	徒手操、慢跑、静力性拉伸、游戏、专项耐力、专项力量训练	基本训练部分时间 60 min，心率控制在 140 ~ 160 次 / 分	中
三	有氧耐力专项训练	徒手操、慢跑、静力性拉伸、游戏、障碍追逐、5 km 跑	基本训练部分时间 60 min，心率控制在 160 ~ 180 次 / 分，负荷强度达到个人最好成绩 90%	大
四	灵敏协调性训练	徒手操、慢跑、行进间动力性拉伸、游戏或球类活动	基本训练部分时间 60 min，心率控制在 140 ~ 150 次 / 分	小
五	专项耐力和专项力量训练	徒手操、慢跑、行进间动力性拉伸、游戏、5 km 或 10 km 负重越野	基本训练部分时间 60 min，心率控制在 160 ~ 180 次 / 分，负荷强度达到个人最好成绩 95%	大
六	放松调整性训练	各类游戏或球类比赛	基本训练部分时间 60 min，心率控制在 120 ~ 140 次 / 分	小
七	休整			

表4-2-4 平原准备期第4周训练安排

星期	训练内容	训练手段	基本要求	运动负荷
一	一般耐力、基础力量训练	徒手操、慢跑、静力性拉伸、游戏、上下肢及腰腹力量训练	基本训练部分时间 60 min，心率控制在 140 ~ 150 次 / 分	小
二	专项基础耐力和专项力量训练	徒手操、慢跑、静力性拉伸、游戏、专项耐力、专项力量训练	基本训练部分时间 60 min，心率控制在 140 ~ 160 次 / 分	中
三	有氧耐力专项训练	徒手操、慢跑、静力性拉伸、游戏、5 km 跑或 5 km 负重越野跑等	基本训练部分时间 60 min，心率控制在 160 ~ 180 次 / 分，负荷强度达到个人最好成绩 95%	大
四	放松调整性训练	徒手操、慢跑、行进间动力性拉伸、游戏或球类活动	基本训练部分时间 60 min，心率控制在 140 ~ 150 次 / 分	小
五	放松调整性训练	徒手操、慢跑、游戏或球类活动	基本训练部分时间 60 min，心率控制在 140 ~ 150 次 / 分	小
六	放松调整性训练	各类游戏或篮球、足球比赛	基本训练部分时间 60 min，心率控制在 120 ~ 140 次 / 分	小
七	休整			

下一训练阶段积累一定的负荷量和强度。训练安排的总体特点是小运动量、多课次，并以一般有氧能力训练为主，在提高有氧能力的同时逐渐加大训练量和强度，一般可用柔韧性、完善技术动作练习，并开展上肢肌肉力量练习、自我练习。

高原训练期主要是提高体能水平和运动能力，形成良好的身体训练水平和较好的运动状态。此阶段机体已基本适应高原环境，可转入正常训练至负荷高峰训练。训练主要为中等或中等以上强度的有氧耐力训练，结合混氧和速度训练，以及发展肌肉耐力的各种身体练习。总的原则是负荷安排量增至最大，训练强度按照 80% → 90% → 95% 逐级递增。但应避免连续高强度的负荷刺激训练，训练安排要有一定的节奏感和灵活性，要大小结合、快慢结合、劳逸结合，保证高原体能训练的安全与健康。

（二）训练安排

一般情况下，受训者进入高原的海拔为2000 ~ 5000 m不等，居留的时间也有所不同。从高原运动生理学、高原训练的理论研究和实际运用等情况来看，海拔1200 ~ 2000 m为高原体能训练的较低高度，海拔2000 ~ 2500 m为高原体能训练的中等高度，海拔2500 m以上为高原体能训练的较高高度。在高原环境下比赛，由于运动的因素，个体的“生理当量高度”比这一海拔高度还要高一些，一般海拔相差400 ~ 500 m，人体的适应能力和运动表现能力就有明显的差别，训练计划的制定因海拔高度的不同而有所不同。另外，由于一般人体进入海拔3000 m以上的地区易引起生理功能剧烈变化，3000 m的海拔也是易发生高原病或高原适应不全症的症状带。

1．第1周训练 第1周为体能适应阶段。一般初到高原，低氧分压会引起人体各系统功能发生暂时的紊乱，出现失眠、头晕、头疼、心慌、气急、恶心、呕吐、腹泻等高原不适症状，同时肺通气量、最大供氧量和无氧阈值水平下降，运动心率上升，极限下最大负荷强度下降，协调能力下降，反应时延长，机体整个功能状况明显下降，而且疲劳快、恢复慢。这是高原体能训练中必须经历的一个过程，只是时间长短不一。有的人适应期约2 ~ 4天、有的人适应期约5 ~ 8天或7 ~ 9天，甚至有人会出现不适应高原环境的现象。这取决于个体对低氧的耐受性、运动水平、高原体能训练经历以及海拔高度等因素，有多次高原体能训练经历者可适当缩短高原适应的时间。

（1）第1周的主要任务是高原适应性训练，一般为体能能力训练、熟悉技术动作和改进技术、培养专项节奏感及频率，在提高有氧能力的同时，逐渐加大训练量和强度。主要目的为尽快适应高原环境和提高一般体能水平，保持健康状态，为进入高原体能训练阶段累积一定的负荷量和强度。

（2）训练安排的总体原则是小运动量，多课次。一般安排柔韧性、完善技术动作、上下肢肌肉力量练习、自我练习为主，并采用匀速训练手段以及发展肌肉耐力的各种身体练习。基本训练部分时间60 ~ 90 min，最大心率140 ~ 160次/分，负荷量和强度为平原的50% ~ 60%，周训练负荷量为小。

（3）主要训练手段为一般安排徒手操、柔韧性、一般性耐力、专项技术动作、上下肢肌肉力量练习、自我练习。具体安排见表4-2-5。

表4-2-5 高原体能训练第1周训练安排

星期	训练内容	训练手段	基本要求	运动负荷
一	柔韧性、技术动作、基础力量训练	徒手操、慢跑、静力性拉伸、专项技术动作、上下肢及腰腹自重力量训练	基本训练部分时间60 min，心率控制在140 ~ 150次/分，最大运动负荷控制在40% ~ 60%	小
二	柔韧性、一般耐力、基础力量训练	徒手操、慢跑、静力性拉伸、专项技术动作、上下肢及腰腹自重力量训练	基本训练部分时间60 min，心率控制在140 ~ 150次/分，最大运动负荷控制在40% ~ 60%	小
三	柔韧性、一般耐力、基础力量训练	徒手操、慢跑、静力性拉伸、专项技术动作、上下肢及腰腹自重力量训练	基本训练部分时间60 min，心率控制在140 ~ 160次/分，适当增加中等负荷的力量和耐力训练，最大运动负荷控制在40% ~ 60%	小
四	柔韧性、一般耐力、灵敏协调性训练	徒手操、慢跑、行进间动力性拉伸、专项技术动作、上下肢及腰腹自重力量训练	基本训练部分时间60 min，心率控制在140 ~ 150次/分，最大运动负荷控制在50% ~ 70%	小
五	柔韧性、一般耐力、基础力量训练	徒手操、慢跑、行进间动力性拉伸、游戏或灵敏协调性训练	基本训练部分时间60 min，心率控制在140 ~ 150次/分，最大运动负荷控制在50% ~ 70%	小
六	放松调整性训练	各类游戏或球类比赛	基本训练部分时间60 min，心率控制在120 ~ 140次/分，最大运动负荷控制在40 ~ 60%	小
七	休整			

2．第 2 周训练　第 2 周为体能训练前期阶段。一般从上高原后的第 2 周后，随着高原居住时间的延长，机体通过一系列代偿性反应，产生新的适应机制，机体器官、系统的功能基本达到新的动态平衡。一般机体仍保持着较大的通气量，而且工作负荷越大，肺通气量也越明显，呼吸中枢对二氧化碳反应增强，pH 值恢复正常；血氧容量增加，缺氧刺激使促红细胞生成素增多，红细胞压积升高；组织内线粒体增多，毛细血管增生及氧化酶活性增强，组织利用氧的能力提高，耗氧量减少，自我感觉好转，训练水平逐步提升。

（1）这一阶段的主要任务是高原适应性训练，为一般体能能力训练，熟悉技术动作和改进技术，培养专项节奏感及频率，在提高有氧能力的同时，逐渐加大训练量和强度。主要目的为尽快适应高原环境和提高一般体能水平，保持健康状态，为进入高原体能训练阶段累积一定的负荷量和强度。

（2）训练安排的总体原则是小运动量，多课次。一般安排柔韧性、完善技术动作、上下肢肌肉力量练习、自我练习，并采用匀速训练手段以及发展肌肉耐力的各种身体练习。基本训练部分时间 60 ～ 120 min，最大心率 150 ～ 170 次 / 分，负荷量和强度为平原的 50% ～ 70%，周训练负荷量为大。

（3）主要训练手段为徒手操、柔韧性、一般性耐力、专项技术动作、上下肢肌肉力量练习、自我练习等。具体安排见表 4-2-6。

3．第 3 周训练　第 3 周为高原专项体能训练阶段。随着对高原环境和运动负荷的逐步适应，一般能基本接近和达到平原强度和负荷量，但持续时间比平原短，同等速度训练时其生理强度明显高于平原，工作能力低于平原。

（1）第 3 周的主要任务是专项体能训练，主要培养专项节奏感及频率，在提高有氧能力的同时，逐渐加大训练量和强度，形成良好的体能训练水平和较佳的身体状态，达到或满足在高原环境下执行各类应急和日常任务所必需的体能要求。

（2）经过前 2 周的逐渐适应，机体进入较佳的适应状态，可转入正常训练至负荷高峰训练。在训练安排上要提高训练强度，训练强度安排由 80% → 90% → 95% 逐级递增，接近平原或测试时的训练强度和量。总的原则是负荷安排量增至接近平原最大水平，强度安排要根据不同的训练距离或分段有所不同，短距离为平原强度的 95%，长距离约为平原最大强度的 90%，但应避免连续高强度的负荷刺激训练，同时应注意个体对缺氧

表4-2-6　高原体能训练第2周训练安排

星期	训练内容	训练手段	基本要求	运动负荷
一	柔韧性、技术动作、基础力量训练	徒手操、慢跑、静力性拉伸、专项技术动作、上下肢及腰腹自重力量训练	基本训练部分时间 60 min，心率控制在 140 ～ 150 次 / 分，最大运动负荷控制在 40% ～ 60%	小
二	柔韧性、一般耐力、基础力量训练	徒手操、慢跑、静力性拉伸、专项技术动作、3 km 跑	基本训练部分时间 60 min，心率控制在 140 ～ 150 次 / 分，最大运动负荷控制在 40% ～ 60%	中
三	柔韧性、一般耐力、基础力量训练	徒手操、慢跑、静力性拉伸、专项技术动作、上下肢及腰腹自重力量训练	基本训练部分时间 60 min，心率控制在 140 ～ 160 次 / 分，适当增加中等负荷的力量和耐力训练，最大运动负荷控制在 40% ～ 60%	小
四	柔韧性、一般耐力、灵敏协调性训练	徒手操、慢跑、行进间动力性拉伸、专项技术动作、上下肢及腰腹自重力量训练	基本训练部分时间 60 min，心率控制在 140 ～ 150 次 / 分，最大运动负荷控制在 50% ～ 70%	小
五	柔韧性、一般耐力、基础力量训练	徒手操、慢跑、行进间动力性拉伸、游戏或灵敏协调性训练、3 km 跑	基本训练部分时间 60 min，心率控制在 140 ～ 150 次 / 分，最大运动负荷控制在 50% ～ 70%	中
六	放松调整性训练	各类游戏或球类比赛	基本训练部分时间 60 min，心率控制在 120 ～ 140 次 / 分，最大运动负荷控制在 40% ～ 60%	小
七	休整			

的反应存在差别，要因人而异地安排训练。基本训练部分时间 90 ~ 120 min，最大心率 160 ~ 180 次 / 分以上，负荷量和强度为平原的 80% ~ 95%，周训练负荷量为大。

（3）主要训练手段为徒手操、柔韧性、一般性耐力、专项技术动作、上下肢肌肉力量练习、自我练习等。具体安排见表 4-2-7。

4．第 4 周训练　第 4 周为高原体能训练调整阶段。随着对前期的较大负荷和专项训练，机体获得较大的高原适应能力和运动能力，但体能消耗较大，机体产生了一定的疲劳积累。此阶段的训练要有一个减量调整过程，避免疲劳的积累，但要保持一定的较高强度训练，总训练量则逐日下降。

（1）这一周的主要任务是专项体能训练，主要培养专项耐力和专项技术训练，保持较高水平的专项耐力训练，同时逐渐减少训练量，以使机体状态和疲劳得到调整和恢复。

（2）在训练安排上，训练强度基本保持不变，训练负荷量降低。基本训练部分时间 60 ~ 90 min，最大心率 160 ~ 180 次 / 分以上，负荷量为平原的 80%，负荷强度为平原的 90%，周训练负荷量为小。

（3）主要训练手段为专项耐力、力量以及游戏或球类活动等。具体安排见表 4-2-8。

表4-2-7　高原体能训练第3周训练安排

星期	训练内容	训练手段	基本要求	运动负荷
一	柔韧性、技术动作、基础力量训练	徒手操、慢跑、静力性拉伸、专项技术动作、上下肢及腰腹自重力量训练	基本训练部分时间 60 min，心率控制在 140 ~ 150 次 / 分，最大运动负荷控制在 40% ~ 60%	小
二	柔韧性、一般耐力、基础力量训练	徒手操、慢跑、静力性拉伸、专项技术动作、3 km 越野	基本训练部分时间 60 min，心率控制在 150 ~ 170 次 / 分，最大运动负荷控制在 40% ~ 60%	中
三	柔韧性、一般耐力、基础力量训练	徒手操、慢跑、静力性拉伸、专项技术动作、上下肢及腰腹自重力量训练	基本训练部分时间 60 min，心率控制在 140 ~ 160 次 / 分，适当增加中等负荷的力量和耐力训练，最大运动负荷控制在 40% ~ 60%	小
四	柔韧性、一般耐力、灵敏协调性训练	徒手操、慢跑、行进间动力性拉伸、专项技术动作、上下肢及腰腹自重力量训练	基本训练部分时间 60 min，心率控制在 140 ~ 150 次 / 分，最大运动负荷控制在 50% ~ 70%	小
五	柔韧性、一般耐力、基础力量训练	徒手操、慢跑、行进间动力性拉伸、游戏或灵敏协调性训练、5 km 越野	基本训练部分时间 60 min，心率控制在 160 ~ 180 次 / 分，最大运动负荷控制在 50% ~ 70%	大
六	放松调整性训练	各类游戏或球类比赛	基本训练部分时间 60 min，心率控制在 120 ~ 140 次 / 分，最大运动负荷控制在 40% ~ 60%	小
七	休整			

表4-2-8　高原体能训练第4周训练安排

星期	训练内容	训练手段	基本要求	运动负荷
一	专项技术动作、基础、耐力力量训练	徒手操、慢跑、动力性拉伸、专项技术动作、上下肢及腰腹自重力量训练	基本训练部分时间 60 min，心率控制在 140 ~ 150 次 / 分，最大运动负荷控制在 40% ~ 60%	小
二	一般耐力、游戏或球类比赛	徒手操、慢跑、动力性拉伸、专项技术动作、上下肢及腰腹自重力量训练	基本训练部分时间 60 min，心率控制在 140 ~ 150 次 / 分，最大运动负荷控制在 40% ~ 60%	小

续表

星期	训练内容	训练手段	基本要求	运动负荷
三	专项耐力、力量训练	徒手操、慢跑、动力性拉伸、5 km 越野	基本训练部分时间 60 ~ 90 min，心率控制在 160 ~ 180 次 / 分，适当增加中等负荷的力量和耐力训练，最大运动负荷控制在 60% ~ 80%	大
四	柔韧性、一般耐力、灵敏协调性训练	徒手操、慢跑、行进间动力性拉伸、游戏或球类活动	基本训练部分时间 60 min，心率控制在 140 ~ 150 次 / 分，最大运动负荷控制在 50% ~ 60%	小
五	灵敏协调性训练	徒手操、慢跑、行进间动力性拉伸、游戏或灵敏协调性训练	基本训练部分时间 60 min，心率控制在 140 ~ 160 次 / 分，最大运动负荷控制在 50% ~ 70%	小
六	放松调整性训练	各类游戏或球类比赛	基本训练部分时间 60 min，心率控制在 120 ~ 140 次 / 分，最大运动负荷控制在 40 ~ 60%	小
七	休整			

第三节 高原体能训练安排

一、力量训练

力量素质是一切身体活动的基础，通过力量训练可以增强肌肉力量，改善身体形态，同时科学的力量训练还可以维持身体平衡，既可以美体塑形，又可以预防运动损伤。另外，力量训练对改善血糖和预防心血管疾病也有一定作用。力量训练方法较多，但根据实施及对抗阻力的不同，高原体能力量训练主要有负重练习、对抗练习、外阻练习、器械练习、自重练习等。

(一)基本方法

1．负重练习 这种练习主要依靠负荷重量和练习的重复次数刺激机体发展力量素质，可作用于机体任何一个部位的肌肉。负重抗阻力练习的方式多种多样，如运用杠铃、壶铃、哑铃等训练器械，负荷的重量及练习的重复次数可随时调整，是身体素质练习中常用的一种手段。

2．对抗练习 这种练习需要双方力量相当，依靠对方不同肌肉群的互相对抗，以短暂的静力性等长收缩来发展力量素质，如双人顶、推、拉等。对抗性练习不需要任何训练器械及设备，又容易引起练习者的兴趣。

3．外阻练习 外阻练习就是指利用外部环境阻力，如在沙地、深雪地、草地、水中的跑、跳等开展力量训练的方法。这种练习往往所用的力量较大。还有依靠弹性物体变形而产生阻力发展力量素质，如使用弹簧拉力器、橡皮带等。

4．器械练习 器械练习主要是通过特定的器械，如杠铃、哑铃、单双杠、综合训练器等，进行全幅度、多角度及渐进阻力训练的一种方法，包括翻滚轮胎、负重跑步、圆木举、农夫走等（图 4-3-1）。使用器械进行力量训练可以使身体处在各种不同的姿势（坐、卧、立），可直接发展人体所需要的肌肉力量，使训练更有针对性。使用器械还可以减轻心理负担，避免伤害事故的发生。

图 4-3-1 农夫走

但由于对场地和器材要求较高，在组织实施时（尤其是在高原野外或流动性较大时）有一定的难度，在实施中也容易受伤且需要较长时间的技巧学习。另外还有电刺激练习器也可以发展肌肉力量。

5．自重练习　自重练习就是不借助辅助器械，通过自身的重量进行力量训练的一种方法，是靠自身支撑和保持平衡，使身体的各个部位通过自身带来的压力和重力而达到锻炼肌肉和增加力量的作用，并增强身体的控制能力（图4-3-2）。徒手练习项目如俯卧撑、仰卧起坐、双杠臂屈伸、引体向上、台阶跳、纵跳、立定跳远、冲刺跑、倒立推进、自重深蹲等都是自重练习，也是高原体能训练最重要和最常用的方法。该方法在增加力量的同时，还可以提高平衡性和灵活性，也可以使个体更容易坚持锻炼。该方法的主要特点是无需特定的器械、场地等条件，投入少、成本低，且训练安排比较灵活，极易实施。但由于没有渐进的阻力，因而不能针对性地对某一肌肉或肌群进行专门练习。

图4-3-2　自重练习

（二）上肢力量

上肢力量包括手臂、胸、背、腹、腰部等部位的力量，上肢力量是进行一切体育活动的基础，是支撑身体功能的最好途径，运动时发挥着平衡、助力、协调等作用。上肢力量训练不仅可以使肌肉变得更强，而且上肢力量训练也能提升个人的运动能力，使身体更健康，身材更有魅力。上肢肌肉主要有胸大肌、前臂肌肉群、肱二头肌、肱三头肌、三角肌、背阔肌等。

1．自重阻力训练　自重阻力训练主要采用俯卧撑、鳄鱼俯卧撑、倒V字俯卧撑、双人推车等方法。俯卧撑、双人推车锻炼胸大肌、前臂肌肉群、肱二头肌、肱三头肌以及三角肌，也是锻炼全身肌力的训练动作。俯卧撑有助于改善肩胛固定、核心稳定及肩部活动的控制能力，并在应对高强度的对抗性运动时有助于保持身体稳定性。

自重阻力训练一般每个动作每组练习10～25次，做3～5组，自重阻力训练基本模式见表4-3-1。俯卧撑还可以根据运动水平在练习时增加负重，如背上加杠铃片（图4-3-3）、沙袋或穿加重背心等，提高负荷。

表4-3-1　自重阻力训练基本模式

训练方法	练习次数	练习组数
握力	6～12	3～5
俯卧撑	10～25	3～5
鳄鱼俯卧撑	10～20	3～5
倒V字俯卧撑	10～25	3～5
正握引体向上	6～15	2～3
窄握反手引体向上	6～15	2～3

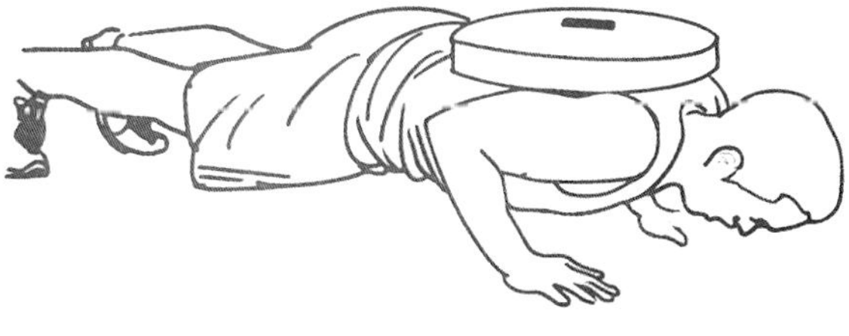

图4-3-3　负重俯卧撑

2．器械训练　器械训练主要有握力、引体向上（正握或反握、宽握或窄握）、双杠臂屈伸、单杠悬吊、甩绳、爬绳索、杠铃（平板仰卧宽距或窄距卧推、史密斯架卧推、俯身划船、硬拉、颈前颈后推举、腕举或臂举）、哑铃（侧举或平举、腕举、仰卧飞鸟、颈后臂屈伸、绕8字）、弯举、拉力器、弹力带、举圆木以及综合训练器等。上肢力量器械训练手段可采用站、坐、俯卧、仰躺等姿势，进行甩、拉、推、举、臂屈伸等动作。

上肢力量器械训练一般每个动作每组练习

表4-3-2　上肢力量器械训练基本模式

训练方法	练习次数	练习组数
哑铃弯举	8 ~ 12	3 ~ 5
甩绳	6 ~ 12	3 ~ 5
杠铃平板卧推	6 ~ 12	3 ~ 5
哑铃侧平举	8 ~ 12	3 ~ 5
引体向上	5 ~ 15	2 ~ 3
杠铃俯身划船	6 ~ 12	3 ~ 5
哑铃颈后臂屈伸（双手 / 单手）	16 ~ 20	3 ~ 5

10 ~ 20 次，做 3 ~ 5 组，还可以根据运动水平安排训练。上肢力量器械训练基本模式见表 4-3-2，训练安排主要为循环练习，每循环 1 次为 1 组。一般每个练习间间歇 20 ~ 30 s，每组间歇 2 min。

（三）下肢力量

下肢肌肉比例占据身体的一半以上，主要包括臀部与腿部两大肌群，而腿部则是全身最大的肌群，占人体肌肉的 70%，根据部位可以分为大腿肌群和小腿肌群两部分。大腿肌群可分为前外肌肉群（股四头肌、缝匠肌、阔筋膜张肌）、后部肌肉群（股二头肌、半腱肌、半膜肌）和内侧肌肉群（大收肌、耻骨肌、短收肌）。小腿肌肉可分为前群肌肉（胫骨前肌、拇长伸肌、趾长伸肌）、外侧肌群（腓骨长短肌）和后群肌肉（腓肠肌、比目鱼肌、腘肌、胫骨后肌）。

下肢力量是全身力量的源泉，包括下肢的平衡性、爆发力、快速移动能力、敏捷性等，但主要体现在力量、速度与耐力三个方面。以直立行走为基本体态的人体结构决定了下肢力量的适用范围更加广阔，同时人体呼吸、循环系统、心脏的锻炼在很大程度上取决于下肢力量的训练强度，单纯的上肢力量训练难以达到锻炼心脏所需的负荷强度，而下肢力量训练对此有着明显的优势和作用，且大腿和小腿粗壮结实、壮硕有力也是身体健康的标志之一。加强下肢力量训练不仅可提升耐力与身体素质，还能通过科学的训练方式快速提升体能和健康水平。下肢力量训练主要是使下肢肌肉有选择性的肥大，即增粗肌纤维，提升肌纤维的收缩能力、收缩速度，便会大幅提升下肢力量。

1．自重阻力训练　下肢力量自重阻力训练主要采用徒手深蹲、保加利亚蹲（图 4-3-4）、单腿蹲起、跳跃（立定跳远、蛙跳、跳台阶、深蹲跳）、弓箭步走、鸭子步走、跑步（10 ~ 30 m 冲刺跑、60 m 跑、100 m 跑、长跑、负重越野）等训练方法。短距离冲刺等可以安排在准备活动时进行，长距离跑或负重越野可作为一堂课的主要训练内容来安排，其他练习内容一般在主要训练内容结束后安排。

徒手深蹲可安排每组 20 ~ 30 次，共 3 ~ 6 组；跳跃（立定跳远、蛙跳、跳台阶、深蹲跳）、弓箭步走每组 20 ~ 30 次，共 3 ~ 6 组；鸭子步每组 30 ~ 50 m，共 3 ~ 5 组。鸭子步行走起来负荷强度和难度较大，练习时腿部疲劳和肌肉酸痛感明显，但有利于培养意志品质。

2．器械训练　器械训练主要有杠铃（深蹲、半蹲、哈克深蹲、硬拉、弓箭步走、提踵）、哑铃（箭步蹲、保加利亚蹲）、负重提踵、仰坐蹬板、农夫走以及综合训练器练习（图 4-3-5）。

图 4-3-4　保加利亚蹲

图 4-3-5　哈克深蹲

训练手段主要采用站、坐、俯卧、仰卧等姿势，进行负重下蹲起、提踵、蹬腿、腿屈伸等方式进行训练。下肢力量器械训练基本模式见表4-3-3，训练安排主要为循环练习，每循环1次为1组。一般每个练习动作完成后间歇20～30 s，每组循环练习结束后间歇2 min。

表4-3-3　下肢力量器械训练基本模式

训练方法	练习次数	练习组数
杠铃深蹲	10～12	3～4
哑铃箭步蹲	12～20	3～4
负重提踵	15～20	3～4
仰坐蹬板	10～12	3～4
俯身腿弯举	10～12	3～4
哈克深蹲	10～12	3～4

（四）腰腹力量

腰腹力量也称为核心力量，所谓核心是人体的中间部位，就是肩关节以下、髋关节以上，包括骨盆在内的区域，是由腰、骨盆、髋关节形成的一个整体，包含腰部前侧肌群腰大肌、腰方肌，外侧肌群有腹外斜肌、腹内斜肌和腹横肌，后侧由浅入深有背阔肌、下后锯肌、夹肌、竖脊肌、横突棘肌、横突间肌、棘突间肌等。腰腹力量起着稳定重心、传导力量等作用，也是整体发力的主要环节，对上下肢的活动、用力起着承上启下的枢纽作用，对运动中的身体姿势、运动技能和专项技术动作起着稳定和支持作用。一般来说，腰腹力量强，运动时姿态优美挺拔，身体控制力和平衡力也强。

1．自重阻力训练　腰腹力量自重阻力训练主要采用仰卧起坐、仰卧举腿、仰（俯）卧两头起、仰卧蹬车、屈腿跳、转体跳、平板支撑、俄罗斯转体、闭眼单脚站立、单腿蹲起等。

每项练习内容可安排每组12～20次，共3～5组。腰腹力量自重训练基本模式见4-3-4，训练安排主要为循环练习，每循环1次为1组。一般每个练习动作完成后间歇20～30 s，每组循环练习结束后间歇2 min。

表4-3-4　腰腹力量自重阻力训练基本模式

训练方法	练习次数	练习组数
仰卧起坐	10～15	3～5
仰卧举腿	10～15	3～5
单腿蹲起	15～20	3～4
俯身登山	10～15	3～4
平板支撑	30 s	3～4
俄罗斯转体	6～12	3～4
俯身两头起	6～12	3～4
闭眼单脚站立	左右脚各60 s	3～4

2．器械训练　腰腹力量器械训练的具体训练手段有跪姿健腹轮、山羊挺身、斜板仰卧起坐、哑铃体侧屈、平衡球（俯卧撑、支撑、跪球平衡）、肋木举腿、跳绳（双摇跳、各种花式跳绳）、轮胎翻滚以及综合训练器等。

每个练习内容可安排每组12～20次，共3～6组，也可以结合综合训练器进行腰腹训练。腰腹力量器械训练基本模式见表4-3-5，训练安排主要为循环练习，每循环1次为1组。一般每个练习动作完成后间歇20～30 s，每组循环练习结束后间歇1～2 min。

表4-3-5　腰腹力量器械训练基本模式

训练方法	练习次数	练习组数
肋木举腿	12～20	3～6
下斜哑铃卷腹	12～20	3～6
翻滚轮胎	6～8	3～6
哑铃体侧屈	12～20	3～6
山羊挺身	12～20	3～6
跳绳	20～30	3～5
综合训练器	12～15	3～6

（五）爆发力

爆发力是指爆发性地运用力量的能力，即人体在克服外界阻力时的输出功率，也就是在最短时间内让人或物体移动最远距离的力量，或是一瞬间能产生的最大力量。爆发力反映了力和速度之间的关系，即爆发力＝（力×距离）/时间。爆发力的实质是指不同肌肉间的相互协调能力，是力量素质和速度素质相结合的一项人体体能素质，必须通过基本力量与速度、技术、灵敏性、协调性的结合才能有效发挥出来。一般来说，所有的运动都需要爆发力，但根据运动时间和性质，爆发力可分为 30 s 内运动的高爆发力、30 s ~ 5 min 运动的中爆发力、5 ~ 15 min 运动的低爆发力三种。根据这种分类，肌力与速度属于高爆发力，肌耐力属于中爆发力，耐力属于低爆发力。一般来说，力量是爆发力的基础，力量的增长有助于爆发力的发展，而提高爆发力可以通过提高力量或者速度得以实现。因此，爆发力训练不能忽视最大力量的训练，同时尽力提高动作速度、灵敏性和协调性。

1．自重阻力训练 爆发力自重阻力训练手段主要有各种弹跳或跳跃、10 ~ 60 m 冲刺跑、立卧撑（即波比跳）、跳深、台阶跳（单双脚、交替跳）、蛙跳、立定跳远、收腹纵跳、跳绳等。

每个练习内容可安排每组 8 ~ 12 次，共 3 ~ 6 组；各种练习内容均要求尽可能快速完成，完成的速度越快越好。爆发力自重阻力训练基本模式见表 4-3-6，训练安排主要为循环练习，每循环 1 次为 1 组。一般每个练习动作完成后间歇 30 ~ 40 s，每组循环练习结束后间歇 2 ~ 3 min，即体能完全恢复再进行下一组训练。

2．器械训练 爆发力器械训练具体的训练手段有杠铃（高翻、高拉、快推、深 / 半蹲跳）、仰卧抛投实心球、轮胎（翻滚、上抛、抗阻冲刺跑）以及综合训练器等。

爆发力器械训练方法主要为增大肌肉的收缩力量和工作距离，缩短工作时间，以小负荷的器械进行快速运动，并在不降低速度的情况下，逐步增大负荷以提高肌肉收缩力量。爆发力器械训练可以变换负荷与速度，加强专业技术训练，提高肌肉的控制能力、动作发力前的放松能力，拉长肌肉的初长度，以产生更快的速度和力量，并需要加强力量练习后的放松练习。

表4-3-6 爆发力自重阻力训练基本模式

训练方法	练习次数	练习组数
跳绳	30 ~ 50	3 ~ 6
立卧撑	8 ~ 12	3 ~ 6
跳箱（单脚或双脚）	8 ~ 12	3 ~ 6
蛙跳	8 ~ 12	3 ~ 6
收腹纵跳	8 ~ 12	3 ~ 6
台阶交替跳	16 ~ 20	3 ~ 6
冲刺跑（10 ~ 20 m）	3 ~ 5	3 ~ 6

一般爆发力器械训练的每个练习内容可安排每组 6 ~ 8 次，共 3 ~ 4 组，也可以结合综合训练器进行。训练强度以最大能完成 6 次的重量为训练强度，以最快速度进行，越快越好。如果练习次数由 6 次提高到 12 次时，应重新测验评估，并相应调整或增加重量，并由 6 次重新开始。爆发力器械训练基本模式见表 4-3-7，训练安排主要为循环练习，每循环 1 次为 1 组。一般每个练习动作完成后间歇 30 ~ 40 s，每组循环练习结束后间歇 2 ~ 3 min。

表4-3-7 爆发力器械训练基本模式

训练方法	练习次数	练习组数
杠铃高翻	6 ~ 8	3 ~ 4
实心球仰卧抛投	6 ~ 8	3 ~ 4
杠铃快推	6 ~ 8	3 ~ 4
杠铃半蹲跳	6 ~ 8	3 ~ 4
综合训练器	6 ~ 8	3 ~ 4
翻轮胎	6 ~ 8	3 ~ 4
轮胎抗阻冲刺跑	20 m	3 ~ 4

（六）注意事项

1．渐增负荷原则 渐增负荷原则是指在力量训练过程中，要对人体施加逐渐递增的训练负荷。一般情况下，人体对训练内容的适应需要几周的时间，当人体经过一段时间训练后，已经适应原来的负荷。因此只有逐渐增加负荷量，使负荷重新成为新的负荷或超负荷，才能不断提高训练效果，体能才会不断得到提高。一般体能训练计划中可以通过多种方式实现渐增超负荷，如适当调整训练的构成变量、改变训练方式、改变训练节奏等，都可有效改变训练刺激。例如，一般力量训练中主要以最大完成 8-RM（RM 为 repetition maximum 缩写，意为最大重复次数）负荷，随着力量的增加，负荷逐步变成可重复 8-RM 以上，直至重复 12-RM 时，就要增加训练的负荷，使新增加的负荷达到 8-RM。这就是“负荷到 8，训练到 12”。渐增负荷要区别对待，如在训练的开始阶段或是力量较弱者，可以采用“负荷到 10，训练到 15”或“负荷到 15，训练到 20”的策略；为了发展绝对肌肉力量，也可采用“负荷到 1，训练到 5”的训练原则。

2．练习顺序原则　按照不同的身体部位、不同的肌肉群、不同的训练内容手段，高原体能力量训练需要按一定的顺序和节奏安排。一般先上肢、再下肢、最后是腰腹力量训练；先练多关节，后练单关节；单一肌群训练时大强度训练在前，小强度训练在后。肌肉群应由大到小安排力量训练，即先练大肌肉群、再练小肌肉群。大肌肉群主要包括胸部肌群、背部肌群、臀部肌群和大腿肌群等。因为当一块肌肉经过训练而增加力量时，身体其他肌肉的力量也会在一定程度上有所增加，因此先练习大肌肉群，这种相互影响会更加明显，而且大肌肉群力量大，即便在先期锻炼后产生疲劳，但在后续小肌肉群训练时也可以起到辅助作用。如果先练小肌肉群，小肌肉群容易疲劳，一块肌肉的疲劳在一定的程度上也可能对其他肌肉的工作能力有所影响。因此，先练习大肌肉群可推迟肌肉疲劳的出现，同时由于小肌肉群更容易疲劳，后续训练中也无力协助大肌肉群，就会影响大肌肉群的训练效果。另外，要加强关节周围肌肉的力量，采用动静结合、以动为主的方法加强关节或肌肉屈伸能力，以及肌肉快速用力的转换能力、协调配合和静控等能力。训练时每个练习动作要尽可能做到“全幅度”，即每次练习都要完整地完成整个动作，不仅有利于刺激关节周围的小肌肉群，还会使肌肉匀称有型，更具有灵活性、协调性。

3．合理安排训练频率　在高原体能训练中，专门的力量训练可每周安排 2 ～ 3 次，每次间隔 1 ～ 2 天。由于力量训练后肌肉至少需要 48 h 来进行休息和恢复，因此在安排力量训练时要重点突出，要采用不同的训练方法、不同的训练手段以及不同的训练内容。例如，每周安排 3 次训练，周一主要安排上肢力量训练，周三主要安排下肢力量训练，周五主要安排腰腹力量或综合力量训练。另外，有些力量训练（如爆发力、冲刺能力、腰腹力量等）也无须专门安排训练，可以与每日的基本训练结合安排，如在基本训练前的准备活动或训练后的结束部分安排，也可以取得较好的训练效果。

4．预防运动损伤　力量训练强度大，对肌肉刺激深，心血管系统负担大，尤其是高原缺氧，能量与氧耗增大，人体极易疲劳，加上高原相对气温低，因此开展大负荷大强度力量训练易造成肌肉拉伤、关节扭伤等运动损伤，以及晕厥、休克等，甚至易诱发高原反应或急性高原病，因此在高原安排力量训练时要做好伤病预防。首先，要做好充分的准备活动；其次，要根据年龄、训练水平以及性别等合理安排训练负荷量、负荷强度、练习方法和练习顺序等；再次，在高原进行力量训练时更要注意呼吸，应采取“发力的过程呼气、放松的阶段吸气”的方法，切忌在力量动作练习过程中屏住呼吸或憋气训练。由于力量训练过程中屏气将会导致胸膜腔内压瞬间增高，严重时可能会引发眩晕、呕吐甚至休克，尤其是高原环境下影响更大。

二、速度训练

速度素质是指人体快速运动的能力，即人体或人体某一部分快速移动、快速完成动作和对外界信号快速做出运动反应的能力，它是人体重要的运动素质之一。由于机体加速度受到身体质量

延伸阅读

关于力量训练的错误观念

力量训练令肌肉绷紧并降低柔韧性?

柔韧性可经科学化及悉心设计的力量训练计划而得到增强。训练中有适当的热身活动、放松运动和全幅度活动练习，力量和柔韧性均会得到相应的提高。

停止力量训练后，肌肉会变成脂肪?

肌肉和脂肪是两种完全不同的身体组织。当停止进行力量训练后，肌肉会出现萎缩；同时随着运动量减少及高热量的摄入，会令脂肪增加，这才是事实。

力量训练会令女性的肌肉增大，显得粗犷?

男性肌肉增大的概率比女性要大。这是因为男性的雄性激素比女性多出 20 ～ 30 倍。再者，肌肉的大小与先天因素有很大的关系。只要训练计划科学，遵照力量训练的原则进行锻炼，女士们大可不必担心。

力量训练会使人行动迟缓?

这刚好是一个相反的观念！力量是运动之源，是发展速度、耐力等素质的基础。强健的肌肉会使身体行动更快和更有速度。

和力量的影响，因此，速度和力量有着密切联系。根据人体在运动时速度素质表现特征的不同，速度素质可分为反应速度、动作速度和移动速度（图 4-3-6），由于这三个方面既有联系又有区别，因此速度素质的训练方法应综合考虑，合理制定训练内容。人体速度形式和影响因素见表 4-3-8。

(一)反应速度

反应速度是指人体对各种信号刺激（声、光、触等）快速做出应答的能力，也就是“反应时”，从给予人体信号刺激到做出应答为止的时间，包括感觉时（接受刺激）和决定时（思维时），是大脑皮质中枢神经系统的反应能力，是反映机体应答能力的主要指标，也是人体对各种刺激发生反应的快慢，如短跑从发令到起动的时间，篮球运动员对球场上瞬间变化情况做出快慢反应等。反应速度以神经过程、反应时为基础，反应时短，反应速度快；反应时长，反应速度慢。一般情况下，准备动作、动作的熟练程度、接受刺激的感受器数量以及年龄都会影响反应时或反应速度。良好的准备动作和熟练的应答动作可以有效地提高反应速度。信号刺激的强度和广度会对机体快

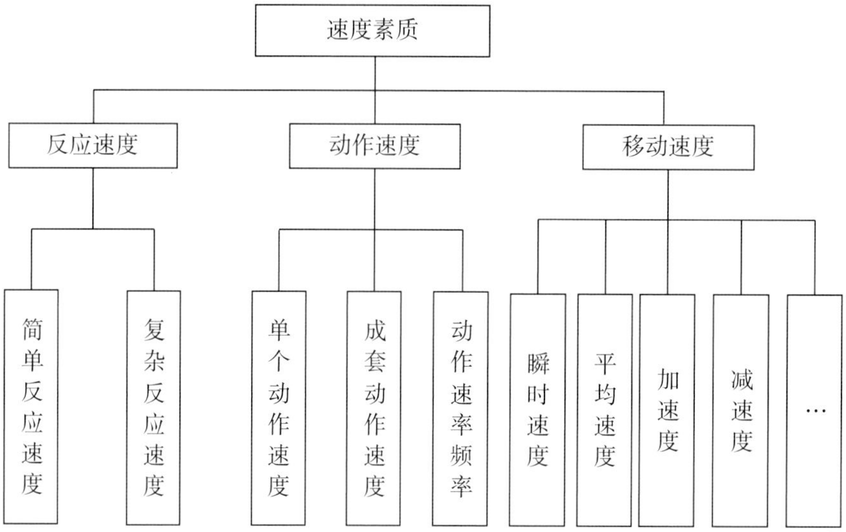

图 4-3-6 速度素质分类

表4-3-8 人体速度形式和影响因素

影响因素	反应速度	活动速度	频率速度	速度力量	速度力量耐力	最大速度耐力
遗传	☆	☆☆	☆☆☆	☆☆	☆	☆
运动技术	☆☆☆	☆☆☆	☆☆☆	☆☆☆	☆☆☆	☆☆☆
注意力	☆☆☆	☆☆☆	☆☆☆	☆☆☆	☆☆☆	☆☆☆
预判能力	☆☆☆	☆☆☆		☆☆	☆☆	
神经激活	☆☆	☆☆☆	☆☆☆	☆☆☆		☆☆
最大力量				☆☆☆	☆☆	☆☆
快肌纤维	☆☆☆	☆☆☆	☆☆☆	☆☆☆	☆☆☆	☆☆☆
其他纤维			☆	☆☆	☆☆☆	☆☆☆
肌肉刚度		☆☆	☆☆☆	☆☆☆	☆☆☆	☆☆☆
无氧乳酸	☆				☆☆☆	☆☆☆
无氧能量储备					☆☆	☆☆

速做出反应产生影响，如视觉和触觉信息的刺激可以促使篮球运动员在篮下做出更快的反应。另外，个性特征、情绪、时间知觉、心理定向等心理因素也影响反应速度，速度感知能力强，可使动作更加协调、准确、迅速，并能随机应变地调节动作，有利于协调肌肉的收缩与放松活动。不同年龄阶段反应速度也有所不同，一般反应速度在 10 ～ 18 岁达最佳水平的 88%，19 ～ 20 岁达最高水平，21 ～ 29 岁保持稳定水平，30 ～ 49 岁仍能保持 97% 的水平。

反应速度的练习包括简单反应速度和复杂反应速度。简单反应速度练习的特点是通过练习尽量缩短视、听、触等感觉的动作反应时间。复杂反应速度练习的特点则是尽量缩短视、听、触等感受的中枢分析选择判别动作反应的时间。

反应速度训练主要表现在训练方法和手段上。在视觉上表现为训练方法和训练手段的外在表现，以及训练器材的颜色、方向变换等；在听觉上表现为语音提示、指导、哨音、练习伙伴的发令、训练伙伴的语言色彩等；在触觉上主要表现在训练器材作用于身体部位的感觉强弱以及训练伙伴施加于运动员身体部位的力。一般来说，适宜、新奇、有趣味、有吸引力的视觉、听觉、触觉训练方法和手段能激发训练的积极性。具体训练方法分为简单和复杂反应速度练习两种，简单反应速度练习包括完整练习、分解练习、变换练习、运动感觉练习等方法；复杂反应速度练习包括移动目标练习、选择动作练习。

1. 简单反应速度练习　简单反应速度是指给被试者单一的刺激，同时要求只作单一的反应。在高原体能训练实践中，简单反应速度往往受到中枢神经系统的兴奋程度，注意力的集中程度，肌肉组织的准备状态，动作技术的掌握程度，对信号特征、时间特征的感受和辨别能力，遗传因素等的制约。简单反应速度练习的方法一般有以下几种。

（1）完整练习：通过利用已经掌握的完整的单个动作或组合动作，尽可能快地对突然出现的信号或突然改变的信号（包括固定信号源和移动信号源，表 4-3-9）做出应答反应，以提高反应能力。例如：发令起跑、发令入水，乒乓球、羽毛球等单一技术的多球练习；篮球固定战术训练等。根据特定信号改变动作方向，如折返跑、听音改变方向或启动；对已知对手的运动做出不同的反应动作，如在运动时根据对手的位置以及动作做出相应的防守、进攻或闪躲等动作；对快速运动目标做出迅速反应，如根据移动中突然变化的口令或信号改变动作的游戏。这种对信号反应的完整练习是高原体能训练中的基础训练，应加以重视。

（2）分解练习：分解练习是指将完整的技术动作或战术配合过程合理地分成若干个环节或部分，然后按环节或部分分别进行训练的方法。由于简单动作反应是通过具体的、有目的的运动动作及其组合来完成的，因此采用分解练习能充分利用动作速度向简单反应速度转移效果。分解练习是相对完整练习而言，且运用完整训练法又不易掌握的情况下，或者技术动作、战术配合的某

表4-3-9　反应速度信号类型

信号类型	方法	举例
固定信号源	单一信号练习	如发令起跑、入水、起滑；乒乓球、羽毛球、排球等单一技术的多球训练；足球固定套路进攻，训练中防守者见到进攻者起动亦立即起动等
	多元信号练习	采用突然变化的应答性动作进行训练。如让运动员根据突然变化的口令或信号改变动作的方式，或使用带有突然性的信号或者口令性的游戏
	选择信号练习	如乒乓球多球训练中，教练员打过来转或不转的球，运动员做出瞬间反应，并打出相应的回球
移动信号源	单一信号练习	如持球篮球运动员听到不同部位传来要球的信号，立即将球传给同伴；拳击手在神经反射练习板前见到任何一个方位出现信号时，立即用手触摸
	多元信号练习	本练习与固定信号源多元信号练习的区别是，练习过程中给出的信号和口令是移动的
	选择信号练习	如利用神经反射练习板，从不同方位发出不同的信号，运动员迅速做出选择性回应

些环节需要较为细致地进行专门训练，使之处于较容易或更为简单的条件，提高分解动作的速度来提高简单反应速度。

分解练习可根据动作的难度和技术要求合理安排。如田径蹲踞式起跑训练时，由于手臂需支撑体重，身体较快离开支撑点有一定的难度，加上蹲踞式起跑技术要求较高，因此反应时间较站立式高姿起跑慢。可采用分解练习，先用高姿起跑，并单独练习对起跑信号的反应速度，然后再逐步过渡到低姿起跑练习，可取得较好的练习效果。

（3）变换练习：变换练习是指通过改变练习的形式让人体在变化的情况下完成练习的方法，如变换运动负荷、练习内容、练习形式以及条件，以提高人体积极性、趣味性、适应性及应变能力。变换练习能有效提高练习积极性和人体各感受器的功能和缩短简单反应的时间，也能避免兴奋不必要的扩散，提高训练的效果。

变换练习安排主要有改变对刺激信号的接收形式，如由视觉接收的刺激信号改变成听觉、触觉的形式；改变回答反应的动作形式，如从跳跃改变为快速启动、由后退改变为前进等。

（4）运动感觉练习：运动感觉是指人体对身体各部分之间相对位置变动的反映，是人体对身体姿势和身体运动的感受或意识，包括对身体各部分（躯干、四肢、头部）所处位置的感觉，对动作的方式、幅度和方向的意识，对动作的速度和平衡性的意识，以及对身体在空间定向的感受。这些信息主要受肌肉、肌腱关节囊和韧带的感受器影响。运动感觉练习是通过提高人体本体感受及对时间空间的感知能力，有效而又一致地完成各种动作技能，来提高反应能力的方法。运动感觉练习也是身体训练与心理训练相结合的一种方法，就是在人体反应过程中，通过提高对微小时间辨别的时间知觉，从而发展反应速度。如果本体运动感觉的清晰度较弱，必须反复练习和经常分析自我感觉，才能获得较为清晰的各种运动感觉。

运动感觉练习对运动实践具有一定的实际意义和非常重要的作用，尤其是对于那些技术性强、难度高的项目，如单杠翻腾动作、高低杠杠间连接及腾跃动作、跳马的各种动作等，要求各感觉中枢与肌肉本体感觉之间建立起空间和时间上精确的协调关系，并形成人与器械、时间、空间融合为一体的“综合感觉”。皮划艇、赛艇和游泳等耐力项目同样需要本体感觉躯体运动的方向、位置，以控制躯体的平衡，在无支撑的状况下，为肢体的运动建立支点，最大限度地增加动力。摔跤和柔道等格斗类项目不仅需要优异的肌肉力量与对手对抗相持，还要在对抗中迅速感知自身的优势和对手的弱点，及时发力战胜对手。

在安排运动感觉练习时，一般首先让训练者以最快的速度对某一个信号或动作做出应答反应，其次是让训练者再以最快的速度对某一个信号或动作做出应答反应，并自我感受所完成的时间与实际完成的时间进行比较，最后要求训练者按事先规定的时间去完成某一反应的训练，以提高其对时间判断的准确性和能力，进而促进其转移到反应速度。

运动感觉练习具体手段有：限定时间内的完成动作频率（如跳绳、跑步和摆臂次数）、快速投篮、快速上篮、快速通过某一障碍物、快速完成某一特定动作等。

2．复杂反应速度练习 复杂反应速度练习包括移动目标练习和选择动作练习。移动目标的反应就是对运动客体的变化做出反应，选择动作的反应主要是根据对手动作变化做出相应反应。

（1）移动目标练习：这是对移动目标（球、对手）的变化做出反应的练习方法。对移动目标产生反应并作出选择，是一个复杂的反应过程，一般分为四个步骤。例如，对球类运动中飞行球的反应，第一步是看到球，第二步是判断球的速度与方向，第三步是选择自己动作的策略或方案，第四步是完成或实现这个策略或方案。再如，面对对手移动或动作的反应，第一步是看到对方，第二步是判断对方移动或动作的位置、速度与方向，第三步选择自己应对的策略，第四步是及时采取措施完成应对策略（图 4-3-7）。

安排移动目标练习时，首先要重视视觉观察移动物体能力的练习，如通过练习不同位置、方向和速度的传球，提高视觉观察移动物体能力。其次通过技术和战术动作的训练加强预判能力的培养，培养预先“观察到”和“盯住”运动物体，以及预先确定运动物体可能移动的方向和速度的能力。最后有意识地增加外部刺激因素，如练习时增加球的数量，多球游戏法练习，安排一对二的训练，同时观察多个移动目标并做出相应反应等。

移动目标练习的具体方法包括球类项目中的防守动作练习，乒乓球、羽毛球、排球等项目的反应速度练习，还可采用练习器和其他专门设备，如射击移动靶等。

（2）选择动作练习：选择动作练习通过对几种复合信号做出选择性判断，只对其中一种信号做出反应来提高反应速度的练习，如实战中对对手的真假动作中的真动作迅速做出判断应答等。这种根据对手动作变化做出相应的动作反应是人体反应与专项运动密切结合的一种形式，专项化程度高，对提高专项运动成绩的作用显著。

选择动作练习安排主要包括两部分。第一部分是在专项练习中使选择的情况复杂化。例如，在练习中增加需做出更多反应的动作，以增加反应过程中的选择面和难度，促进中枢神经系统的分析辨别能力，缩短反应的时间。第二部分是练习中合理利用对手可能做出动作变化的“预先信息”。例如，通过观察对手的姿态、表情、眼神、准备动作、总体风格获得“预先信息”，并根据判断或意识到对手可能采用的动作变化，快速、准确地选择相应的动作来应答。

选择动作练习具体方法主要包括反口令练习、单人防守多人、单人进攻多人、实战练习、各类游戏等。

3．反应速度训练方法

（1）基本反应练习

1）反向信号练习：听口令做对应的相反动作。例如，叫立正，练习者做稍息；叫向左转，练习者做向右转。

2）信号反应练习：发令或听口令、掌声起跑，或起跑后向上跳起并触及高物（图 4-3-8）。

3）快速摆臂练习：持续时间 5 ～ 10 s，反复练习。

4）快速动作练习：最快频率的小步跑、高抬腿跑、半高抬腿跑、后蹬跑、跨步跑、单足跑等。距离 15 ～ 30 m，练习 6 ～ 8 组。

5）组合式起跑练习：小步跑、高抬腿、慢跑、俯卧撑接起动加速跑，做原地或行进间的小步跑、高抬腿跑或慢跑，听到信号后突然加速冲刺 10 ～ 20 m，反复练习。

6）上下坡加速练习：在 2° ～ 3° 的斜跑道上，快速完成上坡或下坡加速跑练习，距离 30 ～ 40 m。

7）转身起跑练习：背对前进方向站立，原地站立或小步跑、高抬腿、俯卧撑，听信号后迅速起立转体 180°，起动加速跑 15 ～ 20 m。以上练习一般每组练习 2 ～ 3 次，重复 2 ～ 3 组，组间休息 5 ～ 7 min。

8）利用电子反应器练习：根据不同的信号灯，用手或脚压、触按钮，记反应时等。

（2）游戏反应练习

1）两人拍击游戏：两人面向开立，听到开始口令后，设法拍击对方背部，而又不被对方击中自己，在规定时间内（每次 1 min 左右），拍击对手多者为胜。

2）反应起跳游戏：练习者围圈，面向圈内站立，圈内 1 ～ 2 人站在圆心附近，手持小树枝或小竹竿（竿长超过圈半径）。持竿者将竹竿绕过站圈人脚下划圆，竿经谁脚下即起跳，不让竿打到脚，被打即失败，失败者进圈换持竿者，持竿者

图 4-3-7　眼手协调反应能力训练

图 4-3-8　信号反应练习

可突变划圈方向，训练其反应。

3）伙伴组合游戏：练习者绕圈跑，听教练口令几人组合，练习者即几人成组，不符合组合人数者为失败，失败者罚做俯卧撑、高抬腿等练习或表演节目。

4）两人追逐游戏：两人相距 2 m 面向站立，按事先的规定一人跑一人追，在 15 ~ 20 m 距离内追上为胜，追不上为败。

5）起动追拍游戏：两人一组，前后相距 2 ~ 3 m 慢跑，听到信号开始加速跑，后者追前者，追上并拍击其背部就停止，要求在 20 m 内追上有效。也可在追赶时，教练发出第二个信号，让两人转身互换追赶。

6）贴膏药游戏：练习者若干人，成两人前后面向圈内站立围成一圆圈，左右间隔 2 m。两人在圈外沿圈跑动追逐，被追者可跑至某两人的前面站立即贴膏药，则后面的第三者即逃跑，追者即改追这第三者，如被追上为失败。

（3）球类运动反应练习

1）橄榄球练习：可以将篮球、排球、足球当做橄榄球，多人组合分为两组，每组人数不限，以橄榄球运动的抱球跑、抛球、接球、躲闪等形式进行反应训练。

2）单人追球练习：双手推滚球，接着起跑追赶滚动球的练习；双手向前上抛出球，接着跑出追赶并接住球的练习。

3）猎人与野鸭练习：把游戏者分成猎人和野鸭两队。猎人站成一圆圈，互相间隔两臂长，猎人脚前划一大圆圈（圈的大小根据人数的多少）。野鸭站圈内，1 ~ 2 名猎人手持排球。猎人在圈外用球掷野鸭，或可用传球袭击野鸭，野鸭在圈内闪避来球，被击中的野鸭退出游戏，直至野鸭打尽。互换角色。要求猎人不能进圈，不能击打野鸭头部。

4）抢球练习：用篮球、排球、足球或实心球围成一个圆圈，球数比练习人数少 1 个，游戏开始时练习者绕球圈外慢跑，听到信号各人就近抢球，未抢到被淘汰，并去掉一球继续进行。每进行一轮，成功者得一分，得分多为胜。

5）反应突变练习：练习者听不同信号做各种滑步、上步、交叉步、移动、转身、急停、接球、上步接、垫或踢球等模仿练习。

6）接传来球练习：几人从不同方向给一人供传球，一人接不同方向的来球。

7）抢接球练习：几人成一排，一人向身后抛球，练习者快速起动抢接球。

8）抢断球练习：传不同方向的球，练习者随时起动抢断球。

4．注意事项

反应速度是人体对各种信号刺激（声、光、触等）快速做出应答的能力，其影响因素较多，在高原体能训练中反应速度训练的方法较多，如各类游戏、技术和战术训练、速度训练、爆发力训练、灵敏性训练、协调性训练、注意力训练等均能提高反应速度，且各类训练对反应速度具有交互性、关联性和互补性。因此，在高原体能训练中应多采用不同的训练方法和手段，并要与训练的准备部分、基本部分、结束部分相结合发展反应速度素质。

反应速度训练中要重视身体功能状态水平。身体功能在承受不同的运动形式和不同运动负荷时会表现出不同的状态，一般在准备活动结束后以及承受适宜的运动负荷时，人体的功能会处于适宜的兴奋状态，就会促使人体对外界刺激做出较快的反应，从而提高人体的反应速度。因此在进行反应速度训练时，要做好准备活动，科学合理安排运动方式和运动负荷，提高其功能状态，为反应速度的训练奠定基础。

反应速度训练中要重视心理因素与注意力。一个人的情绪、情感以及个性倾向性，对待一项活动所持有的兴趣、需要、信念等态度，个性特征中的气质、性格等都会影响反应速度。一般在情绪和情感饱满、积极以及有兴趣的情况下，反应速度呈现较好的状态。因此，在反应速度训练中，要根据心理状态、情绪、情感设计并实施反应速度训练。另外，人体对刺激信号注意的目的性、稳定性、注意范围也是影响反应速度的因素之一，特别是在比较嘈杂或复杂的环境中，要求更高。因此在反应速度训练中要有意识地对注意力的目的性、稳定性和注意力范围方面进行设计和训练，在训练中注意力要高度集中，以提高对训练刺激信号的指向与集中程度。

（二）动作速度

动作速度是指人体或人体某一部分快速完成某一动作的能力，或是人体完成单个或成套动作的速度，是技术动作不可或缺的要素。动作速度主要表现在人体完成单个或成套动作的伸展、挥摆抬转、击打、蹬伸、屈伸、踢踹、出拳、鞭打、挥击速度等动作的快慢，如排球运动员的扣球速度，投掷运动员掷出器械的速度，体操、武术运动员完成成套动作的速度等。动作速度也可用频率或动作速率（即单位时间内所完成的动作数量）来衡量。

人体任何部位动作速度的快慢主要取决于中枢神经系统的功能、引起该部位运动的肌肉力量、技术动作的合理性以及柔韧性等。首先，动作速度快慢受中枢神经系统兴奋与抑制的转换速度和神经 - 肌肉协调性的影响，合理的技术反映了大脑皮质神经兴奋与抑制转换以及神经 - 肌肉协调性的好坏，因此提高动作的合理性是动作速度训练的重要内容。其次，动作的完成最终依靠肌肉收缩做功，技术动作所涉及的肌肉快速收缩能力是快速完成动作的重要条件。再次，柔韧性在一定程度上影响着动作的幅度和肌肉收缩，柔韧性对技术动作质量和肌肉快速用力有一定的影响，并制约动作速度的快慢。我们一般所说的动作速度，实际上是由其他能力，如力量、协调性、耐力、技术等因素，加上速度素质来决定的。所以，动作速度的训练与其他素质的训练、技术的训练有密切的联系。要培养动作速度，就必须有目的地发展相应的运动能力，这是动作速度训练的特殊之处。

提高动作速度训练常用的方法有提高技术的训练方法、提高力量和柔韧性的训练方法，以及专门的训练方法，包括有助力或减阻练习法、预先加难练习法、变换训练法、速度控制训练法、信号刺激法等。常用的动作速度练习方法有：快速跑（如短距离用最快速度重复跑）、短距离追逐游戏、短距离游泳、速滑等；加速动作频率的练习，如快频率小步跑、快速摆臂练习等；发展下肢的爆发力，如负重跳、单脚跳、跨步跳等。由于在实际应用中，不仅仅需要快速完成动作，还要使快速完成动作尽可能地保持在整场比赛或训练中。因此在动作速度的训练中，训练的任务和内容必须明确，还要与速度耐力的提高结合起来，否则难以收获良好效果。

1．助力或减阻练习法　助力或减阻练习法又称为减难练习法，是训练中给以助力或减轻外界阻力，帮助训练者快速完成动作的训练方法，是借助外力和外部条件的变换来提高训练质量，对训练进程起催化作用的方法。

助力或减阻练习法主要借助身体其他部位的力量或动作姿势稍有改变，或借助同伴的助力，多完成 1 ~ 2 次重复动作，可使练习达到有效的次数范围，促使肌肉受到最大强度的刺激。由于助力或减阻练习法给机体增加了额外的、绝对超量的负荷，因而给机体造成的刺激痕迹更深，在一定限度内使机体产生的适应性变化也更大。同时，通过助力或减阻练习法也可增强信心，排除畏惧心理，提高力量和耐力。

助力或减阻练习法适合各种水平的人，但由于破坏了动作的技术规范，故不宜多用，应视体力与情绪状况酌情安排使用。在训练上要有重点、有目的地安排助力或减阻练习法的动作，尤其是重点安排训练中需要解决或难以突破的技术动作，一般在一次训练课中安排 2 ~ 3 个重点动作，杜绝面面俱到。同时在训练前后应充分做好准备活动和整理放松活动，以免发生疲劳积累和运动损伤。

助力或减阻练习的具体方法包括：体操训练时，在助力下做快速的摆腿振浪练习；投掷时，用轻器械投掷提高出手速度，以体会更快的动作速度感觉；在翻越或跨越障碍最后用力的瞬间给予推、拉等助力；卧推、深蹲等最大力量训练时，给予助力保护。

2．预先加难练习法　预先加难练习法是指加大难度、加大阻力进行练习后，突然将阻力或难度恢复到正常水平，利用前面练习对神经系统及运动系统的较高要求，而形成后续作用（即痕迹作用）来有效提高动作速度。如跳高选手腿缚沙袋做摆腿练习，除去沙袋后接着再做相同练习，以提高起跳瞬间摆动腿的速度。

预先加难练习法具体方法主要包括：增加阻力、难度、重量等负重跑和跳；在松软的地面跑、跳；投掷超重量的器械；运用水的阻力，以及高原空气稀薄等条件的刺激等，

3．变换练习法　动作速度变换练习法是指通过缩小完成练习的空间、时间界限，如球类小场地，快速完成练习或技术动作的练习方法，提高机体的时间感、空间感、节奏感。

变换练习法常常安排在小场地进行，一般要

限制活动的时间、范围，使某一技术动作频繁出现，进而提高完成动作速度。如5人制的室内足球比赛，3人制的篮球赛等。

4．速度控制练习法　速度控制练习法是指通过对动作速度的有效控制来提高人体动作速度的感知能力，即在进行技术动作练习时，以比正常动作慢的节奏或时长来进行训练，进而提高人体的动作速度。如武术或太极拳运用比正式动作速度慢的速度进行练习，体会在肌肉放松的情况下，用力大小、方向、节奏等，再过渡到用最大速度完成动作，往往能起到较好的训练效果。

速度控制练习法主要安排在动作技能练习中，单个或几个最高速度的动作与整套动作之间按照适宜的速度比例进行训练，要求既要发挥某个或某几个动作的最高速度，又要重视动作与整体的速度配合节奏。

速度控制练习法的具体训练方法包括：缓慢上举、缓慢负重下蹲、缓慢引体向上等，有意延长肌肉工作时间，使肌肉达到高度“膨胀”“烧灼”和持续紧张，以促进肌肉生长。在单个或几个最高速度的动作与整套动作技能练习中，如翻越障碍、滚翻、击打等，有意识放慢速度感受用力大小、方向、落点等。

5．信号刺激法　这是借助信号刺激提高动作速度的方法。例如，利用节拍器，使人体伴随着声音信号的快节奏而做出协调一致的快速动作。

6．基本动作速度练习方法

（1）听音练习：听口令、击掌或节拍器摆臂练习。两脚前后开立或弓箭步，根据口令、击掌或节拍器节奏，做快速前后摆臂练习，20 s左右，节奏由慢至快，快慢结合。摆臂动作正确、有力。重复2～3组，间歇3～5 min。

（2）原地快速高抬腿：站立或前倾支撑肋木或墙壁等，听到信号后做高抬腿10～30 s，大腿抬至水平，上体不后仰。可重复练习4～6次，间歇5～7 min。

（3）仰卧高抬腿：仰卧两腿快速交替进行高抬腿练习，要求大腿做功，10～30 s，可重复练习4～6次，间歇5～7 min。

（4）悬垂高抬腿：两手握单杠成悬垂，两腿快速交替做屈膝高抬腿和下蹬伸直动作，速度越快越好。每组两腿各抬20～50次，重复2～3组，间歇3～5 min。

（5）快速小步跑：小步跑15～30 m，两腿频率越快越好。要求大腿做功，小腿放松，膝踝关节放松，脚落地“扒地”。重复4～6次，间歇5～7 min。

（6）快速小步跑转加速跑：快速小步跑10 m左右转加速跑10～20 m，然后放松，一般要求加速跑时频率节奏不能下降。重复4～6次，间歇5～7 min。

（7）高抬腿跑转加速跑：快速高抬腿跑10m左右转加速跑10～20m，频率节奏及前摆腿的高度不能下降。重复4～6次，间歇5～7 min。

（8）前倒起跑：两脚前后开立，身体自然向前倾倒，至重心失去控制时迅速起跑20～30 m。每组2～3次，重复2～3组，间歇5～7 min。

（9）踏标记高频快跑：跑道上划出步长标记，听信号后全速踏标记跑20～40 m，步长标记一般比正常步长稍短。每组2～3次，重复2～3组，间歇5 min。

（10）加速助跑起跳：全程助跑跳远，起跳前10～20 m时加速跑，起跑后做蹲踞式跳远落地，要求全速中起跳，起跳果断。重复7～10次，间歇5 min。

（11）左右腿交叉跳：在一条线上站立，沿着线两腿向左、右两侧方向做交叉跳20～30 m，要求交叉跳时大腿高抬，快速转髋，动作速度越快越好。重复4～6次，每次间歇3 min。

（12）纵跳转体：原地跳起转体360°，落地连续进行10～20次，可计时进行。强调转体，速度要快，不要求跳得高。重复2～3组，间歇5 min。

（13）起跳快速转体：三步助跑起跳，摆动腿屈膝上摆，空中转体180°～270°，起跳腿落地。要求起跳、转体速度越快越好，转体时躯干保持直。连续进行3～5次为一组，重复3～5组，间歇3 min。

7．球类动作速度练习方法

（1）快速挥臂击球：把排球吊在距墙1 m处，高度因人而异。原地站立，连续挥臂用手掌拍击碰墙反弹回来的球。要求速度越快越好，击球时做出鞭打动作。每一组20～30次，重复2～3组，间歇7～10 min。

（2）转身起跳击球：吊球悬挂在距墙3m处，高度因人而异。原地起跳，用手击吊球后空中转体180°落地，接着转身起跳击球。连续进行5 ~ 10次为一组，重复3 ~ 5组，间歇5 min。

（3）扣快球：一人网前站立，按一定节奏往上抛球，另一人连续起跳扣快球练习。连续进行10 ~ 15次为一组，重复2 ~ 3组，间歇7 ~ 10 min。

（4）两侧移动：两个球或物体放置地上相距3 m，练习者站中间，向左右两侧移动，用左手摸右侧的物体，右手摸左侧的物体。强调移动及转体速度要快，计算30 s内转体触摸物体的次数。重复3 ~ 4次，每次间歇5 ~ 7 min。

（5）双人踢球：两人交替踢球，要求踢球速度越快越好。连续练习20 ~ 30 s，计踢球次数，重复3 ~ 5组，间歇5 ~ 7 min。

（6）移动打球：六人站成相距2 m的等边六角形，5人体前各持一篮球，听信号后徒手队员快速移动循环拍打站立者手中的球。每次移动打球20次，计算完成时间，依次进行。每人完成两次循环为一组，重复2 ~ 3组，间歇3 ~ 5 min。

（7）快速移动起跳：篮板左下角站立，跳起双手摸篮板，落地后迅速移到篮板右下角起跳摸篮板。连续移动起跳，10次为一组，重复2 ~ 3组，间歇5 ~ 7 min。

（8）运球绕障碍：篮球场上纵向放置5个障碍物，间距2 m，听到信号后快速运球绕过障碍物往返跑，可以竞赛方式计时，不得触碰障碍物。每组往返2 ~ 3次，重复3 ~ 5组，间歇5 ~ 7 min。

（9）移动断球：两名队员相距6 m站立，做快速不间断传球。中间一名防守者在移动中断球，如得到球后将球传给传球者。连续30 ~ 50 s为一组，计算断球次数。重复2 ~ 3组，间歇5 min。

（10）快速传接球：两人相距6 m站立，做快速胸前传接球。要求传接球技术正确，传球速度越快越好。每组20 ~ 30 s，计算传球次数。重复3 ~ 5组，间歇3 ~ 5 min。

（三）移动速度

移动速度也称位移速度，是指单位时间内人体在运动中身体快速移动的能力。移动速度通常用通过一定距离的时间或单位时间内所通过的距离来表示，即移动速度是距离（s）与通过该距离所用的时间（t）之比。例如，100 m跑的速度、翻越或穿越障碍的速度、跳高助跑速度、拳击单个或连续击打速度等。

移动速度主要取决于动作频率，即单位时间内完成的动作周期数和每一个动作周期在特定运动方向上的位移幅度。这两个因素状况的改善以及它们之间的合理组合是提高移动速度的关键。一般移动速度的评定项目主要有10 m跑、30 m跑、60 m跑、100 m跑、120 m跑等；另外步数、步频和单腿蹬地时间等也是重要的评价参数。由于移动速度的快慢不仅和动作技术水平有关，还和力量、柔韧性、速度耐力以及协调性有着十分密切的关系。因此，移动速度练习内容应更加综合、全面，要注重身体素质的综合全面发展。训练内容主要有力量练习、重复练习、步频步幅练习以及比赛/游戏法练习等，具体方法有小步跑转加速跑、高抬腿跑转加速跑，快速后蹬跑，加速跑变交叉步跑等。

1．起动能力练习　起动能力就是在最短的时间内快速起动或动员身体的能力。快速启动能力是在实战中抢占有利位置或先发制人的先决条件。起动能力练习主要包括起跑练习、负重短距离加速练习和短跑辅助技术练习。

2．助力速度练习　助力速度练习也称超最大速度练习，是指利用器材或场地突破已有的速度极限的练习方法，如短跑中的下坡疾速跑、自行车训练中定量转速的训练方法。超最大速度跑可以起到提高步频、加大蹬地反作用力、增加肌肉收缩和效率、改善跑步技术等作用。助力速度练习的基本方法有下坡跑、牵引练习、高速跑步机冲刺练习（图4-3-9）。

图4-3-9　助力速度练习

3．阻力速度练习 阻力速度练习法是指为了最大限度提高加速跑和高速跑的速度水平，在练习中通过加大跑动的阻力而提高下肢力量和移动速度的方法。阻力速度练习的主要方法有上坡跑、拖重物跑（如轮胎）、沙地跑、水中跑等（图 4-3-10）。

4．速度耐力练习 速度耐力是指人体在比赛或实战中保持充沛动力的能力。高水平速度耐力为人体提供在每一次短距离冲刺时保持充沛的动力，速度耐力不足极大地影响实战或比赛，例如：在比赛后期、长距离冲刺的后半程及较短比赛间歇的几次重复快速跑中速度下降，跑步时在最后 10 ～ 20 m 冲刺时被对手超越，还有篮球运动快速反击中被防守队员追赶上等。

速度耐力训练包含运动冲刺距离、间歇时间两个基本要素。重复的次数和组数应按照比赛的要求确定。速度耐力训练一般每周不超过两次，训练跑动距离逐渐地从 10 m 增加到 50 m，重复次数从 5 次增加到 15 次，慢跑的休息时间从 20 s 降低到 5 s。一般情况下，速度耐力训练的持续时间应该有 30 s，甚至 2 ～ 3 min，速度训练一般在 5 ～ 10 s。速度耐力练习的间歇时间一般较短，一次练习后没有完全恢复时即应进入下一次练习。

5．移动速度基本动作练习

（1）站立式起跑、半蹲式或蹲踞式起跑：进行 20 m、30 m、50 m、60 m 跑，要求动作规范，起动及加速速度要快，达到最高速度。可计时跑，每组 3 ～ 4 次，重复 3 ～ 4 组，间歇 5 ～ 10 min。

（2）交叉步接加速跑：先做 5 m 交叉步跑，然后转体做加速跑 20 m。要求交叉步符合技术规格，动作协调，加速跑要发挥全速。每组 2 ～ 3 次，重复 2 ～ 3 组，间歇 5 ～ 7 min。

（3）加速跑变交叉步跑：加速跑 20 m 接交叉步跑 5 m。要求加速跑达到一定速度，交叉步符合规格，动作协调。每组 2 ～ 3 次，重复 2 ～ 3 组，间歇 5 ～ 7 min。

图 4-3-10 阻力速度练习

（4）变速跑：加速快跑 30 m、50 m 或 80 m，然后放松慢跑 30 m、50 m 或 80 ～ 100 m。也可以直道加速快跑弯道慢跑，或弯道快跑直道慢跑等。要求慢跑休息，不能走。每组 4 ～ 6 个变速段，重复 3 ～ 5 组，间歇 7 ～ 10 min。

（5）变向起跑：背向站立或背向蹲立，听信号后迅速转体 180° 成半蹲式起跑，加速跑 20 ～ 30 m。要求转体动作迅速，起跑及加速跑速度快。每组 2 ～ 3 次，重复 2 ～ 3 组，间歇 5 ～ 7 min。

（6）重复跑：以 95% 或以上的速度，重复多次跑短于专项的距离。也可以重复跑一组不同的距离。每组 3 ～ 5 次，重复 2 ～ 3 组，间歇 10 min。

（7）变速越野跑：在公路、公园等自然环境中进行越野跑，或在平坦地面进行不等距离加速快速跑。根据自然环境及运动水平决定加速距离及次数。一般为 5 ～ 10 次快跑段较适宜。

（8）上坡或下坡跑：站立式起跑后上坡加速跑 30 m、60 m、80 m。在坡度为 7° ～ 10° 的斜坡跑道上进行。要求上坡跑时大腿高抬加强后蹬力量，下坡跑时随下坡惯性积极加快频率及速度。每组 3 ～ 5 次，重复 2 ～ 3 组，间歇 5 ～ 7 min。

（9）追逐跑：2 ～ 3 人一组，根据速度水平前后拉开距离，速度快者在前，听信号站立式起跑后全速跑，后者追赶前者，前者别让后者追上，跑 30 m、60 m。每组 2 ～ 3 次，重复 2 ～ 3 组，间歇 5 ～ 7 min。

（10）接力跑：8 × 50 m 接力跑、4 × 100 m 接力或绕田径场连续循环接力跑，也可划 20 m 半径折小圆进行圆圈接力跑。每组 2 ～ 3 次（传接棒），重复 2 ～ 3 组，间歇 5 ～ 7 min。

（11）快速弧线跑：按背越式跳高助跑弧线，划 1 m 圆弧线，沿弧线快速跑。要求两脚落点必须在弧上，按弯道跑技术规格进行。每组 3 次，重复 2 ～ 3 组，间歇 2 min。

（12）穿插跑：练习者成一路纵队行进间慢跑，每人间隔 2 m，听到信号后排尾穿插跑纵队，曲线跑至排头，倒数第二人（已成排尾）接着穿插跑。要求快速跑进中不触碰别人。循环 2 次为一组，重复 2 ～ 3 组，间歇 5 min。

（13）排尾变排头跑：练习者成一路纵队行进间慢跑，听到信号后排尾向前加速快跑至排头，第二排尾再跑，循环往复，每组两个循环，重复3～5组，间歇3～5 min。

（14）蛇形跑：以20 m半径划3个相交的半圆弧线，由起点沿弧线跑至终点。要求正确运用弯道跑技术，连续3次为一组，可计时提高运动强度。重复2～3组，间歇5～10 min。

6．移动速度球类练习方法

（1）球场变向跑：篮球场场角站立，听到信号后围绕球场快速跑3～5圈，计时，要求始终保持面对一个方向（向前跑、侧向跑、后退跑、侧向跑），重复3～5组，间歇5 min。

（2）带球变向跑：六人站成一排，间隔5 m，每人一球，根据教练的手势向前后左右变换方向带球，最后急停，转身带球跑20 m。要求球离脚不能超过3 m，重复3～5次，间歇5 min。

（3）停球接运球：手持足球向前抛出，立即往前跑用脚内（外）侧停反弹球，接快速带球跑30 m。要求规定抛球的远度，也可竞赛方式进行。重复5～7次，间歇3 min。

（4）跑动推进传球：两人相距7～10 m平行站立，用一个足球，按规定的脚法踢球，快速跑动推进传球60 m。两人直线跑动，规定互传次数，计时进行。重复3～5组，间歇5～7 min。

（5）往返移动：按正方形四个角放置四个球，各相距5 m。从一个角开始依次用手去摸各角的球，每次触球后都要返回起始点，重新开始向下个球跑去。每组3～4个循环，重复2～3组，间歇5～7 min。

（6）滚球接力：篮球场端线站立，球放在地上。信号开始，用手滚动球到另一端后返回，手递手将球传给第二人，依次进行。要求球不能离开地面，以竞赛方式计时进行。每组往返3～5次，重复2～3组，间歇5 min。

（7）起跳冲跑：篮下站立，听信号后连续起跳，手摸篮板5次，后接冲刺跑到中线折回。要求起跳动作不得有停顿，一气呵成。每组3～4次，重复2～3组，间歇5 min。

（8）全场防守冲跑：站在罚球线附近，随教练员手势滑步移动，听信号后连续起跳3次，接着起动冲刺跑到另外半场罚球线处，变后退跑返回。可规定一声哨音做跳动，二声哨音做冲刺跑。重复4～6次为一组，重复2～3组，间歇5～7 min。

（9）运球追逐跑：以10 m为半径画一个圆圈，两人在圈外相距4 m做原地运球，听信号后转身沿弧线运球追逐跑，后面的人追上前面的人，用手拍击前面人的背部，则两人同时转身运球交换追逐。连续30～50 s为一组，计算追拍次数。重复进行3～4组，间歇5 min。

（10）运球接力：篮球场端线站立，听信号后快速运球跑到另一端线折回，手递手收球传给第二人，两人循环往返4～6次为一组，重复3组，间歇3 min。也可分组竞赛。

（11）起动运球跑：背对球场在端线蹲立，手持篮球，听信号后立即转身全速运球跑，到中线后折回端线。要求起动速度快，运球速度快，球不得远离身体，也可计时进行。每组3～5次，重复2～3组，间歇5 min。

（12）全场运球上篮：从端线开始，听信号做全场运球上篮，投中后返回，不中则要补进。要求不准带球跑，可计时进行。连续往返5～7次为一组，重复3～5组，间歇5～7 min。

（13）快速跑动传接球：5～8人均匀分布在15 m直径的圆上，持球者在圈内跑动，依次向各位置做传接球。要求不运球，传球快速准确。循环两次为一组，重复2～3组，间歇3～5 min。

（14）接球上篮：端线传球站立，把球传给中圈站立的教练员，迅速向前冲跑，接教练员的高抛、地滚等难度较大的传球上篮。要求侧身跑进，在不减速情况下，接球上篮。每组3～5次，重复3～5组，间歇3 min。

（15）两人推进上篮：端线开始，两人做快速跑动传接球上篮。不准运球，规定传球3～4次以内，不得走步违例。每组4～6次，重复3组，间歇5～7 min。

（16）全场抛球上篮：端线持球站立，自己向中线附近抛出球后立即跑动场内追球，接球后运球上篮。抛出的球只能落地1次，如落地2次以上则为失误，重新开始。每组3～5次，重复3～5组，间歇5～7 min。

（四）注意事项

全面提升身体训练水平。无论是反应速度、动作速度还是移动速度，都是相互紧密联系的，是一个统一的整体，发展反应速度的同时也在发展动作速度和移动速度。速度素质与其他运动素质（如力量、协调性、耐力、技术等）也紧密相关。所以，在培养速度素质时，必须全面提升身体训练水平，同时要有目的地发展相应的运动能力和技术。

重视建立合理的技术动作。提高速度应与掌握和保持合理的技术动作紧密地结合在一起。合理的运动技术有利于人体的生理、心理能力得到充分发挥，有助于取得良好的竞技或训练效果。如果技术动作不合理，中枢神经系统对肌肉系统中主动肌、协同肌、对抗肌的支配不协调，便会影响到动作的速度，最终影响到运动成绩的提高和训练的效果。

采用比赛法或游戏法。速度训练强调训练的质量，强度要求较高，应在兴奋性高、情绪饱满的情况下进行，一般安排在训练课的前半部。首先要做好充分的准备活动，使机体保持一定的神经兴奋性，在具体训练安排上要提出明确的任务和目标，主要采用比赛法，如对内或班组间的测验赛、选拔赛、邀请赛等，或各类游戏法可以调动人体积极性和兴奋性，保持较高的精神状态和训练强度，进而提高完成动作的质量，调动和发挥人体最大速度，同时也可避免出现运动损伤。

速度训练应避免形成速度障碍。一般情况下，过早或单一的发展绝对速度，基础训练不够，技术动作不合理，训练手段单调，负荷过大，体能恢复不好等，均会导致速度障碍，造成速度素质不能进一步提高。因此，在日常训练中要加强基础训练，掌握合理的技能和技术动作，形成专项所需的动力定型，提高神经过程灵活性和肌肉收缩能量供能能力。同时可采用牵引跑、变速跑、下坡跑、带领跑、顺风跑等手段来提高速度素质，避免形成速度障碍。

需要注意的是，在速度训练中，常使用发展力量来促进速度素质水平的提高，但是由于速度训练需要神经灵活性高，而静力性力量训练会降低神经过程和肌肉的灵活性，因此速度训练应放在力量训练前，力量训练也主要以动力性力量训练方法为主。同时，由于速度训练强度较高，训练结束后要及时对肌肉进行放松。

三、耐力训练

耐力是指有机体在较长时间内，保持特定强度负荷或动作质量的能力，是人体基本的运动素质之一。耐力素质对人的生活能力及运动能力均有重要影响。耐力在不同的运动项目中有着不同的作用，对于长距离的走、跑、骑、游、滑、划等竞速项目来说，耐力是决定人体竞技能力高低的主导素质，对总体竞技水平有着决定性的影响。对虽不以长距离竞速为主但竞技时间较长的运动项目（如足球、羽毛球、水球、拳击、摔跤等）来说，耐力的好坏对比赛结果也有着重大影响。

耐力的分类很多，但根据运动项目训练实践和日常生活、工作的需要，一般主要分为有氧耐力（一般耐力）、无氧耐力和有氧无氧混合耐力。根据不同的分类标准，耐力素质不同的分类体系见图 4-3-11。

（一）有氧耐力

有氧耐力也称为一般耐力，是指长时间进行有氧供能的工作能力。负荷强度为人体最大负荷

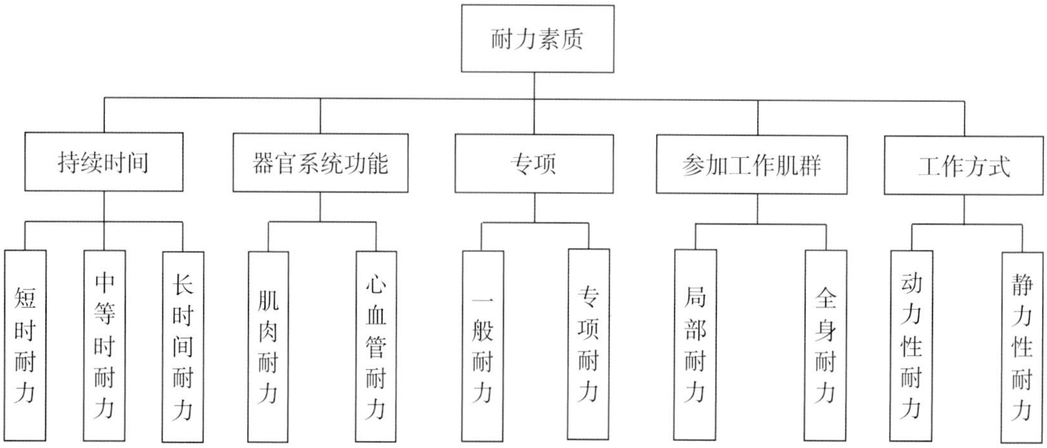

图 4-3-11 耐力素质及其分类

强度的75%～85%，心率一般在110～170次/分，时间最少5 min，一般在15 min以上。决定机体有氧耐力的生理因素主要是肺通气量、心脏功能、血液携氧能力、骨骼肌代谢能力、肌糖原含量、心理控制和对疲劳的耐受程度等。

一般情况下，发展有氧耐力的基本途径就是提高人体的摄氧、输氧及用氧能力，保持其体内适宜的糖原及脂肪的储存量，提高肌肉、关节、韧带等支撑运动器官对长时间负荷的承受能力，以及加强心理调节控制能力，改进其在疲劳状态下充分动员机体潜力，坚持继续工作的自我激励机制。

有氧耐力训练的主要方法包括持续训练法、间歇训练法、重复训练法、法特莱克训练法等。有氧耐力发展水平和测定通常都以较长时间的工作强度为评价指标，如通过一定距离所用的时间或在固定时间内所完成的训练量。具体训练手段包括定时跑、变速跑、重复跑、越野跑、法特莱克跑、3 min以上跳绳或跳绳跑、登山游戏或比赛、滑雪、滑冰、足球或篮球比赛，以及5 min以上的循环练习。一般心率控制在140～160次/分左右，休息恢复到120次/分以下开始下一组练习。强度控制在40%～60%。

需要注意的是，首先，发展耐力素质应充分考虑环境特点，合理安排运动负荷，练习时要注重有氧耐力练习与无氧耐力练习相结合。其次，体现个体化特点，由于个体之间训练程度、功能水平、项目要求等方面都存在着不同差异，因此耐力练习的方法、强度、持续时间、间歇时间与方式、重复练习的次数等都要体现个体化的特点。再次，重视呼吸问题，注重呼吸方法、节奏和深度，呼吸节奏应与动作节奏协调一致。最后，加强医务监督，注意消除疲劳。

1．持续训练法　持续训练法是发展有氧耐力的主要方法，其特点是持续时间较长，负荷量大，没有间歇。持续训练法根据速度变化又分为匀速负荷训练法和变速负荷训练法两种。

（1）匀速负荷训练法：即每次运动负荷和强度起伏不大，基本保持稳定的强度，每次负荷时间不少于30 min。采用持续负荷法训练时，对有一定训练水平者，负荷时间可以达60～120 min。练习强度可以通过测定心率等来控制，心率可控制在150～170次/分。主要的训练方法有3000 m、5000 m、10 000 m跑，以及5 km、10 km越野等。

（2）变速负荷训练法：即每次运动负荷和强度安排具有节奏性变化，或运动负荷和强度逐步递增的训练方法。采用变速负荷训练时，运动负荷可在练习过程中逐步提高，即从较低强度（慢）提高到中等强度（快）。例如，在3000 m跑训练中，第1个200 m为低强度、第2个200 m为中等强度，第3个200 m为低强度、第4个200 m为中等强度，以此类推，低强度（慢）或中等强度（快）的负荷强度基本维持稳定；或者第1个1/3距离可用较低的速度完成，然后将速度提高到稍低于中等强度的水平，最后1/3距离则用中等强度的速度完成。此外，还可以从中等到次最大不断变换强度。例如，在每1～10 min的最大强度负荷后，可穿插安排中等强度负荷，以保证机体在下一次提高负荷前稍有调整。采用最大强度负荷时，心率可达到180次/分，但一般心率恢复到140次/分再进行下一组训练。变速负荷训练法有助于实现大负荷训练，并能有效提高心脏和中枢神经系统功能，提高机体在不同情况下的适应能力，从而大大提高有氧耐力水平。主要的训练方法有3000 m、5000 m、10 000 m跑，以及5 km、10 km越野等。

2．间歇训练法　间歇训练法是指在高强度训练之后休息一下，再接着训练的方法，使激烈训练和休息相互交替。间歇训练法又称为格施勒-赖因德尔定律，这一定律由20世纪50年代德国心脏学家赖因德尔和教员格施勒提出，他们认为训练时心率达170～180次/分，休息到心率达100～125次/分时再进行训练，有利于增强心泵功能，发展有氧耐力。该训练方法主要特征是对动作结构和负荷强度、间歇时间提出严格的要求，以使机体处于不完全恢复的状态下，反复进行练习。间歇训练法的主要影响因素包括强度、负荷数量、持续时间、间歇时间、休息方式、练习组合等。

间歇训练法的主要作用有以下几点。做到严格的间歇训练过程，虽然通过间歇运动器官可得到休息，但心血管系统和呼吸系统的活动仍处于较高水平，可使机体的心脏功能得到明显的增强。调节运动负荷的强度，采用不同的强度来对机体进行刺激，可使机体各功能产生与专项相匹配的适应性变化，以产生有利于提高成绩的变化。采用不同类型的间歇训练，可使各项能量代谢供能能力得以有效发展和提高。严格控制间歇时间，有利于在激烈对抗和复杂困难的比赛环境中稳定、巩固技术动作。例如，在执行任务或在激烈的比赛中，可能会遇到变速或急加速或抢位等突发情况，如果缺少相关的训练，就会发挥失常、贻误战机。做到较高负荷心率的刺激，可使机体抗乳酸能力得以提高，以确保机体在保持较高强度的情况下或在疲劳状态下仍具有持续运动的能力。

一般来说，间歇训练时的心率应达到 170 ～ 180 次 / 分，练习持续时间可分别为 15 ～ 90 s、2 ～ 8 min 等，较多采用 60 ～ 90 s。间歇时间的基本要求是在机体尚未完全恢复，即心率恢复到 120 ～ 140 次 / 分时进行下一次练习。休息方式主要采用积极活动的休息方式，如走、慢跑、行进间的各类放松操和牵拉操等，以对肌肉中的毛细血管起到“按摩作用”，使血液尽快流回心脏，再重新分配到全身，以尽快排除机体中堆积的酸性代谢产物，以利于下一次练习。

在实际训练中，通常采用以距离长短来发展不同运动项目所需要的不同运动能力。按距离长短可以将其分为短距离间歇训练、中距离间歇训练和长距离间歇训练三种（表 4-3-10）。

（1）短距离间歇训练：短距离间歇训练是发展 400 m、800 m 跑专项耐力较好的方法。训练距离在 50 ～ 600 m，训练持续时间为 15 s ～ 2 min，强度为 85% 以上，心率控制在 170 ～ 190 次 / 分，根据不同的距离，每组练习次数一般在 8 ～ 15 次，共安排 2 ～ 5 组，间歇 15 ～ 20 min。

（2）中距离间歇训练：中距离间歇训练是发展 400 m、800 m、1500m 跑专项耐力较好的方法。训练距离为 300 ～ 500 m，运动时间为 60 ～ 90 s，强度为 85% ～ 95%，心率在 190 次 / 分以上，每组练习次数一般在 3 ～ 5 次，每次间歇 3 ～ 5 min，心率恢复到 140 次 / 分再进行下一次训练，组间歇 20 min。

（3）长距离间歇训练：长距离间歇训练是发展 1500 m、3000 m、5000 m、10 000 m 跑专项耐力较好的方法。训练距离为 300 ～ 2000 m，持续时间为 2 ～ 8 min，强度控制在 80% ～ 92%，心率在 170 ～ 190 次 / 分，重复次数为 3 ～ 5 次，组数为 3 ～ 5 组。间歇时间一般采用等时间间歇，心率恢复到 130 次 / 分左右就进行下一次训练。组间歇为 15 ～ 20 min。

3．重复训练法　重复训练法是指在不改变动作结构及其外部运动负荷的情况下，按一定要求多次重复同一练习，两次（组）练习之间安排相对充分休息的训练方法。重复训练法与间歇训练法最大的区别在于练习的间歇时间。重复训练法是两次（组）练习之间安排机体得到相对充分休息，而间歇训练法是两次（组）练习之间机体在未完全恢复的状态下反复进行练习。重复训练法由重复练习的次（组）数、每次练习重复的距离或时间、每次练习的负荷强度、每次（组）练习之间的间歇时间四个因素构成。一般来说，重复训练法主要特征是在不改变练习内容、手段、时间、距离、次数、间歇、负荷强度等条件下进行的，且每次重复练习的负荷强度较大，每次练习后有充分的间歇时间以保证机体基本恢复。

重复训练法的主要作用是发展各种身体素质，提高身体训练水平，改进与提高运动技术与战术，培养顽强、坚忍不拔的意志品质。通过对同一动作或技战术的多次重复，强化条件反射，掌握和巩固动作或技战术；通过对相对稳定的负荷强度的多次刺激，使机体加速训练适应过程，提高身体素质；通过不同类型的重复训练，发展和提高磷酸原系统、乳酸能系统以及混合代谢系统的供能能力；通过重复训练克服能源物质大量消耗，

表4-3-10　不同项目采用的间歇训练距离

分类	跑步项目	间歇训练距离	作用
短距离间歇训练	400 m、800 m	50 ～ 600 m	发展速度、速度耐力
中距离间歇训练	400 m、800 m、1500 m	100 ～ 2000 m	发展速度、速度耐力、混氧供能能力、乳酸供能能力、消除乳酸的能力
长距离间歇训练	1500 m、3000 m、5000 m、10 000 m	200 ～ 3200 m	发展速度、速度耐力、混氧供能能力、乳酸供能能力、消除乳酸的能力

疲劳不断积累，体力大幅度下降等困难，培养意志品质。

重复训练法有短时重复训练法、中时重复训练法和长时重复训练法三种基本类型。

（1）短时重复训练法：每次练习的负荷时间短，通常在 15 s 之内，但是负荷强度最大，通常达到个人的最大强度，间歇时间也相当充分，且每组练习之间的间歇时间基本相同。主要发展无氧供能能力、肌肉收缩速度和爆发力。

（2）中时重复训练法：每次练习的负荷时间稍长，通常在 2 min 之内，负荷强度与时间的关系为负相关性。负荷强度略低于或等于本人的最大强度，但间歇时间充分，各组练习之间的间歇时间随练习组数的增多而延长，主要发展乳酸代谢系统的供能能力。

（3）长时重复训练法：每次练习的负荷时间最长，通常在 2 ～ 5 min，负荷强度与时间呈负相关性。负荷强度通常略低于或等于本人最大强度，但间歇时间充分，练习组数不多，练习的重点是发展乳酸代谢系统和有氧代谢系统的供能能力。

但在安排重复训练时要注意以下几个方面的问题。每次（组）重复练习前要根据个人最大强度为标准，以接近或达到比赛强度预先设定好的负荷强度。每次（组）练习之间必须要有充分的间歇时间，间歇时间一般为练习时间的 2 ～ 3 倍，心率降到 120 次 / 分以下才进行下一次练习；同时根据技战术练习等不同目的，采用不同的负荷方式进行练习，每次（组）的重复练习要按照技战术标准严格要求，而且要提高练习强度。

4. 法特莱克训练法　法特莱克（fartlek）训练法是指通过变换跑步训练节奏（加速跑与慢跑交替进行），以发展有氧代谢系统为主，适当发展混氧代谢系统的混合供能能力的耐力训练方法。

法特莱克训练法是由瑞典教练古斯塔·霍迈尔于 20 世纪 30 年代创立，在瑞典语中 fart 意为速度，lek 意为游戏，法特莱克也就是速度游戏，其初衷是摆脱枯燥的耐力训练。法特莱克训练法通常只是给一个特定的距离，如完成一个 5000 m 或 10 000 m 跑，如何安排跑步的方式、路线的选择、体力的安排、完成的时间，都由个人的感觉来定。法特莱克训练法的特点是在跑中不定时间、不定距离地加速跑、反复跑、快速冲刺、慢跑或走步交替进行，可以根据自己的感觉决定加速和放松的时间和距离。同时，法特莱克训练法对训练场地的要求不高，可以是郊区、公园、树林、山地等，是一种离开田径场，到森林或海滩等自然环境中去跑的训练方式。这种训练的特点是利用自然环境以及游玩心态，通过变换运动方式、速度快慢结合、负荷高低结合、心态和精神松紧结合等，提高兴趣，提高身体能量储备和耐力水平。法特莱克训练法在军事训练或耐力比赛中具有重要作用。

法特莱克训练的方式、方法、地点、负荷、距离、时间等要根据训练目标来安排。一般先做 5 ～ 10 min 的轻松慢跑的准备活动，然后进行 20 ～ 40 min 自由放松的快速跑，途中可根据实际地形进行 50 ～ 100 m 不等距离的上坡加速跑或下坡冲刺跑等，并可随意穿插各种跳跃练习、快速冲刺跑等，最后做 5 ～ 10 min 慢跑和其他整理活动来结束训练。每堂课训练时间一般控制在 60 ～ 90 min。

另外，法特莱克训练法还可以将速度游戏与力量、灵敏性等练习结合起来，如在两地点之间反复跑，每跑一次要分别进行俯卧撑、引体向上、立卧撑、仰卧起坐等力量训练，或者分别进行高抬腿跑、转身跳、交叉步跑、后退跑等灵敏性训练。

法特莱克训练法是一种非常实用、简单易行的训练方法，且机体承受的运动量较大，对提高速度、耐力和力量具有明显效果，同时适宜于各种不同运动和体能水平者。利用优美的自然环境，松软的场地，不规则的路线，调节心情，愉悦身心。但是由于训练范围较广，法特莱克训练法完全凭自我感觉来调整训练内容，导致教练员与训练者之间缺乏必要的接触，不能直观而有效地控制和指导训练，因此难以严格地执行训练计划。

5. 高原训练法　一般情况下，高原训练法包括在自然高原环境下进行的高高交替训练、高平交替训练等，利用低氧舱、低氧帐篷等设备进行的高住低练、低住高练等模拟高原训练方法两大类。但利用低氧舱、低氧帐篷的模拟低氧训练法的主要特点是间断性低氧，即机体交替性地接受低氧刺激和运动刺激，该方法仅适用于在平原环境下对未来高原环境或体能训练做预适应和准备性训练。

（1）高平交替训练：高平交替训练是指在一

年内或一个阶段内，反复多次从平原到高原进行适应性训练。通过一次或多次短暂的高原适应刺激后，逐步建立机体对低氧的适应机制和能力，提高再到高原的适应性，或对更严重缺氧刺激的耐受性，避免应激性损伤的发生。

高平交替训练可以使骨骼肌供氧增多，乳酸代谢酶的活性增高，血液中缓冲酸的能力增强，以及血乳酸消除速率加快，同时对肌肉的有氧氧化能力有积极作用，无氧阈值随交替训练逐步提高，从而提高有氧耐力水平。马福海等研究认为，高平交替训练的方法和模式较多，如平原 - 高原 - 平原 - 高原交替训练、平原 - 中高原 - 高原交替训练、高原 - 中高原 - 平原交替训练、平原 - 中高原 - 平原 - 高原交替训练、平原 - 高原 - 平原 - 中高原交替训练等。高平交替训练在一年的周期内一般可安排两次或多次，但应根据训练的任务、目的和要求，进行不同的安排。另外，平原地区一般均处于高温、高湿环境，可采取高原与高温、高湿地区交叉训练，以达到综合训练的目的。

（2）高高交替训练：高高交替训练是指利用自然地形海拔梯度差的巨大差异而进行的高原训练，也类似于低氧环境下的高练低住。此方法的主要机制是短时间暴露于低氧环境时，可刺激促红细胞生成素分泌，增加红细胞，进而提高最大摄氧量与耐力水平。此方法主要针对高原常驻人员，或平时生活、训练在较低的海拔地区（海拔 2000 m 左右），但有时（每周 2 ~ 4 次）到更高的海拔地区（比原训练地海拔高 200 ~ 1000 m，当次或当日返回）进行高低海拔的交替训练。这种利用较高海拔的低氧环境的训练，可以增加负荷难度和促进机体对高原低氧环境的适应能力。由于在高海拔地区训练后，不利于体内蛋白质的合成以及代谢产物的消除，而下到较低海拔或其居住环境，利用较高的氧分压帮助机体消除疲劳。

在高高交替训练的安排方面，因海拔高度不同而选择不同的交替训练方法，如海拔 2200 ~ 2600 m（比原居住地高 400 m）的交替训练，每周可进行两次训练；海拔 2200 ~ 3200 m（比原居住地高 1000 m）的交替训练每次训练课的间隔时间要长一些，可每周进行 1 次交替训练。同时，由于生理负荷和心理负荷随海拔升高而加重，训练安排应循序渐进，并保持负荷的相对稳定性，逐步提高负荷强度，并注重训练手段方法的多样化。

（3）高住低练法：高住低练法是指每天 4 ~ 18 h 居住在高原或人工低氧环境，在平原或较低海拔地区训练。高住低练的主要机制是低氧环境能刺激机体促红细胞生成素的分泌，导致红细胞数量上升，增强血液携带氧的能力，增加最大摄氧量，从而提高有氧耐力水平。另外，运动员在较高的高度上居住可充分调动机体适应低氧环境，从而挖掘本身的潜力；在较低的高度上训练以增强训练量和强度。从理论上来说，这种异地住练的结合，可以扬高原训练挖掘潜力之长，又可避免在高原难以完成较大训练量、训练强度以及疲劳不易恢复之短。高住低练法常用的空气含氧量为 14.2% ~ 16.40%（约 海 拔 2800 ~ 3800 m），低氧暴露时间为 8 ~ 16 h。

但值得注意的是，睡眠是最好的消除疲劳的方法，而高住低练的训练过程中，机体在白天完成大运动量训练后，晚上进入低氧状态中睡眠，容易引发头疼、恶心、心跳加速等高原效应，这都会影响睡眠质量，导致疲劳消除的时间延长，从而严重影响功能状态，同时也不能忽视对机体可能造成的低氧性损害。

（4）低住高练法：低住高练法就是在平原地区利用较高海拔的高山等自然环境或人工制造低氧环境，在低氧和平原环境中以一定的运动强度和时间进行交替性训练，晚上睡在原居住地（平原）。该方法主要特点是在同一天内既可进行低氧训练又可进行常氧训练，即低氧训练和正常训练交替进行。可利用当地的高山或低氧设备开展训练，但大多情况下此方面的条件要求较高，因此在组织实施方面有较大的难度。

（二）无氧耐力

无氧耐力是指人体在缺氧状态下长时间利用肌肉收缩供能的工作能力，其负荷强度大，供能时间较短，主要包括 6 ~ 8 s 和 6 ~ 8 s 以上不超过 1 min 负荷供能两种模式。在 6 ~ 8 s 的大强度负荷主要是无氧 - 非乳酸供能，在 6 ~ 8 s 以上至 1 min 以内的负荷是由无氧 - 乳酸供能（无氧的糖酵解供能）。

无氧耐力影响因素包括肌肉无氧酵解供能能力，缓冲和消除乳酸的能力，脑细胞对血液酸碱度变化的耐受能力等。肌肉无氧酵解能力主要取决于肌糖原的含量及其无氧酵解酶的活性，当肌肉无氧酵解产生的乳酸进入血液后，对血液 pH 造成影响，但由于缓冲系统的缓冲作用，使血液的 pH 不会发生太大变化，以维持人体内环境的相对稳定。但由于进入血液的乳酸量大，血液 pH 还是会向酸性方向发展，加上因氧供不足而导致的代谢产物堆积，都会影响脑细胞的工作能力，促进疲劳的发展，从而影响无氧耐力。

无氧耐力训练常采用短时间、最大用力和短暂休息的重复运动的方法进行，运动时间大约 1 min 左右，运动较为持续且强度大，如快速的间歇跑、重复跑、400 m 跑、对抗性球类比赛等。一般有非乳酸性无氧耐力训练和乳酸无氧耐力训练两种方法。

1. 非乳酸性无氧耐力训练　一次运动负荷的持续时间为 3 ～ 8 s，如 20 ～ 70 m 冲刺跑、8 ～ 20 m 的游泳、高抬腿跑、台阶跑等，每组 2 ～ 3 次，重复 3 ～ 4 组，每次间歇 2 min，每组间歇 3 ～ 5 min，强度为 85% ～ 95%，心率 180 次 / 分以上。在训练安排上，重复练习次数与组数以不降低人体中枢神经系统的兴奋性和工作的强度为原则，重复练习次数要少于组数，如重复练习次数 3 ～ 4 次，重复组数可达 5 ～ 6 组。若每次运动负荷时间超过 8 s，那就意味着代谢性质发生改变，达不到发展非乳酸性无氧耐力的目的。

2. 乳酸无氧耐力训练　一般来说 6 ～ 8 s 以上不超过 1 min 的负荷供能是糖酵解提供，在糖酵解过程中产生乳酸，从而刺激机体代谢和神经系统，提高无氧耐力水平。由于机体在剧烈运动或大强度运动 35 s 以后才产生乳酸，因此运动训练时间安排应多于 35 s，最大强度为 80% ～ 90%，心率处于 160 ～ 180 次 / 分。由于当乳酸达到一定值时才能刺激机体能力的提高，因此乳酸无氧耐力训练负荷时间控制在 1 ～ 2 min，其负荷强度低于非乳酸无氧耐力但高于有氧耐力训练的强度。

具体训练手段包括原地高抬腿跑、加速跑、不同距离反复跑、接力跑、计时跑、反复变向或变速跑、追逐跑、球类 2 ～ 3 人游戏训练、对抗性比赛等。每组训练 2 ～ 3 次，重复 3 ～ 4 组，每次间歇 3 min，每组间歇 5 min。训练的时间、次数、组数需要根据实际情况安排。

延伸阅读

高原体能游戏训练

体育游戏的方式方法多种多样，具有趣味性、娱乐性，且生动、轻松，有一定的吸引力，可激起训练兴趣和热情。体育游戏还可以培养创新精神、竞争意识、团结合作、相互配合、勇敢顽强、机智果断等优良品质。另外，体育游戏包含走、跑、跳、投、攀、爬、翻、搬运等技能，可提高高原基本活动能力和生活能力。体育游戏也有一定的运动负荷，还可以通过改变各种环境条件和活动方式（如竞赛等），发展速度、力量、灵敏性、耐力等身体素质，以及提高思维、判断、记忆和创造能力，提高对外界和高原环境的适应能力。

四、灵敏性训练

灵敏性是人体在各种突然变化的条件下，能够迅速、准确、协调、灵活地改变体位、转换动作、随机应变以及完成动作的能力，也是各种运动技能和身体素质在运动中的综合表现。良好的灵敏性有助于训练者更快、更多、更准确、更协调地掌握技术和练习手段，使已有的身体素质充分、有效地运用到实践中去。

（一）基本要求

高原体能训练中，发展灵敏性必须从全面发展身体素质的综合能力入手，重点培养掌握动作能力、反应能力、平衡能力、协调能力等。主要练习方法有大量跑、跳、走、爬等基本动作的练习，以及球类法、游戏法。在训练安排上，一般是与常规运动练习相结合，以增加动作难度、听视觉快速反应、快速身体转换、快速变向等方式来发展灵敏性。

灵敏性训练的具体方式包括原地、行进间或跑步中听口令、做动作以提高反应判断力的练习，固定转换体位的练习，如各种穿梭跑、8 字跑、折返跑、躲闪、突然起动以及各种快速急停和迅速转身等，按各种信号做出应答反应的游戏，各种变向的追逐游戏等。运动频率为每周 2 ～ 3 次。灵敏性在停止练习一段时期后，获得的训练效果也会出现消退，因此练习要持之以恒。在运动强度方面，灵敏性练习要遵循循序渐进的原则，并以组合式的项目进行练习，每次练习的强度由初始的 50% ～ 60% 逐渐提高到 80% 以上，3 ～ 4 个项目为一组，每组重复3次以上。

灵敏性与力量、速度、爆发力和协调性等身体素质，以及复杂的运动反射速度和准确性有着密切关系。提高灵敏性需要建立一定的条件反射，还要重视学习和掌握各种运动技能。同时发展灵敏性要有明确目标，避免盲目重复练习，应从基本素质着手，结合所锻炼项目的运动特点，制定适合的训练方案。灵敏性训练的负荷强度要大，但持续时间不宜过长，重复次数也不宜太多，间歇时间要充分。同时应加强心理素质培养，避免由于紧张和恐惧心理而导致反应迟钝，动作的协调性下降，影响正常动作的发挥。

（二）训练方法

1．固定转换体位的练习　包含各种穿梭跑、绕杆跑、8字跑和折返跑等。

2．起动躲闪的体位练习　包括跑、跳中的跑、躲闪、起动、各种快速急停和迅速转身等练习。

3．应急反应练习　练习者接受到突然发出的各种指令信号后，迅速做出应急反应的练习方法。

4．综合练习　包括之字跑、躲闪跑、穿梭跑和立卧撑等多个项目组成的综合性练习。

5．专门性练习　立卧撑180°跳转、上步纵跳、左右弧线助跑、单腿起跳，以及各种球类活动，如篮球交叉定点跑、足球绳梯练习等。

6．变速和变向练习　在跑、跳过程中快速、协调、准确地完成各种动作，如变向、变速、急停、急起、转体等。

7．其他方式的练习　按各种信号做出应答反应的游戏和各种变向的追逐游戏。

（三）注意事项

灵敏性是人体综合能力的表现，发展灵敏性必须从全面发展身体素质的综合能力入手，其训练内容应包含动作技能、反应能力以及平衡能力等多种素质。

训练灵敏性需要一定的速度、爆发力和协调性，因此练习前要做好充分的热身活动，特别是应包含与练习内容相近的跑、跳等热身内容。

五、柔韧性训练

柔韧性训练包括静力性柔韧性训练和动力性柔韧性训练。静力性柔韧性训练又分为主动性柔韧性训练和被动性柔韧性训练，即在安静状态下自己主动、由同伴帮助或负重借助外力被动地、缓慢地将某一特定部位的肌肉、肌腱、韧带拉伸到有一定酸、胀和痛的感觉。由于静力性柔韧性训练动作拉伸缓慢、可自由控制力量和动作幅度，避免拉伤，比较安全。动力性拉伸练习则是在身体运动状态下进行，如正踢腿、内外踢腿、行进中腹背运动等，其特点是有节奏、速度较快、幅度逐渐加大的多次重复一个动作的拉伸方法。可以根据不同需要和目的选择两种训练方式。

（一）基本要求

柔韧性训练应逐步提高要求，做到循序渐进，不能急于求成。一般拉伸方法为缓慢地将肌肉、肌腱、韧带拉伸到有一定酸、胀和痛的感觉，做到“酸加”“痛停”“麻停”，并维持此姿势一段时间10 ~ 30 s，连续重复4 ~ 6次，并随着柔韧性的提高逐渐加大练习强度。但应注意的是，柔韧性练习要循序渐进、持之以恒才能见效，并在进行较大强度肌肉伸展练习前必须做好热身活动，肌肉伸展产生紧绷感或疼痛时就应停止练习，防止拉伤，并在柔韧性练习结束后做好放松练习。另外，由于力量练习可发展肌肉的收缩能力，柔韧练习可发展肌肉的伸展能力，因此力量和柔韧性结合的练习对提高肌肉质量最有效。柔韧性训练一般安排每周2 ~ 3次，但柔韧性练习停止一段时期，已获得的效果就会有所消退，因此柔韧性练习要持之以恒。

柔韧性测评方法主要为仰卧直抬腿、立位体前屈、俯卧上体后仰、立位转体、坐位体前屈、双手背勾试验等。由于坐位体前屈主要全面反映人体关节、韧带和肌肉的伸展性、弹性及柔韧性的发展水平，是国际上常用的测试人体柔韧性的方法。

（二）训练方法

根据身体主要部位，可划分为肩部、躯干、下肢等部位的柔韧性练习。

1．肩部

（1）正向压肩：正面面向横木或一定高度的箱体站立，两脚与肩同宽、两腿伸直，两手抓握横木或扶在物体上，身体前俯屈90°，力点集中于肩部，身体向下压伸，感觉到肩部拉紧时保持动作 30 s，重复 3 ～ 5 次。

（2）反向压肩：两脚开立，背身站在横木或一定高度的箱体前，两手在身后扶在横木或箱体上，双臂伸直、身体下蹲，感觉到肩部拉紧时保持动作 30 s，重复 3 ～ 5 次。

（3）平臂肩部拉伸：身体直立，一只手臂伸直、横在胸前，与地面保持平行，另一只手扶住手臂向肩部拉近，感觉到肩部拉紧时保持动作 30 s，重复 3 ～ 5 次。

（4）肩部环绕：选择站立或坐姿，肩部放松且保持平直，抬起双肘将双手指尖搭放在肩头，双肘向上抬起，以肩膀为圆心顺时针画圈 2 个 8 拍，然后再逆时针画圈 2 个 8 拍，做 3 ～ 5 组。

（5）双手背后拉伸：身体直立，双手在背后，掌心相对交扣在一起，双臂伸直、慢慢向上、远离背部向外伸展，感觉到肩部拉紧时保持动作 30 s，重复 3 ～ 5 次。

2．躯干

（1）胸部拉伸：站在杆一侧并和杆处于一个平面，挺胸直背，立肘 90° 一侧，小臂贴住栏杆，同侧腿向前迈出半步，感觉到胸部拉伸时保持姿势不动。

（2）背部拉伸：背靠站在一定高度的横杆处，双手旋后，大拇指朝下握住横杆，双脚贴近杆，身体向后坐，低头含胸弓背吸腹，脚尖抬起，背部感觉到拉伸时保持姿势 20 ～ 30 s。

（3）侧向背部拉伸：以右侧拉伸为例，站在杆右侧后方，屈右肘，大臂贴到耳朵，向下压向左侧旋转，肘关节固定在杆上，身体向反方向拉伸，感觉到背部拉伸时保持姿势 20 ～ 30 s。

（4）腹部拉伸：身体直立，双手举过头顶，收紧腹部，上手臂伸直并拢在一起，挺胸，同时做 5 次深呼吸，每次吸气时双臂用力把身体向上拉，胸腔尽量上提以保持腹部的拉伸感。

（5）腰绕环：身体站立，双脚分开且与肩同宽，双手叉腰，掌心紧贴身体腰部两侧，腰臀先顺时针进行绕环 2 个 8 拍，然后在逆时针绕环 2 个 8 拍，交替进行 3 ～ 5 组。

3．下肢

（1）正压腿：主要练习腿部后侧肌肉的柔韧性。面对一定高度的物体站立，一腿提起放在横木上，脚尖勾紧，两手扶按在膝关节上，两腿伸直，腰背挺直、脚尖向上，身体向前、向下压伸，幅度由小到大。

（2）侧压腿：主要练习腿部内侧肌肉的柔韧性。侧对横木或一定高度的物体，一脚支撑，另一脚抬起，脚跟放在横木上，脚尖勾紧，两腿伸直，腰背保持直立，身体向放在横木上的腿侧倾倒压伸，左右腿交替进行。

（3）弓步压腿：因为脚步像拉弓姿势所以起名弓步，分别前弓步压腿和侧弓步压腿。前弓步压腿的动作要领为一侧大腿向前迈一大步，前腿弓、屈膝大约 90°，后腿绷直，身体竖直向下压，两侧腿交替进行。侧弓步压腿动作要领为一侧大腿向侧面迈一大步，脚尖与腿、身体保持垂直 90°，另一侧腿伸直，身体向下压腿，两侧腿交替进行。

（4）直立 / 坐立腿部拉伸：直立腿部拉伸动作要领为身体呈站立姿势、双脚并拢，双腿绷直，俯身用手去努力贴近脚面，腿保持绷直。坐立腿部拉伸动作要领为坐在地面或垫子上，两腿并拢、双腿绷直，上肢伸直、身体向腿部压伸。

（5）正踢腿：身体站立、腿部伸直，双臂两侧平行打开，动作开始时一条腿向前迈步直立抬起，抬起时脚尖勾紧，高度尽可能达到腿部肌肉拉紧，然后放下，另一条腿紧接着抬起，连续交替行进。每次 1 min，做 3 ～ 5 组。

（6）内外踢腿：身体站立、腿部伸直，双臂与身体平行打开，身体向前迈步，紧跟着一条腿向前抬起至最高处后向同侧手方向画圈踢腿，完成后落回地面，向前行进 2 步，换另一条腿抬起向同侧手臂方向画圈踢腿，之后交替进行。每条腿依次完成 10 ～ 15 次，做 3 ～ 5 组。

延伸阅读

PNF 拉伸

本体感受性神经肌肉促进法（proprioceptive neuromuscular facilitation，PNF）拉伸是被动伸展运动的一种高级形式。这种方法能够促进肌肉放松，因而比其他拉伸方法更有效，但必须在同伴的帮助下进行。

PNF 拉伸包含被动拉伸和静态拉伸。PNF 拉伸从练习形式上与静力性拉伸方法相似，但机制上有本质区别。PNF 拉伸是利用反牵张反射达到使肌肉放松的目的，肌肉做等长收缩，会对肌肉产生强力的刺激，肌肉中的肌梭会将信号传入中枢神经，反射性地使肌肉放松。但 PNF 拉伸有一定的风险，助力者和练习者必须建立良好交流，通过清晰指令，达到训练效果和避免意外伤害。

（三）注意事项

柔韧性训练必须持之以恒。柔韧性训练时痛感强，见效慢，肌肉、韧带等软组织的伸展需要长期的训练才能取得一定的效果，且停止训练就会使获得的效果有所消退，因此练习应做到循序渐进，逐步提高要求，持之以恒。

柔韧性训练时要预防受伤。柔韧性训练主要是运用各种方法拉长人体关节肌肉、韧带的长度，易造成肌肉、韧带拉伤。因此，在柔韧性训练前做好热身活动，提高关节、肌肉、韧带等的活动范围和伸展性，在拉长肌肉的过程中，不易用力过猛，要根据自身的反应和感觉合理地加力与减力，保证训练的安全。

柔韧性训练要注意外界温度的变化。外界温度过高或过低都会影响肌肉的状态和伸展能力，尤其是高原环境下温度较低，柔韧性训练时要注意保暖，使肌肉处于良好的状态，以便顺利完成柔韧训练。

参考文献

[1] 崔性赫，郭可雷，吴阳．论重复训练法、间歇训练法和持续训练法的不足与完善［J］．四川体育科学，2015，34（4）：7．

[2] 马福海，樊蓉芸，巴桑卓玛．高原运动医学基础与应用［M］．北京：北京大学医学出版社，2021．

[3] 田麦久，武福全．运动训练科学化探索［M］．北京：人民体育出版社，1988．

[4] 田麦久．关于运动训练过程的系统研究［J］．体育科学，1988（2）：21-26．

[5] Levine B D，Stray-Gundersen J．“Living high-training low”：effect of moderate-altitude acclimatization with low-altitude training on performance．J Appl Physiol（1985），1997，83（1）：102-112．

第五章

高原体能训练的测试与评价

高原体能训练的测试与评价就是通过运动能力测评了解个体运动能力的薄弱环节，评价高原体能训练的运动效果，预测和评估高原适应和相关疾病的风险，是科学制定高原体能训练个性化运动方案的最主要依据。高原体能包括力量、速度、耐力、灵敏性、柔韧性、平衡能力等。高原体能训练的测试与评价包括单项运动能力和综合运动能力两个方面。高原体能训练的评价主要为定性和定量评价相结合，高原体能训练评价等级标准分为差、不合格、合格、良好、优秀五个等级。本章将讨论高原体能训练的测试意义、测试质量的评价、体能指标的选择及其测试结果的评价方法等。

第一节　高原体能训练的测试与评价概述

一、目的和意义

高原体能训练的测试与评价通过定期或不定期对人体形态、生理功能、身体素质、心理素质进行全面或专项能力监测，然后对各项指标的数据加以整理，用于评定不同团体、不同个体的低氧适应状况、运动能力以及健康水平，从而发现其薄弱环节。高原体能训练的测试与评价的目的在于避免或减少高原体能训练的盲目性，有的放矢地选用相应的内容和方法，实现高原体能训练科学化，从而高效率、高质量、切实有效地达到高原体能训练的目的。

（一）掌握客观规律

高原体能训练的测试与评价有利于实现训练的科学化和科学研究，提高高原体能训练的业务水平和科研水平，有利于及时了解不同团体、不同个体的低氧适应状况、运动能力以及健康水平，掌握高原体能训练的客观规律，并为制定高原体能训练大纲、训练计划、选择适当的训练方法提供科学、有价值的依据。

（二）诊断身体能力

高原体能训练测试与评价是科学训练的基础，也是制定和调整训练计划的依据，对于判断个体是否具备从事高原体能训练的身体条件和能力是至关重要的。因此，通过高原体能训练测试与评价及时了解团体和个体的身体能力以及变化，正确诊断身体条件和运动潜力，激发个体的训练自觉性和积极性，并及时调整训练计划，开展针对性训练，从而提高高原体能训练效果和质量。

（三）合理制定目标

高原体能训练是为了达到最佳工作或作战状态的训练准备过程，是根据年龄、经验和基础条件，以完成不同的工作任务为目标而组织实施。因此，通过定量和定性相结合的高原体能训练测试与评价，全面掌握专项身体素质和能力的基本数据，提高对高原体能训练规律的认识，制定出科学合理的训练目标，运用适宜、个性化的方法和手段，量体裁衣、因地制宜地去组织训练活动，是取得训练工作成功的关键。

（四）检查评估效果

高原体能训练的测试与评价是高原体能训练工作效果的重要手段。制定高原体能训练测试与评价的统一标准，为国防、消防以及应急救援等部门提供标准化的信息资料。同时可以根据对高原体能训练测试与评价的结果分析研究，了解和掌握高原体能训练的实施情况，发现问题，并调整训练方案和计划，不断改善高原体能训练工作。

二、原则

高原体能训练的测试与评价要根据高原环境、理论知识、专项要求、训练水平、年龄、性别等，合理选择测试的指标，同时组织实施过程中，要根据高原体能训练的一般性规律，运用测试评价的基本原理，充分考虑到各种影响测试效果的因素，对准确评价高原体能训练的效果是极其重要的。

（一）科学性原则

科学性原则是指高原体能训练的测试与评价必须符合有效性、可靠性、客观性的要求。要求在确定高原体能训练指标内容和组织实施时，首先必须能有效反映高原体能训练的基本属性和实际情况，又能保证对同一批受试者进行重复测试时得到前后较为一致的结果，同样还要求由不同测试人员对同一受试者能取得同样的测量结果。高原体能训练的测试与评价只有符合有效性、可靠性、客观性的要求，才能最大限度地减少测试与评价的误差，准确、有效、客观地反映高原体能训练的效果和实际情况。

（二）适用性原则

适用性原则是指确定和组织实施高原体能训练的测试与评价时，必须考虑受试者和测试的环境条件。由于年龄、性别和运动能力等特点，针对不同受试者的同一测试手段的结果将会有较大区别。例如，在测试人体上肢力量耐力时，男子多选用引体向上，而女子多选用斜身引体向上，否则女子会因肌肉力量较弱而无法完成测试，因此在高原体能训练的测试与评价时应充分考虑受试者的特点。另外，由于环境、季节、场地、设施等条件不同，以及测试人员存在一定的差异，也会影响高原体能训练测试与评价的结果和效果。

（三）标准化原则

标准化原则是指制定和组织实施高原体能训练的测试与评价时，要根据测试与评价的理论，以及规范化、标准化的要求，确定和组织高原体能训练的测试与评价。其主要目的是，无论任何测试人员对总体或个体实施测试时，便于得出相同的结果，也便于团体或个体之间进行比较。所以，一般在确定和组织高原体能训练的测试与评价时，要尽可能选用在国际或国内通用的标准化测试方法和评价标准，也可根据需要设计新的测试方法和评价标准。同时对测试的内容、目的、测试对象、测试方法和要求等做出详细说明，并对场地器材、计量单位、成绩记录和实施细则等做出规定。

（四）全面性原则

全面性原则是指确定和组织实施高原体能训练的测试与评价时，必须要遵循全面收集综合信息的原则，包括收集信息的全面性和评价的全面性，从而使高原体能训练的测试与评价更科学、准确，这也是全面检验和评价高原体能训练目标、任务、要求及其效果的过程。同时也要注意考虑测试指标的相关性和独立性。由于高原体能训练具有综合性、复杂性等特征，受到环境、运动、生理、心理多方面的影响，往往一个独立测试不能准确反映其某一方面或全面的能力和水平。例如，要检查和检验高原体能训练对机体整体的运动能力的影响和效果，一般来说要选择有效性和可靠性较好的测试项目，组成成套测试，使每一个单项测试既具有独立性，又能反映测量总体中某一构成成分的作用。

（五）判别性原则

判别性原则是指确定和组织实施高原体能训练的测试与评价时，能够辨别区分出受试者能力或水平的差异，从而起到准确评价其运动能力和水平的作用，达到因材施教的目的。一般来说，海拔高度、山形地貌、测试的强度和负荷量，以及可操作性等均会对测试产生影响。同时，同一测试实施于能力和水平不同的受试者，其结果也会出现很大的差异。测试难度过大可造成大多数训练者很难完成，成绩也低；反之则成绩很高，因而不能准确有效地反映某一群体或个体在能力或水平上的差异。因此，在确定和组织实施高原体能训练的测试与评价时，必须根据高原环境特点以及受试者的特点，充分考虑到影响辨别力的诸多因素，保证测试与评价的准确性和有效性。

三、基本程序

（一）确定目的

在组织实施高原体能训练的测试与评价时，首先要确定测试目的，也就是说要明确测试是用来测试什么和对什么人进行测试，也就是测试与评价的预期目标。只有明确了测试与评价得目的，选择相应的测试与评价形式，测试与评价才具有可行性和实用性。

（二）确定内容

根据高原体能训练的测试与评价的目的，在确定测试与评价的内容时，要对高原体能训练的任务、要求、内容以及环境特征进行全面系统的分析。只有对高原体能训练的测试与评价有一个全面、系统和深入的认识，才能有效地达到高原体能训练测试与评价的目的。一般确定测试与评价内容的方法为定性分析选择测试与评价和定量分析选择测试与评价。

1．定性分析选择测试与评价　定性分析选择测试与评价是根据专业理论和经验，运用逻辑判断来分析高原体能训练的测试与评价过程。一般可采用专家评定、发调查表、开座谈会等方式对测试的结构和内容进行分析，通过分析、选择，设计出具有较高有效性的测试内容、结构、指标和评价方法、标准等。定性分析是定量分析的基础，在不能进行定量分析时，定性分析显得尤为重要，但应尽可能进行定量分析。

2．定量分析选择测试与评价　定量分析选择测试与评价是指测试与评价的指标、方法及其标准可以以距离、时间、次数等进行量化。但定量分析建立在定性分析的基础上，运用统计学的方法对测试与评价的指标进行定量分析和选择。常用的统计分析方法包括聚类分析、回归分析、主成分分析等。

延伸阅读

人类与珠穆朗玛峰攀登

1921年，英国登山队在伯里的率领下开始攀登珠峰。

1953年5月29日，新西兰希拉里与尼泊尔向导丹增成为人类历史上第一个登上珠峰的人。

1960年5月，中国人王富洲、贡布、屈银华首次从北坡登上珠峰。

1963年，美国探险队在迪伦弗斯带领下首次从西坡登上珠峰。

1975年，日本田部井淳子为首个从南坡登上珠峰的女性；同年，中国潘多为首个从北坡登上珠峰的女性。

1978年，奥地利哈贝尔和意大利梅斯纳首次未带氧气瓶登上珠峰。

2008年5月8日，珠峰登山队携带第29届北京奥运会圣火，在珠峰顶点燃祥云火炬，并进行约200 m的火炬传递。

截至2022年，共有6098人登上珠穆朗玛峰，大约有300人死亡，包括登山者、向导和救援人员。

（三）确定实施细则

测试者和训练者必须遵守测试细则，测试细则是实施测试的依据，使测试规范化、标准化，从而减小测量误差。测试的实施细则一般包括以下主要内容：测试名称和目的；受试者的年龄和性别及人数；测试内容、方法和要求；场地、器材和设备；成绩记录和评分、评价的方法；测试的安全措施和注意事项。

若是大规模测试，还应包括测试队伍组建的要求和任务，测试的程序、编制测试的实施细则，对测试者和受试者的要求和组织安排等。

四、流程

按照高原体能训练的测试与评价组织实施的一般性规律和工作过程，高原体能训练的测试与评价可分为测试前的准备工作、组织实施、结束工作三个阶段。

（一）准备工作

1．组建测试队伍　组建测试队伍时，应根据测试内容、性质、要求及工作量来安排测试人员。

涉及多学科的测试，人员构成应满足各专业测试的要求，并根据测试人员的专业、特长、能力、经验和责任心分配工作。

2．学习测试细则 高原体能训练的测试与评价往往是由多个测试人员来完成，不同的测试人员对测试标准和要求的掌握可能不完全一致。为了确保测量的科学性，必须组织测试人员认真学习实施方案和测试细则，使测试人员对测试的目的、任务、方法等有全面的了解，明确自己的任务和职责，加强对测试工作的责任感。

3．技术培训实习 开展高原体能训练的测试与评价需要对测试人员进行实际技术培训，通过现场操作，使测试人员熟悉测试内容、方法、要求以及注意事项，了解和体验高原体能训练的测试与评价的难点和要点，掌握测试的技术，力求统一测试要求和评分尺度。

4．仪器设备准备 根据高原体能训练的测试与评价的要求，预先布置场地，安装和校对仪器。按测试要求，除了准备必需的仪器设备，还应有备份，以备测试过程中仪器发生故障时使用。准备测试成绩记录卡片或登记表格和其他用具。

5．安全与风险预防 高原体能训练测试与评价具有海拔高、运动负荷及强度大、对抗性强、竞争激烈的特征，尤其是高原低氧、寒冷、风沙大的环境易造成运动损伤，因此要做好安全预案，提前准备好医务、急救等工作，以防万一。

（二）组织实施

在组织实施高原体能训练的测试与评价时，需要测试人员和受试者密切配合，协同合作完成测试任务，为保证测试与评价的顺利进行，应注意以下几点。

1．做好测试前的组织工作 测试前可根据测试规模进行分工。大规模的测试可由专人负责受试者的组织工作，而规模较小的测试，测试人员也是测试的组织者。同时，测试前应向受试对象说明测试的目的和要求，以及测试的顺序，并对受试者进行编组，逐项进行。

2．明确测试方法和做好测前准备 根据测试要求，在测试前应向受试者讲解、示范有关测试的方法和要求，并做好测试前的准备工作。准备工作依测试的性质和要求进行，还应组织受试者进行适宜的准备活动或练习。

3．做好测试指导 测试前应对测试的关键、易犯的错误等情况进行必要的说明和提示。还可以采取一些有效措施，提高受试者完成测试的兴趣和积极性，以保证测试的质量和效果，但要避免干扰测试。一般所有受试者统一完成一项测试后再进入下一项测试。当测试时间短、测试项目和受试者多时，可采用循环测试法，即按项目分组同时进入各项测试，完成该项测试后依逆时针方向循环，直至完成全部测试项目。

4．建立测试检查制度 建立明确的测试检查制度，按照规定检查、验收，以避免失误。测试者应加强责任感，随时注意检查场地器材，校正仪器，确认操作是否符合测试和安全要求，记录是否清晰准确或有无遗漏的项目等，发现问题应及时纠正。

（三）结束工作

1．整理测试场地、设备和仪器。

2．检查和整理测试数据，发现可疑数据，不合格的记录卡片，如缺项、字迹无法确认等，应列出名单和项目并补测，对不合格的卡片在数据处理前应剔除。

3．对数据进行统计处理。按照预先设计的指标进行统计处理，如数据量较大或数据需多次重复使用时，可先建立数据库，然后进行统计处理，以便节约人力，也利于数据的复查和长久保存。

4．按测试目的、任务、要求，撰写论文或分析报告。

第二节 力量的测试与评价

力量是人体肌肉系统工作时克服或对抗阻力的能力，力量素质是人体活动能力的原动力，是获得运动技能和取得优异运动成绩的基础，同时也是对速度、耐力、灵活性等素质发展的重要影响因素。一般随着年龄的增长，肌肉力量伴随着骨骼肌量的减少而减少，中国成年人的力量素质规律是男子在35岁、女子在40岁达到顶峰后呈下降趋势，主要原因与人体心血管系统、呼吸系统功能的活动能力下降，肌肉组织的退行性变化以及力量训练不足有关。高原缺氧环境易使肌肉血流量减少，蛋白质合成降低，引起肌纤维变细或萎缩，从而导致肌肉力量丢失。在高原训练时，体重下降是常见的，并且会影响到肌肉的质量和力量，速度素质亦受影响。

力量的测试与评价主要包括上肢力量、腰腹力量、下肢力量，具体测试指标包括握力、背力、俯卧撑、仰卧起坐、纵跳测试等。

一、上肢力量

上肢力量是肌肉紧张或收缩时所表现的一种功能能力，是保证人体完成各种简单或复杂运动的主要素质，通常以肌肉收缩时所做的功或功率来表示。

（一）握力

握力反映上肢前臂和手部肌肉的绝对力量，也能反映肌肉总体力量和上肢肌肉群的发达程度。在体能测试中，它常以握力体重指数的形式体现，即把握力的大小与被测人的体重相联系，以获得最科学的体力评估。一般男子的握力相当于自身体重的47% ~ 48%。

1．测试设备　通过电子握力计或指针式握力计来测量左右手握力。

2．测试方法　受试者两脚自然分开成直立姿势，两臂自然下垂，掌心向内，用最大力紧握握力计内外把柄，并读数记录。共测2次，左右手可交替各测2 ~ 3次，各取最大值记录。

3．注意事项　测试前应将握力计的把柄距离调至便于发力的位置，测量时握力计不来回摆动并保持不动；用力时不准屈臂、挥臂、弯腰或持握力计的手接触身体其他部位。指针式握力计需在测试结束后将指针拨回零位。不同海拔不同年龄男女握力评价标准见表5-2-1。

（二）俯卧撑

俯卧撑是中国大陆地区的惯用词，中国台湾地区称作伏地挺身，中国港澳地区称作掌上压。俯卧撑主要测量肩臂的力量，反映人体上肢、肩背部肌肉力量及持续工作能力。在日常锻炼和体育课上，特别是在军事体能训练中，俯卧撑是一项基本训练，简单易行却十分有效。俯卧撑为男子测试项目。

1．测试设备　俯卧撑测试仪或瑜伽垫。

2．测试方法　受试者用双手和双脚尖撑地，手指向前，双手间距与肩同宽，两臂伸直，身体保持平直，呈俯撑姿势。然后双臂弯曲，身体下落，使身体平直下降，胸部接近地面，至肩与肘处于同一水平面，直到肘部成90°，身体仍保持平直，完成卧撑姿势。然后将身体平直撑起，恢复至俯撑姿势，至此为完成一次俯卧撑动作。记录正确完成动作的次数。

3．注意事项　俯卧撑下落和上推时，不得弓背和塌腰；要做好准备和放松活动，防止受伤和肌肉僵硬。不同海拔不同年龄男子俯卧撑评价标准见表5-2-2。

（三）单杠引体向上

单杠引体向上是指依靠自身力量克服自身体重向上做功的垂吊练习，主要测试上肢肌肉力量的发展水平。在完成一个完整的引体向上的过程中，需要众多背部骨骼肌和上肢骨骼肌共同参与做功，是一项多关节复合动作练习，是较好的锻炼上肢的方法，是所有发展背部骨骼肌肌力和肌耐力的练习方式中，参与肌肉最多、运动模式最复杂、训练效果最显著的方式，也是衡量男性体质的重要参考标准和项目之一。单杠引体向上为40周岁以下男子的测试项目，40周岁以上采用40 kg坐姿下拉。

1．测试设备　高单杠或综合训练器械（受试者悬垂后足能离地）；杠面应光滑，杠粗以手能握住为准。做负重引体时，需配置各种不同重量的重物及系重物的皮带、绳索。

2．测试方法　单杠引体向上共有两种动作方法，第一种是颈后引体向上，第二种是体前正握引体向上。

颈后引体向上，双手正握杠，比肩稍宽，身体、手臂拉直，将身体悬挂于杠下。将身体拉起，直至颈后部触杠，保持腿部垂直，身体不要扭曲。慢慢返回开始时的悬挂姿势，两臂伸直，即为成

表5-2-1　不同海拔不同年龄男女握力评价标准（kg）

性别	海拔（m）	级别	年龄				
			25岁以下	25～29岁	30～34岁	35～39岁	40～44岁
男	2000 ～ 2500	优秀	≥ 56	≥ 57	≥ 58	≥ 57	≥ 55
		良好	48 ～ 55	50 ～ 56	51 ～ 57	50 ～ 56	47 ～ 54
		合格	41 ～ 47	42 ～ 49	43 ～ 50	42 ～ 49	40 ～ 46
		不合格	≤ 40	≤ 41	≤ 42	≤ 41	≤ 39
	3000 ～ 3500	优秀	≥ 51	≥ 52	≥ 52	≥ 52	≥ 49
		良好	43 ～ 50	45 ～ 51	45 ～ 51	45 ～ 51	42 ～ 48
		合格	36 ～ 42	37 ～ 44	38 ～ 44	37 ～ 44	35 ～ 41
		不合格	≤ 35	≤ 36	≤ 37	≤ 36	≤ 34
	4000 ～ 4500	优秀	≥ 49	≥ 50	≥ 51	≥ 50	≥ 48
		良好	41 ～ 48	43 ～ 49	44 ～ 50	43 ～ 49	40 ～ 47
		合格	34 ～ 40	35 ～ 42	36 ～ 43	35 ～ 42	33 ～ 39
		不合格	≤ 33	≤ 34	≤ 35	≤ 34	≤ 32
女	2000 ～ 2500	优秀	≥ 40	≥ 41	≥ 42	≥ 41	≥ 39
		良好	35 ～ 39	36 ～ 40	37 ～ 41	36 ～ 40	34 ～ 38
		合格	30 ～ 34	31 ～ 35	32 ～ 36	31 ～ 35	29 ～ 33
		不合格	≤ 29	≤ 30	≤ 31	≤ 30	≤ 28
	3000 ～ 3500	优秀	≥ 36	≥ 37	≥ 38	≥ 37	≥ 35
		良好	31 ～ 35	32 ～ 36	33 ～ 37	32 ～ 36	30 ～ 34
		合格	26 ～ 30	27 ～ 31	28 ～ 32	27 ～ 31	25 ～ 29
		不合格	≤ 25	≤ 26	≤ 27	≤ 26	≤ 24
	4000 ～ 4500	优秀	≥ 34	≥ 35	≥ 36	≥ 35	≥ 33
		良好	29 ～ 33	30 ～ 36	31 ～ 35	30 ～ 34	28 ～ 32
		合格	24 ～ 28	25 ～ 29	26 ～ 30	25 ～ 29	23 ～ 27
		不合格	≤ 23	≤ 24	≤ 25	≤ 24	≤ 22

功一次，然后再完成下一个动作。记录连续引体颈后触杠的次数。测量肩臂最大力量时，可负重引体，记录引体时附加的重量。

体前正握引体向上，两手正握杠，比肩稍宽，身体、手臂伸直，将身体悬挂于杠下。待身体平稳后，两臂同时用力开始引体，双手向上拉杠，引体向上至下颌高于杠面，保持腿部垂直，身体不要扭曲。下杠时伸臂呈悬垂，身体慢慢还原成悬垂姿势到启动状态，即为成功一次，然后再完成下一个动作。记录连续引体过下颌的次数。测量肩臂最大力量时，可负重引体，记录引体时附加的重量。

3．注意事项　测量过程中受试者不得借助于身体摆动、收腹屈腿等附加用力动作，同时应注意加强保护。若有过度身体摆动，助手可帮助稳定，但不得助力。引体向上上拉时注意吸气，下垂时注意呼气。不同海拔不同年龄男子单杠引体向上 / 坐姿下拉评价标准见表 5-2-3。

（四）单杠悬垂臂屈伸

单杠悬垂臂屈伸又名斜身引体（图 5-2-1），类似于引体向上，主要锻炼上肢屈肌和肩背肌群

表5-2-2　不同海拔不同年龄男子俯卧撑评价标准（个）

海拔（m）	级别	年龄				
		25岁以下	25～29岁	30～34岁	35～39岁	40～44岁
2000 ～ 2500	优秀	≥ 57	≥ 58	≥ 59	≥ 56	≥ 55
	良好	47 ～ 56	48 ～ 57	49 ～ 58	46 ～ 55	45 ～ 54
	合格	37 ～ 46	38 ～ 47	39 ～ 48	36 ～ 45	35 ～ 44
	不合格	≤ 36	≤ 37	≤ 38	≤ 35	≤ 34
3000 ～ 3500	优秀	≥ 51	≥ 52	≥ 52	≥ 50	≥ 49
	良好	41 ～ 50	42 ～ 51	43 ～ 52	40 ～ 49	39 ～ 48
	合格	31 ～ 40	32 ～ 41	33 ～ 42	30 ～ 39	29 ～ 38
	不合格	≤ 30	≤ 31	≤ 32	≤ 29	≤ 30
4000 ～ 4500	优秀	≥ 48	≥ 49	≥ 50	≥ 47	≥ 46
	良好	38 ～ 45	39 ～ 48	41 ～ 49	37 ～ 46	36 ～ 45
	合格	28 ～ 37	29 ～ 38	30 ～ 39	27 ～ 36	26 ～ 35
	不合格	≤ 27	≤ 28	≤ 29	≤ 26	≤ 25

表5-2-3　不同海拔不同年龄男子单杠引体向上/坐姿下拉评价标准（个）

海拔（m）	级别	年龄				
		25岁以下	25～29岁	30～34岁	35～39岁	40～44岁
2000 ～ 2500	优秀	≥ 18	≥ 19	≥ 17	≥ 16	≥ 15
	良好	14 ～ 17	15 ～ 18	13 ～ 16	13 ～ 15	12 ～ 14
	合格	11 ～ 13	12 ～ 14	10 ～ 12	10 ～ 12	9 ～ 11
	不合格	≤ 10	≤ 11	≤ 9	≤ 9	≤ 8
3000 ～ 3500	优秀	≥ 16	≥ 17	≥ 15	≥ 14	≥ 13
	良好	12 ～ 15	13 ～ 16	11 ～ 14	11 ～ 13	10 ～ 12
	合格	9 ～ 11	10 ～ 12	8 ～ 10	8 ～ 10	7 ～ 9
	不合格	≤ 8	≤ 9	≤ 7	≤ 7	≤ 6
4000 ～ 4500	优秀	≥ 16	≥ 16	≥ 14	≥ 13	≥ 12
	良好	11 ～ 14	12 ～ 15	10 ～ 13	10 ～ 12	9 ～ 11
	合格	8 ～ 10	9 ～ 11	7 ～ 9	7 ～ 9	6 ～ 8
	不合格	≤ 7	≤ 8	≤ 6	≤ 6	≤ 5

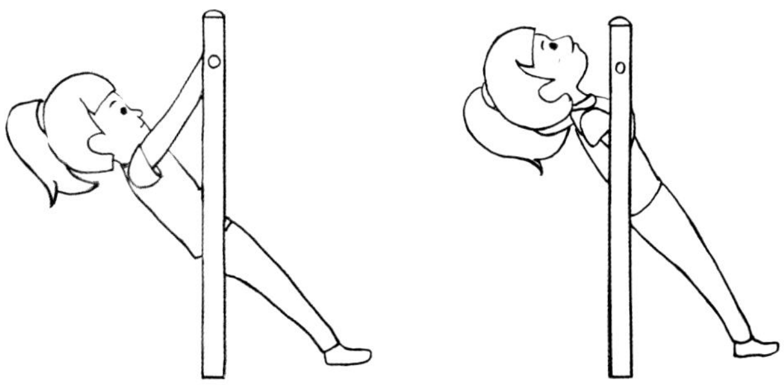

图 5-2-1　单杠悬垂臂屈伸

的力量，主要参与肌群有背阔肌、肱二头肌、肱肌、肱桡肌、三角肌后束。这个项目也经常用在军事体能测试中，主要考验的是肌肉耐力。单杠悬垂臂屈伸为40周岁以下女子测试项目，40周岁以上采用30 kg坐姿下拉。

1．测试设备 综合训练器（单杠屈臂悬垂测试仪）。

2．测试方法 通过调节低单杠高度，使杠面与受试者胸部（乳头上下）齐平。面向低单杠（高度适中），自然站立，两手分开与肩同宽，正握杠，两腿前伸，两臂与躯干成90°角，两脚始终着地，不移动，并由一同伴压住双脚，身体斜向下垂；然后做屈臂引体，当下颌能触到或超越横杠时，伸臂复原，完成一次。

3．注意事项 测量时握杠姿势要正确规范，预备姿势必须保持躯干与两臂成90°角。屈臂引体时，身体要保持挺直，不得靠挺腹和塌腰借力。重复引体前，必须恢复到预备姿势。不同海拔不同年龄女子单杠屈臂悬垂/坐姿下拉评价标准见表5-2-4。

（五）双杠臂屈伸

双杠臂屈伸以练习胸肌、肱三头肌和三角肌（前束）为主，兼练背阔肌、斜方肌等。臂屈伸可以显著提升全身肌肉和力量，而且经常臂屈伸会显著提高心肺功能。而且臂屈伸可以锻炼胸大肌的外侧缘和下缘，使胸大肌、肱三头肌外形更漂亮，更丰满。另外，窄距的臂屈伸对肱三头肌效果更加明显，更能有效提高上肢力量。

1．测试设备 双杠（受试者在杠上屈臂支撑时脚不着地）。适当高度的双杠做负重屈伸时，需备不同重量的重物及系重物的皮带、绳索。

2．测试方法 受试者双手分别握杠，双臂支撑在双杠上，头正挺胸顶肩，躯干、上肢与双杠垂直，屈膝后小腿交叠于双脚的踝关节部位，呈直臂支撑后肘关节慢慢弯屈，同时肩关节伸屈，使身体逐渐下降，屈臂下落至双肘均成直角，然后用力上推成直臂支撑，即算完成一次。

3．注意事项 下放的速度要慢，不能降太低，否则对肩关节压力大；身体不可随意摆动，要保持平衡；不要在身体的前后摆动中完成动作，上推时不得借助于身体摆动的力量。不同海拔不同年龄男子双杠臂屈伸评价标准见表5-2-5。

二、腰腹力量

腰腹力量也就是常说的核心力量，是近年来体能训练中提及较频繁的一个概念。核心一词指人体双肩和双髋关节之间的躯干和骨盆区域，通常称为躯干部分，该区域的力量训练就统称为核

表5-2-4 高原不同海拔不同年龄女子单杠屈臂悬垂/坐姿下拉评价标准（个）

海拔（m）	级别	年龄				
		25岁以下	25～29岁	30～34岁	35～39岁	40～44岁
2000～2500	优秀	≥47	≥49	≥50	≥48	≥46
	良好	40～46	42～48	43～49	41～47	39～45
	合格	33～39	35～41	36～42	34～40	32～38
	不合格	≤32	≤34	≤35	≤33	≤31
3000～3500	优秀	≥42	≥44	≥45	≥43	≥41
	良好	35～41	37～43	38～45	36～42	34～40
	合格	28～34	30～36	31～37	29～35	25～33
	不合格	≤27	≤29	≤30	≤28	≤24
4000～4500	优秀	≥40	≥42	≥43	≥41	≥39
	良好	33～39	35～41	36～42	34～41	32～38
	合格	26～32	28～34	29～35	27～33	25～31
	不合格	≤25	≤27	≤28	≤26	≤24

表5-2-5　不同海拔不同年龄男子双杠臂屈伸评价标准（个）

海拔（m）	级别	年龄				
		25岁以下	25～29岁	30～34岁	35～39岁	40～44岁
2000～2500	优秀	≥ 28	≥ 30	≥ 32	≥ 27	≥ 26
	良好	27～23	29～25	31～27	26～22	25～21
	合格	22～17	24～19	26～21	21～16	20～15
	不合格	≤ 16	≤ 18	≤ 20	≤ 15	≤ 14
3000～3500	优秀	≥ 25	≥ 25	≥ 27	≥ 24	≥ 23
	良好	24～20	26～22	28～24	23～19	22～18
	合格	19～14	21～16	23～18	18～13	17～12
	不合格	≤ 13	≤ 15	≤ 17	≤ 12	≤ 11
4000～4500	优秀	≥ 24	≥ 26	≥ 28	≥ 23	≥ 22
	良好	23～19	25～21	27～23	22～18	21～17
	合格	18～13	20～15	22～17	17～12	16～11
	不合格	≤ 12	≤ 14	≤ 16	≤ 11	≤ 10

心力量训练。从运动解剖和运动生物力学角度分析，该区域正是人体重心所在，是人体运动链的枢纽，也是各种肢体动作的支撑和附着点，与四肢相比，其在运动中主要起支撑、保护和稳定作用。

（一）3 min 屈膝仰卧起坐

屈膝仰卧起坐主要反映腰腹力量，是体能训练的一个重要环节，也是测量人体躯干、腰、髋等关节、韧带和肌肉的伸展性、弹性以及柔韧性的项目。经常进行仰卧起坐训练可以增强腹部肌肉的力量，增进腹部肌肉的弹性，亦可以起到保护背部和改善体态的效果。仰卧起坐技术动作简单、不受场地环境影响，是适合社会大众的简易运动方式，也是消除腹部赘肉和避免下背痛经常采用的运动之一。

1．测试设备　平整整洁的地板或瑜伽垫；秒表。

2．测试方法　受试者仰卧于垫上，两腿稍分开，屈膝呈 90° 角，两手指交叉贴于后颈处。辅助者压住其踝关节以固定其下肢。受试者坐起时两肘触及或超过双膝为完成一次，仰卧时两肩胛必须触垫。测试人员发出“开始”口令的同时开表计时，记录 3 min 内完成次数，3 min 到时，受试者虽已坐起但肘关节未达到双膝者不计该次数，精确到个位。

3．注意事项　不得借助肘、手撑垫或臀部起落的力量。不同海拔不同年龄男女 3 min 屈膝仰卧起坐评价标准（个）见表 5-2-6。

（二）1 min 仰卧收腹举腿

仰卧收腹举腿主要训练腹直肌下部肌群，协同肌肉有腹外斜肌、腹内斜肌、骶棘肌。

1．测试设备　平整整洁的地板或瑜伽垫；秒表。

2．测试方法　受试者仰卧于垫上，双腿伸直，肩胛骨贴垫，双臂向上举至头两侧并贴垫。发令开始测试时，双臂、上体和双腿同时向上折叠，膝关节不能弯曲，双手碰到脚面为完成一次。连续进行，计 1 min 完成次数。

3．注意事项　收腹举腿时，两腿弯曲或双手未碰到脚面均不计入成绩。不同海拔不同年龄男女 1 min 仰卧收腹举腿评价标准见表 5-2-7。

（三）1 min 双杠挂臂收腹举腿

双杠挂臂收腹举腿是训练腹肌最好的方法之一，主要锻炼下腹。

1．测试设备　双杠；秒表。

2．测试方法　双臂前臂撑在双杠杠面上，跳起呈悬垂姿势，脚尖绷直，双腿并拢，眼睛平视，肩部放松，不让斜方肌参与运动，然后深吸气，

表5-2-6 不同海拔不同年龄男女3 min屈膝仰卧起坐评价标准（个）

性别	海拔（m）	级别	年龄				
			25岁以下	25～29岁	30～34岁	35～39岁	40～44岁
男	2000 ～ 2500	优秀	≥ 67	≥ 68	≥ 69	≥ 66	≥ 65
		良好	59 ～ 66	60 ～ 67	61 ～ 68	58 ～ 65	57 ～ 64
		合格	51 ～ 58	52 ～ 59	53 ～ 60	50 ～ 57	49 ～ 56
		不合格	≤ 50	≤ 51	≤ 52	≤ 49	≤ 48
	3000 ～ 3500	优秀	≥ 60	≥ 61	≥ 62	≥ 59	≥ 58
		良好	52 ～ 59	53 ～ 60	54 ～ 61	51 ～ 58	50 ～ 57
		合格	44 ～ 51	45 ～ 52	46 ～ 53	43 ～ 50	42 ～ 49
		不合格	≤ 43	≤ 44	≤ 45	≤ 42	≤ 41
	4000 ～ 4500	优秀	≥ 57	≥ 58	≥ 59	≥ 56	≥ 55
		良好	49 ～ 56	50 ～ 57	51 ～ 58	48 ～ 55	47 ～ 54
		合格	41 ～ 48	42 ～ 49	43 ～ 50	40 ～ 47	39 ～ 46
		不合格	≤ 40	≤ 41	≤ 42	≤ 39	≤ 38
女	2000 ～ 2500	优秀	≥ 57	≥ 58	≥ 59	≥ 56	≥ 55
		良好	48 ～ 56	49 ～ 57	50 ～ 58	47 ～ 55	46 ～ 54
		合格	39 ～ 47	40 ～ 48	41 ～ 49	38 ～ 46	37 ～ 45
		不合格	≤ 38	≤ 39	≤ 40	≤ 37	≤ 36
	3000 ～ 3500	优秀	≥ 51	≥ 52	≥ 53	≥ 50	≥ 49
		良好	42 ～ 50	43 ～ 51	44 ～ 52	41 ～ 49	40 ～ 48
		合格	33 ～ 41	34 ～ 42	35 ～ 43	32 ～ 40	31 ～ 39
		不合格	≤ 32	≤ 33	≤ 34	≤ 31	≤ 30
	4000 ～ 4500	优秀	≥ 48	≥ 49	≥ 50	≤ 47	≥ 46
		良好	39 ～ 47	41 ～ 48	41 ～ 49	38 ～ 46	37 ～ 45
		合格	30 ～ 38	31 ～ 39	32 ～ 40	29 ～ 37	28 ～ 36
		不合格	≤ 29	≤ 30	≤ 31	≤ 28	≤ 27

呼气时腹部收紧，双腿向身体前方抬起，双膝和脚踝不要弯曲，始终保持伸直状态，注意双腿不要用力，保持肌肉收紧即可。当双腿抬到与地面平行的时候停止，充分感受腹部肌肉收紧的感觉，然后双腿慢慢下落还原，双腿保证始终并拢，不要分开。连续进行，计 1 min 完成次数。

3．注意事项 举腿时双腿不要分开，眼睛始终平视，腹部收紧。不同海拔不同年龄男女 1 min 双杠挂臂收腹举腿评价标准见表 5-2-8。

表5-2-7　不同海拔不同年龄男女1 min仰卧收腹举腿评价标准（个）

性别	海拔（m）	级别	年龄				
			25岁以下	25～29岁	30～34岁	35～39岁	40～44岁
男	2000 ~ 2500	优秀	≥ 55	≥ 56	≥ 54	≥ 53	≥ 52
		良好	50 ~ 54	51 ~ 55	49 ~ 53	48 ~ 52	47 ~ 51
		合格	45 ~ 49	46 ~ 50	44 ~ 48	43 ~ 47	42 ~ 46
		不合格	≤ 44	≤ 45	≤ 43	≤ 42	≤ 41
	3000 ~ 3500	优秀	≥ 49	≥ 50	≥ 48	≥ 47	≥ 46
		良好	44 ~ 48	45 ~ 49	43 ~ 47	42 ~ 46	41 ~ 45
		合格	39 ~ 43	40 ~ 44	38 ~ 42	37 ~ 41	36 ~ 40
		不合格	≤ 38	≤ 39	≤ 37	≤ 37	≤ 35
	4000 ~ 4500	优秀	≥ 47	≥ 48	≥ 46	≥ 45	≥ 44
		良好	42 ~ 46	43 ~ 47	41 ~ 45	42 ~ 44	39 ~ 43
		合格	37 ~ 41	38 ~ 42	36 ~ 40	35 ~ 39	34 ~ 38
		不合格	≤ 36	≤ 37	≤ 35	≤ 34	≤ 33
女	2000 ~ 2500	优秀	≥ 48	≥ 49	≥ 47	≥ 46	≥ 45
		良好	44 ~ 47	45 ~ 48	43 ~ 46	42 ~ 45	41 ~ 44
		合格	39 ~ 43	40 ~ 44	38 ~ 42	37 ~ 41	36 ~ 40
		不合格	≤ 38	≤ 39	≤ 37	≤ 36	≤ 35
	3000 ~ 3500	优秀	≥ 43	≥ 44	≥ 42	≥ 41	≥ 40
		良好	39 ~ 42	40 ~ 43	38 ~ 41	37 ~ 40	36 ~ 39
		合格	34 ~ 38	35 ~ 39	33 ~ 37	32 ~ 36	31 ~ 35
		不合格	≤ 33	≤ 34	≤ 32	≤ 31	≤ 30
	4000 ~ 4500	优秀	≥ 41	≥ 42	≥ 40	≥ 39	≥ 38
		良好	37 ~ 40	38 ~ 41	36 ~ 39	35 ~ 38	34 ~ 37
		合格	32 ~ 36	33 ~ 37	31 ~ 35	30 ~ 34	29 ~ 33
		不合格	≤ 31	≤ 32	≤ 30	≤ 29	≤ 28

表5-2-8 不同海拔不同年龄男女1 min双杠挂臂收腹举腿评价标准（个）

性别	海拔（m）	级别	年龄				
			25岁以下	25～29岁	30～34岁	35～39岁	40～44岁
男	2000 ~ 2500	优秀	≥ 26	≥ 28	≥ 29	≥ 25	≥ 24
		良好	19 ~ 25	21 ~ 27	22 ~ 28	18 ~ 24	17 ~ 23
		合格	12 ~ 18	14 ~ 20	15 ~ 21	11 ~ 17	10 ~ 16
		不合格	≤ 11	≤ 13	≤ 14	≤ 10	≤ 9
	3000 ~ 3500	优秀	≥ 25	≥ 27	≥ 28	≥ 24	≥ 23
		良好	18 ~ 24	20 ~ 26	21 ~ 27	17 ~ 23	16 ~ 22
		合格	11 ~ 17	13 ~ 19	14 ~ 20	10 ~ 16	9 ~ 15
		不合格	≤ 10	≤ 12	≤ 13	≤ 9	≤ 8
	4000 ~ 4500	优秀	≥ 24	≥ 26	≥ 27	≥ 23	≥ 22
		良好	17 ~ 23	19 ~ 25	20 ~ 26	16 ~ 22	15 ~ 21
		合格	10 ~ 16	12 ~ 18	13 ~ 19	9 ~ 15	8 ~ 14
		不合格	≤ 9	≤ 11	≤ 12	≤ 8	≤ 7
女	2000 ~ 2500	优秀	≥ 13	≥ 15	≥ 16	≥ 12	≥ 11
		良好	10 ~ 12	12 ~ 14	13 ~ 15	9 ~ 11	8 ~ 10
		合格	7 ~ 9	9 ~ 11	10 ~ 12	6 ~ 8	5 ~ 7
		不合格	≤ 6	≤ 8	≤ 9	≤ 5	≤ 4
	3000 ~ 3500	优秀	≥ 12	≥ 14	≥ 15	≥ 11	≥ 10
		良好	9 ~ 11	11 ~ 13	12 ~ 14	8 ~ 10	7 ~ 9
		合格	6 ~ 8	8 ~ 10	9 ~ 11	5 ~ 7	4 ~ 6
		不合格	≤ 5	≤ 7	≤ 8	≤ 4	≤ 3
	4000 ~ 4500	优秀	≥ 11	≥ 13	≥ 14	≥ 10	≥ 9
		良好	8 ~ 10	10 ~ 12	11 ~ 13	7 ~ 9	6 ~ 8
		合格	5 ~ 7	7 ~ 9	8 ~ 10	4 ~ 6	3 ~ 5
		不合格	≤ 4	≤ 6	≤ 7	≤ 3	≤ 2

（四）1 min 单杠悬垂收腹举腿

单杠悬垂收腹举腿是训练腹肌最好的方法之一，主要锻炼下腹（图 5-2-2）。

1．测试设备 单杠；秒表。

2．测试方法 跳起正握单杠，直臂悬垂，核心用力，稳住躯干，以腰腹为支点，大腿带动小腿做收腹举腿（直腿），上举双腿至与躯干成 90° 角，然后下肢还原成悬垂记为一次。以此类推，循环练习，记录 1 min 内完成的次数。

3．注意事项 举腿过程中不能弯腿，若弯腿则不计次数；每次均要从直体悬垂或稍有背弓开始。不同海拔不同年龄男女 1 min 单杠悬垂收腹举腿评价标准见表 5-2-9。

（五）1 min 俯卧挺身

俯卧挺身动作能够有效地锻炼背部、胸部、腹部和臀部的肌肉，也可以有效锻炼平衡感和协调性，尤其是腰部肌肉的灵活性和柔韧性，对于骨盆也有一定的矫正作用。俯卧挺身并不起到增肌作用，主要是一种放松和拉伸，或者是一种功能性训练、康复性训练（图 5-2-3）。

表5-2-9　不同海拔不同年龄男女1 min单杠悬垂收腹举腿评价标准（个）

性别	海拔（m）	级别	年龄				
			25岁以下	25～29岁	30～34岁	35～39岁	40～44岁
男	2000～2500	优秀	≥22	≥23	≥24	≥22	≥20
		良好	18～21	19～22	20～23	18～21	16～19
		合格	14～17	15～18	16～19	14～17	12～15
		不合格	≤13	≤14	≤15	≤13	≤11
	3000～3500	优秀	≥20	≥21	≥22	≥20	≥18
		良好	16～19	17～20	18～21	16～19	14～17
		合格	12～15	13～16	14～17	12～15	10～13
		不合格	≤11	≤12	≤13	≤11	≤9
	4000～4500	优秀	≥18	≥19	≥20	≥18	≥16
		良好	14～17	15～18	16～19	14～17	12～15
		合格	10～13	11～14	12～15	10～13	8～11
		不合格	≤9	≤10	≤11	≤9	≤7
女	2000～2500	优秀	≥12	≥13	≥14	≥12	≥10
		良好	9～11	10～12	11～13	9～11	7～9
		合格	6～8	7～9	8～10	6～8	4～6
		不合格	≤5	≤6	≤7	≤5	≤3
	3000～3500	优秀	≥10	≥11	≥14	≥10	≥8
		良好	7～9	8～10	11～13	7～9	5～7
		合格	4～6	5～7	8～10	4～6	3～4
		不合格	≤3	≤4	≤7	≤3	≤2
	4000～4500	优秀	≥9	≥10	≥11	≥9	≥7
		良好	6～8	7～9	8～10	6～8	4～6
		合格	3～5	4～6	5～7	3～5	2～3
		不合格	≤2	≤3	≤4	≤2	≤1

图 5-2-2　单杠悬垂收腹举腿

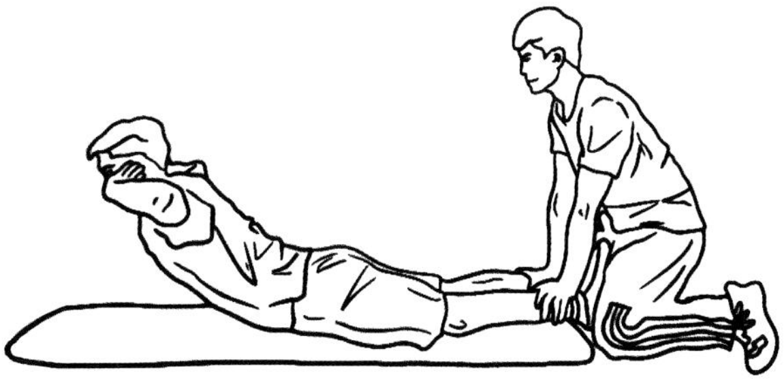

图 5-2-3　俯卧挺身

1．测试设备 长凳；平凳；秒表。

2．测试方法 俯卧于平凳上，保持腹部位于平凳上部，并与之保持平行。保持胸部上方以及头部悬空于平凳的边缘之外。双脚位于平凳下方，并勾住平凳以保持身体稳定，以上为该动作的初始环节。将双手放置于头部两侧，并将双手手指与双耳接触。弯曲双臂肘关节，并将肘关节向外支出，将身体的上部躯干向上抬起，离开平凳表面 8 ~ 12 cm。将身体上部躯干缓慢、小心下移至初始位置。连续进行，记录 1 min 内完成次数。

3．注意事项 动作频率不可太快，避免肌肉拉伤；运动过程中腰背部要始终挺直，不能弯曲。不同海拔不同年龄男女 1 min 俯卧挺身评价标准见表 5-2-10。

（六）平板支撑

平板支撑是一种类似于俯卧撑的肌肉训练方法，但无需上下撑起运动。在锻炼时主要呈俯卧姿势，身体呈一线保持平衡，可以有效锻炼腹横肌、核心肌群，塑造腰部、腹部和臀部的线条，更重要的是可以对上背部给予强有力的支持，帮助维持肩胛骨的平衡，减少背部的受伤，被公认为训练核心肌群的有效方法，同时也可以起到一定程度的减肥作用。

表5-2-10 不同海拔不同年龄男女1 min俯卧挺身评价标准（个）

性别	海拔（m）	级别	年龄				
			25岁以下	25～29岁	30～34岁	35～39岁	40～44岁
男	2000 ~ 2500	优秀	≥ 65	≥ 67	≥ 69	≥ 65	≥ 64
		良好	59 ~ 64	61 ~ 66	63 ~ 68	59 ~ 64	58 ~ 63
		合格	54 ~ 58	56 ~ 60	58 ~ 62	54 ~ 58	53 ~ 57
		不合格	≤ 53	≤ 55	≤ 57	≤ 53	≤ 52
	3000 ~ 3500	优秀	≥ 59	≥ 61	≥ 63	≥ 59	≥ 58
		良好	53 ~ 58	55 ~ 60	57 ~ 62	53 ~ 58	52 ~ 57
		合格	48 ~ 52	50 ~ 54	52 ~ 56	48 ~ 52	47 ~ 51
		不合格	≤ 47	≤ 49	≤ 41	≤ 47	≤ 46
	4000 ~ 4500	优秀	≥ 56	≥ 58	≥ 60	≥ 56	≥ 55
		良好	50 ~ 55	52 ~ 57	54 ~ 59	50 ~ 55	49 ~ 54
		合格	45 ~ 49	47 ~ 51	49 ~ 53	45 ~ 49	44 ~ 48
		不合格	≤ 44	≤ 46	≤ 48	≤ 44	≤ 43
女	2000 ~ 2500	优秀	≥ 48	≥ 50	≥ 52	≥ 48	≥ 46
		良好	40 ~ 47	42 ~ 49	44 ~ 51	40 ~ 47	38 ~ 45
		合格	31 ~ 39	33 ~ 41	35 ~ 43	31 ~ 39	29 ~ 37
		不合格	≤ 30	≤ 2	≤ 34	≤ 30	≤ 28
	3000 ~ 3500	优秀	≥ 43	≥ 45	≥ 47	≥ 43	≥ 41
		良好	35 ~ 42	37 ~ 44	39 ~ 46	35 ~ 42	33 ~ 40
		合格	26 ~ 34	28 ~ 36	30 ~ 38	26 ~ 34	24 ~ 32
		不合格	≤ 25	≤ 27	≤ 29	≤ 25	≤ 23
	4000 ~ 4500	优秀	≥ 41	≥ 43	≥ 45	≥ 41	≥ 39
		良好	33 ~ 40	35 ~ 42	37 ~ 44	33 ~ 40	31 ~ 38
		合格	24 ~ 32	26 ~ 34	28 ~ 36	24 ~ 32	22 ~ 30
		不合格	≤ 23	≤ 25	≤ 27	≤ 23	≤ 21

1．测试设备　垫子；秒表。

2．测试方法　俯卧，双肘弯曲支撑在地面上，肩膀和肘关节垂直于地面，双脚踩地，身体离开地面，躯干伸直，头部、肩部、胯部和踝部保持在同一平面，腹肌收紧，盆底肌收紧，脊髓延长，眼睛看向地面，保持均匀呼吸。测量时长，以分秒记录。

3．注意事项　做平板支撑时尽可能在不太硬也不太软的平面（如瑜伽垫、地毯等）进行，不能因地板太硬或太滑影响测试的结果。在测试时身体始终保持挺直，并尽可能最长时间保持这个姿势；同时肩部应在肘部上方，以便保持腹肌的持续收缩发力。不同海拔不同年龄男女平板支撑评价标准见表 5-2-11。

表5-2-11　不同海拔不同年龄男女平板支撑评价标准（分/秒）

性别	海拔（m）	级别	25岁以下	25～29岁	30～34岁	35～39岁	40～44岁
男	2000～2500	优秀	≥ 2'45"	≥ 2'47"	≥ 2'40"	≥ 2'33"	≥ 2'23"
		良好	2'30"～2'45"	2'31"～2'46"	2'25"～2'39"	2'17"～2'32"	2'07"～2'22"
		合格	2'15"～2'29"	2'16"～2'30"	2'09"～2'24"	2'03"～2'16"	1'52"～2'06"
		不合格	≤ 2'14"	≤ 2'15"	≤ 2'08"	≤ 2'02"	≤ 1'51"
	3000～3500	优秀	≥ 2'29"	≥ 2'31"	≥ 2'24"	≥ 2'17"	≥ 2'12"
		良好	2'14"～2'28"	2'15"～2'30"	2'09"～2'23"	2'01"～2'16"	1'56"～2'11"
		合格	1'59"～2'13"	2'00"～2'14"	1'53"～2'08"	1'47"～2'00"	1'36"～1'55"
		不合格	≤ 1'58"	≤ 1'59"	≤ 1'52"	≤ 1'46"	≤ 1'35"
	4000～4500	优秀	≥ 2'20"	≥ 2'22"	≥ 2'15"	≥ 2'08"	≥ 1'58"
		良好	2'05"～2'19"	2'06"～2'21"	2'00"～2'14"	1'52"～2'07"	1'42"～1'57"
		合格	1'50"～2'04"	1'51"～2'05"	1'44"～1'59"	1'38"～1'51"	1'27"～1'41"
		不合格	≤ 1'49"	≤ 1'50"	≤ 1'43"	≤ 1'37"	≤ 1'26"
女	2000～2500	优秀	≥ 1'40"	≥ 1'43"	≥ 1'34"	≥ 1'28"	≥ 1'18"
		良好	1'25"～1'39"	1'27"～1'42"	1'17"～1'33"	1'13"～1'27"	1'03"～1'17"
		合格	1'10"～1'24"	1'13"～1'26"	1'03"～1'16"	57"～1'12"	47"～1'02"
		不合格	≤ 1'09"	≤ 1'12"	≤ 1'02"	≤ 56"	≤ 46"
	3000～3500	优秀	≥ 1'30"	≥ 1'33"	≥ 1'24"	≥ 1'18"	≥ 1'08"
		良好	1'15"～1'29"	1'17"～1'32"	1'07"～1'23"	1'03"～1'17"	53"～1'07"
		合格	1'00"～1'14"	1'03"～1'16"	53"～1'06"	47"～1'02"	37"～52"
		不合格	≤ 59"	≤ 1'02"	≤ 52"	≤ 46"	≤ 36"
	4000～4500	优秀	≥ 1'25"	≥ 1'28"	≥ 1'19"	≥ 1'13"	≥ 1'03"
		良好	1'10"～1'24"	1'12"～1'27"	1'02"～1'18"	58"～1'12"	48"～1'02"
		合格	55"～1'09"	58"～1'11"	48"～1'01"	42"～57"	32"～47"
		不合格	≤ 54"	≤ 57"	≤ 47"	≤ 41"	≤ 31"

（七）2 min 立卧撑

2 min 立卧撑也叫波比跳、立卧跳，由生理学家波比于 1939 年发明，涉及深蹲、俯卧撑、蹲起跳、屈腿收腹等动作元素，可动员全身 70% 以上的肌肉群参与活动。连续大量的波比跳能在最短时间内把心率提升到接近人体最大值，是一种高强度、高燃脂的无氧运动，被广大健身者称为“脂肪杀手”。长期坚持做波比跳，可锻炼肌肉、消耗脂肪、增强心脏泵血能力、心肺功能，缓解肩关节炎、膝关节炎等（图 5-2-4）。

1．测试设备　室内地板或室外平坦地面，秒表。

2．测试方法　受试者取立正姿势，下蹲，双手撑地成俯撑姿势，双腿向后伸直成俯撑，做一个俯卧撑，然后收小腿成半蹲姿势，然后还原成立正姿势，即为完成一次动作。重复以上动作，最终计 2 min 内所做的次数为最终成绩，记录动作合格次数。也可将一个完整动作分解为蹲撑、俯撑、还原成蹲撑、还原成立正姿势四个动作，各记 1 分，共 4 分，如相应动作不合格则扣分。

图 5-2-4 立卧撑

3．注意事项 在立卧撑时下蹲撑地，双脚后撑成俯撑时，身体瞬间从头到脚保持一条直线；俯卧撑必须做到屈臂完全、撑起成直臂，背、腿必须伸直，不得弓背或塌腰；开始和结束姿势必须立正；动作不符合要求，不予计数。不同海拔不同年龄男女立卧撑评价标准见表 5-2-12。

表5-2-12 不同海拔不同年龄男女立卧撑评价标准（次）

性别	海拔（m）	级别	年龄				
			25岁以下	25～29岁	30～34岁	35～39岁	40～44岁
男	2000 ~ 2500	优秀	≥ 36	≥ 37	≥ 35	≥ 34	≥ 33
		良好	29 ~ 35	31 ~ 36	28 ~ 34	28 ~ 33	27 ~ 32
		合格	24 ~ 28	25 ~ 30	23 ~ 27	23 ~ 27	22 ~ 26
		不合格	≤ 23	≤ 24	≤ 22	≤ 22	≤ 21
	3000 ~ 3500	优秀	≥ 34	≥ 34	≥ 32	≥ 31	≥ 30
		良好	27 ~ 33	28 ~ 33	25 ~ 31	25 ~ 30	24 ~ 29
		合格	21 ~ 26	22 ~ 27	20 ~ 24	20 ~ 24	19 ~ 23
		不合格	≤ 20	≤ 21	≤ 19	≤ 19	≤ 18
	4000 ~ 4500	优秀	≥ 31	≥ 32	≥ 30	≥ 29	≥ 28
		良好	24 ~ 30	26 ~ 31	23 ~ 29	23 ~ 28	22 ~ 27
		合格	19 ~ 23	20 ~ 25	18 ~ 22	18 ~ 22	17 ~ 21
		不合格	≤ 18	≤ 19	≤ 17	≤ 17	≤ 16
女	2000 ~ 2500	优秀	≥ 28	≥ 29	≥ 27	≥ 26	≥ 25
		良好	23 ~ 27	24 ~ 28	22 ~ 26	21 ~ 25	20 ~ 24
		合格	18 ~ 22	19 ~ 23	17 ~ 21	16 ~ 20	15 ~ 19
		不合格	≤ 17	≤ 18	≤ 16	≤ 15	≤ 14
	3000 ~ 3500	优秀	≥ 26	≥ 27	≥ 25	≥ 24	≥ 23
		良好	21 ~ 25	22 ~ 26	20 ~ 24	19 ~ 23	18 ~ 22
		合格	16 ~ 20	17 ~ 21	15 ~ 19	14 ~ 18	13 ~ 17
		不合格	≤ 15	≤ 16	≤ 14	≤ 13	≤ 12
	4000 ~ 4500	优秀	≥ 24	≥ 25	≥ 23	≥ 22	≥ 21
		良好	19 ~ 23	20 ~ 24	18 ~ 22	17 ~ 21	16 ~ 20
		合格	14 ~ 18	15 ~ 19	13 ~ 17	12 ~ 16	11 ~ 15
		不合格	≤ 13	≤ 14	≤ 12	≤ 11	≤ 10

三、下肢力量

(一)徒手深蹲

徒手深蹲主要测试下肢腿部力量。深蹲是双关节复合运动，人体多半肌肉在下肢，经常深蹲可以锻炼臀部肌肉，有效锻炼全身肌肉，增加全身力量，增强机体平衡能力，使四肢更加协调，身体更加灵活，是发达腿部肌肉的首选锻炼方法。同时深蹲还有助于减肥，可以消耗多余热量，去除多余脂肪，使身体线条比较优美；也可以增强心肺功能，促进新陈代谢，预防膝盖受伤。此外，由于深蹲能最大限度地促进男性睾丸激素分泌，对增强上肢力量也有良好作用。

1．测试设备　秒表。

2．测试方法　站立，抬头挺胸。双脚分开与肩同宽，双脚平行，脚尖向正前方。脚掌也可以分开成一定角度，约60°，但要保持下蹲时膝盖的方向与脚尖方向一致。身体慢慢往下蹲，直到大小腿的夹角小于90°，但不要贴紧放松，70° ～ 80°即可。然后大腿前侧用力站起来，直到站直。

3．注意事项　注意调整呼吸；下蹲时，两腿弯曲下蹲，保证下蹲过程中躯干始终保持竖直下降；下蹲时膝关节的方向要与脚尖方向一致，不能内扣，不能晃动；起立时，脊柱要挺直，使躯干保持竖直往起站。不同海拔不同年龄男女 2 min徒手深蹲评价标准见表 5-2-13。

表5-2-13　不同海拔不同年龄男女2 min徒手深蹲评价标准（次）

性别	海拔（m）	级别	年龄				
			25岁以下	25～29岁	30～34岁	35～39岁	40～44岁
男	2000 ～ 2500	优秀	≥ 92	≥ 94	≥ 96	≥ 93	≥ 90
		良好	86 ～ 91	88 ～ 93	90 ～ 95	87 ～ 92	84 ～ 89
		合格	80 ～ 85	82 ～ 87	84 ～ 89	81 ～ 86	78 ～ 83
		不合格	≤ 79	≤ 81	≤ 83	≤ 80	≤ 77
	3000 ～ 3500	优秀	≥ 83	≥ 85	≥ 87	≥ 84	≥ 81
		良好	77 ～ 82	79 ～ 84	81 ～ 86	78 ～ 83	75 ～ 80
		合格	71 ～ 76	73 ～ 78	75 ～ 80	72 ～ 77	69 ～ 74
		不合格	≤ 70	≤ 72	≤ 74	≤ 71	≤ 68
	4000 ～ 4500	优秀	≥ 79	≥ 81	≥ 83	≥ 80	≥ 77
		良好	73 ～ 78	75 ～ 80	77 ～ 82	74 ～ 79	71 ～ 76
		合格	67 ～ 72	69 ～ 74	71 ～ 76	68 ～ 73	65 ～ 70
		不合格	≤ 66	≤ 68	≤ 70	≤ 67	≤ 64
女	2000 ～ 2500	优秀	≥ 88	≥ 90	≥ 92	≥ 89	≥ 86
		良好	82 ～ 87	84 ～ 89	85 ～ 91	83 ～ 88	80 ～ 85
		合格	76 ～ 81	78 ～ 83	80 ～ 84	77 ～ 82	74 ～ 79
		不合格	≤ 75	≤ 77	≤ 79	≤ 76	≤ 73
	3000 ～ 3500	优秀	≥ 80	≥ 82	≥ 90	≥ 81	≥ 78
		良好	74 ～ 79	76 ～ 81	84 ～ 89	75 ～ 80	72 ～ 77
		合格	68 ～ 73	70 ～ 75	78 ～ 83	69 ～ 74	66 ～ 71
		不合格	≤ 67	≤ 69	≤ 77	≤ 68	≤ 65
	4000 ～ 4500	优秀	≥ 76	≥ 78	≥ 80	≥ 77	≥ 74
		良好	70 ～ 75	72 ～ 77	73 ～ 79	71 ～ 76	68 ～ 73
		合格	64 ～ 69	66 ～ 71	68 ～ 72	65 ～ 70	62 ～ 67
		不合格	≤ 71	≤ 73	≤ 75	≤ 73	≤ 67

（二）立定跳远

立定跳远是指不用助跑从立定姿势开始的跳远，集弹跳、爆发力、身体协调性和技术等身体素质于一体，是发展下肢爆发力与弹跳力的运动项目。立定跳远要求下肢与髋部肌肉协调快速用力，并与上肢的摆动相配合，所以也需要一定的灵巧性。2014 年《国家学生体质健康标准》中规定立定跳远是初中、高中、大学学生每年体质测试的必测项目，这也成为衡量学生身体素质的重要因素之一。

1．测试设备　平坦土地或沙坑，测量尺。

2．测试方法　受试者两脚自然开立，站在起跳线后，屈膝摆臂尽力向前跳，双足着地。一般完整的立定跳远技术动作由预摆、起跳、腾空、落地四个部分组成。预摆：两脚左右开立，与肩同宽，两臂前后摆动，前摆时，两腿伸直，后摆时，屈膝降低重心，上体稍前倾，手尽量往后摆。起跳、腾空：两脚快速用力蹬地，同时两臂稍曲由后向前上方摆动，向前上方跳起腾空，并充分展体。落地：收腹举腿，小腿往前伸，同时双臂用力往后摆动，并屈膝落地缓冲。测量起跳线前沿至落地点的最近距离，每人连续试跳 2 ~ 3 次，取最佳成绩记录，记录以厘米（cm）为单位。

3．注意事项　起跳线至沙坑近端的距离不得少于 30 cm，起跳点与沙坑面应在同一水平面。起跳失败可允许补跳。不同海拔不同年龄男女立定跳远评价标准见表 5-2-14。

表5-2-14　不同海拔不同年龄男女立定跳远评价标准（cm）

性别	海拔（m）	级别	年龄				
			25岁以下	25～29岁	30～34岁	35～39岁	40～44岁
男	2000 ~ 2500	优秀	≥ 263	≥ 260	≥ 258	≥ 256	≥ 254
		良好	233 ~ 262	230 ~ 259	228 ~ 257	226 ~ 255	224 ~ 253
		合格	213 ~ 232	210 ~ 229	208 ~ 227	206 ~ 225	204 ~ 223
		不合格	≤ 212	≤ 209	≤ 207	≤ 205	≤ 203
	3000 ~ 3500	优秀	≥ 250	≥ 247	≥ 245	≥ 243	≥ 228
		良好	220 ~ 249	217 ~ 246	215 ~ 244	213 ~ 242	198 ~ 227
		合格	200 ~ 219	197 ~ 216	195 ~ 214	193 ~ 212	178 ~ 197
		不合格	≤ 199	≤ 196	≤ 194	≤ 192	≤ 177
	4000 ~ 4500	优秀	≥ 237	≥ 234	≥ 232	≥ 230	≥ 228
		良好	207 ~ 236	204 ~ 233	202 ~ 231	200 ~ 229	198 ~ 227
		合格	187 ~ 206	184 ~ 203	182 ~ 201	180 ~ 199	178 ~ 197
		不合格	≤ 186	≤ 183	≤ 181	≤ 179	≤ 177
女	2000 ~ 2500	优秀	≥ 199	≥ 196	≥ 194	≥ 192	≥ 190
		良好	170 ~ 198	167 ~ 195	165 ~ 193	163 ~ 191	161 ~ 189
		合格	154 ~ 169	151 ~ 166	149 ~ 164	147 ~ 162	145 ~ 160
		不合格	≤ 153	≤ 150	≤ 148	≤ 146	≤ 144
	3000 ~ 3500	优秀	≥ 190	≥ 187	≥ 185	≥ 183	≥ 181
		良好	161 ~ 189	158 ~ 186	156 ~ 184	154 ~ 182	152 ~ 180
		合格	145 ~ 160	142 ~ 157	140 ~ 155	138 ~ 153	136 ~ 151
		不合格	≤ 144	≤ 141	≤ 139	≤ 137	≤ 135
	4000 ~ 4500	优秀	≥ 180	≥ 177	≥ 175	≥ 173	≥ 171
		良好	151 ~ 179	148 ~ 176	146 ~ 174	144 ~ 172	142 ~ 170
		合格	135 ~ 150	132 ~ 147	130 ~ 145	128 ~ 143	126 ~ 141
		不合格	≤ 134	≤ 131	≤ 129	≤ 127	≤ 125

第三节　速度的测试与评价

速度是人体快速运动的能力，其表现形式有反应速度、动作速度和移动速度。人类最基本的运动形式，如跑、跳、投等都要求良好的速度作为前提。所以，速度素质是人体重要的身体素质指标，它对体育锻炼、竞技运动、体质监测、高原适应等都具有特殊意义。目前常以100 m内的短距离跑成绩作为衡量速度素质的主要指标。

一、移动速度

(一) 60 m跑

60 m跑主要反映人体的移动速度，同时也是测试速度、灵敏性和神经系统灵活性的项目，能体现快速跑能力和反应能力。

1．测试设备　在平坦的地面上，或标准400 m田径场，画若干条长60 m的跑道，分道宽1.22 m或1.25 m，地质不限。准备秒表、发令枪（或旗）及口哨等。计时用电子秒表或机械秒表，使用前应校准。

2．测试方法　受试者至少两人一组，采用站立式起跑。计时员见受试者起动即开表计时，待受试者躯干的任何部分到达终点线内沿的垂直平面时停表。其他按田径规则执行，每名受试者至少有一人计时。记录以秒为单位，精确到1位小数。

3．注意事项　测试前应用钢尺或皮尺丈量跑道距离，并按规则要求画好起跑线、终点线、分道线；秒表应事先进行检查和校准；受试者需穿平底鞋或跑鞋，不准抢跑和串道，违例时可重测。不同海拔不同年龄男女60 m跑评价标准见表5-3-1。

表5-3-1　不同海拔不同年龄男女60 m跑评价标准

性别	海拔（m）	级别	25岁以下	25～29岁	30～34岁	35～39岁	40～44岁
男	2000～2500	优秀	≤6"8	≤6"7	≤7"0	≤7"2	≤7"4
		良好	6"9～7"1	6"8～7"0	7"1～7"3	7"3～7"5	7"5～7"7
		合格	7"2～9"0	7"1～8"9	7"4～9"2	7"6～9"4	7"8～9"6
		不合格	≥9"1	≥9"0	≥9"3	≥9"5	≥9"7
	3000～3500	优秀	≤8"2	≤8"0	≤8"4	≤8"6	≤8"9
		良好	8"3～8"5	8"1～8"4	8"5～8"7	8"7～9"	9"～9"3
		合格	8"6～10"8	8"5～10"7	8"8～11"0	9"1～11"3	9"4～11"5
		不合格	≥10"9	≥10"8	≥11"1	≥11"4	≥11"6
	4000～4500	优秀	≤9"2	≤9"0	≤9"5	≤9"7	≤10"
		良好	9"3～9"6	9"1～9"5	9"6～9"9	9"8～10"1	10"1～10"4
		合格	9"7～12"2	9"6～12"0	10"～12"4	10"2～12"7	10"5～13"0
		不合格	≥12"3	≥12"1	≥12"5	≥12"8	≥13"1
女	2000～2500	优秀	≤7"6	≤7"5	≤7"8	≤8"0	≤8"2
		良好	7"7～8"3	7"6～8"2	7"9～8"4	8"1～8"6	8"3～8"8
		合格	8"4～10"2	8"3～10"1	8"5～10"3	8"7～10"5	8"9～10"7
		不合格	≥10"3	≥10"2	≥10"4	≥10"6	≥10"8
	3000～3500	优秀	≤9"1	≤9"	≤9"4	≤9"6	≤9"8
		良好	9"2～10"0	9"1～9"8	9"5～10"1	9"7～10"3	9"9～10"6
		合格	10"1～12"2	9"9～12"1	10"2～12"4	10"4～12"6	10"7～12"8
		不合格	≥12"3	≥12"2	≥12"5	≥12"7	≥12"9
	4000～4500	优秀	≤10"3	≤10"1	≤10"5	≤10"8	≤11"1
		良好	10"4～11"2	10"2～11"1	10"6～11"3	10"9～11"6	11"2～11"9
		合格	11"3～13"8	11"2～13"6	11"4～13"9	11"7～14"2	12"0～14"5
		不合格	≥13"9	≥13"7	≥14"0	≥14"3	≥14"6

（二）100 m 跑

100 m 跑主要测试人体移动速度，也是发展速度、耐力、柔韧性、灵敏性、协调能力等身体素质的运动项目，可以促进身体生长发育、运动器官功能发展。

1．测试设备 使用标准 400 m 田径场，或不短于 100 m、有四条分道的直跑道。分道宽 1.22 m 或 1.25 m。计时用电子秒表或机械秒表，使用前应校准。

2．测试方法 受试者至少两人一组，采用站立式起跑。计时员见受试者起动即开表计时，待受试者躯干的任何部分到达终点线内沿的垂直平面时停表。其他按田径规则执行，每名受试者至少有一人计时。记录以秒为单位，精确到 1 位小数。

3．注意事项 测试前应用钢尺或皮尺丈量跑道距离，并按规则要求画好起跑线、终点线、分道线；秒表应事先进行检查和校准。不同海拔不同年龄男女 100 m 跑评价标准见表 5-3-2。

（三）200 m 跑

200 m 跑主要测试人体移动速度，属于田径运动中竞速类的短跑项目，此项目与步频、步幅、速度、爆发力，以及肌肉、关节的柔韧性和协调

表5-3-2 不同海拔不同年龄男女100 m跑评价标准

性别	海拔（m）	级别	年龄				
			25岁以下	25～29岁	30～34岁	35～39岁	40～44岁
男	2000 ～ 2500	优秀	≤ 14"4	≤ 14"8	≤ 13"9	≤ 14"2	≤ 14"5
		良好	14"5 ～ 15"4	14"9 ～ 15"8	14" ～ 15"4	14"3 ～ 15"9	15" ～ 16"4
		合格	15"5 ～ 16"5	15"9 ～ 16"9	15"5 ～ 15"9	16"0 ～ 16"4	16"5 ～ 16"9
		不合格	≥ 16"6	≥ 17"	≥ 16"0	≥ 16"5	≥ 17"
	3000 ～ 3500	优秀	≤ 15"6	≤ 15"9	≤ 16"8	≤ 17"2	≤ 17"6
		良好	15"7 ～ 17"2	16"0 ～ 17"3	16"9 ～ 18"4	17"2 ～ 18"7	17"5 ～ 19"0
		合格	17"3 ～ 18"4	17"4 ～ 18"7	18"5 ～ 19"1	18"8 ～ 19"5	19"1 ～ 19"9
		不合格	≥ 18"5	≥ 18"8	≥ 19"2	≥ 19"6	≥ 20"
	4000 ～ 4500	优秀	≤ 17"5	≤ 17"9	≤ 18"6	≤ 19"2	≤ 19"5
		良好	17"6 ～ 19"4	18"0 ～ 19"8	18"7 ～ 20"7	19"3 ～ 21"3	19"6 ～ 21"8
		合格	19"5 ～ 20"3	19"9 ～ 20"9	20"8 ～ 21"5	21"4 ～ 21"9	21"9 ～ 22"5
		不合格	≥ 20"4	≥ 20"9	≥ 21"6	≥ 22"0	≥ 22"6
女	2000 ～ 2500	优秀	≤ 13"8	≤ 13"7	≤ 14"7	≤ 15"1	≤ 15"4
		良好	13"9 ～ 14"9	13"8 ～ 14"8	14"8 ～ 15"9	15"2 ～ 16"2	15"5 ～ 16"9
		合格	15"00 ～ 16"9	14"9 ～ 16"8	16"00 ～ 17"9	16"3 ～ 18"2	17" ～ 18"9
		不合格	≥ 17"	≥ 16"9	≥ 18"	≥ 18"3	≥ 19"
	3000 ～ 3500	优秀	≤ 16"6	≤ 16"4	≤ 17"7	≤ 18"1	≤ 18"4
		良好	16"7 ～ 17"9	16"5 ～ 17"8	17"8 ～ 19"2	18"2 ～ 19"5	18"5 ～ 19"9
		合格	18" ～ 20"3	17"9 ～ 20"2	19"3 ～ 21"6	19"6 ～ 21"9	20"0 ～ 22"3
		不合格	≥ 20"4	≥ 20"3	≥ 21"7	≥ 22"0	≥ 22"4
	4000 ～ 4500	优秀	≤ 18"6	≤ 18"4	≤ 19"8	≤ 20"3	≤ 20"8
		良好	18"7 ～ 20"4	18"5 ～ 20"0	19"9 ～ 21"5	20"4 ～ 22"	20"9 ～ 22"8
		合格	20"5 ～ 22"9	20"1 ～ 22"7	21"6 ～ 24"2	22"1 ～ 24"6	22"9 ～ 25"5
		不合格	≥ 23"	≥ 22"8	≥ 24"3	≥ 24"7	≥ 25"6

性有关。

1．测试设备　400 m 跑道田径场地，跑道若干条，地面平坦，地质不限，秒表若干块。秒表使用前应校准。

2．测试方法　受试者至少两人一组，用站立式起跑。当听到发令枪响或“跑”的口令后起跑（发令员在发出“跑”的口令的同时摆动发令旗）。计时员视枪烟或旗动开表计时，受试者胸部到达终点线的垂直面停表。记录以秒为单位，精确到 1 位小数。

3．注意事项　按规则要求发令并计时；用站立式起跑。不同海拔不同年龄男女 200 m 跑评价标准见表 5-3-3。

（四）400 m 跑

400 m 跑是常见的田径短跑项目，通常是短跑中距离最长的项目。在标准的室外跑道上，400 m 正好是绕跑道一周的长度。运动员从错列的起跑线出发，并在全程中都分道赛跑。

1．测试设备　400 m 跑道田径场地，跑道若干条，地面平坦，地质不限，秒表若干块。秒表使用前应校准。

2．测试方法　受试者至少两人一组，用站立式起跑。当听到发令枪响或“跑”的口令后开始

表5-3-3　不同海拔不同年龄男女200 m跑评价标准

性别	海拔（m）	级别	年龄				
			25岁以下	25～29岁	30～34岁	35～39岁	40～44岁
男	2000 ~ 2500	优秀	≤ 26"6	≤ 25"5	≤ 26"6	≤ 27"6	≤ 28"6
		良好	26"6 ~ 27"7	25"6 ~ 26"7	26"7 ~ 27"7	27"7 ~ 28"7	28"7 ~ 29"7
		合格	27"8 ~ 29"8	26"8 ~ 28"8	27"8 ~ 29"8	28"8 ~ 30"8	29"8 ~ 31"8
		不合格	≥ 29"9	≥ 28"9	≥ 29"9	≥ 30"9	≥ 31"9
	3000 ~ 3500	优秀	≤ 31"9	≤ 30"6	≤ 31"9	≤ 33"1	≤ 34"3
		良好	32"0 ~ 33"2	30"7 ~ 32"1	32"0 ~ 33"2	33"2 ~ 34"4	34"4 ~ 35"6
		合格	33"5 ~ 35"7	32"0 ~ 34"8	33"3 ~ 35"8	34"5 ~ 37"1	35"7 ~ 38"2
		不合格	≥ 35"8	≥ 34"7	≥ 35"9	≥ 37"2	≥ 38"3
	4000 ~ 4500	优秀	≤ 35"9	≤ 34"8	≤ 35"9	≤ 37"3	≤ 38"7
		良好	36" ~ 37"4	34"9 ~ 36"0	36" ~ 37"4	37"4 ~ 38"7	38"8 ~ 40"1
		合格	37"5 ~ 40"3	36"1 ~ 38"9	37"5 ~ 40"3	38"8 ~ 41"7	40"2 ~ 43"0
		不合格	≥ 40"4	≥ 39"0	≥ 40"4	≥ 41"8	≥ 43"1
女	2000 ~ 2500	优秀	≤ 31"0	≤ 30"0	≤ 32"0	≤ 34"0	≤ 34"5
		良好	31"1 ~ 33"5	30"1 ~ 32"5	32"1 ~ 34"5	34"1 ~ 36"5	34"6 ~ 37"0
		合格	33"6 ~ 35"2	32"6 ~ 34"2	34"6 ~ 36"5	36"6 ~ 38"5	37"1 ~ 39" 0
		不合格	≥ 35"3	≥ 34"3	≥ 36"6	≥ 38"6	≥ 39"1
	3000 ~ 3500	优秀	≤ 37"2	≤ 36	≤ 38"4	≤ 40"8	≤ 41"4
		良好	37"3 ~ 40"2	36"1 ~ 39"	38"5 ~ 41"4	40"9 ~ 43"8	41"5 ~ 44"4
		合格	40"3 ~ 42"2	39"1 ~ 41"0	41"5 ~ 43"8	43"9 ~ 46"2	44"5 ~ 46"8
		不合格	≥ 42"3	≥ 41"1	≥ 43"9	≥ 46"3	≥ 46"9
	4000 ~ 4500	优秀	≤ 41"8	≤ 40"5	≤ 43"2	≤ 45"9	≤ 46"5
		良好	41"9 ~ 45"2	40"6 ~ 43"8	43"3 ~ 46"5	46"0 ~ 49"2	46"6 ~ 49"8
		合格	45"3 ~ 47"5	43"9 ~ 46"2	46"6 ~ 49"2	49"3 ~ 51"9	49"9 ~ 52"6
		不合格	≥ 47"6	≥ 46"3	≥ 49"3	≥ 52"	≥ 52"7

起跑（发令员在发出“跑”的口令的同时摆动发令旗）。计时员视枪烟或旗动开表计时，受试者胸部到达终点线的垂直面停表。以分（min）、秒（s）记录成绩，不计小数。

3．注意事项　按规则要求发令并计时；用站立式起跑。不同海拔不同年龄男女400 m跑评价标准见表5-3-4。

二、反应速度

反应速度一般采用选择反应时（简单反应时）、综合反应时来测试与评价。反应时是指从接受刺激（光、声音等）后到机体做出反应动作所需的最短时间，也就是从刺激到反应之间的时距，反映了人体中枢神经系统控制骨骼肌肉系统的快速运动能力和协调性，是运动技能、神经反应和各种身体反应的综合表现。高原环境对人体选择反应时、注意分配能力均有不利影响，且表现为海拔越高受损越严重，其与长期慢性高原低氧呈累积性刺激因子作用于脑细胞有关。选择反应时主要以人的手眼反应时间的测量来评价受试者神经肌肉系统反应和动作的综合能力，是以声、光及其动作反应速度相结合的测试项目，与人体的听觉、视觉以及神经肌肉系统的反应能力密切相

表5-3-4　不同海拔不同年龄男女400 m跑评价标准

性别	海拔（m）	级别	年龄				
			25岁以下	25～29岁	30～34岁	35～39岁	40～44岁
男	2000～2500	优秀	≤1'12"	≤1'10"	≤1'14"	≤1'16"	≤1'18"
		良好	1'12"～1'14"	1'11"～1'13"	1'14"～1'16"	1'17"～1'19"	1'19"～1'20"
		合格	1'15"～1'24"	1'14"～1'23"	1'17"～1'26"	1'20"～1'28"	1'21"～1'30"
		不合格	≥1'25"	≥1'24"	≥1'27"	≥1'29"	≥1'31"
	3000～3500	优秀	≤1'26"	≤1'24"	≤1'28"	≤1'31"	≤1'33"
		良好	1'27"～1'29"	1'25"～1'28"	1'29"～1'32"	1'32"～1'34"	1'34"～1'37"
		合格	1'30"～1'41"	1'27"～1'39"	1'33"～1'44"	1'35"～1'46"	1'38"～1'49"
		不合格	≥1'42"	≥1'40"	≥1'45"	≥1'47"	≥1'50"
	4000～4500	优秀	≤1'37"	≤1'35"	≤1'39"	≤1'42"	≤1'45"
		良好	1'38"～1'41"	1'36"～1'39"	1'40"～1'43"	1'43"～1'46"	1'46"～1'49"
		合格	1'42"～1'54"	1'40"～1'53"	1'44"～1'57"	1'47"～2'00"	1'50"～2'02"
		不合格	≥1'55"	≥1'54"	≥1'58"	≥2'01"	≥2'03"
女	2000～2500	优秀	≤1'24"	≤1'23"	≤1'26"	≤1'28"	≤1'30"
		良好	1'25"～1'33"	1'24"～1'32"	1'27"～1'35"	1'29"～1'37"	1'31"～1'39"
		合格	1'34"～1'36"	1'33"～1'35"	1'36"～1'38"	1'38"～1'40"	1'40"～1'42"
		不合格	≥1'37"	≥1'36"	≥1'39"	≥1'41"	≥1'43"
	3000～3500	优秀	≤1'40"	≤1'39"	≤1'43"	≤1'45"	≤1'48"
		良好	1'41"～1'52"	1'40"～1'51"	1'44"～1'55"	1'46"～1'57"	1'49"～1'59"
		合格	1'53"～1'56"	1'52"～1'55"	1'56"～1'58"	1'58"～2'01"	2'00～2'03"
		不合格	≥1'57"	≥1'56"	≥1'59"	≥2'02"	≥2'04"
	4000～4500	优秀	≤1'53"	≤1'52"	≤1'56"	≤1'58"	≤2'01"
		良好	1'54"～2'06"	1'53"～2'05"	1'57"～2'09"	1'59"～2'12"	2'02"～2'14"
		合格	2'07"～2'10"	2'06"～2'09"	2'10"～2'13"	2'13"～2'16"	2'15～2'18"
		不合格	≥2'11"	≥2'10"	≥2'14"	≥2'17"	≥2'19"

关。而由于长期的高原低氧给人体的中枢神经系统带来影响，听力下降，视觉减退，使人的神经递质传导速度减慢，致使动作反应时延长。不同海拔不同年龄男女反应时评价标准见表 5-3-5。

1．测试仪器　反应时仪器。

2．测试方法　受试者从仪器呈现红色信号光后立刻按键作出反应的时间间隔。

表5-3-5　不同海拔不同年龄男女反应时评价标准（s）

性别	海拔（m）	级别	年龄				
			25岁以下	25～29岁	30～34岁	35～39岁	40～44岁
男	2000 ~ 2500	优秀	≤ 0.45	≤ 0.45	≤ 0.55	≤ 0.56	≤ 0.65
		良好	0.46 ~ 0.50	0.46 ~ 0.50	0.56 ~ 0.60	0.57 ~ 0.61	0.66 ~ 0.70
		合格	0.51 ~ 0.60	0.51 ~ 0.60	0.61 ~ 0.70	0.62 ~ 0.71	0.71 ~ 0.80
		不合格	≥ 0.61	≥ 0.61	≥ 0.71	≥ 0.72	≥ 0.81
	3000 ~ 3500	优秀	≤ 0.47	≤ 0.47	≤ 0.57	≤ 0.58	≤ 0.67
		良好	0.48 ~ 0.52	0.48 ~ 0.52	0.58 ~ 0.62	0.59 ~ 0.63	0.68 ~ 0.72
		合格	0.53 ~ 0.62	0.53 ~ 0.62	0.63 ~ 0.72	0.64 ~ 0.73	0.73 ~ 0.82
		不合格	≥ 0.63	≥ 0.63	≥ 0.73	≥ 0.74	≥ 0.83
	4000 ~ 4500	优秀	≤ 0.49	≤ 0.49	≤ 0.59	≤ 0.60	≤ 0.69
		良好	0.50 ~ 0.54	0.50 ~ 0.54	0.60 ~ 0.64	0.62 ~ 0.65	0.70 ~ 0.74
		合格	0.55 ~ 0.64	0.55 ~ 0.64	0.65 ~ 0.74	0.66 ~ 0.75	0.75 ~ 0.84
		不合格	≥ 0.65	≥ 0.65	≥ 0.75	≥ 0.76	≥ 0.85
女	2000 ~ 2500	优秀	≤ 0.50	≤ 0.50	≤ 0.60	≤ 0.61	≤ 0.70
		良好	0.51 ~ 0.60	0.51 ~ 0.60	0.61 ~ 0.70	0.62 ~ 0.71	0.71 ~ 0.80
		合格	0.61 ~ 0.70	0.61 ~ 0.70	0.71 ~ 0.80	0.72 ~ 0.81	0.81 ~ 0.90
		不合格	≥ 0.71	≥ 0.71	≥ 0.81	≥ 0.82	≥ 0.91
	3000 ~ 3500	优秀	≤ 0.52	≤ 0.52	≤ 0.62	≤ 0.63	≤ 0.72
		良好	0.53 ~ 0.62	0.53 ~ 0.62	0.63 ~ 0.72	0.64 ~ 0.73	0.73 ~ 0.82
		合格	0.63 ~ 0.72	0.63 ~ 0.72	0.73 ~ 0.82	0.74 ~ 0.83	0.83 ~ 0.92
		不合格	≥ 0.73	≥ 0.73	≥ 0.83	≥ 0.84	≥ 0.93
	4000 ~ 4500	优秀	≤ 0.54	≤ 0.54	≤ 0.64	≤ 0.65	≤ 0.74
		良好	0.55 ~ 0.64	0.55 ~ 0.64	0.65 ~ 0.74	0.66 ~ 0.75	0.75 ~ 0.84
		合格	0.65 ~ 0.74	0.65 ~ 0.74	0.75 ~ 0.84	0.76 ~ 0.85	0.85 ~ 0.94
		不合格	≥ 0.75	≥ 0.75	≥ 0.85	≥ 0.86	≥ 0.95

第四节　耐力的测试与评价

耐力是机体长时间进行肌肉活动并对抗疲劳的能力，是衡量人的体质状况和劳动工作能力的基本素质，也是从事各项运动必不可少的一种运动能力。因此，耐力的测定对于体质评价、运动员选拔、运动训练、高原适应能力有着重要意义。耐力素质一般分为一般耐力、速度耐力和力量耐力，800 m、1000 m、1500 m 跑皆为《国家体育锻炼标准》规定的耐力素质测验项目。耐力素质一般在标准田径场测试，若无田径场，亦可在经测量的公路或其他场地测验。

一、专项耐力

（一）800 m 跑

800 m 跑主要用于检测人体心肺功能和有氧耐力，是我国应用较早的体质健康测试项目，被教育部、国家体育总局列入《国家学生体质健康标准》。

1．测试设备 400 m 跑道田径场地，跑道若干条，地面平坦，地质不限，秒表若干块。秒表使用前应用标准秒表校正。

2．测试方法 受试者至少两人一组，用站立式起跑。当听到发令枪响或“跑”的口令后开始起跑（发令员在发出“跑”的口令的同时摆动发令旗）。计时员视枪烟或旗动开表计时，受试者胸部到达终点线的垂直面停表。以分（min）、秒（s）记录成绩，不计小数。

3．注意事项 按规则要求发令并计时；用站立式起跑。不同海拔不同年龄男女 800 m 跑评价标准（分 / 秒）表见 5-4-1。

表5-4-1 不同海拔不同年龄男女800 m跑评价标准

性别	海拔（m）	级别	年龄				
			25岁以下	25～29岁	30～34岁	35～39岁	40～44岁
男	2000 ~ 2500	优秀	≤ 2'40"	≤ 2'39"	≤ 2'43"	≤ 2'46"	≤ 2'49"
		良好	2'41" ~ 2'59"	2'40" ~ 2'58"	2'44" ~ 3'02"	2'47" ~ 3'06"	2'50" ~ 3'09"
		合格	3'00" ~ 3'29"	2'59" ~ 3'28"	3'03" ~ 3'32"	3'07" ~ 3'36"	3'10" ~ 3'39"
		不合格	≥ 3'30"	≥ 3'29"	≥ 3'33"	≥ 3'37"	≥ 3'40"
	3000 ~ 3500	优秀	≤ 3'12"	≤ 3'11"	≤ 3'16"	≤ 3'19"	≤ 3'23"
		良好	3'13" ~ 3'35"	3'12" ~ 3'34"	3'17" ~ 3'38"	3'20" ~ 3'43"	3'24" ~ 3'47"
		合格	3'36" ~ 4'11"	3'35" ~ 4'10"	3'39" ~ 4'14"	3'44" ~ 4'14"	3'48" ~ 4'23"
		不合格	≥ 4'12"	≥ 4'11"	≥ 4'15"	≥ 4'15"	≥ 4'24"
	4000 ~ 4500	优秀	≤ 3'36"	≤ 3'35"	≤ 3'40"	≤ 3'44"	≤ 3'48"
		良好	3'37" ~ 4'02"	3'36" ~ 4'00"	3'41" ~ 4'06"	3'45" ~ 4'11"	3'49" ~ 4'15"
		合格	4'03" ~ 4'42"	4'02" ~ 4'41"	4'07" ~ 4'46"	4'12" ~ 4'52"	4'16" ~ 4'56"
		不合格	≥ 4'43"	≥ 4'42"	≥ 4'47"	≥ 4'53"	≥ 4'57"
女	2000 ~ 2500	优秀	≤ 3'28"	≤ 3'27"	≤ 3'33"	≤ 3'37"	≤ 3'41"
		良好	3'29" ~ 4'07"	3'28" ~ 4'06"	3'34" ~ 4'12"	3'38" ~ 4'16"	3'42" ~ 4'20"
		合格	4'08" ~ 4'32"	4'07" ~ 4'31"	4'13" ~ 4'37"	4'17" ~ 4'26"	4'21" ~ 4'30"
		不合格	≥ 4'33"	≥ 4'32"	≥ 4'38"	≥ 4'27"	≥ 4'31"
	3000 ~ 3500	优秀	≤ 4'10"	≤ 4'09"	≤ 4'15"	≤ 4'20"	≤ 4'25"
		良好	4'11" ~ 4'56"	4'10" ~ 4'55"	4'17" ~ 5'02"	4'21" ~ 5'07"	4'26" ~ 5'12"
		合格	4'58" ~ 5'26"	4'56" ~ 5'25"	5'03" ~ 5'32"	5'08" ~ 5'19"	5'13" ~ 5'24"
		不合格	≥ 5'28"	≥ 5'26"	≥ 5'33"	≥ 5'20"	≥ 5'25"
	4000 ~ 4500	优秀	≤ 4'19"	≤ 4'39"	≤ 4'47"	≤ 4'53"	≤ 4'58"
		良好	4'20" ~ 5'33"	4'40" ~ 5'25"	4'49" ~ 5'40"	4'54" ~ 5'46"	4'59" ~ 5'24"
		合格	5'34" ~ 6'07"	5'26" ~ 6'06"	5'41" ~ 6'14"	5'47" ~ 5'59"	5'25" ~ 6'05"
		不合格	≥ 6'08"	≥ 6'07"	≥ 6'15"	≥ 6'00"	≥ 6'06"

（二）1500 m 跑

1500 m 跑主要用于检测人体心肺功能和有氧耐力，是奥运会田径竞赛项目之一。

1．测试设备　400 m 跑道田径场地，跑道若干条，地面平坦，地质不限，秒表若干块。秒表使用前应用标准秒表校正。

2．测试方法　受试者至少两人一组，用站立式起跑。当听到发令枪响或“跑”的口令后开始起跑（发令员在发出“跑”的口令的同时摆动发令旗）。计时员视枪烟或旗动开表计时，受试者胸部到达终点线的垂直面停表。以分（min）、秒（s）记录成绩，不计小数。

3．注意事项　按规则要求发令并计时；用站立式起跑。不同海拔不同年龄男女 1500 m 跑评价标准见表 5-4-2。

表5-4-2　不同海拔不同年龄男女1500 m跑评价标准

性别	海拔（m）	级别	年龄				
			25岁以下	25～29岁	30～34岁	35～39岁	40～44岁
男	2000～2500	优秀	≤ 6'00"	≤ 5'50"	≤ 6'20"	≤ 6'50"	≤ 7'30"
		良好	6'01"～6'30"	5'51"～6'20"	6'21"～6'50"	6'51"～7'20"	7'31"～8'00"
		合格	6'31"～7'00"	6'21"～6'55"	6'51"～7'20"	7'21"～7'55"	8'01"～8'30"
		不合格	≥ 7'01"	≥ 6'56"	≥ 7'21"	≥ 7'56"	≥ 8'31"
	3000～3500	优秀	≤ 7'12"	≤ 7'00"	≤ 7'36"	≤ 8'12"	≤ 9'00"
		良好	7'13"～7'48"	7'01"～7'36"	7'37"～8'12"	8'13"～8'48"	9'01"～9'36"
		合格	7'49"～8'24"	7'37"～8'18"	8'13"～8'48"	8'49"～9'30"	9'37"～10'12"
		不合格	≥ 8'25"	≥ 8'19"	≥ 8'49"	≥ 9'31"	≥ 10'13"
	4000～4500	优秀	≤ 8'06"	≤ 7'53"	≤ 8'33"	≤ 9'14"	≤ 10'08"
		良好	8'07"～8'47"	7'54"～8'33"	8'34"～9'14"	9'15"～9'54"	10'09"～10'48"
		合格	8'48"～9'27"	8'34"～9'20"	9'15"～9'54"	9'55"～10'41"	10'49"～11'29"
		不合格	≥ 9'28"	≥ 9'21"	≥ 9'55"	≥ 10'43"	≥ 11'30"
女	2000～2500	优秀	≤ 7'45"	≤ 7'38"	≤ 8'00"	≤ 8'23"	≤ 8'43"
		良好	7'46"～8'00"	7'39"～7'54"	8'01"～8'15"	8'24"～8'38"	8'44"～9'10"
		合格	8'01"～8'15"	7'55"～8'09"	8'16"～8'30"	8'39"～8'55"	9'11"～9'24"
		不合格	≥ 8'16"	≥ 8'10"	≥ 8'31"	≥ 8'56"	≥ 9'25"
	3000～3500	优秀	≤ 9'18"	≤ 9'10"	≤ 9'36"	≤ 10'04"	≤ 10'28"
		良好	9'19"～9'36"	9'11"～9'29"	9'37"～9'54"	10'05"～10'22"	10'29"～11'00"
		合格	9'37"～9'54"	9'30"～9'47"	9'55"～10'12"	10'23"～10'42"	11'01"～11'17"
		不合格	≥ 9'55"	≥ 9'48"	≥ 10'13"	≥ 10'43"	≥ 11'18"
	4000～4500	优秀	≤ 10'28"	≤ 10'18"	≤ 10'48"	≤ 11'19"	≤ 11'46"
		良好	10'29"～10'48"	10'19"～10'40"	10'49"～11'08"	11'20"～11'39"	11'47"～12'23"
		合格	10'49"～11'08"	10'41"～11'00"	11'10"～11'29"	11'40"～12'02"	12'24"～12'41"
		不合格	≥ 11'10"	≥ 11'02"	≥ 11'30"	≥ 12'04"	≥ 12'43"

（三）3000 m 跑

3000 m 跑是反映个体心肺能力和评价有氧耐力的项目，是一项集耐力、速度、力量、意志力于一体的经典距离跑。

1．测四设备 400 m 田径跑道，地面平坦，地质不限；秒表若干。

2．测试方法 受试者至少两人一组，用站立式起跑。当听到发令枪响或“跑”的口令后开始起跑（发令员在发出“跑”的口令的同时摆动发令旗）。计时员视枪烟或旗动开表计时，受试者胸部到达终点线的垂直面停表。以分（min）、秒（s）记录成绩，不计小数。

3．注意事项 按规则要求发令并计时；用站立式起跑。不同海拔不同年龄男女 3000 m 跑评价标准见表 5-4-3。

表5-4-3 不同海拔不同年龄男女3000 m跑评价标准

性别	海拔（m）	级别	年龄				
			25岁以下	25～29岁	30～34岁	35～39岁	40～44岁
男	2000 ~ 2500	优秀	≤ 12'59"	≤ 12'40"	≤ 13'36"	≤ 15'03"	≤ 16'17"
		良好	13'00" ~ 14'03"	12'41" ~ 13'45"	13'37" ~ 14'40"	15'04" ~ 16'07"	16'18" ~ 17'20"
		合格	14'04" ~ 15'06"	13'46" ~ 15'25"	14'41" ~ 15'44"	16'08" ~ 17'10"	17'21" ~ 18'26"
		不合格	≥ 15'07"	≥ 15'26"	≥ 15'45"	≥ 17'11"	≥ 18'27"
	3000 ~ 3500	优秀	≤ 15'35"	≤ 15'12"	≤ 16'19"	≤ 18'04"	≤ 19'32"
		良好	15'36" ~ 16'52"	15'13" ~ 16'31"	16'20" ~ 17'36"	18'05" ~ 19'20"	19'33" ~ 20'48"
		合格	16'53" ~ 18'07"	16'32" ~ 18'31"	17'37" ~ 18'53"	19'21" ~ 20'36"	20'49" ~ 22'7"
		不合格	≥ 18'08"	≥ 18'32"	≥ 18'54"	≥ 20'37"	≥ 22'8"
	4000 ~ 4500	优秀	≤ 17'32"	≤ 17'06"	≤ 18'22"	≤ 20'19"	≤ 21'59"
		良好	17'33" ~ 18'58"	17'07" ~ 18'34"	18'23" ~ 19'48"	20'20" ~ 21'45"	22'00" ~ 23'24"
		合格	18'59" ~ 20'23"	18'35" ~ 20'49"	19'49" ~ 21'14"	21'46" ~ 23'11"	23'25" ~ 24'53"
		不合格	≥ 20'24"	≥ 20'50"	≥ 21'16"	≥ 23'12"	≥ 24'54"
女	2000 ~ 2500	优秀	≤ 16'30"	≤ 15'30"	≤ 18'30"	≤ 20'30"	≤ 22'30"
		良好	16'31" ~ 18'40"	15'31" ~ 17'40"	18'31" ~ 20'40"	20'31" ~ 22'40"	22'31" ~ 24'40"
		合格	18'41" ~ 20'20"	17'41" ~ 19'20"	20'41" ~ 22'20"	22'41" ~ 24'20"	24'41" ~ 26'20"
		不合格	≥ 20'21"	≥ 19'21"	≥ 22'21"	≥ 24'21"	≥ 26'21"
	3000 ~ 3500	优秀	≤ 19'48"	≤ 18'36"	≤ 22'12"	≤ 24'48"	≤ 27'00"
		良好	19'49" ~ 22'24"	18'37" ~ 21'12"	22'13" ~ 24'48"	24'49" ~ 27'12"	27'01" ~ 29'36"
		合格	22'25" ~ 24'24"	21'13" ~ 23'12"	24'49" ~ 26'48"	27'13" ~ 29'12"	29'37" ~ 31'36"
		不合格	≥ 24'25"	≥ 23'13"	≥ 26'49"	≥ 29'13"	≥ 31'37"
	4000 ~ 4500	优秀	≤ 22'17"	≤ 20'56"	≤ 24'59"	≤ 27'41"	≤ 30'23"
		良好	22'18" ~ 25'15"	20'57" ~ 23'51"	25'00" ~ 27'54"	27'42" ~ 30'36"	30'24" ~ 33'18"
		合格	25'16" ~ 27'27"	23'52" ~ 26'59"	27'55" ~ 30'09"	30'37" ~ 32'51"	33'19" ~ 35'33"
		不合格	≥ 27'28"	≥ 26'0"	≥ 30'10"	≥ 32'52"	≥ 35'34"

（四）5000 m 跑

5000 m 跑主要为测试心肺功能和有氧能力项目，属于经典耐久跑项目之一，反映人体在氧气供应充足情况下长时间跑步的能力。

1．测试设备　400 m 田径跑道或公路、平地即可，但要求地面平坦，地质不限；秒表若干。

2．测试方法　受试者至少两人一组，用站立式起跑。当听到发令枪响或“跑”的口令后开始起跑（发令员在发出“跑”的口令的同时摆动发令旗）。计时员视枪烟或旗动开表计时，受试者胸部到达终点线的垂直面停表。以分（min）、秒（s）记录成绩，不计小数。

3．注意事项　按规则要求发令并计时；用站立式起跑。不同海拔不同年龄男女 5000 m 跑评价标准见表 5-4-4。

（五）10 000 m 跑

10 000 m 跑属于经典耐久跑项目之一，耐久跑能培养持久奔跑能力和速度耐力。

表5-4-4　不同海拔不同年龄男女5000 m跑评价标准

性别	海拔（m）	级别	年龄				
			25岁以下	25～29岁	30～34岁	35～39岁	40～44岁
男	2000～2500	优秀	≤ 23'06"	≤ 23'06"	≤ 25'06"	≤ 27'06"	≤ 29'06"
		良好	23'07"～25'12"	23'07"～25'12"	25'07"～27'12"	27'07"～29'12"	29'07"～31'12"
		合格	25'13"～27'18"	25'13"～27'18"	27'13"～29'18"	29'13"～31'18"	31'13"～33'18"
		不合格	≥ 27'19"	≥ 27'19"	≥ 29'19"	≥ 31'19"	≥ 33'19"
	3000～3500	优秀	≤ 27'43"	≤ 27'43"	≤ 30'07"	≤ 32'31"	≤ 34'55"
		良好	27'44"～30'14"	27'44"～30'14"	30'08"～32'38"	32'32"～35'02"	34'56"～37'26"
		合格	30'15"～32'46"	30'15"～32'46"	32'39"～35'10"	35'03"～37'34"	37'28"～39'58"
		不合格	≥ 32'47"	≥ 32'47"	≥ 35'11"	≥ 37'35"	≥ 39'59"
	4000～4500	优秀	≤ 31'11"	≤ 31'11"	≤ 33'53"	≤ 36'35"	≤ 39'17"
		良好	31'12"～34'01"	31'12"～34'01"	33'54"～36'43"	36'36"～39'25"	39'18"～42'07"
		合格	34'02"～36'51"	34'03"～36'51"	36'44"～39'33"	39'27" 42'15"	42'08"～44'57"
		不合格	≥ 36'52"	≥ 36'52"	≥ 39'34"	≥ 42'17"	≥ 44'58"
女	2000～2500	优秀	≤ 28'0"	≤ 27'0"	≤ 30'0"	≤ 32'0"	≤ 34'0"
		良好	28'01"～31"0"	27'01"～30"0"	30'01"～33"0"	32'01"～35"0"	34'01"～37'0"
		合格	31'01"～36'0"	30'01"～35'0"	33'01"～38'0"	35'01"～40'0"	37'01"～42'0"
		不合格	≥ 36'01"	≥ 35'01"	≥ 38'01"	≥ 40'01"	≥ 42'01"
	3000～3500	优秀	≤ 33'36"	≤ 32'24"	≤ 36'00"	≤ 38'24"	≤ 40'48"
		良好	33'37"～37'12"	32'25"～36'00"	36'01～39'36"	38'25"～42'00"	40'49"～44'24"
		合格	37'13"～43'12"	36'01"～42'00"	39'37～45'36"	42'01"～48'00"	44'25"～50'24"
		不合格	≥ 43'13"	≥ 42'01"	≥ 45'37"	≥ 48'01"	≥ 50'25"
	4000～4500	优秀	≤ 37'48"	≤ 36'27"	≤ 40'30"	≤ 43'12"	≤ 45'54"
		良好	37'49"～41'51"	36'28"～40'30"	40'31～44'33"	43'13"～47'15"	45'55"～49'57"
		合格	41'52"～48'36"	40'31"～47'15"	44'34～51'18"	47'16～54'00"	49'58"～56'42"
		不合格	≥ 48'37"	≥ 47'16"	≥ 51'19"	≥ 54'01"	≥ 56'43"

1．测试设备　400 m 田径跑道或公路、平地即可，但要求地面平坦，地质不限，秒表若干。

2．测试方法　受试者至少两人一组，用站立式起跑。当听到发令枪响或“跑”的口令后开始起跑（发令员在发出“跑”的口令的同时摆动发令旗）。计时员视枪烟或旗动开表计时，受试者胸部到达终点线的垂直面停表。以小时（h）、分（min）记录成绩。

3．注意事项　按规则要求发令并计时；用站立式起跑。不同海拔不同年龄男女 10 000 m 跑评价标准见表 5-4-5。

二、一般耐力

（一）20 m 渐增式折返跑

20 m 渐增式折返跑也称渐进性有氧耐力跑，在非实验室环境下渐增式运动负荷状态模拟测试最大摄氧量，是一项亚极限强度的心肺耐力测试方法。其优点是场地简易（图 5-4-1），设备简单，测试过程易于实施与控制，对测试人员的技术要求不高，适合大样本量的群体测试。

1．测试设备　音响，节拍音乐，秒表若干。

2．测试方法　受试者随音乐节拍由慢到快渐

表5-4-5　不同海拔不同年龄男女10 000 m跑评价标准

性别	海拔（m）	级别	年龄				
			25岁以下	25～29岁	30～34岁	35～39岁	40～44岁
男	2000 ~ 2500	优秀	≤ 53'	≤ 51'	≤ 58'	≤ 1:03'	≤ 1:08'
		良好	54' ~ 58'	52' ~ 56'	59' ~ 1:03'	1:04' ~ 1:08'	1:09' ~ 1:13'
		合格	59'0 ~ 1:05'	57' ~ 1:03'	1:04' ~ 1:10'	1:09' ~ 1:15'	1:14' ~ 1:20'
		不合格	≥ 1:06'	≥ 1:04'	≥ 1:11'	≥ 1:16'	≥ 1:21'
	3000 ~ 3500	优秀	≤ 1:03'	≤ 1:01'	≤ 1:09'	≤ 1:15'	≤ 1:21'
		良好	1:04' ~ 1:09'	1:02' ~ 1:07'	1:10' ~ 1:15'	1:16' ~ 1:21'	1:22' ~ 1:27'
		合格	1:10' ~ 1:18'	1:08' ~ 1:15'	1:16' ~ 1:24'	1:22' ~ 1:30'	1:28' ~ 1:36'
		不合格	≥ 1:19'	≥ 1:16'	≥ 1:25'	≥ 1:31'	≥ 1:37'
	4000 ~ 4500	优秀	≤ 1:11'	≤ 1:08'	≤ 1:18'	≤ 1:25'	≤ 1:31'
		良好	1:12' ~ 1:18'	1:09' ~ 1:15'	1:19' ~ 1:25'	1:26' ~ 1:31'	1:32' ~ 1:38'
		合格	1:19' ~ 1:27'	1:16' ~ 1:25'	1:26' ~ 1:34'	1:33' ~ 1:41'	1:39' ~ 1:48'
		不合格	≥ 1:28'	≥ 1:26'	≥ 1:35'	≥ 1:42'	≥ 1:49'
女	2000 ~ 2500	优秀	≤ 1:15'	≤ 1:13'	≤ 1:20'	≤ 1:25'	≤ 1:30'
		良好	1:16' ~ 1:24'	1:14' ~ 1:22'	1:21' ~ 1:29'	1:26' ~ 1:34'	1:31' ~ 1:39'
		合格	1:25' ~ 1:29'	1:23' ~ 1:27'	1:30' ~ 1:34'	1:35' ~ 1:39'	1:40' ~ 1:44'
		不合格	≥ 1:30'	≥ 1:28'	≥ 1:35'	≥ 1:40'	≥ 1:45'
	3000 ~ 3500	优秀	≤ 1:30'	≤ 1:27'	≤ 1:36'	≤ 1:42'	≤ 1:48'
		良好	1:31' ~ 1:40'	1:28' ~ 1:38'	1:37' ~ 1:47'	1:43' ~ 1:53'	1:49' ~ 1:59'
		合格	1:41 ~ 1:47'	1:39' ~ 1:44'	1:48' ~ 1:53'	1:54' ~ 1:58'	2:00' ~ 2:04'
		不合格	≥ 1:48'	≥ 1:45'	≥ 1:54'	≥ 2:00'	≥ 2:05'
	4000 ~ 4500	优秀	≤ 1:41'	≤ 1:38'	≤ 1:48'	≤ 1:55'	≤ 2:01'
		良好	1:42' ~ 1:53'	1:39' ~ 1:51'	1:49' ~ 2:00'	1:56' ~ 2:07'	2:02' ~ 2:14'
		合格	1:54' ~ 2:00'	1:52' ~ 1:57'	2:01' ~ 2:07'	2:08' ~ 2:14'	2:15' ~ 2:20'
		不合格	≥ 2:01'	≥ 1:58'	≥ 2:08'	≥ 2:15'	≥ 2:21'

图 5-4-1　20 m 渐增式折返跑场地示意图

增运动负荷 20 m 折返跑，当无法持续或跟上音乐节奏，或连续 2 次出现无法按节奏完成时即结束测试，以最后一次达到折返的次数进行记录，并用折返跑次数给予等级评价或推算 VO_{2max}（表 5-4-6，表 5-4-7）。

表5-4-6　不同海拔不同年龄男女20 m渐增式折返跑评价标准（折返跑次数，单位：次）

性别	海拔（m）	级别	年龄				
			25岁以下	25～29岁	30～34岁	35～39岁	40～44岁
男	2000 ~ 2500	优秀	≥ 69	≥ 71	≥ 70	≥ 68	≥ 67
		良好	59 ~ 68	61 ~ 70	60 ~ 69	58 ~ 67	57 ~ 66
		合格	49 ~ 58	51 ~ 60	50 ~ 59	48 ~ 57	47 ~ 56
		不合格	≤ 48	≤ 50	≤ 49	≤ 47	≤ 46
	3000 ~ 3500	优秀	≥ 55	≥ 57	≥ 56	≥ 54	≥ 54
		良好	47 ~ 54	49 ~ 56	48 ~ 55	46 ~ 54	46 ~ 43
		合格	39 ~ 46	41 ~ 48	40 ~ 47	38 ~ 46	38 ~ 45
		不合格	≤ 38	≤ 40	≤ 39	≤ 38	≤ 37
	4000 ~ 4500	优秀	≥ 45	≥ 46	≥ 46	≥ 44	≥ 44
		良好	38 ~ 44	40 ~ 46	39 ~ 29	38 ~ 44	37 ~ 43
		合格	32 ~ 38	33 ~ 39	33 ~ 38	31 ~ 37	31 ~ 36
		不合格	≤ 31	≤ 33	≤ 32	≤ 31	≤ 30
女	2000 ~ 2500	优秀	≥ 49	≥ 51	≥ 50	≥ 48	≥ 47
		良好	44 ~ 48	46 ~ 50	45 ~ 49	43 ~ 47	42 ~ 46
		合格	39 ~ 43	41 ~ 45	40 ~ 44	38 ~ 42	37 ~ 41
		不合格	≤ 38	≤ 40	≤ 39	≤ 37	≤ 36
	3000 ~ 3500	优秀	≥ 39	≥ 41	≥ 40	≥ 38	≥ 38
		良好	35 ~ 38	37 ~ 40	36 ~ 39	34 ~ 38	34 ~ 37
		合格	31 ~ 34	33 ~ 36	32 ~ 35	30 ~ 34	30 ~ 33
		不合格	≤ 30	≤ 32	≤ 31	≤ 22	≤ 29
	4000 ~ 4500	优秀	≥ 32	≥ 33	≥ 33	≥ 31	≥ 31
		良好	29 ~ 31	30 ~ 33	29 ~ 32	28 ~ 31	27 ~ 30
		合格	25 ~ 28	27 ~ 29	26 ~ 29	25 ~ 27	24 ~ 27
		不合格	≤ 25	≤ 26	≤ 25	≤ 24	≤ 23

表5-4-7　不同海拔不同年龄男女20 m渐增式折返跑评价标准［VO_{2max}，单位：ml/（kg · min）］

性别	海拔（m）	级别	年龄				
			25岁以下	25～29岁	30～34岁	35～39岁	40～44岁
男	2000 ～ 2500	优秀	≥ 39.0	≥ 40.0	≥ 38.0	≥ 37.0	≥ 36.0
		良好	36.6 ～ 38.9	37.6 ～ 39.9	35.6 ～ 37.9	34.6 ～ 36.9	33.6 ～ 35.9
		合格	34.4 ～ 36.5	35.4 ～ 37.5	33.4 ～ 35.5	32.4 ～ 34.5	31.4 ～ 33.5
		不合格	≤ 34.3	≤ 35.3	≤ 33.3	≤ 32.3	≤ 31.3
	3000 ～ 3500	优秀	≥ 31.2	≥ 32.0	≥ 30.4	≥ 29.6	≥ 28.8
		良好	29.3 ～ 31.1	30.8 ～ 31.9	28.5 ～ 30.3	27.7 ～ 29.5	20.9 ～ 28.7
		合格	27.5 ～ 29.2	28.3 ～ 30.0	26.7 ～ 28.4	25.9 ～ 27.6	25.1 ～ 26.8
		不合格	≤ 27.4	≤ 28.2	≤ 26.6	≤ 25.8	≤ 25.0
	4000 ～ 4500	优秀	≥ 25.4	≥ 26.0	≥ 38.0	≥ 24.1	≥ 23.4
		良好	23.8 ～ 25.3	24.4 ～ 25.9	23.1 ～ 24.6	22.5 ～ 24.0	21.8 ～ 23.3
		合格	22.4 ～ 23.7	23.0 ～ 24.4	21.7 ～ 23.1	21.1 ～ 22.4	20.4 ～ 21.8
		不合格	≤ 22.3	≤ 22.9	≤ 21.6	≤ 21.0	≤ 20.3
女	2000 ～ 2500	优秀	≥ 36.5	≥ 37.5	≥ 35.5	≥ 34.5	≥ 33.5
		良好	35.2 ～ 36.4	36.2 ～ 37.4	34.2 ～ 35.4	33.2 ～ 34.4	32.2 ～ 33.4
		合格	34.1 ～ 35.1	35.1 ～ 36.1	33.1 ～ 34.1	32.1 ～ 33.1	31.1 ～ 32.1
		不合格	≤ 34.0	≤ 35.0	≤ 33.0	≤ 32.0	≤ 31.0
	3000 ～ 3500	优秀	≥ 29.2	≥ 30.0	≥ 28.4	≥ 27.6	≥ 26.8
		良好	28.2 ～ 29.1	29.0 ～ 29.9	27.4 ～ 28.3	26.6 ～ 27.5	25.8 ～ 26.7
		合格	27.3 ～ 28.1	28.1 ～ 28.9	26.5 ～ 27.3	25.7 ～ 26.5	24.9 ～ 25.7
		不合格	≤ 27.2	≤ 28.0	≤ 26.4	≤ 25.6	≤ 24.8
	4000 ～ 4500	优秀	≥ 23.7	≥ 24.4	≥ 23.1	≥ 22.4	≥ 21.8
		良好	22.9 ～ 23.7	23.5 ～ 24.3	22.2 ～ 23.0	21.6 ～ 22.4	20.9 ～ 21.7
		合格	22.2 ～ 22.8	22.8 ～ 23.5	21.5 ～ 22.2	20.9 ～ 21.5	20.2 ～ 20.9
		不合格	≤ 22.1	≤ 22.8	≤ 21.5	≤ 20.8	≤ 20.2

（二）12 min 跑

12 min 跑的测试方法是以 12 min 内跑出的最大距离进行评价，一般在田径场进行测试。12 min 跑成绩与 VO_{2max} 高度相关，且与年龄和性别无显著差异，因此 12 min 跑的距离可以推测 VO_{2max}。

1．测试设备　音响，节拍音乐，秒表若干。

2．测试方法　受试者至少两人一组，用站立式起跑。当听到发令枪响或“跑”的口令后开始起跑（发令员在发出“跑”的口令的同时摆动发令旗）。当受测者持续完成 12 min 的耐久跑的瞬间停止计时器，终点记录员负责登记每人的跑距，登记成绩以米（m）为单位，不计小数。

3．注意事项　按规则要求发令并计时；用站立式起跑。不同海拔不同年龄男女 12 min 跑评价标准见表 5-4-8。

（三）14 m × 10 往返跑

1．测试设备　篮球场半块；折返标志水瓶 5 个；秒表 1 块。

2．测试方法　测试者侧身屈膝弯腰站在球场一侧端线内，一手轻触端线上标志瓶口，听到信

表5-4-8　不同海拔不同年龄男女12 min跑评价标准（m）

性别	海拔（m）	级别	年龄				
			25岁以下	25～29岁	30～34岁	35～39岁	40～44岁
男	2000～2500	优秀	≥2550	≥2600	≥2500	≥2450	≥2400
		良好	2150～2500	2200～2550	2100～2450	2050～2400	2000～2350
		合格	1750～2100	1800～2150	1700～2050	1650～2000	1600～1950
		不合格	≤1700	≤1750	≤1650	≤1600	≤1550
	3000～3500	优秀	≥1800	≥2080	≥2000	≥1960	≥1920
		良好	1720～2000	1760～2040	1680～1960	1640～1920	1600～1880
		合格	1400～1680	1440～1720	1360～1640	1320～1600	1280～1560
		不合格	≤1360	≤1400	≤1320	≤1280	≤1240
	4000～4500	优秀	≥1650	≥1690	≥1620	≥1590	≥1560
		良好	1390～1620	1430～1650	1360～1590	1330～1560	1300～1520
		合格	1130～1360	1170～1390	1100～1330	1070～1300	1040～1260
		不合格	≤1100	≤1130	≤1070	≤1040	≤1000
女	2000～2500	优秀	≥2350	≥2400	≥2250	≥2200	≥2100
		良好	1950～2300	2000～2350	1850～2200	1800～2150	1700～2050
		合格	1550～1900	1600～1950	1450～1800	1400～1750	1300～1650
		不合格	≤1500	≤1550	≤1400	≤1350	≤1250
	3000～3500	优秀	≥1880	≥1920	≥1800	≥1760	≥1680
		良好	1560～1840	1600～1880	1480～1760	1440～1720	1360～1640
		合格	1240～1520	1280～1560	1160～1440	1120～1400	1040～1320
		不合格	≤1200	≤1240	≤1120	≤1080	≤1000
	4000～4500	优秀	≥1530	≥1560	≥1460	≥1430	≥1360
		良好	1260～1490	1300～1520	1200～1430	1170～1390	1100～1330
		合格	1005～1230	1040～1260	940～1170	910～1130	840～1070
		不合格	≤975	≤1000	≤910	≤870	≤810

号后顺势推倒标志瓶并开始向中线跑动，跑至中线处用手推倒中线上标志瓶，然后转身往返跑，以此类推，总共跑10次来回（图5-4-2）。每人一次机会，记录最终成绩。

3．注意事项　每次折返时必须用一手推倒折返线上的标志瓶，不得用脚踢倒。如违规每次计时增加0.5 s。不同海拔不同年龄男女14 m×10往返跑评价标准见表5-4-9。

图5-4-2　往返跑

（四）篮球全场递增折返跑

1．测试设备　标准篮球场1块；锥形桶6个

表5-4-9 不同海拔不同年龄男女14 m×10往返跑评价标准

性别	海拔（m）	级别	年龄				
			25岁以下	25～29岁	30～34岁	35～39岁	40～44岁
男	2000～2500	优秀	≤70"	≤69"	≤71"	≤72"	≤73"
		良好	71"～80"	70"～80"	72"～81"	73"～82"	74"～83"
		合格	81"～90"	81"～91"	82"～91"	83"～92"	84"～93"
		不合格	≥91"	≥92"	≥92"	≥93"	≥94"
	3000～3500	优秀	≤84"	≤83"	≤86"	≤87"	≤88"
		良好	85"～94"	84"～94"	87"～96"	88"～97"	89"～98"
		合格	95"～104"	95"～105"	97"～106"	98"～107"	99"～109"
		不合格	≥105"	≥106"	≥107"	≥108"	≥110"
	4000～4500	优秀	≤95"	≤94"	≤96"	≤97"	≤99"
		良好	96"～105"	95"～104"	97"～106"	98"～107"	100"～109"
		合格	106"～115"	105"～114"	107"～116"	108"～117"	110"～119"
		不合格	≥116"	≥115"	≥117"	≥118"	≥120"
女	2000～2500	优秀	≤80"	≤79"	≤81"	≤82"	≤83"
		良好	81"～90"	80"～90"	82"～91"	83"～92"	84"～93"
		合格	91"～10"	91"～101"	92"～101"	93"～102"	94"～103"
		不合格	≥101"	≥102"	≥102"	≥103"	≥104"
	3000～3500	优秀	≤96"	≤95"	≤97"	≤99"	≤100"
		良好	97"～106"	96"～105"	98"～107"	100"～109"	101"～110"
		合格	107"～116"	106"～115"	108"～117"	110"～119"	111"～120"
		不合格	≥117"	≥116"	≥118"	≥120"	≥121"
	4000～4500	优秀	≤108"	≤107"	≤110"	≤111"	≤112"
		良好	109"～118"	108"～117"	111"～120"	112"～121"	113"～122"
		合格	119"～128"	118"～127"	121"～130"	122"～131"	123"～132"
		不合格	≥129"	≥128"	≥131"	≥132"	≥133"

（或5 cm宽纸胶带若干）；秒表。

2．测试方法 起点是球场一侧的端线，折返点依次是罚球线、中场线、对面罚球线、对面端线。测试者骑跨端线屈膝站立，听到“出发”信号，快速启动，每到一条折返线，骑跨蹬转，跑回原点，然后再次折返跑向场内，依次递增循环往返，直至跑完全程（4个往返）（图5-4-3），计时停表，登记成绩。

3．注意事项 注意整个过程要求全速完成；每次折返时需踩线。不同海拔不同年龄男女篮球全场递增折返跑评价标准见表5-4-10。

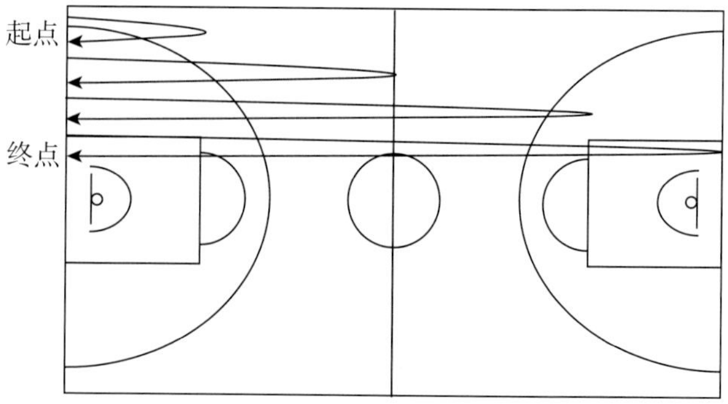

图5-4-3 篮球全场递增折返跑场地及路线示意图

表5-4-10 不同海拔不同年龄男女篮球全场递增折返跑评价标准

性别	海拔（m）	级别	年龄				
			25岁以下	25～29岁	30～34岁	35～39岁	40～44岁
男	2000 ~ 2500	优秀	≤ 29"	≤ 28"	≤ 31"	≤ 33"	≤ 35"
		良好	30" ~ 32"	29" ~ 31"	32" ~ 34"	34" ~ 36"	36" ~ 38"
		合格	33" ~ 35"	32" ~ 34"	35" ~ 37"	37" ~ 39"	40" ~ 41"
		不合格	≥ 36"	≥ 35"	≥ 38"	≥ 40"	≥ 42"
	3000 ~ 3500	优秀	≤ 34"	≤ 33"	≤ 37"	≤ 39"	≤ 42"
		良好	35" ~ 38"	34" ~ 37"	38" ~ 40"	40" ~ 43"	43" ~ 45"
		合格	39" ~ 42"	38" ~ 41"	42" ~ 44"	44" ~ 47"	46 ~ 49"
		不合格	≥ 43"	≥ 42"	≥ 45"	≥ 48"	≥ 50"
	4000 ~ 4500	优秀	≤ 39"	≤ 37"	≤ 42"	≤ 45"	≤ 47"
		良好	40" ~ 43"	39" ~ 42"	43" ~ 46"	46" ~ 49"	48" ~ 51"
		合格	44" ~ 47"	43" ~ 46"	47" ~ 50"	50" ~ 53"	52 ~ 55"
		不合格	≥ 48"	≥ 47"	≥ 51"	≥ 54"	≥ 56"
女	2000 ~ 2500	优秀	≤ 32"	≤ 31"	≤ 34"	≤ 36"	≤ 38"
		良好	33" ~ 35"	32" ~ 34"	35" ~ 37"	37" ~ 39"	39" ~ 41"
		合格	36" ~ 38"	35" ~ 37"	38" ~ 40"	40" ~ 42"	42" ~ 44"
		不合格	≥ 39"	≥ 38"	≥ 41"	≥ 43"	≥ 45 "
	3000 ~ 3500	优秀	≤ 38"	≤ 37"	≤ 41"	≤ 43"	≤ 45"
		良好	39" ~ 42"	38" ~ 41"	42" ~ 44"	44" ~ 47"	46" ~ 49"
		合格	43" ~ 45"	42" ~ 44"	45" ~ 48"	48" ~ 50"	50" ~ 53"
		不合格	≥ 46"	≥ 45"	≥ 49"	≥ 51"	≥ 54"
	4000 ~ 4500	优秀	≤ 43"	≤ 42"	≤ 46"	≤ 49"	≤ 51"
		良好	44" ~ 47"	43" ~ 46"	47" ~ 50"	50" ~ 53"	52" ~ 55"
		合格	48" ~ 51"	47" ~ 50"	51" ~ 54"	54" ~ 57"	56" ~ 59"
		不合格	≥ 52"	≥ 51"	≥ 55"	≥ 58"	≥ 60"

第五节 灵敏性的测试与评价

灵敏性是运动技能、神经反应和各种素质的综合表现，体现了肌肉力量、反应时、速度、爆发力和协调性等综合素质。高原低氧环境刺激会引起脑组织在细胞或分子水平上的变化，使神经系统间的联系减弱，导致依赖于神经系统传递速度的速度、灵敏性和爆发力等素质下降，其中灵敏性和速度显著降低。

灵敏性测试方法主要有10 m×5往返跑、10 m×4折返跑、反复横跨、跳绳等。

一、基础灵敏性

（一）10 m×5往返跑

10 m×5往返跑主要是人体通过启动加速、减速蹬转和再启动加速的过程，各种复杂、突变的情况下迅速改变体位、转换动作，考验随机应变的能力。由于对场地依赖程度较低，而且操作方便、便于掌握，应用较为广泛，也是灵敏性的训练手段。

1．测试设备 平整、整洁的直线跑道若干条，在跑道的两端线 S1 和 S2 外 30 cm 处各画一条线（图 5-5-1）；木块（5 cm × 10 cm）若干块，每道 3 块，其中 2 块放在 S2 线外的横线上，一块放在 S1 线外的横线上；秒表若干。

2．测试方法 受试者用站立式起跑，听到发令后从 S1 线外起跑，当跑到 S2 线前面，用一只手拿起一木块随即往回跑，跑到 S1 线前面时交换木块，再跑回 S2 线交换另一木块，最后持木块冲出 S1 线，记录跑完全程的时间。记录以秒为单位，取一位小数。每名受试者可测试两次，以最好一次成绩为准。

3．注意事项 应掌握必要的动作方法及其要领，到达折返点时尽量采用单手换放木块，以有利于迅速转身加速，同时当受测者取放木块时，脚不要越过 S1 和 S2 线。不同海拔不同年龄男女 10 m × 5 往返跑评价标准见表 5-5-1。

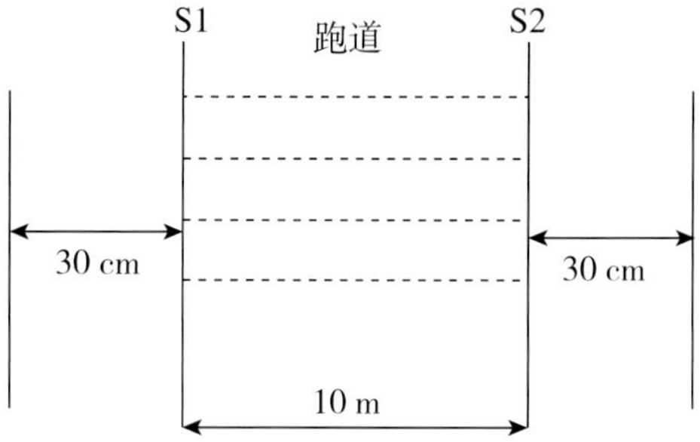

图 5-5-1 10 m × 5 往返跑场地示意图

表5-5-1 不同海拔不同年龄男女10 m × 5往返跑评价标准

性别	海拔（m）	级别	年龄				
			25岁以下	**25～29岁**	**30～34岁**	**35～39岁**	**40～44岁**
男	2000 ~ 2500	优秀	≤ 22"4	≤ 21"9	≤ 23"4	≤ 25"4	≤ 26"9
		良好	22"5 ~ 26"	22" ~ 25"5	23"5 ~ 28"	25"5 ~ 30"	27" ~ 31"5
		合格	26"1 ~ 29"	25"6 ~ 28"5	28"1 ~ 30"	30"1 ~ 32"	31"6 ~ 33"5
		不合格	≥ 29"1	≥ 28"6	≥ 30"1	≥ 32"1	≥ 33"6
	3000 ~ 3500	优秀	≤ 26"8	≤ 26"2	≤ 28"	≤ 30"4	≤ 32"2
		良好	26"9 ~ 31"2	26"3 ~ 30"6	28"1 ~ 33"6	30"5 ~ 36"	32"3 ~ 37"8
		合格	31"3 ~ 34"8	30"7 ~ 34"2	33"7 ~ 36"	36"1 ~ 38"4	37"9 ~ 40"2
		不合格	≥ 34"9	≥ 34"3	≥ 36"1	≥ 38"5	≥ 40"3
	4000 ~ 4500	优秀	≤ 30"2	≤ 29"5	≤ 31"5	≤ 34"2	≤ 36"3
		良好	30"3 ~ 35"1	29"6 ~ 34"4	31"6 ~ 37"8	34"3 ~ 40"5	36"4 ~ 42"5
		合格	35"2 ~ 39"1	34"5 ~ 38"4	37"9 ~ 40"5	40"6 ~ 43"2	42"6 ~ 45"2
		不合格	≥ 39"2	≥ 38"5	≥ 40"6	≥ 43"3	≥ 45"3
女	2000 ~ 2500	优秀	≤ 27"4	≤ 26"9	≤ 28"4	≤ 29"9	≤ 31"9
		良好	27"5 ~ 32"	27" ~ 31"5	28"5 ~ 33"	30" ~ 34"5	32" ~ 36"5
		合格	32"1 ~ 34"	31"6 ~ 33"5	33"1 ~ 35"	34"6 ~ 36"5	36"6 ~ 38"5
		不合格	≥ 34"1	≥ 33"6	≥ 35"1	≥ 36"6	≥ 38"6
	3000 ~ 3500	优秀	≤ 32"8	≤ 32"2	≤ 34"	≤ 35"8	≤ 38"2
		良好	32"9 ~ 38"4	32"3 ~ 37"8	34"1 ~ 39"6	35"9 ~ 41"4	38"3 ~ 43"8
		合格	38"5 ~ 40"8	37"9 ~ 40"2	39"7 ~ 42"	41"5 ~ 43"8	43"9 ~ 46"2
		不合格	≥ 40"9	≥ 40"3	≥ 42"1	≥ 43"9	≥ 46"3
	4000 ~ 4500	优秀	≤ 36"9	≤ 36"3	≤ 38"2	≤ 40"3	≤ 43"
		良好	37" ~ 43"2	36"4 ~ 42"5	38"3 ~ 44"5	40"4 ~ 46"5	43"1 ~ 49"2
		合格	43"3 ~ 45"9	42"6 ~ 45"2	44"6 ~ 47"2	46"6 ~ 49"2	49"3 ~ 51"9
		不合格	≥ 46"	≥ 45"3	≥ 47"3	≥ 49"3	≥ 52"

（二）2 min 跳绳

跳绳属于一种全身性的运动，能够增强手眼协调功能，以及上肢、下肢、腰部、臀部及全身的协调性和灵敏性。跳绳也是一种有效的有氧运动，增加身体的新陈代谢，有效燃烧热量，促进呼吸系统和循环系统功能，对预防疾病、减肥和减脂具有积极的作用。

1．测试设备　跳绳，秒表。

2．测试方法　身体直立，两眼平视前方；起绳后大臂贴近身体两侧，小臂向身体中间收紧；绳子打地时双脚起跳，跳绳过程中双膝微微弯曲，落地时前脚掌着地。

3．注意事项　跳绳长度的确定方法为单脚踩住绳，两端拉到胸口到肚脐眼中间位置即可；握绳的方法为握在绳柄中后端，两手心尽量向下或者相对，向下更能发力，一般手心不可向上；跳起的高度一般在 3 ~ 5 cm，不宜太高；落地时前脚掌落地，并稍有屈膝缓冲动作；全身放松，呼吸要有节奏。跳绳为女子测试项目，不同海拔不同年龄女子 2 min 跳绳评价标准见表 5-5-2。

二、球类灵敏性

（一）篮球半场 V 字运球上篮

篮球半场 V 字运球上篮主要测试人体灵活性、协调性以及技术水平。

1．测试设备　标准篮球场半块；篮球 1 ~ 2 个；秒表。

2．测试方法　由中线与边线交接处开始，运球上篮，球中篮后运球至另一侧中线与边线交接处，脚踩交接点，然后蹬转加速折回运球上篮，球中后返回起点，以此类推，连续进行 2 个来回（图 5-5-2），最后到达起点停表，登记成绩。

3．注意事项　上篮不中时要补篮，直到投中为止，在往返时一脚必须踏在指定的中线范围内，

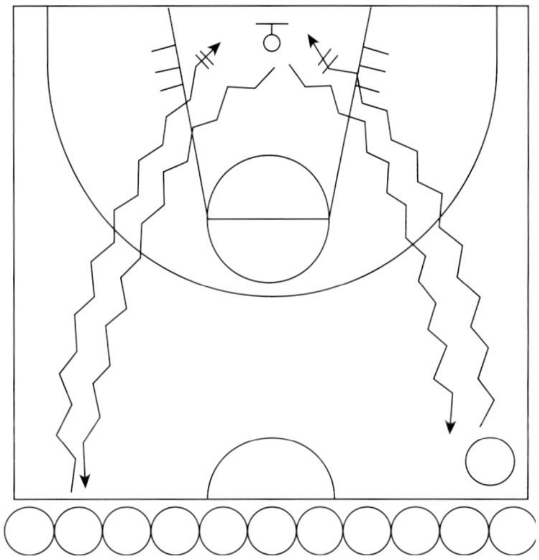

图 5-5-2　篮球半场 V 字运球上篮场地及路线示意图

表5-5-2　不同海拔不同年龄女子跳绳评价标准（次）

性别	海拔（m）	级别	年龄				
			25岁以下	25~29岁	30~34岁	35~39岁	40~44岁
女	2000 ~ 2500	优秀	≥ 125	≥ 127	≥ 120	≥ 113	≥ 107
		良好	115 ~ 124	117 ~ 126	110 ~ 119	103 ~ 112	97 ~ 106
		合格	105 ~ 114	107 ~ 116	100 ~ 109	93 ~ 102	87 ~ 96
		不合格	≤ 104	≤ 106	≤ 99	≤ 92	≤ 86
	3000 ~ 3500	优秀	≥ 123	≥ 125	≥ 118	≥ 111	≥ 105
		良好	113 ~ 122	115 ~ 124	108 ~ 117	101 ~ 110	95 ~ 104
		合格	103 ~ 112	105 ~ 114	98 ~ 107	91 ~ 100	85 ~ 94
		不合格	≤ 102	≤ 104	≤ 97	≤ 90	≤ 84
	4000 ~ 4500	优秀	≥ 121	≥ 123	≥ 116	≥ 109	≥ 103
		良好	111 ~ 120	113 ~ 122	106 ~ 115	99 ~ 108	93 ~ 102
		合格	101 ~ 110	103 ~ 112	96 ~ 105	89 ~ 98	83 ~ 92
		不合格	≤ 100	≤ 102	≤ 95	≤ 88	≤ 82

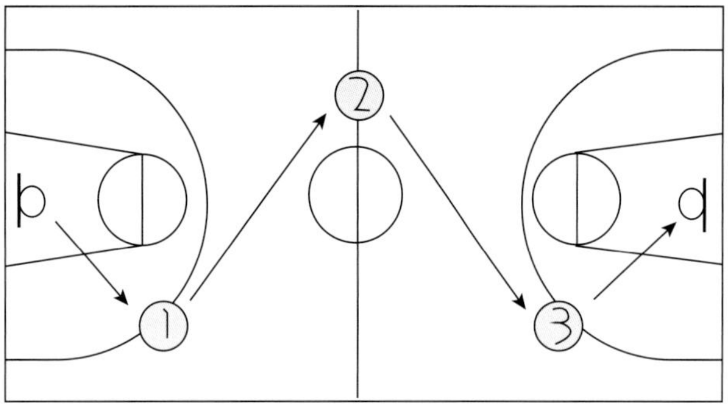

图 5-5-3　篮球全场运球上篮场地及路线示意图

不得带球走和两次运球。不同海拔不同年龄男女篮球半场 V 字运球上篮评价标准见表 5-5-3。

(二)篮球全场运球上篮

篮球全场运球上篮又称为全场“S”往返变向运球上篮，主要人体灵活性、协调性以及技术水平。

1. 测试设备　标准篮球场 1 块；篮球 1 ～ 2 个；秒表。

2. 测试方法　受试者在球场端线中点站立，面向球场，起动则开始计时。受试者用右手运球至①处，做体后变向运球，换左手向②处运球，至②处做左手后转身运球变向，换右手运球至③处，右手胯下运球后右手上篮。球中篮后方可用左手运球至③处，做体后变向运球，换右手运球至②处做右手后转身运球变向，换左手运球至①

表5-5-3　不同海拔不同年龄男女篮球半场V字运球上篮评价标准

性别	海拔（m）	级别	年龄				
			25岁以下	25～29岁	30～34岁	35～39岁	40～44岁
男	2000 ～ 2500	优秀	≤ 36"	≤ 34"	≤ 37"	≤ 38"	≤ 39"
		良好	36"1 ～ 42"	34"1 ～ 40"	37"1 ～ 43"	38"1 ～ 44"	39"1 ～ 45"
		合格	42"1 ～ 48"	40"1 ～ 46"	43"1 ～ 49"	44"1 ～ 50"	45"1 ～ 51"
		不合格	≥ 48"1	≥ 46"01	≥ 49"1	≥ 50"1	≥ 51"1
	3000 ～ 3500	优秀	≤ 43"2	≤ 40"8	≤ 44"4	≤ 45"6	≤ 46"8
		良好	43"3 ～ 50"4	40"9 ～ 48"	44"5 ～ 51"6	45"7 ～ 52"8	46"9 ～ 54"
		合格	50"5 ～ 57"6	48"1 ～ 55"2	51"7 ～ 58"8	52"9 ～ 60"	54"1 ～ 61"2
		不合格	≥ 57"7	≥ 55"3	≥ 58"9	≥ 60"1	≥ 61"3
	4000 ～ 4500	优秀	≤ 48"6	≤ 45"9	≤ 49"9	≤ 51"3	≤ 52"6
		良好	48"7 ～ 56"7	46" ～ 54"	50" ～ 58"	51"4 ～ 59"4	52"7 ～ 60"7
		合格	56"8 ～ 64"8	54"1 ～ 62"1	58"1 ～ 66"1	59"5 ～ 67"5	60"8 ～ 68"8
		不合格	≥ 64"9	≥ 62"2	≥ 66"2	≥ 67"6	≥ 68"9
女	2000 ～ 2500	优秀	≤ 44"	≤ 42"	≤ 45"	≤ 46"	≤ 47"
		良好	44"1 ～ 50"	42"1 ～ 48"	45"1 ～ 51"	46"1 ～ 52"	47"1 ～ 53"
		合格	50"1 ～ 70"	48"1 ～ 68"	51"1 ～ 71"	52"1 ～ 72"	53"1 ～ 73"
		不合格	≥ 70"1	≥ 68"1	≥ 71"1	≥ 72"1	≥ 73"1
	3000 ～ 3500	优秀	≤ 52"8	≤ 50"4	≤ 54"	≤ 55"2	≤ 56"4
		良好	52"9 ～ 60"	50"5 ～ 57"6	54"1 ～ 61"2	55"3 ～ 62"4	56"5 ～ 63"6
		合格	60"1 ～ 84"	57"7 ～ 81"6	61"3 ～ 85"2	62"5 ～ 86"4	63"7 ～ 87"6
		不合格	≥ 84"1	≥ 81"7	≥ 85"3	≥ 86"5	≥ 87"7
	4000 ～ 4500	优秀	≤ 59"4	≤ 56"7	≤ 60"7	≤ 62"1	≤ 63"4
		良好	59"5 ～ 67"5	56"8 ～ 64"8	60"8 ～ 68"8	62"2 ～ 70"2	63"5 ～ 71"5
		合格	67"6 ～ 94"5	64"9 ～ 91"8	68"9 ～ 95"8	70"3 ～ 97"2	71"6 ～ 98"5
		不合格	≥ 94"6	≥ 91"9	≥ 95"9	≥ 97"3	≥ 98"6

处左手胯下运球后左手上篮（图5-5-3）。球中后重复做同样练习一次，球回原处停表。

3．注意事项　篮球场上的标志①、②、③皆为40 cm半径的圆；①、③到端线的距离为6 m、到边线距离为2 m；②在中线上，到中圈中心点距离为2.8 m。受试者在测试时必须任意脚踩到圆圈线或圆圈内，方可变向，否则视为无效，不予计分；运球转身时不得托球转身，否则计时增加0.5 s。每人测试两次，取最佳成绩。不同海拔不同年龄男女篮球全场运球上篮评价标准见表5-5-4。

（三）篮球全场Z字运球往返跑

篮球全场Z字运球往返跑主要测试人体灵活性、协调性以及技术水平。

1．测试设备　标准篮球场1块；篮球1个；标志旗或锥形桶3个；秒表。

2．测试方法　面对球场，站于一侧罚球线底角，从罚球线底角右侧边线外出发，左手快速运球至罚球线左侧拐角（注意要交替地用手来运球）。然后换手，用右手快速运球跑至中圈的右外侧。再换左手，用左手快速运球至另一侧罚球线的左侧拐角（注意变向）。接着再换手，用右手快速运球迅速跑回此罚球区的右底脚。再转身，右

表5-5-4　不同海拔不同年龄男女篮球全场运球上篮评价标准

性别	海拔（m）	级别	年龄				
			25岁以下	25～29岁	30～34岁	35～39岁	40～44岁
男	2000～2500	优秀	≤46"	≤44"	≤47"	≤48"	≤49"
		良好	46"1～52"	44"1～50"	47"1～53"	48"1～54"	49"1～55"
		合格	52"1～58"	50"1～56"	53"1～59"	54"1～60"	55"1～61"
		不合格	≥58"1	≥56"1	≥59"1	≥60"1	≥61"1
	3000～3500	优秀	≤55"2	≤52"8	≤56"4	≤57"6	≤58"8
		良好	55"3～62"4	52"9～60"	56"5～63"6	57"7～64"8	58"9～66"
		合格	62"5～69"6	60"1～67"2	63"7～70"8	64"9～72"	66"1～73"2
		不合格	≥69"7	≥67"3	≥70"9	≥72"1	≥73"3
	4000～4500	优秀	≤62"1	≤59"4	≤63"4	≤64"8	≤66"1
		良好	62"2～70"2	59"5～67"5	63"5～71"5	64"9～72"9	66"2～74"2
		合格	70"3～78"3	67"6～75"6	71"6～79"6	73"～81"	74"3～82"3
		不合格	≥78"4	≥75"7	≥79"7	≥81"1	≥82"4
女	2000～2500	优秀	≤52"	≤50"	≤53"	≤54"	≤55"
		良好	52"1～58"	50"1～56"	53"1～59"	54"1～60"	55"1～61"
		合格	58"1～64"	56"1～62"	59"1～65"	60"1～66"	61"1～67"
		不合格	≥64"1	≥62"1	≥65"1	≥66"1	≥67"1
	3000～3500	优秀	≤62"4	≤60"	≤63"6	≤64"8	≤66"
		良好	62"5～69"6	60"1～67"2	63"7～70"8	64"9～72"	66"1～73"2
		合格	69"7～76"8	67"3～74"4	70"9～78"	72"1～79"2	73"3～80"4
		不合格	≥76"9	≥74"5	≥78"1	≥79"3	≥80"5
	4000～4500	优秀	≤70"2	≤67"5	≤71"5	≤72"9	≤74"2
		良好	70"3～78"3	67"6～75"6	71"6～79"6	73"～81"	74"3～82"3
		合格	78"4～86"4	75"7～83"7	79"7～87"7	81"1～89"1	82"4～90"4
		不合格	≥86"5	≥83"8	≥87"8	≥89"2	≥90"5

手运球，按照来时的顺序和要求迅速返回。重复两个来回，以上篮进球（或球碰板）结束每次练习（图 5-5-4）。

3．注意事项　注意整个过程要求全速完成，每次折返时必须踩线。不同海拔不同年龄男女篮球全场 Z 字运球往返跑评价标准见表 5-5-5。

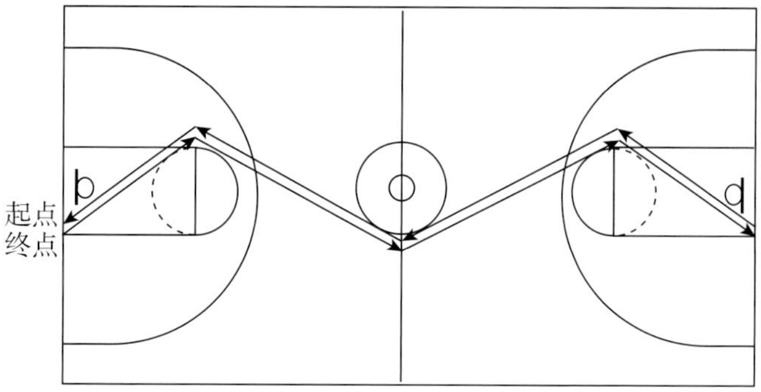

图 5-5-4　篮球全场 Z 字运球往返跑场地及路线示意图

（四）篮球 1 min 自投自抢

篮球 1 min 自投自抢主要测试人体灵活性、协调性以及技术水平。

1．测试设备　篮球场半块；投篮点圆形标记 5 个；篮球 1 个；秒表。

2．测试方法　以篮圈中心投影点为中心，男子 5 m、女子 4.20 m 为半径画弧，考生在弧线外

表5-5-5　不同海拔不同年龄男女篮球全场Z字运球往返跑评价标准

性别	海拔（m）	级别	年龄				
			25岁以下	25～29岁	30～34岁	35～39岁	40～44岁
男	2000 ～ 2500	优秀	≤ 33"	≤ 32"	≤ 35"	≤ 36"	≤ 37"
		良好	34" ～ 38"	33" ～ 37"	36" ～ 39"	37" ～ 42"	38" ～ 43"
		合格	39" ～ 43"	38" ～ 42"	40" ～ 44"	43" ～ 48"	44" ～ 49"
		不合格	≥ 44"	≥ 43"	≥ 45"	≥ 49"	≥ 50"
	3000 ～ 3500	优秀	≤ 40"	≤ 39"	≤ 42"	≤ 44"	≤ 45"
		良好	41" ～ 46"	40" ～ 45"	43" ～ 47"	45" ～ 50"	46" ～ 51"
		合格	47" ～ 52"	46" ～ 51"	48" ～ 53"	51" ～ 56"	52" ～ 57"
		不合格	≥ 53"	≥ 52"	≥ 54"	≥ 57"	≥ 58"
	4000 ～ 4500	优秀	≤ 45"	≤ 44"	≤ 48"	≤ 49"	≤ 50"
		良好	46" ～ 52"	45" ～ 50"	49" ～ 55"	50" ～ 55"	51" ～ 56"
		合格	53" ～ 59"	51" ～ 57"	56" ～ 62"	56" ～ 61"	57" ～ 62"
		不合格	≥ 60"	≥ 58"	≥ 63"	≥ 62"	≥ 63"
女	2000 ～ 2500	优秀	≤ 37"	≤ 36"	≤ 38"	≤ 39"	≤ 40"
		良好	38" ～ 42"	37" ～ 41"	39" ～ 43"	40" ～ 45"	41" ～ 46"
		合格	43" ～ 49"	42" ～ 48"	44" ～ 50"	46" ～ 51"	47" ～ 52"
		不合格	≥ 50"	≥ 49"	≥ 51"	≥ 52"	≥ 53"
	3000 ～ 3500	优秀	≤ 45"	≤ 44"	≤ 46"	≤ 47"	≤ 48"
		良好	46" ～ 51"	45" ～ 50"	47" ～ 53"	48" ～ 53"	49" ～ 54"
		合格	52" ～ 59"	51" ～ 58"	54" ～ 60"	54" ～ 59"	55" ～ 60"
		不合格	≥ 60"	≥ 59"	≥ 61"	≥ 60"	≥ 61"
	4000 ～ 4500	优秀	≤ 50"	≤ 49"	≤ 52"	≤ 53"	≤ 54"
		良好	51" ～ 57"	50" ～ 56"	53" ～ 59"	54" ～ 59"	55" ～ 60"
		合格	58" ～ 66"	57" ～ 65"	60" ～ 67"	60" ～ 65"	61" ～ 66"
		不合格	≥ 67"	≥ 66"	≥ 68"	≥ 66"	≥ 67"

进行 1 min 自投自抢，投篮方式不限，记投中次数。

3. 注意事项 投篮必须在弧线外，不准踩线，踩线投篮投中无效。每人测两次，取最佳成绩。不同海拔不同年龄男女篮球 1 min 自投自抢评价标准见表 5-5-6。

表5-5-6　不同海拔不同年龄男女篮球1 min自投自抢评价标准（个）

性别	海拔（m）	级别	年龄				
			25岁以下	25～29岁	30～34岁	35～39岁	40～44岁
男	2000 ~ 2500	优秀	≤ 12	≤ 14	≤ 12	≤ 12	≤ 12
		良好	8 ~ 11	10 ~ 13	8 ~ 11	8 ~ 11	8 ~ 11
		合格	5 ~ 7	6 ~ 9	5 ~ 7	5 ~ 7	5 ~ 7
		不合格	≥ 4	≥ 5	≥ 4	≥ 4	≥ 4
	3000 ~ 3500	优秀	≤ 12	≤ 14	≤ 12	≤ 12	≤ 12
		良好	8 ~ 11	10 ~ 13	8 ~ 11	8 ~ 11	8 ~ 11
		合格	5 ~ 7	6 ~ 9	5 ~ 7	5 ~ 7	5 ~ 7
		不合格	≥ 4	≥ 5	≥ 4	≥ 4	≥ 4
	4000 ~ 4500	优秀	≤ 11	≤ 12	≤ 11	≤ 11	≤ 11
		良好	7 ~ 10	8 ~ 11	7 ~ 10	7 ~ 10	7 ~ 10
		合格	4 ~ 6	5 ~ 7	4 ~ 6	4 ~ 6	4 ~ 6
		不合格	≥ 3	≥ 4	≥ 3	≥ 3	≥ 3
女	2000 ~ 2500	优秀	≤ 10	≤ 11	≤ 10	≤ 10	≤ 10
		良好	7 ~ 9	8 ~ 10	7 ~ 9	7 ~ 9	7 ~ 9
		合格	4 ~ 6	5 ~ 7	4 ~ 6	4 ~ 6	4 ~ 6
		不合格	≥ 3	≥ 4	≥ 3	≥ 3	≥ 3
	3000 ~ 3500	优秀	≤ 10	≤ 11	≤ 10	≤ 10	≤ 10
		良好	7 ~ 9	8 ~ 10	7 ~ 9	7 ~ 9	7 ~ 9
		合格	4 ~ 6	5 ~ 7	4 ~ 6	4 ~ 6	4 ~ 6
		不合格	≥ 3	≥ 4	≥ 3	≥ 3	≥ 3
	4000 ~ 4500	优秀	≤ 9	≤ 10	≤ 9	≤ 9	≤ 9
		良好	6 ~ 8	7 ~ 9	6 ~ 8	6 ~ 8	6 ~ 8
		合格	3 ~ 5	4 ~ 6	3 ~ 5	3 ~ 5	3 ~ 5
		不合格	≥ 2	≥ 3	≥ 2	≥ 2	≥ 2

第六节　柔韧性的测试与评价

柔韧性是人体各个关节的活动幅度，以及肌肉、肌腱和韧带等软组织的伸展能力，对增强身体的协调能力，更好地发挥力量、速度、灵敏性等素质，提高运动技能和技术，防止运动损伤有积极作用，对人们日常生活、劳动、锻炼以及有关职业训练有着重要意义。柔韧性的减退常引起诸如颈椎病、腰椎间盘突出、肩周炎、腰腿痛等退行性疾病。一般情况下，随着年龄的增长、骨骼的老化，人体柔韧性随着年龄的增长而下降，这符合人体生长的规律，而且老年男性柔韧性下降幅度稍大于老年女性。但柔韧性减退的个体差异较大，自然老化只占 1/3，主体还是与运动锻炼有关。高原环境对柔韧性有一定的影响，高原各年龄段人群的柔韧性显著低于全国同龄平均水平，这与高原环境下人体骨、关节、韧带、肌腱、肌肉等进行性退化有关。而经常进行柔韧性锻炼能扩大关节韧带的活动范围，有利于提高身体的灵敏性和协调性，延缓肌肉韧带的衰老。

柔韧性的测试具有局部性的特点，其测试方法和手段均涉及身体有关部位的关节，如肩关节、腰关节、髋关节、膝关节、肘关节、腕关节等。柔韧性的测试方法主要为仰卧直抬腿、立位体前屈、俯卧上体后仰、立位转体、坐位体前屈、双手背勾等。由于坐位体前屈可以全面反映人体关节、韧带、肌肉的伸展性、弹性以及身体柔韧性的发展水平，因此常用这个项目测试柔韧性。

1．测试设备　坐位体前屈测试仪。

2．测试方法　受试者坐在连接于箱体的软垫上，两腿伸直，不可弯曲，脚跟并拢，脚尖分开 10 ～ 15 cm，踩在测试仪的垂直平板上，两手并拢。两臂和手伸直，然后双臂前伸，上体下压，渐渐使上体前屈，用两手中指尖轻轻推动标尺上的游标前滑（不得有突然前伸动作），直至双臂不能再往前伸时为止。测试仪的脚蹬纵板内沿平面为 0 点，向内为负值，向外为正值。记录以厘米（cm）为单位，取小数点后一位。如为正值则在数值前记“+”，负值则记“－”。若用专门设计的量角器，则测量大腿与躯干的夹角，记录以角度为单位。

3．注意事项　测试前一定要注意做准备活动，不要急于求成，测试时受试者两腿不得弯曲，动作幅度不能过大过猛；成坐姿时两腿伸直，不可弯曲，脚跟并拢；上体前屈，用两手中指尖轻推标尺上的游标前滑时不得有突然前伸动作。不同海拔不同年龄男女坐位体前屈评价标准见表 5-6-1。

表5-6-1　不同海拔不同年龄男女坐位体前屈评价标准（cm）

性别	海拔（m）	级别	年龄				
			25岁以下	25～29岁	30～34岁	35～39岁	40～44岁
男	2000 ～ 2500	优秀	≥ 21.0	≥ 21.0	≥ 19.0	≥ 17.0	≥ 15.0
		良好	11.2 ～ 20.9	11.2 ～ 20.9	9.2 ～ 18.9	7.2 ～ 15.9	5.2 ～ 14.9
		合格	4.2 ～ 11.1	4.2 ～ 11.1	4.2 ～ 9.1	3.2 ～ 7.1	2.2 ～ 5.1
		不合格	≤ 4.1	≤ 4.1	≤ 4.1	≤ 3.1	≤ 2.1
	3000 ～ 3500	优秀	≥ 21.0	≥ 21.0	≥ 19.0	≥ 17.0	≥ 15.0
		良好	11.2 ～ 20.9	11.2 ～ 20.9	9.2 ～ 18.9	7.2 ～ 15.9	5.2 ～ 14.9
		合格	4.2 ～ 11.1	4.2 ～ 11.1	4.2 ～ 9.1	3.2 ～ 7.1	2.2 ～ 5.1
		不合格	≤ 4.1	≤ 4.1	≤ 4.1	≤ 3.1	≤ 2.1
	4000 ～ 4500	优秀	≥ 21.0	≥ 21.0	≥ 19.0	≥ 17.0	≥ 15.0
		良好	11.2 ～ 20.9	11.2 ～ 20.9	9.2 ～ 18.9	7.2 ～ 15.9	5.2 ～ 14.9
		合格	4.2 ～ 11.1	4.2 ～ 11.1	4.2 ～ 9.1	3.2 ～ 7.1	2.2 ～ 5.1
		不合格	≤ 4.1	≤ 4.1	≤ 4.1	≤ 3.1	≤ 2.1
女	2000 ～ 2500	优秀	≥ 22.4	≥ 22.4	≥ 20.4	≥ 18.4	≥ 16.4
		良好	13.0 ～ 22.3	13.0 ～ 22.3	11.0 ～ 20.3	9.0 ～ 18.3	7.0 ～ 16.3
		合格	6.5 ～ 12.9	6.5 ～ 12.9	6.5 ～ 10.9	4.5 ～ 8.9	3.5 ～ 6.9
		不合格	≤ 6.4	≤ 6.4	≤ 6.4	≤ 4.4	≤ 3.4
	3000 ～ 3500	优秀	≥ 22.4	≥ 22.4	≥ 20.4	≥ 18.4	≥ 16.4
		良好	13.0 ～ 22.3	13.0 ～ 22.3	11.0 ～ 20.3	9.0 ～ 18.3	7.0 ～ 16.3
		合格	6.5 ～ 12.9	6.5 ～ 12.9	6.5 ～ 10.9	4.5 ～ 8.9	3.5 ～ 6.9
		不合格	≤ 6.4	≤ 6.4	≤ 6.4	≤ 4.4	≤ 3.4
	4000 ～ 4500	优秀	≥ 22.4	≥ 22.4	≥ 20.4	≥ 18.4	≥ 16.4
		良好	13.0 ～ 22.3	13.0 ～ 22.3	11.0 ～ 20.3	9.0 ～ 18.3	7.0 ～ 16.3
		合格	6.5 ～ 12.9	6.5 ～ 12.9	6.5 ～ 10.9	4.5 ～ 8.9	3.5 ～ 6.9
		不合格	≤ 6.4	≤ 6.4	≤ 6.4	≤ 4.4	≤ 3.4

第七节 平衡能力的测试与评价

平衡能力是指维持身体姿势和控制身体重心的能力，也是静态与动态活动的基础能力，良好的平衡能力可以使人体在运动或工作中自然保持正确姿势，从而发挥运动的最大效果，以及提高适应复杂环境的能力和自我保护的能力。高原低氧环境对久居或世居高原人群的神经组织、脑功能会有一定的影响，并会随着年龄的增长而加重，从而影响平衡能力以及增加跌倒的风险。体育锻炼有利于提高人体运动器官的功能和前庭器官的功能，改善中枢神经系统对肌肉组织与内脏器官的调节功能，提高平衡能力，保证身体活动的顺利进行，提高适应复杂环境的能力和自我保护的能力。平衡能力的测评主要包括静态平衡能力和动态平衡能力两种。

一、静态平衡能力

静态平衡指人体处于某种特定姿势时保持的稳定状态，如站或坐等姿势。静态平衡能力的主要测试方法有闭眼或睁眼单脚站立。闭眼单脚站立是通过测量人体在没有任何可视参照物的情况下，仅依靠大脑前庭器官的平衡感受器和全身肌肉的协调运动，来维持身体重心在单脚支撑面上的时间，以反映平衡能力的强弱。

1．测试设备 秒表。

2．测试方法 受试者自然站立，闭眼，抬起任意一只脚后开始计时，当睁眼或支撑脚移动或抬起脚着地时即为测试停止，记录完成时间。

3．注意事项 测试前一定要做好准备活动，不要急于求成；测试时必须加强自我保护意识；测试人员在受试者身侧给予一定的安全保护措施。不同海拔不同年龄男女闭眼单脚站立评价标准见表 5-7-1。

表5-7-1 不同海拔不同年龄男女闭眼单脚站立评价标准（s）

性别	海拔（m）	级别	年龄				
			25岁以下	25～29岁	30～34岁	35～39岁	40～44岁
男	2000 ～ 2500	优秀	≥ 65.0	≥ 70.0	≥ 60.0	≥ 55.0	≥ 50.0
		良好	50.0 ～ 64.0	55.0 ～ 69.0	50.0 ～ 59.0	40.0 ～ 54.0	35.0 ～ 49.0
		合格	35.0 ～ 49.0	40.0 ～ 54.0	35.0 ～ 49.0	25.0 ～ 39.0	20.0 ～ 34.0
		不合格	≤ 34.0	≤ 39.0	≤ 34.0	≤ 24.0	≤ 19.0
	3000 ～ 3500	优秀	≥ 52.0	≥ 56.0	≥ 48.0	≥ 44.0	≥ 40.0
		良好	40.0 ～ 51.2	44.0 ～ 55.2	40.0 ～ 47.2	32.0 ～ 43.2	28.0 ～ 39.2
		合格	28.0 ～ 39.2	32.0 ～ 43.2	28.0 ～ 39.2	20.0 ～ 31.2	16.0 ～ 27.2
		不合格	≤ 27.2	≤ 31.2	≤ 27.2	≤ 19.2	≤ 15.2
	4000 ～ 4500	优秀	≥ 42.3	≥ 45.5	≥ 39.0	≥ 35.8	≥ 32.5
		良好	32.5 ～ 41.6	35.8 ～ 44.9	32.5 ～ 38.4	26.0 ～ 43.2	22.8 ～ 31.9
		合格	22.8 ～ 31.9	26.0 ～ 35.1	22.8 ～ 31.9	16.3 ～ 25.4	13.0 ～ 22.1
		不合格	≤ 22.1	≤ 25.4	≤ 22.1	≤ 15.6	≤ 12.4
女	2000 ～ 2500	优秀	≥ 60.0	≥ 65.0	≥ 55.0	≥ 50.0	≥ 40.0
		良好	45.0 ～ 59.0	50.0 ～ 64.0	45.0 ～ 54.0	40.0 ～ 49.0	25.0 ～ 39.0
		合格	30.0 ～ 44.0	35.0 ～ 49.0	30.0 ～ 44.0	25.0 ～ 39.0	15.0 ～ 24.0
		不合格	≤ 29.0	≤ 34.0	≤ 29.0	≤ 24.0	≤ 14.0
	3000 ～ 3500	优秀	≥ 48.0	≥ 52.0	≥ 44.0	≥ 40.0	≥ 32.0
		良好	36.0 ～ 47.2	40.0 ～ 51.2	36.0 ～ 43.2	32.0 ～ 39.2	20.0 ～ 31.8
		合格	24.0 ～ 35.2	28.0 ～ 39.2	24.0 ～ 35.2	20.0 ～ 31.2	12.0 ～ 19.2
		不合格	≤ 23.2	≤ 27.2	≤ 23.2	≤ 19.2	≤ 11.2
	4000 ～ 4500	优秀	≥ 39.0	≥ 42.3	≥ 35.8	≥ 32.5	≥ 26.0
		良好	29.3 ～ 38.4	32.5 ～ 41.6	29.3 ～ 35.1	26.0 ～ 31.9	16.3 ～ 25.4
		合格	19.5 ～ 15.4	22.8 ～ 31.9	19.5 ～ 28.6	16.3 ～ 25.4	9.8 ～ 15.6
		不合格	≤ 18.9	≤ 22.1	≤ 18.9	≤ 15.6	≤ 9.1

二、动态平衡能力

动态平衡能力是指人体在进行各种自主运动时能重新获得稳定状态的能力，如由坐到站或由站到坐等各种姿势间的转换。动态平衡能力的主要测试方法有单腿硬拉、前脚掌走、曲线或障碍跑等。

硬拉是很专业的健身动作，而单腿硬拉是其中难度更高的一个动作，对于身体素质要求非常高。单腿硬拉是一个髋主导的动作，或说是下肢拉的动作，强化身体的后侧动力链。单腿硬拉需要良好的关节灵活性与稳定性。单腿硬拉不仅可以增强身体平衡能力，还能增加臀部髋关节稳定、伸髋肌群肌力。

1．测试设备　成绩记录表及夹板；记录笔等。

2．测试方法　受试者双腿分开站立，双臂自然下垂，保持支撑腿伸直，背部挺直慢慢向前俯身，非支撑腿向后抬起，俯身至上半身与地面平行后起身还原。

3．注意事项　测试前一定要做好准备活动，不要急于求成；测试时必须加强自我保护意识，测试人员在受试者身侧给予一定的安全保护措施。不同海拔不同年龄男女单腿硬拉评价标准见表5-7-2。

表5-7-2　不同海拔不同年龄男女单腿硬拉评价标准（次）

性别	海拔（m）	级别	年龄				
			25岁以下	25～29岁	30～34岁	35～39岁	40～44岁
男	2000～2500	优秀	≥10	≥11	≥12	≥11	≥9
		良好	7～9	8～10	9～11	8～10	6～8
		合格	4～6	5～7	6～8	5～7	3～5
		不合格	≤3	≤4	≤5	≤4	≤2
	3000～3500	优秀	≥9	≥10	≥11	≥10	≥8
		良好	6～8	7～9	8～10	7～9	5～7
		合格	3～5	4～6	5～7	4～6	2～4
		不合格	≤2	≤3	≤4	≤3	≤1
	4000～4500	优秀	≥8	≥9	≥10	≥9	≥7
		良好	5～7	6～8	7～9	6～8	4～6
		合格	2～4	3～5	4～6	3～5	2～3
		不合格	≤1	≤2	≤3	≤2	≤1
女	2000～2500	优秀	≥9	≥10	≥11	≥10	≥8
		良好	6～8	7～9	8～10	7～9	5～7
		合格	3～5	4～6	5～7	4～6	2～4
		不合格	≤2	≤3	≤4	≤3	≤1
	3000～3500	优秀	≥8	≥9	≥10	≥9	≥7
		良好	5～7	6～8	7～9	6～8	4～6
		合格	2～4	3～5	4～6	3～5	2～3
		不合格	≤1	≤2	≤3	≤2	≤1
	4000～4500	优秀	≥7	≥8	≥9	≥8	≥6
		良好	4～6	5～7	6～8	5～7	3～5
		合格	2～3	2～4	3～5	2～4	2
		不合格	≤1	≤1	≤2	≤1	≤1

参考文献

[1] 蔡秋，王步标，龚正伟．12分钟跑与20米往返跑预测最大吸氧量的比较研究［J］．体育学刊，1997（2）：4．

[2] 陈晨，张良，马竹静．高原驻训官兵心理应激水平与心理弹性和焦虑情绪的关系研究［J］．华南国防医学杂志，2021，35（5）：348-351．

[3] 陈金鳌，相建华，陈琉．年龄和性别因素对力量训练后肌肉量变化的影响［J］．体育科学，2011，31（9）：57-62．

[4] 格日力．高原医学［M］．2版．北京：北京大学医学出版社，2020．

[5] 国家体育运动委员会群体司．《国家体育锻炼标准》手册［M］．北京：人民体育出版社，1982．

[6] 国家学生体质健康标准［M］．北京：中国法制出版社，2007．

[7] 李惠霖，李博阳，王雪，等．高原训练对运动员身体功能影响的研究进展［J］．吉林医药学院学报，2022，43（2）：133-135．

[8] 李洁，陈仁伟．人体运动能力检测与评价［M］．北京：人民体育出版社，2005．

[9] 李玉，邹志康，张新，等．基础性抗荷体能高效训练方案对飞行学员力量素质提升的验证研究［J］．中国体育科技，2022，58（9）：108-112．

[10] 刘青松．核心力量训练对高校男子篮球运动员身体素质及基本技术影响的研究［J］．广州体育学院学报，2016，36（2）：81-84．

[11] 马福海，樊蓉芸，巴桑卓玛．高原运动医学基础与应用［M］．北京：北京大学医学出版社，2021．

[12] 马福海，樊蓉芸．青海省国民体质监测报告［M］．西宁：青海人民出版社，2000．

[13] 马福海，冯连世．高原实用问答［M］．北京：人民体育出版社，2008．

[14] 毛祚彦，林貴福．二十公尺漸速折返跑研究及發展［J］．運動生理暨體能學報，2006（4）：55-64．

[15] 木丹．经典燃脂训练动作——波比跳［J］．健康，2016（6）：61-62．

[16] 穆道宏．引体向上的价值与练习步骤［J］．中国学校体育，2008（5）：52．

[17] 彭剑华，唐玉成，俞金刚，等．高水平中长距离游泳运动员赛前高原体能训练实证研究［J］．中国体育科技，2022，58（8）：7．

[18] 王磊．模拟高原训练对骨骼肌蛋白合成的影响及其营养干预的研究进展［J］．安徽体育科技，2015，36（3）：62-65．

[19] 王卫星．运动员体能训练新进展——核心力量训练［J］．中国体育教练员，2009（4）：18-19．

[20] 薛国平，李波涛，周江．高寒山地体能训练研究［J］．军事体育学报，2014，33（2）：17-19．

[21] 阎振龙，王云冰．体育理论·田径·游泳［M］．西安：西安交通大学出版社，2000．

[22] 于新彦，甘兴敏，万毅．浅析高寒山地体能训练体系［J］．解放军体育学院学报，2002，21（3）：63-64．

[23] 赵东胜．核心力量训练及其在部队体能训练中的应用［J］．军事体育进修学院学报，2012，31（1）：119-122．

[24] BOHANNON R W. Muscle strength：clinical and prognostic value of hand-gripdynamometry［J］. Curr Opin Clin Nutr Metab Care，2015，18（5）：465-470.

第六章

高原体能训练的监测与评价

高原低氧环境易发生特发性疾病——高原病（high altitude disease，HAD），而且高原低氧环境下运动负荷强度相对较高，身体易发生疲劳，并且疲劳持续的时间长、程度深，容易造成过度疲劳、损伤和疾病等问题，从而影响高原体能训练效果。因此，做好高原体能训练运动负荷与疲劳的监测与恢复，及时掌握训练负荷的适应情况，避免急慢性高原反应和过度训练，增强训练效果，提高高原体能是极其重要的环节。

第一节　急性高原病的监测与应用

高原病依发病速度分为急性、慢性两大类。急性高原病（acute mountain sickness，AMS）分为轻型和重型两类，轻型为急性轻症高原病（acute mild altitude disease，AMAD），重型为高原肺水肿（high altitude pulmonary edema，HAPE）和高原脑水肿（high altitude cerebral edema，HACE）两种。国外将急性高原病分为良性高原病和恶性高原病。按照路易斯湖诊断标准（Lake Louise Consensus Criteria，LLC），在海拔 3000 ~ 4000 m 地区的高原病发病率为 10% ~ 20%。而我国学者在进行大样本流行病学调查时，从平原乘飞机到海拔 3600 m 高原，采用我国诊断标准，高原病发病率约为 57%。两种诊断方法用于同一人群时，应用我国诊断标准的阳性率高于路易斯湖诊断标准。但二者的共性则都是根据进入高原后主观症状作为诊断依据，均缺少客观诊断指标，因而对于两种诊断的特异性无法进一步比较。

一、急性轻型高原病

急性高原反应是平原人快速进驻海拔 3000 m 以上高原，以及高原人进入更高海拔地区时，机体对高原自然环境未适应的一系列急性缺氧反应，主要表现为头昏、头痛、恶心、呕吐、心慌、气短、食欲减退以及乏力等一系列症状，症状表现种类繁多、轻重不一，是高原地区常见病、多发病，也是进驻高原人群丧失工作能力及非战斗减员的主要原因。如果急性高原病不能得到及时治疗，不仅发病时间会延长，而且可能继发高原肺水肿、高原脑水肿而危及生命。因此，正确的早期诊断、积极的治疗干预、有效的预防措施，可以有效减少急性高原病的发生。

路易斯湖急性高原病评分（Lake Louise Acute Mountain Sickness Score，LLS）系统是目前国际上通用的 AMS 诊断标准，广泛应用于 AMS 临床和研究诊断。早在 1937 年，Mc Farland 等通过对南美安第斯山高原病的多年研究，发展出了不同类型的综合性高原病调查表，由于涉及 AMS 的症状多达 67 个，不便于在高原现场进行记录和操作。后经各国科学家不断实践、修订、简化以及分级，并重新整理了评分标准，初步确立了 AMS 概念及诊断评分系统，并在 1993 年第八届国际低氧讨论会上最终确立了 LLS 的国际权威性，并推荐其作为参考标准使用，这便是 1993 版 LLS

系统。

（一）诊断方法

LLS系统的评价内容分为头痛、胃肠症状、疲劳/虚弱、头晕/头昏四种症状，每种症状分为无、轻微、中等、严重四个等级，分别对应0～3分（表6-1-1）。

表6-1-1　路易斯湖急性高原病评分（LLS）系统

症状	严重程度	评分
头痛	无	0
	轻微头痛	1
	中度头痛	2
	严重头痛	3
胃肠症状	食欲较好	0
	食欲不振或者恶心	1
	中度恶心或者呕吐	2
	严重的、难以遏制的恶心和呕吐	3
疲劳/虚弱	无疲劳或虚弱感	0
	轻微疲劳/虚弱	1
	中度疲劳/虚弱	2
	严重的、难以遏制的疲劳/虚弱	3
头晕/头昏	无	0
	轻度头晕/头昏	1
	中度头晕/头昏	2
	严重的、难以遏制的头晕/头昏	3

测试一般安排在受试者进入高原2～3 h后。但常常在抵达高原第1周的每天进行2次评分，分别是晨起和体能训练结束后；后期可每天1次或隔日晨起和体能训练结束后测试。

LLS的诊断标准指标比较简洁，其核心特征是头痛，也是当前对AMS诊断中不可缺少的关键因素，但在实践应用中应综合主观自我评估、临床评估及功能性评估三方面。

1．主观自我评估　自我诊断标准是近期到达高原，必须有头痛症状，并具有以下四种症状中的至少一种：消化道症状、疲劳/虚弱、头晕、睡眠障碍。患者根据自身症状进行评分，各项指标评分总计3～5分为轻度AMS，6～9分为中度AMS，10～12分为重度AMS。

2．临床评估　基于症状打分评估临床严重程度，临床医生可根据需要对精神改变、共济失调及外周水肿等体征进行临床评估。

3．功能性评估　基于体力和活动能力的功能性进行评估，由研究人员对受试者进行判定，而非受试者主观自评，可用于最终判定其严重程度。

但还有一些附加症状，如自我感觉病了、呼吸困难、咳嗽、精神恍惚、定向力障碍等也可作为参考，但不计入评分。

（二）应用评价

进入高原后，在低氧的影响下，机体发生液体潴留并重新分配体液，极易发生急性轻型高原病。急性轻型高原病通常发生在进入高原6 h以后，在12～96 h发病率达到高峰。急性轻型高原病在不同海拔的主要症状发生频率见表6-1-2。体征常表现为心率加快、呼吸深快、血压轻度异常、颜面和（或）四肢水肿、口唇发绀等。按病情反应可分为轻度、中度、重度三种。轻度反应最常见，发病率高但不影响日常活动，患者不会因为疾病丧失作战值勤能力；中度反应的活动能力下降，需卧床休息；重度反应需急救。后两种反应的患者都因为疾病丧失作战值勤能力，需要离开工作岗位接受治疗。经过在高原短期适应或对症治疗，症状及体征可显著减轻或消失。急性轻型高原病要依据病史和临床表现综合诊断，其基本评定标准为进入高原或由高原进入更高海拔地区发生的一系列症状及体征，经过在高原短期适应或经过对症治疗，其症状及体征显著减轻或消失。

表6-1-2　不同海拔地区急性轻型高原病主要症状发生频率（%）

海拔（m）	头痛	口干	恶心	头晕	气促	心慌	胸闷	呕吐	乏力	鼻出血	失眠
3000	83.36	90.91	60.78	94.03	45.75	32.30	47.38	42.38	52.80	27.31	44.92
3658	66.61	70.08	34.29	77.23	57.36	41.12	50.98	17.91	47.65	43.09	37.02
3900	85.89	82.21	50.92	84.66	15.36	12.26	18.40	44.78	40.08	58.28	29.45

一般来说，关于急性轻型高原病的发病率报道差异较大，这可能是由于被观察对象进入高原的海拔高度不同、季节不同以及被观察对象的年龄、种族等差异之故。进入高原海拔高度越高，急性轻型高原病的发病率越高，临床症状也越严重。冬季进入高原，其发病率明显高于夏季，可能冬季高原的严寒气候是患者易患高原病的原因之一。此外，还有其他的诱发因素，如进入高原前过度疲劳、患有上呼吸道感染等因素均会使急性轻型高原病发病率明显增加。一般情况下，人体快速进入高原后，急性轻型高原病的发病率在海拔 3000 m 地区是 56.47%，在海拔 3658 m 地区是 59.74%，在海拔 3900 m 地区可高达 95.55%（表 6-1-3）。

表6-1-3 不同海拔地区急性轻型高原病发病率（%）

海拔（m）	轻度	中度	重度
3000	37.89	13.27	5.31
3658	39.00	20.01	4.73
3900	51.72	24.30	11.61
4500	28.89	32.22	30.00

一般而言，海拔上升得高度越高、速度越快，发病率也会随之上升，病情也越严重；但随着海拔高度的下降，恢复速度也变快。除了高原低氧是急性高原病发病的根本原因外，高海拔、过度的体力劳动、精神情绪过度紧张、上呼吸道感染、饮酒、过饱、水盐摄入不当，以及劳动与休息制度被破坏等都是急性高原病的诱发因素。上呼吸道感染、感冒发热会影响氧的摄取，代谢加快、氧耗增加，加重机体缺氧状态。体力活动增强时，增加氧耗，使机体缺氧更为严重。恶劣的严寒气候使机体产热增加，增加氧耗，加重缺氧。另外，神经衰弱、既往的重要器官疾病、外伤出血以及先天性对缺氧敏感等都会促进和加重急性高原病的发生。海拔高度与 AMS 减员率曲线拟合图见图 6-1-1。

对急性轻型高原病的预防应采取综合措施，其中包括急性轻型高原病易感者的排除、升高速度的控制、体力负荷强度的掌握、药物预防和适应锻炼等。例如，进入 2500 ~ 3000 m 高原后，每晚睡眠时海拔上升高度较前日不超过 500 m；进入 4000 ~ 5000 m 高原后，每天海拔上升 150 m 较为适宜。还可以服用一些预防药物，如乙酰唑胺口服激素制剂或地塞米松，能够预防 AMS 和 HACE 的发生。乙酰唑胺口服 125 mg，每日 2 次；地塞米松每 6 h 口服 2 mg，或每 12 h 口服 4 mg。另外，红景天、高原康、复方丹参滴丸、便携式高压氧舱也可用于预防和治疗 AMS。但具体药物使用方法和剂量应在医生的指导下进行。应区别不同患者的临床表现，注意观察病情，对症治疗。病情较重者应休息，进食易消化的高糖、高维生素、可口的食物，进食不宜过饱，不宜饮酒和吸

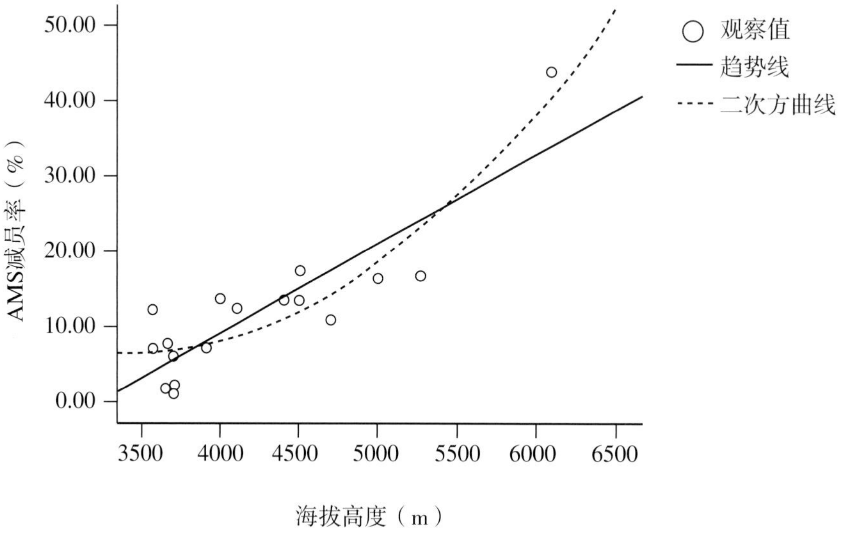

图 6-1-1 海拔高度与 AMS 减员率曲线拟合图

烟。中、重度患者还可采用鼻管或面罩间断吸氧，有条件者可采用高压氧舱治疗。

（三）注意事项

诊断急性高原病时，应排除其他疾病所引起的类似急性高原病的状况，应与高原肺水肿、高原脑水肿、急性上呼吸道感染和神经官能症等疾病相区别。

保持良好的心态也有利于减少急性高原病，应该事先了解有关高原的地理环境、气象条件及有关的高原病知识，消除对高原不必要的恐惧心理，避免精神过度紧张，使机体得到充分休息。

进入高原前后，要防寒保暖，以免受寒而诱发急性高原病。另外，如患有感冒、呼吸道感染、牙龈炎，应治愈后再进入高原。

二、高原肺水肿

高原肺水肿（HAPE）是指人们从平原快速进入高原后，由于缺氧导致肺动脉压突然升高、肺血容量增加、毛细血管内液体渗出至肺间质及肺泡而引起的特发性疾病，是一种可危及生命的非心源性肺水肿。临床上出现头痛、呼吸困难、咳嗽、活动受限等一系列症状，是高原地区的常见病、多发病，其病情复杂，发病急，进展快，是目前仍威胁急进高原个体生命安全的重要原因之一。根据发病情况，可将高原肺水肿分为初入型高原肺水肿和再入型高原肺水肿。初入型高原肺水肿是指未经习服的平原地区人在急速进入高原后的 1 ～ 3 天或 7 ～ 14 天发病，这在我国参与高原建设者、旅游者和登山者中最常见。再入型高原肺水肿是指久居或世居高原者，已获得对高原低氧环境的习服和适应，到海平面或海拔低处短期居住一段时间（1 ～ 15 天）后，重返高原时很快发病，在南美的安第斯地区居民中多见。一般情况下，急性高原肺水肿早发现、早诊断，尽快提供早期的、规范化的治疗，完全能够治愈。

（一）诊断方法

HAPE 患者早期在临床症状、体征及相关辅助检查方面均存在一定的特征性改变，这一系列的特征在 HAPE 的早期诊断中具有重要价值，并可作为 HAPE 的早期诊断依据。急性高原肺水肿是非心源性肺水肿，临床表现为呼吸困难、咳嗽、咯大量白色或粉红色泡沫痰，听诊两肺布满湿啰音。大多数患者也有头痛、头晕、心慌、胸闷、气促，较重者常表现为呼吸急促、惊慌不安。

李素芝等通过综合分析和总结，对 HAPE 的早期诊断及标准进行了筛选归纳，初步遴选出高原肺水肿早期诊断的必备条件与辅助条件。

1．必备条件

（1）近期由平原进入高原（海拔 3000 m 以上），或由高原进入更高海拔地区，静息状态下出现心慌、胸闷、呼吸困难、咳嗽、有或无少量白色泡沫痰。

（2）局部或一侧、双侧呼吸音粗糙，有或无局部湿啰音，中央型发绀、心动过速（超过 100 次 / 分）、呼吸频率增快（超过 24 次 / 分）。

（3）常规 X 线检查可表现为肺内透光度降低、肺纹理增多或模糊、肺内呈磨玻璃样改变或小片状影。CT 检查主要表现为肺纹理增粗增多、磨玻璃样改变、小结节样影、散在或孤立终末支气管肺泡水肿、纤细网纹状影。

2．辅助条件

（1）血常规检查可见白细胞总数及中性粒细胞比例升高。

（2）动脉血气检查可表现出持续性的低氧血症，并伴轻度呼吸性碱中毒。

（3）心电图检查可表现为窦性心动过速、顺钟向转位、P 波高尖等。

（4）超声心动图检查可表现为早期显著的持续性肺动脉高压。

呼吸困难、咳嗽、咯大量白色或粉红色泡沫痰、肺纹理增粗增多和改变是判定急性高原肺水肿的必备条件，结合心电图、超声心动图检查可对早期 HAPE 做出准确诊断。

（二）应用评价

高原肺水肿一般多发于未经习服的人急速进入高原后的 1 ～ 3 天，或晚至 7 ～ 14 天发病。初次由平原进入高原者、由高原到更高海拔地区者以及高原居民去平原旅行一段时间返回者，为高原肺水肿的高发人群。参与高原建设者、旅游者和登山者等未经习服的平原人初次进入高原容易发生初入型高原肺水肿。在海拔 3000 m 地区一般不发生高原肺水肿，在其他海拔地区的发病率见表

6-1-4。国内外关于高原肺水肿发病率的报道差异较大，一般为 0.5% ～ 1.0%，国外报道最高发病率为 15.5%，最低为 0.03%；国内报道成人最高发病率为 9.9%，最低为 0.15%。其差异可能与进入高原的速度、劳动强度、抵达地的海拔高度及环境气候等有关。但劳动条件和高原卫生保障明显影响高原肺水肿的发病率。例如，同在唐古拉山海拔 4000 ～ 4500 m 地区，20 世纪 80 年代在青藏公路建设工人中，高原肺水肿发病率高达 9.8%，而 2001—2005 年青藏铁路修建时，由于高原卫生防护条件明显改善，建设工人的高原肺水肿发病率仅为 0.47%。立即转至低海拔区域、吸氧治疗能够有效地缓解高原肺水肿。硝苯地平或他达拉非对 HAPE 的预防和治疗具有一定的效果。

表6-1-4 青藏高原不同海拔地区高原肺水肿发病率

海拔（m）	调查人数	高原肺水肿发病率（%）
3000	4000	0.00
3658	3500	0.77
3900	3000	1.61
4520	1000	6.66

一般认为海拔高度、寒冷、进入高原的方式、职业、过度疲劳、剧烈运动、上呼吸道感染是急性高原肺水肿发病的主要诱因。这些因素主要是增加了机体的氧消耗，降低机体对高原缺氧的适应能力。急性高原肺水肿一般多发生在海拔 3000 ～ 5000 m 地区，且海拔越高发病率越高。

无论步行、乘车或乘飞机进入高原均可患高原肺水肿，一般乘飞机进入高原者的发病率显著增高，其次为乘车进入高原者，而缓慢步行进入者的发病率较低，且症状也较轻微，这与机体逐步获得适应能力有关。

进入高原不管从事何种工作均可患高原肺水肿，但以从事重体力劳动者及登山者发病率高，多数研究认为初到高原劳动强度越大，肺水肿发病率越高。快速进入高原而又未能习服的人，如进行剧烈体力活动或过度劳累，人体抵抗力降低，对低氧的耐受性降低，组织氧耗增加，或肺血容量增加，从而促使肺水肿发生。因此，在高原地区进行体育活动，如高原登山、高山滑雪、旅游均有患高原肺水肿的风险。

另外，寒冷是急性高原肺水肿发病的重要诱因。急性高原肺水肿与发病季节和气候变化有关。一般在任何季节、任何月份均可患病，但冬春季及大雪后发病较多，高原肺水肿特别容易发生在新入高原或由高原进入更高海拔地区且正好遇上天气突然降温或暴风雪来临时。同时，进入高原前后患上呼吸道感染易诱发高原肺水肿，特别是伴发热时出现的症状，如头痛、心慌、气促、鼻塞等常常使缺氧更加明显。此外，像精神紧张、恐惧、酗酒、腹泻等其他因素都有诱发高原肺水肿的可能性，先天性的右肺动脉缺失等情况也是在较低海拔地区发生高原肺水肿的潜在易感因素。

急性高原肺水肿的预防和治疗措施主要包括：加强低氧耐受性训练，避免急速进入高原地区，尤其是高原人在前往平原后再返高原时；进入高原前充分了解高原的气候特点、环境地理等知识，了解和正确对待高原缺氧引起的高原病，消除对高原环境的恐惧心理，保持心情舒畅，精神饱满，以免因恐惧使交感神经过度兴奋，而诱发高原肺水肿的发生；初到高原 1 周内要注意休息，逐步增加活动量，减少和避免剧烈运动，避免过度疲劳；改善居住、物质、保健条件，配备足够的防寒衣物，避免受寒感冒，应遵循高原人“早吃好，午吃饱，晚吃少”的进食原则，夜间保持呼吸道畅通的睡眠原则等；在进入高原前做严格的健康检查，患有严重的器质性心血管病或肺部疾病者不宜进入高原；进入高原后，机体若出现症状，应早期诊断，及时治疗，采取治中有防、治轻防重、防治结合的原则。

服用一定的药物也是预防和治疗急性高原肺水肿的主要措施。如口服地塞米松，进入高原前一天开始服用，每次 5 mg，每日 3 次，进入高原后继续服用 2 天。口服乙酰唑胺，进入高原前一天开始服用，每次 250 mg，每日 3 次。口服硝苯地平，进入高原前一天开始服用，每次 10 ～ 20 mg，每日 2 次，或舌下含化每次 10 mg。吸氧也可预防和治疗急性高原肺水肿，一般采用持续低流量吸氧（4 ～ 8 L/min）；对缺氧严重者可给予高流量持续吸氧（10 L/min），但高流量吸氧时间不宜过长，一般不超过 24 h，以免发生氧中毒。

三、高原脑水肿

高原脑水肿也称高原昏迷，是进入高原初期由急性缺氧、代谢失衡和能量供应不足等引起的中枢神经系统功能严重障碍和病理性损害，其特点为发病急，临床表现为严重头痛、呕吐、共济失调，是一种以意识障碍为主要特征的全身低氧性疾病。病理改变主要有脑组织缺血或缺氧性损伤，脑循环障碍，因而发生脑水肿，颅内压增高。若治疗不当，常危及生命。国内以往多称为高原（山）昏迷、脑性高山病和高原脑缺氧综合征等。高原脑水肿的发病机制见图 6-1-2。

（一）诊断方法

据 1995 年中华医学会第三次全国高原医学学术讨论会推荐稿，高原脑水肿的诊断标准如下：近期抵高原后发病，一般在海拔 3000 m 以上发病。神经精神症状体征表现明显，有剧烈头痛、呕吐、表情淡漠、精神忧郁或欣快多语、烦躁不安、步态蹒跚、共济失调（闭目难立征阳性）表现。随之神志恍惚，意识蒙眬、嗜睡、昏睡以致昏迷，也可直接发生昏迷。可出现肢体功能障碍、脑膜刺激征和（或）锥体束征阳性。眼底检查：可出现视神经盘水肿和（或）视网膜出血。脑脊液：脑脊液压力增高，细胞数及蛋白质含量无变化。排除急性脑血管病、急性药物或一氧化碳中毒、癫痫、脑膜炎、脑炎。经吸氧、脱水剂、皮质激素等治疗及转入低海拔地区可缓解症状。

（二）应用评价

高原脑水肿是进入高原初期，因严重低氧、代谢失衡和能量供应不足等引起的脑细胞功能障碍和病理性损害，为急性高原病最严重的临床类型之一。高原脑水肿的特点为起病急，进展快，是一种以意识障碍为主要特征的全身低氧性疾病。从急性高原病进展为高原脑水肿一般需要 24 ～ 36 h，但在极端情况下，数小时内即可进展为高原脑水肿，高原脑水肿被认为是急性高原病的终末阶段。

高原脑水肿的发生与多种因素相关，包括在高原地区的停留时间、劳动与运动强度、温度、年龄、性别、饮酒、高原疾病史等，但最重要的风险因素是海拔上升的速度、最终到达的海拔高度以及机体对高原低氧的敏感性等。高原脑水肿一般发生在海拔 2000 m 以上、对高原特殊环境没有适应的人群中，在海拔 3000 m 以上的高原地区相对常见，但文献报道高原脑水肿发生的最低海拔为 2100 m。共济失调是高原脑水肿发生后最先出现的体征，也是其主要症状。当急性高原病患

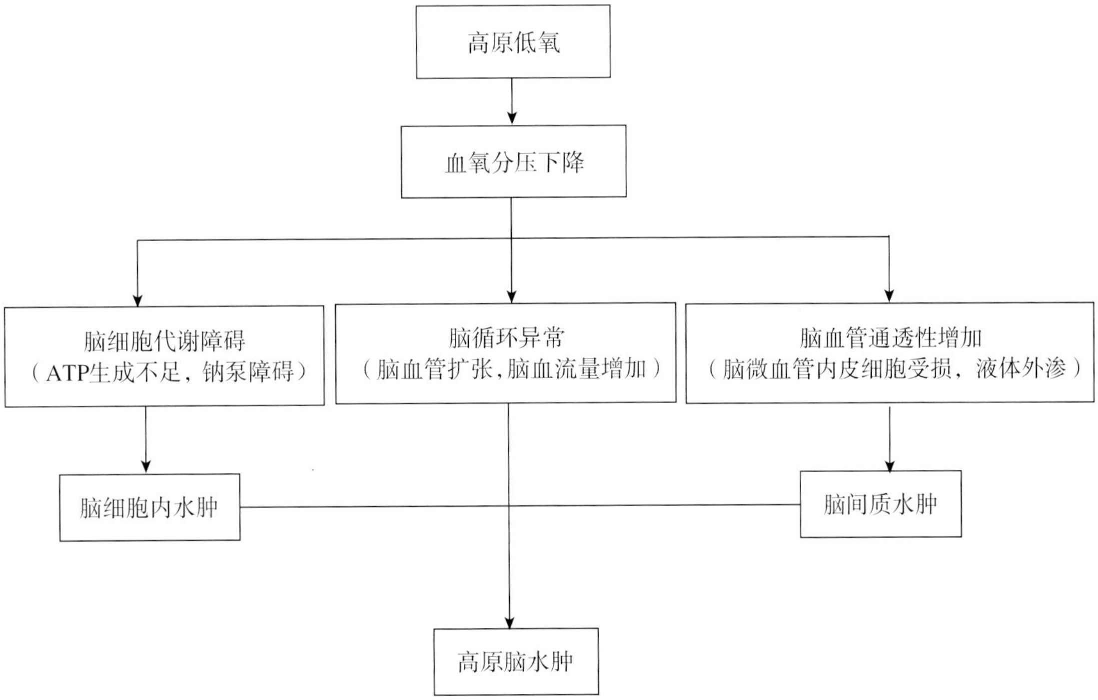

图 6-1-2　高原脑水肿的发病机制

者出现精神状态的改变，包括嗜睡、木僵、情感淡漠、共济失调甚至昏迷时，即标志着患者由急性高原病进展为高原脑水肿。此时应尽快转至低海拔地区，给予吸氧及相应治疗。

进入高原初期可因严重低氧和过度劳累，机体耗氧量增加而诱发高原脑水肿。体格健壮者易过高估计自己的身体素质，使体内氧储备耗竭而发病。上呼吸道感染会增加氧耗量，呼吸道黏膜充血水肿，分泌物增多，影响通气功能。高原低氧、晕车等发生呕吐，食欲缺乏，能量供给不足，以及寒冷、饥饿、恐惧、情绪激动等均为高原脑水肿的诱发因素。高原脑水肿可发生于任何季节，以冬春季和风雪天气发病居多。

高原脑水肿的发病率与上升速度、海拔高度、居住时间以及体质等有关。一般来讲，平原人快速进入海拔 3000 m 以上高原时，50% ~ 75% 的人出现急性高原病，但经 3 ~ 10 天的习服后症状逐渐消失。大多数研究认为，急性高原病的发病人群特点是老年人低于青年人，女性低于男性。急性高原病的发生率与男性的体重指数呈正相关，与女性的体重指数无关，说明肥胖男性易感性大。

高原脑水肿的预防措施主要为进入高原前应做全面的健康检查，在进入高原前 2 ~ 3 周内应加强耐氧训练和体能训练；消除恐惧心理，避免精神过度紧张，在进入高原前后均应注意保暖防寒，高原环境昼夜温差大，夜间极为寒冷，体温过低与高原反应有协同作用，要避免受凉、感冒，防止疲劳。同时，可在进入高原途中和进入高原后进行适应性锻炼，但进入高原初期不宜进行中等强度以上的体力劳动及剧烈运动，以免增加机体的耗氧量。要合理安排饮食，勿暴饮暴食，大量饮酒常诱发急性高原病的发生，高碳水化合物饮食及多摄入水可减轻急性高原病的症状和程度。同时有意识地增加呼吸深度和频率无疑是有益的。若出现急性高原反应或上呼吸道感染等，应积极治疗，待症状消失后，经过一段时间恢复再继续登高为宜。另外，还要加强卫生宣传教育，使进入高原者增加防治知识，消除紧张、恐惧心理。

另外，若乘车进入高原，最好采取阶梯式进入方式。具体方法为：第 1 周停留在海拔 2400 m 地区，第 2 周到达海拔 3350 m 地区，最后 1 周到达海拔 4270 m 地区，一般保证充分适应后可到达海拔 5500 m 地区。还可以采取在海拔 2500 ~ 3000 m 地区停留 2 ~ 3 天再继续登高，但在海拔 3000 m 以上地区，登高高度每天上升 600 m 为宜。

高原脑水肿被认为是急性高原病的终末阶段，起病急、进展快、症状严重、预后恶劣，因此对高原脑水肿的早期诊断与治疗显得尤其重要。高原脑水肿的药物预防方法主要为口服地塞米松，每次 4 mg，每日 2 次，从登高前 1 日开始服用，进入高原后再继续服用 3 日。也可以口服乙酰唑胺，每次 250 mg，每 8 h 口服 1 次，该药为碳酸酐酶抑制剂，能增加肾排出 HCO_3^-，形成轻度代谢性酸中毒，使通气加强，促进机体适应过程，同时还能抑制脑脊液的产生，能改善睡眠和促进利尿，所以能降低急性高原病的症状和程度，尤其能预防进入高原后出现的失眠及头痛症状。

高原脑水肿的治疗主要分为两部分。一是昏迷前期治疗，要安静卧床休息，严密观察意识状态的变化，并给予低流量吸氧和脱水治疗；兴奋、烦躁的患者可给予氯丙嗪 50 mg，口服或肌注 1 次。二是昏迷期治疗，要保持气道通畅，保证足够的氧气吸入，同时检查口腔、喉部和气管有无梗阻，并用吸引器吸出分泌物。

（三）注意事项

高原脑水肿是急性高原病的晚期阶段，其发病机制至今仍不完全清楚，也没有有效的治疗方法。一旦确诊为高原脑水肿，应尽快转至低海拔地区，给予吸氧及相应治疗。

延伸阅读

世界排名前十的高山

第一名为珠穆朗玛峰（Qomolangma），海拔 8848.86 m。

第二名为乔戈里峰（Qogir），海拔 8611 m。

第三名为干城章嘉峰（Kanchenjunga），海拔 8586 m。

第四名为洛子峰（Lhotse），海拔 8516 m。

第五名为马卡鲁峰（Makalu），海拔 8463 m。

第六名为卓奥友峰（Cho Oyu），海拔 820l m。

第七名为道拉吉里峰（Dhaulagiri），海拔 8172 m。

第八名为马纳斯鲁峰（Manaslu），海拔 8156 m。

第九名为南迦帕尔巴特峰（Nanga Parbat），海拔 8125 m。

第十名为安纳普尔纳峰（Annapurna），海拔 8091 m。

其中珠穆朗玛峰、乔戈里峰、洛子峰、马卡鲁峰、卓奥友峰这五座山峰在中国境内。

四、慢性高原病

慢性高原病（chronic mountain sickness，CMS）是指长期居住在海拔2500 m以上的居民对高原环境丧失习服所致的独特临床综合征。根据低氧损害的主要器官系统更为集中和突出的特点，临床上一般将慢性高原病分为高原衰退症（high altitude deterioration，HADT）、高原红细胞增多症（high altitude polycythemia，HAPC）、高原心脏病（high altitude heart disease，HAHD）、蒙赫病（Monge's disease）。发生CMS的主要原因是高原低压性低氧，其病程缓慢，逐渐发展为红细胞增多症、肺动脉高压、低氧血症等。临床以疲乏无力、头痛头晕、睡眠差、神经精神功能紊乱为主要表现。当脱离低氧环境，返回低海拔地区后，症状逐渐消失。慢性高原病的发病机制见图6-1-3。

慢性高原病最早是在1925年由蒙赫（Monge）在秘鲁首次报道，一位38岁男性患者在4300 m高原居住一年后出现神经精神异常、睡眠障碍、手脚麻木、显著发绀以及红细胞过度增生，当返回平原后症状消失，但再次去高原时症状又重现并且加重。1928年，蒙赫又报道了一组以显著的低氧血症、红细胞过度增生、严重肺动脉高压，以及神经精神症状为主要临床表现的综合征。而后秘鲁学者哈塔多（Hurtado）首次通过临床试验证实慢性高原病的发生机制，即外周化学感受器对低氧的敏感性降低和呼吸中枢对CO的敏感性减低所致，为进一步防治慢性高原病提供了理论基础。为了纪念蒙赫对高原医学所做出的卓越贡献，1942年国际上将慢性高原病习称为蒙赫病（Monge's disease）。

（一）诊断方法

对CMS的认识虽有半个多世纪，但概念含混不清、标准不一，直到2004年在第六届国际高原医学大会上，才确立了CMS的定义，统一了其命名和分型，制定了新的诊断标准，并命名为“青海标准”。新标准的主要特点是：将原来的高原红细胞增多症、高原血压异常、高原心脏病、高原衰退症等组合为慢性高原病和高原性肺动脉高压两个类型；发病海拔高度降低至2500 m；血液学标准区别男性和女性，其中女性Hb ≥ 19 g/dl、男性Hb ≥ 21 g/dl；排除标准更加严格，包括慢性肺部疾病和其他可能引起慢性低氧血症的慢性病；首次纳入评分标准，根据评分可将CMS分为轻度、中度和重度。这一诊断标准因为纳入了评分体系，可以将疾病的严重程度量化分析，更为精准和科学，有利于指导疾病诊疗和统计分析。因此，该诊断标准也逐渐在我国和国际高原医学研究中得到越来越多的应用。

青海标准主要以患者的八个主要症状、体征

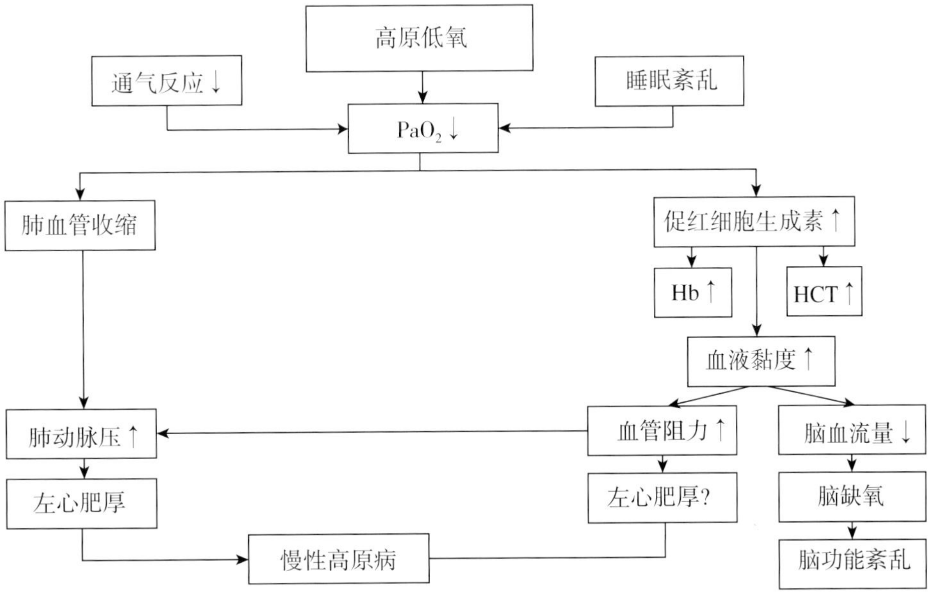

图 6-1-3　慢性高原病的发病机制

作为慢性高原病的评分指标（表6-1-5）。评分标准为0～5分为无慢性高原病、6～10分为轻度慢性高原病、11～14分为中度慢性高原病、>15分为重度慢性高原病。

应用CMS青海标准诊断时，应注意患者长期居住的海拔高度应≥2500 m。青海标准的评分系统包括症状和血液学（血红蛋白）指标，但在临床工作中发现部分患者的血红蛋白含量很高，但无任何临床症状，对生活质量也无任何影响，这些人不能视为CMS患者。平原人或较低海拔高度人群移居2500 m以上高原后，至少在该地区居住半年以上，并符合青海标准者方可诊断为CMS。

（二）应用评价

慢性高原病常发生于长期生活在高海拔地区的居民，如南美洲的秘鲁、玻利维亚、智利，美国的科罗拉多和我国的青藏高原。青藏高原是世界上海拔最高、面积最大、居住人口最多的高原，也是慢性高原病发生率最高的地区。

慢性高原病的发病率与海拔高度、性别及种族有密切联系。一般来讲，本病多发于移居高原者，但世居者也可发生。海拔高度是本病的基本要素，一般易发生在海拔2500 m以上地区，并且随海拔高度的升高，发病率呈直线上升（图6-1-4）。对青海省海拔3200 m、4500 m、5300 m地区移居者进行流行病学调查显示，慢性高原病患病率分别为4.5%、20%和69.5%。西藏自治区海拔3000 m、4045 m和4880 m地区的患病率分别为1.7%、31.5%和70%。其中男性的发病率明显高于女性，主要原因是男性睡眠质量比女性差，易发生夜间低氧血症；女性因月经期失血而缺铁，能防止红细胞过度增生；男性吸烟人数多于女性。现有资料证实，吸烟是促使红细胞增多的一个不可忽略的因素；性激素的差异也起一定作用，但一般转移至低海拔地区后病情好转。

由于国外高原地区居住人群少，慢性高原病患者多为高山登山者，有关慢性高原病治疗措施的研究较少。一般来说，慢性高原病患者在不脱离高原环境的前提下难以治愈，迄今为止将患者转移至平原且不再返回高原地区仍然是最为可靠的防治措施。对于慢性高原病患者，可以采用血液稀释疗法暂时降低患者红细胞数量和血红蛋白浓度，但术后往往出现反弹。乙酰唑胺可以降低血清促红细胞生成素水平和红细胞压积，改善肺

表6-1-5　CMS青海标准评估判断标准

症状	计分	程度
气喘	0	无气喘
	1	轻度气喘
	2	中度气喘
	3	重度气喘
发绀	0	感觉发绀
	1	轻度发绀
	2	中度发绀
	3	重度发绀
感觉异常	0	感觉正常
	1	轻度感觉异常
	2	中度感觉异常
	3	重度感觉异常
耳鸣	0	无耳鸣
	1	轻度耳鸣
	2	中度耳鸣
	3	重度耳鸣

症状	计分		程度
失眠	0		睡眠正常
	1		不能正常入眠
	2		睡眠不足，常觉醒
	3		无法入眠
血管扩张	0		无血管扩张
	1		轻度血管扩张
	2		中度血管扩张
	3		重度血管扩张
头痛	0		无头痛
	1		轻度头痛
	2		中度头痛
	3		重度头痛
血红蛋白	男性	0	18 g/dl < Hb < 21 g/dl
		3	Hb ≥ 21 g/dl
	女性	0	16 g/dl < Hb < 19 g/dl
		3	Hb ≥ 19 g/dl

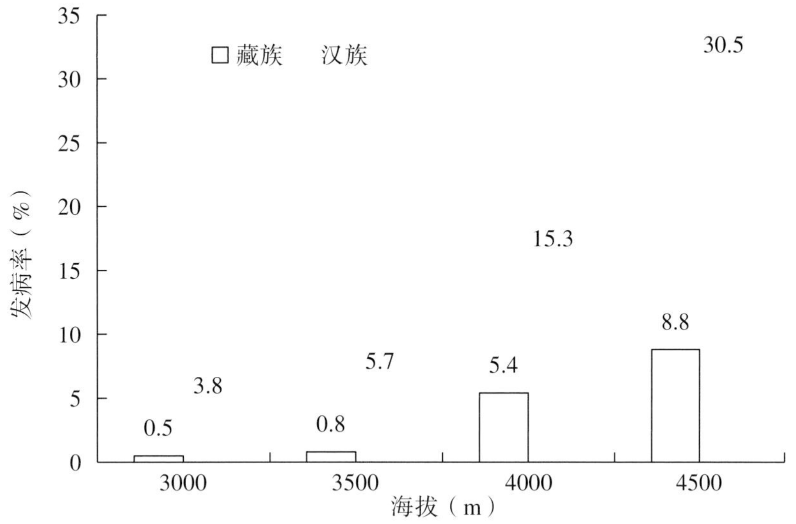

图 6-1-4　藏汉人群在不同海拔慢性高原病发病率情况对比

通气，提高血氧饱和度，长期（6 个月）使用还可以降低肺血管阻力。近年有研究者开始尝试采用哈萨克医、藏中医结合、大豆异黄酮等方法进行治疗，取得了一定的效果。吸氧或高压氧是治疗慢性高原病的首选方法，吸氧或高压氧可以改善缺氧症状，降低慢性高原病的发生率，但是如何降低肺动脉压是其治疗的关键。

（三）注意事项

慢性高原病以红细胞增多、低氧血症、肺动脉高压为特征，因此需与继发性红细胞增多症和真性红细胞增多症相区别。继发性红细胞增多症主要是慢性支气管炎、肺气肿、先天性发绀型心脏病、胸廓畸形等引起的低氧性红细胞增多症。真性红细胞增多症多发生于 58 岁以上人群，无原发病及病因可查，移居平原能恢复，血氧饱和度正常，无多血面容，骨髓改变为造血系增生，脾大。

慢性高原病的根本原因是组织缺氧引起的红细胞过度增生，因此，最有效的治疗方法是移居低海拔地区，脱离低氧环境。

第二节　身体功能的监测与评价

一、血常规

正常成年人的血液总量占人体体重的 7% ~ 8%，而血细胞是血液中的重要组成部分。血常规检查包括红细胞（red blood cell，RBC）、血红蛋白（hemoglobin，Hb）、红细胞压积（hematocrit，HCT）、平均红细胞体积（mean corpuscular volume，MCV）、白细胞（white blood cell，WBC）等指标。血细胞具有运输、缓冲、传递信息、免疫和防御等作用，同时也可以维持内环境的相对稳定。运动或环境均可影响血细胞的变化，可以反映机体功能状态和营养状况，也是高原适应和高原体能训练中变化较敏感的指标之一。

红细胞（RBC）是血液中数量最多的血细胞，主要生理功能是运输 O_2 和 CO_2，缓冲机体内的酸碱物质。正常成年男性红细胞数量为（4.5 ~ 5.5）× 10^{12}/L，女性为（3.8 ~ 4.6）× 10^{12}/L，新生儿的红细胞数量较多，大约有 6.0 × 10^{12}/L。血红蛋白（Hb）是构成红细胞的主要蛋白质，也是红细胞功能的重要组成部分，主要作用是运输气体（O_2 或 CO_2）和调节血液的酸碱度，其正常值为成年男性 120 ~ 160 g/L，成年女性 110 ~ 150 g/L。红细胞压积（HCT）是红细胞占全血容积的百分比，反映红细胞和血浆的比例，正常值为 37% ~ 50%，一般女性低于男性。白细胞（WBC）具有多种免疫功能，是机体发挥防御和保护功能的重要组成部分，正常值为（4.0 ~ 10.0）$\times 10^9$/L。一般白细胞在正常范围内波动，但运动、进食、生病、季节气候变化均可以引起白细胞数量的变化，如急性化脓性感染、某些病毒感染、白血病及铅、汞等重金属中毒均可引起白细胞增高，而某些传染病、血液病、自身免疫性疾病及药物反应等可引起白细胞减少。

（一）检查仪器

主要为血细胞分析仪或血细胞计数仪。目前随着电子技术、流式细胞技术、激光技术、电子计算机技术和新荧光化学物质等各种高新技术的应用，血细胞分析仪的检测原理更加完善、测量参数不断增加、检测水平准确性不断提高，操作也更加简便、快捷。

（二）检查方法

一般是在晨起空腹状态下采集静脉血 1.5 ~ 2 ml 进行检查，在进入高原前和高原体能训练期间每周进行 1 次检查，高原适应后可适当延长检查间隔时间，原则上在经过周末休息恢复后的周一检查为佳，以避免前期训练影响检查结果。

（三）应用评价

高原低氧环境或高原体能训练可对机体心脏、血液、激素、代谢等产生一系列影响，尤其是血液促红细胞生成素（erythropoietin，EPO）、RBC、Hb、HCT 等的变化更为显著（表 6-2-1）。初上高原后，低氧引发的应激反应使肝、脾等储血器官释放血细胞进入血液、脱水使血液浓缩等原因引起 Hb、RBC、HCT 等一过性升高；随后由于低氧刺激，促进肾生成更多的 EPO 释放入血，引起骨髓造血功能增强，生成更多的 RBC，使得 Hb、HCT 升高，血液浓度增加。而高原体能训练的主要目的就是通过低氧和运动双重负荷刺激，引起机体生理功能适应性变化，使 RBC、Hb、HCT 等适度增加，从而提高机体的有氧能力和运动能力。

一般情况下，无论是在高原居住还是运动，低氧环境均可增加血液中的 RBC、Hb、HCT 等。当进入高原后，会出现肺活量增大，Hb 升高，血液氧容量增大，细胞内线粒体增多，毛细血管增生，氧化酶活性增强。高原体能训练期间血细胞的变化规律为：进入高原 1 周后，RBC、Hb、HCT 等有所升高；高原体能训练 2 周后，RBC、Hb、HCT 等水平接近平原时的水平；3 ~ 4 周时，RBC、Hb、HCT 等水平略下降，但仍高于平原值。在高原体能训练期间，男性的 Hb 水平在 16 g/dl、女性在 15 g/dl；男性的 HCT 为 48%、女性为 46% 左右较为理想，此时身体功能水平较高，能较好地完成训练负荷，而不致疲劳。若身体功能下降，则 Hb 低于正常范围。但高原体能训练结束返回平原后，Hb 较训练前的水平高。

在高原环境中持续进行高强度训练，会引起血液中 Hb 浓度的下降和肌酸激酶（creatine kinase，CK）浓度的增加。一般高原体能训练出现 Hb 低于正常值或呈下降趋势，并持续低于 12 g/dl 时，表明可能是运动量过大，功能状况不佳，同时还与机体的营养状况密切相关，应及时调整运动量，补充营养。

在高原体能训练期间，并不是所有人的 RBC 和 Hb 都升高，还存在不变或下降的现象。因此，在 RBC 和 Hb 指标的评价上，必须考虑到个体差异水平，应对个体进行系统长期的监测，做自身比较，找出其最佳 RBC 和 Hb 水平。

白细胞（WBC）具有多种免疫功能。在高原体能训练期间，由于训练、低氧、低温等因素的综合影响，易导致机体免疫功能下降，易感性增加，容易发生上呼吸道感染和消化道疾病。一般

表6-2-1 高原体能训练期间血细胞指标的参考范围

性别	组别	RBC（10^{12}/L）	Hb（g/L）	HCT（%）	MCV（fl）	WBC（10^9/L）
男	平原运动员	5.14 ± 0.46	158.32 ± 12.15	42.25 ± 5.02	81.98 ± 8.56	6.33 ± 1.62
	高原运动员	5.05 ± 0.49	157.40 ± 15.00	44.49 ± 4.44	88.71 ± 21.95	6.23 ± 3.75
女	平原运动员	4.57 ± 0.41	140.49 ± 12.19	38.19 ± 4.38	83.60 ± 9.29	6.03 ± 1.43
	高原运动员	4.41 ± 0.48	135.05 ± 15.68	37.10 ± 4.95	84.09 ± 7.15	5.75 ± 1.47

高原急性暴露或运动后，WBC计数及分类出现短暂升高，WBC分类百分比重新分配，以中性粒细胞和淋巴细胞增加为特征，且运动者显著高于暴露组。随着高原体能训练时间的延长，机体免疫功能下降，WBC总数的变化比中性粒细胞、淋巴细胞、单核细胞的绝对值变化和百分比变化更加明显。

研究表明，居住在海拔2964 m地区的个体，其WBC总数比居住平原者高2.0×10^9/L。高原体能训练期间，WBC一般在正常范围内波动，但也会对机体免疫功能产生影响，特别在进入高原后的最初1周内影响显著。但整个高原体能训练期间，WBC均处于较高水平，升高16%～24%。如果训练期间WBC和免疫球蛋白指标持续下降至低于正常范围下限，或者在一段时间的稳定后突然明显降低，表明免疫功能低下，应注意预防疾病，及时调整训练，或采取必要的措施提高机体免疫力。如果WBC高于正常范围上限，机体可能出现炎症，有感染的可能，应注意观察和积极治疗。

高原体能训练期间人体免疫功能的变化与运动负荷也有关。长期轻度或中等强度训练和适度环境刺激，可使免疫功能增强，降低感染性疾病的患病风险；而低氧环境下急性运动、大强度运动、极限运动、力竭性运动和严重的环境压力均会导致免疫功能抑制。因此在高原体能训练期间应加强免疫功能的监测，并且采取相应的措施，如注意保暖、注意饮食卫生等，以避免个体在高原体能训练期间由于免疫功能的变化而产生伤病，从而保证高原体能训练的顺利完成和训练质量。

总之，高原体能训练期间RBC、Hb以及WBC水平的增加与降低，除受高原缺氧刺激外，还受寒冷、脱水、训练量、训练时间及训练强度等因素的影响。

（四）注意事项

血细胞分析仪至少半年校准一次，并用仪器配套的校准物进行校准，尤其是到达高原后需对血细胞分析仪进行室内质控、仪器校准等，以保证检查质量。

一般血细胞分析仪要求的室温条件是8～25℃，由于抗凝剂时间和浓度不同会对血细胞形态造成影响，因此应在采血1～2 h内完成检测以得到最佳的结果。

另外，尽可能在进入平原前就取得血常规检查的基础值，以便与停留高原期间的数值进行比较，一般每周进行1次测试，但进入高原初期检查频率可以适当增加至每周2次，高原适应后（一般4周后）可适当延长检查间隔时间，如每2周测1次。

二、心率

心率包括基础心率和安静心率。基础心率又称为晨脉，是指基础状态下的心率，也就是在室温条件下，清晨、清醒、起床前、静卧时的每分钟心脏搏动的次数，一般用脉搏表示。安静心率指的是安静时的心率。基础心率和安静心率的变化均能间接反映心血管的功能状况，是评定功能状况和评估训练效果最简易的指标。但基础心率和安静心率的检查方法和时间不同，在应用评价时应有所区别。

（一）检查仪器

有多种仪器可供选择，如听诊器、电子血压计、血氧饱和度仪、心电图仪，以及智能手表、手机、手环等。

（二）检查方法

基础心率在清晨起床前的清醒、空腹、静卧状态时检查，安静心率为静坐或平躺5～10 min后检查。一般应每天检查，以便做连续的对比分析。

1．扪诊法　测量心率的主要部位有桡动脉、耳前部颞浅部动脉、左心前区心尖部、胸锁下颌三角区颈动脉等。具体方法为用示指和中指指腹在测量部位触摸，用力不宜过重（图6-2-1）。

2．听诊法　受试者坐于测试人员对面，测试人员将听诊器胸件置于其心前区听诊心尖部位第一心音，记录1 min的心搏次数。

3．心率仪器检查法　如用电子血压表、血氧饱和度仪、心电图仪，以及智能手表、手机、手环等设备测量心率，应事先将相关仪器调试、定标，设定好程序，按操作规范进行检查。一般记录心率较为稳定时的数值即可。

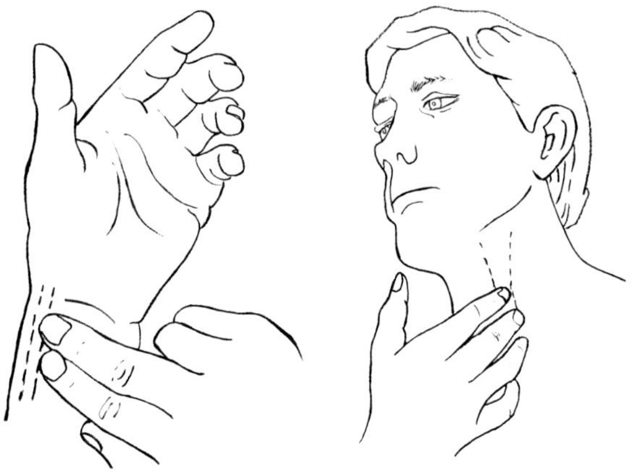

图 6-2-1　扪诊法

（三）应用评价

正常成年人的安静心率是 60 ～ 100 次 / 分，婴幼儿安静心率往往偏快，可达 130 次 / 分以上，老年人心率会偏慢一些。若成年人心率超过 100 次 / 分，则称之为心动过速；婴幼儿心率超过 150 次 / 分才称之为心动过速。

一般情况下，机体功能正常时基础心率或安静心率相对稳定进入。进入高原初期由于氧分压降低，动脉氧分压、血氧饱和度下降引起交感神经兴奋，以及心脏每搏输出量减少等因素的影响，基础心率或安静心率升高。一般在海拔 2000 m 左右升高 6 ～ 8 次 / 分，海拔 4000 m 左右升高 15 ～ 20 次 / 分，此种现象持续 5 ～ 7 天，随后逐步下降至稳态，稳态稍高于或接近处于平原时的心率。

基础心率或安静心率升高的程度由于运动负荷、个体差异而存在不同，所以评定功能状态或疲劳状况时应采用自身前后比较。随着训练年限的延长、训练水平的提高以及反复进入高原适应，基础心率或安静心率减慢；耐力好的个体基础心率或安静心率较低，如耐力项目运动员最低可达 36 次 / 分左右。如果大运动负荷训练后，基础心率较平时增加 10 次 / 分以上，则认为有疲劳累积现象；如果连续几天持续增加，则应调整运动负荷。基础心率或安静心率不变或渐趋降低，说明运动负荷适当，身体功能良好；如果提高了运动负荷，基础心率或安静心率就会略有加快，稍有增加属正常，若基础心率或安静心率不稳定或增加偏多，说明运动负荷过大，应及时调整。

（四）注意事项

在选用基础心率或安静心率作为评定疲劳指标时，应排除惊吓、噩梦、睡眠等其他因素的影响。

测量安静心率时，在测量当天或测量前受试者应避免剧烈运动。测量前令受试者静坐 10 min 以上，每次测量的环境条件要一致；测量时间至少 30 s，以减少误差。

基础心率或安静心率突然加快往往提示有过度疲劳或疾病存在，应特别注意。

三、血氧饱和度

血氧饱和度（SaO_2）是指血液中被氧结合的氧合血红蛋白（HbO_2）的容量占全部可结合的血红蛋白（Hb）容量的百分比，即血液中血氧的浓度，是反映机体供氧和利用氧的能力指标，是呼吸循环系统的重要生理参数，一般按百分率（%）表示。血氧饱和度正常值为 95% ～ 100%。研究认为，人体的经皮动脉血氧饱和度（SpO_2）和动脉血氧饱和度（SaO_2）显著相关（0.90 ～ 0.98）。一般情况下血氧不足会导致注意力不集中、记忆力减退、头晕目眩、焦虑等症状。血氧饱和度过低，就会出现头晕、无力、呕吐等症状，重者则会危及生命。另外，心肌对缺氧十分敏感，急性心肌缺氧可出现心室颤动以至心搏骤停；严重或长期缺氧可导致心肌衰竭、血压下降、血循环衰竭；更有甚者，缺氧直接损害大脑皮质，造成脑组织的变性和坏死。因此，在医疗领域中监测血氧饱和度可有效预防危险发生，对降低心脑血管疾病发病等有着十分重要的意义。

在高原体能训练期间，监测血氧饱和度和心率可以反映机体对高原低氧的适应情况、身体功能状况、疲劳恢复状态等。

（一）检查仪器

主要有脉搏氧饱和度仪、脉搏血氧计、动脉血氧饱和度仪等。

（二）检查方法

每日晨起前空腹卧位或晨起后安静状态下测试。检查方法有指尖或耳垂上的红外线传感器测试，但目前多采用指套式光电传感器。具体方法是将传感器套在受试者的手指上，可一次性或实时监控血氧饱和度和心率。

（三）应用评价

高原体能训练期间，机体血氧饱和度在92% ~ 99% 的范围内波动，但血氧饱和度随海拔升高而逐步减低。一般在海拔 2000 m 时血氧饱和度约为 90%，3000 m 时约为 85%，当海拔超过4000 m 时血氧饱和度甚至会低于 80%。一般情况下，初进入高原由于大气压和氧分压的下降，机体氧摄入量下降，动脉血氧含量降低，刺激交感神经兴奋，进而引起心率的代偿性增加，导致血氧饱和度和血氧饱和度 / 心率比值的下降，动脉血氧饱和度在安静状态时可下降 4%、运动时可下降 4% ~ 7%，尤其是在进入高原的前三天表现较明显，男性较女性明显。随着对高原环境的适应，机体的氧摄入量和利用率提高，虽受训练负荷和疲劳状况的影响，但血氧饱和度和血氧饱和度 / 心率比值都会有所增加。另外，由于高原体能训练中受高原低氧的影响，基础心率或安静心率会代偿性增高，也会引起血氧饱和度的增加，因此在实践应用时，还应同时结合血氧饱和度 / 心率比值观察、评价，以确保客观性。

（四）注意事项

测量血氧饱和度时，如有涂指甲油、肢体末端水肿、皮温低、血液循环不畅、血氧饱和度仪探头内较脏等现象，会影响测量数值的准确性。因此在测量时应注意观察和排除这些影响因素，以保证测量的准确性。

四、血压

血压是指心脏收缩、血液流经血管时产生的压力，是评价心血管系统的常用指标，包括收缩压与舒张压，以毫米汞柱（mmHg）或千帕（kPa）为单位表示。平时我们所说的血压实际上是指上臂肱动脉（即肘窝血管）的血压测定，属于间接测量大动脉血压。左右侧血压有所不同，最高可相差 10 mmHg，最低相差不到 5 mmHg。

人体的循环器官包括心脏、血管和淋巴系统，它们之间相互连接，构成一个基本封闭的管道系统，在心脏与全部血管内大约有 5000 ml 血液。心脏一张一缩的心动周期中，动脉血压随着心室的收缩和舒张而发生规律性变化，使血液在循环器官内流动，对血管壁产生一定的压力。当心脏收缩（即左心室收缩）射血时，大动脉里的压力达到的最高值，称为收缩压，俗称高压。每次心脏收缩时，左心室向主动脉射出 60 ~ 80 ml 血液。当左心室舒张时，大动脉里的压力降低，在心室舒张末期动脉血压下降到最低值，称为舒张压，俗称低压。收缩压与舒张压之差称为脉压。收缩压主要反映心脏每搏输出量的大小，舒张压主要反映外周阻力的大小，脉压则反映大动脉管壁的弹性。

正常的血压是血液循环流动的前提，血压在多种因素调节下保持正常，从而提供各组织器官足够的血量，以维持正常的新陈代谢。人体或动物的动脉血压都有一定的相对稳定性，血压过低或过高（低血压、高血压）都会造成严重后果，在临床和健康方面具有极其重要的生物学意义。如果血压过低，就会使供血量减少，因而无法满足身体组织的代谢需要，各器官组织可能因缺血、缺氧而发生各种疾病。如果血压过高，心室射血时所遇到的阻力过大，使心肌的负荷加重，高血压是动脉粥样硬化和冠心病的重要危险因素，也是心力衰竭的重要原因。在高原体能训练和适应中，血压是评定心脏功能状况、反映机体功能状况和疲劳恢复情况的重要指标之一。

（一）检查仪器

检查血压的仪器有电子感应血压计和水银血压计等。

（二）检查方法

血压主要有卧位、坐位、立位血压，大多数情况下只测坐位血压或卧位血压。通常测量肱动脉血压，一般要求须在安静状态下或运动后休息20 ~ 30 min 测量。电子感应血压计和水银血压计测量要求基本相同。高原体能训练中，晨起卧床时测量血压最佳。血压评定标准见表 6-2-2。

以水银血压计为例，测量血压时将血压计平放在桌面上，令受试者坐于测量人员对面，被测臂自然前伸平放在桌面上，要求血压计与受试者被测臂肱动脉和心脏处于同一水平。压脉带以覆

表6-2-2 血压评定标准

类别	收缩压（mmHg）	舒张压（mmHg）
正常血压	90 ~ 140	60 ~ 90
理想血压	100 ~ 120	60 ~ 80
高血压	≥ 140	≥ 90
低血压	≤ 90	≤ 60

盖上臂长的 1/2 ~ 2/3 为宜。将袖带气袋中部置于中指延长线上，袖带下线距肘窝 2 ~ 3 cm，平整无折地缠在上臂中部，捆扎袖带要平整、松紧适度，肘窝裸露，松紧以能放入 1 指为宜，以便放置听诊器胸件。用手指触及肱动脉搏动后，将听诊器胸件紧贴肱动脉，拧紧放气阀，充气到肱动脉搏动音消失后，再使水银柱升高 20 ~ 30 mmHg，缓慢放气（每秒下降 4 mmHg），听诊器出现的第一搏动音所指读数为收缩压，搏动声由洪亮变为低沉，搏动音消失所指读数为舒张压。

（三）应用评价

血压受多种因素的影响，其调节机制也较为复杂，与心输出量、小血管舒缩、大动脉管壁弹性、循环血容量、血液黏稠性等有密切关系，也与颈动脉窦、主动脉弓化学感受器、延髓循环中枢的功能有关，并通过交感神经、迷走神经的舒缩血管纤维和各种激素进行调节。例如，心率的显著变化会引起心血管系统充盈度和心输出量相应改变，而心输出量的改变也会引起动脉血流速度和血管外周阻力的改变，导致血压的相应升降。因此进入高原后，机体各系统功能不平衡、心率升高等，势必影响血压。另外，情绪激动、紧张、运动等可使血压升高，而如休克、心肌梗死、急性心脏压塞等可使血压降低。

一般进入高原初期，收缩压有轻度升高，以后出现舒张压增高，但适应良好者经过一段时间后血压可下降至正常范围内，适应不良者则可形成长期高血压的“高原高血压”。在世居高原者中还可观察到血压反较平原居民低的“高原低血压”现象。

血压是高原体能训练中评价心血管系统的常用指标，晨起卧床血压较为稳定，其变化可以反映机体的功能状况和疲劳恢复情况。在高原体能训练的初期，由于缺氧引起心交感神经兴奋，心房肌和心室肌的收缩力加强，产生了正性变力作用，肾上腺素分泌增加，机体为适应缺氧环境的刺激，红细胞数量增加，血红蛋白水平升高，血液黏稠度增加等因素的影响，血压升高是正常的，升高的程度视不同海拔、不同个体存在一定的差异。高原体能训练中的血压与运动强度有关，大强度训练后，收缩压上升和舒张压下降明显，且恢复较快，表明身体功能良好。训练后，收缩压明显上升、舒张压亦上升或血压反应与强度刺激不一致、恢复时间延长等说明功能状况不佳。

竞技体育运动员高原体能训练（海拔 2000 ~ 2300 m）时，血压的变化一般在 5% ~ 20%。男性中长跑运动员进入海拔 1640 m 地区的第 2 天，动脉压、静脉压均有显著升高，动脉压由进入高原前的 114.0 mmHg 上升到 120.29 mmHg，上升了 5.52%；静脉压亦由 77.43 mmHg 升高到 84.14 mmg，上升了 8.67%，有较明显的变化；但脉压由 36.57 mmHg 变为 36.15 mmHg，改变甚小，没有出现脉压分离现象。其后又快速下降，至第 4 天基本稳定在进入高原前的水平。游泳运动员到昆明（海拔 1891 m）进行高原体能训练，第 2 天的平均血压为 117/72 mmHg；1 周后的平均血压为 115/69 mmHg；2 周后为 113/69 mmHg；3 周后为 112/67 mmHg。

动脉压的变化走势与静脉压的走势较为一致，反映了脉压的改变不大，没有出现脉压分离现象，这说明高原缺氧刺激为生理性过程，非病理性过程。随着高原体能训练时间的延长，轻度升高的血压逐渐下降，并接近平原时的水平。但当机体已适应高原环境后，如果安静时血压突然升高或降低，则是身体功能下降的表现。

值得注意的是，长期居住高原人群的基础血压偏低，尤以收缩压偏低为著，舒张压与平原人群数值相近或相对偏高，相对脉压小。同时高原地区冠心病的发病率和死亡率均低于平原地区，且海拔越高，冠心病的发病率越低。这是久居或世居高原个体的呼吸、血液和循环系统逐步发生生理性自身调节，向低耗高效的深层次适应阶段过渡的结果。高原人血压较低是机体功能良好的表现，同时也表明高原低氧环境给有效预防和避免高血压及冠心病等心血管疾病带来了积极的影响。

（四）注意事项

血压计使用前应进行零点校正、定期检查，并应放置平稳，切勿倒置或震荡。测量血压时，血压计零点应和肱动脉、心脏处在同一水平，坐位时肱动脉平第4肋软骨，卧位时和腋中线齐平，以避免血液流动作用的影响。同时应注意受试者衣袖不能过紧，以免压迫动脉，充气不可过高、过猛。测量血压前，受试者应避免进行任何剧烈运动，并静息10～15 min。应尽量做到定时间、定部位、定体位、定血压计的“四定”要求，必要时测量双上臂血压进行对照。在水银柱里出现气泡、水银不足、水银柱通气孔阻塞等情况下不可测量，应及时调节或检修，防止血压计本身造成的误差。

五、心电图

心电图是通过心电描记器，从体表记录心脏每一心动周期所产生电活动变化的曲线图形，它反映了心脏兴奋的发生、传播和恢复过程的一系列变化。心电图是诊断心血管病的重要方法之一，对急性心肌梗死、急性冠脉综合征、心肌炎、某些电解质紊乱以及各种心律失常的诊断均具有较大的价值，结合临床资料，对不明原因的心悸、胸痛、心力衰竭、晕厥、昏迷、休克及某些部位的疼痛等也具有不同程度的诊断和鉴别诊断意义，心电图还是诊断冠心病最早、最常用和最基本的方法。

（一）检查仪器

检查仪器主要是心电图机，其种类较多，有单导心电图机、三导心电图机和12导联心电图机。目前临床多采用由威廉·埃因托芬（Willem Einthoven）始创的国际通用的导联体系，即常规12导联体系，包括3个双极肢体导联（Ⅰ、Ⅱ、Ⅲ）、3个单极加压肢体导联（aVR、aVL、aVF）和6个胸前导联（V1～V6），其优点是可以同步采样、分析、测量、储存及传递等。

（二）检查方法

常规记录心电图为25 mm/s的纸速，故心电纸上每一小格（1 mm）代表0.04 s。常规标准电压1 mV为10 mm，即一小格为0.1 mV。可每周1次或根据情况安排测试。

1．双极肢体导联 双极肢体导联反映两个肢体电极所在部位之间的电位差，又称标准导联。Ⅰ导联为左上肢电极（一般电极标示为黄色）连接心电图机正极，右上肢电极（一般电极标示为红色）连接负极。Ⅱ导联为左下肢电极（一般电极标示为绿色）连接心电图机正极，右上肢电极连接负极。Ⅲ导联为左下肢电极连接心电图机正极，左上肢电极连接负极。

2．单极加压肢体导联 单极加压肢体导联反映肢体电极所在部位的电位变化。aVR导联为右上肢电极连接心电图机正极；aVL导联为左上肢电极连接心电图机正极；aVF导联为左下肢电极连接心电图机正极。

3．单极胸导联 单极胸导联反映胸壁电极所在部位的电位变化。V1导联为电极置于胸骨右缘第4肋间，V2导联为电极置于胸骨左缘第4肋间，V3导联为电极置于V2与V4连线的中点，V4导联为电极置于左锁骨中线与第5肋间交点，V5导联为电极置于左侧腋前线与V4同一水平，V6导联为电极置于左侧腋中线与V4同一水平。

正常心电图测量指标判定标准如下。

P波：代表左右两个心房除极的综合波。在Ⅰ、Ⅱ、aVL、aVF、V3～V6导联中多数直立，在aVR导联中均为倒置；在Ⅲ、V1、V2中变异较多，可直立、倒置双向或等电线。P波电压≤2.5 mm，P波时限≤0.11 s。

PR段：反映激动由心房下传经房室结、房室束、左右束支及浦肯野纤维至心室除极前的过程。

PR间期：心房开始除极至心室开始除极的时间。正常成人为0.12～0.20 s。测量P波通常以Ⅱ导联为准。

QRS波群：反映左右两个心室的除极过程，包括Q、R、S三个波。QRS波形态多变。第一个向下的波为Q，第一个向上的波为R，R后第一个向下的波为S，S后第二个向上的波为R′，依此类推。用大写表示大波，小写表示小波。QRS波群时限为0.06～0.10 s。

Q波：导联Ⅰ、Ⅱ、aVL、aVF、V4～V6的QRS呈qR或qRs型时，Q不超过R的1/4，即Q/R＜1/4，一般Q不大于4 mm，时限小于0.04 s。

ST段：自心室除极完毕至复极角度在体表产

生电位差以前的平线。正常时应在等电线或略有偏移，肢体导联上移＜ 0.1 mV，下移＜ 0.05 mV。

T 波：反映心室的复极过程。T 波一般不对称，升支坡度小，降支坡度大，顶端圆钝。T 波与 QRS 主波方向一致，以 R 型为主的导联中 T 波应直立，其电压应大于 R 波的 1/10。

QT 间期：心室除极和复极时间。

U 波：心肌激动的“激后电位”。

（三）应用评价

高原缺氧环境是易引起心电图异常而导致心脏疾病的因素之一，也是诱发心律失常的重要因素。研究发现，高原地区人群 PR 间期、QRS 波群时限和 QT 间期均数以及电轴右偏的发生率均高于平原地区人群，这与高原地区人群心率减缓，心缩间期延长，小动脉痉挛、增厚，导致肺动脉高压，肺通气量和肺容量增加，膈肌降低，心脏顺钟向转位，造成电轴右偏等有关。

高原环境中，无论是世居还是移居者，各种心律失常的发生率均较高于平原地区，但以窦性、房性和室性心律失常的发生率最高。各种心律失常的临床意义主要取决于它的病因、类型、严重程度以及对血流动力学的影响程度等。世居高原人群的心律失常与心脏结构、心肌代谢以及心功能发生不同程度的改变有关，而平原居民进入高原或高原居民从低海拔地区进入高海拔地区时的低氧血症可使心脏交感神经兴奋，刺激颈动脉窦和主动脉体化学感受器，反射性地使窦房结的自律性增高，心脏传导系统对激动的传导加速，同时缺氧影响心肌自律细胞功能的稳定性，增加了异常的自律性活动，引起部分心肌复极不一致以及心肌细胞间的电位差，从而导致心律失常。

在高原环境下，心律失常可发生于正常人，但更多发生在心血管疾病、各种高原疾病以及其他疾病患者中。另外，低钾血症也是引起心律失常的重要原因，因血钾过低可使心肌的应激性增强而易于发生各种期前收缩，特别是多发性或多源性室性期前收缩，严重时可发展为室性心动过速或心室颤动，甚至危及生命。在严重低氧血症时还可使钠钾泵的功能失调，心肌细胞的电生理特性发生相应的改变，进而发生心律失常。

一般情况下，高原人群的电轴右偏在所有心电图异常指标中发生率最高，且表现出年龄越大电轴右偏发生率越低、电轴左偏发生率越高。高原人群有电轴右偏趋势是由于高原缺氧，导致小动脉痉挛、增厚，造成肺动脉高压；缺氧还导致肺通气量和肺容量增加，膈肌降低，心脏顺钟向转位，造成电轴右偏。而随着年龄的增加，电轴会发生左偏，其原因可能为年龄增加与高血压、冠心病发病率增高有关。同时，右室肥厚、肺型 P 波是高原性心脏病特异性表现。右室肥厚与年龄正相关，即年龄越大发生率越高；海拔高于 3000 m 地区人群的右室肥厚及肺型 P 波发生率高于海拔 3000 m 以下地区人群，P 波在高原移居人群中出现的异常一般有错折型、尖峰型、圆突型三种类型。肺型 P 波发生率与从事重体力劳动及吸烟等因素有关，其机制是高原缺氧使小动脉痉挛、增厚，导致肺动脉高压，加重了右心室后负荷，右心室收缩力代偿性增加，可进一步发展为右室肥厚。

海拔 3000 m 以上地区人群的 ST-T 异常的发生率高于海拔 3000 m 以下地区人群，当冠状动脉供给的氧不能维持心肌的代谢需求，ATP 生成减少，5′- 核苷酸酶的活性降低，从而使腺苷生成减少，影响了冠脉的舒张作用，从而导致 ST-T 异常发生率增加。但长期居住在高原，尤其是高原体能训练，也可使心率明显减缓。长期运动训练使心脏产生适应性变化，心率普遍低于正常人群，RR 间期差值的均方根（rMSSD）和 RR 间期差异 ≥ 50 ms 的百分数（pNN50）数值增加，使迷走神经的张力增高，出现窦性心动过缓，且由于长期缺氧引起的窦性激动形成或传出障碍，导致心律缓慢。

高原地区人群异常心电图概率逐渐增加，但大多无感觉不适或出现临床症状，这与高原低氧环境慢性习服有关。进入高原，机体为了适应低氧环境，从器官组织水平到细胞分子水平的全身系统发生了从功能到组织结构的一系列代偿适应性变化，机体的内环境从不平衡到平衡，逐渐获得对高原低氧环境的习服。虽然高原低氧对在其环境中机体心电图有影响，可使其心率减缓，但不会对年轻人身体造成病理性损害；平原年轻人对高原低氧环境适应力强。久居高原的移居者，其心脏结构、心肌代谢和心功能同样可发生一定程度的改变，但这种改变可在返回平原后逐渐恢复。

（四）注意事项

高原心律失常的种类繁多，病因各异，临床意义和预后也不尽一致，但对心律异常者要进行准确的诊断，及时进行心电图检查，以尽快确定心律失常的种类和严重程度，为治疗提供依据。

高原心律失常的发生可能与某些诱发因素有关，若能及时查明并去除相应诱因，则心律失常多可自行恢复。

若是高原原发性疾病引起的心律失常，应针对原发性疾病进行积极而有效的治疗，可使部分心律失常减轻或恢复。高原心律失常患者，则应根据其类型和严重程度，选用适当的抗心律失常药物进行治疗。

心电图检查前一天，停止服用影响心脏的药物，心电图检查前应休息 30 min，并避免饮用引起兴奋的饮料。

六、体重

体重是描述人体横向发育，反映人体骨骼、肌肉、皮下脂肪和内脏器官综合发育状况的整体指标，也是反映一个人健康状况的重要标志之一，是衡量高原适应最简单易行的指标。在高原环境训练过程中发生体重丢失是常见的。高原低氧、寒冷、干燥等气候条件下，机体消耗加大、消化功能减退等使机体蛋白质的合成代谢能力下降，造成骨骼肌肌组织丢失，表现为体重下降。高原体能训练中要监测训练者的体重变化，以评定肌肉蛋白质等的合成与分解状态、营养状况和体能恢复情况。

（一）检查仪器

检查仪器主要有电子体重仪或杠杆式体重秤。一般不使用弹簧式体重计。

（二）检查方法

每日晨起空腹时测量体重。将体重仪放置在平坦的地面上。杠杆式体重秤要在每次测量前进行校准，误差应小于 0.1 kg，每测量 100 人次应重新校准一次。被测者尽量少穿衣物，最好穿短裤、背心，不穿鞋袜，自然立正站在体重计秤台中央，保持身体平稳，不要接触其他物体。体重测量值记录保留小数点后 1 位，一般采用千克（kg）作为单位。

（三）应用评价

在高原体能训练中，体重下降是常见的，海拔越高下降越明显。体重下降主要与高原低氧环境下机体吸收能力减弱，肌肉蛋白质分解增强，高原适应能力较差，运动负荷过大造成疲劳有关。一般初进入高原 5 ～ 7 天，由于体内水分的丢失、训练量加大和身体消耗加大，会使体重有所下降，随后随着机体对高原环境和训练的适应，体重则保持随运动强度有所起伏的状态。高原体能训练期间，若体重出现持续下降，表明肌肉蛋白质分解较强，人体功能状况较差，有疲劳现象，或对高原环境和运动负荷不能适应，应注意调整训练负荷以及恢复体能。因此，高原体能训练时既要保证蛋白质的及时补充，又要注意训练的合理安排、运动负荷强度的适当调整。一般情况下，体重下降 2% 以下为正常；体重下降 3% ～ 4% 时，应加强蛋白质、谷氨酰胺等营养的补充，注意训练的合理安排；体重下降 5% 时，应进行适当调整。

（四）注意事项

每次测体重要尽量做到条件相同，用同一个体重仪，在同一时间测量，被测者应穿着相同服装等，尽可能地排除其他因素的干扰。最好每次都在早晨空腹、大小便后测量。如不能在清晨测量，也应在饭后 2 ～ 3 h 测量，但每次测量的时间均需与第一次测量的时间相同。高原地区气候寒冷，尤其是冬季气温更低，在测量时室内宜加温，以免称体重前脱衣服受凉。

第三节　运动负荷的监测与评价

一、运动心率

运动心率是人体在运动时保持的心率状态。不论是有氧运动还是无氧运动，保持最佳运动心率才能达到较佳的运动效果，才能保证运动安全。同时，心率变化是运动负荷最直观的反映，可作为评价人体在高原的适应情况和检验高原体能训练效果的一项敏感指标，亦可作为调整训练负荷的依据。

运动心率主要有运动时心率和运动后心率。运动时心率分为极限负荷心率（180 次 / 分以上）、次极限负荷心率（170 次 / 分左右）、一般负荷心率（140 次 / 分左右），运动时心率增加到极大限度时叫最大心率，但最大心率随年龄增长而逐渐降低。国际上一般用 220 减去年龄所得值估算最大心率。最大心率与安静心率之差称为储备心率，表示人体运动时心率可能增加的潜在能力。

（一）检查仪器

检查仪器包括听诊器、血氧饱和度仪，以及智能手表、手机、手环等。

（二）检查方法

1．扪诊法　具体方法为运动结束后即刻测定。主要部位有桡动脉、耳前部颞浅部动脉、左心前区心尖部、胸锁下颌三角区颈动脉等，均可测量运动心率。检查方法为用食指和中指指腹在测量部位触摸，用力不宜过重。测定 10 s 的心搏次数并乘 6，记录 1 min 的心率数。

2．听诊法　运动结束后将听诊器胸件置于心前区听诊心尖部位心音，至少测定 10 s 的心搏次数并乘 6，记录 1 min 的心率数。

3．心率仪器测定法　主要有遥测心率表以及智能手表、手机、手环等设备，可测定运动过程中或运动后即刻以及恢复期的心率，按操作规范进行测试。测量时可测 10 s 的心率数值，然后乘 6 即为 1 min 的心率数。

（三）应用评价

人体的最大心率随海拔高度增加而递减，海拔超过 3000 m 时即可明显下降，在珠穆朗玛峰时人体的最大心率约为海平面的 70%。高原体能训练时，极限负荷运动时的最大运动心率可比平原训练时下降 5 ~ 10 次 / 分，这与心肌供氧下降有关。高原体能训练中，运动心率在不同的运动负荷强度训练时有所不同。例如，高原定量负荷时，运动心率达到 165 ~ 180 次 / 分，极量负荷时，运动心率达到 185 ~ 203 次 / 分。一般情况下，高原体能训练初期在进行次极限和一般负荷强度练习时，运动心率要高于平原，运动后心率的恢复速度要慢于平原，这是由于机体氧含量减少需要通过提高心率补偿的结果；高原体能训练中、后期，随着机体对高原环境和高原体能训练的适应，同等负荷训练时的运动心率稍高于平原，而最大心率与平原无明显差异；相同的次极限负荷和一般负荷强度的训练后，运动心率降低，运动后心率的恢复加快，表明人体运动能力和功能状况有所改善。

运动时心率的快慢与运动强度有关，强度越大心率越快。相同运动负荷时，运动心率上升越慢，提示运动能力越好。进行同一强度的运动训练后，最大心率降低，表明运动能力改善。运动后心率的下降速度和程度可反映身体功能恢复情况，并可用于衡量对训练负荷的适应水平。相同运动负荷后心率下降加快，提示身体功能恢复良好，以及对训练负荷适应和运动能力的提升。

二、主观感觉

主观体力强度感觉量表（rating of perceived exertion，RPE）由瑞士心理学家 Borg Gunner 以“心率值 = 10×RPE”的公式提出，即不同强度的 RPE 分值乘 10 大约相当于运动时的心率值（表 6-3-1），如 RPE 为 12 时，运动心率约为 120 次 / 分。RPE 共 15 个等级，疲劳感觉由高到低为精疲力竭、非常累、很累、比较累、有点累、比较轻松、很轻松、非常轻松、安静，并根据疲劳感觉

表6-3-1　主观体力强度感觉量表（RPE）

等级值	疲劳感觉	对应强度（%）	对应心率（次/分）
20	精疲力竭	100	200
19	非常累	92.9	
18	很累	85.8	180
17		78.6	
16	比较累	71.5	160
15		64.3	
14	有点累	57.2	140
13		50	
12	比较轻松	42.9	120
11		35.7	
10	很轻松	28.6	100
9		21.4	
8	非常轻松	14.3	80
7		7.1	
6	安静	0	60

推测运动强度和对应心率，以进行综合比较分析。

RPE依据运动当时主观上的疲劳程度，是基于运动过程中心理、生理对运动强度的整体感知与反映，适用人群范围较广，对运动强度控制、指导方面可信度较高，是最为常见、最简易的运动感知量表和方法之一，也广泛应用于评估运动员表现、疲劳、损伤等，其应用价值得到国际上的认可。

（一）检查仪器

检查仪器主要为RPE、垫板、笔。

（二）检查方法

在运动训练结束后即刻测试。可以由测试者询问受试者训练过程当中或运动结束后的即刻感受，也可以通过自我测试的方式进行，并将主观疲劳感觉（单选）在量表中标记即可。

（三）应用评价

RPE受到肌肉的收缩程度、疲劳程度和酸楚程度等影响。随着运动负荷强度的增加，心率不断增加，机体所需的摄氧量逐渐增加，心输出量逐渐增加，肌肉收缩能力、呼吸频率及呼吸量等生理反应突出，供能方式发生了较大变化，酸性物质增多，疲劳程度增加，使其主观感觉也在不断变化。秦永生等研究表明，新兵运动中心率和RPE存在线性相关关系。何志金的研究表明，RPE与最大摄氧量、最大心率的运动负荷强度均存在显著的高相关性，表明通过心率或RPE变化间接评定其呼吸循环功能的反应、心肌的耗氧状况，以及反映机体能量消耗及底物代谢的可靠性（表6-3-2）。

RPE在训练学中应用较多，通过RPE可以了解运动强度和状态，反映机体疲劳状态，是一个比较综合的可半定量分析判断机体疲劳程度的指标，可应用于监控训练强度、实施训练计划、评价运动能力和医务监督，在恒定负荷训练中应用效果更好。在应用RPE评价运动负荷的具体方法上，可以用单独的RPE等级值来评价，也可以用等级值与训练时间的乘积来评价运动负荷总量，还可以通过心率、血乳酸与RPE等级值之间的关系对运动强度进行评价和控制，以监测运动强度是否适当，使运动负荷更科学化、直观化。

在平原氧气充足的环境中运动，机体承受的只有运动负荷，摄氧量可以满足运动需要。而在高原，低氧和训练负荷产生的双重生理负荷导致机体摄氧量低于需氧量，因此导致机体功能下降，使运动负荷时RPE等级值有所升高，且海拔越高

表6-3-2　RPE与运动强度的判断

运动强度	最大心率（%）	RPE		代谢当量（HET）	最大摄氧量（VO_{2max}，%）
		等级值	主观感觉		
较低强度	＜30	＜9	非常轻松	1～2	＜30
低强度	40～60	10～11	较轻松	＜3	30～40
中强度	60～70	12～14	稍累	3～6	40～60
高强度	71～85	15～16	累	7～9	60～75
极高强度	＞85	＞17	很累	10～11	＞75

影响越大。赵之光等研究了急性低氧暴露对有氧能力的影响，研究发现，与平原环境相比，在模拟1500 m、2000 m、2500 m海拔高度时，时间-RPE变化曲线发生左移，即RPE随海拔的升高而增加。

在高原体能训练中，运动负荷强度也影响RPE等级值的变化。李安琪等研究发现优秀中长跑运动员在为期1个月的高原体能训练期间，RPE等级值初期为13.63±1.36，到高原训练末期第31天增加到16±1.41，增加幅度为17.39%，表现了RPE随高原训练时间的延长而增加的趋势，并认为此与高原训练中后期运动负荷强度增加有关。

在高原体能训练中，随着高原居住时间的延长，对高原环境和运动负荷的适应，RPE等级值也会降低。杨玉瑾对高原中长跑运动员采用2260 ~ 3150 m八次交叉训练的方法，研究结果显示，运动员在海拔3150 m训练比在2260 m训练的RPE等级值明显升高，且训练初期变化幅度大，运动员的自我感觉在很轻松到非常累之间，其原因与海拔升高、运动强度增大有关，运动员的生理负荷发生改变，引起RPE等级值变化幅度较大。而在训练后期，运动员自我感觉在很轻松到有点累之间，RPE等级值较训练初期的较高水平有所下降且变化幅度减小。杨玉瑾认为，随着生理功能适应性提高和改善，运动员的消极认知有所改善，而再到海拔3150 m地区训练时，运动员心理对高海拔也有所准备，进而主观疲劳感觉下降并维持在一个较适宜的状态，同时认为在高原体能训练中可采用认知调控法改变运动员对高原训练的消极认知。

在高原运动过程中，通过对主观感受判断自己是否出现疲劳，如果明显感到精神不振、厌烦运动、无力、困倦气短、胸部憋闷等不良现象，也可以通过RPE进行定量分析，以此来推断疲劳程度。在高原运动过程中，可以通过观察运动者的外部表情或动作技能来判断其是否出现了运动性疲劳。如果观察到运动者不断出现思想不集中、注意力下降或厌烦运动；动作僵硬，动作幅度频率减小，动作不协调；动作的稳定性和精确性下降，技术动作失误增多；速度、耐力和力量下降；运动成绩下降，反应变慢；辨别能力下降；缺乏信心；烦躁等现象，就表示运动者就出现了运动性疲劳。还可通过不同的运动能力测定来判断是否出现了运动性疲劳，如肌力、肌肉硬度、反应时、耐力、速度等运动素质。一般运动素质平均值低于运动前水平，或几次测定值连续下降，即为疲劳；如果一次练习后连续几天不能恢复，则疲劳程度较深。

（四）注意事项

RPE主要衡量运动时自我对运动负荷强度的感觉，因此必须在运动过程中或运动结束后即刻测试。

一般在高原和平原训练中RPE对应的乳酸平均值基本相同，但相同RPE值时，高原的心率值明显高于平原，这与高原缺氧进行相同负荷训练时的心率增加有关。因此在初次使用RPE的方法来控制运动强度时，最好将心率监测和RPE评分两种方法相结合，对主观感觉进行一次“校准”，并根据心率来体会和确定运动时的主观感受（即RPE等级值），这样可以使RPE推测的运动强度更准确。

由于RPE等级值本身具有主观性，极易受到人群特征或个体差异的影响，因此在实际应用中应尽可能保持训练环境、条件、测试程序和方法的一致性，并以个体自身长期纵向的针对性进行训练负荷监控和评价分析。

三、尿生化指标

尿液是人体水分和各种代谢产物的主要排泄物，尿液成分可以反映人体内环境的变化。在高原进行运动训练时，由于环境和运动的双重低氧刺激，肾小球滤过膜、肾小管超微结构的改变和功能下降，滤过率增加，肾小管重吸收减少，使运动后尿液中蛋白质、红细胞等的排泄率或异常率增加，从而造成尿生化指标的变化。不同的运动强度，尿生化指标的排泄率不同。运动强度越大，尿生化指标的排泄率或异常率越高，因此，尿生化指标的监测对于评定运动员对运动负荷的反应和机体恢复状况十分重要。在运动训练或高原体能训练实际应用中，主要指标为尿蛋白（PRO）、尿潜血（BLD）、尿胆原（URO）三项，高原训练期间尿生化指标的异常常见于尿蛋白和尿胆原，其他指标变化并不明显。

（一）检查仪器

检查仪器主要为半自动尿液分析仪和全自动尿液分析仪。检测项目包括包括尿蛋白（PRO）、尿潜血（BLD）、尿糖（GLU）、尿酮体（KET）、尿胆原（URO）、尿胆红素（BIL）、尿酸碱度（PH）、尿亚酸盐（NIT）、尿比重（SG）、尿白细胞（LEU）、维生素 C 和浊度。

（二）检查方法

在高原训练期间，重点训练课后和次日清晨取尿液进行尿生化指标的检查。在训练课后 15 ～ 30 min 取样，晨尿要求早晨起床后留尿，尿量为 20 ml 中段尿，取样后即刻应用尿液分析仪检测。

（三）应用评价

训练课后出现尿生化指标的增加或异常，而次日晨尿尿生化指标下降或恢复正常，表明运动员对训练负荷的适应和机体的恢复。在高原初期运动后，尿蛋白和尿胆原含量较平原增加，经高原适应后，在完成相同运动负荷后的尿蛋白和尿胆原含量降低或消失，则表明功能状况良好；反之，则要注意身体状态或酌减运动负荷。在高原训练中若出现尿潜血异常，可能与运动负荷过大机体不适应有关，但对于女性要排除生理期的影响。尿生化指标与训练强度关系见表 6-3-3。

表6-3-3　尿生化指标与训练强度关系

项目	正常范围	参考范围		
尿蛋白（mg/dl）	< 10	10 ～ 30	100	300
尿胆原（mg/dl）	< 2			
尿潜血	< 0.6	0.06	0.3	1.0
训练负荷		小	中	大

1．尿蛋白　健康人由于肾小球滤过膜的限制，尿液中只含有极微量的蛋白质。国内外有较多研究都证实高原性蛋白尿在高原人群中常见。对高原人肾血液循环的研究发现，高原人肾血流量和肾血浆流量较平原人明显减低。剧烈运动后尿中会出现大量蛋白质，称为一过性运动性蛋白尿（post-exercise proteinuria），经过休息、减少负荷量、减轻运动强度，尿蛋白会自行消失，故大多认为这种变化是生理性的。一般公认运动性蛋白尿的出现是运动负荷引起肾小球滤过膜通透性改变的结果，但对其机制目前尚未明了，还需要进一步研究。

高原运动性蛋白尿的发生率与运动环境有密切关系。在高海拔地区完成同样的运动负荷较低海拔发生运动性蛋白尿的概率更高，且高原运动时，尿生化指标异常检出率高低顺序为尿蛋白、尿胆原、尿潜血、尿酮体，而尿亚硝酸盐和尿胆红素均为阴性，尿 pH 值也在正常范围内。但在高原训练初期也可发现尿酮体呈阳性的现象。虽然有些研究中尿液异常检出率高低顺序结果不尽一致，但总体可见高原运动会使肾功能受到一定的影响，最明显的为运动性蛋白尿，表明高原影响了机体内环境的平衡，肾参与了高原适应的过程。此外，寒冷环境下运动性蛋白尿的发生率和蛋白质的排泄量较常温下更高、影响更大，同时高原训练时尿蛋白存在个体差异。

马福海等研究了不同海拔高度对尿生化指标的影响，发现高原运动员在高原 - 平原的交替训练中，无论是晨尿还是运动后，尿蛋白的异常率均表现出高原高于平原的特点，而运动后尿糖和尿潜血异常率则表现出平原高于高原的特点。尿蛋白在海拔 2260 m、2634 m、3960 m 地区的异常率均为 100%，而尿蛋白阳性且超出 2 mg/L 的出现率分别为 77.3%、80%、86.5%。马福海认为，在高原训练时，低氧导致机体负担加重，肾小球的滤过率增大，使尿蛋白排出增多，并且随海拔的升高，对尿蛋白的影响也随之增大。

尿蛋白在运动训练中的应用非常广泛，是评定运动员身体功能状态、训练强度和训练量的指标。一般情况下，训练课后出现尿蛋白阳性或增加，表明机体承担的运动负荷强度大，且在训练课后尿蛋白阳性率越高、增加幅度越大，表明机体承担的运动负荷强度越大；而次日晨尿的尿蛋白下降或恢复正常，表明机体对训练负荷的适应和机体的恢复良好。若在训练课后尿蛋白阴性或阳性率较低、增加幅度较小，表明机体承担的运动负荷强度较小。若次日晨尿尿蛋白未见下降或未恢复正常，表明机体对训练负荷的不适应和体能未得到充分恢复，应调整训练负荷。

总之，蛋白尿的阳性率、蛋白排出量与个体差异、运动强度、运动时间、运动项目、高原环境等因素密切相关，其中运动强度远较运动时间对蛋白尿的影响大。例如，长距离跑、游泳、自行车、足球、赛艇等运动后，运动员出现蛋白尿的阳性率高，排泄量也较大；而体操、举重、射箭等项目运动后，运动员出现蛋白尿的阳性率低，排泄量也少，这种现象可能与不同运动项目对机体产生的不同影响有关。

2．尿潜血 在体育运动中出现的尿潜血现象一般称为运动性血尿（exercise induced hematuria），在负荷强度过大，击打、腰部动作较多以及高原环境下易使肾血管破裂而诱发运动性血尿。另外运动时由于全身的血液重新分配，导致肾血流量减少，引起肾小球缺血和血液中乳酸增加，同时低氧可引起肾的通透性增加，使红细胞通过血管壁进入尿中也会出现血尿。运动项目不同，出现血尿的概率也不同，如拳击运动后大约有28%的人出现血尿，但划船运动者出现血尿的可能性很小。

长期高原低氧会刺激肾的球旁细胞分泌红细胞生成因子，造成肾低氧、缺血、酸中毒，引起肾小球毛细血管内皮细胞间隙增宽，内皮细胞损伤，使肾小球滤过膜受损，通透性增高，使红细胞漏出而导致血尿。因此，提倡高原环境下的科学训练，避免超负荷训练，以免加重肾低氧、缺血。崔建华等通过对进驻海拔4300 m地区3个月、6个月以及1年以上的官兵进行追踪研究，发现尿11项指标均出现异常，主要以尿蛋白、尿潜血、尿白细胞居多且表现为阳性，而血肌酐和尿素氮均在正常范围内，表明损伤是轻微的。但居住时间越短阳性率越高，这说明高原低氧环境对肾的损害随着居住时间的延长而减弱。

早期的高原体能训练中，尿潜血的发生率较高，现在已有所降低。运动性血尿常见于平原运动员，尤其是在高原进行冬训或比赛时，出现的血尿比例较大。但高原世居运动员在大强度训练时亦可发生运动性血尿。因此，在高原体能训练时要根据训练的海拔高度，循序渐进，合理安排训练强度。

第四节 心理认知的监测与评价

环境心理学认为，在一个极端的、不平常的环境中，局部环境改变可触发生理、心理或行为水平上的强烈应激反应。机体从平原地区进入高原，受高原低压、低氧、寒冷、太阳辐射增多等影响，加上运动训练所引起的进一步低氧刺激，势必会对生理和心理产生较大的应激影响和负效应。研究认为，急进高海拔高原驻训人员承受了较大的生理和心理压力，是心理问题的高发人群。而且高原低氧对中枢神经系统的影响特点是越高级的部位影响越早，因为低氧时首先会麻痹大脑皮质功能，使之失去对情绪情感的正常调节作用，从而发生不同程度的情绪紊乱，直至产生情感障碍。例如，高原体能训练时身体反应大，容易出现厌倦、疲劳、不易恢复等；高原低氧环境可引起心理敏感性增高，心理调节功能下降，易引起感觉、记忆、思维判断、注意力、情绪、人格失调等心理问题，从而影响工作效果。因此，加强高原体能训练的心理认知的监测与评价，及时采取相应的措施，合理安排体能训练，是保证身心健康、促进高原适应、提高训练效果的基础。

一、应激反应

应激学说是由加拿大内分泌专家塞里1936年所创立的病理学说，是指不论外界物理的、化学的、生物的或者是心理社会的各种紧张性刺激物（即应激源）引起的个体非特异性反应，人们通常将应激的基本含义理解为“紧张”和“压力”，心理应激又可被称为精神压力。

应激反应包括生理反应和心理反应两大类。生理反应表现为交感神经兴奋、垂体和肾上腺皮质激素分泌增多，导致血糖升高、血压上升、心率加快和呼吸加速等；心理反应包括情绪反应与自我防御反应、应对反应等。应激反应不仅仅由应激源引起，还与个体对应激源的认知、应对能力、性格倾向以及经验等有关。适度的心理应激是促进人成长和发展的有利因素，如面临不同环境和比赛等刺激时，可适度唤醒机体的心理和生理水平，使机体警觉性提高，视觉、听觉敏锐，注意力、记忆力增强，思维活跃，有利于应对应激情况。但过于强烈或持久的心理应激反应会引发过度的负面情绪和生理唤醒水平，过多地体验焦虑、抑郁负面情绪会造成各种认知功能的障碍，以及如心悸、紧张性头痛等临床症状和体征，损害人的健康，甚至引起外显行为上的变化。

在体育运动过程中，个体会遇到全方位的应激，尤其在高原缺氧状态下的应激表现会更明显。高海拔所造成的低压、低氧以及空气干燥等情况无疑是应激源，并随海拔升高应激能力逐渐变弱。一般在高原环境下，心理应激水平越高，睡眠质量越差，状态焦虑和特质焦虑水平越高，作业疲劳状况就越差。陈鹏等对高原公路驾驶员进行心理应激的研究发现，在海拔 2000 m 时驾驶员身体功能已经出现应激反应，随着海拔高度增加至 3100 m、4000 m 时，驾驶员应激反应能力出现障碍，表现出选择反应迟缓，选择错误水平上升，并认为处于应激状态下的驾驶员行车对交通安全影响很大。

高原体能训练不仅是对人的生理功能的考验，而且也是对人的意志能力的一种严峻考验，需要以最大意志力来对抗高原缺氧带来的烦闷、厌恶、头晕、恶心、气力不足、不愿运动等一系列应激反应。同时，在高原体能训练中产生高原应激反应是正常的，积极而适度的应激对机体是有益的，也有助于安全度过高原训练的生理应激期和心理应激期。高原训练的原理也正是利用这种有益的应激反应来提高运动成绩，也就是人体在高原缺氧环境下训练，承受高原缺氧和运动负荷的双重刺激，而产生强烈的双重应激反应，从而调动体内的功能潜力，产生一系列有利于提高运动能力的抗缺氧生理反应。但是如果高原应激反应过于消极和强烈，也会对人体的情绪、注意力、认知、生理功能、心理功能产生较大的影响，会导致机体疲劳状态不易恢复、容易受伤或者免疫系统功能下降以及非战斗性减员等，从而影响高原体能训练的效果，以至于无法完成高原体能训练的运动任务。

实践表明，应激的应对往往需要综合的、全方位的心理适应。有研究认为，在以往的高原训练中身体适应不佳的运动员，比适应良好的运动员更容易出现心理不适应，尤其是所承受的比赛与训练任务更重的运动员，更容易出现心理失调。因此，在高原采取积极有效的心理干预措施，有助于维护和促进心理健康，提高对新环境和工作的适应能力，使个体有良好的精神情绪、和谐的人际关系、积极进取顺应新环境的行为能力和完整的人格，这对提高心理素质和工作能力大有裨益。

（一）测试工具

采用高原体能训练应激反应问卷（stress reaction questionnaire of altitude training，SRQAT），主要测定在高原训练期间的生理、心理或行为状态（表 6-4-1）。

（二）测试方法

除运动项目、性别、年龄、训练年限、运动

表6-4-1　高原体能训练应激反应问卷（SRQAT）

序号	症状	无	有一点	中等	较多	总是
1	气喘	□	□	□	□	□
2	心慌	□	□	□	□	□
3	胸闷	□	□	□	□	□
4	头痛	□	□	□	□	□
5	头晕	□	□	□	□	□
6	呼吸有困难	□	□	□	□	□
7	忧伤	□	□	□	□	□
8	易怒	□	□	□	□	□
9	不愉快	□	□	□	□	□
10	厌烦	□	□	□	□	□
11	抑郁	□	□	□	□	□
12	孤独	□	□	□	□	□
13	紧张	□	□	□	□	□
14	烦躁	□	□	□	□	□
15	失眠	□	□	□	□	□
16	注意力不集中	□	□	□	□	□
17	身体协调性降低	□	□	□	□	□
18	反应迟钝	□	□	□	□	□
19	乏力	□	□	□	□	□
20	疲劳	□	□	□	□	□
21	难以完成规定的训练任务	□	□	□	□	□

等级、上高原次数等基本情况调查外，SAQAT由生理、心理和行为三个维度、共21道问题构成，可根据自己的实际情况回答或勾选适合自己情况的1个答案。问卷采用5级李克特量表计分，五个等级依次赋0～4分，分别为无、有一点、中等、较多、总是五个等级。SAQAT问卷在具体评定方法上主要以各维度得分和问卷总分进行评价，各维度得分及问卷总分分值越高，表明高原应激反应越强烈，并按高原训练应激状态按轻微、较轻、中度、较严重、严重五个等级进行评定（表6-4-2）。

一般测试时间为上高原后第2天早晨或上午，随后可根据需要按阶段测试。

表6-4-2　运动员高原应激反应评定标准（分）

类别	总分	游泳	竞走中长跑
轻微	＜40	＜3	＜7
较轻	40～45	3～11	7～14
中度	45～55	11～26	14～28
较严重	55～60	26～33	28～35
严重	＞60	＞33	＞35

（三）应用评价

在高原体能训练中，由于个体能力与高原环境之间缺乏适应而感到特殊应付或特殊控制时，就会产生紧张情绪而引起训练成绩明显波动、行为失调、易疲劳、躯体化症状等不适应的心理、生理和行为反应。高原应激反应与个体的认知评价是有联系的，在不同时间、不同项目等中存在着差异。陆一帆等对高原训练中的游泳、中长跑、竞走、足球和橄榄球运动员进行研究发现，不同项目运动员SRQAT得分存在非常显著的差异，其中游泳运动员SRQAT的各维度得分最低，足球运动员SRQAT的各维度得分最高，这可能与游泳项目高原训练实践与研究水平较高有关。游泳是最早开展高原训练研究的项目，教练员和运动员在高原训练的经验和规律等方面都积累了大量的理论知识，对高原训练的规律和特点有较高的认知水平，因此游泳运动员高原训练应激反应程度较低。研究还发现，高原训练次数为4次及以上的运动员的SRQAT各维度得分和总分高于高原训练次数为1～3次的运动员，说明高原训练次数越多，运动员的应激反应越强烈。这可能是因为多次高原训练的经历和体验、高原低压低氧环境所造成的生理和心理上的不适，产生认识偏差，并缺乏相应的心理干预措施和应对策略。

一般情况下，坚韧人格水平越高，应激水平越低，心理症状越少；坚韧人格水平越低，应激水平越高，心理症状越多。有研究发现，军事人员面临如海外维和任务和军事任务等不同应激情境，在遇到威胁生命的应激和文化冲击后，高坚韧的军事人员有较少的创伤后应激障碍（posttraumatic stress disorder，PTSD）；而坚韧性水平越低，出现心理崩溃（如抑郁和创伤后应激障碍）的可能性就越大。因此在高原训练期间或日常生活工作中应加强心理干预，培养坚韧的性格和良好的心理品质，有助于高原适应和完成各项工作任务。

高原体能训练中，放松训练可以有效降低交感神经系统的活动水平，缓解骨骼肌的紧张，减轻焦虑与紧张情绪。孟晴晴等研究发现，模拟3700 m、4100 m高原环境对心率的改变有显著效应，血氧饱和度未见明显差异。但从进驻高原环境第1天开始，每天定时进行5～10 min腹式呼吸放松训练，对于心率、血氧饱和度的改变有显著主效应，研究认为腹式呼吸放松训练可以使荷尔蒙和自主神经系统协调地发挥功能，从而影响到心脏神经调节和心理反应，有效缓解高原缺氧环境的心血管应激反应，有利于促进心身健康和高原习服，值得进一步在高原体能训练中推广应用

澳大利亚运动心理学家安歇尔（Allshel）提出了包含四个阶段的急性应激应对模式，此模式具有独到之处和实用性，完全可以应用于高原体能训练的急性心理应激的训练过程。

第一阶段：情绪控制阶段，要求避免情绪波动，处于放松状态，保持较强的自信心，同所处的环境进行合理而有效的互动。以平静的心态对待环境刺激带来的应激，对自己的行为负责，并能准确地感知自己的表现，而一旦能对自己的行为做出准确的归因，就能主动、有意识地采取正确的行为模式。

第二阶段：信息分类阶段，要求将收到的信息滤掉无意义的成分，保留可利用而有意义的成分。

即要求运动员甩掉高原应激带来的心理压力，如高原视力下降，对咸、酸、苦的味觉降低，头痛、失眠、情绪激动、无力、呕吐等。接受这些信息并以平静的心态进行合理的评价，从而排除怀疑自己功能的有害信息。

第三阶段：认知反应阶段，采用一定的认知策略作为应激的反应。不应在头脑中唤起那些不愉快的感觉和影响，将注意力停留在已发生的不良事件上，而是将注意力尽快转移到下一个动作和事件上。把高原应激反应当成一种挑战来理解，从而产生积极的认识，对以后的训练充满信心，能与教练积极配合，克服紧张、焦虑、恐惧的心理。

第四阶段：行为反映阶段，高级的运动技能都是自动进行的，在完成过程中任何思维过程都可能影响到动作的效率。所以这一阶段的要求就是在认识反应阶段完成后，尽可能不再进行任何复杂的认识活动，尽快在最佳状态中完成所需的技能。

（四）注意事项

在开展高原训练应激反应监测时，按固定时间和条件进行测试，并应注重监测的系统性。由于对高原环境适应和高原体能训练应激存在着个体差异性，应针对个体进行纵向比较分析，寻找和建立起一种合理的高原应激应对措施。

二、心境状态

心境状态（state of mind）又叫心情或情绪状态，是由环境刺激而引起的情绪或情感的唤醒状态，是具有感染力的、微弱而持久的情绪状态。一般情况下，某种心境一旦被唤起，就能持续几小时、几天甚至几周，影响人对事物的态度、行为表现、生活、工作、学习以及身心健康，正所谓“忧者见之而忧，喜者见之而喜”。心境状态有积极和消极之分，积极而良好的心境主要体现在精力感和幸福感两个方面，使人对许多事物产生欢乐的情绪，也就是人逢喜事精神爽，甚至会觉得花草树木都在微笑和点头；而消极和不良的心境包括抑郁、疲劳、惊慌、愤怒和紧张等情绪，会使人感到情绪低落，无精打采，甚至会“对花落泪，对月伤情”。

个性特征、重大事件、工作成败、健康状况、人际关系、时令节气、环境景物等都可以引起不同的心境，也影响心境的持续时间。积极的心境有助于工作和学习，朝气蓬勃，勇于克服困难，促进主观能动性的发挥，提高活动效率，并且有益于身心健康。消极的心境使人意志消沉，降低活动效率，妨碍工作和学习，使个体对工作不感兴趣，容易被激怒，不能克服困难，并且有害身心健康。一般性格外向的人心境持续的时间短些，性格内向的人对同一事件所引起的心境持续时间长些。

经常参加体育锻炼不仅会提高运动能力和身体素质，还会磨炼一个人的毅力或意志力，改善心境，提高自信心。美国学者摩根（W. P. Morgan）的研究结果表明，成功的运动员，尤其是成功的世界级运动员，紧张、抑郁、愤怒、疲劳和慌乱程度都很低，精力较高，并指出心境状态是评价运动员潜能的有效工具，也是预测运动成绩的良好手段。Lane 等认为，心境状态的变化能够反映环境的变化，并可预测运动成绩，在高原等不利环境训练的初期应对其心境状态进行有规律的测评，并将心境状态的数据、生理数据、教练员对运动员存在不良适应的评定这三个方面结合起来共同进行监测。李年红对国家游泳队昆明高原训练期间运动员心境状态的变化情况进行研究，发现运动员初上高原时紧张和疲劳状态水平较高，在整个高原训练期期间，运动员的疲劳状态均处于较高的水平，而精力呈现不断下降的趋势。监测心境状态是为了确认个体是否对环境产生不良的应激反应，高原训练期间个体通常会出现精力下降和疲劳升高，尤其是抑郁得分的升高能够反映出个体适应不良，因此只要这些征兆一出现，应该考虑进行干预。

（一）测试工具

采用简式的心境状态量表测试，又称心理状态剖面图（Profile of Mood States，POMS），由美国的麦克奈尔等于 1971 年创造。完整版 POMS 包括紧张、抑郁、愤怒、精力、疲劳和慌乱六个分量表，每一分量表分别包括若干个形容词，全表共 65 个形容词，混合排列。1992 年，格罗夫等对 POMS 进行了改良，并简化成 40 个形容词，并增加了自尊心分量表，同时用情绪纷乱总分（Total Mood Disturbance，TMD）表明消极情绪状态的程度，TMD 分数越高，即心情越纷乱、烦闷或失调。1995 年，祝蓓里对简式 POMS 进行了修订，并建立了中国常模，认为简式 POMS 是一种研究情绪状态、情绪与运动效能关系的良好工具（表 6-4-3）。

（二）测评方法

心境状态量表（简式 POMS）有七个分量表，共 40 个选项，每一个选项有几乎没有、有一点、适中、相当多、非常地五种选择。测试要求 10 分钟，被测者根据上一周以来（包括当天）的心境或感受，选出一项最符合本人实际感受情况的等级。一般都能在 3 ~ 5 min 内完成，测试方法简便易行。

七个分量表的具体内容分别为：紧张为第 1、8、15、21、28、35 题，愤怒为第 2、9、16、22、29、36、37 题，疲劳为第 3、10、17、23、30 题，抑郁为第 3、11、18、24、31、38 题，精力为第 5、12、19、25、32、39 题，慌乱为第 6、13、20、26、33 题，与自我有关的情绪为第 7、14、27、34、40 题。分别累计各分量表的原始分数，计算每个分量表的总分数。情绪纷乱总分（TMD）= 五个消极情绪（紧张、愤怒、疲劳、抑郁、慌乱）得分 - 两个积极情绪（精力、与自我有关的情绪）得分 +100。

具体评价方法为：TMD 分数越高，表明更有消极的情绪状态，即心情更加纷乱、烦闷或失调。还可以将各分量表的得分绘制曲线图，即得到受试者的心境状态剖面图，有一种剖面图叫“冰山模式”，特指优秀运动员赛前或赛中所具有的良好心境状态模式，峰值越高，心境状态越好（图 6-4-1）。在实践当中也可借助高山医学对高原反应诊断标准的部分指标来评价机体在高原期间的身心感觉情况。

（三）应用评价

高原低氧会对个体的心理健康水平产生不利影响，首先受到影响的部位是中枢神经系统，机体在低氧环境下首先会麻痹大脑皮质的功能，使之失去对情绪情感的正常调节作用，从而发生不同程度的情绪紊乱，直至产生情感障碍，如敏感、易怒、敌对、烦闷、抑郁、孤独、恐惧等情绪，并且这些表现特点和严重程度除了与低氧程度和暴露时间有关之外，还与个体的情绪反应类型有关。

Coksevim 在不同的海拔（1200 m、2850 m 和 3900 m）对 37 名登山运动员研究发现，运动员的特质和焦虑状态升高，并且躯体化症状、强迫症、人际关系敏感性、敌对、焦虑、妄想思维以及精神病症状等指标均显著升高。张西洲等用症状自评量表对某高原适应性训练部队进行了 3 次追踪观察，当进入海拔 5270 m 地区第 10 天，总分、总平均分、阳性项目数以及躯体化、强迫症状、焦虑、敌对、恐惧因子得分显著高于上高原前，而脱离该环境后心身反应逐渐消失，返回平原第 7 天，上述变化基本恢复到上高原前的水平。

一般情况下，负性心境（紧张、疲劳等）随着海拔高度的升高而升高，而精力活力得分随海拔高度的升高出现下降的趋势。然而也有一些研

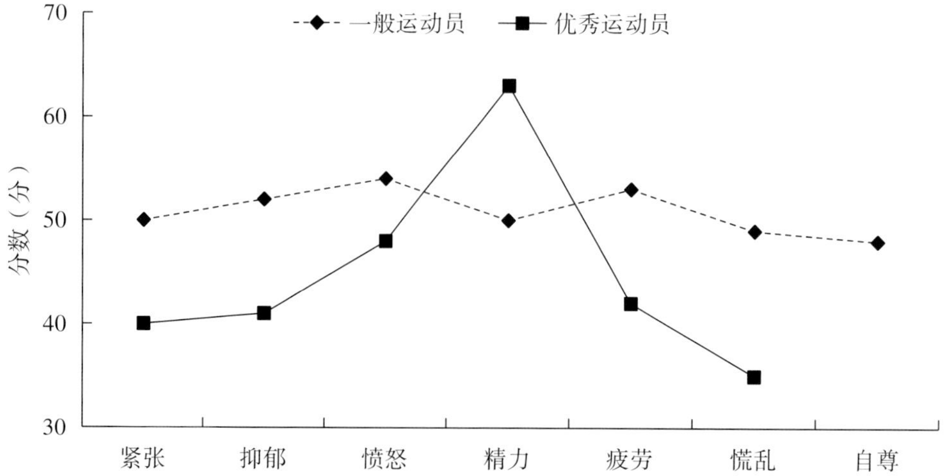

图 6-4-1　一般运动员和优秀运动员赛前心境状态剖面图

表6-4-3 心境状态量表（简式POMS）

序号	症状	几乎没有	有一点	适中	相当多	非常地
1	紧张的	□	□	□	□	□
2	生气的	□	□	□	□	□
3	无精打采的	□	□	□	□	□
4	不快活的	□	□	□	□	□
5	轻松愉快的	□	□	□	□	□
6	慌乱的	□	□	□	□	□
7	为难的	□	□	□	□	□
8	心烦意乱的	□	□	□	□	□
9	气坏的	□	□	□	□	□
10	劳累的	□	□	□	□	□
11	悲伤的	□	□	□	□	□
12	精神饱满的	□	□	□	□	□
13	集中不了注意力的	□	□	□	□	□
14	自信的	□	□	□	□	□
15	内心不安的	□	□	□	□	□
16	气恼的	□	□	□	□	□
17	精疲力竭的	□	□	□	□	□
18	沮丧的	□	□	□	□	□
19	主动积极的	□	□	□	□	□
20	慌张的	□	□	□	□	□
21	坐卧不宁的	□	□	□	□	□
22	烦恼的	□	□	□	□	□
23	倦怠的	□	□	□	□	□
24	忧郁的	□	□	□	□	□
25	兴致勃勃的	□	□	□	□	□
26	健忘的	□	□	□	□	□
27	有能力感的	□	□	□	□	□
28	易激动的	□	□	□	□	□
29	愤怒的	□	□	□	□	□
30	疲惫不堪的	□	□	□	□	□
31	毫无价值的	□	□	□	□	□
32	富有活动的	□	□	□	□	□
33	有不确定感的	□	□	□	□	□
34	满意的	□	□	□	□	□
35	担忧的	□	□	□	□	□
36	狂怒的	□	□	□	□	□
37	抱怨的	□	□	□	□	□
38	孤弱无助的	□	□	□	□	□
39	劲头十足的	□	□	□	□	□
40	自豪的	□	□	□	□	□

究没有发现类似结果，这可能是由于一些变量（包括个体对环境刺激的反应不同的差异）所造成的。Bahrke 和 Shukitt-Hale 总结了关于高原对心境、行为和认知功能的影响，认为在高海拔环境中，尤其是在海拔 4000 m 以上时，个体会发生心理上的变化和其他一些不利的变化。李年红发现，国家游泳队在海拔 1890 m 的昆明高原训练的第 1 周，运动员出现负性心境状态，如疲劳、紧张、愤怒和抑郁，但随着对高原环境的适应并结合第 1 周的适应性训练，第 2 周的心境状态有所改善；但是游泳运动员在高原训练期间始终处于一种疲劳状态，精力和自尊处于一种不断下降的趋势，第 3 周时运动员的心境状态剖面图呈现出“倒冰山”状。

体育锻炼能够调节情绪状态或心境状态，同时也增强了个体的心理健康，但大负荷运动的过度训练也可引起生理和心理症状。而在高原体能训练中，训练安排不当，运动负荷大，疲劳不易恢复都是影响心境状态得主要原因，易造成机体运动疲劳和情绪紊乱，往往产生种种消极体验，如焦虑、抑郁、疲劳、愤怒和缺乏自信，与无疲劳者相比，疲劳者更为冷漠、缺乏动机、容易厌倦、脾气急躁等。因此，在高原环境下除了要加强疲劳恢复，还应循序渐进地安排训练负荷，尤其是在高原初期，多采取游戏等趣味性强的方法手段安排体能训练，以尽早改善心境状态，促进高原适应。同时应加强对高原的了解，减少对高原的恐惧心理，采用更多调节情绪的策略，改善及增强抗情绪干扰的能力，提高情绪稳定性，保持良好的心理状态，将有助于心境改善、高原适应和体能训练。

（四）注意事项

POMS 是评价人体心境或情绪状态的有效方法，也是评估疲劳程度、预测运动能力和成绩的手段，但目前有关高原环境下的心境状态的研究相对较少，应加强不同群体和个体有关高原心境状态的研究，并建立高原特色的评估心境状态与疲劳程度、运动能力和低氧适应的回归方程模型。

心境状态与运动能力、生理状况以及心理状况有关，任何不同类型及强度的锻炼对心境的变化都有积极影响，尤其是中等强度的有氧锻炼对心境改善的效益最大，而且有氧能力强的个体对高原的适应能力也强，因此在平原体能训练中应加强有氧训练。

三、注意力

注意（attention）是心理活动对一定对象的指向和集中，是心理活动的重要组成部分。具有注意的能力称为注意力，反映视觉、听觉、触觉、嗅觉和味觉五大信息通道对客观事物的关注能力，若没有注意的参与，任何活动都将无法维持与进行。注意力与记忆力、观察力、想象力、思维力共同组成智力，所以被人们称为心灵的门户。注意力从始至终贯穿于整个心理过程，只有先注意到一定事物，才可能进一步去集训、记忆和思考等，而不被其他事物干扰。没有注意力，人们的各种智力因素（如观察、记忆、想象和思维）将得不到一定的支持并失去控制。例如，注意力是记忆力的基础，在学习的过程中，许多学习有困难的青少年，并不是智力低，而是在注意力环节上出现问题。在竞技运动过程中，注意力是直接影响运动技术水平提高和比赛获胜的关键因素。

注意力有四种品质，注意稳定性、注意分配、注意广度和注意转移，这是衡量一个人注意力好坏的标志，也就是一个人在一定时间内比较稳定地把注意集中于某一特定的对象与活动上，并对所注意的事物在一瞬间内清楚地觉察或认识的对象的数量，而且在进行多种活动时能够把注意力平均分配于活动当中，同时能够主动而有目的地及时将注意从一个对象或者活动调整到另一个对象或者活动的能力。

通常注意力不集中可能是因为大脑发育不完善，神经系统兴奋和抑制过程发展不平衡，造成自制能力差等，或有轻微脑组织损害、脑内神经递质代谢异常，或听觉、视觉障碍，造成注意下降、充耳不闻或视若无睹等现象。此外，工作或学习环境混乱、干扰过多也会影响注意力。

国内外研究均发现高原缺氧环境也会影响人的注意力，并且随海拔升高、暴露时间延长，影响更加明显。有研究发现，在急进 2000 m 海拔地区时注意力已表现出明显损害；暴露于 3600 m 海拔时，注意广度、注意转移和注意分配出现不同程度的下降；海拔上升到 4000 m 以上时，注意识别任务反应时明显延长；当海拔上升到 5000 m

时，注意力降低更为明显，注意转移和注意分配明显减弱，不能从一项任务很快转向另一项任务，也不能同时完成几个任务。注意力受损的程度与从事任务的难度和低压低氧暴露的时间呈正相关，返回平原地区后该损害仍将持续一段时间。安心等对大学生在 3650 m 海拔地区追踪测试了 1 周、1 个月和 2 年三个时间点的注意网络功能，发现低氧暴露时间不同对注意力的影响也不同，对注意网络中的执行控制功能的影响不同，其中 1 周和 2 年时注意网络中的执行控制功能下降更为显著，研究推测随着低氧暴露时间的延长，注意网络中的执行控制功能存在一个下降、恢复、再下降的复杂变化趋势。

（一）测试工具

注意力测试旨在测定运动员注意力的综合水平，同时，对不同运动项目注意力的不同品质做进一步的区分与评价，但该测试也可以诊断高原体能训练注意力特征。测试分为概念形成测试、注意广度测试、注意稳定测试、注意转移测试四种，测试内容和时间安排见表 6-4-4，测试之间的时间间隔应以避免疲劳的影响为原则来确定。

进行测试时，首先要讲解测试要求，同时带领受试者做例题，在所有受试者理解题意以后再进行正式测试。要严格按照要求控制时间，如果是用计算机系统进行测试，则时间控制由计算机程序来执行。

表6-4-4　注意力测试内容和时间

量表名称	测量目标	操作时间
概念形成测试（图形辨别测试）	注意分配	3 min
注意广度测试（选四圈）	注意广度	3 min
注意稳定测试（视觉追踪）	注意稳定性	2 min
注意转移测试（加减法测试）	注意转移	3 min

注意力测试的研制者制定了网球、跳水、短道速滑、篮球、自由滑雪空中技巧和帆船六个项目运动员的注意力诊断参考标准（表 6-4-5 ～表 6-4-11）。各项目既有总体的参考标准，也有分性别的参考标准。研制者还提供了开放性运动技能和闭锁性运动技能的参考标准，以便更好地为运动实践服务。这些注意力诊断参考标准可在不同专业人群开展高原体能训练时参考应用。

（二）测试方法

1．概念形成测试　概念形成测试（图形辨别测试）主要测量从很多相似的图形中找到某些指定图形的能力。本测试的图形由两个大小不同、都有缺口的圆环组成。由于圆环的缺口方向不同，就组成很多相似但又不同的图形。本测试要完成

表6-4-5　网球运动员注意力参考标准（总体）

原始数据					标准分数	标准总分=Z1对＋Z2对＋Z3对＋Z4对＋50	
测试项目	人数	平均数	标准差	95%置信区间	标准分=（原始得分－平均分）/标准差	平均分	标准差
测试一对	24	19.2083	6.3106	16.5436 ～ 21.8731	Z1 对 =（X1 对－19.2083）/6.3106	51.0904	1.9615
测试一错	24	1.4583	2.2063	0.5267 ～ 2.3900			
测试一漏	27	7.8333	5.7079	5.4231 ～ 10.2436			
测试二对	27	125.3704	26.1124	115.0406 ～ 135.7001	Z2 对 =（X2 对－125.3707）/26.1124		
测试二错	27	0.3704	1.2136	－0.1097 ～ 0.8505			
测试二漏	27	11.0370	12.6900	6.0170 ～ 16.0570			
测试三对	27	19.1852	3.3286	17.8684 ～ 20.5019	Z3 对 =（X3 对－19.1852）/3.3286		
测试三错	27	1.2222	1.0860	0.7926 ～ 1.6518			
测试四对	26	125.0385	56.4847	102.2238 ～ 147.8531	Z4 对 =（X4 对－125.0385）/56.4847		
测试四错	26	3.0000	4.2521	1.2826 ～ 4.7174			

注：X 为受试者在该测试项目上所得的原始分

表6-4-6 网球运动员注意力参考标准（男子）

原始数据					标准分数	标准总分=Z1对＋Z2对＋Z3对＋Z4对＋50	
测试项目	人数	平均数	标准差	95%置信区间	标准分=（原始得分－平均分）/标准差	平均分	标准差
测试一对	12	19.0833	7.5614	14.2791 ～ 23.8876	Z1对＝（X1对－19.0833）/7.5614	50.9925	2.3598
测试一错	12	2.2500	2.8002	0.4709 ～ 4.0291			
测试一漏	12	7.8333	6.5343	3.6816 ～ 11.9850			
测试二对	13	134.3846	21.8424	121.1854 ～ 147.583	Z2对＝（X2对－134.3846）/21.8424		
测试二错	13	0	0	0 ～ 0			
测试二漏	13	8.2308	8.4178	3.1440 ～ 13.3176			
测试三对	13	18.6923	2.9548	16.9067 ～ 20.1779	Z3对＝（X3对－18.6923）/2.9548		
测试三错	13	1.4615	1.1266	0.7807 ～ 2.1423			
测试四对	13	127.2308	58.3155	91.9911 ～ 162.4704	Z4对＝（X4对－127.2308）/58.3155		
测试四错	13	3.9231	5.3613	0.6833 ～ 7.1629			

注：X为受试者在该测试项目上所得的原始分

表6-4-7 网球运动员注意力参考标准（女子）

原始数据					标准分数	标准总分=Z1对＋Z2对＋Z3对＋Z4对＋50	
测试项目	人数	平均数	标准差	95%置信区间	标准分=（原始得分－平均分）/标准差	平均分	标准差
测试一对	12	19.3333	5.1050	16.0898 ～ 22.5769	Z1对＝（X1对－19.3333）/5.1050	51.1972	1.5214
测试一错	12	0.6667	0.9847	0.041 ～ 1.2923			
测试一漏	12	7.8333	5.0422	4.6296 ～ 11.0370			
测试二对	14	117.0000	27.6878	101.0135 ～ 132.9865	Z2对＝（X2对－117.0000）/27.6878		
测试二错	14	0.7143	1.6375	-2.3120 ～ 1.6597			
测试二漏	14	13.6429	15.5396	4.6706 ～ 22.6151			
测试三对	14	19.6429	3.6921	17.5111 ～ 21.7746	Z3对＝（X3对－19.6429）/3.6921		
测试三错	14	1.0000	1.0377	0.4008 ～ 1.5992			
测试四对	13	122.8462	56.8842	88.4714 ～ 157.2209	Z4对＝（X4对－122.8462）/56.8842		
测试四错	13	2.0769	2.6602	0.6494 ～ 3.6845			

注：X为受试者在该测试项目上所得的原始分

表6-4-8 篮球运动员注意力参考标准（男子）

原始数据					标准分数	标准总分 =Z1对＋Z2对＋Z3对＋Z4对＋50	
测试项目	人数	平均数	标准差	95%置信区间	标准分=（原始得分－平均分）/ 标准差	平均分	标准差
测试一对	12	19.6667	6.4149	15.5908 ～ 23.7425	Z1 对 =（X1 对－19.6667）/6.4149	48.6370	1.6089
测试一错	12	2.5833	4.5017	－ 0.2769 ～ 534436			
测试一漏	12	10.1667	6.0126	6.3464 ～ 13.9869			
测试二对	12	84.8333	13.3269	76.3658 ～ 93.3008	Z2 对 =（X2 对－84.8333）/13.3269		
测试二错	12	0.4167	0.9003	－ 0.1554 ～ 0.9887			
测试二漏	12	11.5000	5.9772	7.7022 ～ 15.2978			
测试三对	12	13.5833	2.9987	11.6780 ～ 15.4886	Z3 对 =（X3 对－13.5833）/2.9987		
测试三错	12	1.0000	0.9535	0.3942 ～ 1.6058			
测试四对	12	118.0000	40.3169	92.3838 ～ 143.6162	Z4 对 =（X4 对－118.0000）/40.3169		
测试四错	12	2.9167	3.7040	0.5633 ～ 5.32701			

注：X 为受试者在该测试项目上所得的原始分

表6-4-9 帆船运动员注意力参考标准（总体）

原始数据					标准分数	标准总分=Z1对＋Z2对＋Z3对＋Z4对＋50	
测试项目	人数	平均数	标准差	95%置信区间	标准分=（原始得分－平均分）/ 标准差	平均分	标准差
测试一对	8	26.5000	7.6674	22.9115 ～ 30.0885	Z1 对 =（X1 对－26.5000）/7.6674	50.000	3.2508
测试一错	8	1.8000	2.5257	0.6180 ～ 2.9820			
测试一漏	8	5.9000	4.0898	3.9859 ～ 7.8141			
测试二对	8	118.5000	11.3021	113.2105 ～ 123.7895	Z2 对 =（X2 对－118.5000）/11.3021		
测试二错	8	0.3000	0.6569	0.0075 ～ 0.6075			
测试二漏	8	5.2500	6.8201	2.0581 ～ 8.4419			
测试三对	8	27.6500	8.0543	23.8805 ～ 31.4195	Z3 对 =（X3 对－27.6500）/8.0543		
测试三错	8	1.2000	1.3611	0.5630 ～ 1.8370			
测试四对	8	130.4000	30.3478	116.1968 ～ 144.6032	Z4 对 =（X4 对－130.4000）/30.3478		
测试四错	8	1.4000	1.2312	0.8238 ～ 1.9762			

注：X 为受试者在该测试项目上所得的原始分

表6-4-10 开放性运动技能注意力参考标准

原始数据				标准分数	标准总分=Z1对+Z2对+Z3对+Z4对+50	
测试项目	人数	平均数	标准差	标准分 =（原始得分 – 平均分）/ 标准差	平均分	标准差
测试一对	48	19.8542	6.4014	Z1 对 =（X1 对 – 19.8542）/6.4014	50.3107	2.1169
测试二对	52	109.2885	27.4757	Z2 对 =（X2 对 – 109.2885）/27.4757		
测试三对	52	17.4231	3.7487	Z3 对 =（X3 对 – 17.4231）/3.7487		
测试四对	51	128.9216	49.0179	Z4 对 =（X4 对 – 128.9216）/49.0179		

注：X 为受试者在该测试项目上所得的原始

表6-4-11 闭锁性运动技能注意力参考标准

原始数据				标准分数	标准总分=Z1对+Z2对+Z3对+Z4对+50	
测试项目	人数	平均数	标准差	标准分=（原始得分 – 平均分）/标准差	平均分	标准差
测试一对	23	22.7391	9.9600	Z1 对=（X1 对 – 22.7391）/9.9600	49.5671	3.7163
测试二对	43	90.1163	40.8558	Z2 对=（X2 对 – 90.116）/40.8558		
测试三对	43	17.7907	6.6567	Z3 对=（X3 对 – 17.7907）/6.6567		
测试四对	42	106.7143	51.6146	Z4 对=（X4 对 – 106.7143）/51.6146		

注：X 为受试者在该测试项目上所得的原始分

的任务是从很多相似的图形中找出其中指定的两种图形来，测试时间为 3 min（图 6-4-2）。

测试前需填写符合本人的实际感觉，即本人当时的竞技精神状态是：很好、较好、一般、较差、很差，并在具体感觉等级上标识出来；直接在找到的两个图形上面画“√”；两个图形要同时寻找，不能全部找完一个后再找第二个；大圆环与小圆环的缺口方向都要与找的图形完全一致，才算正确；从测试图的第一行开始由左至右依此寻找，查完一行再查下一行，直至全部查完或时间到再停止；如果有错画“√”的地方，请不要改正，继续往下找，并能又快又准确地完成本测试。

2．注意广度测试 注意广度测试（选四圈）主要为要求从画有不同数目圆圈的小方格内找出画有 4 个圆圈的小方格，并标识出来。测试时间为 3 min（图 6-4-3）。

要小方格内有 4 个小圆圈，不管圆圈的排列方式如何，都属于要找的小方格；从测试的第一行开始自左至右依次寻找，查完一行再查下一行，直至全部查完；如果有错画的地方，请不要改正，继续向下找，又快又准确地完成本测试。

3．注意稳定测试 注意稳定测试（视觉追踪）为视力追踪测试，要求用眼睛从左侧开始追踪一条曲线，并将该线起始时的序号，用笔写到右侧曲线结束的方格内，测试时间为 2 min（图 6-4-4）。

必须用眼睛追踪，不用手指或笔尖辅助追踪，否则算错；图中的曲线一般都比较圆滑；每条曲线可能有上有下，但无中途停断的现象，都是起于左侧而结束于右侧；请先找 A 图各线，然后再找 B 图各线，并能又快又准确地完成本测试。

4．注意转移测试 注意转移测试（加减法）主要测量加减运算能力，根据不同数字和加减组合，交替进行一加一减运算，并将结果写在两个数中间，每行从左至右按先加后减的次序进行，能又快又准确地完成本测试，测试时间为 3 min（图 6-4-5）。

图 6-4-2 概念形成测试图

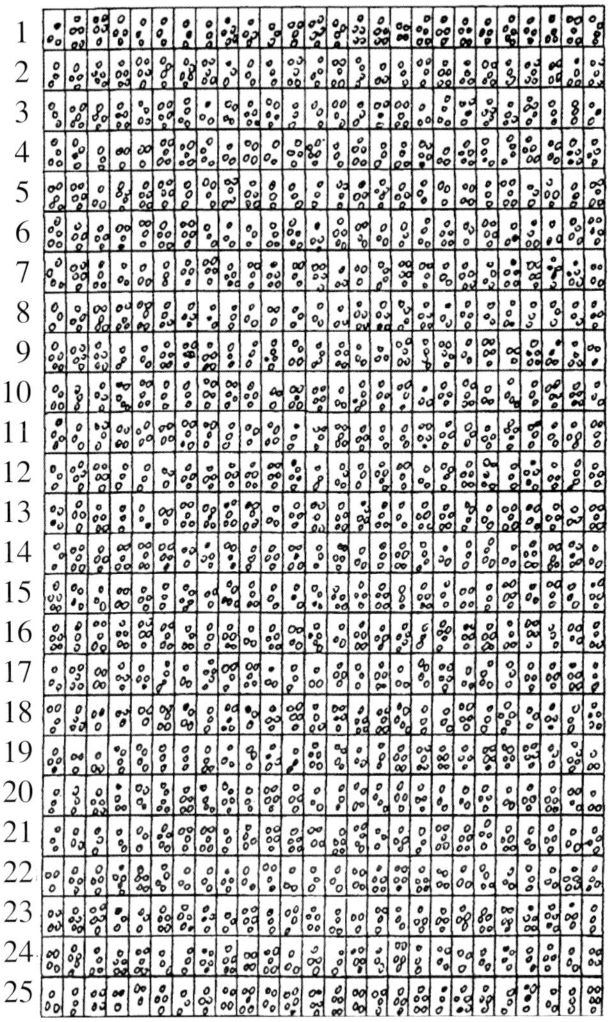

图 6-4-3 注意广度测试图

依据正确反应数进行评价（表 6-4-12）。为了精确地评价每个运动员，可以进一步参看错漏的参考标准，在看正确反应数的基础上，如果错漏又低于平均数，此时给予的评价可能更客观。

综合注意能力：Z 总 = Z1 对 + Z2 对 + Z3 对 + Z4 对 + 50。

评价等级：评价分为很好、较好、一般、较差（不理想）、很差（很不理想）五个等级。

5. 警戒性注意测试 警戒性注意测试主要采用数字划消测试图，其警戒性注意能力指数越高，警戒性注意的水平就越高，测试时间为 5 min（图 6-4-6）。

划消测试：测试图印有许多数字，从第一行开始，从左到右，一行一行地检查每个数字，并划掉事先指定的数字，不要把指定数字以外的数字划掉，也不要把指定的数字漏掉，还要尽量快划。如用“/”划掉数字 6。

E=100 × A/T。A 为划消精确度；T 为划消数字。

A=（C−W）/（C+O），C 为划消符号的总数（即 160），W 为错划的个数，O 为漏划的个数。

根据指数（E 值）判定注意力水平，E 值常模正常指数为 18.7，及格指数为 18.46，障碍指数为 17.24。警戒性注意能力指数越高，警戒性注意的水平就越高。判定标准为：低于及格指数者，注意力有严重缺陷或障碍；高于及格指数低于正常指数者，注意力水平偏低；高于正常指数者，为注意力正常。测试结果填写在表 6-4-13 中。

现在开始：

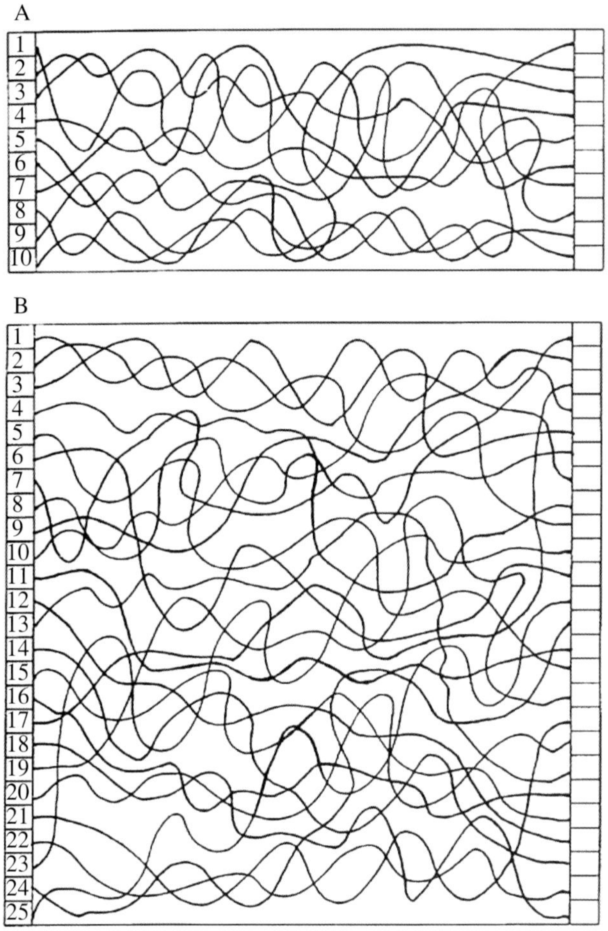

图 6-4-4 注意稳定测试图

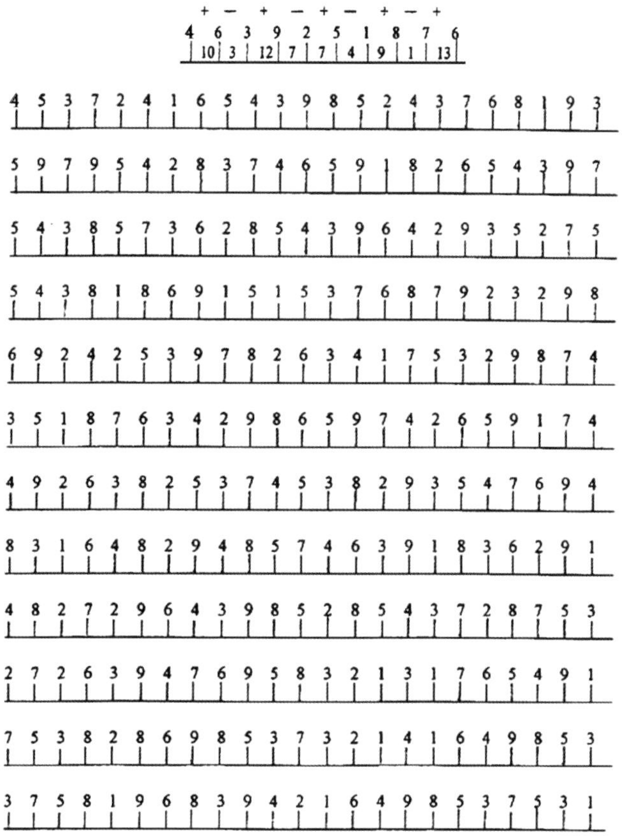

图 6-4-5 注意转移测试图

表6-4-12 注意力测试评价

类别		很好		较好		一般		较差（不理想）		很差（很不理想）	
		标准差	人数（%）	标准差	人数（%）	标准差	人数（%）	标准差	人数（%）	标准差	人数（%）
综合注意力		＞1.8	3.5	0.6～1.8	24	−0.6～0.6	45	−1.8～−0.6	24	＜−1.8	3.5
注意力各品质	注意分配	＞1.8	3.5	0.6～1.8	24	−0.6～0.6	45	−1.8～−0.6	＜−1.8	3.5	3.5
	注意广度	＞1.8	3.5	0.6～1.8	24	−0.6～0.6	45	−1.8～−0.6	＜−1.8	3.5	3.5
	注意稳定性	＞1.8	3.5	0.6～1.8	24	−0.6～0.6	45	−1.8～−0.6	＜−1.8	3.5	3.5
	注意转移	＞1.8	3.5	0.6～1.8	24	−0.6～0.6	45	−1.8～−0.6	＜−1.8	3.5	3.5

5 8 9 6 0 5 4 7 8 9 1 2 8 1 5 6 4 7 8 6 3 8 4 5 6 2 8
4 8 5 1 5 6 4 4 6 8 4 3 5 2 4 8 1 5 6 5 5 6 7 8 5 4 7
7 8 1 8 1 7 6 5 2 6 7 8 3 1 6 2 4 7 8 6 2 4 7 6 3 0 2
4 6 8 2 3 5 6 7 9 2 7 4 1 3 6 5 3 4 5 6 7 9 7 4 6 5 4
7 8 5 2 1 6 7 4 2 6 7 5 4 9 8 6 8 7 9 4 6 9 8 7 6 1 2
4 6 9 8 7 6 4 1 6 5 7 4 2 4 9 8 6 7 5 6 4 9 7 6 2 5 3
5 6 4 3 5 1 6 7 8 4 6 0 8 3 4 6 4 0 7 6 8 4 6 8 7 6 4
4 8 9 2 6 8 5 6 7 9 6 3 8 7 1 6 7 8 7 4 9 6 7 9 8 7 6
1 6 8 5 2 4 1 6 3 8 9 6 5 2 3 6 4 9 6 7 9 6 9 1 6 2 8
5 4 8 7 9 1 6 5 2 3 4 7 9 2 5 6 2 7 7 9 8 9 7 8 5 6 8
4 6 7 9 7 6 8 2 1 6 9 1 1 5 7 4 6 8 7 9 5 2 3 4 1 6 0
5 6 3 4 6 7 4 9 6 7 4 8 6 5 9 3 2 2 1 9 8 6 8 5 4 3 5
4 6 9 2 8 6 7 4 8 4 5 9 5 2 8 3 6 4 9 0 6 7 9 8 6 4 0
5 4 6 4 7 5 3 6 5 9 8 7 8 5 2 5 6 9 1 5 2 6 9 8 7 4 2
4 9 6 4 8 6 3 5 4 9 6 5 9 6 7 7 8 4 9 6 4 0 6 4 8 0 5
4 8 9 6 4 8 7 6 5 1 1 8 9 6 3 4 8 7 4 6 5 4 6 4 0 5 5
5 4 6 5 6 5 3 1 6 8 4 6 0 4 5 7 6 5 5 6 4 9 8 7 4 5 4
4 5 4 6 9 8 4 6 8 7 4 7 4 3 2 6 8 7 8 9 4 6 4 0 8 9 5
4 8 6 2 5 9 8 5 6 0 9 6 7 5 1 9 4 1 3 4 8 6 8 4 9 4 5
8 4 6 8 4 6 7 4 5 4 6 8 4 4 0 9 6 3 7 4 6 9 4 0 8 4 5
8 7 4 6 7 4 8 7 6 9 4 9 3 2 4 2 6 4 8 4 6 8 8 6 7 8 6
4 6 7 4 6 7 4 8 7 4 6 4 9 1 3 8 7 4 7 6 8 4 9 8 6 4 2
5 4 9 6 8 5 6 3 4 9 8 7 9 3 8 6 4 9 8 7 4 0 6 4 9 6 8
4 6 0 8 4 6 4 8 9 6 4 7 8 4 5 6 7 4 9 6 7 3 0 5 4 2 9
5 4 6 8 4 6 7 9 6 0 5 2 6 1 5 7 4 6 8 6 8 4 9 6 7 4 2
4 8 9 2 6 8 5 6 7 9 6 4 1 4 5 6 7 8 7 4 9 6 7 9 8 7 1
1 6 8 5 2 4 1 6 8 9 6 5 2 7 8 6 4 9 6 7 9 6 9 1 3 2 8
5 4 8 7 9 1 6 5 2 3 4 7 9 0 1 2 6 7 7 9 8 9 7 8 5 6 8
4 6 7 9 7 6 8 2 1 6 9 1 5 3 9 4 6 8 7 5 2 3 4 1 6 0
5 6 3 4 6 7 4 9 6 7 4 8 6 7 5 3 2 1 6 8 6 8 5 4 3 5
4 6 9 2 8 6 7 4 8 6 5 9 5 9 2 6 4 9 0 6 7 9 8 6 4 0

图 6-4-6　警戒性注意测试图

表6-4-13　划消数字测试结果统计表

项目	靶数	正确	错划	遗漏	用时	指数	结果
数字 6	160				5 min		

四、反应认知

认知（cognitive）指通过知觉、记忆、注意、思维和想象等心理活动而获取知识的过程，也是人脑加工、储存和提取信息的能力，即人们对事物的构成、性能、与他物关系、发展动力、发展方向以及基本规律的把握能力。习惯上将认知与情感、意志相对应，在个体与环境的作用过程中，个体认知的功能系统不断发展并趋于完善。一般认知能力包括回答问题的言语信息能力，处理问题的智慧能力，调节与监控认知加工过程的认知策略能力，形成对态度情绪和情感的反应态度能力，组织协调统一的肌肉动作技能五种能力。

高原环境可引起认知能力下降并造成心理障碍，且心理障碍与海拔高度和停留时间成正比，具体体现为感知觉障碍、注意力下降、记忆力减退、复杂思维判断力较差等。而人格特征、高原时情绪状态、高原任务的难度与危险程度及其他生物和心理因素都是发生心理障碍的基础。另外，高原暴露下的认知障碍也与高原环境中脑部受到强烈低压低氧刺激导致脑部代谢功能障碍，血管调节失常，直接损伤神经系统结构的完整性及正常生理功能有关。其中海马组织对缺氧最为敏感，从而影响人们的记忆、判断力、执行能力等认知功能，还会影响四肢协调能力、一般运动能力等运动功能。

一般情况下，高原低氧环境会影响人体的认知能力，但不会对机体中枢神经系统产生损害。Anooshiravani 等对 8 名登上海拔 6000 m 以上地区的志愿者进行研究发现，在 5500 m 地区的主要 AMS 症状是头痛，没有发现脑部 MRI 成像有改变，神经心理学检查未发现异常，回到平原后没有发现残留的中枢神经系统损害。

认知方式大致有四种类型：快而准确型、快而不准确型、慢而准确型、慢而不准确型，在高原环境下快速而准确的认知反应是衡量高原适应和完成工作任务的一个非常重要因素。

（一）测试工具

主要采用由葛春林设计的反应认知方式测试法。反应认知方式测试全部采用图形测试的形式，共有正式测试 20 个图形题（图 6-4-7 ～图 6-4-26）。每页图片上有 7 个图形，最上面图为标准图形，下面有从 A ～ F 为 6 个比较图形。

（二）测试方法

反应认知方式测试包含 20 个图形题，每页图片上有 7 个图形，最上面图为标准图形，下面

图 6-4-7　测试图

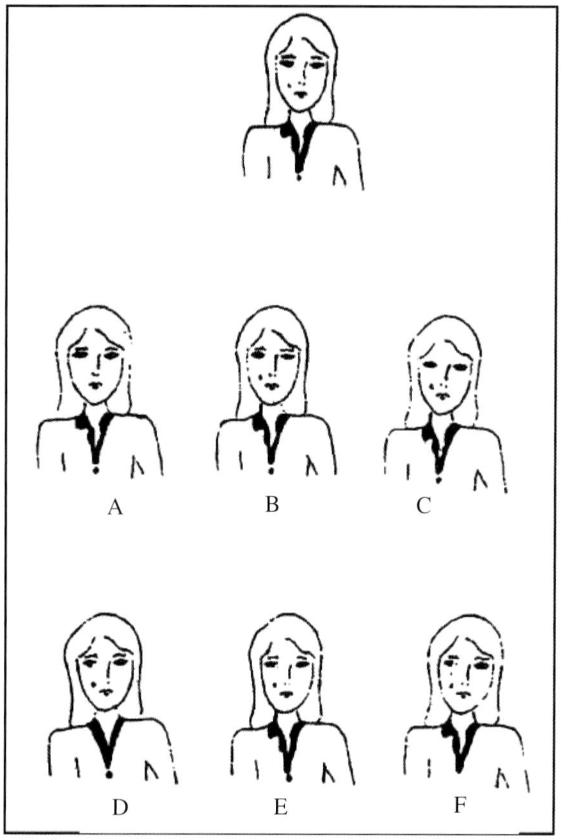

图 6-4-9　测试图

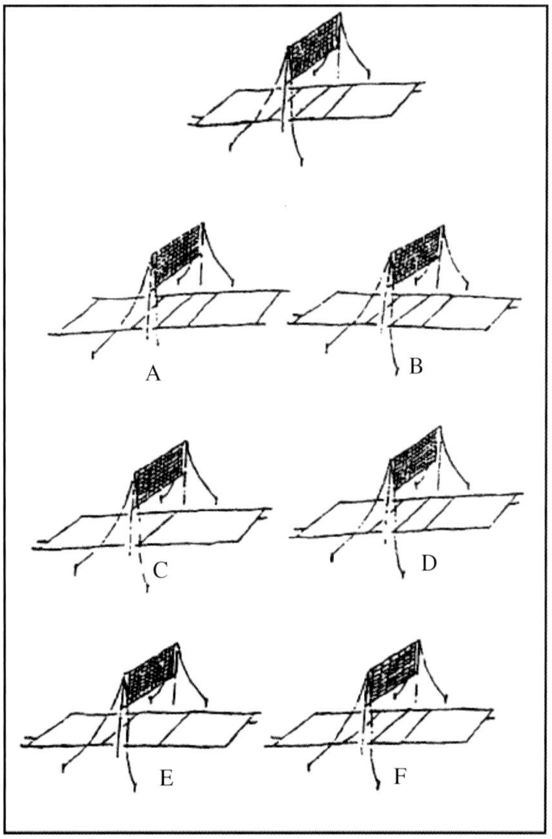

图 6-4-8　测试图

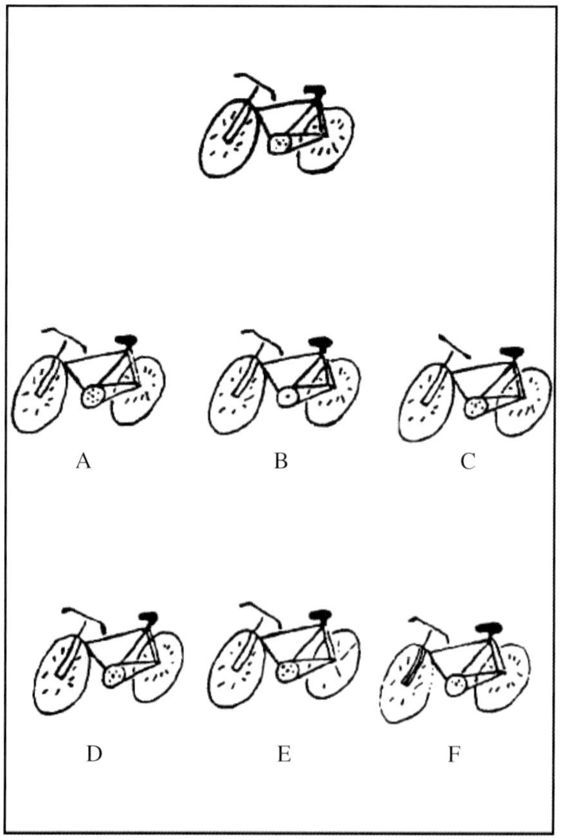

图 6-4-10　测试图

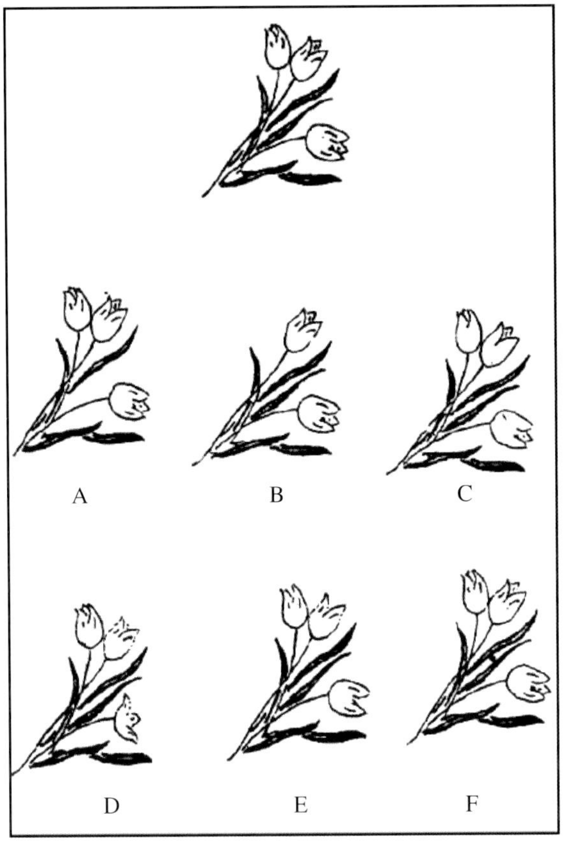

图 6-4-11　测试图

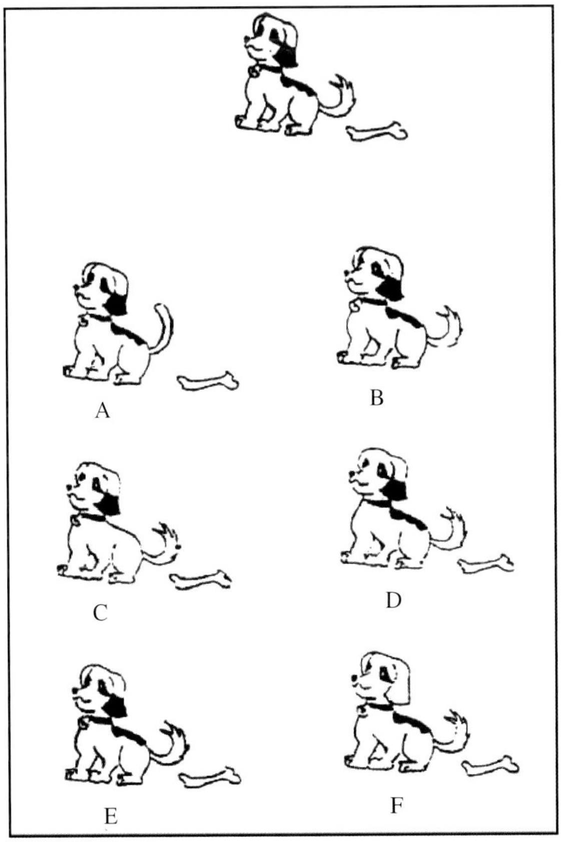

图 6-4-12　测试图

图 6-4-13　测试图

图 6-4-14　测试图

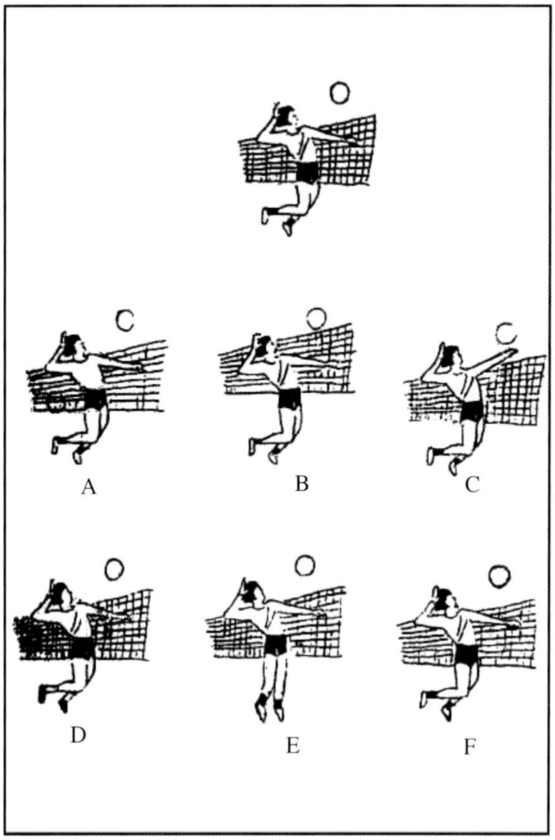

图 6-4-15　测试图

图 6-4-16　测试图

图 6-4-17　测试图

图 6-4-18　测试图

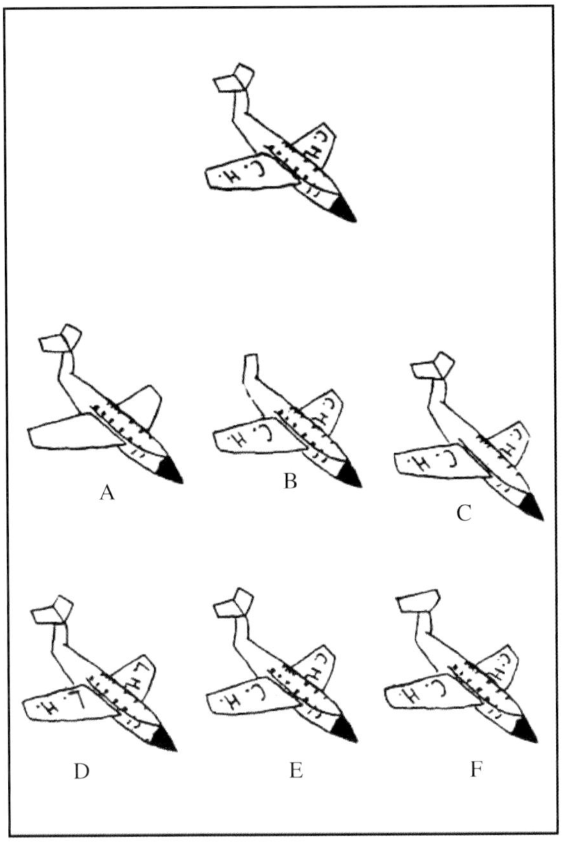

图 6-4-19　测试图

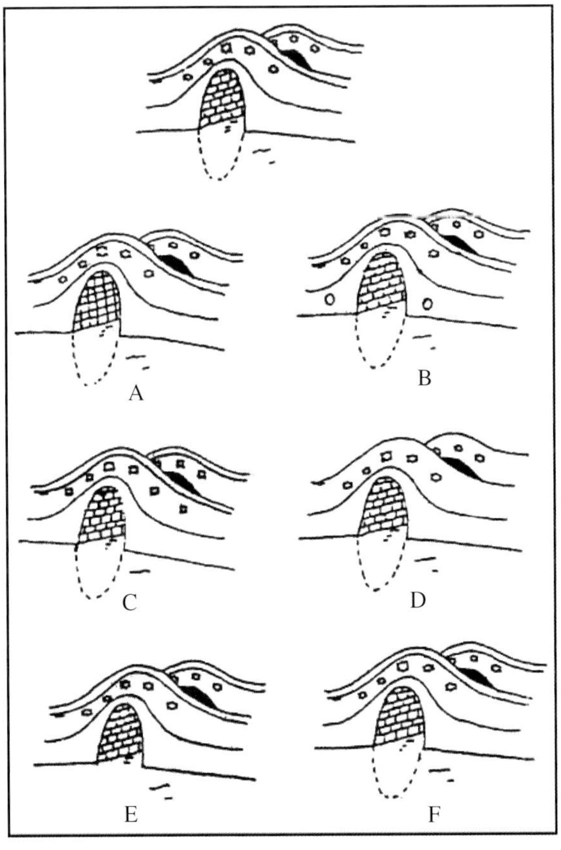

图 6-4-20　测试图

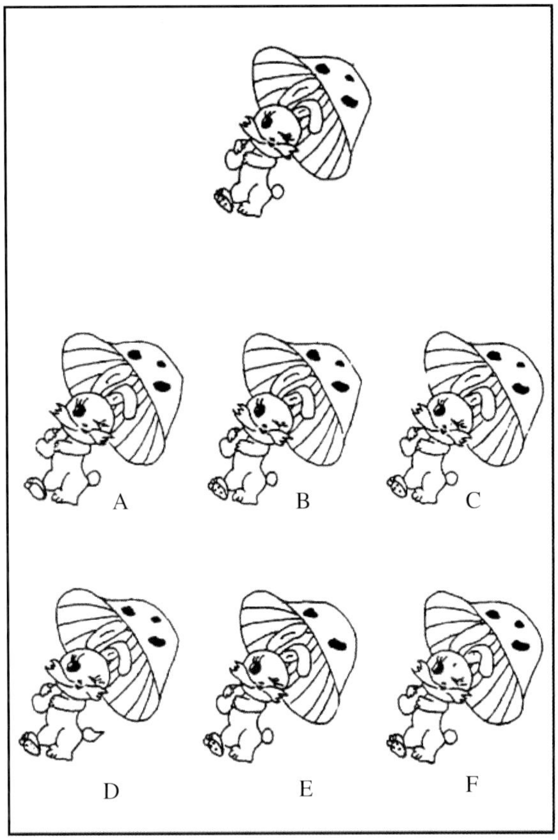

图 6-4-21　测试图

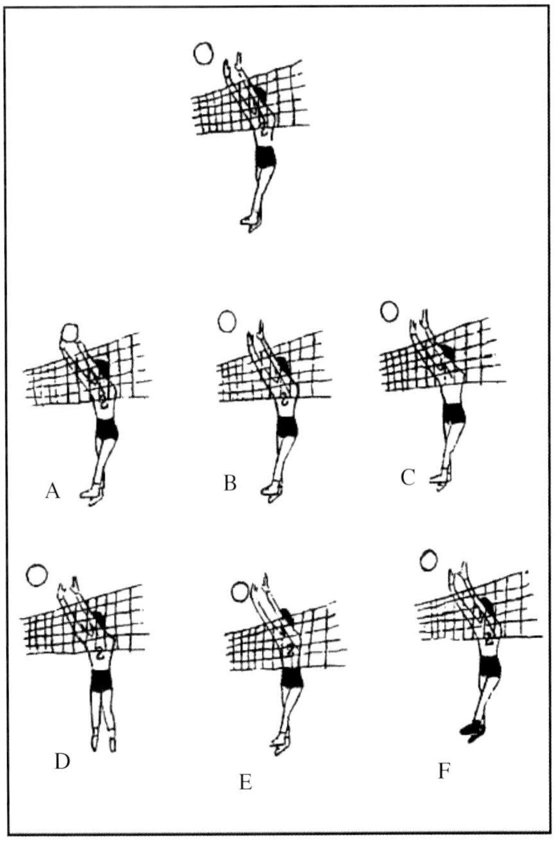

图 6-4-22　测试图

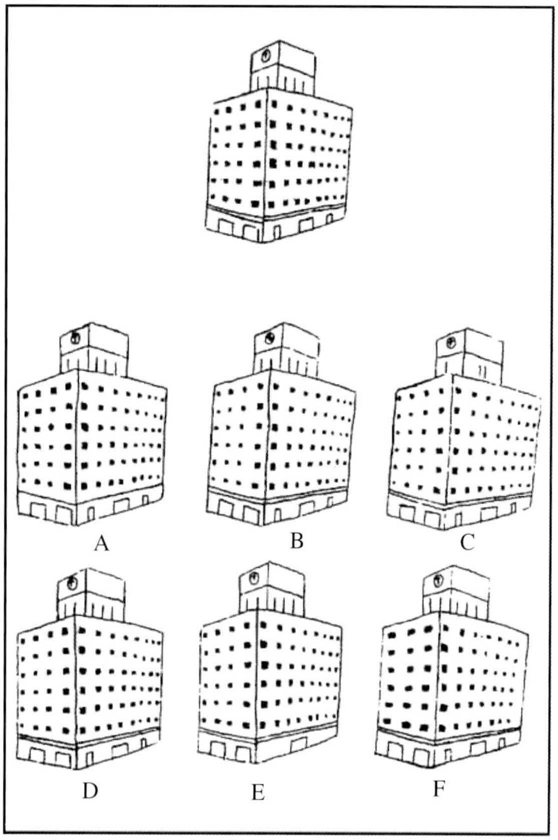

图 6-4-23 测试图

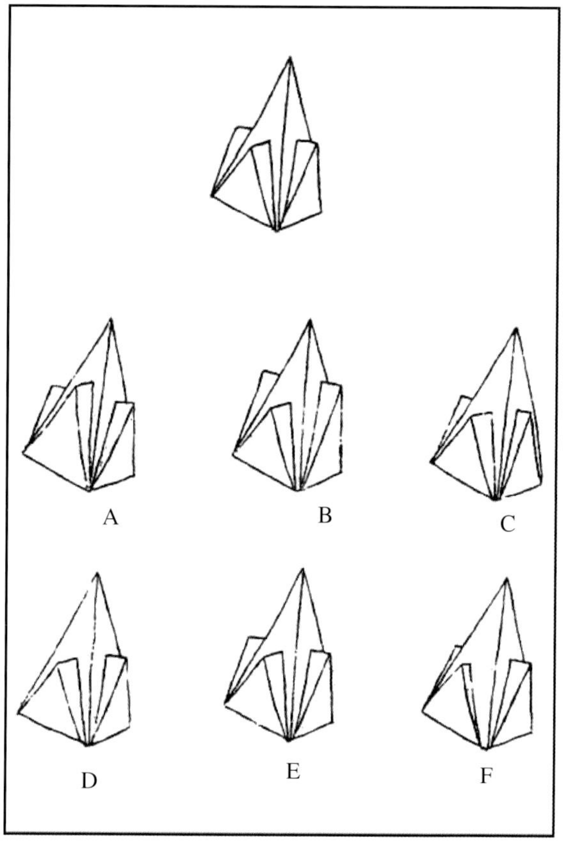

图 6-4-25 测试图

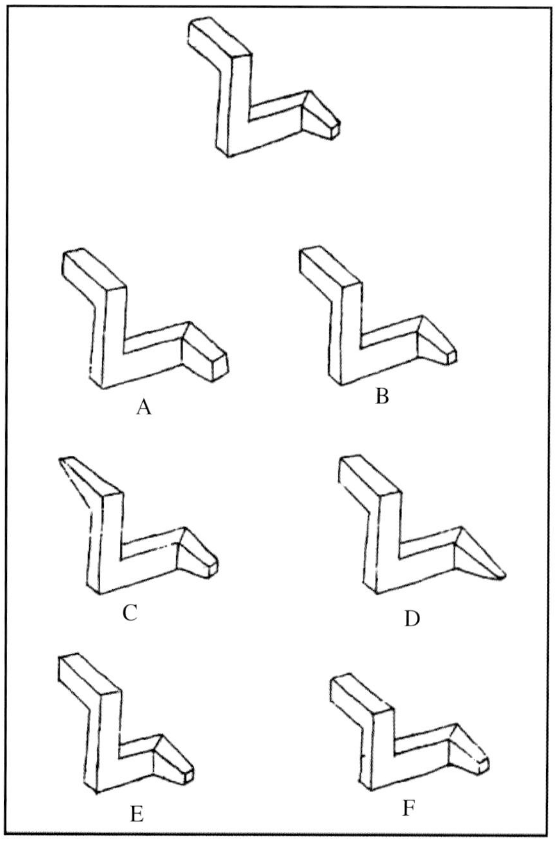

图 6-4-24 测试图

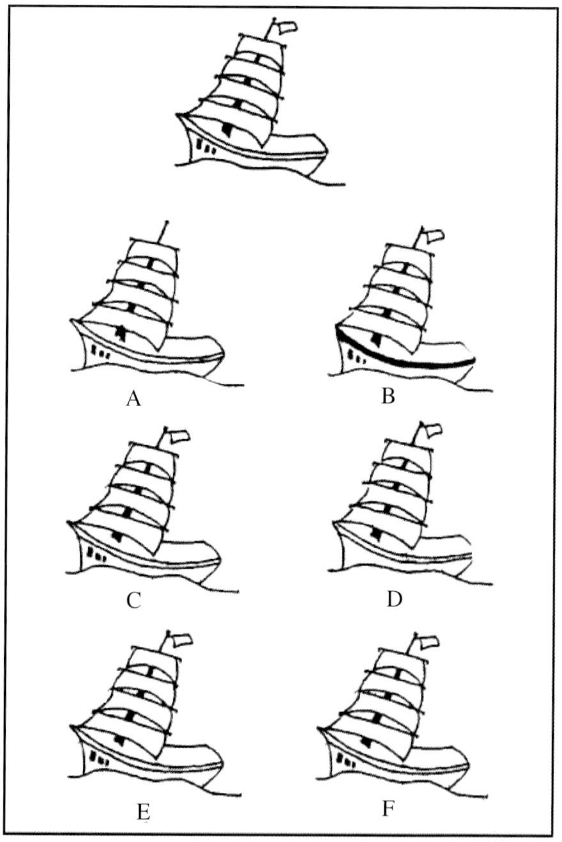

图 6-4-26 测试图

A～F为6个比较图形。要求受试者从6个比较图形中找出与标准图形最相似或相同的那一个图形。以图6-4-7为例，E图形与标准图形最相似，故选择E图形为正确答案，其他选择为错误答案。

为了让被测试者明白如何选择并画圈答题，测试人员应带领受试者试做第一个例题。当受试者理解和掌握选择答题方法后，开始测试。测试时，受试者将选择答案在反应认知方式测试量表答卷纸（表6-4-14）上按题号顺序，在每题号后6个选择中画圈即可，所选答案一定要同题号相对应。

表6-4-14　反应认知方式测试量表答卷纸

姓名＿＿＿　性别＿　年龄＿＿　测试日期＿＿＿＿

年＿＿月＿＿日＿＿

请用○将正确的答案圈出来	
1. A B C D E F	11. A B C D E F
2. A B C D E F	12. A B C D E F
3. A B C D E F	13. A B C D E F
4. A B C D E F	14. A B C D E F
5. A B C D E F	15. A B C D E F
6. A B C D E F	16. A B C D E F
7. A B C D E F	17. A B C D E F
8. A B C D E F	18. A B C D E F
9. A B C D E F	19. A B C D E F
10. A B C D E F	20. A B C D E F

使用本测试前，要让受试者在答卷纸上填写自己的姓名、性别和测试日期等。在测试开始时应给予"请您尽量又快又准确地从下面6个图形中找出与标准图形最相似或相同的那个图形，并将您的选择在答题纸上按题号顺序画圈"等指导语。

测试正式开始后即按下秒表计时，直到20题做完再停表，记录下全部测试总时间，不必计出每题的作答时间。

（三）应用评价

反应认知方式测试评价主要是对照量表的正确答案，统计测试者的选对数。测试结果评定的指标有两项：一个是答题总时间，另一个是选择正确数。测试量表的正确答案见表6-4-15，并根据认知测试量表的正确数及时间确定认知类型。

表6-4-15　认知测试量表的正确答案

题号	图形名称	答案	题号	图形名称	答案
1	小男孩	D	11	马	A
2	排球场	B	12	鹤	D
3	妇女	B	13	飞机	E
4	自行车	D	14	桥	F
5	花	F	15	小白兔	C
6	狗	E	16	拦网	B
7	卡车	A	17	大楼	D
8	小汽车	A	18	长条图	B
9	扣球	F	19	不规则图	E
10	垫球	E	20	帆船	C

反应认知方式类型划分标准主要依据认知测试量表的测试结果，全量表答题时间的中数为346.13 s，正确答题的中数为11。据此，反应认知方式类型分为快而准确型、慢而准确型、快而不准确型、慢而不准确型四类。划分标准见表6-4-16。

表6-4-16　认知方式类型的划分标准

类型	时间	准确数
快而准确型	＜6'46"	≥11
慢而准确型	≥6'46"	≥11
快而不准确型	＜5'46"	＜11
慢而不准确型	≥6'45"	＜11

高海拔对人脑认知能力的影响随着高度的递增而增强，一般暴露在较高海拔较长时间时会出现言语困难，感知障碍，记忆获取缓慢、难以保持，操作速度显著减慢等现象。Hombein等比较登山运动员登山前、中、后的认知能力也发现，与登山前相比，登山后出现注意涣散、短时记忆障碍、书写困难、失语等症状。一般当海拔高度在1800 m左右时以欣快感情绪为主（Shukitt等），当海拔低于2500 m时情绪特征主要为兴奋和冷漠（Ryn等），在3000～4000 m通常会出现神经衰弱，表现为疲劳、缺乏动机、感受性下降以及焦虑抑郁的表现，进入5000 m后则出现抑郁、偏执、妄想、强迫等认知能力的明显下降，处理问题的反应时间变长，超过7000 m发生急性脑水肿

等会导致中枢神经系统结构和功能受损。吴兴裕等在模拟海拔 300 m、2800 m、3600 m、4400 m 的研究中发现，负性情绪随着海拔高度的增加而加强，在高海拔会出现明显的情绪障碍和焦虑症状。Bolmont 等用模拟舱模拟 8848 m 高原环境 31 天，发现受试者焦虑状态、视觉反应时间明显延长，而且平均反应时间与试验前的焦虑分数呈正相关。

高原环境下认知功能的干预改善策略一般有靶向认知调节的直接干预和通过减轻高原生理反应的间接干预。靶向认知调节的直接干预措施主要用于高原缺氧性脑损伤的治疗，改善认知功能的药物目前还停留在动物实验层面，而如何干预高原低氧导致的人体认知能力下降还有待进一步的验证。通过减轻高原生理反应的间接干预是基于低氧导致氧化应激和代谢紊乱等多靶点的调节，给予具有抗低氧损伤作用的药物，这些药物在抗高原反应中具有较好的效果，可通过减轻高原反应而间接改善认知功能。例如，我国的传统中草药，如藏药红景天、红景天黄芪合剂、复方党参、银杏叶片和刺五加片等，可改善氧利用率、抗氧化与自由基清除等，从而保护大脑神经元而改善脑功能。

此外，低氧预适应或低氧训练是国内外公认的抗缺氧损伤干预的重要手段。在适度的海拔高度进行体能训练已被证明能有效提高高原低氧的耐受能力，减轻或维持低氧导致的体能下降和高原反应。这种低氧训练通过非损伤性刺激，激活机体产生有益的适应性反应，也可明显改善急性高原反应。近年来，越来越多的动物研究证明，间歇性低氧对多种疾病，如脑缺血、阿尔茨海默病的认知障碍和抑郁症等都有明显的改善和治疗作用。同时，间歇性低氧能有效减轻神经系统损伤，防治多种神经系统疾病，在神经损伤和修复过程中发挥重要的保护作用，间歇性低氧训练方法是一种简便、安全、经济的刺激手段，具有潜在的应用推广价值。但低氧训练的海拔高度选择、训练负荷的掌握，以及低氧与常氧间歇的时间需进一步研究。

另外，睡眠质量的好坏直接影响认知水平，高原环境可引起较严重的睡眠紊乱，脑力活动衰退，其变化程度与海拔高度和在高原停留时间的长短有很大关系。李强研究结果表明，驻藏官兵睡眠质量得分与智商和记忆得分均呈正相关关系，即睡眠质量程度越差，其认知水平也相对较低，通过改善睡眠质量可以提高习服期个体的认知水平。

（四）注意事项

在测试过程中，测试人员不得向受试者解释测试题的内容，不得有意提醒或催促受试者尽快做答，测试时要保证测试环境的安静。

测试采用单独个别形式测试。如用多功能计时表，也可以 3 ～ 5 人同时测试，每人一份测试量表，一张答卷纸。第二次测试时可以把量表原顺序打乱，但改卷时注意与打乱后的题号顺序相吻合。

五、注意事项

在心理认知测试前，要提前准备测试的设备、问卷、答题卡、笔等，要做到一人一表。同时在测试表或答题卡上要标识单位、姓名、性别、出生年月、身高、体重、高原经历、训练经历等基本信息，以便分析和反馈时应用。同时要注明测试要求、注意事项以及必要的说明等，尽可能避免因测试内容不理解和测试方法错误造成测试结果的不准确和误差。测试量表的具体模式可参照以下模式进行设计（表 6-4-17）。

高原体能训练的心理认知测试主要采用图形、表格、数字计算、符号等多种形式，很多图形的变化或异同相对细微，测试时需保持精神、思想及注意力高度集中，因此一般要求宽敞、明亮、舒适、安静的环境。

心理认知测试时，首先要讲解测试要求，同时要带领受试者预先试做例题，在所有受试者理解题意以后再进行正式测试。要严格按照要求控制时间，如果是用计算机系统进行测试，则时间控制由计算机程序来执行。

在测试过程中，测试人员不得向受试者解释测试题的内容，不得有意提醒或催促受试者尽快做答。

表6-4-17　×××心理认知测试表格模式表

<table>
<tr><td>队组</td><td colspan="4"></td><td colspan="2">测试时间</td><td colspan="3"></td></tr>
<tr><td>姓名</td><td></td><td>性别</td><td></td><td>出生年月</td><td></td><td>身高</td><td></td><td>体重</td><td></td></tr>
<tr><td>文化程度</td><td></td><td>工作时间</td><td></td><td>训练年限</td><td></td><td>高原经历</td><td></td><td>其他</td><td></td></tr>
<tr><td>测试说明</td><td colspan="9">1．这是一个简单的测试，主要测量您从很多相似的图形中找到某些指定图形的能力。
2．本测试的图形由两个大小不同、都有缺口的圆环组成。由于圆环的缺口方向不同，组成很多相似但又不同的图形。
3．本测试要完成的任务是从很多相似的图形中找出其中指定的两种图形来。</td></tr>
<tr><td>注意事项</td><td colspan="9">1．直接在找到的两个图形上面画“√”。
2．两个图形要同时寻找，不能全部找完一个后再找第二个。
3．大圆环与小圆环的缺口方向都要与找的图形完全一致，才算正确。
4．请从测试图的第一行开始由左至右依此寻找，查完一行再查下一行，直至全部查完或时间到再停止。
5．如果有错画“√”的地方，请不要改正，继续往下找。
希望您能又快又准确地完成本测试，谢谢！
如还有不明白的地方，请向主持人提出，保证完全明白测试的要求。没有听到“开始”，请勿翻页！</td></tr>
<tr><td colspan="10">测试图形、表等</td></tr>
</table>

参考文献

[1] 安心，马海林，韩布新，等．高海拔驻留时间对注意网络的影响［J］．中国临床心理学杂志，2017，25（3）：502-506．

[2] 曹祯吾．233 名驻 4500 米以上高原官兵高原病发病调查［J］．解放军预防医学杂志，1993，11（2）：145．

[3] 陈鹏，艾力・斯木吐拉．高原公路驾驶员应激反应能力分析［J］．中国安全科学学报，2016，26（4）：8-13．

[4] 陈杨，潘春光，姜俊杰，等．高原肺水肿的发病机制及其防治研究进展［J］．解放军预防医学杂志，2018，36（4）：536-539．

[5] 成建国．高原病与心律失常［J］．西藏医药，2012（4）：27-29．

[6] 崔建华，郭玉新，张静，等．海拔 4300m 居住高原不同时间血生化的改变［J］．高原医学杂志，2006，16（3）：3．

[7] 杜少堂．浅析运动性血尿［J］．菏泽医学专科学校学报，1997，9（2）：2．

[8] 冯连世，李开刚．运动员功能评定常用生理生化指标测试方法及应用［M］．北京：人民体育出版社，2002．

[9] 高文祥，高钰琪．慢性高原病分型、诊断与治疗的研究进展［J］．第三军医大学学报，2016，38（5）：431-436．

[10] 高玉琪，王培勇，周其全，等．高原病理生理学［M］．北京：人民卫生出版社，2006．

[11] 格日力．高原医学［M］．北京：北京大学医学出版社，2020．

[12] 龚惠兰，罗兴华，周攀．低海拔及中度高原训练对男子柔道运动员运动能力的影响［J］．广州体育学院学报，2002，22（1）：4．

[13] 何志金，彭莉，易东平，等．基于 RPE 值判定运动健身强度的实证研究［J］．中国体育科技，2016，52（4）：63-67．

[14] 胡杨，王瑞元．高原训练研究与应用［M］．北京：北京体育大学出版社，2006．

[15] 李安琪．高原环境下红枸杞饮品对中长跑运动员 VC，HR，SpO_2，RPE 指标影响的研究［D］．西宁：青海师范大学，2019．

[16] 李年红．高原训练应激反应问卷的编制与应用［J］．上海体育学院学报，2015，39（2）：6．

[17] 李年红．优秀游泳运动员高原训练的心境状态［J］．武汉体育学院学报，2010（4）：62-64．

[18] 李强，王向阳，刘诗翔，等．长短期进藏官兵睡眠质量与认知功能的研究［J］．医药论坛杂志，2010，31（4）：7-8．

[19] 李素芝，郑必海，王宇亮，等．血常规、血气及血生化改变在高原肺水肿早期诊断中的意义［J］．西南国防医药，2010，20（4）：415-417．

[20] 李学义，吴兴裕．急性中度缺氧对注意广度及注意转移能力的影响［J］．医学争鸣，1999（1）：71-73．

[21] 梁宝勇．对应激的心理反应［J］．医学与哲学，1986（9）：56-58．

[22] 刘红平，杨国愉，张晶轩，等．急进高海拔高原驻训军人急性应激反应特点［J］．第三军医大学学报，2017，39（12）：5．

[23] 刘鑫源，罗勇军．急性高原（山）病诊断标准的演变历程及最新进展［J］．解放军预防医学杂志，2019，10（37）：188-192．

[24] 刘志强，闵筠，马福海，等．世居高原中长跑运动员不同海拔地区交替训练的研究［J］．体育科学，1999（6）：34-38．
[25] 卢国华．坚韧人格与应激、心身反应的关系［D］．天津：天津师范大学，2008．
[26] 罗刚，袁超，李鹏．高原军事作业医学的研究现状及发展方向思考［J］．西南国防医药，2016，26（1）：80-83．
[27] 马福海，冯连世．高原实用问答［M］．北京：人民体育出版社，2008．
[28] 马福海．高原女子中长跑运动员海拔2260m～3150m地区交替训练的研究［J］．体育科学，2000（6）：34-37．
[29] 马四清，吴天一，张雪峰．急性重症高原病与多器官功能障碍综合征［M］．北京：人民卫生出版社，2014．
[30] 马薛欣雨，杨晓娟，杨志福，等．高原暴露下认知功能障碍的研究进展［J］．中国实用神经疾病杂志，2021，24（21）：1924-1926．
[31] 孟晴晴，张颖，郭大龙，等．腹式呼吸放松训练缓解高原缺氧环境心血管应激反应的效应观察［J］．中华保健医学杂志，2018，20（5）：374-376．
[32] 秦永生，郝占国，宋立新，等．新兵耐力训练强度的主观体力感觉与心率控制方程及其应用效果［J］．中国康复医学杂志，2009（7）：638-640．
[33] 屈维刚，黄鹂，王鑫．青海高原某部战士与内地青年心电图的比较［J］．中国临床研究，2012，25（4）：387-390．
[34] 史清海，伏建峰．高原军事认知功能及其药物干预［J］．解放军预防医学杂志，2012，30（4）：306-308．
[35] 王兵新，薛心梅．高原性心脏病患者心脏超声肺动脉与肺型P波间的临床观察［J］．医药前沿，2015（2）：2．
[36] 王德文．高原环境对人体的影响［J］．人民军医，1992（3）：6-8．
[37] 吴兴裕，李学义，王家同．模拟高原低氧对人的认知能力影响的研究［J］．中国应用生理学杂志，2002，1（1）：28-33．
[38] 吴玉，杨晓红，刘运胜，等．急性高原反应两种症状学评分标准比较［J］．西北国防医学杂志，2015，36（7）：3．
[39] 吴岳，赵海龙，马祁生，等．ATⅡ细胞在急性高原肺水肿中的作用及意义［J］．青海医学院学报，2008（3）：200-202．
[40] 郗爱旗，褚以德．高原与蛋白尿［J］．高原医学杂志，2007，17（1）：61-63．
[41] 闫晓钒，孟旭阳，张巧．高原驻训官兵作业疲劳与心理应激、睡眠质量、焦虑的相关性［J］．第三军医大学学报，2016，38（20）：2244-2247．
[42] 杨国愉，冯正直，汪涛．高原缺氧对心理功能的影响及防护［J］．中国行为医学科学，2003，12（4）：3-5．
[43] 殷恒婵，张锋周，宋湘勤，等．优秀运动员注意力测量与评价研究［J］．体育科学，26（3）：58-63．
[44] 殷恒婵．青少年注意力测验与评价指标的研究［J］．中国体育科技，2003，39（3）：51-53．
[45] 游海燕．急性高原病易感性的多指标神经网络预测及应用研究［D］．重庆：第三军医大学，2012．
[46] 张力为，毛志雄．体育科学常用心理量表评定手册［M］．北京：北京体育大学出版社，2009．
[47] 张西洲，王宏运，崔建华，等．驻海拔4300m高原某部官兵心理状况调查与分析［J］．解放军预防医学杂志，2006（6）：32-35．
[48] 张彦博，汪源，刘学良，等．人与高原［M］．西宁：青海人民出版社，1996．
[49] 赵之光．不同模拟海拔高度急性低氧暴露运动时优秀运动员有氧代谢运动能力的变化［D］．苏州：苏州大学，2005．
[50] 郑双锦．急进高原后心率、血压和血氧饱和度的变化规律及与急性高原病的关系［D］．重庆：第三军医大学，2013．
[51] 中华医学会第三次全国高原医学学术讨论会．我国高原病命名、分型及诊断标准［J］．高原医学杂志，2010，20（1）：9-11
[52] 钟伯光，赵亚楠．RPE6-20量表预测最大摄氧量的实验研究进展［J］．武汉体育学院学报，2011，45（9）：5．
[53] 朱玲玲，范明．高原缺氧对人认知功能的影响及干预措施［J］．中国药理学与毒理学杂志，2017，31（11）：1116．
[54] 卓君联，郭志坚，黄慧群，等．高原筑养路职工异常心电图分析［J］．高原医学杂志，2007，17（1）：16-18．
[55] BAHRKE M S，SHUKITT-HALE B．Effects of altitude on mood，behaviour and cognitive functioning［J］．A review．Sports Med，1993，16（2）：97-125．
[56] BOLMONT B，THULLIER F，ABRAINI J H．Relationships between mood states and performances in reaction time，psychomotor ability，and mental efficiency during a 31-day gradual decompression in a hypobaric chamber from sea level to 8848 m equivalent altitude［J］．Physiol Behav，2000，71（5）：469-476．
[57] BONNON M，NOL-JORAND M C，THERME P．Effects of different stay durations on attentional performance during two mountain expeditions［J］．Aviat Space Environ Med，2000，71（7）：678-684．
[58] COKSEVIM B，BAYKAN Z，MAZICIOGLU M．Effects of mid-altitude on mental behavior［J］．Biol Sport，2007，24（1）：61-69．
[59] HACKETT P H，ROACH R C．高原脑水肿［J］．青海医学院学报，2005（1）：19-26．
[60] HOMBEIN T F，TOWNES B D，SCHOENE R B，et

al. Thecost to the central nervous system of climbing to high extremely altitude[J]. N Engl J Med, 1989, 321(25): 1714.

[61] LANE A M, TERRY P C, STEVENS M J, et al. Mood responses to athletic performance in extreme environments [J]. J Sports Sci, 2004, 22 (10): 886-897.

[62] MCFARLAND R A. Psycho-physiological studies at high altitude in the Andes. I. The effect of rapid ascents by aeroplane and train [J]. J Comp Psychol, 1937, 23 (1): 191-225.

[63] SINGH S B, THAKUR L, ANAND J P, et al. Cognitive and emotional processing at high altitude [J]. Aviat Space Environ Med, 2005, 76 (1): 28-33.

[64] WADA K, MIZUGUCHI Y, WADA Y, et al. Hyperlipidaemia, lack of sleep and smoking as risk factors for proteinuria among high altitude mountain trekkers [J]. Nephrology (Carlton), 2006, 11 (2): 131-136.

第七章

高原体能训练的运动损伤

体育运动的目的是增强体质、促进身心健康，但由于人体在参与体育运动时的各种主客观原因，往往会发生一些运动损伤，轻者影响锻炼的效果、工作学习和身心健康，重者可造成身体残疾，甚至危及生命。在低压、低氧、低温、低湿以及日照强烈的高原环境中进行体育运动，不仅易引起头晕、失眠和乏力等高原反应症状，还可使人体各系统组织的超微结构和生理生化反应改变，导致在运动过程中发生损伤。这些损伤多为运动系统损伤，但也不乏造成人体循环系统、消化系统等其他系统的疾病，如失温冻伤、高原光电性眼炎、高原过敏性疾病以及胃肠黏膜损伤等。有些疾病和运动损伤在高原的发病率高且危险程度更大，同时亦严重影响人体运动能力和妨碍运动技术水平的提高，对开展体育运动造成不良影响。近年来，随着高原训练、高原探险、高原旅游、高原康养、登山运动的开展，参与体育运动的人数也不断增多，且活动的海拔高度也越来越高，发生各类运动损伤的概率也随之增加。因此，加强高原运动损伤的认识和预防，避免各类伤害事故的发生，对广泛开展群众性体育运动、竞技体育和学校体育教学，增强人民群众的体质健康水平，发展运动员竞技能力和提高运动成绩都有重要的意义。

第一节　高原体能训练运动损伤概述

一、概念及分类

（一）概念

运动损伤是指体育运动过程中发生的各种损伤，或是指体育运动中造成人体组织或器官在解剖上的破坏或生理上的紊乱。运动损伤包括运动过程中发生的各种损伤及运动技术性伤病两层含义。运动损伤的发生及其部位与运动项目以及专项技术特点有关，也与运动训练水平、运动环境与条件等因素有关。从运动医学的观点来看，对运动损伤发生的原因和机制进行充分了解，从而对运动损伤进行合理的预防以及损伤后进行科学及时的急救，后期加上系统的康复，是达到体育运动目的、延长运动生命的必要条件。

（二）原因

从运动医学预防损伤的角度来分析，造成运动损伤的原因分为内在原因和外部客观原因。内在原因是指运动者的自身因素，而外部客观原因则包括总体运动方法因素和周围环境因素两个方面。自身因素是运动者的身体条件、训练水平和心理素质，运动方法因素指运动技术和训练/比赛的方法，周围环境因素是指自然环境、人工运动环境。运动损伤往往是复合因素所造成的，但是从预防损伤的角度来说，对每一种造成损伤的因素加以分析就很有必要。

1. 内在原因

（1）年龄：年龄较小、正处发育时期的青少年骨骼发育不成熟，骨骼抵抗各个方向外力的能力较不足，骨与软骨较成人相比也较脆弱，骨的长轴生长较骨周围肌肉肌腱发育滞后，所以在骨与肌腱附和处易发生肌腱末端病。而较年老者，脊柱和关节的功能减退，活动度下降加之周围肌力不足导致失稳，由于应激保护反应、视力下降以及下肢肌力降低，常易发生跌倒而造成损伤。不同年龄的运动损伤存在不同的特点。

（2）性别：成人上下肢中，肌肉横截面积与脂肪横截面积因性别不同表现出明显的差异，女性的上臂横截面中的脂肪含量明显超过小腿。年龄相同性别不同的男女体内脂肪含量也存在明显不同，女性脂肪含量多于男性，男性肌肉含量多于女性。女性每千克肌肉量的体重比男性重，相对来说男性比女性的身体支持性大。例如，篮球运动中的跳跃后着地动作，下肢肌肉离心收缩做减速运动时，女性膝关节部位的运动损伤率比男性高。在上下肢骨骼力线上，女性上肢肘部提携角大于男性，女性下肢较男性易发生膝关节内扣畸形，这些常常导致女性在运动中肘部和膝部更易发生损伤。再者，男女体内激素水平不同，女性在长期训练或运动后月经周期往往出现紊乱，造成雌激素分泌下降，易发生疲劳性损伤。高龄女性在闭经后，骨盐量急剧减少，易发生骨质疏松引起的骨折。

（3）体质：如果个体的体型较大，体内脂肪含量高，身体灵活性和肌肉耐力下降，承受运动时自身和外在的力的能力下降，故常易发生运动损伤。有学者曾对青春期运动员的身高和握力进行研究，发现身高较高的运动员握力相对较弱，也较易发生运动损伤。人体各个关节的肌力比也是造成损伤的重要因素，如膝关节屈肌和伸肌肌力不平衡，大腿后群肌肉易发生撕裂损伤。

（4）运动技术水平：运动者的运动技术水平低、动作熟练度不够也是导致损伤高发的原因。例如，北京冬奥会后，大众掀起了一股滑雪热，但由于不成熟的技术动作，初学者常常造成自身膝关节周围肌肉和韧带的损伤。

（5）身体健康状态：由于慢性劳损、贫血、感冒、痛经、睡眠不足等，身体不在良好的状态下，在运动中常常精神不集中，注意力下降，在面对瞬息万变的赛场环境时，不能及时反应，从而发生运动损伤。

（6）心理素质：处于青春期的青少年，精神和情绪相对不稳定，往往由于一些原因而进行不科学的训练或者持续超负荷训练，容易产生身心疲劳，运动损伤的发生率也增加。还有在激烈的对抗和比赛中，由于过分紧张或者兴奋，或因强烈的竞争心和精神压力大害怕比赛失败，或参加力不从心的比赛，也容易发生运动损伤。有学者总结了容易出现运动损伤的心理状态：害怕竞争的心态、情绪受到压抑、被迫参赛的心理、企图逃避和自卑的心理、诈病。

2．外部客观原因

（1）运动种类：运动者由于自身的体力、技术水平以及选择不适宜自身的运动种类，也会导致自身损伤。例如，中高龄人群选择篮球、足球等对抗激烈的项目等。

（2）运动负荷：运动量过大、运动时间过长、运动频率过高，都会提高运动损伤发生的概率。

（3）自然环境因素：不适宜的气候、温度、湿度也易造成运动损伤，尤其在气候多变、低温、低湿的高原环境中。据数据统计，亚洲地区4—6月时段内，由于梅雨季节空气湿度大，日间温差大，运动时易发生肌肉损伤。在对滑雪运动损伤的研究中发现，中午时段损伤多发，究其原因，可能与个体疲劳、雪的质量等有关。登山运动或者在高原比赛时，由于氧含量低导致人体精神状态不佳，进而也易发生运动损伤。

（4）人工环境因素：运动场地破损，年久失修，运动时使用的器械老旧不标准等都会造成运动损伤。例如，棒球运动时金属棒断裂、羽毛球拍金属杆断裂等造成的人员伤害事故。运动时服装选择不适，如滑雪运动员衣袖过短，不能有效保护手腕，活动时皮肤易发生擦伤和冻伤。

（三）分类

高原地区特有的环境会导致人体体重减轻，骨骼肌组织部分丢失，肌肉萎缩；缺氧环境降低了人体肌肉血流量以及蛋白质合成能力，血液中红细胞和血红蛋白的增加会导致血液黏性上升，体循环与肺循环从而发生改变，阻力增加，血流速减缓，甚至形成血栓。此外，在高原训练时，运动强度降低，绝对运动量减少，使得运动员的肌肉神经应激性较平原训练有所减退，甚至消失。而且在高原地区容易出现机体疲劳，且不宜恢复，更易发生肠胃功能紊乱、发热感冒，甚至出现心电图紊乱、尿血等现象。一般来说，高原环境中的体育运动急性损伤较多，如肌肉筋膜、肌腱腱鞘、韧带、滑囊等各种慢性损伤，也会出现骨折、关节脱位等严重损伤。运动损伤的发生原因和运动专项技术特点息息相关，也会伴随冻伤。总的来说，高原体能训练的运动损伤特点是小创伤和慢性损伤多。这些慢性损伤可由一次急性损伤后处理不当，或恢复不完全过早训练而发展成慢性损伤，但更多的是由于高原体能训练运动负荷的安排不当，引起局部细微损伤积累而成。运动损伤的分类方法有很多，常用的方法包括按受伤的组织结构分类、按病程分类、按性质分类、按程度分类、按是否运动技术伤分类。高原不同运动项目常见的运动损伤分类见表 7-1-1。

表7-1-1　高原不同运动项目常见的运动损伤分类

分类	项目	疾病	部位	原因
力量性项目	举重、投掷等	关节扭伤和肌肉拉伤，其次是挫伤与劳损等	小腿、踝关节、腰部、膝关节、大腿、肩肘关节等	运动技能是重复完成比赛动作或接近比赛要求的专门训练为主，负荷强度属于极限或极限下强度，用力特征表现为集中快速发挥力量，因此对专项力量、速度、技术的要求较高，运动损伤方面也表现出项目特征
速度性项目	短跑、跳跃、速度滑冰、场地自行车、速度滑雪等	肌肉拉伤、劳损、关节扭伤、挫伤、滑膜炎等	踝关节、小腿、膝、踝关节、大腿、腰部等	运动技能以下肢运动为主，由于蹬地用力过猛，肌肉弹性不足，着地时足底部受到的冲击力和膝关节存在的回旋力是导致损伤的重要原因
耐力性项目	跑步、竞走、马拉松、自行车、滑雪、游泳等	关节扭伤、肌肉拉伤、骨膜炎、膝外侧疼痛等	小腿部、大腿部、膝关节、腰部、肩部、踝关节、髋关节	运动技能主要以基础耐力水平、专项耐力、相对耐力水平为主，运动负荷、对抗性相对较弱，损伤发生率较低，常见损伤多为慢性损伤
技术性项目	体操、武术、健身操、冰壶等	关节扭伤、肌肉拉伤、髌骨劳损、腰肌劳损等	踝关节、膝关节、手腕、颈、肩部、腰部	运动技能以支撑、转肩、跳跃、翻腾等为主，对柔韧性和灵敏性的要求较高，常见损伤原因包括对时空的准确判断、对身体姿势的控制能力和对各种专门器械掌握的熟练程度不足，难以控制动作的用力程度
隔网对抗性项群	网球、乒乓球、羽毛球、排球等	关节扭伤、肌肉拉伤、挫伤、劳损等	小腿、踝关节、膝关节、肩肘关节等	运动技能是以上肢运动为主，损伤大多因以传（接）球创造进攻机会，大力扣球、起跳封网以及救球倒地等动作造成。以急性踝关节、膝关节、肩关节损伤与挫伤居多，慢性损伤以韧带和关节囊损伤较多
同场对抗性项群	篮球、足球等	关节扭伤、肌肉拉伤、挫伤、滑膜炎、髌骨劳损、半月板损伤等	踝膝关节、韧带、半月板、掌指间关节、股四头肌、膝关节、胫腓侧副韧带等	运动技能是集跑、跳、投（踢）于一体的综合性的剧烈对抗运动，强度大、速度快，较强的对抗性、频繁的身体接触、准备活动不充分、技术动作不规范、自身协调稳定性不足是造成损伤的主要原因
格斗对抗性项群	跆拳道、摔跤、柔道、拳击、散打等	扭伤、拉伤、挫伤、劳损、滑膜炎、骨折等	小腿、踝关节、手指、腕关节、膝关节、腰部等	直接身体对抗的运动项目决定了此项目具有较高的损伤率。主要原因与身体素质、技术水平不够，不善于自我保护，以及与实战或练习时赤脚、护具穿戴不合理等有关
登山项目	攀岩、高山探险、竞技登山等	关节扭伤、肌肉拉伤、挫伤、滑膜炎、髌骨劳损、关节软骨损伤、日光性皮炎等	腰、踝关节、手指、韧带、膝关节等	运动技能是利用上肢、腰腹、下肢及全身的力量。受伤的主要原因是上肢、腰腹及下肢等力量和柔韧性不足，在某些攀爬等特定动作时过伸和牵拉、高山复杂的路况、防护不到位等造成损伤

续表

分类	项目	疾病	部位	原因
静力性项目	射击、射箭、瑜伽等	颈部和腰部肌肉劳损、脊柱侧弯、半月板损伤、滑囊炎等	腰部、膝盖、肩部、颈部、脊柱、脚踝等，其中腰部损伤最为严重	运动技能是以上肢专门静态性力量、耐力为主。主要原因是颈部、肩部、背部及腰部肌肉长期处于某一固定动作并紧张的状态，使局部负荷过大、疲劳积累、动作不正确、体能等辅助训练少造成损伤
冬季项目	滑雪、冬季两项、冰壶等	筋膜炎、滑膜炎、肌腱损伤、腱鞘炎、关节劳损、骨折、半月板和滑膜损伤等	肘关节、肩关节、膝关节、踝关节、腰背部等	运动技能以特定技术动作为主，快速下落、转向、支撑、翻腾、冲撞，以及技术动作失误等造成损伤
群众社会性项目	跳绳、健美操、广场舞、锅庄（藏族的民间舞蹈）等	肩袖损伤、腰肌劳损、脚踝扭伤、足底筋膜炎、跟腱炎、膝关节弹响等	肩部、腰部、膝关节、踝关节、足底部等	群众社会性项目的参与者往往是中老年退休人群，他们的身体素质参差不齐，锻炼动作准确性差异大，再加上锻炼的环境不规范，这些风险因素加上高频率的锻炼次数，较易发生慢性损伤
健身房健身项目	深蹲、卧推、硬拉、健美操、瑜伽、普拉提等	扭伤、肌肉拉伤、骨折、腰椎间盘突出等	肩关节、肘关节、膝关节、脊柱等	在健身房主要有两种原因造成损伤，一种是高昂的花费使得出现异常的训练情绪，另外一种是缺乏专业的健身训练知识，盲目选择训练动作、器械、负荷，导致发生损伤
白领职业病	久坐少动的工作姿势	上交叉综合征、颈部生理曲度消失、下交叉综合征、腰肌劳损等	颈部、腰部、肩关节	又称办公室综合征，与日常工作的姿势有关，是以劳损性疾病为主的一种亚健康状态
军警消防训练项目	军事训练、警体训练、消防员体能训练与专项训练等	肩袖损伤、膝关节常见损伤、腰肌劳损、腰椎间盘突出、脚踝扭伤、足底筋膜炎等	膝关节、肩关节、腰部、足踝部	军警消防训练项目由于职业的特殊性，需要长年累月进行高强度且贴合作战的训练，持续大负荷的训练是发生损伤的主要原因
青藏高原民族传统体育项目	民族赛马、藏族押加、轮子秋、摔跤、射箭等	肩袖损伤、关节扭伤、肌肉拉伤、颈椎错位等	颈肩部位、腰部、足踝部位	高原民族传统体育项目是世居高原各民族在生产生活中发明创造的，较贴合实际生活，所以无场地限制，运动规则与运动组织也比较不规范，所以较易发生各部位的软组织损伤

1．按受伤的组织结构分类

（1）皮肤、肌肉、肌腱、血管及滑囊损伤，如皮肤、肌肉、肌腱损伤。

（2）骨、骨骺、关节软骨损伤，如骨与关节及其关节附属结构损伤。

（3）神经及内脏损伤等。

2．按病程分类

（1）急性损伤：直接或间接外力一次作用而致伤者，伤后立即出现异常症状，病程一般较短。受致伤因素作用 6 h 后出现异常症状的损伤亚急性损伤。

（2）慢性损伤：也称为陈旧伤，因急性损伤后处理不当而致反复发作。

（3）劳损伤：长期局部组织运动负荷量过重而过劳致伤，一般症状出现缓慢，病程迁延较长。还有急性细微损伤积累而成的劳损，或急性损伤迁延不愈而转化成的陈旧性损伤或慢性损伤，如髌骨劳损。

3．按性质分类

（1）开放性损伤：伤后皮肤和黏膜的完整性遭到破坏，受伤组织有裂口与体表相通，如擦伤、刺伤、切伤、撕裂伤及开放性骨折等。

（2）闭合性损伤：伤后皮肤或黏膜仍保持完整，无裂口与体表相通，如挫伤、关节韧带扭伤、肌肉拉伤、闭合性骨折等。

4．按程度分类

（1）轻度损伤：锻炼者伤后仍能按计划参加体育锻炼。

（2）中度损伤：锻炼者伤后不能按计划参加体育锻炼，需停止患部活动或调整训练计划。

（3）重度损伤：锻炼者受伤后不能继续参加体育锻炼，需卧床休息或接受治疗。

5．按是否运动技术伤分类

（1）运动技术伤：与运动项目、技战术动作密切相关，多为局部组织过劳、运动技术不熟练所造成，如网球肘、投掷肘、初学滑雪者的膝关节周围韧带损伤等。

（2）非运动技术伤：多为运动中的意外伤，如运动员意外摔倒造成的臂丛神经损伤。

（四）常见的运动损伤

一般来说体育运动中肌肉筋膜、肌腱腱鞘、韧带、滑囊等各种组织的小损伤多、慢性伤多，骨折、关节脱位等严重损伤少。运动损伤的发生因运动专项技术特点的不同而不同，不同的运动项目有不同的运动损伤易发部位和专项多发病，不同人群的运动损伤的发病率、伤病分布及发病因素也有其自身的特点。例如，体操运动中多有支撑、转肩、跳跃、翻腾等技术，受伤部位多是腕部、肩部及腰部，摔跤柔道运动易伤颈部、肩部、腰部，篮排球运动易伤膝关节，网球运动多发生网球肘，标枪运动多发生投掷肘等。其他运动项目也是如此，尤其是慢性损伤。

二、预防

高原运动损伤的原因很多，有直接的、间接的，有主观的、也有客观的，轻者影响学习、工作和健康，重者可造成残废甚至危及生命。同时，运动损伤亦严重妨碍运动技术水平的提高，并对开展体育运动造成不良影响。提高对高原运动损伤的认识，积极采取相关的预防措施，可有效防止和减少运动伤病的发生。

（一）加强高原运动损伤预防的正确认识

对高原体能训练运动损伤的预防缺乏正确认识，是造成高原体能训练运动损伤的重要原因。运动者对预防运动损伤的意义往往认识不足，缺乏必要的预防伤病知识或存有一些错误片面的认识，导致运动者在运动过程中缺少必要的预防措施，这也是产生运动损伤的主要因素之一。因此要积极开展预防运动损伤知识的宣传教育，加强对体育运动安全性、组织性、纪律性的教育，提高预防为主、安全第一以及对预防运动损伤重要性的宣传，使运动者认识到运动损伤的危害，加强自我保护意识，杜绝一切不安全因素，防止和减少运动损伤的发生。

（二）注重高原体能训练准备活动

在高原环境下，低压、低氧以及运动时氧供不足，中枢神经系统的兴奋性明显低于平原，自控能力变差，进而影响神经系统，导致大脑功能紊乱，同时带来的生理变化会使得运动者动作的协调性与灵活性大大降低，注意力涣散、精神疲惫，导致运动损伤发生。

高原体能训练准备活动的目的是通过各种形式的活动，提高中枢神经系统的兴奋性，增加肌肉中毛细血管开放的数量，提高肌肉的力量、柔韧性和灵活性，克服各种技能活动的惰性，增强各器官系统的功能活动，提高关节韧带的功能，增强韧带的柔韧性，使人体达到适宜运动的水平，防止肌肉和韧带的损伤。如果不做准备活动或准备活动不充分，神经系统和其他各器官系统的功能尚未达到适宜的水平，肌肉的力量、柔韧性及伸展性不够，特别是运动中负担较重部位的功能没有得到相应的提高，同时准备活动与运动内容配合或方法不当，主要技术动作部位的功能未得到充分改善，以及准备活动的运动量太大、时间过长使体能消耗过多，均容易导致运动损伤发生。特别是在高原冬季，早晚的气温较低，更要注重热身活动，时间还应适当延长。另外，高原训练身体容易疲劳，特别是当训练推向极限负荷的边缘时，更需要做好放松活动，使机体较快恢复，可有效地减少和避免高原训练过程中常见的过度疲劳等运动性疾病。

一般准备活动要根据年龄特点、训练水平、个人习惯、气候季节以及运动项目特点的情况而定。准备活动时间应占运动总时间的10%～20%，但不宜超过30 min，避免时间过长造成体力消耗过多影响正式运动。准备活动强度应控制在最大运动心率的60%～70%，以微微出汗及自我感觉已活动开为宜，既要把躯干、肢体的大肌肉群和关节充分活动开，同时也要注意各个小关节的活动。另外。锻炼基础较好、运动持续时间较短、天气寒冷时，准备活动的强度可大一些，时间可稍长些。如果锻炼基础较差、运动持续时间较长、天气炎热时，准备活动的强度要小一些，时间也可短一些。

（三）遵循高原体能训练原则和规律

体育运动的内容、组织方法、运动负荷等的安排顺序要有一定的科学性、系统性，要符合事物的规律和动作技能形成的规律。在体育运动中，未根据个别对待的原则合理安排运动量，组织方法和管理不当，管理监督不严等都会导致运动损伤。因此要掌握正确的训练方法和运动技术，要科学合理地安排运动负荷，根据体育运动客观规律和人体对运动负荷的适应性规律，以及年龄、性别、健康状况和运动水平等具体情况制定运动计划，遵守循序渐进原则，安排运动内容、方法和组织措施。运动负荷的安排应从小到大，动作练习要从易到难、从简到繁、从分解到整体动作。同时要防止局部负担过重而引起运动损伤。例如，膝关节半蹲起跳动作过多，易引起髌骨损伤；过多练习鸭步可引起膝内则副韧带及半月板的损伤。对于不易掌握的技术和容易出现损伤的动作与环节，事先采取相应的预防措施，防止运动损伤发生。一般在运动实践中，肌肉、韧带等软组织的运动损伤最为多见。因此加强易伤部位的肌肉力量练习，对于防止运动损伤的发生具有十分重要的意义。

（四）加强自我保护和心理调节

一般情况下，心理状态不良和疲劳状态下，可表现为力量及动作的协调性降低，注意力不集中，反应能力、灵敏性以及精确度降低，往往力不从心，发生损伤；其次运动时的心理状态不佳，如情绪不稳、心情不畅、缺乏锻炼的积极性、思想不集中，或急于求成、信心不足，或缺乏勇气、胆怯犹豫、自控能力差、过于紧张，或自信过高、好胜心强、过度热衷、不懂节制等，也易发生运动损伤。保护和自我保护是预防运动损伤的重要手段。要根据运动项目的技术特点和人体生理结构，提前做好预防准备，提高自我保护意识，以在突发状况出现时减少或减轻运动损伤的发生概率和程度。

在进行器械练习，尤其是学习新动作时，应加强保护。还应该把保护和自我保护的正确方法传授给运动者，如着地滚翻时立即屈肘、低头、团身，以肩背部着地顺势滚翻，而不可直臂撑地；又如从高处跳下时要用前脚掌先着地并同时屈膝，以增加缓冲作用。另外要重视心理调节，把低落、消极的情绪调整到适宜的运动或比赛状态，对发生的伤病应采取积极态度，减少心理阴影和障碍，有利于预防运动损伤。

（五）提高运动水平和技术动作规范性

运动技能的学习是建立条件反射的过程，技术动作上的缺点和错误，违反了人体结构的特点和各器官系统功能的规律，以及力学原理，也易引起机体组织损伤，这也是初从事运动或学习新动作时发生损伤的主要原因。另外，身体素质如力量、速度、耐力、柔韧性、灵敏性等不能满足技术动作的需求时，也会使动作变形导致运动损伤。例如，肌肉的力量不足，关节的稳固性降低，易造成与关节有关的损伤以及肌肉拉伤；柔韧性不足会造成软组织损伤等。因此要根据不同的运动项目特点，加强身体全面锻炼，以及针对易伤部位或相对薄弱部位的训练。例如，加强股四头肌力量练习可以防止膝关节损伤；加强三角肌、肩胛肌、胸大肌和肱二头肌的练习可以防止肩关节损伤等。同时提高技术动作的规范性，熟练掌握正确的动作技术，及时纠正错误动作，避免错误动作的定型，可减少运动损伤的发生。例如，加强股四头肌力量练习可以防止膝关节损伤。在增加大肌肉群力量的同时也要重视小肌肉的力量训练。例如，加强肩袖肌肉来稳定肩关节，有效预防肩关节损伤等。

（六）注重体能恢复和膳食营养

体育运动后人体生理和心理都会产生一定的疲劳，并且机体的功能会出现暂时下降，表现为注意力不集中、动作精准性下降，肌肉韧带僵硬及弹性减弱，关节活动度降低等，如果不采取有效地恢复措施，就会出现一系列运动损伤。另外，高原低氧、低温，个体耗能大及消化吸收功能减弱等因素易引起负氮平衡，相同运动负荷时，海拔高度增加能量代谢率明显增加，运动后易疲劳且不易恢复。因此，在运动中要注意间隔放松。例如，在重点进行上肢项目练习的间隔休息时，可做放松慢跑；在重点进行下肢项目练习间隔休息时，可以在垫子或草地上仰卧，将双腿举起抖动或做倒立；比赛后应注意体能的恢复和营养的补充，保证充足的睡眠、微量元素及矿物质补充，有利于消除运动过程中积累的酸性产物；还可以根据条件进行冷热水浴、电疗、按摩等物理手段，加速疲劳的消除，预防伤病的发生。

（七）重视运动环境的基本条件

安全问题是高原体能训练的首要问题。体育场地、器材是否符合规范、安全等条件和要求，是否具备必要的防护器具（如护腕、护膝、护踝），运动服装、鞋袜是否符合体形和项目特点，都与运动损伤相关。另外，气温过高易发生中暑和疲劳；气温过低易发生冻伤，或出现肌肉僵硬、身体协调性下降而引起肌肉拉伤；潮湿高温的气候使人容易大量出汗影响体内水盐代谢，发生肌肉痉挛或虚脱；光线不良影响视力，使技术动作准确性、判断力下降等，都会造成运动损伤。因此在高原体能训练时要注重环境气候的变化，及时做出调整，并在训练前仔细检查器材，定期维修场地和器材，确保安全。

（八）加强医务监督

医务监督是运用医学的内容和方法，指导人们合理进行体育教学、训练和比赛，以促进他们的身体发育，增进健康；积极预防运动创伤和运动性疾病，是提高运动技术水平的重要手段。体育运动中由于缺乏医务监督，导致一些运动者受伤后没有及时诊断和治疗，从而导致带伤运动，增加了运动损伤再次发生的概率和病情加重的情况时有发生，因此，加强医务监督和建立健全自我监督制度是非常必要的。开展高原体能训练者和经常参加体育锻炼者，都要定期进行体格检查，参加重大比赛的前后，要进行补充检查和复查，以观察了解体育锻炼或比赛前后的功能变化。对患有各种慢性病的人，更应加强医学观察和定期或不定期体格检查。禁止伤病患者或缺乏训练者参加剧烈的运动比赛。参与者更要做好自我医务监督，身体若有不良反应时要认真分析原因，并采取必要的保健措施，要严格掌握运动量，不宜练习高难度动作。

第二节　高原体能训练的医务监督

高原体能训练的医务监督是通过高原医学、高原体能训练的理论与方法，对个体或群体健康水平进行全面监测与评估，观察其健康状况、功能能力及训练水平，养成良好的体育卫生习惯，指导、监督高原体能训练，尽早发现和诊治疾病，干预和消除危险因素，科学合理地安排训练计划，培养科学的训练方法，提高运动技能和保持较强的运动状态，有效预防和减少高原运动损伤的发生，从而促进身心健康和提高运动技术水平。高原体能训练的医务监督的发展是随着高原运动医学和体育保健学的发展而不断完善的。

一、自我监督

高原体能训练自我监督是指运动者在高原参与体育运动时，以评价自我身体健康状态为目的，运用简单的体育科学方法，通过记录一些相应的指标，观察并判断自己的身体功能状况的方法。自我监督可以及时反映运动内容是否合适，运动方法是否正确，运动量是否适宜等情况。自我监督内容见表 7-2-1。

表7-2-1　高原体能训练自我监督内容

指标	等级
一般感觉	良好、一般、不好
运动心情	渴望运动、愿意运动、不愿运动和恐惧运动等
睡眠情况	良好、一般、入睡迟、易醒、失眠、多梦等
食欲情况	良好、一般、不好
不良感觉	发热、疼痛、酸胀、恶心、反酸、呕吐、眩晕等
出汗情况	一般、较多或明显增多、夜间出冷汗等

二、一般体检

（一）体格检查

体格检查是高原体能训练医务监督中的重要内容之一，与一般人的健康检查略有差异，通过体格检查可以了解运动者的健康水平、发育程度和功能状况，然后据此来安排训练。体格检查更侧重于与运动关系密切的系统，包括肌肉骨骼系统、心血管系统、呼吸系统和神经系统，并且要观察这些系统在高原低氧环境下的功能状况。检查内容还包含既往高原的身体情况和预防接种史，特别是影响内脏功能和运动能力的重大疾病，如高血压、心脏病、肝炎、肾炎、癫痫、营养状况，以及有无饮酒和吸烟等不良嗜好。

（二）一般史和运动史

一般史包括病史、家族史、过敏史和生活史。通过病史资料的收集，可以进行全面的医疗评定和诊断，并评估是否较易发生高原运动性疾病。运动史是指运动员从事训练的情况，包括训练的年限、项目、训练制度、平均训练量、比赛成绩以及有无运动外伤史等。

（三）体表检查

体表检查包括皮肤和黏膜是否苍白，有无黄染、出血点、蜘蛛痣、皮肤病和静脉曲张，扁桃腺、甲状体、腹股沟和淋巴结有无异常，脊柱、胸部、上下肢和足弓形状等。

三、专科专项检查

包括临床形态检查、功能检查、生理生化指标检查、身体素质检查及特殊检查。

（一）临床形态检查

包括体重、身高、坐高、胸围和呼吸差，颈围、腰围、四肢围度、四肢各关节围度、肩臂长、手足间距（站立摸高）、肢体宽度等，其中体重、身高、胸围三项是评定发育程度的基本指标。

（二）功能检查

1. 心血管系统检查包括心脏检查和血管检查。心脏检查主要为运用视、触、叩、听等检查方法初步判定有无心脏疾病，如有杂音等异常情况，可选择心电图、心音图、超声心动图等特殊医学仪器进一步检查。血管检查主要为检查脉搏和血压情况。

2. 呼吸系统检查包括胸部形状、呼吸频率、节律和呼吸类型，叩诊检查有无浊音，听诊有无呼吸音异常等。另外，肺活量、最大摄氧量、闭气试验等呼吸功能检查也是重要指标。

3. 消化系统检查包括有无舌苔、巩膜黄染、腹部压痛、肿块、肝大、脾大等。

4. 神经系统与感觉器官检查包括神经衰弱、视力，眼、鼻等是否健康。

5. 运动系统检查包括握力、背力、腹壁肌力、肩部和上肢肌力等，以及站立姿势、步态、关节活动范围等。

6. 泌尿系统检查包括病史、常规检查等。

（三）生理生化指标检查

包括血常规、尿常规，以及生化检查，如血尿素、血清肌酸激酶、血清睾酮、血清皮质醇等。

（四）身体素质检查

包括力度、速度、耐力、灵敏性、协调性、柔韧性的测试。

（五）特殊检查

包括X线、心电图、动态心电图、超声心动图、脑电图、肌电图、CT、MRI等。

四、一般卫生要求

个人卫生是高原体育卫生的重要组成部分，良好的卫生习惯是提高学习和工作效率、促进健康、预防疾病的重要因素之一，更对提高体育运动的效果，预防运动损伤起着重要的作用。

（一）用脑卫生

大脑重量虽然只有体重的2%，但其耗氧量却占总耗氧量的20%，因此是高原低温低氧环境下最敏感、最易受影响的器官。高原对大脑的影响主要表现为思维迟钝，反应变慢，记忆力下降，容易疲惫，情绪波动大，多梦易醒等，严重时会出现头晕、头痛（偏头痛）、头胀，甚至出现耳鸣、眼花、恶心、呕吐等低氧症状。因此，高原环境下需要科学用脑，讲究用脑卫生，以便提高学习、工作效率，保持旺盛的精力。高原体能训练时，要遵循大脑的生理节律，避免强制疲劳的大脑继续工作学习，使脑细胞兴奋过度，从而使脑功能下降，损害大脑健康。同时，大脑对营养的需求较大，因此要科学饮食，保证脑细胞活动有充裕的物质营养。另外，积极开展体育运动，改善大脑的血液循环，增加脑的氧气供应，有利于大脑功能的发挥和疲劳的恢复。

（二）用眼卫生

高原低氧对人体感觉功能有较大影响，而视觉对低氧较为敏感，低氧对视力的影响也出现较早。例如，夜间视力在海拔 4300 m 以上时就会受到明显损害，并且这种损害不会因机体的代偿反应或降低海拔高度而有所改善。因此，注意用眼卫生、保持良好视力是高原环境下个人卫生中非常重要的内容。养成良好的生活和读写习惯，看电视、电脑、手机屏幕时间不宜过长，学习工作环境采光、照明要符合有关规定和卫生要求，并经常坚持做眼保健操和运动，调理眼部的血液循环和肌肉，改善神经营养，消除眼的疲劳。另外要定期检查视力，以便尽早预防和治疗相关问题，防止视力下降。

（三）口腔卫生

一般情况下，随着海拔的升高和停留时间的延长，牙周组织的病变发生率逐渐增加。高原低氧环境下，牙周炎的厌氧菌群更容易生长和繁殖，炎症会加重。低氧使人体血液流动性改变，导致牙周组织的血供流量减少，牙周微循环血流缓慢甚至停滞，牙周组织不能进行有效的物质、气体交换以及正常细胞代谢，无氧代谢增多，一些酸性及有毒物质增加，引起牙周组织炎症，进一步加剧牙周组织的病变。因此保持口腔卫生对预防牙周病变等具有重要作用。应养成早晚刷牙、饭后刷牙和漱口的良好习惯，同时还要掌握正确的刷牙方法，更好地消除口腔及牙齿间的食物残屑、污垢及菌斑，还可对牙龈起到一定的按摩作用，增进牙龈的血液循环，进而增强牙周组织的抗病能力。

（四）皮肤卫生

高原寒冷气候暴露可引起皮肤血管收缩，造成血液循环不良，组织营养障碍，形成冻伤。同时由于高原低氧条件下血液黏度升高，微血管通透性加强等原因，易使已发生的冻伤加重，并可使冻伤组织坏死。紫外线、日光辐射强度随海拔高度的升高而增加，积雪期长、雪面反射率高，易引起皮肤灼伤和光照性皮炎。高原环境相对湿度低，水分通过人的呼吸和皮肤蒸发较多，从而造成体液流失，引起脱水症状，冬季会更加明显，而轻度脱水可造成黏膜干燥、皱裂，如嘴干裂、鼻出血，而严重脱水可以使皮肤皲裂等。同时高原地区寒冷，运动时穿戴一般较厚，使足部长期处于潮湿和不通气的环境下，因此脚趾间皮肤易发生糜烂和感染，应经常注意清洗保持皮肤的清洁。

（五）睡眠卫生

睡眠是人体必需的一种生理要求，人体从睡眠中得到充分的休息来恢复能量和体力。睡眠不足可使精神和工作能力下降，进而严重影响身体健康。高原低氧易引起睡眠呼吸紊乱，可导致高原性失眠发生，使睡眠结构改变，降低睡眠质量，加深中枢神经功能的紊乱，降低高原环境适应调节能力，常伴有头痛、疲倦、食欲减退等高原反应症状，而且随着海拔高度的增加，失眠症状可进行性加重。同时，睡眠质量下降可使短期停留高原人群的急性高原反应症状加重，不仅影响长期居住高原人群的生存质量及正常工作能力，而且可导致各类心理和生理疾病。因此，保证良好的睡眠质量至关重要。例如，保持适宜的睡眠休息环境，在睡眠前不进行剧烈运动及过度用脑，可利用听音乐等方法使情绪平静，便于尽快入睡。同时养成按时睡眠的习惯，一般每天睡 7 ～ 8 h 即可，睡眠时间过长，容易使大脑的睡眠中枢疲劳，降低大脑皮质的兴奋性，使人没有精神；睡眠时间过短，不利于疲劳的消除，从而影响生活、学习和体育锻炼。

（六）衣着卫生

人体本身有一套调节系统，对不同的气候条件有一定的适应能力，但人体不进行“行为调节温度”就不能适应变化较大的气候条件。海拔越高气温越低，而且白昼与夜间、向阳与背阴、室内与室外、晴天与阴天等温差较大，有时一日数变，应根据高原气候环境和气温特点及时增减衣物，注重衣着卫生，保持身体健康，有利于提高运动成绩，防止运动损伤。运动服装要具有良好的通气性、吸水性和弹性，而且体育运动有些技术动作幅度很大，如果服装的弹性不好，就会使关节、肌肉的活动范围和灵活性受到限制，从而影响技术的发挥、造成运动损伤。运动服装要与体育项目相适应，不同的体育项目有不同的特点，因此要根据项目特点选择不同的服装，避免影响运动者发挥技术水平，并预防运动损伤。

（七）生活制度

生活制度是指人在一天内睡眠、饮食、工作、学习、休息和体育运动等各项活动安排。高原低氧环境的影响使机体产生一系列适应性反应，而科学合理的生活制度有利于增强机体的神经体液调节，促进大脑神经细胞建立相关活动秩序，尽快建立完整的代偿机制，从而较好地适应高原低氧环境。对于有固定体育运动习惯的人，在相应的时间内神经系统的兴奋性会增高，呼吸、循环系统等代谢能力也会随之加强，以适应运动的需要。同时各种活动的基本规律形成后，机体的生理活动会出现节律化，能量节省化，生理负担也会相应减轻，从而有利于增进健康，提高各项活动的效率。因此应根据工作、健康、环境、气候等具体情况，制定科学合理的日常生活制度，并尽量保持相对稳定，同时戒除吸烟、酗酒等不良嗜好。

五、常见问题的医务监督

（一）急性高原反应

急性高原反应即急性高原病（acute mountain sickness，AMS），是指人体由低海拔地区进入高海拔地区后，由于对环境的习服适应机制尚未建立而发生的一系列急性低氧应激反应。一般在抵达高海拔后数小时或数天内出现头痛头晕、恶心呕吐、胸闷气短、发绀、乏力、食欲减退、睡眠障碍、尿少、注意力和记忆力下降、反应迟钝、手足发麻、不能有效完成技术动作等症状，通常在高原停留 24 ～ 48 h 后症状缓解或消失，少数可发展成高原肺水肿和（或）高原脑水肿，严重影响健康，甚至危及生命。另外，急性高原反应要与病毒性疾病（如流行性感冒）相鉴别，急性高原反应一般不发热，无上呼吸道症状，无肌肉痛。

急性高原反应的诊断分为症状学诊断和生理学诊断两种。症状学诊断以头痛和呕吐的严重程度为主，其他症状为辅进行评估，分为基本无反应、轻度、中度和重度反应。急性高原反应症状学诊断应排除其他疾病引起的急性高原反应症状，应与高原肺水肿、高原脑昏迷、急性呼吸道感染和神经官能症等疾病相鉴别。根据患者的动脉血氧分压和肺泡 - 动脉血氧分压差，生理学诊断也同样分为基本无反应、轻度、中度和中度反应四个等级。海拔高，年龄大，平时缺乏体育锻炼等为急性高原反应发病的风险因素；上呼吸道感染、饥寒、疲劳等因素可以促使急性高原反应的发生。

因高原环境容易导致免疫系统功能下降，促使原有病灶进一步发展而引发高原反应，而保持身体健康是高原体能训练最重要的前提条件，因此高原体能训练前有必要做身体检查，并保持良好的体力和精神状态。同时心理应激因素对急性高原反应的发生有显著影响，合理运用心理应激管理策略与心理干预技术，可降低急性高原反应的发生率。治疗急性高原反应时，一般采用给氧或高压氧治疗、一级药物治疗。给氧或高压氧治疗可迅速改善机体的低氧状态，增强机体对低氧的耐受力，迅速缓解急性高原反应症状。另外，进入高原后立即服用曲美他嗪、盐酸苄达明能有效降低急性高原反应的发生率，并提升高原低氧环境下的运动耐量；安定等镇静药可保证睡眠、消除精神紧张和疲劳；复方丹参滴丸可有效缓解头晕头痛、胸闷心悸、失眠气短、食欲不振等症状；布洛芬缓释胶囊、索米痛片可治疗头痛；呕吐可服甲溴贝那替秦。

（二）慢性高原反应

急性高原反应持续 3 个月以上症状不消失者为慢性高原反应，表现头痛、头晕、失眠、记忆力减退、注意力不集中、心悸、气短、食欲减退、消化不良、手足麻木和颜面水肿，有时发生心律失常或短暂性昏厥。慢性高原心脏病患者红细胞计数超过 7.0×10^{12}/L、血红蛋白浓度超过 180 g/L、红细胞压积超过 60%，心电图检查表现电轴右偏、肺型P波、右心室肥大劳损、T波倒置和（或）右束支阻滞。

发生慢性高原反应时，可根据人体症状做针对性恢复。一般情况下调整生活习惯、泡温水浴、按摩和心理干预治疗，必要时停止运动。还可根据不同病情给予药物治疗，如维生素B_1、维生素B_6、维生素B_{12}、维生素C、葡萄糖、谷维素和复方丹参滴丸等，轻者2～3周可痊愈。急进高原时急性高原反应症状越严重，后期发生慢性高原反应的概率越大，所以要重视早期急性高原反应的治疗和预后。

（三）高原运动性失温

失温是体温调节功能受损时可危及生命的复杂病理生理反应，见于任何季节和环境。在高原、山地、沙漠、海域等特殊环境下，基于寒冷、严重创伤、体温调节中枢受损及危急重症的影响，易导致人体热量流失和补给失衡，出现失温。

高原运动型失温属于失温症（又称低体温症），是指人体热量流失大于热量补给，从而造成人体核心温度降低的症状，当人体核心温度低于35℃时，会产生一系列寒战、意识障碍、心肺功能衰竭等症状，甚至可造成死亡。人体核心区主要是指大脑和躯干内的心、肺等维持生命的主要器官。有研究显示，并不是很低的温度才会造成失温，10℃左右的温度更容易出现失温。

根据人体核心区的温度高低，失温可分为轻度失温、中度失温、重度失温和死亡四个阶段。体温33～35℃为轻度失温，28～32℃为中度失温，28℃以下为重度失温。轻度失温时，人体会产生剧烈的寒战、四肢冰凉、脸色苍白、严重疲劳、语言不清、肌肉不受意识控制、呆滞、记忆力减退、情绪改变或者失去理智、脉搏减缓、出现幻觉等。中度失温时，中枢神经系统抑制加重，将继续出现认知能力下降和昏睡，逐渐失去意识，进入一种类似冬眠的状态，反射减退，瞳孔反应迟钝，瞳孔扩张，脉搏和呼吸速度放慢，体表血液循环大幅度下降；当体温达到30～32℃寒战停止，并且可以观察到反常的脱衣服行为；心率失常，尤其是房颤的发生率增加。重度失温时，人体核心温度下降到28℃以下，大脑血流量将持续下降，人体完全失去意识，血压、心率和心输出量持续下降；心房和交界性心律失常的发生率增加；可能出现肺充血、极度少尿和无放射，最终导致心肺衰竭。

人是一种恒温动物，保持体温的恒定是维持机体内环境稳态最重要的调节功能之一。在体温调节中，人体对寒冷的适应能力相对薄弱，极易因体温调节障碍、热平衡被破坏而引发低体温效应。低体温效应影响最直接的系统就是呼吸系统、循环系统以及中枢神经系统。高原极端环境极易出现局地冰雹、冻雨、气温骤降、大风等灾害性天气，所以在高原参加户外运动时，高原运动性失温是危险的隐患。失温不只发生在极端寒冷天气中，在北美相关的报道中，0～10℃才是失温的高发区间。在美国，每年有700～1500人因失温而死，年龄在30～49岁的成年人更容易受到失温的影响，即使得到住院治疗，中度、重度失温患者的死亡率仍接近50%。

高原体能训练者要认识到失温症的危险性，并且要足够了解失温症状，能够准确识别失温症的轻重，明白自己或他人当下最需要的急救措施，在医务人员来临之前对患者抢先进行救助，对于轻度失温患者，应立即搭建庇护所、找避风避雨处、休息、换掉湿衣服、增加保暖衣物、进食碳水化合物。同时要避免剧烈运动，防止四肢低温血液回流进一步降低核心体温。对于已经失去自我行动能力的中度至重度失温患者，首先要转移到避风避雨处，与地面隔离开，替换掉湿衣服，将患者用隔热层包裹起来。如果有条件，用布包住热水袋对患者腋窝、腹股沟、脖子等部位进行回温，同时立即将患者向医院转运。在进行以上救治的同时，应该通过触摸颈动脉来观察患者是否还有心搏，不应触摸手腕，因为此时手腕因过度冰冷可能已经没有脉搏。如果出现了心搏骤停，应马上开始心肺复苏术。如果伤者可以进食，吃

延伸阅读

世界上海拔最高的城市——拉林科纳达

秘鲁城市拉林科纳达（La Rinconada）是世界上海拔最高的城市。拉林科纳达海拔高度5100 m，靠近安第斯山脉，气温终年在0℃以下，约有5万人生存在这片贫瘠且寒冷的土地上，是世界上最高的人类聚居地，也是最残酷的生存环境之一。进入拉林科纳达的唯一通道是一条遍布草、石头、泥土，甚至冰块的山路，一般需要花费数日才能抵达拉林科纳达。

一点流食和含糖较高的东西。失温的预防远比治疗重要，在户外运动时，每个人都应该做好防风、防寒保护，休息时及时更换衣物，避免过度出汗和疲劳，随时补充身体热量。

（四）高原运动性冻伤

高原运动性冻伤是由于寒冷作用于机体引起的体温调节功能障碍，血液循环和组织代谢不良引起的局部组织损伤，是冬季高原体能训练中的常见病之一。

由于冬季气候寒冷或鞋袜过紧，影响患部周围组织血液循环，导致局部血管收缩、痉挛、血流减少、组织缺血缺氧，出现皮肤苍白，继而血管扩张，毛细血管渗透性增高，局部出现水肿或水泡，而发生冻伤；长期缺乏运动、长时间站立不动、手足多汗、身体抵抗力低等原因，或长时间受冻，血流淤滞，红细胞在血管内凝结，最后形成血栓，使组织坏死，皮肤呈紫褐色，而形成冻伤；机体状况不良、老年人、某些慢性病（如贫血、红斑狼疮、硬皮病、类风湿关节炎、心血管疾病、糖尿病肢端血液循环不良、营养不良、自主神经功能紊乱等）也是导致冻伤的诱因。

冻伤初期症状见局部性红斑或暗红带紫色肿块，触之冰凉，有肿胀、麻木感、发痒、烧痛，受热后痒感加剧，有大小不等的水疱，水疱破后流出黄色浆液。可有溃疡、糜烂、疼痛加重，愈合缓慢，愈后有色素沉着和瘢痕。按冻伤程度可将冻伤分为轻、中和重度三级。轻度冻伤：受冻部位的皮肤苍白，开始麻木、发凉，继而红肿充血、发痒和热痛。中度冻伤：全层皮肤冻伤，局部红肿明显，表面有大小不等的水疱，疼痛较重，甚至感觉迟钝，对冷、热、针刺不敏感。重度冻伤：深达皮下组织，甚至累及肌肉和骨骼，受冻部位颜色苍白，并出现紫褐色或黑褐色坏死状态，局部的感觉也完全消失，极易并发感染。

应对措施为做好防寒防冻措施，关键在于早期要及时复温，后期应保护末梢血管功能，改善血液循环，增强机体抵抗力和耐寒力，预防感染，改善和提高全身状况等。严禁使用有害的救治方法，急救时严禁用火烤、雪擦、冷水浸泡和捶打受冻部位，避免弄破伤部，或向伤部涂抹没有消毒的油膏，以免加重伤情。对于高原运动性冻伤要对症治疗，当冻伤发生后要迅速将患者脱离寒冷的环境，送到温暖的室内，脱去潮湿的衣服、鞋袜，并保持室温在 20 ～ 25℃。口服维生素 C，每次 100 ～ 200 mg，一日 3 次。对于轻中度冻伤，局部要经常用酒精棉球轻轻揉擦，使皮肤微热即可，同时涂冻疮膏，注意患部的保暖。应注意冻伤部的清洁，用温水清洗或浸泡，不要用热水泡或火烤，也不要用雪擦和冷水浸泡，至冻伤处有湿感或僵木消失为止。出现水泡者，对局部进行消毒后，用针刺破水疱后进行包扎。对已破溃的水泡，可涂抹消炎软膏，再包扎好。有硬块者，用红灵酒或姜汁、辣椒频擦，使气血畅通。皮肤上有小瘢痕时，可用蜂蜜 70%、猪油 30% 混合成油膏外敷。溃烂后用马勃一块或马勃膏、生肌玉红膏外敷，一日 1 次。有感染者可用九一丹、红油膏盖贴，腐脱新生，则用生肌散、生肌白玉膏以利收口。重度冻伤或者全身冻伤者应及时送往医院治疗。中重度冻伤也可服用当归四逆汤、人参汤和回阳救急汤等中药汤剂进行治疗，后期可配合推拿按摩疗法，在太阳膀胱经等穴位进行按揉，以感觉到热为宜，每晚睡前进行按揉，七日为一个疗程。高原运动性冻伤要以预防为主，应坚持在冬季锻炼，或偶尔进行冷水锻炼，如冷水洗脸、淋浴等，增强人体的耐寒能力。运动服、鞋帽、手套要保暖、干燥、宽松，避免过紧影响血液循环，每晚睡觉前用热水浸泡手脚，涂油脂类防冻膏并进行按摩。高原饮食应多吃蛋白质和维生素丰富的食物增加热量和御寒能力。

（五）高原运动性紫外线灼伤

一般适宜的日光紫外线照射可改善中枢神经系统和肌肉力量，杀死细菌和病毒，增强机体饿抵抗疾病能力，增加免疫功能，还可以提高人体反应速度，促进钙和磷的吸收，具有预防和治疗佝偻病的作用。过量的紫外线却会给机体带来危害，如紫外线照射穿透皮肤，损伤体内组织，引起灼伤，产生红斑、色素沉着，免疫系统受到抑制、患皮肤黑瘤、皮肤癌及白内障等。面对紫外线照射造成的严重后果，有关国际组织和许多国家政府要求采取有效措施以减少危害。我国在 20 世纪 90 年代末开展了紫外线强度等级预报，目前可用紫外线观测仪器来相对精确地预测辐射强度，所以在高原进行运动前，要查询当前的高原紫外线辐射强度，做好相应的防护措施。

高原日照时间长，紫外线辐射强，辐射强度随着海拔升高而增强，紫外线辐射强度指数最高可达五级。海拔越高，空气越稀薄，大气中的尘埃和水蒸气少，被吸收的太阳辐射少，因此到达地面的紫外线就强，而且通过雪面和冰面的反射，紫外线的破坏力更强。一般海拔每升高 100 m，紫外线辐射强度就增加 1.3%，海拔 4000 m 时，紫外线强度比海平面强 1.5 ~ 2.5 倍。过量的紫外线对暴露在外的皮肤、眼睛，甚至免疫系统都会造成一定的损伤，严重者会发生日光性皮炎、雪盲症、急性角膜炎、白内障、视力障碍、溃疡、化脓感染等。另外，紫外线作用于中枢神经系统后，还会引起头痛、体温高等症状，不仅严重影响高原体能训练的质量，甚至会使个体几乎丧失行动能力。

在高原预防紫外线灼伤时，首先是加强适应高海拔地区的日照环境，提高皮肤对日光的耐受能力，同时要减少皮肤外露，佩戴防护镜、防护帽、脖套、手套以及涂抹防晒护肤品等，以提高皮肤对紫外线的抵抗力。在高原上的一天中，紫外线最强的时段是上午 10 点至下午 2 点，所以在夏日的此时段内，尽量避免外出及参加户外运动。对日光耐受性较差或紫外线过敏的人，可以采取逐渐暴露于日光下或者行日光浴的方法进行脱敏。对于已经发生灼伤的局部，可采用外用药物治疗，以消炎、安抚、止痛为原则，可以采用外涂炉甘石洗剂等进行治疗，严重者采用局部冰敷可起到明显的缓解作用。还可以采用湿敷治疗，一般 2 ~ 3 h 湿敷一次，一次 20 min 左右，待局部肿胀消退可以配合口服抗组胺药物来治疗。如外用湿润烧伤膏和莫匹罗星，要注意保湿，不能挤、压、抓、挠、搓，避免摩擦刺激。另外，紫外线灼伤后常常会引起色斑、雀斑及肤色变黑现象，而维生素 C 可抑制黑色素的生成，因此要多食用一些含维生素 C 的水果、蔬菜。严重灼伤要及时治疗，强紫外线灼伤皮肤后会留下伤痕，皮肤会出现红、肿、热、痛，说明内部有炎症反应。程度较轻时冷却消炎即可，若比较严重，皮肤出现水疱且疼痛不止，应及时请皮肤科医生诊断治疗。

（六）高原运动性肌肉痉挛

肌肉痉挛俗称抽筋，是肌肉不由自主地强直收缩的现象。运动中肌肉长时间连续快速收缩得不到放松产生疲劳，出汗过多、体内钠离子含量过低，以及寒冷等是导致肌肉痉挛的重要原因，一般在长跑、足球比赛中比较常见。运动中最容易发生痉挛的肌肉是腓肠肌，其次是足底的屈踇肌和屈趾肌。

肌肉痉挛时，用力牵引拉长痉挛的肌肉（图 7-2-1），症状可得到缓解，局部按摩、热敷对缓解肌肉痉挛也有较好效果。同时加强体育锻炼，提高机体对环境的适应能力和肌肉的工作能力，冬季注意保暖，夏季注意补充盐分。在大强度训练时，要充分做好准备活动，循序渐进进行训练。对容易发生痉挛的肌肉，可进行适当的按摩。当身体处于疲劳、饥饿或局部有轻微伤病时，应适当减少运动量，不宜进行剧烈运动。在比赛前，要调整自己的心理状态，消除紧张的情绪，提高神经兴奋性和专注度。必要时补充维生素 E，适当补钙，多吃含乳酸和氨基酸的奶制品、瘦肉、虾皮、豆制品等食物。

（七）高原运动性腹痛

运动性腹痛是由于运动引起或诱发的一种症状，多发生在运动过程中或结束时，严重时常使运动者被迫中止运动。疼痛程度与运动量、运动

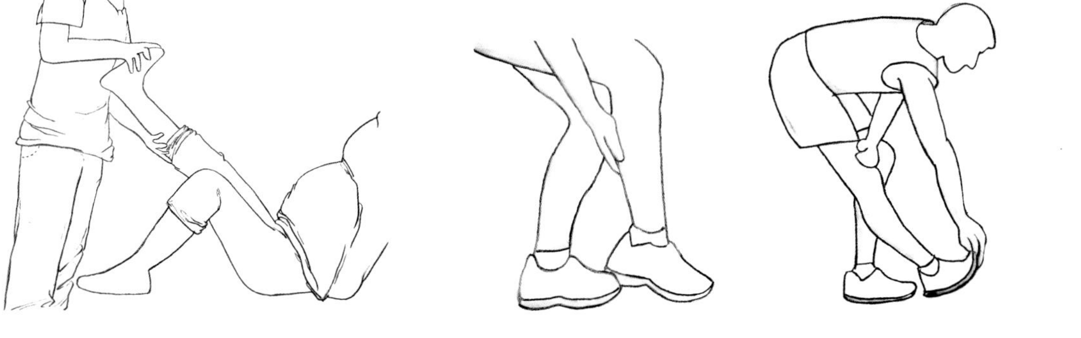

图 7-2-1 缓解大腿（左）和小腿抽筋（右）的方法

强度和运动速度等因素密切相关。运动性腹痛多见于中长跑、马拉松、自行车、篮球、排球等运动项目。

运动性腹痛的主要原因是胃肠痉挛、胃肠功能紊乱、肝脾淤血。当剧烈运动或者情绪紧张时，由于交感神经兴奋，大量血液流向体表和四肢，胃肠血管收缩，胃肠局部血液循环发生障碍，循环血量减少，导致胃肠缺血、缺氧，胃肠壁和肠系膜上的神经受到牵扯，使胃肠平滑肌发生痉挛引起腹痛，疼痛的性质有钝痛、胀痛甚至是绞痛。当剧烈运动时，心血管系统的功能水平难以适应运动的负荷和强度，心脏负荷加重，心脏搏动不充分或无力，影响了心腔内血液的排空和静脉血液回流，导致下腔静脉压力上升，肝脾静脉回流受阻，血液淤积在肝脾内，肝脾表面的张力增大，使其被膜上的神经受到牵扯而导致肝区或脾区疼痛。饭后胃肠蠕动加快加强，如立即进行剧烈运动，大量血液就会从胃肠流向四肢，造成腹部内器官的相对缺血，因保护性反应产生腹部疼痛。同时，由于饭后胃中充满食物，或者运动前饮食、饮水过多或空腹运动，或有不良的饮食习惯，以及胃酸和冷空气对胃的刺激等，腰腹部的肌肉过度收缩，腹压增加，也会引起腹部疼痛等不适感觉。运动前食入易产生胀气或难消化的食物，常常导致肠蠕动加快、加强或肠痉挛，疼痛多为胀痛或阵发性绞痛，疼痛部位多在脐周围。宿便刺激也可以引起肠痉挛，其疼痛多在左下腹部。另外一些腹内外疾病也可以引起腹痛，如肝炎、胃炎、胆囊炎、阑尾炎等。平时缺乏体育锻炼或者运动前准备活动不足，运动时呼吸节奏掌握不好等因素均会导致胃肠功能紊乱，胃肠平滑肌痉挛而发生运动性腹痛。女性运动员在经期参加剧烈运动或比赛，由于运动强度过大，精神高度紧张、机体不适应，也会出现腹痛。

运动性腹痛的特点是安静时不痛，运动中或者结束时腹痛。一般无其他伴随症状，肝功等指标正常。大多数运动性腹痛与运动负荷、运动强度、运动速度成正比。腹痛的性质和部位也各不相同，肝痛和脾痛多表现为胀痛、钝痛、牵扯痛；胃肠痉挛、结石病多表现为痉挛性疼痛或绞痛；肠道有蛔虫多表现为持续性胀痛且阵发性加剧；阑尾炎多表现为转移性疼痛。

一般只要坚持体育锻炼，提高内脏器官的功能，避免饭后立即参加剧烈运动，并做好准备活动，注意呼吸方法和节奏，大多可以防止和减少运动性腹痛。如在运动中出现腹痛，应立即减慢运动速度，降低运动强度，调整运动节奏和呼吸节奏，加深呼吸的同时手按压疼痛部位，或者弯着腰跑一段距离，疼痛即可减轻或消失。如若效果不明显，应立即停止运动，及时寻求医务人员的帮助。对因腹内外疾病所致的腹痛，应治疗原发性疾病。

（八）高原运动性晕厥

运动性晕厥是指在高原低氧环境中进行高强度的运动训练后，由于血液重新分配引起的短暂脑供血不足或短暂意识丧失，因肌张力丧失而导致跌倒。高原运动性晕厥与运动项目、训练水平、身体状态、年龄和周围环境密切相关，多见于长跑、足球、篮球、长距离滑雪、滑冰、公路自行车、举重、竞走、网球和马拉松等运动项目。青年和中老年均有发生，中老年多见。

一般人脑重量占体重的2%，脑血液供给量占心输出量的1/6，脑耗氧量占全身耗氧量的20%，维持意识所需的脑血流量的临界值为每分钟30 ml/100 g，当脑血流量骤减至临界值以下就会发生晕厥。运动性晕厥的发病原因较多，多与身体健康水平较低、训练前饥饿、疲劳有关，又如精神亢奋或过度紧张，带病参加运动训练或者比赛、长时间站立或久蹲后突然站起，患者缺乏锻炼，或者运动前没有做好准备活动，或者运动量过大、时间过长导致低血糖等，都可能导致晕厥。晕厥还与某些潜在基础性疾病（如高血压、冠心病、高脂血症）有关。

晕厥指晕倒后意识丧失，手足发凉、脉率上升或正常、血压下降或正常，呼吸加快或减弱，无抽搐、大小便失禁，瞳孔对光反射正常。

运动性晕厥的应对措施包括一般处理和急救处理。

一般处理：当受训者出现运动性晕厥时，立即将其置于侧卧位，抬高下肢以增加脑血流量。同时松开衣扣、腰带，头转向一侧，以免舌后坠堵塞气道，体温低者加盖毛毯，并给予吸氧，注意观察体温、脉搏、呼吸、血压等生命体征，如呼吸停止，应做心肺复苏。

急救处理：发病后，现场抢救措施有吸氧、保持呼吸道通畅，低血糖者可静脉注射25% ~ 50%葡萄糖40 ~ 60 ml。如有呕吐，应将患者的头偏向一侧，防止呕吐物堵塞气管。如停止呼吸，应立即进行心肺复苏。若中暑晕厥者，应转移至阴凉通风处迅速降温，用冰水、冷水擦浴至皮肤发红，头部及大血管分布区放置冰袋，有条件的建立静脉通道。若是游泳和潜水发生晕厥，意识突然丧失，应迅速进行抢救，使呼吸道通畅，立即撬开口腔将舌头拉出口外以免堵塞呼吸道，并将溺水者头部下垂倒出积水，立即进行心肺复苏。

另外，高原体能训练时要坚持科学系统的训练原则，坚持体育锻炼，提高心肺功能水平和有氧能力，减少对高原的恐惧心理，把握好高原体能训练的运动量和强度，做好充分的准备活动，避免在夏季高温、高湿条件下进行长时间、大强度的训练和比赛，长距离运动要及时补糖、盐、水，也不宜在饥饿或空腹时参加运动。定期进行体格检查，密切观察运动时出现的各种症状，如胸痛、胸部压迫感。

（九）高原运动性猝死

运动性猝死是指在运动的过程中或运动后24 h内，由于运动原因而引起的非创伤性意外死亡，该症状发生时急剧作用于人体的各项器官和部位，使人体出现严重的缺氧和严重的供血不足，从而导致死亡。

运动性猝死发病急、病程短、病情重，很难救治。运动性猝死的先兆主要有明显的疲乏感、短暂黑矇、眩晕、心慌、面色灰白、心悸、呼吸困难、大汗淋漓、血压下降、意识障碍等，随后突然呼吸和心搏骤停、脉搏消失、神志不清、痉挛、瞳孔散大。运动性猝死的发病与心脏器质性病变、高血压、情绪激动、过度劳累、高原缺氧等因素密切相关。同时，运动性猝死与运动项目强度、持续时间以及肌肉收缩形式等亦相关，其中高强度运动更易导致运动性猝死，如中长跑、短跑、跳高、足球、篮球、排球、网球、游泳和自行车等，发病率依次为跑步33.98%、足球10.68%、篮球8.74%。一般运动性猝死多发于中老年人群中，并且大多患者伴随有心脏方面的疾病。

运动性猝死病因主要为心源性猝死和脑源性猝死两大类。在运动性猝死中，心源性猝死占80%以上。从不同年龄来看，年轻人发生心源性猝死的主要原因是先天性心脏病、心肌病等，中老年人发生心源性猝死的主要原因是冠状动脉粥样硬化、心律失常等。剧烈运动后心肌耗氧量增加，冠状动脉发生痉挛或闭塞，导致心肌严重缺血造成局部电生理紊乱，引起短暂、严重的心律失常而发生死亡。脑源性猝死约占15%，包括脑血管畸形、动脉瘤等导致的蛛网膜下腔出血或脑出血等，其他原因包括中暑、滥用药物、嗜酒等。

运动性猝死以寒冷、高温和季节转换以及温差变化较大的月份为发病高峰时段，发病率高的月份依次为3月、11月、7月、4月、10月、12月。这可能与人体生物节律、在极端环境下的运动能力和适应能力较差有关。高原气候寒冷、缺氧、昼夜温差大，人体参与运动时普遍基础状况较低、血管弹性较差、血压易于骤然升高，尤其是早晨人体的新陈代谢水平低，血液黏度较高，机体各器官系统生理惰性大，起床后突然从静息状态到进行剧烈运动，加上高原体能训练的负荷强度和负荷量较大，使心脏负担突然增加，以上因素均易诱发运动性猝死。

现场急救时，立即吸氧，就地侧卧，松开衣领和腰带，保持呼吸道通畅，放低头部，抬高下肢并做向心性按摩。密切观察生命体征（体温、脉搏、呼吸、血压）变化，注意有无心脏和呼吸骤停、心律失常、心力衰竭、脑水肿等，如发生心脏和呼吸骤停，立即施行心肺复苏术。同时，立即建立静脉通道，清醒者给予适量口服补盐液，自述头痛严重者滴注20%甘露醇125 ml。

应对运动性猝死最为有效的方法是预防，高原体能训练时可借鉴国际上普遍认可的《高原体能训练运动性猝死的三级预防制度》。一级预防主要针对既往没有心脏疾病的人群；二级预防主要针对患有冠心病或其他心脏异常的人群；三级预防主要针对治疗心搏骤停，以防止猝死。

1．一级预防

（1）加强健康教育，普及高原体能训练科学知识。高原体能训练要遵循体育锻炼基本原则，循序渐进，根据自身的健康状况和客观条件，有针对性地选择运动项目、方法、时间与运动负荷，避免过度训练和过度运动。同时应根据活动的类型，制定相应的准入制度，并制定相关应急和救助预案。

（2）开展医学检查和安全性评估。对参加高原体能训练人群开展健康检查，包括常规体检和高原体能训练前体检，通常包括心血管系统、肌肉骨骼系统、肺部以及心电图检查等，有条件的需做心肺功能的全面检查。同时要对运动负荷实验和体能进行安全性评价。发现潜在的致病性的先天性心脏病，判断是否存在与冠心病相关的危险因素，及时发现运动的禁忌证，认真采取预防措施以降低风险。

（3）遵循高原体能训练基本原则，避免过度训练。高原体能训练要循序渐进，避免过度训练，要遵循经常性、全面性原则，根据团体和个人的特点、健康状况和客观条件，制定合理的高原体能训练计划，以及运动的项目、强度和时间，开展高原体能训练。同时在高原体能训练运动前后，做好充分的准备活动和放松整理活动，避免暴饮暴食以及饱食后运动，从而达到安全有效的运动效果。

（4）加强自我保健和自我医务监督。在高原体能训练中观察身体反应，及时体检，若出现身体不适，应及时进行调整，减少运动强度，必要时终止运动。同时培养良好的生活习惯，不吸烟、不喝酒，不吃高脂类食品。对感冒、发热、急性扁桃体炎、咽炎、麻疹等患者要及时治疗，积极防治心肌炎和心肌病等。

（5）应根据高原体能训练的模式、环境、海拔高度、季节气候等类型，制定相应的准入制度和标准，并制定出应急和急救预案。

2．二级预防 二级预防是在患有冠心病或其他心脏异常的人群中进行的预防，根据病情进行危险分级，制定相应的干预措施，关键是及时发现先兆症状和减少猝死发生的危险因素。

（1）注意观察猝死的先兆症状。据国外报道，运动性猝死前有 50% 的人会出现发热、胸痛、胸闷、胸部压迫感、头痛、气急、肠胃不适、腹泻、极度疲乏等先兆症状，也可能毫无征兆。如在高原体能训练运动前、中、后出现较明显的胸闷、压迫感、极度疲劳等症状，应引起足够的注意，若症状明显，应及时中止运动，并进行详细的医学检查。

（2）明确高原体能训练的禁忌证。高原体能训练的绝对禁忌证有：发热、各种内脏疾病（如心脏、肺、肾、脑及胃肠疾病）的急性期、有出血倾向的疾病（如肺结核咯血、消化道出血不久）、恶性肿瘤的转移期。

3．三级预防 三级预防指的是治疗急性心搏骤停，以防止猝死。主要是提供现场医务监督和建立急救体制，使情况及时逆转，挽救患者生命，这是高原体能训练防止运动性猝死发生的重要环节。如果发现有人在运动中突然意识丧失而倒地，发现者应立即将其平卧，大声呼叫，同时用手触摸其颈动脉部位以确定有无搏动，若无反应且没有动脉搏动，则立即进行心肺复苏救治。通常我们熟悉的心肺复苏和自动体外除颤器（automated external defibrillator，AED）就属于三级预防的急救范畴。所以，当遇到运动性猝死时，正确的急救流程是：先进行心肺复苏，必要时用 AED 除颤，同时呼叫救护车，等待高级生命支持。最佳黄金抢救时间为 4 ～ 6 min，每过 1 min 抢救成功率就会降低 20%。

（十）高原运动应激综合征

运动应激综合征又叫过度紧张，常引发机体出现急性胃肠功能紊乱、急性心功能不全、脑血管痉挛等症状。运动应激综合征的原因与训练水平不够，生理状态不良，突然进行高强度运动和比赛，突然或过于迅速进入高原进行大负荷、高强度训练，患某种疾病（如心血管疾病）或急性病初愈没完全康复者参加高原体能训练等有关，多见于中长跑、马拉松、中长距离滑冰、自行车、划船、足球等运动项目。一般高原运动应激综合征出现急性胃肠功能紊乱是常见症状，多在剧烈运动后短时间内出现恶心、呕吐、腹痛、腹泻、面色苍白、出冷汗等症状。一般数秒内便可恢复，少数人在数小时后恢复，其他异常体征不明显。体检腹部有轻压痛，脉搏可稍加快，血压大多正常。有些在运动后出现了消化道出血，表现为呕血或呕吐咖啡样物，大便隐血试验阳性。

应对措施是让患者平卧休息，松解衣物，保暖，保持安静，清醒者可适当少量摄入运动饮料。对胃肠功能紊乱者，应休息观察，进流食和半流食，必要时可给予止血药物，若反复出血则应进一步检查治疗。对心功能不全者，应立即中止运动，采取半卧位、吸氧，给予速效救心的药物并立即送医院抢救。

第三节　高原体能训练运动损伤的一般性处理

高原体能训练运动损伤的处理与治疗在训练中发挥着重要的保障作用，运动损伤的防治是高原体能训练的重要组成部分。运动损伤的发生不仅与训练项目、训练量及强度有关，还与训练方法、环境、场地、器材、心理以及运动疲劳积累程度等因素有关，而正确的处理与治疗不但可以提高训练者的训练质量、减轻受伤者的痛苦、减少损伤后的并发症，而且极大地促进高原体能训练的健康持续发展。

一、物理疗法

物理疗法就是应用各种物理因素处理和治疗运动损伤的常用方法，如应用各种声、光、电、磁、冷、热等物理因子作用于损伤部位，以达到促进组织痊愈的目的的疗法。物理疗法历史悠久，除传统治疗方法外，纳米技术参与治疗效果显著，常用物理疗法有以下几种。

（一）冷疗法

冷疗法是使用致冷物质（如冰、冷水、冷镇痛气雾剂）作用于损伤部位，主要用于急性闭合性软组织损伤的早期，使损伤周围血管收缩，明显减少局部血流量及充血现象，抑制感觉神经，以减少局部的肿胀，从而减轻损伤早期出现的红、肿、热、痛等炎症反应，加快痊愈过程。冷疗法可促使血管收缩，减轻局部充血，抑制感觉神经，具有降温、止血、镇痛、消肿和解痉的作用。一般应在受伤后 24 h 内进行，越早开始越好，因为此时段是伤后组织的炎症反应期，冷疗越早炎症反应越轻微。

1．冷敷法　利用局部冷刺激后降低损伤血管充血及镇痛解痉的作用，可应用于闭合性软组织损伤的整个治疗过程。具体方法是将毛巾浸透冷水或将冰块装入冰袋内进行外敷，每次 15 ~ 30 min，也可在治疗部位来回移动（冰块按摩法）；或将患处部位直接浸泡在 20℃冷水中，对滑囊和筋膜炎所致的疼痛效果颇佳，时间以 15 ~ 20 min 为宜。要严格掌握治疗时间，注意局部情况，一般出现皮肤麻木时应立即停止，防止过冷引起组织冻伤，冷疗时抬高患肢以利于静脉血和淋巴回流。

2．冷镇痛气雾剂　常用烷类冷冻喷射剂，利用其喷射时吸收热能而使局部温度降低。喷射时喷出的细流应与皮肤垂直，距皮肤 30 ~ 40 cm，喷射时间视病情而定，一般 5 ~ 10 s，或皮肤上出现一层白霜即可。需要较长时间治疗时，可用间歇喷射法，即喷射 5 s 后停止 20 ~ 30 s 再进行，但不宜超过 3 次。要观察局部皮肤情况，避免皮肤冻伤，面部损伤一般不宜用烷类喷射剂。

3．冷疗舱　冷疗舱是利用液氮喷雾作用于机体的全身冷疗法，可以加快肌肉疲劳恢复，改善由于大强度训练而造成的机体免疫抑制和失衡，提高机体免疫功能；增加垂体和血浆 β- 内啡肽浓度来缓解疼痛；提高机体合成代谢水平，加快疲劳恢复，改善身体功能。现如今的便携式冷疗舱可满足不同人群在不同环境下进行运动后全身冷疗。

（二）热疗法

热疗法是各种致热源通过辐射、传导和转换等途径作用于身体来增加局部组织温度，起到使毛细血管扩张、血流循环加快、局部代谢增加的作用，以达到消炎止痛和促进组织修复等目的的外治方法。一般适用于急性闭合性软组织伤的中、后期以及慢性损伤。热疗法包括湿热敷、热水浴、蒸气浴、石蜡疗法、红外线治疗、微波治疗、超声波治疗等。由于热因子刺激皮肤后能使局部血管扩张，促进血液和淋巴循环，提高新陈代谢，有利于肿胀的吸收消散，缓解肌肉痉挛。热刺激还能加强白细胞、单核细胞的吞噬作用，促进坏死组织的消除和再生修复，因而热疗有消肿、散淤、解痉、镇痛、减少粘连和促进损伤愈合的作用。但急性软组织伤的早期，高热、有出血倾向、活动性肺结核、恶性肿瘤等患者禁用。如果局部热疗的持续时间超过身体利用直接传导和通过血流散热的控制能力以外，温度上升便会超过耐受点，从而会造成组织损坏。受热局部缺血时，也易造成烧伤，所以热疗时应注意时间、热传导距离、受热部位血供等情况。

1．热敷法 包括湿敷和干敷。常用毛巾（浴巾）或敷料浸透热水或药物后放于伤处，无热感时应立即更换，每次敷 30 min 左右，每日 1 ～ 2 次，也可用热水袋热敷，治疗过程需严密观察防止烫伤。对瘫痪和感觉障碍的伤员要注意观察，若皮肤出现红紫或灼痛，应停止治疗，涂以凡士林或硼酸软膏，防止起水疱。

2．蒸气法 用配好的药物加水煮沸，将需治疗部位直接在蒸气上熏，每次治疗 20 ～ 40 min，每日 1 次。此法能使药物通过温热作用渗入皮肤局部而起到治疗作用，有时也可用稀释的温热药液直接浸泡伤处。

3．红外线疗法 红外线由热光源产生，治疗时把红外线灯移至治疗部位上方，灯距一般为 20 ～ 30 cm，剂量大小可通过改变灯与皮肤的距离调节，一般以舒适温热、皮肤出现桃红色的均匀红斑为合适，每次治疗时间为 15 ～ 30 min。红外线治疗时要避免直接辐射眼部，凡有皮肤过敏，或红外线治疗中有头晕、心慌、疲倦等反应者，应停止治疗。

4．微波治疗法 微波治疗具有脉冲和连续两种模式，其特点是能力集中、功率大、穿透性达 10 ～ 12.5 cm，有明显的分辨性和治疗效果，广泛用于肌肉、筋膜、肌腱、关节软骨等周围的软组织疼痛。一般每次治疗时间为 15 ～ 30 min，患者治疗时有明显的酸、痛、胀、麻等治疗反应，7 天为一疗程。

5．超声波治疗法 超声波治疗机产生频率介于 0.7 ～ 1.0 Mc 的机械振荡。超声波由于会被吸收，深部热作用不是很明显。这种吸收在含水量低的组织中较大，在肌肉中则较小。在通过不同组织的界面时，更多的转换成横贯波。因此，它不能产生像微波那种均匀的热作用。与短波和微波比较，超声波在热疗方面并没有太多优点。

6．转换热 转换热是通过使用感应线圈引起一个电磁场而产生的。使用超高频电流，波长 3 ～ 30 m，频率为 10 ～ 100 Mc 的称为短波透热。当使用 30 min 时，这种方法提高的温度可以深达 3 cm。治疗强度的调节需要根据皮肤产生红斑的程度和患者的舒适感。

（三）电疗法

电疗法是利用一种低压电流刺激暂时失去神经支配的肌肉。这种缓慢的正弦电流是一种极性交替的、不间断的直流电。电疗法产生的肌肉收缩与正常的肌肉收缩很近似。如果失去神经支配的肌肉不是定期地接受刺激，便会产生退行性改变，纤维组织就代替了肌肉组织。

（四）光疗法

光疗法是利用日光或人工红光预防和治疗疾病，以及促进机体康复的方法。

（五）水疗法

应用水的温度、压力或溶于其内的化学物质进行治疗，称为水疗法。水的热容量大，导热性强，又是良好的溶剂，水具有静压力和浮力，并可通过人工加压的方式使其产生冲击力，有较好的机械作用。水具有清洁作用、温热作用，水的浮力可以对抗患者体重，减轻损伤关节受到的压力。又因水具有阻力，对损伤的肢体进行训练有良好的效果。

（六）磁疗法

利用磁场作用于人体治疗疾病称为磁疗法。当应用磁场进行穴位治疗时，则称为磁穴疗法。磁疗法有悠久的历史，古籍记载其有消肿、止痛和镇静的作用。近现代以来对磁性材料、治疗技术、治疗原理进行了大量研究，促进了磁疗技术的发展，使其成为理疗常用方法。磁疗对神经系统、消化系统和心血管系统等都有较好的正向作用。在高原运动损伤中，主要应用磁疗法的镇痛、镇静、消炎、消肿等功效。

二、拔罐疗法

拔罐疗法俗称“拔火罐”，是利用火的燃烧造成罐内负压，使其吸附在身体的一定部位（穴位）上来治疗疾病的一种我国中医传统疗法。拔罐疗法简便易行，对陈旧性损伤、慢性劳损和风湿痹痛都有较好的疗效，操作方法简便易学，根据治疗面积大小，选择适当的罐治疗。

留罐时间依据罐的大小和吸力强弱而定，大而吸力强可拔 3 ～ 5 min，小而吸力弱可拔 10 ～ 20 min。天气炎热时留罐时间应缩短，寒冷时可稍延长，一般隔日拔一次，5 ～ 7 次为一疗程。

拔罐时需注意，年老体弱、皮肤过敏、水肿、出血性疾病患者，孕妇的下腹部和下腰部，以及皮肤损伤的部位，均不宜拔罐。要注意保暖并保护患者隐私，如患者出现头晕、恶心、面色苍白，应立即起罐并按晕针处理，皮肤如出现水疱可用无菌针刺破后消毒处理。

三、按摩疗法

按摩疗法是治疗损伤性疾病简便易行的重要方法之一，是利用手、足、器械等在身体经络和穴位上运用各种方法进行按摩，使局部血管扩张，促进血液循环和淤血吸收，消除肿胀、疼痛，防止细胞间纤维化形成。按摩的手法有110多种，常见有摆动类按摩、缠、滚、揉、摩、擦、推、搓、抹、按、点、捏、拿、掐、捻、振、拍、击、摇、板等手法，经穴按摩对疾病的防治具有独特效果。

一般在高原体能训练中发生运动损伤需经过36 h后才进行按摩，必要时结合热疗法进行，也可以在运动前、中、后按摩。运动前按摩可提高韧带柔韧性和关节灵活性，增加肌肉力量，提高运动表现能力，主要是对承担运动强度较大的肌肉进行按摩，采用擦、揉、捏的手法。运动中按摩是为了及时消除疲劳，解除肌肉僵硬，提高高原训练和比赛的兴奋性，多采用柔和的手法。运动后按摩是为了消除疲劳，以利于体力恢复，按摩一般不超过1 h。

四、局部药物注射疗法

局部药物注射疗法是治疗运动损伤的常用方法，可治疗各种急慢性软组织创伤，有效率可达85% ~ 90%，尤其对创伤性腱鞘炎、滑膜炎、肌肉拉伤、网球肘、肩袖损伤等治疗效果颇佳。

常用药物有普鲁卡因、醋酸氢化可的松、泼尼松、透明质酸酶等。普鲁卡因有抑制神经纤维传导和扩张微血管的作用，常用1% ~ 2%浓度，需做皮肤过敏试验。醋酸氢化可的松和泼尼松的主要作用是抗过敏反应，对成纤维细胞起到抑制作用，能保护基质不受破坏，维持毛细血管正常通透性，因而能够抑制炎症反应，减轻炎症细胞浸润，防止或减轻水肿，剂量视伤情而定。透明质酸酶能使成纤维细胞活性增强，毛细血管床数量和通透性增加。

五、中药藏药治疗

中医认为“肢体损于外，则气血伤于内”，局部损伤会影响整个机体的功能状态，而全身状态又会影响局部损伤的愈合与康复，强调了局部与整体的辩证统一关系。中医的辨证施治就是要根据不同的伤种、病情、病期、体质状况、年龄、性别等，采取不同的治疗方法与方剂，不可千篇一律，才能取得良好疗效。

在高原运动损伤初期，运动损伤发生后组织撕裂或断裂，血管破裂出血，组织液、淋巴液渗出，皮下淤血、肿胀，形成血肿块，出现疼痛。此时宜用活血化淤生新剂，如急性闭合性软组织损伤外敷黄柏40 g，延胡索、血通各15 g，白芷、木香各12 g，羌活、独活各8 g，血竭4 g，上药研磨，具有清热消炎、活血化淤、消肿止痛等作用。使用时取适量药粉加水或蜂蜜调成稠糊状，摊在油纸或塑料纸上外敷于伤部，每日更换一次，注意外敷药的加减和内服药的使用。

在高原运动损伤炎症反应及肿胀期，局部出血已停止，出现反应性炎症。局部血管扩张，吞噬细胞增加，同时因淋巴管有损伤性阻塞，渗出液不能由淋巴管排出，因而除血肿外，还有水肿。此时宜用清热消炎、活用化淤、行气通络药，如外敷红花、血竭、牛膝、木通、檀香、羌活、独活、海桐皮、元胡各9 g，大黄、川芎、木香、白芷各15 g，黄柏30 g。也可以外敷生大黄150 g，山枝、血竭、地鳖虫、蒲公英、乳香、没药各30 g。

在高原运动损伤肉芽组织机化期和瘢痕期，伤部血肿开始吸收，肉芽组织已形成，最后形成瘢痕，或发生瘢痕收缩引起关节运动功能障碍和局部组织变弱。此期宜用温经通络、活血化淤、强筋壮骨药。如活血生肌剂处方：官桂15 g，生川乌、生草乌、生南星、乳香、没药、木香、木通、续断各9 g，土鳖、红花、刘寄奴各12 g。使用时取适量药粉加水、少量酒精和凡士林调成糊状，煮沸后冷却至50℃左右，趁热外敷于伤部（防止烫伤），2天更换一次。

常见运动损伤的中药治疗见下。

【接骨四黄膏】主治骨折，有消肿止痛、去淤生新的功效。处方：接骨草6份，大黄、黄芩、黄柏、黄连各1份。研磨至细粉，加等量香油或凡士林，文火煎至膏状，待凉后敷于骨折部位，3天左右更换一次即可。

【正骨汤】主治骨折初期，有活血散瘀、行气止痛的功效。处方：当归12 g、川芎15 g、赤勺9 g、苏木12 g、广木香9 g、骨碎补15 g、地鳖虫6 g、生甘草6 g、乳香6 g、没药6 g，水煎服。

【落伸桑外洗方】主治骨折后期，有温经通络止痛的功效。处方：落得打12 g、伸筋草12 g、桑寄生9 g、红花4.5 g、全当归9 g、桂枝3 g、草乌9 g、独活9 g。研磨至细粉，装入纱布袋内煮沸，稍凉后用毛巾敷于患处，每次15 ~ 20 min，每日2次，每包药可用3天。

【五藤汤】主治网球肘，有补肝益肾、强筋通络、祛风活血的功效。处方：海风藤15 g、石南藤15 g、宽筋藤15 g、鸡血藤15 g、四方藤15 g、十大功劳15 g、桑枝12 g、苍耳子和艾叶各10 g，每日1剂，水煎熏洗，熏洗前汤药加入适量酸醋。

【二术苓皮汤】主治膝关节滑膜炎，有健脾燥湿、清热解毒、通利关节的功效。处方：苍术12 g、白术12 g、茯苓皮20 g、薏苡仁30 g、金银花各30 g、川牛藤15 g，水煎服。

【消瘀止痛散】主治足跟痛，有活血消瘀、通经止痛的功效。处方：当归20 g、川芎15 g、乳香15 g、没药15 g、栀子15 g，研磨至细粉，放于白纸上加热敷于患处。

【腰痛合剂】主治腰痛，有补肾强腰、舒筋和络、祛风健脾的功效。处方：白对叶肾10 g、红对叶肾10 g、菜头肾10 g、棉花肾10 g、花麦肾10 g、龙芽肾10 g、鸡矢藤10 g、陈皮5 g、大枣7枚，水煎服。

【舒活汤】主治急性软组织损伤，有舒筋活血、凉血散瘀、行气止痛的功效。处方：柴胡9 g、红花9 g、赤勺9 g、桃仁9 g、血竭6 g、甘草6 g、山甲12 g、瓜蒌根12 g、大黄15 g，水煎服。

六、固定疗法

高原体能训练发生骨折、拉伤、骨裂、挫伤等情况下常采用固定方法，其作用是防止骨质端再错位。支持固定骨折端以期恢复，常用方法有：布类固定、夹板固定、支架固定、石膏固定、牵引固定和手术固定，可根据病情选择不同材料，选择正确的保护支持带。骨折固定时，应放置小夹板，防止骨质端再错位；石膏固定时，要注意预防可能引起的并发症，如神经压迫伤、肢体坏死及挛缩、石膏过敏等。如果现场没有夹板可以就地取材，用树枝、竹片、雨伞等代替，也可以将伤肢固定在躯干或健肢上。

七、牵引疗法

牵引一词由拉丁语“tractico”派生而来，其意为一拉或一拖的过程。牵引疗法是利用作用力与反作用力的原理，通过手法、器械使关节和软组织得到持续或间歇的牵拉而达到解除肌肉痉挛和挛缩，固定复位，减轻神经根受压，增加关节活动度的方法。这种方法适用于骨折、急性或慢性损伤引起的腰部或颈部疼痛、肌肉挛缩引起的功能障碍或畸形的治疗。从施力的方式和肢体的运动来看，牵引就是一个关节面离开另一个关节面，而事实上牵引过程并不是完全这样，特别是在脊柱节段，在应用牵引时，脊柱阶段处产生的运动往往是分离和滑动的结合。

皮肤牵引的重量不能超过5 kg，时间不宜过长，适用于肱骨髁上骨折、股骨粗隆间骨折等。骨牵引是在骨骼所需的部位上穿入不锈钢针或钢钉，能够维持较大重量和较长时间牵引。枕颌牵引的重量一般为2 ~ 8 kg，适用于无移位的颈椎骨折、颈椎小关节半脱位、颈椎病等，使颈椎后缘的间隙距离增大，起到神经减压作用。骨盆牵引适用于耻骨连合分离、对位良好的耻骨骨折、腰椎间盘突出、腰部肌肉筋膜炎等（图7-3-1）。

八、刮痧疗法

刮痧是中华民族传统医学的优秀成果之一，以瓷调羹蘸香油刮背，使邪气随降，病自松解的传统刮痧在民间被广泛应用。由于刮痧方法易于掌握，其疗效又迅速被患者感知，所以是传统医学中的有效疗法之一。

九、针灸疗法

针灸疗法分为针法和灸法两种，针法是把毫

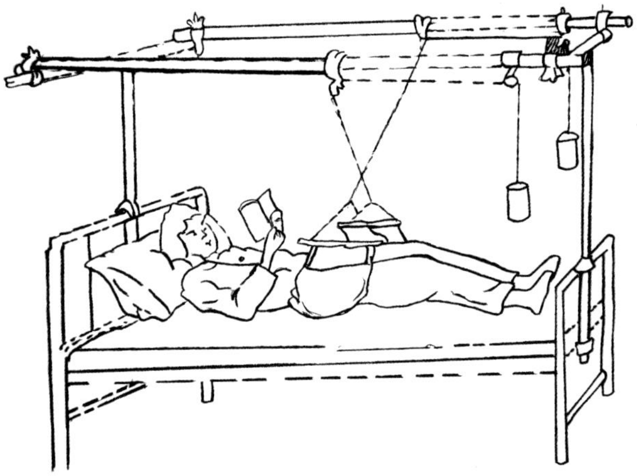

图 7-3-1　骨盆牵引

针在特定的穴位插入体内，用一些特殊的针刺手法来治疗疾病。灸法是把燃烧的艾绒熏灼特定穴位的皮肤，利用热的刺激来治疗疾病。

十、高原藏医特色外治疗法

（一）药浴法

药浴法在藏语中称“泷沐”，是藏族人民以土、水、火、风、空“五源”生命观和隆、赤巴、培根“三因”健康观和疾病观为指导，通过沐浴天然温泉或药物煮熬的水汁或水蒸气，调节身心平衡，实现生命健康和疾病防治的传统知识和实践。

在藏医药学中，藏医药浴法是外治法之一，已有 1300 年历史，2018 年 11 月 28 日被列入联合国教科文组织人类非物质文化遗产代表作名录。藏医药浴法形式多种多样，全身浴称“水浴疗法”，局部泡浴有“手浴法”“足浴法”等称呼，全身泡浴最为常用。药浴用药和内服药一样，亦需遵循处方原则，辨病辩证选药。根据体质、时间、地点、病情等因素，选用不同的方药，各司其属。煎药和泡浴的方法也有讲究，将药物粉碎后用纱布包好，或直接把药物放在锅内加水煎取即可。制作时，加清水适量，浸泡 20 min，然后再煮 60 min 以上，将药液放入浴缸，待温度适合时泡浴，在泡浴中，其方法有先熏后浴之熏洗法，也有边擦边浴之擦浴。

（二）热通疗法

热通疗法利用酒精燃烧产生的热力和空气对流的物理原理，刺激体表的穴位和病位，经过皮肤吸收，激活人体脏腑功能，促进气血运行，从而达到治疗目的，是一种藏医特色治疗方法。

适应证：腰椎间盘突出、腰肌劳损、强直性脊柱炎、前列腺增生、膀胱炎、消化不良、寒性腹水、乳腺增生等疾病。

禁忌证：高血压、心脏病、传染性疾病、皮肤破损、孕妇、精神障碍、过敏性紫癜、皮肤感染等一切热性疾病。

（三）格宁疗法

格宁疗法是指通过推、拿、按、摩等手法作用于患者需要治疗的部位，起到舒筋通络、行气活血、调整脏腑功能等作用的一种藏医外治疗法。

适应证：上背部疼痛、失眠、肥胖、缓解疲劳、保持肌肤酸碱平衡。

禁忌证：消化不良、中毒、水肿、骨折、皮肤传染病、外伤。

（四）艾灸疗法

藏医艾灸疗法是藏医传统外治疗法的一种，是将艾绒根据病症不同，做成大小不一的艾柱，在穴位或痛点用艾柱施灸，利用火的热力及药物的作用将隆病和寒性疾病平息于发病部位，达到根除寒症和部分热症的一种治疗方法。

适应证：腰椎间盘突出、痛风、骨质增生、坐骨神经痛、骶管囊肿、类风湿性关节炎、癫痫、失眠、眩晕、面瘫等疾病。

禁忌证：孕妇、男性生殖器及五官等部位禁止施灸。

（五）道斗疗法

道斗疗法是藏医传统外治疗法之一，距今有 900 多年的历史，在《藏医八支论之精要奔科策》《藏医临床札记》等古籍中有相关记载。该疗法是选用具有冷热性能的石块对身体进行敷、粘、按摩的形式，而起到治疗效果的一种疗法，治疗分为热性疾病的冷敷和寒性疾病的热敷。

适应证：常用于治疗隆性疾病，如晕厥症、手脚硬症、卒中后遗症、颈椎增生引起的颈椎僵硬及疼痛、坐骨神经痛、肩周炎、产后关节疼痛或痛风等。

禁忌证：各种热症、糖尿病、皮肤感觉异常、结核病等禁忌。

（六）煳尔美疗法

煳尔美疗法是根据经络走向和隆穴位对应热敷，经皮肤吸收，采用压制隆偏盛的药物（如肉豆蔻、小茴香、酥油等藏药），从而调节平衡三因（隆、赤巴、培根），具有安神、镇静、调节血液循环，平衡血压的作用。

适应证：隆病造成的神经衰弱、强直性脊柱炎、腰椎间盘突出、四肢僵硬、抽搐、打嗝、干呕、失眠、头晕耳鸣、心悸心慌、抑郁症、间接性放射性疼痛等各种寒症或虚热症。

禁忌证：一切热病、严重的心脑血管系统疾病、糖尿病、传染性疾病、皮肤破损、高血压、肺结核、孕妇等禁忌。

第四节 高原体能训练运动损伤的急救处理

急救是对意外或突然发生的伤病事故进行紧急、临时性的一系列措施，其目的是保护伤员的生命安全，避免再度伤害，减轻痛苦，预防并发症，并为伤员转运和进一步治疗创造条件。因此无论是何种急性损伤，及时而正确的急救都很重要。在高原低氧和运动的双重影响下，高原体能训练者易出现危急损伤，且损伤更为严重，病程发展更为快速，因此加强对急救的认知与正确处理极为重要。

一、急救处理原则

（一）详细检查

高原体能训练如发生损伤，首先检查伤员有无意识、生命体征（如心率、呼吸、脉率、血压、瞳孔、角膜反射）及全身状况（如精神、反应、知觉），注意伤员有无出血，如发生休克应及时扩容抢救，还要注意观察氧饱和度。

（二）损伤部位检查

观察有无创口、出血、红肿、压痛、畸形、异常活动及功能障碍等，尽早确定损伤位置及受伤程度，同时注意有无并发症和其他系统器官损伤，以便尽快做出诊断。

（三）抓住致命损伤

掌握急救重点，抓住致命损伤，做好抢救准备工作，全力以赴、分秒必争，采取一切可行有效的措施，利用现有条件迅速、准确、有效地尽快恢复生命体征，做到快抢、快救和快送医院处理。

（四）保持镇静谨慎操作

急救时，施救者要保持镇静，认真按照急救操作原则有条不紊地操作，经前期急救处理后，陪伴伤员至医院，配合医生参与伤员的后期救治。

二、常见运动损伤的急救处理方法

（一）休克

休克是人体遭受体内外各种强烈刺激后所发生的严重的全身性综合征。临床上以急性周围循环衰竭为特征，是由组织血液灌流不足所引起的代谢障碍和细胞受损的病理过程。高原体能训练发生损伤导致休克则病情更为严重，由于有效循环血量锐减，组织血流灌注广泛、持续、显著减少，致全身微循环功能不良，重要器官功能严重障碍，此时机体功能失代偿，组织缺血缺氧，神经 - 体液因子失调。运动性休克多见于平素体育锻炼较少的人，一般女性多于男性，尤以青少年、学生为多见。赛前过分紧张、激动，或带病参加训练、测试或比赛常为其诱因。

高原体能训练损伤并发的休克多为外伤性休克，这种休克的发生与疼痛和失血有关，多见于脑脊髓损伤、骨折、睾丸挫伤等，是由于神经作用使周围血管扩张，有效血容量相对减少而引起的。其次为出血性休克，由于损伤引起大量出血，如腹部挫伤、肝脾破裂时的腹腔内出血，血容量突然降低，有效循环血量不足所致。其他休克类型还有心源性休克、血管扩张性休克、中毒性休克、过敏性休克等。

1．临床表现　休克早期出现轻度兴奋征象，意识尚清，烦躁焦虑，精神紧张，面色、皮肤苍白，口唇、甲床轻度发绀，心率加快，呼吸频率增加，出冷汗，脉搏细速，血压正常或稍高，脉压缩小，尿量减少。

休克中期，患者烦躁，意识不清，呼吸表浅，体温下降，心音低钝，脉细数而弱，血压进行性降低，可低于 50 mmHg 或测不到，脉压小于 20 mmHg，皮肤湿冷，尿少或无尿。

休克晚期出现弥散性血管内凝血（DIC）、多器官功能衰竭、顽固性低血压、皮肤发绀或广泛出血，血管活性药物疗效不佳，严重时昏迷甚至死亡。

2．急救方法　高原体能训练时发生休克是严重而危险的紧急情况，必须抓紧时间进行救治，在急救的同时应迅速请医生或及时送医院治疗。但休克早期的有效救治，对遏止病情发展有积极作用，也有助于改善患者的预后。

一般紧急治疗：通常取平卧位，必要时采取头和躯干抬高 20° ~ 30°，下肢抬高 15° ~ 20°，以利于下肢静脉回流，保证脑灌注压力，保持呼吸道通畅，维持比较正常的体温，及早建立静脉通路，并用药物维持血压。

病因治疗：引起休克的原因各异，根除或控制导致休克的原因对阻止休克的进一步发展有利，尤其高原运动损伤引起的休克，治疗原则是尽快恢复有效循环血量。

扩充血容量：扩容剂选择原则是“缺什么补什么”，按需补充，目前补充血容量的液体种类很多，输注晶体液、血浆代用品能维持红细胞压积大于 30%，对改善组织灌注更有利。随着休克被逐渐控制，要防止水电解质和酸碱平衡紊乱和并发症，应维持能量代谢、组织氧合和胶体渗透压。

纠正酸中毒：在休克状态下，由于组织灌注不足和细胞低氧，常存在不同程度的代谢性酸中毒，轻度酸性环境有利于氧从血红蛋白中解离，并不需要去纠正。但重度休克并有严重的代谢性酸中毒时，则需使用碱性药物，用药后 30 ~ 60 min 应复查动脉血气分析，观察治疗效果并采取下一步治疗措施。一般静脉点滴 5% 碳酸氢钠 200 ml，或静脉点滴 7.28% 三羟甲基氨基甲烷（THAM）40 ~ 80 ml（加 5% 葡萄糖液稀释）。同时注意呼吸抑制、低血糖、恶心、呕吐等药物副作用，还要防止外漏出血管，导致组织坏死。

血管活性药物的应用：血管舒缩药物可调节心脏压力负荷，改善循环和维持足够的氧输送。

（二）止血

高原体能训练时，外伤出血是指血管在外力作用下，血液从血管内外流。如出血量较大，抢救不及时或处理不当，常会因失血过多而危及生命。一般 500 ml 内的出血，对人体影响不明显，若在短时间内失血 1000 ml 就可危及生命，当失血量达到人体总血量 25% 左右，就可能出现血压下降、低氧休克等。出血速度越快，危害越大。出血可分动脉出血、静脉出血、毛细血管出血、外出血、内出血等，内出血较外出血性质严重，应根据具体情况采用不同的止血方法进行急救。

1．急救方法

（1）冷敷法：常用于急性闭合性软组织损伤的出血，一般用冷水袋或冰袋敷于损伤局部，常与加压包扎和抬高患肢同时使用，以减少局部充血，降低组织温度，抑制疼痛感。

（2）抬高患肢法：抬高患肢法用于四肢出血，通常让出血点高于心脏，使出血部位血压降低，血流量减少，达到减少出血量的目的。将受伤肢体抬至高于心脏 15° ~ 20° 左右，使出血部位压力降低。此法适用于四肢小静脉或毛细血管出血的止血，常在绷带加压包扎后使用，在其他情况下仅为一种辅助方法（图 7-4-1）。

（3）加压包扎法：用于小的外伤，特别是毛

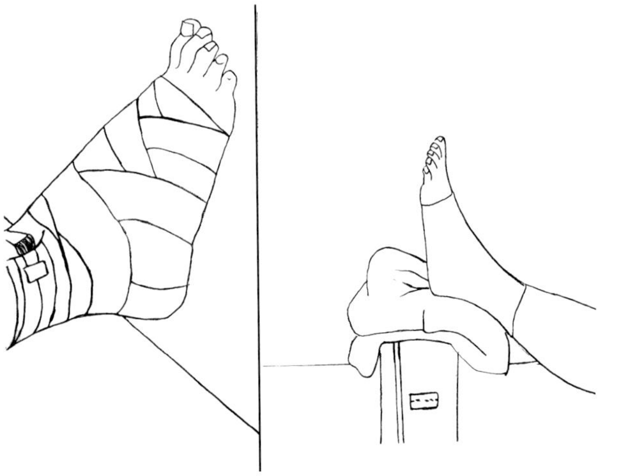

图 7-4-1　抬高患肢法

细血管和小静脉出血时，在伤口处盖上消毒纱布，然后用三角巾或绷带加压包扎，即可达到止血的目的。如果前臂、手、小腿、足没有骨折和关节损伤出血时，将棉垫或绷带卷放在肘或膝关节窝处，屈曲小腿或前臂，用绷带"8"字包扎，注意包扎部位的皮肤温度和色泽，避免发生组织坏死。有创口的可先用无菌纱布覆盖压迫伤口，再用三角巾或绷带用力包扎，包扎范围应比伤口稍大。在没有无菌纱布时，可使用消毒卫生巾、餐巾等代替。加压包扎法是一种目前最常用的止血方法，此法适用于小动脉、小静脉和毛细血管出血的止血。

（4）间接指压止血法：又叫止血点止血法，是止血方法中最重要、最有效且极简单的方法。除大动脉破裂外，在出血点上直接加压可使血管闭塞，产生防御性血栓或血块。压迫时，用手指把身体浅部的动脉压在相应的骨面上，阻断血液的来源，可暂时止住该动脉供血部位的出血，适用于动脉出血，但只能临时止血。重要的止血点有6个，包括颞浅动脉止血点、颌外动脉止血点、锁骨下动脉止血点、肱动脉止血点、股动脉止血点和胫前、胫后动脉止血点。

头部前额、颞部出血时，要压迫颞浅动脉，其压迫点在耳屏前方，用手指摸到搏动后，将该动脉压在颞骨上。面部出血时应压迫颌外动脉，其压迫点在下颌角前约1.5 cm处，用手摸到搏动后，将该血管压迫在下颌骨上。口腔、咽喉出血时，一般是用四指在器官旁，将同侧颈总动脉压向颈椎横突。使用此方法时，应注意不要压迫气管，更不能同时压迫两侧颈总动脉。肩部和上臂出血可压迫锁骨下动脉，在锁骨上窝，胸锁乳突肌外缘，用手指将该动脉向后内正对第一肋骨压迫。遇到前臂大出血时，可在上臂中部肱二头肌内摸到动脉脉搏，用拇指将肱动脉压向肱骨即可达到止血目的。当手掌和手指出血时，可根据情况分别用手指压迫桡动脉、尺动脉或指动脉。大腿、小腿出血时，可压迫股动脉，压迫点在腹股沟皱纹中点动脉搏动处，用手掌或拳向下方的股骨面压迫。足部出血时，可根据情况在脚背或内踝后方分别压迫胫前动脉或胫后动脉。

（5）止血带止血法：四肢大动脉出血时，如果不适合用加压包扎法或指压法止血时，还可以用止血带进行止血。将橡皮带或其他代替品缚绕在出血部位的近心端就可以起到止血作用。应用止血带时，不能直接压在皮肤上，应该先在上止血带的部位用三角巾、毛巾或其他软物垫好，然后再上止血带。止血带的松紧度应以能止住血为原则，不能太紧。上止血带之后应记录上止血带的时间，并应在送医院的途中，定时松解止血带，以防止组织缺血坏死。上肢25 min左右松解一次，下肢50 min左右松解一次。

（6）直接指压止血法：用指腹直接压迫出血动脉的近心端。为了避免感染，宜用消毒布料、清洁的手帕或清洁纸巾盖在伤口外，再进行指压止血。

（7）加垫屈肢止血法：此法用于前臂、手、小腿、足的出血。如果没有骨折和关节损伤，可将棉垫或绷带卷放于肘窝或膝关节窝处，屈曲前臂或小腿进行包扎。

2．包扎方法　包扎是高原体能训练重要的急救技术之一，它具有保护伤口，防止感染，压迫止血，固定受伤肢体限制活动，减轻疼痛，避免继发出血或加重损伤等作用。常用绷带有卷带和三角巾，也可利用毛巾和衣服代替。根据不同的损伤部位，卷带包扎方法有环形包扎法、螺旋包扎法、反折包扎法、"8"字包扎法；三角巾的包扎方法有头部风帽式包扎法、双肩燕尾式包扎法、胸背部燕尾式包扎法、骶骨燕尾式包扎法、大悬臂带、小悬臂带等。包扎时，伤员位置要适当舒适，动作应力求熟练柔和，固定时结不要打在伤处，绷带包扎需从伤处远心端包到近心端，松紧适合，避免血液循环受阻。包扎四肢时，应使指趾端外露，以便观察患肢血供情况。

（1）绷带包扎法

环形包扎法（图7-4-2A）：适用于头额部、手腕和小腿下部粗细均匀部位。包扎时把绷带头斜放，用手压住，将绷带卷绕肢体包扎一圈后，再将带头的一个小角反折过来，然后继续绕圈包扎，后一圈压前一圈，包扎3～4圈即可。

螺旋包扎法（图7-4-2B）：用于包扎肢体粗细相近的部位，如上臂、大腿下段和手指等处。包扎时以环形包扎法开始，然后将绷带向上斜形缠绕，后一圈压前一圈的1/2～1/3。

反折包扎法（图7-4-2C）：用于包扎前臂、大腿和小腿粗细相差较大的部位。包扎时从环形包扎法开始，然后用一个拇指压住绷带，将其上缘反折，后一圈压住前一圈的1/3 ~ 1/2，每圈的转折线应互相平行。

“8”字包扎法（图7-4-2D）：用于膝、肘、踝、肩等关节部位的包扎和固定锁骨骨折。

（2）三角巾包扎法：用边长为1 m的正方形白布或纱布，将其沿对角线剪开，即分成两块大三角巾，小三角巾是大三角的一半。应用三角巾进行包扎，使用方便，适用于全身各部位的包扎。

手部包扎法：三角巾平铺，手指对向顶角，将手平放在三角巾的中央，底边横放于腕部。先将三角巾顶角向上反折，再将三角巾两底角向手腕背部交叉围绕一圈，在腕背打结。

头部包扎法：三角巾底边置于前额，顶角在后，将底边从前额绕至头后，压住顶角并打结。若底边较长，可在枕后交叉后再绕至前额打结。最后把三角巾拉紧并向上翻转固定。

大悬臂带：大悬臂带用于除锁骨和肱骨骨折以外的上肢损伤。将大三角巾顶角放在伤肢后，一底角放在健侧肩上，肘关节屈曲90°放在三角巾中央，下底角上折，包住前臂并在颈后与上方打结。最后把肘后的顶角折在前面，用别针固定。

小悬臂带：小悬臂带用于锁骨和肱骨骨折。将大三角巾折成宽带样，其中央放在前臂近手腕处，悬吊法同大悬臂带法。

（三）骨折

骨的完整性受外力作用遭到破坏的损伤叫骨折，包括闭合性、开放性和复杂性骨折等。骨折主要是因为运动时受到直接或间接的暴力作用，以及强烈的肌肉收缩或撕裂造成的撕脱性骨折，还有骨膜或骨质长期反复受到牵拉或支撑反作用力造成的应力性骨折等。

1．临床症状

（1）疼痛：骨折当时疼痛较轻，随时间延长加重，常可引起休克。

（2）肿胀及皮下淤血：由于软组织损伤和血管破裂，局部可出现肿胀，皮下淤血。

（3）功能丧失：骨完全断裂，失去杠杆和支持作用，加上疼痛，使功能丧失。

（4）畸形：骨折处由于外力和肌肉痉挛，断端可发生移位，与对侧相比，可有成角、旋转或变短等畸形。

（5）压痛和震痛：骨折处有明显压痛，有时在远离骨折处轻轻震动或捶击，骨折处也可出现疼痛。

（6）假关节活动及骨擦音：完全骨折时，局部可出现类似关节的活动，移动时可产生骨摩擦音。

2．急救

（1）抢救生命：这是骨折急救的首要原则。对昏迷患者应保持呼吸道通畅，及时清除口咽异物；对急性大出血患者必须尽快确定诊断，采取有效措施，防止失血性休克导致的死亡。有生命危险的骨折患者，应尽快运往医院救治。

（2）止血、包扎：若为轻度无伤口的骨折，尚未肿胀时，有条件的情况下应先进行冷敷处理，防止肿胀，冰敷的时间不要超过20 min；对有伤

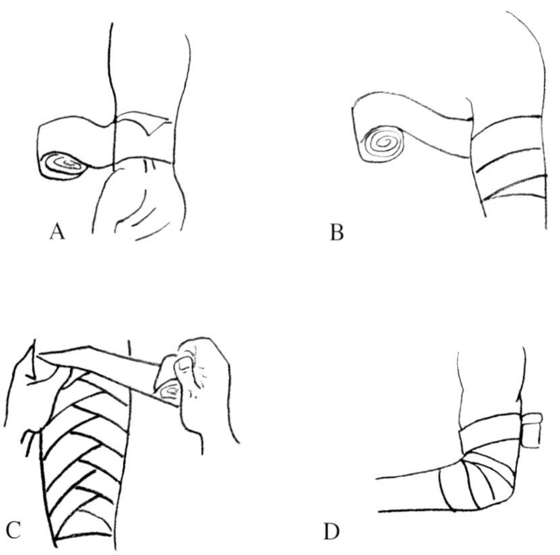

图7-4-2　绷带包扎法

口的开放性骨折患者，可用干净的消毒纱布压迫，压迫止不住血时可用止血带环扎伤口的近心端止血，但必须记录扎带的时间，每隔 40 ～ 60 min 放松 1 次，每次 1 ～ 2 min，以免时间过长导致肢体缺血坏死；若遇到骨折端外露的情况，应继续保持外露，避免将细菌带入伤口深部引起深部感染。

（3）固定：应及时正确地固定断肢，固定的目的是限制骨折断端的活动，避免断端损伤周围血管、神经和其他组织，减轻伤员的疼痛，同时便于转送医院。迅速使用夹板固定患处，固定不宜过紧。若找不到固定的硬物，也可用布带将伤肢绑在身上，骨折的上肢可固定在胸壁上，使前臂悬于胸前；骨折的下肢可同健肢固定在一起。

（4）转运：脊柱、腰部及下肢骨折的患者必须用担架运送。在搬运伤者前需确认伤者的情况，不能搬动或者挪动伤者患处，以免造成二次伤害。颈椎损伤的患者，搬运时要有专人扶住伤者头部；脊柱骨折的患者，搬运时至少需要 3 个人，1 人托住肩胛骨，1 人扶住腰部，1 人托住双下肢，3 人同时行动把患者搬到担架上。若是硬担架搬运，患者应采取仰卧位，帆布软担架搬运则采取俯卧位，患者的脊柱需伸直，禁止屈曲。

3．上肢骨折急救

（1）锁骨：用两块棉垫分别置于双侧腋下，取两条三角巾（或毛巾）分别绕在两肩上，在背后打结成环形，另用一条三角巾或布带在背后穿过两个环打结，然后将两前臂固定在一起，最后以小悬臂带将患肢扛起。

（2）上臂：用三块长短适宜的夹板，分别放在肢外侧、前面和后面，固定 2 ～ 4 道绷带，再用小悬臂带将前臂挂在胸前。

（3）前臂：用两块长短适宜的夹板，分别放在伤肢的外侧和内侧，固定 2 道绷带，再用小悬臂带将前臂挂于前胸。

（4）手腕：手握纱布棉花团或绷带卷，然后用一块有垫夹板放于掌侧，用绷带包扎固定，最后用三角巾将前臂挂在胸前。

4．下肢骨折急救

（1）大腿骨：取长夹板一块，放在伤肢的外侧，另取一个短夹板放在伤肢的内侧，再用数条绷带包扎固定。

（2）小腿骨：用两块超过膝和踝关节的夹板，分别放在患肢的内外侧，用棉花或衣服垫好，再用绷带固定 3 ～ 5 道。

（3）踝足部：取直角形夹板置于小腿后侧，用棉花或软布在踝部和小腿下部分别垫妥后，用宽带或三角巾分别在膝下、踝上及脚掌处缚扎固定。

5．脊柱骨折急救

（1）腰椎：疑有腰椎骨折时，应尽量避免骨折处有移动，更不能让伤员坐起或站起，以免引起或加重脊髓损伤。不论伤员是仰卧还是俯卧，尽可能不要变动原来的位置。用硬板担架或门板置于伤员身旁，由数人协力用力均匀将伤员搬运到木板上，取仰卧位，并用宽布带将伤员固定在木板上。腰部悬空时，应在腰下垫一小枕或卷起的衣服。绝对禁止拖肩、抬腿或背送的错误搬运方法。

（2）颈椎：若固定、搬运方法不当，有引起脊髓压迫的危险，可立即发生四肢与躯干的高位截瘫，甚至影响呼吸而危及生命。因此，务必使头部固定于伤后位置，不屈不伸不旋转，数人协作合力将伤员搬运至平板上，头颈两侧用沙袋或卷起的衣服固定，严禁颈部左右旋转与屈曲。注意禁止用手揉捏按摩受伤部位，也不能随意活动患处。

（四）关节脱位

关节脱位是关节面失去原有正常的组织结构，可伴有关节囊撕裂，关节周围的软组织损伤，严重时还可伤及神经或伴有骨折，具有一般损伤的症状和脱位的特殊性体征。关节脱位主要是运动间接或直接外力所致，而高原体能训练时由于注意力不集中，运动动作失控后可引起关节脱位，常见的如踝、膝、髋、腕、肘关节脱位，根据脱位的程度可分为半脱位和完全脱位。

1．临床症状　受伤即刻发生关节疼痛、压痛和肿胀，主要是由于关节脱位时伴有软组织损伤、出血或周围神经受牵扯而引起，关节功能受限。同时肢体的轴线发生变化，整个肢体常呈一种特殊的姿势，与健侧不对称，如肩关节前脱位时的“方肩”畸形，有的可伴有肢体的缩短。X 线检查可明确脱位的情况及有无骨折发生。

2．急救方法　关节脱位时，将受伤的关节固定在患者感到最舒适的位置，脱衣服时应先脱健侧再脱患侧，穿衣服时则反之，尽可能在妥善固定后，迅速就医。到达医疗机构后应在麻醉下尽早手法复位，适当固定，固定时间为 2 ～ 3 周，以利软组织修复，并及时进行功能活动，以促进血液循环、消除肿胀，避免肌肉萎缩和关节僵硬，以恢复关节功能。

（1）肩关节脱位：一般需麻醉后或在肌肉松弛下进行复位。常用手法复位有牵引上提法，患者坐位，助手握紧患肢腕部顺应其患肢体位向下牵引，用固定带或另一助手将上胸抱住固定。牵引后，术者用双手中指或辅以食指在腋下提移位之肱骨头向上外复位。复位后经 X 线检查无误，用胶布或绷带对肩位固定 3 周。

（2）肘关节脱位：取平卧位，助手固定患肢上臂对抗牵引，术者握其前臂向远侧顺上肢轴线方向牵引。复位后上肢用石膏托固定于功能位 3 周。

（3）桡骨头半脱位：术者一手握患肢肘部，拇指触及桡骨小头，另一手轻握其腕部轻柔牵引，并将前臂旋前，当肘关节屈曲，同时前臂旋后时，即感到桡骨头清脆声或弹动而复位，绷带悬吊前臂适当保护患肢 1 周。

（4）髋关节脱位：急送医院在麻醉下进行手法复位，复位后可用皮肤牵引或“人”字形石膏固定 6 ~ 8 周，解除外固定后应继续锻炼髋部肌力，并逐步增加髋关节活动范围。

（5）开放性关节脱位：尽快进行清创术，在彻底清创后将脱位整复，橡皮条引流 48 h，外有石膏固定于功能位 3 ~ 4 周，并选用适当抗生素以防感染。

（五）心肺复苏

心肺复苏（cardio pulmonary resuscitation，CPR）是对因某种因素造成呼吸、心搏停止而产生猝死现象的患者施以急救的一种技术。一些高原体育运动会出现严重意外事故，如溺水、心源性心搏骤停、外伤性休克等等，如不及时抢救，可能会造成死亡。一般绝大多数心搏骤停患者无先兆症状，突然发病，主要临床表现为意识突然丧失、心音及大动脉搏动消失。一般心脏停搏 3 ~ 5 s，患者有头晕和黑矇；停搏 5 ~ 10 s，由于脑部缺氧而引起晕厥，即意识丧失；停搏 10 ~ 15 s 可发生阿 - 斯综合征，伴有全身性抽搐及大小便失禁等；停搏 20 ~ 30 s，呼吸断续或停止，同时伴有面色苍白或发绀；停搏 60 s 出现瞳孔散大；如停搏超过 4 ~ 5 min，往往因脑缺氧过久而造成严重的不可逆损害。辅助检查以心电图最为重要，心搏骤停 4 min 内部分患者可表现为心室颤动，4 min 后则多为电机械分离。高原地区 CPR 的步骤与一般情况相似，包括人工呼吸和胸外心脏按压，是现场复苏急救的重要手段。但高原地区的氧气稀薄和高原反应等特殊条件可能会对 CPR 的实施产生影响，因此在进行急救时，最好依赖专业急救知识，并在可能的情况下与医疗专业人员协调行动。

人工呼吸（图 7-4-3）系借人工方法来维持机体的气体交换，以改善缺氧状态，并排出二氧化碳，为自主呼吸的恢复创造条件。人工呼吸的方法甚多，最简便有效的为口对口人工呼吸法，而且同时可以进行胸外心脏按压。施行时使伤员仰卧，松开领口、裤带和胸腹部衣服，清除口腔内异物。急救者一手的掌尺侧置于伤员前额，使其头部后仰，拇指和食指捏住伤员鼻孔，以免气体外

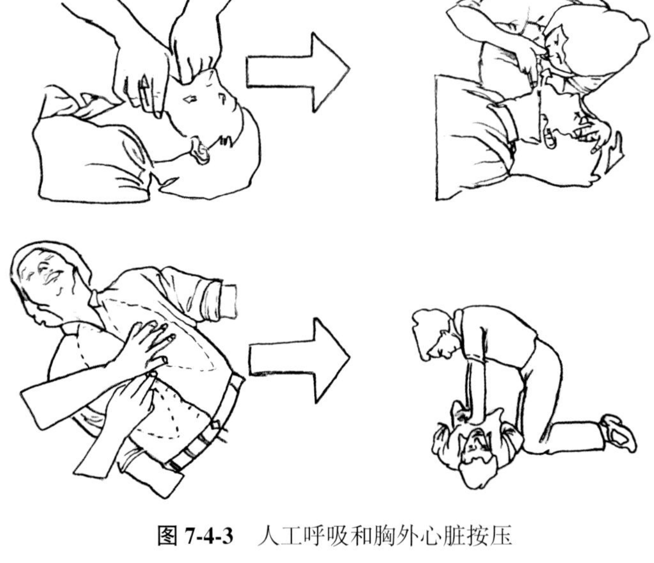

图 7-4-3 人工呼吸和胸外心脏按压

溢；另一手置于伤员颈后，将颈向上托起，保持呼吸通畅。然后深吸气，包住伤员的嘴并紧贴住向里吹气，每次吹气量应为 800 ～ 1200 ml，吹气按每分钟 16 ～ 18 次的频率进行。

胸外心脏按压时（图 7-4-3，图 7-4-4），确保患者仰卧于平地上或用胸外按压板垫于其肩背下，急救者可采用跪式或踏脚凳等不同体位，将右手的掌根放在患者胸部中央的胸骨下半部上，将左手压在右手上，扣住右手（左撇子反过来），注意手指不接触胸壁。按压时双肘需伸直，垂直向下用力按压，成人按压频率为 100 ～ 120 次 / 分，下压深度 5 ～ 6 cm，每次按压之后应让胸廓完全恢复。按压时间与放松时间各占 50% 左右，放松时掌根部不能离开胸壁，以免按压点移位。对于儿童，用单手或双手于乳头连线水平按压胸骨。为了尽量减少因通气而中断胸外按压，对未建立人工气道的成人 CPR 按压 - 通气比例为 30 ∶ 2，即每个周期包括 30 次按压和 2 次人工呼吸，婴儿和儿童双人 CPR 时可采用 15 ∶ 2 的比例。如双人或多人施救，应每 2 min 或 5 个周期更换按压者，并在 5 s 内完成转换，因为在按压开始 1 ～ 2 min 后操作者按压的质量就开始下降，表现为频率、幅度以及胸壁复位情况均不理想。操作中如能摸到颈动脉或股动脉搏动，上肢收缩压达 60 mmHg 以上，口唇、甲床颜色较之前红润，或者呼吸逐渐恢复，瞳孔缩小，则为按压有效的表现，应坚持操作至自主心跳出现为止。在抢救的同时，应迅速派人请医生来处理。

复苏的程序包括判断、启动紧急医疗系统（EMS）和心肺复苏（CPR）。心肺复苏有三个关键环节，即头后仰抬颌（A）、人工呼吸（B）、胸外心脏按压（C），并为大多数国家推广应用，效果显著，是心肺复苏的操作流程。心肺复苏的操作程序为：对伤员意识、呼吸以及心跳的紧急评估；启动 EMS，准备 AED；胸外心脏按压 - 畅通呼吸道 - 人工呼吸 -AED 自动除颤，即“CABD”复苏程序。

图 7-4-4　复苏按压技术要点

（六）溺水

溺水时，水经口鼻进入肺内，造成呼吸道阻塞，或因吸水的刺激引起喉痉挛，引起窒息，时间稍长就有生命危险。一般溺水者被救上岸后，首先应迅速清理口鼻内的分泌物及其他异物，并打开气道。如有活动义齿也应卸下取出，以免坠入气管引起窒息。随后立即进行控水，急救者一腿跪地，另一腿屈膝而立，将溺水者俯匐在膝盖上，使溺水者头部下垂，按压其腹、背部，使溺水者口及气管内的水排出，但控水时间不宜过长。控水后立即检查溺水者呼吸、心跳等体征，如果心跳、呼吸停止，应就地进行人工呼吸和胸外按压（图 7-4-5）。切忌不做任何抢救就将溺水者送往医院，因为这样会使溺水者的脑缺氧时间过长，生命无法挽回。

（七）搬运方法

高原体能训练损伤经急救处理后，必须迅速而安全地送到医院，以做进一步的诊疗处理，因此对搬运技术要求较高。急救者必须掌握合理而严谨的搬运技术，否则将会增加伤员的痛苦，甚至造成二次受伤从而加重损伤，造成不良后果。

1．单人搬运法　单人搬运法是一种紧急情况下快速有效将伤员转移到安全地点的救援技术。实施时，急救者需根据伤员的伤势和体重，选择背负、抱持或扶行等合适的方式。

（1）背负法（图 7-4-6A）：急救者背向伤员，让伤员伏在急救者的背上，伤员双手绕颈交叉下垂，急救者用两手自伤员大腿下抱住伤员。

（2）抱持法（图 7-4-6B）：急救者一手扶伤员的脊背，一手放在伤员的大腿后侧，将伤员抱起来行走。

（3）扶行法（图 7-4-6C）：此法适用于下肢无骨折、伤势不重且意识清醒的伤员。急救者位于伤员的健侧，将伤员的手搭在急救者的脖子上，

图 7-4-5 溺水急救措施

A B C

图 7-4-6 单人搬运法

急救者一手握住伤员手腕，另一手环抱伤员腰部，协调配合，缓步地向前行走。

2．双人搬运法（图 7-4-7） 双人搬运时，一般是采用托椅式或半卧式方法。托椅式要求两个急救者各伸出一只手，分别抓住对方的手腕，另一只手搭在对方肩上，再嘱伤员坐在握手腕的手上，两手分别抱住两急救者的脖子后缓慢移至医疗处。

半卧式要求两个急救者分别站在伤员的前后，与伤员同向站立。伤员身后的急救者将两手插入伤员的腋下，另一急救者位于伤员两腿之间，双手分别抱住伤员的膝关节，然后同时将伤员抬起移动，但颈椎损伤、脊柱损伤等情况下切忌使用该方法。

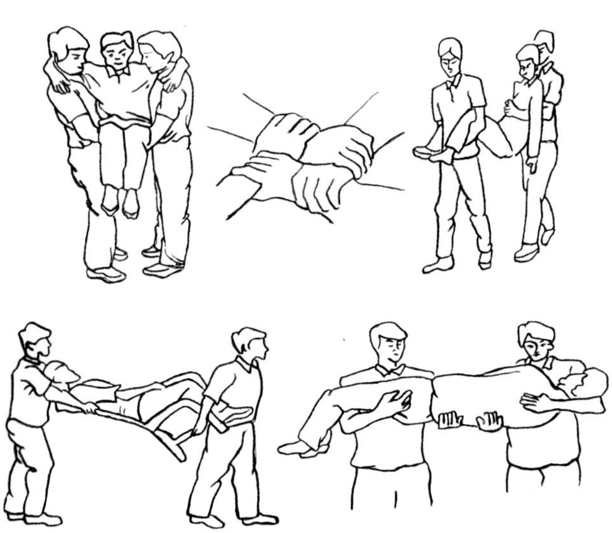

图 7-4-7 双人搬运法

3．三人搬运法（图 7-4-8） 三人搬运法要求伤员取侧卧位，三个救助者站在伤员的同一侧，第一个人用外侧肘关节托住伤员的头颈部，另一手抱住肩胛部；第二人抱住伤员的腰和臀部；第三人抱住其大腿下端及小腿上部，然后三人同时用力将伤员抱起，同步移动至医疗处。

图 7-4-8　三人搬运法

4．担架搬运法（图 7-4-9） 担架搬运是比较常见和常用的伤员搬运法。当伤者脊柱或四肢发生损伤，且运送路途长时，担架搬运法是最合适的运送伤员的方法之一。如果救援条件不允许，找不到现成的担架，可以用木棒、竹竿、衣服、绳子、门板、床板、床单等物品，自制一个简易的担架，但一定要保证其牢固性。

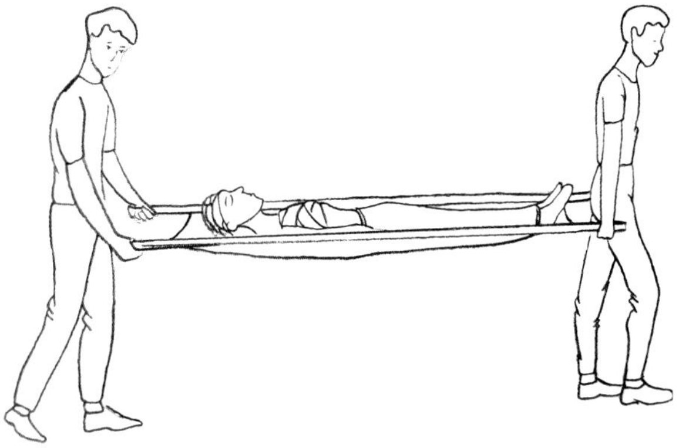

图 7-4-9　担架搬运法

对脊柱损伤者从受伤现场运输至医院的急救方式至关重要。一人抬头一人抬脚或用搂抱的方法搬运都十分危险。对腰椎骨折的伤员，应尽量避免骨折部位的移动，更不能让伤员坐起来，以免引起脊髓损伤。搬运时准备好木板担架，嘱咐患者两手相握放在胸前，使患者两下肢伸直，担架放在患者一侧，三人同时用手平抬伤员头颈、躯干及下肢使伤员成一整体平托至担架上，注意不能使躯干扭转，不能使患者呈屈曲体位搬运。

在用担架搬运伤者的过程中，救援者要依据地形调整担架的姿势，以保持伤者身体的平衡，特别是在道路不平坦的区域。随时留意伤者的病情，如果伤者出现呼吸困难等状况，用衣物等将背部垫起来，帮助其自主呼吸。对于不同的伤员，采用不同的搬运姿势。例如，腹部受伤者，要保持下肢屈曲、脚底踩在担架上的姿势，以减轻腹部受伤带来的疼痛；背部受伤者，保持身体俯卧在担架上；脑部受到撞击有出血症状的伤员，应将其头部稍稍垫高，减缓血液在脑部的循环速度。

第五节　高原体能训练常见运动损伤的机制及处理

一、运动系统

（一）慢性腰背肌肉筋膜炎

慢性腰背肌肉筋膜炎主要因患者腰部陈旧性损伤未愈却过早参加高原运动造成，分为静力性损伤和运动性损伤。静力性损伤是在静止状态下由于肌紧张持续时间较长所致，运动性损伤是长期超负荷运动，肌肉充血、水肿，发生无菌性炎症所致。另外，高原环境易使腰背部持续受凉、发热，影响到腰背肌肉筋膜血流动力学，局部血供发生障碍，使血管渗透性受到影响。此外，脊柱畸形会破坏脊柱内在关节平衡，部分肌肉负荷加重也会导致慢性腰背肌肉筋膜炎。

1．临床表现及诊断 高原运动所造成的慢性腰背肌肉筋膜炎是常见疾病，其中脊柱源慢性腰背肌肉筋膜炎占到高原运动损伤疾病统计总数的 80%，这与脊柱稳定系统失衡互为因果关系。少数患者有急性腰部受伤史，或有长期和持续性运动状态的病史。高原体能训练的23名患有脊柱源慢性腰背肌肉筋膜炎的运动员中，主要以腰、腰骶、臀部疼痛不适为主要症状，持续超过3个月，影像学检查无明显异常。患者主诉以前腰骶部未曾有明显外伤，没有任何不良嗜好，均由于运动训练强度过大而造成，并反复或加重。因运动员脊柱源慢性腰背肌肉筋膜炎的病理表现不同于其他人群，极少出现像中老年磁共振成像下的腰椎终板改变和明显的肌肉萎缩现象，所以对其康复效果的评估以功能评定为主。

2．治疗方法 目前公认的三种对脊柱稳定有效的康复模式，即物理因子治疗、整脊术与核心稳定训练，有效提高了腰背肌肉筋膜炎治疗效果。

（1）物理因子治疗：包括电磁疗法、温热量短波疗法、超声波疗法等。电磁疗法具有镇痛、促进局部血液循环和缓解肌肉痉挛的作用。温热量短波疗法有利于改善组织血液循环，促使水肿的吸收，并降低交感神经兴奋性。超声波疗法使人体局部组织产生机械、温热和空化作用，使作用区域内血流加速，改善循环。

（2）整脊术：整脊术首先松解软组织和扳机点，改善治疗区域软组织的延展度，然后使用固定压力作用于腰部软组织、扳机点提高痛阈及关节松动术，使核心肌群协同收缩与放松，控制脊柱关节的稳定，可明显减缓患者主观疼痛感觉，缓解腰痛症状。具体如下：患者坐于治疗床上，治疗师先通过检查腰椎关节主动活动范围和症状来评价其功能，包括左右旋转、前屈、后伸和左右侧弯，再通过触摸单个腰椎棘突活动度来准确定位活动受限节段，确定患者脊柱活动度受限方向，再使用针对性手法治疗。整脊术一般每周1～2次。

（3）核心稳定训练：训练前先做核心肌群准备练习，如腹横肌收缩训练，当腹横肌收缩时以腹式呼吸为主，脐部向内收缩靠向脊柱3 cm左右。医师体表触诊髂前上棘远端，不应感觉到肌肉收缩运动，如收缩则表示患者使用肌群为腹内斜肌而非腹横肌，此练习目的是最大限度激活腹横肌收缩。然后进行核心稳定训练，核心稳定训练分三个阶段，每周1～2次。前两周要保证无痛状态下完成静力核心练习，如腹卧伸体；第三、四周为静力和慢速练习，如腹桥支撑中行单手与对侧单脚缓慢抬起再变换练习、背桥支撑中双臂做轮换抬起三点支撑加双脚变换抬起等动作，并将运动时的疼痛控制在可承受范围之内；第五周完成抗阻和快速运动等。核心稳定训练结合整脊术对于运动员脊柱源腰背肌肉筋膜炎的症状缓解程度均优于物理因子疗法，而腰背前屈练习、腰腹肌与腰背肌肌力练习等很大程度上可巩固和加强治疗效果。

（二）膝关节半月板损伤

半月板在膝关节运动中起重要作用，容易受到损伤。半月板是膝关节间的半月形软骨板，其外侧厚而内侧薄、上面凹陷下面平坦。高原运动中膝关节处于半屈、内收或外展、旋转暴力和重力挤压等状态，可发生半月板前角、体部和后角撕裂伤，研磨损伤也是半月板损伤的重要原因。

1．临床表现及诊断 主要症状是行走疼痛，膝关节肿胀明显，疼痛也可表现为间歇性疼痛，关节伸屈活动受限，上下楼梯时感到下肢无力，腿软，膝关节活动时可感到弹动或听到弹响声，高原运动时疼痛加重。膝关节半月板损伤的间隙压痛是半月板撕裂重要的诊断依据，采用的检查有回旋挤压试验、膝关节过伸试验、膝关节过屈试验、研磨试验，以及X线、MRI等辅助检查。

2．治疗方法

（1）非手术治疗：半月板损伤非手术治疗的指征是急性半月板边缘5 mm以内的裂伤，或与关节囊连接处的撕裂或不完全撕裂。一般石膏固定4～6周后可开始关节活动及肌力训练，以促进半月板手术的愈合。目前多采用支具固定，同时进行专业康复训练治疗，防止关节僵直等并发症。

（2）手术治疗：如患者症状持续存在，非手术治疗无效，则应考虑半月板切除术和半月板缝合修复术。若发生半月板的磨损性撕裂损伤、半月板滑膜附着处广泛分离、半月板白区体部的严重损伤和撕裂等，可考虑半月板切除术治疗，现多采用关节镜下半月板切除术。但半月板切除后对关节有明显不利影响，如膝关节活动时股骨髁与胫骨髁之间的摩擦力约增加20%，同样负荷下，关节软骨面承受的应力增大25%以上，同时由于膝关节稳定性下降，将造成软骨变性和骨关节炎。因此，半月板损伤能行缝合术就不做切除术，能部分切除就不做次全切除或全切除，最大限度地保留正常的半月板组织，以维持其主要的生理功能。

(3) 康复治疗：包括关节支具的固定、早期进行肌力训练、膝关节功能练习、中医和物理治疗等。一般支具大小要合适，并在膝关节支具控制、保护下早期进行膝关节功能、股四头肌和腘绳肌训练，改善关节周围血液循环，增加关节活动度，防止关节粘连，并根据不同的病情、体质辨证施治，辅以适当的物理疗法，能够有效地促进半月板恢复。

(三)腰肌劳损

在训练中长期保持一种姿势（如射击运动员），导致腰部软组织积累性劳损，或腰部扭伤未获恰当治疗或治疗不彻底等出现的间歇性或持续性的疼痛，都属于腰肌劳损。长期腰部运动姿势不到位，使得腰后部的竖脊肌以及深部的小肌肉长时间的连续收缩，超出了肌肉的承受程度，出现肌细胞内的代谢紊乱，造成局部低氧、水肿、出血、机化、粘连等（无菌性炎症），刺激神经末梢，引发腰痛。另外，韧带、筋膜及肌腱处损伤修复不良，产生较多的瘢痕和粘连，会使腰部功能降低出现疼痛，长期不愈。

1. 临床表现及诊断 根据损伤程度和耐受性不同，临床表现也各有差异，时轻时重。休息后、适当活动或变换体位时减轻，疼痛多为隐痛、酸痛、胀痛、刺痛、烧灼痛，部分有腰背部僵硬、沉重感、活动受限等。检查可见骶棘肌痉挛、肌肉因收缩而隆起、按压有实硬感，可触及条索状或团块状的痛性结节，压痛多见肌肉韧带、筋膜的附着处，也可无明显压痛。诊断应与腰椎间盘突出症、退变性脊柱炎相鉴别。

2. 治疗方法 治疗和预防多采用非手术疗法，以消除病因、协调平衡、防止复发为原则。首先应去除如风寒、潮湿、阴冷环境等诱因，其次是纠正不正确的训练动作，避免长期使腰背肌处于高张力状态，另外应注意休息，急性损伤休息 3 ~ 4 周，适当活动，至损伤组织完全恢复为止。

(1) 理疗按摩：一般选用局部热疗，按摩采用捏拿法或捏按法放松肌肉，增加血液循环和淋巴回流，减少疼痛。

(2) 药物治疗：可选用局部抗炎镇痛药贴、全身镇痛药等。痛点明确固定者可采用封闭治疗，起效迅速、疗效好、简便省时、副作用少，治疗有效率可达 85% ~ 90%。遵医嘱使用醋酸泼尼松或曲安奈德，也可以选择用 0.5% ~ 1% 的普鲁卡因加醋酸泼尼松龙或醋酸氢化可的松，可减轻水肿及炎性反应、抑制炎性细胞，消除粘连，但治疗时需严格按照注意事项及禁忌证治疗。

(3) 运动疗法：将大肌肉群（腰大肌、腰方肌）通过手法松解，小肌肉（腹横肌）激活。加强腰背肌锻炼。腰背肌肌力越强，所承受力量的时间也越长，发生劳损的概率也越少，同时加强腰背肌锻炼也改善了局部血液循环，加速代谢产物清除，促进损伤肌肉的恢复。

(4) 肌贴治疗：专业贴扎技术可持续性地减轻肌肉张力和紧张度，帮助提高肌肉训练的目标性，改善局部血液循环、减轻疼痛等，结合其他理疗手段效果更佳，必要时佩戴腰围，但不建议长期使用。

(5) 手术治疗：手术治疗只适用于特殊运动员，如腰部肌肉损伤后撕裂、增生性筋膜条索肿块摘除、挛缩肌肉组织松解等。

(四)膝关节前交叉韧带损伤

膝关节前交叉韧带（anterior cruciate ligament，ACL）起自胫骨髁间隆起的前方，内侧斜向后、外上方，止于股骨外侧髁内侧面的后半部分。ACL 主要功能是维持膝关节的稳定，限制胫骨过度前移、旋转，限制膝关节过伸，限制伸膝位的倾向活动。

膝关节前交叉韧带损伤常见于球类运动员，如足球、篮球、乒乓球等运动项目，是由于膝关节过伸或过度外展引起，并常伴有关节囊和后交叉韧带的损伤，过度外展也可合并内侧半月板和副韧带的损伤。

1. 临床表现及诊断 临床表现为在训练过程中突然停止运动，膝关节疼痛难忍、伸屈活动受限、关节肿胀并可听到异响。前抽屉试验检查（需麻醉）为胫骨髁前移范围略增大，同时排除后交叉韧带的损伤导致胫骨上端向后塌陷所表现出来的假阳性。拉赫曼试验检查为与健侧对比，胫骨髁出现异常的向前移动。X 线检查可见撕脱骨块。而 MRI 则可看到 ACL 连续性中断，呈波浪状扭曲改变，可明确诊断。也可以利用关节镜直接观察到 ACL 损伤及其范围、部位，还可以在明确诊断的同时行 ACL 修复重建。KT-2000 膝关节测量仪测量膝关节两侧，部分撕脱或完全撕脱，可以诊断 ACL 损伤。

2．治疗方法 不同人群的治疗方式不同。对于运动员来说，手术治疗便于恢复关节活动，融合后期康复训练，尽快恢复膝关节功能。手术治疗的目的是重建 ACL 以恢复膝关节的稳定。ACL 重建术后的康复中，既要保护重建的韧带，还要防止长期制动造成的各种废用综合征，如膝关节僵直。康复方法有控制水肿、抬高患肢，做被动伸膝、屈膝、股四头肌等长收缩练习，以及向上活动髌骨，以增加伸膝，防止髌上囊粘连，利于手术关节活动度的恢复。中后期康复治疗采用健肢支撑、患肢屈膝向前跨步训练，循序渐进进行肌肉力量训练；如屈膝的关节活动度充分，可开始固定自行车练习、浅蹲、压腿、半蹲屈、伸膝练习，促进本体感觉和神经肌肉功能的恢复。另外，可在专业的康复师指导下进行敏捷性训练、耐力训练以恢复膝关节功能。

（五）肌肉拉伤

肌肉拉伤是指肌肉在运动中急剧收缩或过度牵拉引起的损伤，肌肉拉伤可能是细微的损伤，也可能是肌纤维部分撕裂，甚至是完全断裂。随着参加高原运动的人群越来越多，发生肌肉拉伤的患者也随之增多，占所有急性运动损伤的 10% ~ 55%，常见于冰上、雪上、田径和篮球等项目，可发生在肌腹与肌腹分界处，也可发生在肌腱附着于骨骼处，如屈肌腱损伤、手部肌腱损伤、棘突压痛。肌肉拉伤的部位多为大腿后部肌群、腰背肌、小腿三头肌、腹直肌、斜方肌等。

运动时准备活动不充分，肌肉伸展性和力量较差，肌肉状态未达到剧烈活动需要的状态，运动技术动作不到位，疲劳积累，运动强度过大，温度过低，场地太硬、太滑等也可导致肌肉拉伤。

1．临床表现及诊断 肌肉抗阻力试验是检查肌肉拉伤的一种简便方法，具体操作是患者做受伤肌肉的主动收缩活动，检查者对该活动施加一定阻力，在对抗过程中出现疼痛的部位即为拉伤肌肉的损伤处。另外，肌肉拉伤后，拉伤部位剧痛，用手可摸到肌肉紧张形成的索条状硬块，触疼明显，局部肿胀或皮下出血，活动明显受到限制。

2．治疗方法 肌肉拉伤后，24 h 内冷敷或加压包扎，也可以用冷镇痛气雾剂局部喷涂后用绷带适当加压包扎，防止出血、肿胀，24 h 后拆除包扎，可外敷活血和消肿贴、适当热敷或适度对损伤局部进行按摩。如四肢肌肉少量肌纤维断裂，应立即给予冷敷，局部加压包扎，并抬高患肢或功能位固定。肌肉大部或完全断裂者，在加压包扎后立即送医院进行手术缝合。

（六）跟腱断裂

跟腱是体内最粗壮、最重要的多功能肌腱之一，由腓肠肌和比目鱼肌向下合并形成，止于跟骨结节后方，主要由胶原、蛋白多糖基质和腱细胞等结缔组织组成，在下肢生物力学中起重要作用。成人跟腱长 10 ~ 15 cm，周径 1.2 ~ 1.5 cm，跟腱的血供主要由胫后动脉和腓动脉分支提供。跟腱止点上方 2 ~ 6 cm 处血管分布相对稀疏，易发生腱性结构的缺血退变，跟腱的撕裂、断裂多发生于此段。近年来，跟腱断裂发病率逐渐升高、范围逐渐增大，约占运动损伤的 6% ~ 18%，男女比为 5 ∶ 1，多见于中年男性或运动员，多由剧烈运动引发，是比较常见的肌腱损伤，给患者身心健康及生活质量带来一定影响。

跟腱断裂一般发生于运动时前足负重伸膝状态下的后足突然离地、踝关节中立位下突然背伸等造成，主要受跟腱退化和力学共同作用影响。一般跟腱断裂多在跟腱中部，这与该部位胶原纤维排列紊乱、形态学异常、跟腱细胞过度增生及血管稀疏有一定关系。另外，随年龄增长，Ⅰ型胶原减少、Ⅲ型胶原增多导致跟腱弹性下降，也会因氟奎诺酮类及类固醇药物的副反应导致弹性下降。

1．临床表现及诊断 跟腱断裂者常自觉足跟部疼痛（通常较轻），无法承重，跖屈、提踵动作受限。因胫后肌、屈趾肌、腓骨长 / 短肌等也具有一定跖屈踝关节的功能，所以跟腱断裂后，踝关节仍能完成小范围跖屈、提踵动作。因此，急诊时不能因踝关节仍能进行轻微的跖屈而排除跟腱断裂。体格检查可触及跟腱断裂处凹陷，提踵试验（+），腓肠肌挤压试验（+）。超声检查和 MRI 检查对软组织灵敏性较高，可比较准确地判断跟腱情况。

2．治疗方法 跟腱断裂有非手术治疗和手术治疗。非手术治疗伤口并发症较少，但是跟腱再断裂发生率高。手术治疗易引起手术并发症，但功能恢复更快，再断裂率低，康复时间更短，功能评分更高，满意度更好。采用非手术治疗还是手术治疗，应根据实际病情和自身要求选择。

（1）非手术治疗：非手术治疗即为保守治疗。在跟腱断裂初期，炎症水肿期，使用石膏、跟腱保护靴等材料外固定 8 周，固定方式是最大跖屈位或者跖屈 20° ~ 30°，以恢复和维持断端接触和愈合。随后在跟腱增生期，将固定材料换为可调节踝关节度数的材料（如功能性支具）固定至少 8 周，逐步通过调节度数将踝关节调整至中立位，前 4 周不负重，后 4 周逐步负重。8 ~ 12 周为跟腱重塑期，可依据情况拆除外固定材料，逐步进行康复功能锻炼。非手术治疗的特点是早期严格制动、治疗周期长、再断裂发生率高，主要适用于有手术禁忌证、不愿手术及对功能要求不高的患者。

（2）手术治疗：手术治疗方式有传统开放手术及微创经皮式手术，两者均有较好的临床疗效。近年来，随着临床研究发展，微创经皮式手术较传统开放手术表现出的优势越来越显著，因此应用也越来越广泛。

传统开放式手术是在直视下恢复断端接触，采用缝线缝合固定，使断端处于适当张力，促进跟腱愈合，在强度和保持跟腱弹性方面较好，但会对肌腱纤维、血管等造成较大的损伤，并增加瘢痕形成，且手术时间长，手术伤口并发症的发生率高于微创经皮式手术。

微创经皮式手术是在跟腱断裂近端约 5 cm 处纵行切开 2 cm 皮肤切口，手术器械通过切口向下插入筋膜下，直到断裂跟腱远端的内外侧，使用直针依次穿过皮肤、器械、肌腱、器械、皮肤，将缝线拉回切口处收紧，完成修复。微创经皮式手术创口小、美观，手术时间短，能保护腱旁组织，不会引起腓肠神经损伤和感染，再断裂、腓肠神经损伤等并发症的发生率较低，能够提升跟腱恢复效果，改善患者预后，具有较高的临床应用价值。

（七）腰椎间盘突出症

腰椎间盘突出症是腰部在退变、急性外伤及积累性损伤等作用下，椎间盘发生变性并表现出突出与破裂，突出的髓核压迫神经根或者马尾神经，引起腰痛或者放射性下肢痛，神经功能损害等一系列临床症状与体征。腰椎间盘突出症是各类运动人群较易发生的损伤。

一般认为腰椎间盘突出症是在椎间盘退变的基础上发生的，而外伤则常为发病的重要原因。在运动损伤中，该症多见于举重、跨栏、投掷、体操等运动项目。正常椎间盘富有弹性和韧性，具有强大的抗压能力。研究发现，正常椎间盘可承受 450 kg 的压力而不发生损伤。这一结构在人处于壮年时就开始发生退行性改变，由于髓核含水量的减少及周围纤维环变脆弱，在运动和劳动中，椎间盘承受负荷加大后，髓核就极易从纤维环中突出，从而压迫神经。在日常生活及运动中，由于一次较重的外伤，或反复多次的轻度损伤，甚至一些日常活动使椎间盘压力增加时，均可使纤维环进一步破裂，变性的髓核组织进一步突出。纤维环损伤本身可致腰痛，而突出物压迫神经，可引起放射痛，故出现腰痛和下肢痛，由于下腰部负重大、活动多，突出多发生于 L4 ~ L5 与 L5 ~ S1 之间。

1．临床表现及诊断　临床表现为腰痛及下肢放射痛，多数有外伤史，也可无明确诱因。腰痛常发生于腿痛之前，疼痛一般比较剧烈。疼痛具有以下特点：放射痛沿坐骨神经传导，直达臀部、大腿后外侧、小腿外侧、足背或足趾；一切使坐骨神经受压的动作，如咳嗽、喷嚏和排便等，都可以加重腰痛和放射痛；活动时疼痛加剧，休息后减轻。

2．治疗方法

（1）非手术治疗：主要包括卧床休息、脊椎轴向牵引、理疗、硬膜外注射疗法及髓核溶解疗法等。非手术治疗可以治愈相当一部分腰椎间盘突出症，尤其是初次发作、症状较轻微者。

（2）手术治疗：腰椎间盘突出症病史超过半年，经过严格的非手术治疗无效，或非手术治疗有效但经常复发且疼痛较重者，可行手术治疗。手术治疗一般有常规后路腰椎间盘突出物摘除术、前路腹膜外腰椎间盘摘除术和腰椎间盘突出症的微创治疗等。

二、消化系统

消化系统主要包括食管、胃、肠、肝、胆、胰等，消化系统对于消化吸收和维持人体的正常活动所必需的营养起重要作用，故被称为气血之源。胃气强则五脏俱盛，脾胃运化功能正常，消化吸收旺盛，水谷精微得以生气化血，输布全身，肌肉结实，四肢活动有力，伤病后也容易痊愈；反之则肌肉瘦弱，四肢疲惫，举动无力，伤病后不易恢复。个体在急进高原后易出现食欲不振、恶心、呕吐、腹泻、腹胀、腹痛、黑便等急性消化系统的表现，消化系统对高原运动负荷具有一定的敏感性，所以急进高原易引发胃溃疡、运动性胃肠综合征等消化系统疾病。长时间腹泻、腹胀者有可能是高原不适应的低氧敏感者。

(一)胃溃疡

胃溃疡是高原地区常见疾病，而高原运动损伤中的运动性胃溃疡也是常见疾病之一，其发病率增加与高原低氧因素有关，男性明显多于女性。

人体处于低氧应激状态中，肾上腺皮质激素的分泌增加引起消化道黏膜小血管痉挛，促使黏膜下层动静脉短路开放，造成胃黏膜缺血低氧，血流减慢，上皮再生能力降低。高海拔往往导致胃肠功能紊乱，肠道菌群失调，造成免疫反应功能降低，又因低氧致迷走神经兴奋性增高，刺激肥大细胞和胃窦G细胞释放组胺和胃泌素，使胃壁细胞分泌过多的胃酸，从而诱发炎症，使患者表现为上腹烧灼样疼痛，且有反酸。高原低氧致胃肠蠕动及分泌功能低下，患者为了促进食欲，变得喜食辛辣、高盐、腌制等食品，以及吸烟、饮酒等会刺激胃黏膜，使得胃壁血流减慢、上皮再生能力降低、胃液分泌能力减弱、胃黏膜屏障功能减退，更易发生溃疡。另外，幽门螺杆菌感染以及服用非甾体抗炎药也是导致胃溃疡的病因之一。

1．临床表现及诊断 临床表现多为进入高原生活两周左右发病，表现急性上腹部灼痛、腹胀，有的患者表现为饥饿样疼痛感、厌食、嗳气、反酸、呕吐，严重者可有少量反复出血，上腹部有固定、局限的压痛点。胃镜检查表现为高原低氧所致应激性溃疡黏膜病变，与常见的胃炎和消化性溃疡有所不同，溃疡面多呈圆形或椭圆形，多发于胃体部，也可见于食管和十二指肠，形态以多发、浅表性小溃疡为主，局限于胃黏膜浅层，直径小于2 cm，边缘整齐，周围黏膜红肿，溃疡处可见大量炎性细胞浸润、点状出血。

2．治疗方法

(1) 加强营养：合理搭配饮食结构，少量多次食用易消化食物，多吃新鲜蔬菜水果，避免粗糙、辛辣刺激性食物，改善氮、水、电解质及酸碱平衡，有助于促进创面愈合降低细菌感染的概率，降低应激性溃疡。另外，避免过早进行高强度耐力运动，循序渐进安排高原训练计划。

(2) 药物治疗：H_2受体拮抗剂是首选，可提高胃内pH水平，减少胃肠应激性溃疡的发生，保护胃黏膜屏障，防止胃酸侵蚀。少数患者服用生长抑素，也能有效抑制胃酸分泌，减轻胃黏膜损害。在合并胃肠痉挛时，针刺足三里、内关、大肠俞等穴位，或肌注阿托品0.5 mg可减轻症状。积极治疗如幽门螺杆菌感染等原发病，注意个人饮食卫生可减少溃疡的发生。

(3) 中药及针灸治疗：中医多采用香砂养胃丸、摩罗丹、补中益气丸等药物，针灸多采用足三里、三阴交、合谷、气海、关元、中脘等穴位配合治疗。其中足三里是必取之穴，它属足阳明胃经，又是全身强壮穴之一，主要作用为调胃肠、降气逆、泄热、清神、补虚益气，针刺足三里对胃肠功能具有双向调节作用，唾液淀粉酶含量可显著提高，也可提高人体应激和抗病能力，加速血液中乳酸的分解，有助于疲劳状态的恢复。

(二)运动性胃肠综合征

运动性胃肠综合征是运动中或运动后发生腹痛、恶心、呕吐、腹泻等一系列胃肠功能紊乱的综合征。主要病因是过饱、空腹、精神紧张、寒冷刺激等，运动时内脏血液重新分配引起消化系统供血不足，在高温中进行高强度运动时身体发生快速脱水，引起血容量不足，加重胃肠供血障碍，促使体内儿茶酚胺等血管活性物质分泌增多，氧自由基等释放也会加重胃肠黏膜微循环缺血，呼吸运动不协调所造成的肝脾淤血、机械性刺激使维持腹腔脏器的韧带过度牵拉激发迷走神经放射，从而发生脱水、电解质紊乱、肌肉兴奋性增高，引起腹直肌痉挛。

1．临床表现及诊断 运动过程中在上腹部或脐周出现腹痛、腹胀、恶心、呕吐的症状，疼痛多为绞痛、灼痛，也可有轻微压痛。检查时血常规、便常规、血尿淀粉酶、腹部彩超及肝功能正常，胃镜、肠镜检查均呈阴性。有运动中经常腹痛发作的病史，腹部体征轻微，多与症状不相符，相关检查排除原有腹部慢性病及器质性疾病后可诊断为运动性胃肠综合征。

2．治疗方法 立即停止运动，调整呼吸，按压疼痛部位及时解除胃肠痉挛。给予阿托品0.5 mg、盐酸消旋山莨菪碱10 mg肌内注射，或按压针刺足三里、内关、大肠俞等穴位，可缓解疼痛，及时补充水及电解质。同时尽量减少摄入难消化的食物，如动物脂肪、油炸、腌腊、烟熏食物等。

（三）急性胃肠炎

在高原训练期间，由于早晚温差大，运动后即刻进食过冷、过热的食物或暴饮暴食，进食浓茶、烈酒、浓咖啡等含有特殊化学物质的食物和被微生物（如沙门氏菌）污染的食物，感染幽门螺杆菌等原因均可导致急性胃肠炎。

1．临床表现及诊断 急性胃肠炎起病急、病程短、预后好。一般在进食后24 h内发病，表现为上腹部不适、疼痛甚至剧痛、恶心、呕吐、食欲不振等，并伴有腹泻、稀水样便。严重者可有发热、脱水、酸中毒、休克等症状，查体可见腹部或脐周轻压痛，肠鸣音亢进。诊断一般不需胃镜、钡透等特殊检查，有上腹剧痛者需与消化性溃疡穿孔、急性胆囊炎、急性阑尾炎等相鉴别。

2．治疗方法 一般应去除病因，卧床休息，注意高原温差变化，根据病情短期禁食或进流食，多饮水。腹痛严重者可上腹热敷、使用解痉剂，如阿托品每次0.3 ~ 0.6 mg，盐酸消旋山莨菪碱每次5 ~ 10 mg，溴丙胺太林每次15 ~ 30 mg，每日三次，口服。剧烈呕吐者可用甲氧氯普胺每次10 mg，氯丙嗪或异丙嗪每次25 ~ 50 mg等止吐剂，伴有腹泻者可用诺氟沙星、小檗碱等抗生素。因禁食、吐泻严重造成脱水者，必须静脉补液，根据病情每日可补液1500 ~ 3000 ml，纠正电解质紊乱，调解酸碱失衡。而胃酸过多者，静滴H_2受体拮抗剂，以减少胃酸分泌，减轻胃黏膜炎症。

（四）高原运动性低血糖

血糖是血液中各种单糖的总称，主要是葡萄糖，还有半乳糖、果糖和甘露糖等。正常人清晨空腹时静脉血糖浓度为3.89 ~ 5.6 mmol/L（70 ~ 110 mg/dl）。临床上将空腹血糖浓度低于2.80 mmol/L（50 mg/dl）称为低血糖。低血糖不是独立的疾病，而是一种生化异常的表现。

1．临床表现及诊断 运动性低血糖是由于运动时间过长、运动量过大、血糖消耗过快和利用过度所引起的一种临床综合征。运动性低血糖起病急骤，轻者出现倦怠、心烦易怒、面色苍白、多汗或冷汗、身冷、体温低、心跳加速、呼吸浅促、眩晕、头痛、视物模糊、迅速或强烈的饥饿感等。如不及时补糖，则出现视物模糊、焦虑、定向障碍、步态不稳、出现幻觉、狂躁、精神失常，最后意识丧失、昏迷。部分患者甚至可发生脑血管意外、心律失常及心肌梗死。运动性低血糖多见于长跑、马拉松、长距离滑雪、滑冰和公路自行车等运动项目。

在高原高寒山地环境下，由于低氧、低压、低温的影响，易出现各种脑神经症状，常有眩晕、头痛、头晕、眼花、全身无力、出汗、焦虑、紧张、心悸、饥饿、四肢厥冷、意识蒙眬，严重者昏迷。而在高原进行剧烈运动，加上出汗以及缺氧等原因，脑组织的活动对血糖的波动极为敏感，最突出的表现是葡萄糖消耗过快或利用增加而能量供应不足、组织消耗能量过多、迷走神经过度兴奋等，尤其是在高原强化训练中出现的低血糖昏迷。训练强度不同，在高原体能训练中出现低血糖昏迷的频率亦不同，单一课目或一次训练持续时间长、超时训练、日照强度大且时间长、夜间训练而导致疲劳、饥饿等，更易出现低血糖昏迷。

2．治疗方法 加强教育宣传，提高自我保健、自我预防意识，训练循序渐进，劳逸结合，避免急于求成、增加训练强度。高原体能训练中，出现疲劳时应降低训练强度或适当休息。同时高原体能训练体力消耗大，要保证充足睡眠和营养，每天至少要保证睡足8 h以上，空腹时不宜参加长时间的剧烈运动，应在餐后1 h左右进行运动。训练时，应准备充足糖水或运动功能性饮料等，以随时补充糖。一旦确认出现低血糖症状，或血糖小于3.8 mmol/L，若神志清醒，应让患者平卧、保暖，并迅速补充含糖食物或饮料，如甜果汁、糖水、运动饮料、蜂蜜、饼干等，一般短时间后即可恢复。如果10 min后症状无明显好转，可再服用一次。有条件的，应立即用血糖仪进行测定。可口服葡萄糖10 ~ 20 g。如病情严重，神志不清，不能口服者，立即静脉注射50%葡萄糖40～60 ml，直至恢复正常水平。值得注意的是，低血糖昏迷应与脑血管意外鉴别。

三、心血管系统

在高原运动中，除运动创伤外，更多的是与运动创伤相关的其他系统疾病，高原运动时机体的各种生理代偿性变化、激素的分泌、环境因素以及运动员的心理素质等，容易引起循环、呼吸、消化、血液、泌尿系统的损伤，轻者会影响训练结果和比赛成绩，严重者会有生命危险。

(一)高原运动性高血压

血压是体循环动脉血压的简称，是指血液在血管内流动时，作用于血管壁的压力，分为收缩压和舒张压。正常血压值判断标准为收缩压≤120 mmHg（18.64 kPa），舒张压≤80 mmHg（12.1 kPa）。成年人高血压判断标准为收缩压≥140 mmHg，舒张压≥90 mmHg。运动性高血压是指在一定的运动负荷下，在运动过程中或刚刚结束时，收缩压≥140 mmHg，舒张压≥90 mmHg的一组临床征候群。运动性高血压人群多见于投掷、举重、足球等运动项目从事者。运动性高血压的发病机制主要是交感神经系统兴奋性增高，肾素-血管紧张素系统异常激活，内分泌及体液中调节血管紧张性的多种活性分子间的平衡失调，血管内皮结构和功能的改变等。发病的主要原因包括过度训练或过度紧张，血压升高后开始过早训练和训练量过大，专项运动训练量过大，或者连续大运动量训练，缺乏必要的节奏，与青春期高血压（青年性高血压）也有关。血压在精神紧张、情绪波动或劳累后增高，休息后也可降低到正常。

高原运动性高血压是在一定的运动负荷下出现的血压反应性增高的一种现象，高原运动导致血压升高是一种常见现象。高原运动初期，由于低氧引起心交感神经兴奋，心房及心室肌肉的收缩力加强，产生正性变力作用，肾上腺素分泌增加，以及机体为适应低氧环境的刺激，红细胞数量增加，血红蛋白含量上升，使血液黏稠度增加，以上种种因素都会导致血压有一定的上升。

1．临床表现及诊断 运动性高血压早期表现主要有头痛、头昏、失眠、记忆力减退、注意力不集中、烦闷、乏力、心悸等，后期表现主要取决于心、脑、肾的病变情况。高血压可以导致动脉粥样硬化，部分患者可合并冠状动脉粥样硬化性心脏病，发生心绞痛、心肌梗死等。高血压还可导致脑血管意外，包括脑血管间歇性痉挛、脑出血和脑血栓形成等，主要症状有头痛、眩晕、眼花、肢体麻木，亦可有暂时性的瘫痪、失语、失明、呕吐、大小便失禁、反射消失、抽搐、昏迷，甚至死亡。高原运动初期，血压的变化幅度不大，在正常范围内，但在2～3天后会出现收缩压和舒张压明显增高，脉压差变化不大，多数人没有脉压分离现象，说明高原运动的低氧刺激多数是生理现象。

2．治疗方法 高原运动性高血压多为生理性的，一般不需要特殊的处理和治疗，主要是通过合理安排运动训练来调节。当安静时血压超过140/90 mmHg时，表示身体功能不佳，及时调整运动量和强度，必要时进一步检查眼底血管情况，及时吸氧改善症状。对过度训练或过度紧张所致的运动性高血压，主要是调整运动量，增加一些放松性练习，避免急于求成，无需特殊的药物治疗。症状不明显者，可进行医疗体育、太极拳和气功练习。症状明显者可在医嘱下选用镇静剂、降压药、利尿剂治疗，并针对其原发病因进行治疗。青春期高血压者一般不禁止运动，但应适当控制运动负荷、强度、密度、训练和比赛的次数，限制力量性练习，并注意休息，保证充足睡眠即可。如采取上述非药物疗法3个月后仍不见好转或血压继续上升，需请医生检查指导，采用药物治疗。对原发性高血压可视情况适当运动，注意低盐低脂饮食，并服用降压药。

(二)高原运动性头痛

高原运动性头痛是由于高原低氧环境下运动负荷过大、运动强度增加过快，身体功能紊乱而引发的一种症状。高原运动性头痛多发生在运动过程中，严重时常使运动者被迫中止运动。疼痛与运动量、运动强度和运动频率等因素密切有关。在高原地区，运动性头痛的发生率高，且多见于中长跑、越野滑雪、高山滑雪、网球和壁球等运动项目。

1．临床表现及诊断 高原体能训练后立即出现跳动性头痛，以两侧颞部疼痛为甚，休息后可缓解，运动后又发作，伴头昏、头晕、面色苍白、肢体无力、出汗过多、恶心，甚至呕吐。症状持续几小时指逐渐缓解，并可反复发作。主要原因为日常缺少锻炼或体能训练不足，剧烈运动时由于胸内压力升高，全身血压骤然升高，引起颅内压一过性升高，造成静脉窦快速扩张，而导致运动性头痛。在高原体能训练时由于剧烈运动时的过度换气和高原缺氧造成的低碳酸血症，导致颅内外血管快速扩张而出现运动性头痛，这也是越野滑雪运动员、高山滑雪或短雪橇滑雪下降者发生运动性头痛的原因。另外，还有原发性疾病所致，如患高血压、慢性鼻炎、内耳疾病、贫血等，在运动时，特别是剧烈运动时，可出现头痛、头晕等。

2．治疗方法　高原体能训练时出现运动性头痛，一般可口服吲哚美辛，每次 25 mg，一日 3 次。如头痛是由原发性疾病所致者，应治疗原发性疾病。运动医学界认为凡是反复发作的与运动或体力劳动等密切相关的头痛，应立即中止运动或劳动，及时检查治疗。要警惕心肌缺血发生心肌梗死或运动性猝死的可能性。同时要根据年龄、性别、健康状况、运动技术水平、海拔高度、环境气候等条件，合理安排运动负荷。

（三）高原运动性窦性心动过缓

高原运动性窦性心动过缓多见于高原耐力项目，如公路自行车和马拉松，是长期高原训练产生心脏功能改变的适应性生理反应。主要是交感神经张力降低、迷走神经张力占优势所致，且在夜间常出现Ⅰ型房室传导阻滞。另外窦房结功能异常（如炎症、缺血）、房室传导阻滞也多见于器质性心脏病。

1．临床表现及诊断　窦性心动过缓症状轻重不一，可呈间歇性发作，多以心率缓慢所致心、脑、肾等重要脏器血供不足为主要表现，轻者乏力、头晕、记忆力差、反应迟钝等，严重者可有心悸、黑矇、晕厥或阿 - 斯综合征，应与高原反应相鉴别。心电图诊断 p 波顺序出现，频率低于 60 次 / 分，窦性 p 波呈锥形，在Ⅱ、V3 ～ V5 导联 p 波直立，aVR 导联 p 波倒置，PP 间期＜ 0.12 min，PR 间期＞ 0.12 min 称为窦性心动过缓。如伴有其他心律失常，结合临床表现，进行窦房结功能试验。

2．治疗方法　积极治疗原发病，如药物、胆管阻塞等所致的窦性心动过缓，结合心率缓慢程度以及是否引起心排出量的减少等情况，适当采用提高心率的药物。窦性心动过缓如心率不低于 50 ～ 55 次 / 分的无症状者不做特殊处理；如心率低于 50 次 / 分且出现症状者，要严密观察病情及时就医，可选用阿托品、异丙肾上腺素等药物提高心率。

（四）高原运动性贫血

运动性贫血是指直接由运动训练或比赛而导致的体内血红蛋白（Hb）和红细胞计数（RBC）低于正常值的贫血。一般红细胞数临床检测参考值为成年男子（4.0 ～ 5.5）$\times 10^{12}$/L，成年女子（3.5 ～ 5.0）$\times 10^{12}$/L；血红蛋白为男子 120 ～ 160 g/L，女子为 110 ～ 150 g/L，而贫血标准是男子＜ 120 g/L，女子＜ 110 g/L。贫血的原因有很多，如营养不足、感染、肿瘤、药物、免疫性疾病、肾病、胃肠病以及内分泌遗传性疾病等都可以引起贫血。而运动性贫血是从事长时间、大强度、大运动量训练，由于体温升高，血酸度增加，儿茶酚胺分泌增多等，又由于肌肉的极度收缩，血流加快，挤压或牵伸造成相应部位毛细血管，红细胞与血管壁之间撞击摩擦加剧，引起红细胞的滤过性和变形性改变，使红细胞的脆性增加，红细胞易破裂、发生溶血，红细胞破坏增加。最终导致机体血红蛋白下降，血液携氧能力降低，器官组织因缺氧而发生变化。运动性贫血是运动训练中常见的一种运动性疾病，多发生于中长跑、足球、篮球、体操等运动项目训练之后，常集中于运动水平低的儿童、青少年运动员，女运动员多于男运动员。

1．临床表现及诊断　高原运动性贫血症状出现的轻重与血红蛋白的多少、运动量的大小、机体对贫血的代偿和耐受能力有密切关系。轻度运动性贫血时，在安静状态或中小运动量时不出现症状或症状不明显。中度和重度运动性贫血，主要症状有头晕、乏力、疲倦，尤其是在训练后感觉明显，眼花、头痛、记忆力下降、食欲下降等；运动中或运动后出现心悸、气促、心跳加快、体力明显下降，不能坚持正常的训练强度，运动成绩逐渐下降。女运动员可出现月经紊乱或闭经。

2. 治疗方法　当血红蛋白含量男子＜ 100 g/L、女子＜ 90 g/L 时，以休息和治疗为主，应停止大、中强度的训练，在医生指导下进行治疗。当血红蛋白含量男子 100 ～ 120 g/L、女子 90 ～ 110 g/L 时，可边治疗边训练，但要降低运动负荷量和训练强度，避免长距离跑等。同时要注意膳食平衡，合理营养，充分保证蛋白质、铁和维生素的供应，尤其是要多吃蛋白质含量丰富、含铁较多的食物，如动物肝脏、动物血、瘦肉、黑木耳、海带、紫菜、芝麻酱、蛋黄、豆类等，切忌偏食和挑食。常用治疗运动性贫血的药物主要为口服铁剂，有硫酸亚铁、富马酸亚铁、叶酸、维生素 B 等，也可同时加服维生素 C 促进铁的吸收。另外，还可以在运动前后适当补充一些抗氧化剂，如维生素 C 和维生素 E，能够增强红细胞抗氧化能力。

延伸阅读

高原也是长跑之乡

1960 年，第 17 届罗马奥运会上，来自非洲埃塞俄比亚的阿•贝基拉获得马拉松冠军后，高原国家——肯尼亚、坦桑尼亚和摩洛哥运动员在田径耐力项目上表现出了强劲的势力。据统计，从 1968 年墨西哥奥运会至 2022 年东京奥运会，肯尼亚和埃塞俄比亚运动员在 800 m 至马拉松的一众长跑项目上获得的奖牌数超过一半以上，并打破多项世界纪录，高原被誉为长跑之乡。

我国高原省份和自治区——青海、西藏、云南、甘肃等地的运动员在耐力项目上也取得了优异成绩，其中青海藏族运动员切阳什姐获得 2012 年第 30 届伦敦奥运会 20 km 竞走金牌，是国际竞走界最有影响力的运动员之一。

四、呼吸系统

高原地区由于低氧、寒冷、干燥等特殊环境，高原居民呼吸系统的发病率高于平原，长期居住于高原人群的呼吸系统发病率及死亡率均增加。高原运动引起的呼吸系统疾病与运动量和强度也有明显的关系，当机体运动时，氧气难以满足需要会引起呼吸系统疾病。一般加强高原耐寒锻炼，增强体质，提高对气候的适应能力和机体免疫力，并防寒保暖，避免烟尘污染和刺激，改善环境空气质量，戒除烟酒，是高原体能训练中预防呼吸系统疾病的必要防护措施。

（一）高原运动性上呼吸道感染

高原训练早晚温差大，身体易受风寒引起络脉闭塞不通、邪气淤滞所致的上呼吸道黏膜血管、腺体功能调节失常。这通常与运动员自身免疫功能低下、女性月经期精神紧张、过度疲劳、环境污染、温度和湿度的改变等有关。

1. 临床表现及诊断　运动性上呼吸道感染临床表现各异，多为鼻塞、流涕、头昏、全身无力、嗅觉和食欲减退，少数运动员可有发热、咽痛、头痛、咳嗽等症状；检查可见咽喉部黏膜充血、水肿，白细胞增多等。

2. 治疗方法　运动性上呼吸道感染治疗以抗炎、缓解不适为原则，可按揉迎香、太阳、印堂、风池等穴，外感风寒采用辛温通窍、疏散风寒方剂，如风寒感冒冲剂、感冒清等，加服抗病毒口服液，这样标本兼治，同时辅以合理的膳食结构，治疗效果更佳。如患者肺胃热感、咳嗽较重、痰多黄稠、口干舌燥、咽喉肿痛，为外感风热证，可用羚羊清肺丸，每服二丸，日服二次，温开水送下，必要时给予吸氧以缓解低氧症状。在呼吸道疾病流行期间，应少去公共场所游玩。有发热、咳嗽等症状出现时要及时就诊。

（二）高原运动性急性气管、支气管炎

常因高原过冷空气、粉尘、刺激性气体或烟雾的吸入引起，也可因急性上呼吸道感染的病毒或细菌、花粉、有机粉尘、真菌孢子等致敏原引起；常见病毒为腺病毒、流感病毒、冠状病毒、鼻病毒等。

1. 临床表现及诊断　起病较急，常先有急性上呼吸道感染症状，全身症状一般较轻，可有发热，38℃左右，多于 3 ～ 5 天降至正常，咳嗽、咳痰，偶可痰中带血，咳嗽可延续 2 ～ 3 周才消失，如迁延不愈，可演变成慢性支气管炎。通常根据症状、体征、X 线检查、血常规检查即可做出临床诊断。细菌感染较重时，白细胞总数和中性粒细胞增高，痰培养可发现致病菌，X 线检查大多数表现正常或仅有肺纹理增粗对重症。继发细菌感染则应积极做细菌学检查和药物敏感试验，正确选用抗菌药物。

2. 治疗方法　根据感染的病原体及药物敏感试验选择抗菌药物治疗。一般未能得到病原菌阳

性结果前，可以选用大环内酯类、青霉素、头孢菌素类和喹诺酮类等药物。如咳嗽无痰可用右美沙芬、喷托维林或可待因；咳嗽有痰而不易咳出可用盐酸氨溴索、痰可净等，也可雾化吸入帮助祛痰、消炎；支气管痉挛可用平喘药物，如茶碱类、受体激动剂等；发热可用解热镇痛药。对反复发作的气管炎、支气管炎，在上高原训练前可采用气管炎疫苗皮下注射进行预防。另外，注意休息、保暖、多饮水、补充足够的热量，可有效预防疾病，促进上呼吸道感染康复。

（三）高原运动性哮喘

运动性哮喘（exercise-induced asthma，EIA）又称为运动诱发支气管收缩（exercise-induced bronchoconstraction，EIB），指气道高反应者在剧烈运动后导致急性气道狭窄和气道阻力增高的现象，多于运动后 5 ~ 15 min 内出现咳嗽、胸闷、气短和喘息等症状，同时伴有肺功能相关参数下降，30 ~ 60 min 内可自行缓解。运动性哮喘的发生与运动性质、时间、强度以及气候有关，尤其是在寒冷干燥的高原环境下更易发病。高原运动性哮喘多与高原大负荷运动、多变气候、遗传因素、室内外过敏原、空气污染、呼吸道感染、致敏药物和一些非皮质激素类抗炎药有关。

1．临床表现及诊断 高原运动时出现运动性哮喘，表现为哮鸣音的呼气性呼吸困难、胸闷、咳嗽，严重者被迫采取坐位或呈端坐呼吸，干咳或咳大量白色泡沫痰，甚至出现发绀等。哮喘症状可在数分钟内发作，经数小时至数天，用支气管舒张剂缓解或自行缓解，某些患者在缓解数小时后可再次发作，夜间、凌晨发作和加重常是哮喘的特征之一。血常规检查可有嗜酸性粒细胞增高，如并发感染可有中性粒细胞增高，肺功能检查通气功能下降，血气分析表现呼吸性酸中毒，胸部 X 线检查可见肺纹理增加及炎症性浸润阴影。

2．治疗方法 应急缓解症状首选药物是吸入 β_2 受体激动剂，可松弛支气管平滑肌，控制哮喘急性发作的作用。病情严重则停止高原训练，治疗以预防疾病发作或病情加剧为目标，长期抗炎治疗是基础的治疗，首选吸入激素药物倍氯米松（beclomethasone，BDP）、布地奈德（budesonide）、氟替卡松（fluticasone）、莫米松（momethasone）等治疗。重症哮喘患者仍长期反复发作时，可加大激素剂量，待症状完全控制后逐渐减少激素用量。日常训练中应加强医务监督，预防和控制运动性哮喘的发生，加强营养、提高身体免疫力，避免在高原较干燥寒冷的环境下运动。运动员选用上述药物需注意兴奋剂问题，必要时申请兴奋剂用药豁免。

五、其他

（一）脑震荡

脑震荡在高原运动性脑损伤中比较多见，可发生在足球、摔跤、柔道等项目。当人体头部受到打击或从高处跌下时，头部撞地，神经细胞和神经纤维受到刺激所引起的一时性意识和功能障碍为脑震荡。

1．临床表现及诊断 头部受到外力撞击后，立即出现意识障碍，即一时性昏迷或神志恍惚。意识障碍的时间长短不一，短则几秒钟，长则几分钟或更长。意识丧失时，患者呼吸表浅、脉率缓慢、肌肉松弛、头疼、神经反射减弱或消失。意识清醒后出现逆行性健忘，头疼头晕、情绪紧张、或有恶心呕吐，几天后可消失，严重的颅脑损伤，应立即送医院处理。脑震荡的诊断依据是头部有明确的外伤史，伤后有短时间的意识障碍，意识清醒后出现逆行性健忘，神经系统检查、生命体征及脑脊液检查为正常。

2．治疗方法 高原运动损伤后诊断为脑震荡时，应立即将患者平卧，安静休息，注意身体保暖，头部可用温凉毛巾湿敷，并给以对症治疗。如出现昏迷，可做人中、内关穴点刺，以促使患者清醒。意识不清者，要注意保持呼吸道通畅，卧位时头偏向一侧，避免呕吐物吸入气管，严密观察病情。症状完全消失后，可用闭目举臂单腿站立平衡试验、闭目难立征试验、指鼻试验来初步判定是否可以继续参加高原运动。在康复的初级阶段，注意观察患者动作的协调性，以了解其恢复程度。

（二）高原运动性血尿

健康人的尿液中没有红细胞或偶见个别红细胞。如尿液经过离心沉淀后，在光学显微镜下每高倍视野有 3 个以上红细胞者，称为血尿。运动性血尿与高原运动负荷和运动强度有密切关系，在高原运动时负荷强度较大，使肾血流量减少，肾小球缺血、缺氧而通透性增加，使红细胞通过血管壁进入尿中，出现血尿。在运动后即刻出现肉眼血尿，而其他的检查均正常，这种情况多见于运动负荷量大和运动强度高的运动项目，如长跑、三级跳、竞走、足球、篮球、拳击以及跳跃训练（蛙跳、单足跳、蹲跳、纵跳）等，以耐力性项目运动员多见。出现血尿后若停止运动，则血尿迅速消失。高原运动性血尿的严重程度与身体适应能力、运动项目、负荷量、运动强度、情绪、功能状态、性别和运动时的自然环境（如温度、湿度、海拔）等因素密切相关。

1．临床表现及诊断　高原运动性血尿多数表现为镜下血尿，少数呈肉眼血尿，小便颜色为樱桃红色、红葡萄酒色、褐色或浓茶色等。高原体能训练后出现血尿，大多无特殊不适感，部分人有疲乏、无力、精神不振感。血常规、肾功能检查、腹部X线检查及肾盂造影等均属正常。血尿严重程度与海拔高度、运动负荷和运动强度密切相关。但一般停止运动后，绝大多数在3天内血尿会迅速消失或停止。高原运动性血尿要和泌尿系统疾病相鉴别，包括肾小球肾炎、泌尿系感染、泌尿系结石、泌尿系结核等。泌尿系器质性疾病所致的血尿，其血尿程度与运动负荷无明显关系，同时伴有各种症状，如尿频、尿急、尿痛、腰痛、水肿、发热、脓尿等。

2．治疗方法　运动性血尿多数情况下在24～72 h后完全消失。运动后无任何症状，仅出现镜下血尿，如是一时运动量过大所致，可适当调整运动量和运动强度，减少跑跳动作，加强医务监督，定期验尿。如果出现肉眼血尿，不论有无症状，均应首先要终止运动或调整训练量及强度，暂时停止剧烈运动，做相关检查，以观察和对症治疗为主。如有器质性改变，应按病情轻重，及时治疗。运动性血尿一般休息1周后可完全消除。同时，在高原体能训练时要遵守运动训练的科学原则，根据身体状况合理安排运动量、运动强度和动作难度，循序渐进，避免骤然加大负荷和训练强度，避免过度训练。若条件允许可每周做一次尿常规检查，以掌握高原体能训练时身体功能变化和运动负荷情况。

（三）高原运动性蛋白尿

运动性蛋白尿是指健康人在运动后出现的一过性蛋白尿，属于功能性蛋白尿（或良性蛋白尿）。运动性蛋白尿多见于运动负荷量大和运动强度高的运动项目，如长距离跑、游泳、足球和自行车等。运动性蛋白尿的发病原理比较复杂。运动性蛋白尿的检出率、检出量、检出成分与个体差异、运动项目、负荷量、运动强度、情绪、内分泌、功能状态、年龄、运动时的自然环境（如温度、湿度、海拔）等因素密切相关。由于剧烈运动，肾的负荷过重以及冲撞性运动使泌尿系统（特别是肾）受到直接或间接挤压、牵扯，甚至打击，导致肾组织和血管的细微损伤，这时可出现血尿伴随蛋白尿，如拳击、跆拳道、橄榄球等项目。

1．临床表现及诊断　运动性蛋白尿仅在运动后短时间内出现，可伴血尿，无其他特异症状和体征，无明显的自觉症状，并在24 h内蛋白尿基本消失，主要靠体格检查和医务监督时发现。如果有严重蛋白尿，且持续时间较长者，才逐渐出现水肿、头晕眼花、心悸气短、应倦乏力，训练后感觉明显。发病原因是剧烈运动时肾血流量减少，血液多流至下肢、肌肉，造成肾缺血、缺氧，血管壁的营养发生障碍，滤过功能受影响，肾小球通透性增加和肾小管重吸收功能降低。另外大运动量运动时，乳酸等酸性代谢产物增多，肾小球活动数目减少，出现代谢性酸血症增加尿蛋白量，以及泌尿系统器质性疾病，如肾炎、结石或感染。剧烈运动时，对这些器质性变化刺激增加，易使其损伤或加剧其改变，导致蛋白尿。

2．治疗方法　发现有蛋白尿时，要查找原因。若为一时运动量过大所致，要调整训练计划，减轻运动量和运动强度。同时加强医务监督。若小运动量后出现大量蛋白尿，则应排除适应能力差和器质性疾病的可能，严密观察。如有器质性疾病，应及时治疗。

（四）高原运动性月经失调

运动性月经失调是女子运动员的常见病，运动性月经失调的发生率与运动负荷和强度呈正相关，主要表现为月经初潮推迟、月经失调及闭经。高原运动性月经失调是女性运动员参加高原训练后的一个特殊病症，导致运动性月经失调的原因较多，尤其是中长跑运动员的发生率较高，这与高原环境、训练强度和训练量的安排不当，以及对高原训练的应激反应有密切关系。另外，也有可能是高原运动训练和比赛过程中精神紧张，引起内分泌状失调，从而出现运动性月经失调。

1. 临床表现及诊断　运动性月经失调分为月经先期、月经后期、月经过多或月经过少。这几种类型常常同时出现，如月经过多常与月经先期并见，月经过少常与月经后期并见。月经先期分为气不摄血症和阳盛血热症。气不摄血症表现为量多色淡、质清稀，伴有眩晕、失眠、心悸、面色苍白、疲劳乏力、舌淡和脉弱无力；阳盛血热症表现为月经量多、色鲜红或紫红，伴有面赤、烦躁易怒、口渴、饮食减少、口苦口干、头晕目眩、舌质淡红、苔薄黄、脉多弦滑或弦细等。月经后期分为血虚型、血寒型和气郁型。血虚型表现为量少色淡、质清稀，伴有眩晕、失眠、心悸、面色苍白及神经乏力等症状；血寒型表现为量少色淡、质稀、有块，伴有小腹冷痛、喜温喜按、得热则减、畏寒肢冷、小便清长、大便稀薄、舌淡、苔薄白、脉沉紧或沉迟无力等；气郁型多表现为量少、色暗有块、排出不畅，伴有小腹胀痛、乳胀肋痛、精神抑郁，舌表现为正常或稍暗、脉弦涩。运动性痛经症表现为腰酸痛，下腹部坠痛难忍，直至行经结束后才逐渐减轻，经血量少色暗，如不参加训练则无痛经发生。运动性闭经则是因为精神过度紧张，导致月经停止一个月以上，多属下丘脑闭经。

2. 治疗方法　高原运动时要保持心情愉悦，月经期避免高强度运动，注意卫生、保暖，避免寒冷刺激，不宜过食生冷，可适量增加摄入深绿叶蔬菜、含蛋白质和钙丰富的食物，并积极进行体能恢复。在运动性月经失调导致的疼痛出现时，可适当使用推拿按摩的手法，也可以采用针灸治疗的方法。

第六节　高原体能训练的疲劳恢复

一、营养恢复

合理的营养补充能够加快机体的恢复，适应机体代谢的变化。相比于平原，高原体能训练时机体能量损耗增加，新陈代谢增强，呼吸频率加快，心率增加血液黏度增高、机体运输氧气的能力下降，消化能力下降，易产生腹胀、腹泻、食欲减退等症状，免疫功能降低。根据高原环境特点和高原运动的特殊需要，科学合理地补充热量和各种营养素以加快机体恢复。

（一）膳食均衡

高原体能训练过程中，膳食要科学合理，以补充热量和各种营养素，满足高原体能训练的特殊需要，同时还应避免营养过剩。一般在进行高原体能训练时，饮食中的脂肪摄入量不宜过多，尤其要减少摄入动物性脂肪，丰富碳水化合物的食物种类。膳食营养中，三大营养素的供能比例应为碳水化合物占60%～65%，蛋白质占13%～15%，脂肪占20%～30%。同时，应着重注意增加蔬菜和水果的摄入，每天的摄入量应达500 g。

高原体能训练时会对机体的消化系统产生一定的影响，应当根据高原环境、体能训练项目和训练方式，建立起相对应的饮食制度。在高原体能训练时，应该采用少食多餐的方式代替平原体能训练时的一日三餐。还要注意晚餐进食时不宜吃得过饱，增加机体胃肠负担、影响睡眠，同时也会对血液分布造成影响，使得过多的血液分布于消化系统，不利于体能恢复和疲劳消除。同时应少吃不易消化的食物，比如腌制类、油炸类等食物。

膳食纤维对人体健康具有一定的生理意义，但在高原训练期间，不易摄入过多太粗的膳食纤维，因为它对人体营养素的吸收产生一定影响，会降低铁、锌等无机盐的吸收利用率，也会引起腹部胀气和不适感等，尤其要少吃粗纤维多的食物和产气性食物，如蔗糖、萝卜、韭菜等。

高原体能训练时应注意空腹和饱腹后不应即刻进行训练。体能训练结束后也应该至少休息 50 min 后再进食，进食后至少休息 2 min 再进行训练。同时，也应禁止剧烈训练之后大量饮水，补水时应采用少量多次的原则。

（二）补糖

糖类是人类赖以生存的重要物质之一，相比于蛋白质、脂肪，也是含氧最多，氧化供能时耗氧最少且能快速补充能量的物质。高原低氧与运动负荷低氧将加剧机体内糖的分解代谢，使得糖原分解加快，机体血糖水平下降，体内的糖原储备减少，易出现机体疲劳。

在高原体能训练过程中补充糖，能够有效地维持机体的血糖水平，延缓疲劳发生。高原体能训练后补充糖，有利于肌糖原和肝糖原的再合成及填充。此外，适当的补充糖类物质，可以促进刺激胰岛素分泌，增强机体合成肌肉蛋白质的能力，加强机体的免疫力。

高原体能训练补充糖时应当注意糖的种类，并掌握补充的时间和浓度。糖分葡萄糖、果糖和低聚糖等，葡萄糖在实际中应用最多，因为它吸收快、供能迅速，其缺点是容易引起低血糖等胰岛素反应，所以要注意补充葡萄糖的时间。低聚糖主要由麦芽低聚葡萄糖和异麦芽低聚葡萄糖组成，且大小不同，在消化道中通过胃肠的吸收速度也有所不同，所以补充低聚糖可以长时间地保持血糖浓度。此外，低聚糖不会造成过多的胃酸，还可以促进消化，所以高原体能训练期间应以补充低聚糖为主。在补糖的浓度方面，一般情况下采用 5% ~ 10% 的等渗或低渗浓度，应当避免补充高渗糖饮料，因为它会加剧机体脱水。如果在高原体能训练中单纯选择葡萄糖饮品进行补糖，其浓度应当控制在 6% 以内；如果选择低聚糖，其浓度可控制在大于等于 10%。高原体能训练后补糖的浓度可以稍高一些，10% ~ 35%。

（三）补水

水是所有生命体的重要组成部分，是维持生命和正常生理活动必不可少的物质。各种营养物质必须溶解于水才能被人体吸收，同时人体的代谢废物也要借助于水排出体外。同时，饮水也是补充人体所需常量、微量元素的重要途径，天然水中含有钙、镁、钠、钾、氯、锌、铜、氟等人体所需的元素。

高原空气干燥，日照较强，人体运动时呼吸次数增加，通气量明显增加，水分蒸发快，在气体交换时失水量与平原相比增长 3 ~ 4 倍（日失水量达 1.2 ~ 1.7 L），易造成机体大量失水，如得不到及时补充，人体正常的生理功能与运动能力会受到严重的影响。

在高原体能训练时，除及时补充因运动出汗导致的体液丢失的水分外，至少还应每天比在平原训练时多补充 1 L 以上的水，以保证机体每日尿量在 1.0 ~ 1.5 L，有助于排泄代谢废物。高原体能训练期间，每天饮水量为 3 ~ 4 L，遵循少量多次的补水原则，每一次的饮水量为 100 ~ 150 ml。

（四）维生素

维生素是维持机体健康和生命活动必需的调节类营养物质，是物质代谢的重要组成部分，分为脂溶性维生素和水溶性维生素。但大多数维生素不能在人体内合成，必须通过有规律地饮食从外界摄取。维生素的种类较多，每种维生素的功能各有不同，不能相互代替，也没有其他可以替代的物质。高原低温低氧的环境中，机体新陈代谢增强，高原体能训练时要多补充维生素，尤其是维生素 B、维生素 C、维生素 E，也可以在高原体能训练前补充，这对机体适应高原环境有益处。

B 族维生素可以提升机体能量生成过程中酶的活性，提高机体对于氧的利用率，增强抗低氧耐力。高原训练的运动员补充高质量复合维生素 B 的用量为平原的 1 ~ 3 倍，对维持机体体能和消除疲劳具有一定的辅助作用。维生素 B_{15} 具有解毒作用，进入高原前 1 周开始每日补充 150 mg 的维生素 B_{15}，可以提升机体组织的氧化代谢，增加机体在血氧降低情况下的稳定性。进入高原后机体红细胞增多，血液黏稠度增加，不利于血液循环。

维生素 C 在低氧环境下能够改善机体氧化还原反应、造血、解毒等生物学功能，同时还能够增强机体的免疫力。高原进行大负荷训练的人每天摄入适当的维生素 C，能够显著降低因训练导致的氧化应激反应。但是也应该注意不能长时间大剂量的摄入，否则会对人体产生危害。我国正常成年人每天的维生素 C 推荐摄入量是 100 mg，在高原体能训练时可适当增加摄入量，但每天用量的上限不能超过 1 g。

维生素 E 具有抑制血小板聚集和保护血管内

皮的作用，能够缓解血液黏稠度，还具有抗氧化、维持正常免疫功能和减轻疲劳的作用。高原运动期间，维生素 E 的补充量每天应为 100 ～ 400 mg。

另外，高原体能训练期间同时补充 10 种高剂量的复合维生素，可以增强体力，减少血乳酸的积累，改善心功能。这 10 种维生素及其补充量是：维生素 A 2 mg、维生素 B_1 120 mg、维生素 B_2 2 mg、维生素 C 300 mg、维生素 B_3 20 mg、维生素 B_6 5 mg、泛酸钙 5 mg、维生素 E 60 mg、维生素 B_{15} 50 mg、维生素 P 50 mg。

（五）微量元素和矿物质

高原体能训练时补充微量元素和矿物质是必要的，不仅可以缓解机体疲劳、防止肌肉痉挛，还能保持机体内部的水分、盐分和酸碱平衡。一般情况下，高原体能训练后要摄入含有钾、钠的运动型饮料。

高原体能训练期间，铁的存储量、补充量和吸收量对于提高血红蛋白浓度、增加血氧含量具有重要意义。人体内总的铁储备量为 3 ～ 5 g，主要储存在脾、肝及骨髓内。在正常生理情况下，每天红细胞破损释放 20 ～ 30 mg 铁，这些铁主要被骨髓吸收，用于合成新的红细胞。但人体仍有一定的铁丢失，每天丢失的铁大约为男子 1 mg、女子 3 mg。同时机体每合成 1 g 血红蛋白就需要 3.4 mg 铁。因此，高原体能训练期间除多补充一些含铁丰富的动物内脏、蛋黄、豆类和鱼类外，还应适量补充对胃肠刺激反应较小的铁制剂。一般每天的补铁量为 20 ～ 25 mg，女性在高原上的月经期及月经后 7 天内，每天服铁剂量应适当增加至 25 mg，同时辅以维生素 B、C，改善铁的吸收。另外，在高原体能训练前 4 周，就应开始补铁，以保证有足够的铁储备。

高原体能训练时可适当增加锌的补充量。有研究报道，运动员应补锌 15 ～ 50 mg/d，补充剂量低于 500 mg/d 是无毒的，但大量补锌会严重干扰铜的代谢。

高原体能训练期间也应注意补铜，铜是很多酶的组成部分，并是机体铜代谢和红细胞生成的基础物质，平原运动期间铜摄入量应为 2 ～ 4 mg/d，高原体能训练期间应适当提高铜的摄入量。

（六）蛋白质

蛋白质是机体内多种重要生理活动的活性物质，是生命的物质基础，它维系机体正常新陈代谢、各类物质在体内输送，以及机体内渗透压和体液的酸碱平衡，蛋白质是人体生长、发育、运动、遗传、繁殖的重要物质之一。高原体能训练中缺乏蛋白质，可使骨骼肌横截面积缩小，肌肉力量下降，肌肉易发生疲劳。

高原体能训练中首先要通过饮食等补充蛋白质，蛋白质含量高的食物有奶类、肉类、蛋类，如牛奶、羊奶、猪肉、牛肉、鸡肉、鸡蛋、鸭蛋等，还有黄豆、黑豆等豆类。其次主要补充乳清蛋白，乳清蛋白是从牛奶中提取出来的蛋白质，主要由 α- 乳白蛋白、β- 乳球蛋白、牛血清白蛋白、免疫球蛋白等组成，还含有一些具有生物活性的微量成分，包括乳铁蛋白、乳过氧化物酶、溶菌酶、脂肪球膜蛋白等。与其他蛋白质相比，乳清蛋白易吸收，利用率高，必需氨基酸和非必需氨基酸的比例平衡，同时支链氨基酸含量丰富。乳清蛋白同时具有抗氧化和提高机体免疫力的作用，还能刺激合成代谢激素或肌肉生长刺激因子的分泌和释放，增加肌肉蛋白质的合成，有利于提高肌肉力量和高原运动后肌肉疲劳的恢复，因此在高原训练期间适量补充乳清蛋白是非常必要的。一般乳清蛋白的补充量为每天 20 g，健美与力量练习者可适当增加补充量，如每天补充 50 g。

高原体能训练中还应使用增加肌肉力量的营养品，使机体获得最佳的内环境，提高自身分泌生长激素、睾酮、胰岛素及相关激素的水平。目前经常补充的增加肌肉力量的特殊营养品主要有精氨酸、甘氨酸、牛磺酸、支链氨基酸、β- 羟基 -β- 甲基丁酸盐、结合亚油酸、鸟氨酸、α- 酮戊二酸、卵磷脂、甲基吡啶铬、硫酸矾、谷氨酰胺和植物皂苷类物质等。

（七）特殊的营养补剂

高原体能训练中，由于机体承受高原低氧和运动负荷低氧的双重刺激，使得机体内自由基生成增多，抗氧化能力下降。而高原体能训练过程中合理使用抗氧化剂等特殊的营养补剂有利于增加机体的自由基清除能力，快速消除疲劳、恢复体能。常用的抗氧化剂种类主要有维生素 C、维生素E、胡萝卜素、辅酶Q10、谷胱甘肽、牛磺酸、硒、锌、卵磷脂、CLA、1，6-二磷酸果糖及多糖类、黄酮类、皂苷类、多酚类物质等。

肌酸的主要功能是在肌细胞中合成磷酸肌酸，为肌肉收缩提供能量，肌酸主要从牛肉、羊肉和鸡蛋等食物中获取，然而在高原体能训练中又不宜过多食用此类食物，为了维持并提高肌肉完成一定量的运动负荷，尤其是在高原体能训练大负荷训练期间，适量补充肌酸可有效地保证肌肉供能、维持肌肉力量、延缓肌肉疲劳。补充的量应依据个体差异和训练负荷的变化进行调整，避免过度服用带来负面效应。

二、中药恢复

补益类中药对消除高原体能训练后引起的疲劳，以及促进机体疲劳恢复有积极的促进作用。在高原体能训练过程中服用一些具有抗低氧效果的中药，对于高原低氧环境的快速习服以及训练后的疲劳恢复具有一定的积极意义。

（一）冬虫夏草

冬虫夏草是生长在高寒地带的药用植物，它由虫草酸、蛋白质、粗纤维及虫草素组合而成，含有多种游离氨基酸、微量元素及维生素C，能够增强机体的免疫力缓解机体疲劳，加强血液循环和有机调节全身功能，尤其对机体受伤后体弱、运动后乏力等症状有较好的疗效。

冬虫夏草对训练过程中的心肌具有保护作用，可明显减轻低氧再给氧时细胞内脂质过氧化作用。冬虫夏草也能显著降低训练后血液中丙二醛的含量，显著提高心肌、骨骼肌和血清肌红蛋白的含量，有利于提高机体的氧利用率，增强机体的有氧代谢和清除乳酸的能力。经生物活性检测，冬虫夏草提取物对羟自由基具有较高的清除率。

冬虫夏草提取物含有丰富的蛋白类小肽物质、18种人体必需氨基酸、冬虫夏草多糖、甘露醇、腺苷、甾醇、烟酸、维生素A、维生素D、超氧化物歧化酶和微量元素等。尤其是亮氨酸、异亮氨酸、缬氨酸等支链氨基酸为肝外代谢氨基酸，支链氨基酸也是唯一在骨骼肌中代谢的氨基酸，在体内为骨骼肌供应能量，所以起到加强肌肉力量、强化肌肉耐力的功能。因此，冬虫夏草有抗应激和抗运动性疲劳的作用。

临床研究发现，冬虫夏草要达到治疗效果必须服用足够的数量，每天3～5 g，而最具药用价值的食用方式为常温生服。高温加热、炖煮会造成冬虫夏草中很多重要精华成分的损失破坏，明显降低功效。

（二）枸杞

枸杞是药食同源品种之一，具有独特的营养和药用价值。枸杞含有枸杞多糖、多种氨基酸、类胡萝卜素、微量元素、维生素、牛磺酸、生物碱、挥发油等成分。

枸杞多糖（lycium barbarum polysaccharides，LBP）是枸杞的活性成分，具有多方面的生物活性，还有生物碱、蛋白质、氨基酸、超氧化物歧化酶、玉蜀黍黄素、酸浆果红素等特殊营养成分，具有延缓衰老、抗氧化、抗肿瘤、降血糖、增强免疫力、保肝、降血脂、抗应激、抗疲劳、保护生殖系统及降血压等多种生物学功能。在运动训练中，枸杞可以抗低氧、抗疲劳、抗氧化，延缓运动性疲劳及运动损伤的发生，提高运动机体的免疫功能，提高运动神经系统的反应能力，可用作高原体能训练提高耐力水平的食补材料。

对高原体能训练的研究表明，高原体能训练期间服用100%红枸杞汁对训练者的肺活量具有积极作用。服用红枸杞汁可提高肺通气量和血氧饱和度，提高人体对低氧的适应性，减缓高原低氧和运动训练期间呼吸肌疲劳的发生程度，也可以提高低氧训练下的适应能力，增强氧气的摄入和利用效率，降低新陈代谢速度，促进疲劳恢复及降低蛋白质分解代谢，缓解在低氧训练中血氧饱和度的下降，对提升训练强度和训练量具有良好的作用。

枸杞作为滋养品，食用时不宜过量，健康的成年人每天食用枸杞15～20 g为宜。

（三）红景天

红景天为景天科、红景天属多年生草本或亚灌木植物，是生长于海拔2000～5000 m高山地区的中草药。红景天中共含有40多种物质，其中红景天苷是主要有效成分。此外，红景天富含18种氨基酸，35种无机元素，有15种为人体必需的宏量和微量元素，还含有维生素A、C、D、E、B

等多种维生素。

红景天不仅具有抗低氧、抗疲劳、抗辐射和抗炎的功效，还能提高运动能力，对心脑血管具有保护作用，同时也能够提升抗低温及增加肝糖原的含量，红景天已成为高原运动期间运动员首选的抗低氧中药。

红景天作为补益类中药，食用时不宜过量，每天食用 3 ～ 9 g 为宜。

三、物理手段恢复

（一）水疗

水疗是指水浴方式，将身体的局部或整个身体浸入到水中，利用水中含有的矿物质，以及水的温度、浮力、压力、水流所产生的刺激，缓解机体运动后产生的各种症状，改善机体器官功能。水疗方法主要有冷水浸泡、冰浴和冷热水浴三种方式，这三种方式对减少运动后疲劳的积累、防治运动性肌肉损伤、减少肌肉炎症、延缓肌肉酸痛与肌肉力量下降，以及降低运动后产生的疲劳程度具有一定疗效。

冷水浸泡一般是将机体的局部浸泡于 5 ～ 20℃的水中，通过不同温度的低温刺激，对机体局部神经肌肉产生影响，使其生理学指标发生改变。冷水浸泡又分为持续性和间歇性两种方式，温度一般控制在 5℃或 10 ～ 15℃，浸泡的时间控制在 3 ～ 20 min。持续在冷水中浸泡 10 min 可以最大限度地缓解肿胀、减轻肌肉酸疼和疼痛的扩散，还具有控制能耗、增加心输出量和提高代谢速度的作用；短时间、间歇性冷水刺激可以改善心肌的营养和收缩能力，加速机体的新陈代谢，促进血液循环，实现神经与肌肉的放松，达到生理与心理的放松，加快身体功能的恢复，也是降低机体组织温度的最优方法。

冰浴是在 0℃或 0℃以下的环境中，通过冰火蒸发冷冻制剂等物理手段进行疲劳恢复，或治疗运动损伤的一种方法，主要有全身冷冻治疗和局部冷冻治疗两种方式。全身冷冻治疗是采用液氮或压缩机制造 -100℃或更低的超低温，应用于运动训练后的疲劳恢复或是运动前的预冷。局部冷冻治疗采用冰敷、冰水浴、冰按摩与冰疗仪器对机体局部进行挤压和按摩，用以对机体局部组织降温，以减轻运动后肌肉酸疼和痉挛，降低急性损伤造成的炎症反应。局部组织冰敷处理时间应控制在 20 min 以内，以免时间过长影响肌肉功能。

冷热水浴是将热疗与冷冻疗法结合在一起，通过刺激血管的收缩和舒张可以改变机体的血流量，促进血液循环，降低损伤部位的炎症反应，减轻肿胀程度，减轻肌肉的酸疼与痉挛，目前应用较广泛的是冷热浸泡法，而且冷热水交替浸泡的方法比单纯冷疗的效果要好。如热水浴 40 ～ 44℃、10 ～ 15 min，然后温水浴 37 ～ 39℃、10 ～ 20 min，可加速人体新陈代谢，调节人体兴奋性，降低血液中的乳酸浓度，兴奋副交感神经，缓解因疲劳引起的肌肉酸痛。

（二）按摩与针灸

针灸与按摩是加快身体功能恢复的重要手段。针灸可增强身体免疫力、调节气血与经络。按摩能改善全身和局部血液循环，促进神经肌肉兴奋性，缓解疲劳和压力，消除肌肉中的乳酸及其他代谢产物，增强肌肉的收缩能力和运动能力。

运动按摩分为放松按摩和赛前按摩两种，按摩的部位包括全身和局部两种。按摩的手法可根据每个人的特点和疲劳程度确定，用推摩、按摩、揉按、按压和叩击等，不论采用哪种方法都要由轻到重，最后以轻推摩结束。放松按摩一般在运动后进行，还可以与针灸相结合。放松按摩一般在运动后 2.5 ～ 3 h 或晚饭后 1 h，每天不间断全身或局部按摩，按摩时间 40 ～ 60 min，同时结合运动员的肌肉反应来进行针灸。一般每周最好进行 1 ～ 2 次全身按摩。赛前按摩时间应减半，按摩手法要减轻，以免因手法过重使运动员肌肉兴奋性降低，影响竞技状态。

（三）蒸汽浴

蒸汽浴主要分为干蒸浴和湿蒸浴两种。干蒸浴一般温度为 79 ～ 90℃，湿度为 5% ～ 15%；湿蒸浴一般温度为 50 ～ 60℃，湿度为 90% ～ 100%。蒸汽浴的作用是通过高温与高湿，使皮肤和肌肉中的毛细血管大量扩张，体内血管通透性增加，改善血液循环，加速氧化恢复和代谢，降低肌肉的紧张度。蒸汽浴也是控制和减轻体重的有效手段。

蒸汽浴一般每周进行 1 ～ 3 次，每次时间 10 ～ 30 min，在训练后进行。根据身体情况与肌肉疲劳程度而有所不同。若在蒸汽浴时有胸闷、头晕及其他不适反应，应立刻停止。

（四）桑拿浴

桑拿浴通过人体在高热环境中产生的反射活动——大量排汗，以维持体温的恒定性，使血液循环加快，新陈代谢更加旺盛，使人体组织细胞得到更多的营养与氧气，调节各器官系统的功能，同时也加快乳酸等代谢产物及其他代谢物质的排除，分解、消耗过剩的脂肪，从而达到减轻体重、消除疲劳、恢复体力，治疗疾病的目的。桑拿浴时多数人无明显的不良反应，只有少数人感到轻度的头昏、胸闷，桑拿浴后普遍反应食欲增加、口渴喜饮，有明显的放松肌肉、消除疲劳以及降体重等效果，而且桑拿的时间越长，温度越高，降体重的效果越明显。

桑拿浴时，温度 70 ～ 90℃，相对湿度 40% 以下，可根据个人的感受和耐受力选择温度的高低，入浴时间分为 10 ～ 20 min，或间断时间，即温度在 100℃时增加入浴次数，每次入浴 4 ～ 9 min，中间外出休息，反复 2 ～ 3 次。

（五）增氧恢复方法

增氧恢复方法主要为富氧恢复和高压氧恢复两种方法。

1．富氧恢复法 富氧恢复法主要是利用氧气瓶或制氧机建立相对密闭且氧浓度为 24.0% ～ 25.0% 的富氧室，在其中居住或休息以促进疲劳恢复。

一般在高原环境下的富氧室中休息 3 ～ 12 h，能够明显减轻因高原低氧带来的运动性疲劳，提高机体的能量代谢水平，增强高原训练效率，促进高原习服和提高工作能力。同时可预防慢性高原病，改善高原睡眠质量。

一般富氧室内 O_2 浓度维持在 24.0% ～ 25.0%，CO_2 浓度小于 1.5%，恢复时间为每次 3 ～ 12 h。一般在海拔 4000 m 和 5000 m 室内 O_2 浓度的最大安全值为 29% 和 31.5%，因此在海拔 2000 ～ 5000 m 室内 O_2 浓度安全范围为 21% ～ 28%。另外长期居于 CO_2 浓度为 1.5% 的密闭空间内，会引起生理性改变，当 CO_2 浓度超过 3% 时，将会发生病理性改变。因此，在高原开展富氧环境体能或疲劳恢复时应当注意及时排出 CO_2。

2．高压氧恢复法 高压氧（hyperbaric oxygen，HBO）恢复法就是利用高压氧舱或帐篷高压氧，在超过 1 个标准大气压的环境中吸入高浓度氧气或纯氧的方法。其主要作用是通过对空气压力提高从而达到增氧的方式，机体血氧分压增加，血氧含量及血浆中物理溶解氧增加，从而使组织内氧含量和储氧量相应增加，改善机体低氧状态，达到对机体各器官、系统的代谢及功能的正向调节，以及消除疲劳、促进恢复。

可在训练后或睡前使用高压氧恢复法，一般压力控制在 0.2 ～ 0.25 MPa，恢复时间一般为每次 60 ～ 80 min，最长时间不超过 2 h，舱内温度维持在 22 ～ 24℃。

但在应用 HBO 时要注意其毒性作用。一般 HBO 的毒性与压力、浓度和作用时间有关，而急性氧中毒的一个主要表现是惊厥，而自由基所致过氧化损伤被认为是 HBO 中毒的重要机制之一。动物实验表明，在压力 0.3 ～ 0.6 MPa 的 HBO 中暴露 15 min 即出现不良反应，23 min 出现抽搐等惊厥表现，以及脑膜微血管发生痉挛，微血管内皮细胞裂隙增宽、血管内容物外溢等微循环氧中毒现象。另外合理的 HBO 暴露对细胞抗氧化酶有诱导作用，但压力过高或时间过长，反而会使自由基产生增加，同时使 SOD、GSH-Px 等抗氧化酶活性受到抑制，最终可能导致氧中毒的发生。因此，在高原体能训练或运动性疲劳的治疗时应用 HBO 时，一定要注意掌握适当的压力、浓度和时间，避免长时间持续吸氧和氧压过高，合理掌握安全时限，有效防止氧中毒的发生。

（六）其他疗法

目前已经在实践中被运用并证实有实际疗效的方法手段还有光疗、蜡疗、泥疗及电疗等。

1．光疗 光疗（light therapy）是利用阳光或人工光线（红外线、紫外线、可见光、激光）防治疾病和促进机体康复的方法。理疗学中的光疗是利用人工光辐射，例如弱激光或单色光照射疗法（low level laser or light therapy，LLLT）是光疗的其中一种，采用物理因子用于预防、治疗运动性损伤及其他疾病，尤其在运动损伤后的止痛、消炎、消肿和加速损伤修复等方面具有良好的效果。光疗是理疗技术的一种，可以治疗因运动造成的骨关节炎、肌肉疼痛、肿胀、功能障碍，对运动性疲劳的缓解具有明显的作用。而且对于促进运动性疲劳恢复，训练前采用LLLT照射的效果要好于训练后照射。下面是几种常见的光疗法。

（1）红外线疗法：用于医疗的红外线光谱分为长波红外线和短波红外线，其波长分别为0.76 ~ 1.5 μm和1.5 ~ 400 μm。红外线透入机体的深度是0.05 ~ 10 mm，其中长波部分只能达到皮肤的表层，短波部分可达皮下组织。红外线的主要生物学效应是热作用。

红外线的热作用使被照射局部的血管扩张，血流加快。局部热可被血流带至全身，使全身的血管扩张。热作用还能促使细胞的吞噬作用加强、局部代谢旺盛、细胞的氧化过程加快和肌张力降低。红外线照射可明显改善局部血液循环，促进局部渗出物的吸收和肿胀的消退，消除浅表组织的慢性炎症，降低肌张力，缓解肌肉痉挛和止痛。

（2）紫外线疗法：应用紫外线防治疾病的方法称为紫外线疗法。紫外线主要靠人工方法获得，紫外线透入人体皮肤的深度不超过0.01 ~ 1 mm。大部分紫外线在皮肤角质层和棘细胞层中被吸收，使细胞分子受激呈激发状态，形成化学性极活泼的自由基，因而产生光化学反应，如光分解反应、光化合反应、光聚合作用和光敏作用，故有化学射线之称。

紫外线疗法的主要治疗作用包括杀菌、消炎、止痛、脱敏、促进伤口愈合、抗佝偻病和骨软化症等。另外，长波紫外线与光敏剂合用可治疗牛皮癣与白癜风。

（3）激光疗法：激光疗法是利用激光器发出的光治疗疾病。主要生物学效应有热效应、压力效应、光化学效应、电磁效应等。激光的治疗作用依其能量的大小而不同，低能量的激光主要有抗炎和促进上皮生长的作用，高能量激光因其对组织的破坏作用，可用于切割、烧灼或焊接组织。

2．蜡疗　蜡疗在我国有着悠久的历史，是中医治疗疾病的重要方式之一。蜡疗是将加热的蜡敷在机体的损伤部位，或将损伤部位浸入蜡液中，主要具有温热作用、机械作用以及化学作用。蜡疗的温热作用可以促进机体的血液循环，具有镇痛、消除损伤部位的炎症的作用；机械作用则通过传导热量消除损伤部位的肿胀、松解软组织的粘连及软化瘢痕；化学作用则是利用石蜡中的化学成分促进皮肤表浅溃疡和创伤的愈合。蜡疗可适应于疼痛性疾病的治疗，如颈、肩、腰、腿的疼痛，急慢性运动肌肉、韧带、肌腱的扭挫伤，手术后粘连、瘢痕，烧伤、冻伤后遗症等。

蜡疗操作简单，可随意贴敷身体的任何部位，效果明显，患者治疗时无痛苦及副作用。蜡疗常用使用方法如下。

（1）蜡饼法：将加热熔化的蜡液倒入瓷盘或铝盘内，蜡液厚2 ~ 3 cm，待冷却至初步凝结时（表面温度45 ~ 50℃）敷于治疗部位，外用塑料布、棉垫包裹保温，此法多用于躯干或肢体等面积较大部位的治疗。

（2）浸蜡法：将手足浸入蜡液后立即提出，手足表面冷却形成一薄层蜡膜，重复数次，使蜡膜达到一定厚度，成为手套或袜套样。多用于肢体部位治疗。

（3）刷蜡法：蜡液冷却到55 ~ 65℃时，用平排毛刷蘸取蜡液迅速均匀地涂刷在病患部位，在皮肤表面形成一薄层蜡膜，厚0.5 ~ 1 cm，外面再包一块热蜡饼，或多刷数层，用塑料布或棉垫包裹保温。

3．泥疗　泥疗是将水跟土混合以后直接或间接加热后敷于机体的某些部位，用以预防、治疗和缓解疾病的外用治疗方法，主要具有温热作用、机械作用以及化学作用。温热作用是通过温度的升高使皮肤充血、毛细血管扩张，加强局部血液循环，缓解和消除肌肉疲劳，促进对炎症、肿胀、粘连等病理产物的吸收和清除。机械作用是利用泥的可塑性与黏性对机体局部形成压力，达到疏通气血的目的。化学作用则是利用泥中的微量放射性元素和微量元素对机体产生有益的生物化学影响。泥疗在我国应用的历史悠久，《五十二病方》中就记录有灶黄土、井中泥、久溺中泥、冻土等泥疗的方法。国外也有关于泥疗的记录，例如芬兰将泥炭晒干磨成粉，用水混匀并加热，洗浴时将这种泥涂遍全身，用于治疗疾病。

外敷的泥主要包括矿泥、有机泥、矿泉或温泉泥、火山泥、海泥、煤泥以及磁矿泥等，治疗时直接将泥加热，或者将热的矿泉水、醋、酒等加入泥中，敷在机体的某些部位，然后在阳光下、紫外灯或红外灯下照射加热。泥疗部位有急性炎症、湿疹以及皮肤有破损时则禁忌进行泥疗。

（1）加温法：土加温工具有水热箱、中间有水的双层锅、旋转加热器、电热箱以及借日光加热等。利用碳泥时，加热前用筛子筛好，取出杂质、大块植物等残存物，然后加热水或热盐水搅拌至稠糊状，其湿度达 70% ～ 85% 时放进加热箱加温。利用黏土时加热前使之干燥，研细，筛去砾石、沙粒等，以 6 ～ 7 kg 黏土加 1 L 水的比例，加热水后加以搅拌混匀，将泥搅拌成膏样，然后做泥饼备用。若施以全身泥疗则泥宜稀。一般加热至适合于施疗之温度，但不能采取直接加热的方法，温度过高影响其胶性而减弱医疗效果，泥土烧焦则失去作用。

（2）施疗法：根据发病部位、病情及患者体质等，可采取全身泥疗、局部泥疗、腹部泥疗和电泥疗等疗法。

全身泥疗将医疗泥放进澡盆内，加盐水或泉水至需要稀度，患者犹如洗澡躺在其中，水深达胸部即可。头部及心区敷以冷毛巾。泥温 34 ～ 37℃，泥浴时间 15 ～ 20 min，隔日或隔两天施疗一次，10 ～ 15 次为一个疗程。

局部泥疗可分局部包缠法、局部泥浴法、罨包法、间接泥疗等。包缠方法为在床上铺被或毛毯，上面再铺布、塑料布和粗布，再把搅拌好的泥按所疗部位的需要铺开其上，厚度为 3 ～ 7 cm。碳泥和黏土泥的厚度有 5 ～ 10 cm 即可；或可把手、肘部、足部浸渍于盛有温度适宜泥浆的木器中，或把加热好的泥装于布袋内敷于患部施疗。

4．电疗 电疗（otherapy）是指应用电治疗疾病的方法。电疗方法主要包括电刺激疗法、电磁疗法和电流疗法三类。

（1）电刺激疗法：电刺激疗法又称神经肌肉电刺激疗法，电刺激疗法通过传递低频脉冲电流刺激患者的神经、肌肉和组织，以达到治疗和康复的目的。常见的电刺激疗法包括经皮电刺激疗法、电针灸、电穴位刺激等。主要作用为刺激运动神经可引起较大的募集活动，激活较多的肌纤维，增强收缩肌肉肌力，增强肌肉的血液循环，减轻水肿，改善营养，防止、延缓或减轻肌肉萎缩的发生，促进中枢运动控制功能的恢复和正常运动模式的重建。

（2）电磁疗法：电磁疗法利用电磁场的作用对患者进行治疗，包括辐射疗法和非辐射疗法。辐射疗法如电磁治疗器、微波疗法等，非辐射疗法如磁场治疗、高频透热疗法等。主要作用有镇痛、解痉、消炎，对肌肉、肌腱、韧带、关节等组织、周围神经和某些内脏器官的炎症损伤和非化脓性炎症效果显著。

（3）电流疗法：电流疗法使用不同类型的电流刺激患者的身体以达到治疗目的。根据所采用电流频率的不同，电流疗法通常分为直流电疗法、低频电疗法（0 ～ 1 kHz）、中频电疗法（1 ～ 100 kHz）以及高频电疗法（100 kHz ～ 300 GHz）等。根据电流波形、波宽、波幅、液长或频率等物理参数的不同，可产生不同的生物物理学效应，有各自不同的临床用途。主要治疗作用为促进局部血液循环，改善组织营养代谢，镇痛消肿、软化瘢痕，调节中枢神经功能和免疫系统功能。临床上常用于治疗软组织损伤、神经炎、痛经、肢体循环障碍，急慢性化脓性和非化脓性炎症、风湿和类风湿性关节炎、关节周围炎等。

参考文献

[1] 2018 美国身体活动指南委员会．赵文华，李可基，译．2018 美国身体活动指南科学报告［M］．北京：人民卫生出版社，2020．

[2] 丛林，朱静华．运动性腹痛的防治［J］．田径，2017（10）：64．

[3] 邓天吉，许小鱼，吴正军．高原训练低血糖昏迷 18 例分析［J］．西南国防医药，2000，10（1）：45-46．

[4] 房慧雯，侯婷，赵红梅，等．运动性高血压的研究进展［J］．河南医学研究，2022，31（11）：2109-2112．

[5] 古恩．运动性贫血的原因及预防措施［J］．中国学校体育，2017（3）：51．

[6] 李庆．膝关节半月板损伤的诊治［J］．开卷有益 - 求医问药，2023（6）：41．

[7] 马福海，樊蓉芸，巴桑卓玛．高原运动医学基础与应用［M］．北京：北京大学医学出版社，2021．

[8] 王人卫，黄雅君．运动性月经失调研究进展［J］．中国运动医学杂志，2008（5）：661-666．

[9] 徐欣．医务监督与体育运动［J］．北京体育大学学报，2007（1）：225-226．

[10] 杨安怀，曹金钟．运动性哮喘的研究进展［J］．海南医学，2021，32（14）：1885-1889．

[11] 杨策，龙在云，王海燕，等．甘肃“马拉松事故”对低温环境战伤救治的启示［J］．创伤外科杂志，2021，23（7）：555-557．

[12] 尹昭云，谢印芝，牛文忠，等．急性高原反应的诊断和处理原则［J］．解放军预防医学杂志，1997（6）：7-9．

[13] 运动医学编写组．最新运动损伤预防与康复治疗实务全书［M］．北京：人民体育出版社，2023．

[14] 张文，关良劲，魏东凌，等．运动性胃肠综合征 64 例临床分析［J］．中国运动医学杂志，2006（1）：119-120．
[15] 赵宝椿．运动性休克的原因及对策［J］．田径，2000（2）：42-43．
[16] DAWKINS J，TEEL J，KITZIGER R，et al．Anterior cruciate ligament injury prevention and rehabilitation［J］．HSS J，2023，19（3）：365-372．
[17] GIULIACCI A，GIULIACCI M，曹金刚．抵挡紫外线的灼伤［J］．科学世界，2003（10）：19-22．
[18] KELLER K，HARTUNG K，DEL CASTILLO CARILLO L，et al．Exercise hypertension in athletes［J］．J Clin Med，2022，11（16）：4870．

后　记

此书定稿时，已是2023年严冬。岁月流逝，年华易老，蓦然回首，我已步入花甲之年，不禁思绪万千，感慨万分。我出生于青海贵德最偏远的山沟，17岁那年，一次偶然的机会让我与体育结缘，开始了长达8年的青海省篮球队运动员生涯，后从事体育科研工作至今36年。回首过去，诚惶诚恐，但看着那一个个远去的背影和一幕幕拉上的帷帐，我意识到谁也抵不过岁月的流逝，鲜衣怒马少年时已经是渐行渐远的回忆，唯余满目沧桑和白发如雪。

本书也许是我的封笔之作，想说的话很多很多，不知从何而起，不知该写些什么。考虑了许久，构思了很多的版本，每次将手放在电脑键盘上时，皆感手指是如此的沉重，迟迟不能敲下按键，不知道该如何写下这篇人生的“后记”！

有人说所有过往皆为感悟，所有好坏皆为风景。回顾自己走过的路程，有成长的快乐，也有岁月的摧残；有学海的苦舟，也有收获的甘甜；有球场的汗水，也有失利的落寞；有科研的艰辛，也有成功的喜悦；有收获的幸福，也有失去的遗憾……这些经历和体验犹如一张浮现在眼前的白纸，微不足道，不值一提。

虽然人生是一场旅行，你路过我，我路过你，各自修行，各自向前。但我深以为，在人生旅途的来来往往、熙熙攘攘、纷纷扰扰中，更多感受到的是爱，是关心、关爱和帮助，也是支撑我不断向前的力量源泉。对此，我心中永远充满感动、感激、感恩，但能做的唯有说出我的感谢！

我要感谢这个伟大的时代，让我走出了大山，让我走进了精彩的大千世界，免除我面朝黄土背朝天的一生！

我要感谢杨政敏老师、李士发老师、徐常金老师以及所有曾经帮助过我的老师们，在我年少懵懂的人生起点，为我种下欢乐、新奇与智慧的种子！

我要感谢王钧指导、辛黎明指导，您们不仅是我篮球运动的启蒙人，也是我的人生导师，您们的指导、鼓励和引导，那些“一句顶一万句”的谆谆教导，至今还在影响着我的工作、学习和生活！

我要感谢吴天一院士，何其有幸得到科技巨人的指导和帮助，让我能够不断挑战自我、超越自我。您严谨的学风，渊博的学识，谦逊的为人，高瞻远瞩的科学眼光，令我敬重、敬佩。在此，谨致以衷心的感谢和崇高的敬意。

我要感谢冯连世老师及其团队的同仁们，在求索之路上为我提供平台并给予帮助，完善了我的知识结构，也改变了我对科研的认知，使我能从更高的视野和角度去思考、去探究科学问题！

我要感谢青海男子篮球队的队友们，八年来与你们在篮球场上共同拼搏的青春和洒下的汗水，那是我人生中最醇美的收获，也使我赢得了无比自豪和极具特色的绰号——“狼”！

我要感谢青海省体育科学研究所的团队，在风雨同舟、共同奋斗的一万两千余天的时光里，因为你们的努力、信任、理解、包容、谦让、帮助、支持，我们才能共同创建如此辉煌的高原体育科研事业，这一切成就都凝聚着你们的才智、汗水、才华和艰辛，我也因你们而更出色！

我要感谢我的父母，感恩他们赐予我生命，在那些苦难、辛酸与沧桑的日子里，含辛茹苦哺育我成长，而今子欲孝而亲不在，是我内心永远无法释然的痛！

我要感谢我的妻子，感谢你的付出、陪伴、理解、包容和慷慨，也感谢你在生活上无微不至的照顾，以及充满智慧的建议，这才成就了今天的我！

我要感谢我的两个女儿，丽亚和诺亚，你们是上天赐予我最美好、最重要、最珍贵的礼物，是我最自豪的成就；你们的纯真和善良为我们带来了美好生活和幸福快乐，你们的支持和理解是我前行的勇气和动力；你们的努力和奋斗、成长和进步，让我感到无比骄傲、自豪，你们也必将成为有远见和担当的人！

我要感谢我的兄弟姐妹们，没有你们的爱与支持，付出和辛劳，我很难有机会走出大山，改变命运，实现梦想，去思考探索这些科学问题，并为此奉献我的一生！

我要感谢日本仙台大学朴泽泰治校长、内丸仁博士、马冬梅博士以及东京体育大学杉田正明教授，法国丰罗莫国家高原训练基地奥德主任、尼古拉教练，美国奥林匹克委员会兰迪·韦伯教授，澳大利亚体育委员会克里斯·戈尔教授、迪肯大学艾米莉亚·卡尔博士，以及中国台湾台北市立大学戴遐龄校长、刘玉峯教授、郭家骅教授，在共同开展人才培养、学术交流和科学研究中给予帮助和支持！

我要感谢所有相识的、陌生的，相遇的、错过的，年长的、年轻的领导、同事、同仁和朋友，你们的帮助和支持、宽容和爱护、关切和关心让我感到无比温暖和感动，我心存感激！

我要感谢参与编写此书的每一位编者，大家两年多的辛苦付出共同创造了这本高原体能训练领域的专著，获得了期待的成果。

我要感谢北京大学医学出版社给我提供的机会和支持，许立、陈奋、何渼波等编辑在幕后付出的辛劳为此书增添了光辉。

我更要感谢能够来到人间，来到这个充满生机的蓝色星球，生活在赤橙黄绿青蓝紫的多彩世界，为自然的、人类的、所有的奇迹而惊奇和折服！

人生沧桑，斗转星移，一晃就已经站在人生的转角处了。但一颗年轻、洋溢激情的心依旧激荡在胸中。那么，就以曹操的《龟虽寿》作为结语吧。

神龟虽寿，犹有竟时。
腾蛇乘雾，终为土灰。
老骥伏枥，志在千里。
烈士暮年，壮心不已。
盈缩之期，不但在天。
养怡之福，可得永年。
幸甚至哉，歌以咏志。

马福海

2023 年 12 月 9 日